2025 최신개정판

LOGIN

전산세무 2급
핵심요약 및 기출문제집

김영철 지음

도서출판
어울림
www.aubook.co.kr

머리말

회계는 기업의 언어입니다. 회계를 통해서 많은 이용자들이 정보를 제공받고 있습니다.
회계는 약속이며 그리고 매우 논리적인 학문입니다.

회계를 잘하시려면
왜(WHY) 저렇게 처리할까? 계속 의문을 가지세요!!!
1. 이해하실려고 노력하세요.
   (처음 접한 회계와 세법의 용어는 매우 생소할 수 있습니다.
   생소한 단어에 대해서 네이버나 DAUM의 검색을 통해서 이해하셔야 합니다.)
2. 그리고 계속 쓰세요.(특히 분개)
3. 이해가 안되면 암기하십시오.

2,3회독 후 다시 보시면 이해가 될 것입니다.

전산회계를 공부하시는 수험생들 중 대다수는 이론실력이 없는 상태에서 전산프로그램 입력연습에 많은 시간을 할애합니다. 그런 수험생들을 보면 너무 안쓰럽습니다.

우연히 분개만 열심히 공부해 전산회계1급에 합격하였다 하더라도, 상위과정인 전산세무2급은 분개를 기초로 회계와 세법지식을 평가하므로 이론이 바탕이 안되어 있으면 다시 재무회계를 공부해야 합니다.

수험생들의 목표는 단순히 전산회계1급이 아닙니다. 전산회계1급은 전산세무를 공부하기 위한 기초단계에 불과합니다.

기초 이론을 튼튼히 해야 응용력이 생깁니다. 또한, 난이도에 상관없이 자신감도 붙게 됩니다. 그리고 회계에 대하여 흥미가 생깁니다.

전산세무2급은 이론공부에 80%, 실기연습에 20%정도로 할애하여 공부하셔도 충분합니다.

수험생 여러분!!

　기출문제와 모의고사를 90분 안에 푸시는 연습을 계속하세요. 그래서 수험생 자신이 시간안분과 실력을 테스트하시고 부족한 부분은 다음카페에 질문해주세요!!

　"LOGIN 전산세무2급 핵심요약 및 기출문제"는 전산세무2급 기본서를 충분히 공부하신 후 최종 정리단계에서 보시기 바랍니다. 가장 핵심사항을 나열했기 때문에 이해가 안되시면 기본서를 참고하셔서 반드시 이해하도록 하십시요!!

　"LOGIN 전산세무2급 핵심요약 및 기출문제"로 전산세무2급으로 합격하시고, 다음 단계인 전산세무1급을 도전해보세요!! 그러면 여러분 앞에 광대한 회계와 세법의 바다가 보일 것입니다.

　회계와 세법은 여러분 자신과의 싸움입니다. 자신을 이기십시요!!!

　마지막으로 이 책 출간을 마무리해 주신 도서출판어울림 임직원들에게 감사의 말을 드립니다.

2025년 2월

김 영 철

다음(Daum)카페 **"로그인과 함께하는 전산회계/전산세무"**

1. 실습 데이터(도서출판 어울림에서도 다운로드가 가능합니다.)

2. 오류수정표 및 추가 반영사항

3. Q/A게시판

로그인카페

NAVER 블로그 **"로그인 전산회계/전산세무/AT"**

1. **핵심요약**(순차적으로 올릴 예정입니다,)

2. **오류수정표 및 추가반영사항**

3. **개정세법 외**

합격수기

DAUM카페 "로그인과 함께하는 전산회계/전산세무"에 있는 <u>수험생들의 공부방법과</u>
<u>좌절과 고통을 이겨내면서 합격하신 경험담을 같이 나누고자 합니다.</u>

"전산세무2급 합격수기"

유현주

안녕하세요? 오랜만에 카페에 글 남깁니다.. 그동안 세무 2급 준비한다고 공부만 했던지라...ㅎ 4전
5기 끝에 전산세무 2급을 합격했네요. ㅎ

사실 전산세무 2급은 작년부터 준비를 하고 있었습니다. 결과는 작년 전회차 다 낙방이었어요...
점수대도 69점, 67점, 57점, 64점, 69점 이렇게 나와서 속된말로 정말 환장했지요..

**공부량이 부족했던 것인지, 공부방법이 잘못된 것인지... 저도 감을 잡지 못했었습니다. 그냥 교
재에 있는 대로만 쭉 따라만 하고 갔었어요... 지금 생각해보니 그게 가장 큰 불합격의 원인이지 않
았나 생각합니다.**

사실, 세무2급부터는 개정세법 적용이 가장 중요하죠.. 솔직히 회계 1급까지는 크게 개정세법 적용
이 문제가 되지는 않습니다.

세무 2급을 올해 첫 시험 준비하면서, 개정된 세법 익힌다고 좀 더 고생했던 기억이 나네요.. ㅎ
2015년 버전 교재로 공부하다 보니 개정세법만 따로 공부하고 그랬거든요.. ㅎ

이번에 제가 합격할 수 있었던 가장 큰 포인트는 이론입니다. 사실, 이번시험 응시하셨던 분
들은 아실거라 생각합니다만, 제 느낌에는 시험문제가 많이 쉽게(?) 출제된 느낌이었어요.. 그리고,
저는 이번 시험은 이론 위주의 학습을 진행했습니다.

실기의 비중은 그닥 많이 두지는 않았습니다. 전표처리는 거의 손도 안냈습니다. 저의 개인적인
생각은 전표처리는 자본분개, 유가증권, 결산분개 정도만 익히면 된다는 생각이었어요.. 어차피 회
계 2급 → 1급 넘어오면서 기초베이스는 어느정도 깔고 들어가야 하는게 맞다고 보거든요.. 5수하
면서 가장 큰 고통은 같은내용을 계속 반복해야 한다는 거였어요.. 사실 공부방법 중 가장 좋은게
반복인데, 저는 그러한 반복을 수십번 하다보니까 사람이 지치더라구요... 하기싫어지고.. 그래서
기초적인 부분은 아예 그냥 재껴버렸습니다. 기출문제 다시 풀이하면서 순간적으로 햇갈린다던지,
모르겠던 부분 교재 참고해서 본 것 밖에는 없습니다.

제가 가장 중시여긴 부분은 일단 이론이었어요.. 재무회계 이론은 아는 부분은 빨리 스킵하고, 잘
이해가 되지 않았던 부분의 이론을 집중적으로 공부했었고, 세법 이론은 어차피 중요한 것인지라,
처음부터 끝까지 쫙 읽어보고, 공부했습니다.

원가회계는 솔직히 제가 가장 자신없는 파트중의 하나인데요.. 이번 회차에서는 운이 좋았던지 계산형 문제가 1문제였나 출제된걸로 기억해요.. 그렇게 해서 이론 15문제 중 12문제 24점을 확보하고 들어갔습니다.

실기문제도 너무나 쉽게 출제되었어요...(진짜 답이 이거라고 딱 알려주는 수준이었다고 해야할까요...?)

실기같은 경우는 전표입력은 기출문제 풀이 외에는 하지도 않았어요.. (5수하면서 분개풀이를 책에다가 빽빽히 적어놓은 흔적들이.... 있기도 하구요... 분개는 자본분개, 유가증권, 결산분개만 집중적으로 봤습니다)

분개 보다는 부가가치세 부속서류와 근로소득 연말정산 하는데에 더 집중했습니다. 그랬더니 이렇게 좋은 결과가 따라왔네요..

저의 공부방법은 이거였습니다. 아침에 일어나서 도서관가서, 이론을 정독합니다. 다만, 너무 무리하게 하진 않았고 챕터를 하나씩만 쪼개서 살펴봤습니다. 그리고, 교재에 나와있는 문제를 풀어봤어요(전 책에다 풀지 않고, 연습장에다가 풀었습니다. 그리고, 회계1,2급을 거쳐오면서 했던 부분은 그냥 문제만 풀었어요.. 틀린 문제가 있었을 때는 그 부분에 대한 이론파트만 찾아서 다시 살펴봤습니다) 그리고 잠이 살살 오려는 오후시간때에는 부가가치세 부속서류를 한번씩 쫙 돌렸습니다. 쫙 다 돌리고 나서, 연말정산까지 쫙 돌리고 나면 보통 3시 반 정도 되더군요.. 그 이후부터는 90분 재고 기출풀이 했습니다.. 이러한 스케줄을 계속 반복했습니다.

어떻게 보면 가장 무식한 방법일지도 모르겠지만, 어떻게 보면 전 효율적이었다고 생각합니다. 세무 2급을 처음 배우시는 분들은 저처럼 하시기 보다는 처음부터 쫙 진행하시는게 맞습니다. 다만, 이해가 되지 않는 부분은 강사님이나 카페에 바로 질문을 하시기 보다는 본인이 먼저 한번 다시 풀어보시거나 생각을 해보시고 질문을 하시는게 자신의 실력 향상에 조금이나마 도움이 된다고 말씀드릴 수 있어요.. ㅎ 이게 **질문을 할때 어떤 부분에서 막히는지를 물어보는 것과 아예 답을 물어보는 건 다르거든요..**

막히는 부분을 물어보면 문제가 나와도 적용을 할 수 있습니다. 하지만, 답을 아예 물어보는건, 왜 이렇게 나오는지 이해가 되지 않고 넘어가는 경우가 많거든요... **세무사님께서도 교재 앞에 이렇게 써주셨어요 회계와 세법을 잘 하시려면 왜? 저렇게 처리할까 계속 의문을 가지라고 적어주셨어요.. 세무사님께서 답을 아예 알려주신겁니다.. 진짜로.. 왜? 가 나와야 합니다. 단순히 답이 이거다 라는 식의 공부는 머릿속에 정리되지 않아요... 이론을 보고 문제풀이 할 때 왜 이게 답일까? 라는 질문부터 해서 왜 이렇게 처리될까? 까지 질문이 나오고 답이 나온다면 금방 취득하실 수 있다고 봅니다.**

저같은 경우는 재수생인지라 스킵한 부분은 스킵했습니다. 혹여나 1번이나 2번 정도 떨어지신 분들은 처음부터 끝까지 다 보려고 하면 지치는 경우가 많습니다. 그럴때는 기초베이스로 정리된 부분은 교재의 연습문제만 풀어보세요... 그리고 연습문제 풀고 채점하면서 틀린 부분이 있다면 그 부분에 해당하는 이론만 다시 살펴보시고 정리하세요..

그리고 세법은 쫙 다 읽어보시는게 가장 좋습니다. 원가는 사람마다 달라서 뭐라고 얘기드리기가 힘들지만, 전 원가는 4번 이론 읽고, 문제풀이 시작했습니다.. 그리고 가장 중요한건 책에다 풀이하시는 것도 좋지만, 전 개인적으로 연습장 한권 구입하셔서 풀이하는게 가장 낫다고 생각합니다. **실기는 계속 반복하세요.. 실제로 써보셔도 좋습니다. 일단 반복이 가장 중요합니다.**

그리고, 가장 중요한건요... 시험공부는 부수적으로 생각하시면 안됩니다. 시험공부를 하겠다고 교재 구입하시고, 하셨으면 그 시험에 전력투구를 하셔야 하는게 맞는겁니다. 간혹가다가 대충 이정도만 보자 라고 생각하는 그 순간 합격이라는 글자 앞에 불! 이라는 글지가 딱 하니 적힌것과 다름없습니다. 직장인 분들도 피곤하신데 공부하시는 분들 많습니다.. 시험을 목표로 준비하신다면 그 시험에 전력투구 하시는 것이 맞다고 봅니다.

전 이번 67회차에는 기업회계 2급 시험을 봅니다. 전산세무 1급으로 넘어가려고 하는데, 세무 1급은 더 많은 시간을 필요로 할 것 같아요... 세무 1급까지 꼭 합격하고 싶습니다.

정확하고 명쾌한 해설이 담긴 로그인 교재를 출판해주신 김영철 세무사님께 진심으로 감사의 말씀드리며, 회계/세법의 맨토님이라고 생각하고 싶습니다~ 그리고, 우리 회원분들도 정말 감사드리며 회원님들에게도 좋은 결과, 좋은 일들 가득하시길 바라며 합격수기를 마칩니다. 긴 글 읽어주셔서 대단히 감사합니다. (참고로 합격점수는 94점입니다)

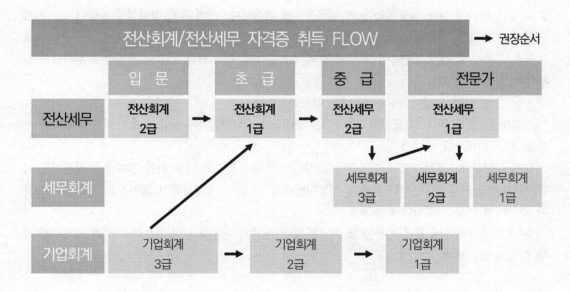

"회계1급, 세무2급, 기업회계1급까지 합격했어요"

이순호

밑에 쓰신 분들처럼 전산세무1급까지는 아니지만 그래도 합격하면 꼭 써보고 싶었어서 글 올립니다.ㅎㅎ

저는 6월12일에 **전산회계1급, 전산세무2급, 기업회계1급을 응시하였고 세 과목 모두 합격**하였습니다.

전공이 이쪽 계열이기는 했어도 공부를 그다지 열심히 하지는 않았어서 모르는게 정말 많았어요.

간단한 분개조차 겨우 할까말까하는 수준이었기 때문에 큰맘먹고 공부해보자 하는 생각으로 1~2월부터 열심히 공부를 시작했고, 3월말쯤 있었던 재경관리사 시험에 합격했습니다.

합격 후 회계에 어느정도 자신감이 붙어서 전산세무1급을 바로 도전할까 생각했었는데 지금 생각하면 엄청난 착각이었던거 같아요 ㅎㅎㅎㅎ 기초부터 천천히 해보자 라는 생각으로 전산회계1급을 공부를 시작했는데 웬걸 재경관리사와는 다른 내용이 많아서 처음에는 어렵게 느껴지더라구요. 만만하게 봤다가 뒤통수맞은 느낌이었어요 ㅋㅋㅋ 그래도 웬만하면 아는 내용이라 독학으로 1주일만에 이론을 다 끝내고 1주일 동안은 실무공부를 했습니다. 실무공부하기 전에는 실무가 너무 두려워서 밤에 잠도 못자고 내가 이걸 잘 해낼 수 있을까 하며 해보지도 않고 불안해하고 걱정도 많이 했었어요. 지금와서 보면 왜그랬나 싶네요ㅎㅎ

실무공부는 처음 이어서 두목넷으로 인강끊고 들으면서 공부했고 이론과 실무 모두 마친 후에는 기출문제 풀면서 실력 체크하고 취약한 부분도 점검하는 식으로 했습니다. 그리고나서 곧바로 전산세무2급 공부를 시작했습니다. 전산세무2급 또한 독학으로 1주일정도 이론공부를 했는데 전회 1급과는 달리 최소2회독 했습니다. 특히 소득세부분은 혼자 이론만 공부하려니까 무슨 내용인지 파악이 잘 안되서 애를 많이 먹었어요ㅜㅜ그래서 여기는 실무부분이랑 같이 하면서 공부하는게 좋을것 같아 카페에 있는 동영상을 보며 실무공부를 했습니다. 근데 제가 정말정말 놀랐던것은 카페 등업만 하면 실무 동영상을 공짜로 볼수 있다는 사실이었습니다.

물론 두목넷에 있는 동영상이 최신이라 더 좋기는 하겠지만 카페에 있는 동영상도 무리없이 공부할수 있겠더라구요!

정말 도움 많이 되었어요ㅜㅜ너무너무 감사해요!!ㅜㅜ

그렇게 한 달 동안 전회1급이랑 전세2급을 끝내놓고 시험당일까지 한달여 정도 남았길래 다른 시험을 또 준비해보자 하다가

눈에 들어온게 기업회계1급 이었습니다. 무식하면 용감하다고 이 시험이 얼마나 어려운지도 모른 채 무작정 시작했다가 하루하루가 멘붕이었네요 ㅋㅋㅋㅋ공부하면서 울어본게 처음일 정도로 제 수준에선 너무 어려웠어요..ㅎㅎㅎ

3주정도 공부했는데 짧게 공부한 것 치고는 좋은 결과가 나온것 같아 기쁘네요 ㅎㅎ 그 3주가 너무 힘들었지만..ㅎㅎ

이 시험은 로그인과는 별개인것 같아 길게 말하지 않을게요 혹시 궁금하시면 댓글로 알려드릴게요!ㅎㅎ

막판에는 전회1급 신경을 거의 안썼더니 전세2급 점수가 더 높은 아이러니한 상황이...!ㅋㅋㅋㅋ **제가 단기간에 시험을 준비하고 합격했지만 하루에 최소 10시간 정도 공부했었습니다.** 그러다보니 공부하는 자세도 어느정도 잡히더라구요. 또 재경관리사 공부했던게 정말 많은 도움이 되었어요! 각각 다른시험이긴 해도 회계라는 테두리안에 있는 비슷한 학문이기에 독학하는데 그리 어렵지는 않았던거 같아요 ㅎㅎ

그리고 제가 시험에 합격할 수 있도록 도와주신 김영철 세무사님과 카페운영자님들도 모두 감사드려요! 질문도 많이 하고 했었는데

그 때마다 답글 달아주시고 친절히 알려주셔서 도움 많이 되었어요ㅜㅜ 특히 실무동영상은 정말 최고! 주변 사람들한테도 이카페를 널리 알릴생각이에요!ㅎㅎㅎ 정말 **로그인 교재와 이 카페 덕에 많은 걸 얻어갑니다.** 앞으로 전산세무1급까지 공부하게 될텐데 미리 감사드릴게요 ㅎㅎㅎ이 글을 보시는 모든분들께 드리고 싶은 말은 제가 했으니까 여러분도 하실 수 있다는 말 해드리고 싶어요.

회계 문외한 이었지만 열심히 하니까 이만큼 이루었네요. 뭐든지 맘먹기 달린것 같아요! 여러분들도 모두 화이팅 하셔서

좋은 결과 얻으시길 바래요!!ㅎㅎ

〈LOGIN 전산세무2급 시리즈 4종〉

도서명	도서 내용	기출문제 횟수	용도	페이지
LOGIN 전산세무2급 (기본서)	이론, 실무, 기출문제	4회	강의용/독학용	약 830
LOGIN 전산세무2급 essence (에센스)	이론 및 실무 요약, 기출문제	7회	강의용	약 500
LOGIN 전산세무2급 핵심요약 및 기출문제집	이론 및 실무 요약, 기출문제	22회	최종마무리용	약 650
LOGIN 전산세무2급 기출문제집	기출문제	15회		약 300

[2025년 전산세무회계 자격시험(국가공인) 일정공고]

1. 시험일자

회차	종목 및 등급	원서접수	시험일자	합격자발표
118회	전산세무 1,2급 전산회계 1,2급	01.02~01.08	02.09(일)	02.27(목)
119회		03.06~03.12	04.05(토)	04.24(목)
120회		05.02~05.08	06.07(토)	06.26(목)
121회		07.03~07.09	08.02(토)	08.21(목)
122회		08.28~09.03	09.28(일)	10.23(목)
123회		10.30~11.05	12.06(토)	12.24(수)
124회		**2026년 2월 시험예정**		

2. 시험종목 및 평가범위

등급	평가범위	
전산세무 2급	이론	재무회계(10%), 원가회계(10%), 세무회계(10%)
	실무	재무회계 및 원가회계(35%), 부가가치세(20%), 원천제세(15%)

3. 시험방법 및 합격자 결정기준

1) 시험방법 : 이론(30%)은 객관식 4지 선다형 필기시험으로,
  실무(70%)는 수험용 표준 프로그램 **KcLep(케이 렙)**을 이용한 실기시험으로 함.
2) 응시자격 : 제한없음**(신분증 미소지자는 응시할 수 없음)**
3) 합격자 결정기준 : 100점 만점에 70점 이상

4. 원서접수 및 합격자 발표

1) 접수기간 : 각 회별 원서접수기간내 접수
  (수험원서 접수 첫날 00시부터 원서접수 마지막 날 18시까지)
2) 접수 및 합격자발표 : 자격시험사이트(http://www.license.kacpta.or.kr)

차 례

제1편   재무회계

제2편   원가회계

제3편   부가가치세

제4편 소득세

제5편 기출문제

[로그인 시리즈]				
전전기	전기	**당기**	차기	차차기
20yo	20x0	**20x1**	20x2	20x3
2023	2024	**2025**	2026	2027

1분강의
QR코드 활용방법

본서 안에 있는 QR코드를 통해 연결되는 유튜브 동영상이 수험생 여러분들의 학습에 도움이 되기를 바랍니다.

방법 1

❶ 스마트폰에서 다음(Daum)을 실행한 후 검색창의 오른쪽 아이콘 터치

❷ '코드검색'을 터치하면 카메라 앱이 실행됨

❸ 도서의 QR코드를 촬영하면 유튜브의 해당 동영상으로 자동 연결

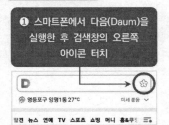

방법 2

카메라 앱을 실행하고, QR코드를 촬영하면 해당 유튜브 영상으로 이동할 수 있습니다.

개정세법 반영

유튜브 상단 댓글에 고정시켰으니, 참고하시기 바랍니다.

댓글 1개   정렬 기준

LOGIN 댓글 추가...

LOGIN @loginat1 1년 전
       <개정세법 2023> 2023년 0.8억원 2024.7.1~2025.06.30
       👍 👎 ♡ 답글

✔ 과도한 데이터 사용량이 발생할 수 있으므로, Wi-Fi가 있는 곳에서 실행하시기 바랍니다.

Part 1

재무회계

핵심요약

◉━ 🔑 **1** 회계의 분류 – 정보이용자에 따른 분류

	재무회계	관리회계
목 적	**외부보고**	**내부보고**
정보이용자	투자자, 채권자 등 **외부정보이용자**	경영자, 관리자 등 **내부정보이용자**
최종산출물	**재무제표**	**일정한 형식이 없는 보고서**
특 징	**과거정보의 집계보고**	**미래와 관련된 정보 위주**
법적강제력	있음	없음

◉━ 🔑 **2** 재무회계념체계(일반기업회계기준)

1. 재무회계의 목적	유용한 정보의 제공
2. 재무제표 작성에 필요한 기본가정	**1. 기업실체의 가정** **2. 계속기업의 가능성** **3. 기간별 보고의 가정**
3. 유용한 재무제표가 되기 위한 질적특성	1. 이해가능성 **2. 목적적합성** **3. 신뢰성** 4. 비교가능성 : 기간별(일관성), 기업별(통일성)

4. 제약요인		1. 효익과 원가간의 균형
		2. **중요성 : 특정회계정보가 정보이용자의 의사결정에 영향을 미치는 정도 (금액의 대소로 판단하지 않는다.)**
5. 재무제표	기본 요소	1. 재무상태표 : 자산, 부채, 자본
		2. 손익계산서 : 수익, 비용
		3. 현금흐름표 : **영업활동, 투자활동, 재무활동현금흐름**
		4. 자본변동표 : 소유주의 투자, 소유주에 대한 분배
	측정	화폐금액으로 결정하는 과정
		1. 역사적원가 2. 현행원가
		3. 순실현가능가치 4. 현재가치

❶━ 3 발생기준

1. 수익인식의 원칙(**수익**)			1. 경제적 효익의 유입가능성이 높고,
			2. 수익금액을 신뢰성있게 측정할 수 있어야 한다.
2. 수익 · 비용 대응의 원칙 (**비용**)			비용은 관련된 수익이 인식될 때 비용으로 회계처리한다.
	1. 직접 대응		인과관계에 따라 수익에 직접대응
			(예) 매출원가, 판매수수료, 매출운임 등
	2. 간접 대응	1. 배분	수익창출기간동안 체계적이고 합리적인 방법으로 배분
			(예) 감가상각비, 무형자산상각비 등
		2. 기간 대응	발생즉시 기간비용으로 인식
			(예) 광고선전비, 세금과공과, 경상개발비, 연구비 등

❶━ 4 목적적합성 vs 신뢰성 : 상충관계

목 적 적합성	예측역할	정보이용자가 기업실체의 미래 재무상태, 경영성과 등을 예측하는데 그 정보가 활용될 수 있는지의 여부를 말한다.
	확인역할	회계정보를 이용하여 예측했던 기대치를 확인하거나 수정함으로써 의사결정에 영향을 미칠 수 있는지의 여부를 말한다.
	적시성	
신뢰성	표현의 충실성	기업의 재무상태나 경영성과를 초래하는 사건에 대해서 충실하게 표현되어야 한다는 속성이다.
	중립성	회계정보가 특정이용자에 치우치거나 편견을 내포해서는 안된다.
	검증가능성	다수의 독립적인 측정자가 동일한 경제적 사건이나 거래에 대하여 동일한 측정방법을 적용한다면 유사한 결론에 도달할 수 있어야 함을 의미한다.

☞ 보수주의 : 추정이 필요시 자산이나 수익이 과대평가(이익이 과대평가)되지 않도록 주의를 기울이라는 것을 말한다.

☞ 5 목적적합성과 신뢰성이 상충관계 예시

	목적적합성 高	신뢰성 高
자산측정	공정가치	역사적원가(원가법)
손익인식	발생주의	현금주의
수익인식	진행기준	완성기준
재무보고	중간보고서(반기, 분기)	연차보고서

☞ 6 재무제표 → 정보전달수단

1. 재무상태표	일정 **시점**의 재무상태(자산, 부채, 자본)
2. (포괄)손익계산서	일정 **기간**의 경영성과(수익, 비용, 포괄이익)
3. 현금흐름표	일정기간의 현금유출입 내역을 보고 → **영업활동현금흐름, 투자활동현금흐름, 재무활동현금흐름**
4. 자본변동표	자본의 크기와 그 변동에 관한 정보보고 → **소유주(주주)의 투자, 소유주에 대한 분배**
5. 주석	재무제표상에 필요한 추가적인 정보보고**(주기는 재무제표가 아니다.)**

☞ 정태적(일정시점)보고서 : 재무상태표
   동태적(일정기간)보고서 : 손익계산서, 현금흐름표, 자본변동표

〈중간재무제표 → 적시성〉

1. 작성기간	3개월(분기), 6개월(반기)이 대표적이나 그 밖의 기간도 가능
2. 종류	연차재무제표와 동일
3. 공시	연차재무제표와 동일한 양식으로 작성함을 원칙으로 하나, **다만 계정과목 등은 대폭 요약하거나 일괄 표시할 수 있다.**

7 재무제표 작성과 표시의 일반원칙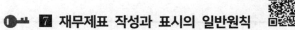

① 작성책임		재무제표의 작성과 표시에 대한 책임은 경영자
② 계속기업		계속기업을 전제로 재무제표를 작성
③ 중요성과 통합표시		중요하지 않은 항목은 **성격이나 기능이 유사한 항목과 통합하여 표시할 수 있다.** → 중요한 항목인 경우 주석으로 기재
④ 공시	비교정보	- 계량정보 : **전기와 비교하는 형식으로 작성** - 비계량정보 : 전기 재무제표의 비계량정보를 비교하여 주석에 기재한다.
	표시와 분류	재무제표의 항목의 표시와 분류는 원칙적으로 매기 동일
	금액표시	금액을 천원이나 백만원 단위 등으로 표시할 수 있다.

8 재무상태표

1. 구분표시의 원칙	자산·부채 및 자본을 종류별, 성격별로 적절히 분류하여 일정한 체계 하에 구분·표시한다.
2. 1년 기준	자산과 부채는 **결산일 현재 1년 또는 정상적인 영업주기를 기준으로 구분, 표시**
3. 유동성배열	**자산, 부채는 환금성이 빠른 순서로 배열한다.**
4. 총액주의	**순액으로 표기하지 아니하고 총액으로 기재한다.** ☞ 매출채권과 대손충당금은 순액표시가능 → 단 주석기재사항
5. 구분과 통합표시	1. **현금 및 현금성자산 : 별도항목으로 구분표시** 2. **자본금 : 보통주자본금과 우선주 자본금으로 구분표시** 3. **자본잉여금 : 주식발행초과금과 기타자본잉여금으로 구분표시** 4. **자본조정 : 자기주식은 별도항목으로 구분하여 표시**

6. **미결산항목 및 비망계정(가수금, 가지급금 등)은** 그 내용을 나타내는 적절한 계정과목으로 표시하고 재무제표상 표시해서는 안된다.

⑨ 손익계산서

1. 발생기준	
2. 실현주의	수익은 **실현시기(원칙 : 판매기준)를 기준으로 계상**한다.
3. 수익·비용대응의 원칙	비용은 관련수익이 인식된 기간에 인식한다.
4. 총액주의	**수익과 비용은 총액으로 기재한다.(예 : 이자수익과 이자비용)** ☞ 동일 또는 유사한 거래 등에서 발생한 차익, 차손 등은 총액으로 표시하지만 중요하지 않는 경우에는 관련 차익과 차손 등을 상계하여 표시할 수 있다.
5. 구분계산의 원칙	손익은 매출총손익, 영업손익, 법인세비용차감전순손익, 당기순손익, 주당순손익으로 구분하여 표시한다. ☞ 제조업, 판매업 및 건설업 외의 업종에 속하는 기업은 매출총손익의 구분표시를 생략할 수 있다.
6. 환입금액표시	영업활동과 관련하여 비용이 감소함에 따라 발생하는 **퇴직급여충당부채환입, 판매보증충당부채환입 및 대손충당금 환입 등은 판매비와 관리비의 부(−)의 금액으로 표시**한다.

⑩ 주석

1. 정의	**정보이용자가 재무제표를 이해하고 다른 기업의 재무제표와 비교하는데 도움이 되는 정보**
2. 내용	① **일반기업회계기준에 준거하여 재무제표를 작성하였다는 사실의 명기** ② 재무제표 작성에 적용된 유의적인 회계정책의 요약 ③ 재무제표 본문에 표시된 항목에 대한 보충정보 ④ **기타 우발상황, 약정사항 등의 계량정보와 비계량정보**

Ⅲ 당좌자산

1. 현금 및 현금성자산		
2. 단기투자자산	**결산일(보고기간말)로부터 만기가 1년 이내 도래**	
	1. 단기금융상품	정기예금, 정기적금 등 기타 정형화된 상품 등으로 단기적 자금운용목적으로 소유
	2. 단기매매증권	지분증권, 채무증권 시장성 & 단기적 자금운용의 목적 또는 처분목적
	3. 기타	단기대여금 등
3. 매출채권	외상매출금, 받을어음	
4. 기타의 당좌자산	미수금, 미수수익, 선급금, 선급비용 등	

 Ⅻ 현금 및 현금성자산

1. 현금	통화	지폐나 주화
	통화대용 증권	타인발행수표(가계수표, 당좌수표), 송금수표, 여행자수표, 우편환증서, 배당금지급통지서, 지급기일이 도래한 공사채의 이자표, **만기도래어음** **(예외) 부도수표, 선일자수표 → 매출채권(OR 미수금)**
	요구불 예금	당좌예금의 잔액을 초과하여 지급된 금액을 당좌차월이라 하며, **당좌차월은 부채로서 "단기차입금"으로 분류**
2. 현금성 자산	큰 비용없이 현금으로 전환이 용이하고 이자율변동에 따른 가치변동의 위험이 중요하지 않은 것으로서 **취득당시 만기가 3개월 이내인 금융상품**	

☞ 우표, 수입인지, 수입증지 : 비용 or 선급비용   ☞ 차용증서 : 대여금

⚷ 🔢 유가증권회계처리

1. 취득시		**취득원가＝매입가액＋부대비용(수수료등)** ※ 단기매매증권은 부대비용을 수수료비용(영업외비용) 유가증권의 단가산정방법 : 총평균법, 이동평균법		
2. 보유시	기말 평가 	단기매매증권	공정가액	**단기매매증권평가손익(영업외손익)**
		매도가능증권	공정가액 (원가법)	**매도가능증권평가손익** **(자본 : 기타포괄손익누계액)**
		만기보유증권	상각후원가	–
		단기매매(매도가능)증권의 기말장부가액＝시가(공정가액)		

	수익	1. 이자(채무증권)	2. 배당금(지분증권)	
			현금배당금	주식배당금
		이자수익	배당금수익	**회계처리를 하지 않고 수량과** **단가를 재계산**

3. 처분시	단기매매증권처분손익＝처분가액 – 장부가액 매도가능증권처분손익＝처분가액 – 취득가액(＝장부가액＋평가손실 – 평가이익)
4. 손상차손	**발행회사의 신용악화에 따라 증권의 가격이 폭락하는 위험** **유가증권 손상차손＝장부가액 – 회수가능가액** ☞ 단기매매증권은 손상차손을 인식하지 않는다. 왜냐하면 단기매매증권은 기말마다 공정가치로 　평가하고, 평가손익을 당기손익으로 반영하였기 때문이다.

⚷ 🔢 단기매매증권과 매도가능증권

	단기매매증권	매도가능증권
의　　의	단기간 시세차익목적	언제 매도할지 모름
취득가액	**매입가액**	**매입가액＋부대비용**
기말평가	공정가액	공정가액(공정가액이 없는 경우 원가법)
	미실현보유손익 : 실현됐다고 가정 **(영업외손익 – 단기매증권평가손익)**	**미실현보유손익** **(자본 – 기타포괄손익누계액)**
처분손익	**처분가액 – 장부가액**	**처분가액 – 취득가액** (＝장부가액＋평가손실 – 평가이익)

⑮ 지분법적용투자주식

다른 회사에 **유의적인(중대한) 영향력**을 행사 할 수 있는 주식 ← **경제적 단일실체**

요건	1. 의결권있는 주식의 **20% 이상**을 보유 2. 이사회등에의 참여 3. 영업정책결정과정에 참여 4. 경영진의 인사교류 5. 필수적인 기술정보의 교환 6. 중요한 내부거래
평가	지분법으로 평가(영업외손익)

⑯ 유가증권의 재분류 - 보유목적 변경

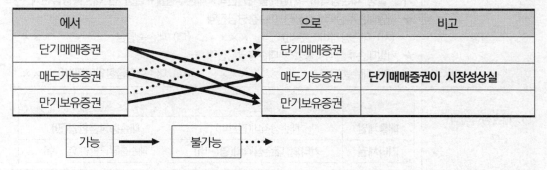

에서	으로	비고
단기매매증권	단기매매증권	
매도가능증권	매도가능증권	**단기매매증권이 시장성상실**
만기보유증권	만기보유증권	

가능 ——▶ 불가능 ·····▶

⑰ 어음의 할인 및 추심

	중도매각(매각거래)	추심(만기)
	할인료	추심수수료
성격	영업외거래	영업거래
	영업외비용	판관비
회계 처리	(차) 현　　금　　　×× **매출채권처분손실(영)**　×× (대) 받을어음　　　　××	(차) 현　　금　　　×× **수수료비용(판)**　×× (대) 받을어음　　　　××

18 매출채권의 평가 – 대손충당금설정

1. 대손시	★ 대손충당금 계정잔액이 충분한 경우 　(차) 대손충당금　　×××　　(대) 매출채권　　××× ★ 대손충당금 계정잔액이 부족한 경우 　(차) 대손충당금(우선상계)　×××　　(대) 매출채권　××× 　　　대손상각비(판)　×××
2. 대손처리한 　 채권회수시	★ **대손세액공제적용 채권** 　(차) 현 금 등　　×××　　(대) 대손충당금　　××× 　　　　　　　　　　　　　　　　　**부가세예수금**　×××[1] 　*1. 회수금액 × 10/110 ★ **대손세액공제미적용 채권** 　(차) 현 금 등　　×××　　(대) 대손충당금　　×××
3. 기말설정	**기말 설정 대손상각비＝기말매출채권잔액×대손추정율－설정 전 대손충당금잔액** ★ 기말대손추산액＞설정전 대손충당금잔액 　(차) 대손상각비(판관비)　×××　　(대) 대손충당금　××× ★ 기말대손추산액＜설정전 대손충당금잔액 　(차) 대손충당금　×××　　(대) **대손충당금환입(판관비)** ×××
4. 대손상각비의 　 구분	<table><tr><th></th><th>설　정</th><th>환　입</th></tr><tr><td>**매출채권**</td><td>대손상각비(판관비)</td><td>**대손충당금환입(판)**</td></tr><tr><td>**기타채권**</td><td>**기타의 대손상각비(영·비)**</td><td>대손충당금환입(영·수)</td></tr></table>
5. 대손충당금 　 표시	**총액법(매출채권과 대손충당금을 모두 표시)으로 할 수 있으며, 순액법(매출채권에서 대손충당금을 차감)으로 표시한 경우 주석에 대손충당금을 기재한다.**

19 재고자산의 범위

1. 미착상품 (운송중인 상품)	① 선적지인도조건	**선적시점**에 매입자의 재고자산
	② 도착지인도조건	**도착시점**에 매입자의 재고자산
2. 위탁품(적송품)		**수탁자가 고객에게 판매한 시점**에서 위탁자는 수익을 인식
3. 시송품(시용품)		**소비자가 매입의사를 표시한 날**에 회사는 수익을 인식하
4. 반품률이 높은 재고자산	㉠ 합리적 추정가능시	**인도시점에서 수익을 인식**하고 예상되는 반품비용과 반품이 예상되는 부분의 매출총이익을 반품충당부채로 인식
	㉡ 합리적 추정이 불가능시	구매자가 **인수를 수락한 시점이나 반품기간이 종료된 시점**에 수익을 인식한다.

20 재고자산의 회계처리

1. 취득시		취득원가 = 매입가격 + 매입부대비용(운반비, 보험료, 관세 등)
2. 평가	① 감모손실 (수량)	• **정상감모 : 매출원가** • **비정상감모 : 영업외비용(재고자산감모손실)**
	② 평가손실 (단가)	• **저가법적용 : 하락시 평가손실만 인식하고 회복시 최초의 장부가액을 한도로 하여 시가회복분만 환입** • **제품, 상품, 재공품 : 순실현가치(정상판매가격 - 추정판매비)** • **원재료 : 현행대체원가 → 원재료<완성될 제품 : 저가법 미적용**
	☞ 감모손실을 먼저 인식한 후 평가손실을 인식하세요!!!!!	

21 재고자산의 수량 및 단가결정

수량	1. 계속기록법 2. 실지재고조사법	
단가	1. 개별법	**가장 정확한 원가배분방법**
	2. 선입선출법	재고자산의 진부화가 빠른 기업이 적용
	3. 후입선출법	실제물량흐름과 거의 불일치되고 일부 특수업종에서 볼 수 있다.
	4. 평균법	**계속기록법인 이동평균법과 실지재고조사법인 총평균법**
	5. 소매재고법	추정에 의한 단가 산정방법(**원칙적으로 유통업에만 인정**)

○━ 22 각 방법의 비교

물가가 상승하는 경우		선입선출법	평균법	후입선출법
구입순서 1.10원 2.20원 3.30원	매출액(2개)	100원(50×2개)	100원	100원
	매출원가(2개)	30원(10+20) <	40원(20×2개) <	50원(30+20)
	매출이익 **(당기순이익)** **(법인세)**	70원 >	60원 >	50원
	기말재고	30원 >	20원 >	10원

〈대차평균의 원리〉
자산 ∝ 이익

언제나 중앙

〈크기 비교 : 물가상승시〉

	선입선출법	평균법(이동, 총)	후입선출법
기말재고, 이익, 법인세	>	>	>
매출원가	<	<	<

☞ 물가하락시 반대로 생각하시면 됩니다.

○━ 23 선입선출법 VS 후입선출법

	선입선출법	후입선출법
특징	• **물량흐름과 원가흐름이 대체적으로 일치** • 기말재고자산을 현행원가로 표시 • **수익과 비용 대응이 부적절**	• **물량흐름과 원가흐름이 불일치** • 기말재고자산이 과소평가 • **수익과 비용의 적절한 대응**

🔑 24 비유동자산

1. 투자자산	장기금융상품, 투자부동산, 유가증권(**매도가능증권, 만기보유증권**), 장기대여금 등
2. 유형자산	토지, 건물, 구축물, 기계장치, 차량운반구, 비품, **건설중인자산(미완성된 유형자산)**
3. 무형자산	영업권, 산업재산권, 광업권, 어업권, **개발비, 소프트웨어**
4. 기타비유동자산	전세권, **임차보증금(cf 임대보증금 : 부채)** 등

🔑 25 유형자산의 회계처리

1. 취득시	**취득가액 = 매입가액 + 부대비용** ☞ 부대비용 : 취득세, 등록면허세, 설치비, 차입원가, 전문가에게 지급하는 수수료 등 ☞ 국공채 등을 불가피하게 매입하는 경우 **채권의 매입가액과 현재가치와의 차액**은 부대비용에 해당	
	1. 일괄구입	각 유형자산의 상대적 공정가치비율에 따라 안분
	2. 현물출자	취득한 자산의 공정가치로 한다. 다만 유형자산의 공정가치를 신뢰성있게 측정할 수 없다면 발행하는 주식의 공정가치를 취득원가로 한다.
	3. 자가건설 (건설중인자산)	원가계산방법에 따라 산정한 제조원가(재료비, 노무비 등)
	4. 증여 또는 무상 취득	취득한 자산의 공정가치
	5. 정부보조금	상환의무가 없을 경우 해당 자산의 취득가액에서 차감표시
	6. 장기연불구입	미래현금유출액의 현재가치
2. 보유시	**수익 · 비용 대응의 원칙**에 따라 유형자산의 효익을 제공하는 기간에 걸쳐 감가상각비로 비용화 **감가상각비 계산의 3요소 : 취득가액, 잔존가치, 내용년수**	
3. 처분시	1. **처분가액 > 장부가액** → 유형자산처분익(영업외수익) 2. **처분가액 < 장부가액** → 유형자산처분손(영업외비용)	

4. 손상차손	• 유형자산의 손상차손 = 회수가능가액 − 손상전 장부금액
	• **회수가능가액 = MAX[ⓐ 순매각가치, ⓑ 사용가치]**
	  ⓐ **순매각가치 = 예상처분가액 − 예상처분비용**
	  ⓑ 사용가치 = 해당 자산의 사용으로부터 예상되는 미래 현금흐름의 현재가치	

26 철거비용

	타인건물구입후 즉시 철거	사용중인 건물철거
목 적	**토지 사용목적으로 취득**	**타용도 사용**
회계처리	**토지의 취득원가**	**당기비용(유형자산처분손실)**
폐자재매각수입	토지 또는 유형자산처분손실에서 차감한다.	
분개	(차) **토 지**　　×× (대) 현금(건물구입비용)　　×× 　　**현금(철거비용)**　　××	(차) 감가상각누계액　　×× 　　**유형자산처분손실**　×× (대) 건물　　　　　　　　×× 　　**현금(철거비용)**　　　××

27 교환취득

	동종자산	이종자산
회계처리	장부가액법	공정가액법
교환손익	인식하지 않음	인식(유형자산처분손익발생)
취득가액	**제공한 자산의 장부가액**	제공한 자산의 공정가액[1]

*1. 불확실시 교환으로 취득한 자산의 공정가치로 할 수 있다. 또한 자산의 교환에 현금수수시
　현금수수액을 반영하여 취득원가를 결정한다.
　이종자산 간의 교환시 신자산의 가액＝제공한 자산의 공정가액＋현금지급액－현금수취액

〈이종자산 교환거래 – 유형자산, 수익〉

	유형자산 취득원가	수익인식
원칙	**제공한 자산의 공정가치**	**제공받은 재화의 공정가치**
예외(원칙이 불확실시)	**취득한 자산의 공정가치**	**제공한 재화의 공정가치**

28 차입원가 : 금융비용의 자본화

1. 원칙	<u>기간비용(이자비용)</u> ☞ 선택적으로 자본화를 허용
2. 자본화대상자산	1. 재고자산 : 제조(구입)등이 개시된 날로부터 의도된 용도로 사용(판매)할 수 있는 상태가 될 때까지 1년 이상의 기간이 소요 2. 유무형자산, 투자자산, 비유동자산
3. 대상금융비용	1. 차입금과 사채에 대한 이자비용 2. 사채발행차금상각(환입)액 3. 현재가치할인차금상각액 4. 외화차입금에 대한 환율변동손익 5. 차입과 직접 관련하여 발생한 수수료 ☞ 제외 : 받을어음 매각시 매출채권처분손실, 연체이자, 운용리스료

29 수익적지출과 자본적지출

수익적지출(비용)	자본적 지출(자산)
자본적지출 이외	**1. 자산가액 ↑ 또는 2. 내용연수 ↑**
부속품의 교체, 건물의 도색, 건물의 유리교체	냉난방장치(중앙)설치, 건축물의 증축, 엘리베이터의 설치
비용(수선비등)처리	해당 자산가액 처리

30 감가상각비 : 수익비용대응 → 취득원가의 합리적 · 체계적 배분

1. 감가상각대상금액(A) <u>(취득가액 – 잔존가치)</u>	정액법	A/내용연수
	연수합계법	A × 잔여내용연수/내용연수의 합계
	생산량비례법	A × 당기실제생산량/예상총생산량
2. 장부가액(B) <u>(취득가액 – 기초감가상각누계액)</u>	정률법	B × 상각율
	이중체감법	B × (2/내용연수)
초기 감가상각비	**정률법(이중체감법)[1]>내용연수합계법>정액법** *1. 정률법의 상각율과 이중체감법의 2/내용연수에 따라 달라질 수 있다.	
초기 장부가액	정액법>내용연수합계법>정률법(이중체감법)	

3. 감가상각제외자산	1. 토지 2. 건설중인자산 **3. 폐기예정인 유형자산** ☞ **일시적으로 운휴 중에 있는 자산은 감가상각대상자산임(영업외비용)**
4. 정부보조금(국고보조금)	상환의무가 없는 경우 국고보조금을 수령한 경우 **자산의 취득원가에서 차감하여 표시**한다. 그리고 그 자산의 내용년수에 걸쳐 감가상각액과 상계하며, 해당 유형자산을 **처분시에는 정부보조금잔액을 처분손익에 반영**한다.

31 유형자산의 손상차손

1. 손상가능성의 판단기준	1. 유형자산의 시장가치가 현저하게 하락한 경우 2. 유형자산의 사용강도나 사용방법에 현저한 변화가 있거나, 심각한 물리적 변형이 초래된 경우 3. 해당 유형자산으로부터 영업손실이나 순현금유출이 발생하고, 이 상태가 미래에도 지속될 것이라고 판단되는 경우 등
2. 인식기준	1. **유형자산의 손상차손 = 회수가능가액 – 손상전 장부금액** 2. **회수가능가액 = MAX[ⓐ순공정가치, ⓑ사용가치]** 　ⓐ 순공정가치 = 예상처분가액 – 예상처분비용 　ⓑ 사용가치 = 해당 자산의 사용으로부터 예상되는 미래 현금흐름의 현재가치

32 유형자산의 재평가모형

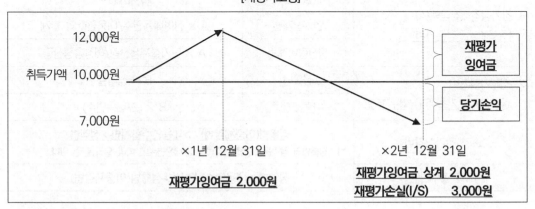

[재평가모형]

재평가증	(차) 유형자산　　　　　　　××× *1. 당기이전에 재평가손실액이 있는 경우 우선 상계한다.	(대) 재평가손실(I/S)*¹　　××× 　　**재평가잉여금**　　　　××× 　　**(자본－기타포괄손익누계액)**
재평가감	(차) **재평가잉여금*²**　　　××× 　　**재평가손실(I/S)**　　××× *2. 재평가잉여금 잔액이 있는 경우 우선 상계한다.	(대) 유형자산　　　　　　　×××

⊶ ❸❸ 무형자산의 회계처리

종　류	영업권, 산업재산권, 광업권, 어업권, **개발비, 소프트웨어** ☞ **외부구입영업권만 인정함. 자가창설영업권 불인정**
취득가액	매입가액＋부대비용 ☞ 내부창출무형자산의 취득가액 : 그 자산의 창출,제조, 사용준비에 직접 관련된 지출과 <u>**합리적이고 일관성있게 배분된 간접지출을 포함**</u> 　1. 인건비 　2. 재료비, 용역비 　3. 유형자산의 감가상각비, 무형자산의 상각비 　4. 무형자산의 창출에 필요하며 합리적이고 일관된 방법으로 배분할 수 간접비용 　5. 차입원가중 자본화를 선택한 비용
보유시(상각)	<u>**무형자산은 사용가능시점부터 상각하고, 비한정무형자산은 상각하지 아니한다.**</u> ☞ 비한정인 무형자산 : 내용연수를 추정하는 시점에서 내용연수를 결정하지 못하는 무형자산 **무형자산상각비 ＝ [취득가액 － 0(잔존가치는 원칙적으로 "0")]/내용연수** 　　　　　　　　　**＝ 미상각잔액(장부가액)/잔여내용연수** 무형자산의 상각기간은 독점적 · 배타적인 권리를 부여하고 있는 관계 법령이나 계약에 의해 정해진 경우를 제외하고는 **20년을 초과할 수 없다.** 상각방법 : 정액법, 정률법, 연수합계법, 생산량비례법 등 단, **합리적인 상각방법을 정할 수 없는 경우에는 정액법 사용(영업권은 정액법만 인정)**

🔑 34 개발비

정 의	신제품 또는 신기술의 개발과 관련하여 발생한 비용(내부에서 개발한 소프트웨어 관련 비용으로 자산인식기준을 충족시키는 것 포함)으로서 **개별적으로 식별가능하고 미래의 경제적 효익을 기대**할 수 있는 것으로 본다.

회계처리	연구단계	개발단계	생산단계	
	연구비(판관비)	경상개발비(일상)	무형자산상각	
		개발비(자산충족시)	**제조관련 ○**	**제조관련 ×**
			제조경비	**판관비**

🔑 35 유형자산 VS 무형자산

	유형자산	무형자산
취득가액	매입가액 + 부대비용	**좌동(간접지출도 대상)**
잔존가액	처분시 예상되는 순현금유입액	**원칙적으로 "0"**
내용년수	경제적 내용연수	좌동, **원칙 : 20년 초과 불가**
상각방법	정액법, 정률법, 내용연수합계법, 생산량비례법 등	좌동 **다만 합리적인 상각방법이 없는 경우 "정액법"**
재무제표 표시	간접상각법	**직접상각법, 간접상각법 가능**

🔑 36 충당부채와 우발부채

확정부채		지출시기와 지출금액이 확정된 부채	
추정부채	충당부채	지출시기 또는 지출금액이 불확실한 부채	재무상태표의 부채로 기재
	우발부채		**"주석"기재 사항**

[충당부채와 우발부채의 구분]		
	신뢰성있게 추정가능	**신뢰성 있게 추정불가능**
가능성이 매우 높음	**충당부채로 인식**	우발부채 – 주석공시
가능성이 어느 정도 있음	**우발부채 – 주석공시**	
가능성이 거의 없음	공시하지 않음	

[충당부채]

1. 측정	① 보고기간말 현재 **최선의 추정치**이어야 한다. ② 명목가액과 현재가치의 차이가 중요한 경우 **현재가치로 평가**한다.
2. 변동	보고기간마다 잔액을 검토하고, 보고기간말 현재 **최선의 추정치**를 반영하여 증감조정한다.
3. 사용	최초의 인식시점에서 **의도한 목적과 용도에만 사용**하여야 한다.

●━ 87 퇴직연금

운용책임	확정기여형	확정급여형
	종업원 등	**회사**
설정	–	(차) 퇴직급여 ××× 　　(대) 퇴직급여충당부채 ×××
납부	(차) 퇴직급여 ××× 　　(대) 현　금 ×××	(차) **퇴직연금운용자산**[*1] ××× **(퇴직급여충당부채 차감)** 　　(대) 현　금 ×××
운용수익	회계처리 없음	(차) 퇴직연금운용자산 ××× 　　(대) 이자수익(운용수익) ×××
퇴직시	회계처리없음	(차) 퇴직급여충당부채 ××× 　　퇴 직 급 여 ××× 　　(대) 퇴직연금운용자산 ××× 　　　　현　　금 ×××

*1. 퇴직연금운용자산이 퇴직급여충당부채와 퇴직연금미지급금의 합계액을 초과하는 경우에는 **초과액을 투자자산의 과목으로 표시한다.**

38 사채

- **사채의 구성요소 : 액면가액, 액면(표시)이자율, 만기**
- **액면이자율** : 사채를 발행한 회사에서 지급하기로 약정한 증서에 표시된 이자율
- **시장이자율(유효이자율)** : 사채가 시장에서 거래될 때 사용되는 이자율

시장이자율 = 무위험이자율 + 신용가산이자율(risk premium)		

액면발행	액면가액 = 발행가액	액면이자율 = 시장이자율
할인발행	액면가액 > 발행가액	액면이자율 < 시장이자율
할증발행	액면가액 < 발행가액	액면이자율 > 시장이자율

회계 처리	할인발행	(차) 예금등　　　　　　　xxx　　(대) 사　　채　　　　　　xxx 사채할인발행차금　xxx **(선급이자성격)**		
	할증발행	(차) 예금등　　　　　　　xxx　　(대) 사　　채　　　　　　xxx 사채할증발행차금　xxx **(선수이자성격)**		
조기상환		**사채상환손익 = 순수사채상환가액 − 사채의 장부가액(액면가액 ± 미상각사채발행차금)**		

39 사채의 상각 – 유효이자율법

[사채장부가액과 사채발행차금상각(환입)액]

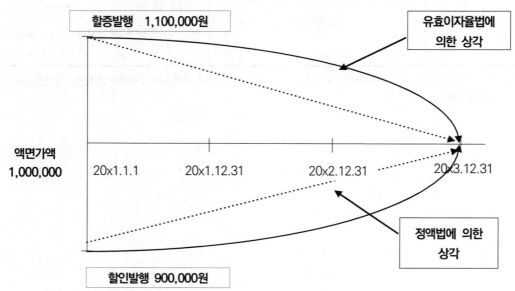

발행유형	사채장부가액	사채발행차금상각	총사채이자(I/S이자비용)
액면발행(1,000,000)	동일	0	액면이자
할인발행(900,000)	매년증가	**매년증가**	매년증가(액면이자＋할인차금)
할증발행(1,100,000)	매년감소		매년감소(액면이자－할증차금)

사채할인(할증)발행차금은 **유효이자율법으로 상각(환입)**하고 그 금액을 사채이자에 가감한다. 이 경우 **사채할인(할증)발행차금 상각액은 할인발행이건 할증발행이건 매년 증가한다.**

❶ 40 자산·부채의 차감/가산 항목

	자산	부채
차감항목	대손충당금(채권) 재고자산평가충당금(재고자산) 감가상각누계액(유형자산) 현재가치할인차금[1](자산) 정부보조금(유무형자산)	사채할인발행차금(사채) 퇴직연금운용자산(퇴직급여충당부채) － 현재가치할인차금[1](부채) －
가산항목	－	사채할증발행차금(사채)

[1]. 장기성 채권(채무)의 미래에 수취(지급)할 명목가액을 유효이자율로 할인한 현재가치와의 차액을 말한다.
　현재가치할인차금＝채권(채무)의 명목가액－채권(채무)의 현재가치

◉━ 41 자본의 종류

1. 자본금	기업이 발행한 총발행주식수에 주식 1주당 액면가액을 곱하여 계산하고, **보통주자본금과 우선주자본금은 구분표시한다.**			
2. 자본잉여금	영업활동 이외 자본거래(주주와의 자본거래)에서 발생한 잉여금으로서 **주식발행초과금과 기타자본잉여금으로 구분표시한다.**			
	주식발행초과금	감자차익	자기주식처분익	–
3. 자본조정	자본거래 중 자본금, 자본잉여금에 포함되지 않지만 자본항목에 가산되거나 차감되는 임시적인 항목으로서, **자기주식은 별도항목으로 구분하여 표시한다.**			
	주식할인발행차금	감자차손	자기주식처분손	자기주식
4. 기타포괄 손익누계액	손익거래 중 손익계산서에 포함되지 않는 손익으로 **미실현손익** (예) 매도가능증권평가손익, 해외사업환산차손익 등			
5. 이익잉여금	**(1) 기처분이익 잉여금**	㉠ **법정적립금(이익준비금) : 회사는 자본금의 1/2에 달할 때까지 매기 결산시 금전에 의한 이익배당액의 1/10 이상의 금액을 이익준비금으로 적립** ㉡ **임의적립금**		
	(2) 미처분이익잉여금			

◉━ 42 신주발행

액면발행	액면가액 = 발행가액	
할인발행	액면가액 > 발행가액	주식할인발행차금(자본조정)
할증발행	액면가액 < 발행가액	주식발행초과금(자본잉여금)

- 자본금 = 발행주식총수 × 주당액면금액
- 발행가액 = 주식대금납입액에서 신주발행비 등을 차감한 후의 금액

◉━ 43 자본금의 감소(감자)

		주식수	자본금	순자산(자본)
실질적감자 (유상)	(차) 자본금 XX (대) 현금 등 XX	감소	감소	감소
형식적감자 (무상)	(차) 자본금 XX (대) 결손금 XX	감소	감소	변동없음

44 자본잉여금 VS 자본조정

	자본잉여금	자본조정
신주발행	주식발행초과금	주식할인발행차금
자본감소	감자차익	감자차손
자기주식	자기주식처분익 –	자기주식처분손 자기주식

자본잉여금은 발생시점에 이미 계상되어 있는 자본조정을 우선 상계하고, 남은 잔액은 자본잉여금으로 계상한다. 또한 반대의 경우도 마찬가지로 회계처리한다.

45 배당

	현금배당	주식배당
배당선언일	(차) 이월이익잉여금　××× 　(대) 미지급배당금(유동부채)　×××	(차) 이월이익잉여금　××× 　(대) 미교부주식배당금(자본조정)×××
	(투자자) (차) 미　수　금　××× 　(대) 배당금수익　×××	(투자자) – 회계처리없음 –
배당지급일	(차) 미지급배당금　××× 　(대) 현　　금　×××	(차) 미교부주식배당금　××× 　(대) 자　본　금　×××
재 무 상 태	–주식발행회사의 최종분개	
	(차) 이월이익잉여금(자본)　××× 　(대) 현　　금(자산)　×××	**(차) 이월이익잉여금(자본)　××× 　(대) 자　본　금(자본)　×××**
	순자산의 유출	**재무상태에 아무런 변화가 없다.**

46 주식배당, 무상증자, 주식분할, 주식병합

	주식배당	무상증자	주식분할	주식병합
주식수	증가	증가	증가	감소
액면금액	불변	불변	감소	증가
자본금	증가	증가	불변	불변
자 본	불변	불변	불변	불변

🔑 47 수익인식 요약

위탁판매	수탁자가 고객에게 판매한 시점	
시용판매	고객이 구매의사를 표시한 시점	
상품권	재화(용역)을 인도하고 **상품권을 회수한 시점**	
정기간행물	구독기간에 걸쳐 정액법으로 인식	
할부판매(장, 단기)	재화의 인도시점	
반품조건부판매	**반품가능성을 신뢰성있게 추정시 수익인식가능**	
설치용역수수료	진행기준	
공연수익(입장료)	행사가 개최되는 시점	
광고관련수익	방송사 : 광고를 대중에게 전달하는 시점 **광고제작사 : 진행기준**	
수강료	강의기간동안 발생기준	
재화나 용역의 교환	동종	수익으로 인식하지 않는다.
	이종	**판매기준**(수익은 교환으로 취득한 재화나 용역의 공정가치로 측정하되, 불확실시 제공한 재화나 용역의 공정가치로 측정한다.)

🔑 48 회계변경

1. 의의		**인정된 회계기준 → 다른 인정된 회계기준 적용**
2. 이론적근거와 문제점		표현의 충실성 확보 → 회계정보의 유용성의 증가 ☞ **기업간 비교가능성 및 특정기업의 기간별 비교가능성이라는 회계정보의 질적특성을 저해**
3. 정당한 사유	비자발적 회계변경	기업회계기준의 변경 **(세법의 변경은 정당한 사유가 아니다)**
	자 발 적 회계변경	1. 기업환경의 중대한 변화 2. 업계의 합리적인 관행 수요

4. 회계변경의 유형	1. 정책의 변경	**1. 재고자산의 평가방법의 변경(선입선출법 → 평균법)** **2. 유가증권의 취득단가 산정방법(총평균법 → 이동평균법)** **3. 표시통화의 변경** **4. 유형자산의 평가모형(원가법에서 재평가법으로 변경)**
	2. 추정의 변경	발생주의 회계(추정)에 필연적으로 수반되는 과제 **1. 유형자산의 내용연수/잔존가치 변경 또는 감가상각방법 변경** 2. 채권의 대손설정률 변경 3. 제품보증충당부채의 추정치 변경 4. 재고자산의 순실현가능가액

49 회계변경의 이론적 처리방법

처리방법	소급법	당기일괄처리법	전진법
시제	과거	현재	미래
누적효과	계산		계산안함
	이월이익잉여금	**당기손익**	
전기재무제표	재작성	작성안함(주석공시)	해당없음
강조	비교가능성	–	신뢰성

☞ 누적효과 : 관련 자산·부채에 대하여 새로운 방법을 처음부터 적용했다고 가정할 경우 변경연도의 기초시점까지 계상될 장부금액과 실제장부금액과의 차액

50 회계변경의 기업회계기준

1. 정책의 변경	원칙	**소급법**	
	예외	**전진법(누적효과를 계산할 수 없는 경우)**	
2. 추정의 변경	**전진법**		
3. 동시발생	1. 누적효과를 구분할 수 있는 경우	정책의 변경에 대하여 소급법 적용 후 추정의 변경에 대해서 전진법 적용	
	2. 구분할 수 없는 경우	전체에 대하여 전진법 적용	

🔑 51 오류수정

1. 의의	**잘못된 회계기준 → 올바른 회계기준**		

2. 유형	1. 당기순이익에 영향을 미치지 않는 오류 : 과목분류상의 오류
	2. 당기순이익에 영향을 미치는 오류
	  ① **자동조정오류** : 1기(오류발생) → 2기(반대작용) → 2기말(오류소멸)
	    – 기말재고자산의 과대(과소)평가
	    – 결산정리항목의 기간배분상 오류(선급비용, 선수수익 등)
	  ② **비자동조정오류**
	    – 자본적지출과 수익적지출의 구분 오류
	    – 감가상각비의 과대(소)계상		

3. 회계처리		중대한 오류	중대하지 아니한 오류
	회계처리	**소급법** (이익잉여금 – 전기오류수정손익)	**당기일괄처리법** (영업외손익 – 전기오류수정손익)
	비교재무제표	재작성(주석공시)	해당없음(주석공시)

🔑 52 결산절차

1. 예비절차	1. 수정전시산표의 작성 2. 결산수정분개 3. 수정후시산표의 작성
2. 본 절차	4. 계정의 마감
3. 결산보고서	5. 재무제표의 작성 **(제조원가명세서 → 손익계산서 → 이익잉여금처분계산서 → 재무상태표순)**

53 결산자료입력 – KcLep

1. 수동결산	1. 자동결산 이외
	2. **대손충당금환입, 퇴직급여충당부채 환입, 재고자산 비정상감모손실은 수동결산으로 입력**
2. 자동결산	1. **재고자산의 기말재고액(상품, 제품, 원재료, 재공품)**
	2. **유무형자산의 상각비**
	3. **퇴직급여충당부채 당기 전입액**
	4. **채권에 대한 대손상각비(보충법)**
	5. **법인세계상**
	☞ **② ③ ④ ⑤는 수동결산도 가능하나, 자동결산이 편리하다.**
순서	**수동결산 → 자동결산**

54 전자신고 : 부가가치세 신고서 및 원천징수이행상황신고서

1. 전자신고파일생성	1. 신고서 작성 및 마감
	2. 전자신고서 제작(비밀번호 입력)
	3. C드라이브에 파일(파일명 메모)이 생성
2. 홈택스 전자신고	1. 전자신고파일 불러오기
	2. 형식검증하기(비밀번호 입력) → 확인
	3. 내용검증하기 → 확인
	4. 전자파일 제출
	5. 접수증 확인

분개연습

전산세무 2급은 분개문제(일반전표, 매입매출전표, 결산자료 입력)가 15문제로 45점이 배점되어 있습니다. 전산회계1급과 마찬가지로 분개를 못하시면 전산세무2급을 합격할 수 없습니다. 수기로 직접 분개를 하여 연습을 하셔야 합니다.

1. 당사 거래처인 ㈜아산의 외상대금 1,000,000원을 동점발행 약속어음으로 받아 국민은행에서 할인하고 할인료 1%를 차감한 잔액은 당사 당좌예금계좌로 입금하였다.(매각거래로 처리)

2. 거래처인 대한㈜에 제품을 매출하고 수령한 대한㈜ 발행 약속어음 600,000원을 신한은행에 추심의뢰 하였는데 금일 만기가 도래하였다. 이에 대하여 신한은행으로부터 추심수수료 10,000원을 차감한 잔액이 당사 당좌예금 계좌에 입금되었다.

3. 국민은행에 예입한 정기예금[만기 : 9개월]이 만기가 되어 원금 1,000,000원과 이자소득 100,000원에 대해서 이자소득에 대한 원천징수세액 14,000원을 차감한 금액이 당사 당좌예금계좌에 입금되었다. 원천징수세액은 자산처리하시오.

4. 단기간 매매차익을 목적으로 ㈜천성전자의 주식 10주(액면 5,000원)을 주당 7,000원에 현금매입하고 증권회사에 거래수수료 5,000원을 현금으로 지급하였다.

5. 3월 31일에 단기매매증권의 ㈜온양의 주식 600주를 주당 2,000원에 매각하고 매각수수료 20,000원을 제외한 매각대금을 하나은행 보통예금으로 송금받다. 주식에 대한 거래현황은 다음 자료 이외에는 없다고 가정하며, 단가의 산정은 이동평균법에 의한다.

취득일자	주식수	취득단가	취득가액
3월 12일	200주	1,500원	300,000원
3월 24일	800주	1,200원	960,000원

6. 단기매매증권(20x0년도 취득가액 100,000원 20x0년말 공정가액 120,000원)을 20x1년 7월 5일 95,000원에 처분하고 매각수수료 2,000원을 차감한 잔액 93,000원이 당사 보통예금계좌로 입금되었다.

7. 6번문제가 매도가능증권(투자자산)일 경우 회계처리하시오.

8. 전기에 대손처리한 ㈜천안에 대한 외상매출금 전액(4,400,000원)이 보통예금 계좌로 입금되었다. 대손세액공제를 받은 경우와 받지 않은 경우를 가정하여 회계처리하시오.
   ▶ **대손세액공제를 받은 경우**

   ▶ **대손세액공제를 받지 않는 경우**

9. 기말현재 총계정원장의 당좌예금 잔액을 은행의 잔액증명서 잔액과 비교한 결과 100,000원이 장부가 많은 것을 발견하였다. 발견된 차액의 원인은 당좌차월에 대한 이자비용 100,000원의 인출로 밝혀졌다.

10. 전기에 ㈜서울에게 대여한 단기대여금 10,000,000원을 대손처리하였으나, 금일로 7,000,000원이 당사 보통예금계좌에 입금되었다. 회사는 전기에 대손충당금과 상계하여 회계처리하였다.

11. 상품매출에 대한 ㈜경기 외상매출금 잔액 (4,000,000원)을 보통예금으로 송금받았다. 동 대금잔액은 7일전에 발생한 (2/10, n/30)의 매출할인 조건부 거래에 대한 것으로서 매출할인 금액을 차감한 금액이 입금되었다(단, 부가가치세는 고려하지 않는다).

12. 원재료 매입처 중앙㈜의 외상매입금 잔액(1,400,000원)을 다음과 같이 지급하였다. 200,000원은 거래처인 두정㈜로부터 받은 약속어음을 배서하여 주고 100,000원은 사전 약정에 의해 할인을 받았으며 잔액은 현금으로 지급하였다.

13. 기계장치의 고장에 따른 수리시 원재료로 구입한 부품 200,000원을 수리용 부품으로 사용하였다.

14. (주)천안으로부터 투자목적으로 사용할 토지를 2,000,000원에 매입하고 자기앞수표를 지급하고, 당일 취득세 60,000원은 현금 납부하였다.

15. 투자목적으로 보유중인 상가(취득가액 50,000,000원) 1동을 (주)아산에 60,000,000원에 매각하고 대금은 약속어음(만기 : 1년 이내)으로 받았다.

16. 건설 중인 공장 건물이 완공되었다. 또한 동 건물을 등기하면서 취득세 1,000,000원을 현금으로 지급하였다(동 거래와 관련하여 건설중인자산 계정의 금액은 50,000,000원이고 동 금액도 본계정에 대체하시오.)

17. 업무용 차량을 등록하면서 등록세 300,000원을 현금으로 납부하고, 공채(액면가 250,000원, 공정가액 200,000원)를 액면가액에 현금으로 구입한 후 등록을 완료하였다. 상기의 공채는 만기까지 보유할 예정이다.

18. 본사사옥을 자가건설하기 위하여 건물이 세워져 있는 아산물산 토지를 7,000,000원에 구입하고 당좌수표를 발행하여 지급하였다. 또한 구 건물의 철거비용 200,000원과 토지정지비용 100,000원을 현금으로 추가 지급하였다.

19. 사용중인 공장건물을 새로 신축하기 위하여 기존건물을 철거하였다.
   철거당시의 기존건물의 자료는 다음과 같다.

   1. 건물의 취득가액 : 10,000,000원
   2. 철거당시 감가상각누계액 : 8,000,000원
   3. 건물철거비용 : 3,000,000원을 현금지급함
   4. 철거시 폐자재매각대금 : 1,500,000원이 보통예금계좌로 입금됨.

20. 승용차(취득가액 1,000,000원, 폐차시 감가상각누계액 900,000원)를 경기폐차장에서 폐차시키고, 업체로부터 고철비 명목으로 50,000원 현금으로 받다. 단, 부가가치세는 고려하지 않는다.

21. 제품을 보관하기 위한 창고(취득가액 10,000,000원, 감가상각누계액 8,000,000원)가 화재로 완전히 소실되었다. 또한 창고에 보관하던 제품(장부가 500,000원, 시가 900,000원)도 완전히 소실되었다. 동 건물과 제품에 대하여 손해보험에 가입하였다.

22. 21번 문제에 대하여 보험금이 10,000,000원이 확정되었다는 통보를 ㈜한국화재로부터 받았다.

23. 대표이사로부터 취득원가 20,000,000원인 토지를 기증 받았다. 이 토지의 공정가액은 50,000,000원이다.

24. 창고용 토지를 취득하고, 아래와 같은 지출이 발생하였다. 단, 토지구입과 관련해서 전월에 계약금(건설중인자산으로 회계처리함)으로 5,000,000원을 지급한 사실이 있다.

항 목	지출액(원)	비 고
잔금지급액	25,000,000	전액 보통예금에서 이체
중개수수료	78,000	원천징수세액(기타소득세 및 지방소득세) 22,000원을 차감한 금액으로서, 전액 현금지급
취득세등	300,000	천안시청에 국민카드로 납부함.

25. 회사는 기말 현재 결산항목 반영 전에 재무상태상 개발비 미상각 잔액이 4,800,000원이 있다. 개발비는 전기 초에 설정되어 전기 초부터 사용하였고 모든 무형자산은 사용가능한 시점부터 5년간 상각한다.

26. (주)아산으로부터 받은 약속어음(발행인 : (주)아산, 만기 : 1년 이내) 중 10,000,000원을 만기일에 발행인의 거래은행에 지급제시를 하였으나 부도로 확인되었다. 당사는 거절증서작성비용 등 150,000원을 현금으로 별도 지급하고 (주)아산에 어음대금과 함께 청구하였다.

27. 회사는 사원의 퇴직금지급을 위하여 한성생명㈜에 확정급여형 퇴직연금에 가입하고 1,000,000원을 현금으로 입금하였다. 동 금액에는 한성생명(주)에 대한 사업비가 1% 포함되어 있다.

28. 확정기여형 퇴직연금제도를 설정하고 있는 (주)한강은 퇴직연금의 부담금(기여금) 1,500,000원(생산직 1,000,000원, 관리직 500,000원)을 은행에 현금납부하였다.

29. 액면총액 10,000,000원(1,000좌, @10,000원)의 사채를 @10,300원으로 발행하고 납입금은 서울은행에 보통예금계좌에 예입하였고, 사채발행비용 1,000,000원은 현금지급하였다.

30. 생산직사원 김기동이 퇴직을 하여 퇴직금을 지급하였다. 회사에서는 퇴직소득에 대한 소득세등을 원천징수하고 잔액을 당좌수표로 지급하였다. 퇴사시 퇴직급여충당부채 잔액은 15,000,000원이라 가정한다.

> • 회사지급액 : 20,000,000원(원천징수세액 차감 후 당좌수표발행액)
> • 원천징수소득세(지방소득세포함) : 550,000원

31. 영업직원들의 영업력향상을 위하여 강사를 초빙하여 교육을 실시하고 강의료 200,000원 중에서 사업소득원천징수세액(지방소득세포함) 6,600원을 공제한 내역으로 강사에게 사업소득원천징수영수증을 교부하였으며, 강의료는 보통예금 통장으로 계좌이체 하였다.

32. 생산부서의 건강보험료(사업자부담분) 150,000원의 납부가 지연되어 가산금 10,000원과 함께 고지되어 당일에 보통예금에서 계좌이체하다.(가산금은 잡손실로 처리하세요.)

33. 가수금 500,000원의 내역을 확인한 결과 (주)아산에 대한 제품매출 계약금 300,000원과 외상매출금 회수액 200,000원으로 확인되었다.

34. 3월분 직원급여를 다음과 같이 당사 보통예금계좌에서 이체하여 지급하였다.

부 서	기본급	소득세	건강보험	고용보험	공제계	차인
	제수당	지방소득세	국민연금	가불금		지급액
김길동	3,000,000	151,750	63,780	14,850	377,850	2,922,150
(관리부)	300,000	15,170	132,300			
홍길동	1,100,000	1,220	23,150	5,850	281,190	1,018,810
(생산부)	200,000	120	50,850	200,000		
계	4,600,000	168,260	270,080	220,700	659,040	3,940,960

※ 홍길동의 가불금은 "임직원등 단기채권" 계정으로 계상되어 있다.

35. 임시주주총회에서 증자를 결의하여 주식 100주를 발행(액면가액 : 5,000원, 발행가액6,000원)하고 주식발행비용 50,000원을 제외한 금액을 국민은행에 보통예금으로 입금하였다. 주식할인발행차금은 없다.

36. 회사가 차입한 신한은행의 장기차입금 3,000,000원을 출자전환하기로 하고 주식 100주 (액면가액 10,000원)를 발행하여 교부하였으며 자본증자 등기를 마쳤다. 등기시 주식할인발행차금 700,000원이 있다고 가정한다.

37. 20X0년도에 대한 결산에 대한 주주총회를 갖고 다음과 같이 잉여금을 처분하기로 결의하였다. 주식배당금 지급시 신주 100주(액면가액 1,000원)를 발행시 주식발행비 5,000원을 현금지급하였고, 주식발행초과금 잔액이 50,000원 있다고 가정한다. 처분시(주주총회결의시)와 현금(주식)배당 지급시 분개를 하시오.

현 금 배 당	500,000
주 식 배 당	100,000
이 익 준 비 금	50,000

▶ 분개 – 주주총회결의시

▶ 분개 – 배당금지급시

38. 자본을 감자하기 위하여 회사 주식 100주(액면가 1,000원)을 800원에 매입하여 소각하고 대금은 보통예금 계좌에서 이체하여 지급하였다.(감자차손 잔액이 15,000원있다고 가정한다)

39. 전년도에 취득한 자기주식 5,000,000원을 4,500,000원에 처분하고 전액 현금으로 수령하였다. 자본계정에는 자기주식처분손익 잔액이 없다.

40. 당사는 영업매장의 일부를 상가로 임대하고 있다. 간주임대료에 대한 부가가치세 100,000원을 계산하여 임차인(아산전기)에게 청구하였다. 간주임대료에 대한 부가가치세를 임차인이 부담하기로 계약서에 명시되어 있다.

41. 회사가 부담키로 한 본사건물에 대한 임차보증금의 간주임대료 부가가치세 300,000원을 (주)성일에 현금지급하였다.

42. 보유중인 ㈜오성전자의 유가증권에 대해 1,000,000원의 중간배당이 결정되어 보통예금에 입금되었다.

43. 대표이사의 주소가 변경됨으로 인해서, 법인등기부등본을 변경등기하고 이에 대한 등록세로 100,000원을 현금지출하고, 등록관련 수수료로 50,000원을 현금으로 지급하였다.

44. 회사는 국민은행으로부터 시설자금 30,000,000원을 20X0년 5월1일 차입하여 20X2년부터 3년간 균등액으로 분할상환하고자 한다. 해당금액에 20X1년 12/31일자 유동성대체분개를 하시오.

45. 작년 12월 19일 일본 도요타사에 단기대여해 준 ¥300,000을 금년 2/15일 보통예금계좌로 상환받았다.(전년도 12.19 : 1,100원/100¥, 전년도 12.31 : 1,200원/100¥, 당해년도 2/15 : 1,000,원/100¥)

46. 미국의 SONY로부터 차입한 외화단기차입금 $1,000와 차입금이자 $100를 당사 보통예금계좌에서 이체하여 상환하였다. 회사는 전기말 결산시 이자비용 $30 (30,000원)를 비용인식하였다.(보고기간말 평가환율 1,000원/$ 상환시 적용환율 980원/$)

47. 거래처 천안㈜의 부도로 단기대여금 1,000,000원이 회수가 불가능하게 되어 대손처리 하였다. 단, 단기대여금에 대여하는 대손충당금을 설정한 사실이 없다.

48. 회사는 20X1년 4월 1일 회사 상품창고 화재보험료 1년분 3,000,000원을 (주)현대화재에 선납하고 보험료로 비용처리하였다. 보험료는 월할계산하고, 결산수정분개하시오.

49. 20X1년 12월분 임차료에 대하여 기말현재 경과된 기간에 대한 임차료 미지급분 2,500,000원(공장분 1,500,000원, 본사사무실분 1,000,000원)이 있다.

50. 기말 주식(매도가능증권)을 평가한 결과 다음과 같다.

구 분	20X0.12.31			20X1.12.31(당기)		
	공정가액	수 량	평가액	공정가액	수 량	평가액
사성(주)	10,000원	100주	1,000,000원	13,000원	100주	1,300,000원

주식을 20X0년 10월 1일 11,000원/주에 취득하고 전기에 적정하게 평가하였다.

51. 보고기간말 현재 재고자산을 실사평가한 결과는 다음과 같다. 제품의 수량감소중 60개는 비정상감모손실이고 40개는 정상감모손실이다. 비정상 감모손실에 관련한 결산수정분개를 하시오.

구 분	장부상내역			실사내역		
	단위당 취득원가	수량 (개)	평가액	단위당 시 가	수량	평가액
제 품	10,000원	1,000	10,000,000원	9,000원	900	9,000,000원
원재료	1,000원	2,000	2,000,000원	1,000원	2,000	2,000,000원

52. 4월1일 (주)서울에 10,000,000원을 차기 3월 31일까지 대여하고, 연 12%의 이자를 매년 3월 31일 수취하기로 계약을 체결하였다. 기간 경과분에 대한 이자를 결산서상에 반영하시오(이자는 월할 계산하시오).

53. 매출채권 및 미수금잔액에 대하여 1%의 대손상각비를 계상하시오. 다음은 합계잔액시산표를 조회한 결과이다.

합계잔액시산표
제×기 : 20×1년 12월 31일 현재

차 변		계정과목	대 변	
잔 액	합 계		합 계	잔 액
10,000,000	20,000,000	외 상 매 출 금	10,000,000	
	200,000	대 손 충 당 금	350,000	150,000
20,000,000	35,000,000	받 을 어 음	15,000,000	
	200,000	대 손 충 당 금	250,000	50,000
25,000,000	45,000,000	미 수 금	20,000,000	
	200,000	대 손 충 당 금	550,000	350,000

54. 기업회계기준에 의하여 퇴직급여충당부채를 설정하고 있으며, 기말 현재 퇴직급여추계액 및 당기 퇴직급여충당부채 설정 전의 퇴직급여충당부채 잔액은 다음과 같다. 결산시 회계처리를 하시오.

부 서	퇴직급여추계액	퇴직급여충당부채잔액
생산부	30,000,000원	25,000,000원
관리부	35,000,000원	39,000,000원

55. 국고보조금으로 7월 1일 구입한 기계장치(취득원가 15,000,000원)를 기업회계기준에 따라 정액법으로 감가상각비를 계상하였다. 내용연수는 4년이며 월할상각한다. 결산분개를 하시오.

7월 1일 회계처리			
(차) 기 계 장 치	15,000,000	(대) 보 통 예 금	15,000,000
국고보조금 (보통예금차감)	10,000,000	국고보조금 (기계장치차감)	10,000,000

56. 회사는 재평가모형에 따라 회계처리하고 있으며 다음은 토지에 대한 감정평가를 시행한 결과이다. 유형자산 재평가에 따른 회계처리를 하시오.

20x0년		20x1년 기말 감정가액	비고
취득가액	기말 감정가액		
10,000,000원	13,000,000원	9,000,000원	

[20x0년 기말]

[20x1년 기말]

분/개/연/습 (일반전표) 답안

[1] (차) 당 좌 예 금   990,000   (대) 받 을 어 음((주)아산)   1,000,000
      매출채권처분손실   10,000

[2] (차) 당 좌 예 금   590,000   (대) 받 을 어 음(대한(주))   600,000
      수수료비용(판)   10,000

[3] (차) 당 좌 예 금   1,086,000   (대) 정 기 예 금(당좌)   1,000,000
      선 납 세 금   14,000   이 자 수 익   100,000

[4] (차) 단기매매증권   70,000   (대) 현   금   75,000
      수수료비용(영)   5,000

[5] (차) 보 통 예 금   1,180,000   (대) 단 기 매 매 증 권   756,000
                                        단기매매증권처분익   424,000
                                        (단기투자자산처분익)

☞ 이동평균법에 의한 주식의 취득단가 = (300,000 + 960,000)/1,000주 = 1,260원/주
    단기투자자산은 단기매매증권을 포함하는 포괄적인 계정과목입니다.

[6] (차) 보 통 예 금   93,000   (대) 단기매매증권   120,000
      단기투자자산처분손   27,000

☞ 처분가액 = 95,000 – 매각수수료(2,000) = 93,000원
    처분손익(단기매매증권) = 처분가액(93,000) – 장부가액(120,000) = △27,000원(손실)

[7] (차) 보 통 예 금   93,000   (대) 매도가능증권(투자)   120,000
      매도가능증권평가익   20,000
      매도가능증권처분손(영)   7,000

☞ 처분가액 = 95,000 – 매각수수료(2,000) = 93,000원
    취득가액 = 장부가액(120,000) – 매도가능증권평가익(20,000) = 100,000원
    처분손익(매도가능증권) = 처분가액(93,000) – 취득가액(100,000) = △7,000원(손실)

[8]　－대손세액공제 적용채권
　　(차) 보 통 예 금　　　　4,400,000　　(대) 대손충당금(외상)　　　4,000,000
　　　　　　　　　　　　　　　　　　　　　　부가세예수금　　　　　400,000

　　　　－대손세액공제 미적용채권
　　(차) 보 통 예 금　　　　4,400,000　　(대) 대손충당금(외상)　　　4,400,000

[9]　(차) 이 자 비 용　　　　100,000　　(대) 당 좌 예 금　　　　　100,000

[10]　(차) 보 통 예 금　　　　7,000,000　　(대) 대손충당금(단기대여금)　7,000,000

[11]　(차) 보 통 예 금　　　　3,920,000　　(대) 외상매출금((주)경기)　4,000,000
　　　　매 출 할 인(상품매출)　　80,000

☞ (2/10, n/30)은 인도 10일 이내 결제하면 2%의 할인, 30일이내 대금결제조건이다.
　따라서 10일이내 결제하였으므로 매출할인은 80,000원이 계산된다.

[12]　(차) 외상매입금(중앙(주))　1,400,000　　(대) 받 을 어 음(두정(주))　200,000
　　　　　　　　　　　　　　　　　　　　　　매 입 할 인(원재료)　　100,000
　　　　　　　　　　　　　　　　　　　　　　현　　　　금　　　　1,100,000

[13]　(차) 수 선 비(제)　　　　200,000　　(대) 원 재 료(타계정대체)　200,000

[14]　(차) 투자부동산　　　　2,060,000　　(대) 현　　　　금　　　　2,060,000

[15]　(차) 미 수 금((주)아산)　60,000,000　　(대) 투자부동산　　　　50,000,000
　　　　　　　　　　　　　　　　　　　　　　투자자산처분익　　　10,000,000

[16]　(차) 건　　　　물　　　51,000,000　　(대) 현　　　　금　　　　1,000,000
　　　　　　　　　　　　　　　　　　　　　　건설중인자산　　　　50,000,000

[17]　(차) 차량운반구　　　　350,000　　(대) 현　　　　금　　　　550,000
　　　　만기보유증권　　　　200,000

☞ 공채등을 불가피하게 매입한 경우 채권의 매입가액(250,000원)과 현재가치(공정가액 200,000원)와의 차액
　(50,000원)은 유형자산의 취득부대비용에 해당한다.

[18]　(차) 토　　　　지　　　7,300,000　　(대) 당 좌 예 금　　　　7,000,000
　　　　　　　　　　　　　　　　　　　　　　현　　　　금　　　　300,000

☞ 타인건물 구입즉시 철거시 철거비용과 구입대금은 토지의 취득원가를 구성한다.

[19] (차) 감가상각누계액(건물) 8,000,000 (대) 건　　물 10,000,000
　　　　　보 통 예 금 1,500,000 　　　현　　금 3,000,000
　　　　　유형자산처분손실 3,500,000

[20] (차) 감가상각누계액(차량) 900,000 (대) 차량운반구 1,000,000
　　　　　현　　금 50,000
　　　　　유형자산처분손실 50,000

[21] (차) 감가상각누계액(건물) 8,000,000 (대) 건　　물 10,000,000
　　　　　재 해 손 실 2,500,000 　　　제　　품(타계정대체) 500,000
☞ 재해와 보험금 수령은 별개의 회계거래로 보아 회계처리한다.(총액법)

[22] (차) 미 수 금((주)한국화재) 10,000,000 (대) 보험금수익(보험차익) 10,000,000

[23] (차) 토　　지 50,000,000 (대) 자산수증이익 50,000,000

[24] (차) 토　　지 30,400,000 (대) 건설중인자산 5,000,000
　　　　　　　　　　　　　　　　　보 통 예 금 25,000,000
　　　　　　　　　　　　　　　　　예 수 금 22,000
　　　　　　　　　　　　　　　　　현　　금 78,000
　　　　　　　　　　　　　　　　　미 지 급 금(국민카드) 300,000

[25] (차) 무형자산상각비(판) 1,200,000 (대) 개 발 비 1,200,000
☞ 무형자산상각비 = 취득가액/내용연수 = 미상각잔액(장부가액)/잔여내용년수
　　　　　　　　= 4,800,000/4년 = 1,200,000원

[26] (차) 부도어음과수표 10,150,000 (대) 받 을 어 음((주)아산) 10,000,000
　　　　　((주)아산) 　　　현　　금 150,000
☞ 부도로 인하여 발생된 모든 비용에 대해서 채무자로 부터 청구할 권리가 있다.

[27] (차) 퇴직연금운용자산 990,000 (대) 현　　금 1,000,000
　　　　　수수료비용(판) 10,000

[28] (차) 퇴 직 급 여(제) 1,000,000 (대) 현　　금 1,500,000
　　　　　퇴 직 급 여(판) 500,000

[29] (차) 보 통 예 금 10,300,000 (대) 사　　채 10,000,000
　　　　　사채할인발행차금 700,000 　　　현　　금 1,000,000

[30] (차) 퇴직급여충당부채   15,000,000   (대) 당 좌 예 금   20,000,000
　　　 퇴 직 급 여(제)   5,550,000   　　 예 수 금   550,000

[31] (차) 교육훈련비(판)   200,000   (대) 예 수 금   6,600
　　　　　　　　　　　　　　　　　　　　　　 보 통 예 금   193,400

[32] (차) 복리후생비(제)   150,000   (대) 보 통 예 금   160,000
　　　 잡 손 실   10,000

[33] (차) 가 수 금   500,000   (대) 선 수 금((주)아산)   300,000
　　　　　　　　　　　　　　　　　　　　　　 외상매출금((주)아산)   200,000

[34] (차) 급 여(판)   3,300,000   (대) 예 수 금   459,040
　　　 임 금 (제)   1,300,000   　　 임직원등단기채권(홍길동)   200,000
　　　　　　　　　　　　　　　　　　　　　　 보 통 예 금   3,940,960

[35] (차) 보 통 예 금   550,000   (대) 자 본 금   500,000
　　　　　　　　　　　　　　　　　　　　　　 주식발행초과금   50,000

[36] (차) 장기차입금(신한은행)   3,000,000   (대) 자 본 금   1,000,000
　　　　　　　　　　　　　　　　　　　　　　 주식할인발행차금   700,000
　　　　　　　　　　　　　　　　　　　　　　 주식발행초과금   1,300,000

[37] – 주주총회결의시
　　 (차) 이월이익잉여금   650,000   (대) 미지급배당금   500,000
　　　　 (미처분이익잉여금)　　　　　　　　　 미교부주식배당금   100,000
　　　　　　　　　　　　　　　　　　　　　　 이익준비금   50,000

　　 – 배당금지급시
　　 (차) 미지급배당금   500,000   (대) 현　　　금   505,000
　　　　 미교부주식배당금   100,000   　　 자 본 금   100,000
　　　　 주식발행초과금   5,000

[38] (차) 자 본 금   100,000   (대) 보 통 예 금   80,000
　　　　　　　　　　　　　　　　　　　　　　 감 자 차 손   15,000
　　　　　　　　　　　　　　　　　　　　　　 감 자 차 익   5,000

[39] (차) 현　　　금   4,500,000   (대) 자 기 주 식   5,000,000
　　　 자기주식처분손실   500,000

[40] (차) 미　수　금(아산전기)　　　100,000　　　(대) 부가세예수금　　　　　100,000
　　☞ 임차인 회계처리 : (차) 세금과공과　100,000　　　(대) 미지급금　　　100,000

[41] (차) 세금과공과(판)　　　　300,000　　　(대) 현　　　　금　　　　300,000
　　☞ 임대인 회계처리 : (차) 현　　　　금　300,000　　　(대) 부가세예수금　300,000

[42] (차) 보 통 예 금　　　　　1,000,000　　　(대) 배당금수익　　　　　1,000,000
　　☞ 피투자회사회계처리 : (차) 미지급배당금　1,000,000　　　(대) 현　　　　금　1,000,000

[43] (차) 세금과공과(판)　　　　100,000　　　(대) 현　　　　금　　　　150,000
　　　수수료비용(판)　　　　　50,000

[44] (차) 장기차입금(국민은행)　10,000,000　　　(대) 유동성장기부채(국민은행)　10,000,000

[45] (차) 보 통 예 금　　　　　3,000,000　　　(대) 단기대여금(도요타)　　3,600,000
　　　외 환 차 손　　　　　　600,000
　　☞ 전년도 기말 외화자산 평가
　　　(차) 단기대여금　　　300,000　　　(대) 외화환산이익　　　300,000

[46] (차) 단기차입금(SONY)　1,000,000[*1]　　(대) 보 통 예 금　　1,078,000[*2]
　　　미지급비용　　　　　　30,000　　　　　외 환 차 익　　　　20,600
　　　이 자 비 용　　　　　68,600[*3]
　　☞ *1. $1,000×1,000원(기말환율)
　　　*2. $1,100×980원(상환시 환율)
　　　*3. $70×980(상환시 환율)

[47] (차) 기타의대손상각비(영·비)　1,000,000　　　(대) 단기대여금(천안(주))　1,000,000

[48] (차) 선 급 비 용　　　　　750,000　　　(대) 보 험 료(판)　　　　750,000
　　☞ 선급비용 : 3,000,000×3개월/12개월

[49] (차) 임　차　료(제)　　　1,500,000　　　(대) 미지급비용　　　　　2,500,000
　　　임　차　료(판)　　　1,000,000

[50] (차) 매도가능증권(투자)　　300,000　　　(대) 매도가능증권평가손　　100,000
　　　　　　　　　　　　　　　　　　　　　매도가능증권평가익　　200,000
　　☞ 20x0 기말 평가분개; (차) 매도가능증권평가손(자본)　100,000　　　(대) 매도가능증권　100,000

[51] (차) 재고자산감모손실(영)   600,000   (대) 제   품(타계정대체)   600,000
 ☞ 비정상감모손실 : 10,000원(취득원가)×60개

[52] (차) 미 수 수 익   900,000   (대) 이 자 수 익   900,000
 ☞ 이자수익 : 10,000,000원×12%×9개월/12개월

[53] (차) 대손충당금(외상)   50,000   (대) 대손충당금환입(판)   50,000
   대손상각비(판)   150,000   대손충당금(받을)   150,000
   대손충당금(미수금)   100,000   대손충당금환입(영)   100,000
 ☞ 대손충당금(외상) : 10,000,000×1% – 150,000 = △50,000원
  대손충당금(받을) : 20,000,000×1% – 50,000 = 150,000원
  대손충당금(미수) : 25,000,000×1% – 350,000 = △100,000원

[54] (차) 퇴 직 급 여(제)   5,000,000   (대) 퇴직급여충당부채   1,000,000
               퇴직급여충당부채환입(판)   4,000,000
 ☞ 퇴직급여부채충당부채 당기 설정금액은 보충법으로 회계처리한다. 또한 환입이 발생시 퇴직급여충당부채환입계정
  으로 처리하고, 손익계산서에는 부(–)의 금액으로 표시한다.

[55] (차) 감가상각비(제)   1,875,000   (대) 감가상각누계액(기계)   1,875,000
   국고보조금   1,250,000   감가상각비(제)   1,250,000
 ☞ 감가상각비 = 15,000,000×1/4년×6개월/12개월 = 1,875,000원
  국고보조금상각액 = 10,000,000×1/4년×6개월/12개월 = 1,250,000원
  자산차감항목인 국고보조금은 당해자산의 감가상각시 동일한 비율만큼 당기 감가상각비와 상계처리한다.

[56] 〈20x0년 기말〉
 (차) 토 지   3,000,000   (대) 재평가차익(재평가잉여금)   3,000,000
 〈20x1년 기말〉
 (차) 재평가차익   3,000,000   (대) 토 지   4,000,000
   재평가손실(영·비)   1,000,000
 ☞ 재평가차익(재평가잉여금 – 기타포괄손익누계액)잔액이 있는 경우 우선 상계 후 비용인식한다.

Part II

원가회계

핵심요약

❶ 원가의 분류

원가의 행 태 (모양)	변동원가	순수변동비	조업도의 변동에 따라 총원가 직접적으로 비례하여 증감하는 원가
		준변동비 (혼합원가)	**변동비와 고정비** 성격을 모두 가지고 있는 원가
	고정원가	순수고정비	조업도의 변화에 관계없이 총원가 일정하게 발생하는 원가
		준고정비 (계단원가)	관련범위를 벗어나면 원가총액이 일정액만큼 증가 또는 감소하는 원가
추 적 가능성	직접원가		어떤 원가를 특정원가대상에 대해 **직접 추적**할 수 있는 원가
	간접원가		어떤 원가가 원가대상에 직접 대응시킬 수 없는 원가
제 조 활동과의 관련성	제조원가	직접재료비	직접적으로 추적할 수 있는 원재료 사용액
		직접노무비	직접적으로 추적할 수 있는 노동력의 사용액
		제조간접비	직접재료비와 직접노무비를 제외한 모든 제조원가 **(변동제조간접비, 고정제조간접비)**
	비제조원가 (기간비용)		기업의 제조활동과 관련없이 단지 판매활동 및 관리활동과 관련하여 발생하는 원가

수익과의 대응관계	제품원가	제품을 생산할 때 재고자산에 배부되는 모든 원가 제품원가는 판매시점까지 비용화가 이연되기 때문에 재고가능원가라 함
	기간원가	제품원가 이외의 원가로 발생한 기간의 비용으로 처리되는 원가로서 발생한 기간에 전액비용으로 처리되므로 이를 재고불능원가라 함
의 사 결정과 관련성 여 부	관련원가	의사결정 대안간에 차이가 나는 원가로서 의사결정에 필요한 원가 ☞ 기회비용 : 여러 대안 중 어느 하나를 선택하고 다른 것을 포기한 결과 포기된 　　대안의 화폐적 가치(최대이익 또는 최소비용)
	매몰원가	과거의 의사결정으로 인하여 이미 발생한 원가로서 대안 간에 차이가 발생하지 않는 원가 → **과거원가로서 현재 혹은 미래의 의사결정과 관 련이 없는 비관련원가**

🔑 ② 조업도 변화에 따른 고정비와 변동비

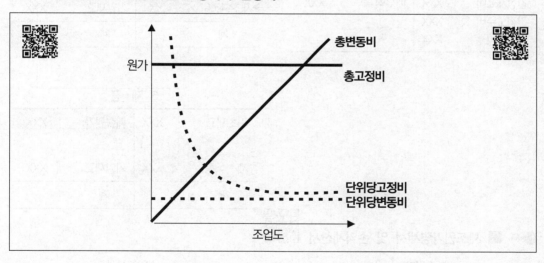

🔑 ③ 제조원가의 구성요소

기초원가 (기본원가)	직접재료비	가공원가 (전환원가)
	직접노무비	
	제조간접비	

☞ 직접경비는 가공원가에 포함된다.

4 제조기업의 원가흐름 요약

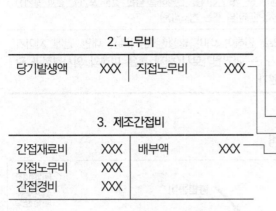

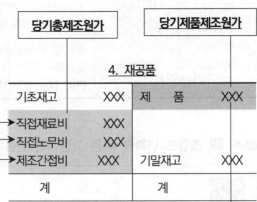

5 제조원가명세서 및 손익계산서

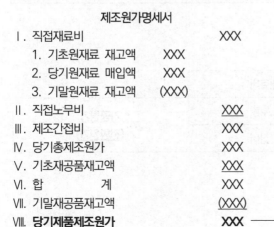

6 원가계산절차

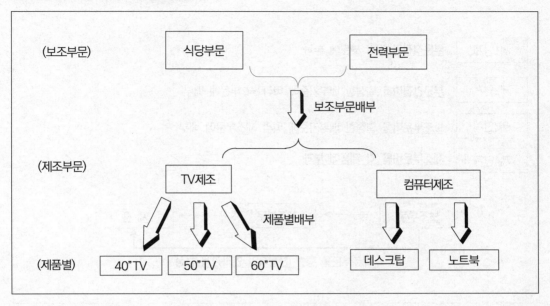

1. 요소별 원가계산	재료비, 노무비, 경비의 세가지 요소로 분류하여 집계
2. 부문별 원가계산	요소별로 파악된 원가를 발생장소인 부문별로 분류하여 집계
3. 제품별 원가계산	요소별, 부문별원가계산에서 집계한 원가를 각 제품별로 집계하는 절차

7 원가계산의 종류 : 상이한 목적에 따라 상이한 원가가 사용

생산형태	원가계산의 범위	원가측정방법
개별원가계산 **(주문생산)**	전부원가계산 (제품원가 : 제조원가)	**실제원가계산** **(실제발생액)**
종합원가계산 **(대량연속생산)**	변동원가계산 (제품원가 : 변동비) **직접재료비 + 직접노무비 + 변동제조간접비**	**정상원가계산** **(제조간접비예정배부)**
		표준원가계산 (직재, 직노, 제간 표준설정)

8 부문별원가계산

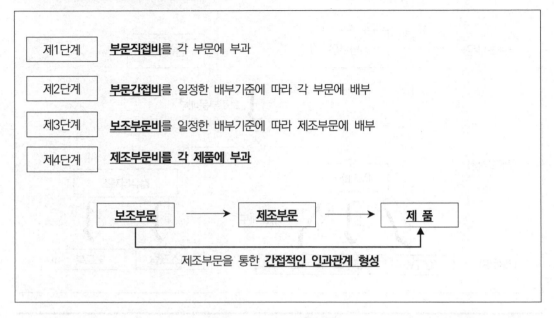

제1단계	**부문직접비**를 각 부문에 부과
제2단계	**부문간접비**를 일정한 배부기준에 따라 각 부문에 배부
제3단계	**보조부문비**를 일정한 배부기준에 따라 제조부문에 배부
제4단계	**제조부문비를 각 제품에 부과**

보조부문 → 제조부문 → 제품

제조부문을 통한 **간접적인 인과관계 형성**

9 부문간접비(공통원가)의 배부 - 인과관계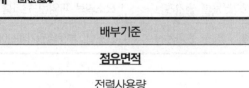

부문공통비	배부기준
건물감가상각비	**점유면적**
전력비	전력사용량
임차료, 재산세, 건물보험료	점유면적
수선유지비	수선작업시간

🔑 ⑩ 보조부문원가를 제조부문에 배부 – 인과관계

보조부문원가	배부기준
공장인사관리부문	**종업원수**
전력부문	전력사용량
용수부문	용수 소비량
식당부문	**종업원수**
구매부문	주문횟수/주문금액

🔑 ⑪ 보조부문원가의 배분방법

	1. 직접배분법	직접 제조부문에만 배부
1. 보조부문 상호간의 용역 수수 고려	2. 단계배분법	보조부문원가를 **배분순서를 정하여** 그 순서에 따라 단계적으로 다른 보조부문과 제조부문에 배분하는 방법
	3. 상호배분법	보조부문 간의 **상호 관련성을 모두 고려**하여 다른 보조부문과 제조부문에 배부하는 방법

구분	직접배분법	단계배분법	상호배분법
보조부문간 용역수수관계	전혀 인식하지 않음	일부만 인식	전부인식
장점	간편	–	정확
단점	부정확	–	복잡함

	1. 단일배분율	모든 보조부문의 원가를 하나의 기준에 따라 배분하는 방법
2. 원가행태에 의한 배분	2. 이중배분율	보조부문의 원가를 원가행태에 따라 고정비와 변동비로 분류하여 각각 다른 배부기준 적용 **1. 변동비 : 실제사용량** **2. 고정비 : 최대사용가능량**

● **12 개별원가계산**

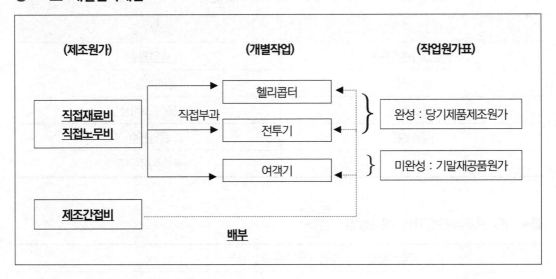

● **13 실제개별원가 VS 정상(예정)개별원가**

	실제개별원가계산	정상개별원가계산
직접재료비	실제발생액	실제발생액
직접노무비	실제발생액	실제발생액
제조간접비	**실제발생액** (실제조업도×실제배부율)	**예정배부액** **(실제조업도×예정배부율)**

● **14 정상(예정)개별원가**

1. **기초에 예정배부율 산출**
   제조간접비 예정배부율 = 제조간접비 예산액/예정조업도(기준조업도)
2. **기중에 실제조업도에 따라 배부**
   ① 제조간접비 예정배부액 = **개별작업의 실제조업도 × 제조간접비 예정배부율**
   ② 제조간접비 실제발생액 집계
   ③ 제조간접비 배부차이 집계
3. **기말에 제조간접비 배부차이를 조정**

[과대배부와 과소배부]

1. 과대배부 : 실제발생액<예정배부액

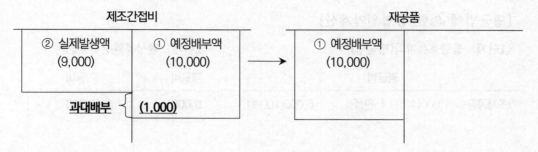

2. 과소배부 : 실제발생액>예정배부액

3. 제조간접비 배부차이 조정

무배분법	1. 매출원가조정법
	2. 영업외손익조정법
비례배분법	3. 총원가기준비례배분법 : 기말재공품, 기말제품, 매출원가의 기말잔액 비율에 따라 배분
	4. **원가요소별비례배분법 : 기말재공품, 기말제품, 매출원가에 포함된 제조간접비 비율에 따라 배분 → 가장 정확하다.**

🔑 15 종합원가계산 - 평균법과 선입선출법

1. 기초재공품 : 1,000개(가공비 진척도 40%)
   ① 재료비 : 180,000원　　　② 가공비 : 16,000원
2. 당기투입량 : 7,000개
   ① 재료비 : 700,000원　　　② 가공비 : 244,000원
3. 기말재공품 : 2,000개(가공비진척도 25%)

4. 재료비는 공정초에 투입되고 가공비는 공정전반에 걸쳐 균등하게 발생한다.
   평균법과 선입선출법에 의한 완성품원가와 기말재공품원가를 구하시오.

[평균법에 의한 종합원가계산]

〈1단계〉 물량흐름파악(평균법)					〈2단계〉 완성품환산량 계산	

	평균법				재료비	가공비
기초재공품	1,000(40%)	완성품	6,000(100%)		6,000	6,000
당기투입	7,000	기말재공품	2,000(25%)		2,000	500
계	8,000	계	8,000		8,000	6,500

〈3단계〉 원가요약   180,000+700,000   16,000+244,000
       (기초재공품원가+당기투입원가)=880,000   =260,000
                                                       8,000개   6,500개
〈4단계〉 완성품환산량당단위원가   =@110   =@40

〈5단계〉 완성품원가와 기말재공품원가계산
   - 완성품원가=6,000개×@110원+6,000개×@40원=900,000원
   - 기말재공품원가=2,000개×@110원+500개×@40원=240,000원

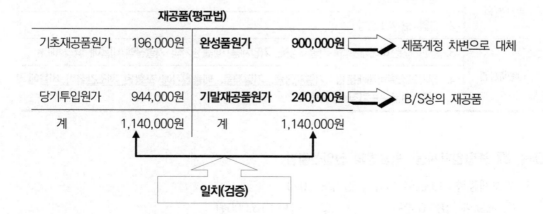

재공품(평균법)				
기초재공품원가	196,000원	**완성품원가**	**900,000원**	제품계정 차변으로 대체
당기투입원가	944,000원	**기말재공품원가**	**240,000원**	B/S상의 재공품
계	1,140,000원	계	1,140,000원	

일치(검증)

[선입선출법에 의한 종합원가계산]

〈1단계〉 물량흐름파악(선입선출법) **〈2단계〉 완성품환산량 계산**

선입선출법					재료비	가공비
기초재공품	1,000(40%)	완성품		6,000		
		－기초재공품	1,000(60%)		0	600
		－당기투입분	5,000(100%)		5,000	5,000
당기투입	7,000	기말재공품	2,000(25%)		2,000	500
계	8,000	계		8,000	**7,000**	**6,100**

〈3단계〉 원가요약(당기투입원가)   700,000   244,000

                                     7,000개   6,100개

〈4단계〉 완성품환산량당 단위원가   =@100   =@40

〈5단계〉 완성품원가와 기말재공품 원가계산

－완성품원가＝기초재공품원가＋당기 투입 완성품원가

      ＝(180,000원＋16,000원)＋5,000개×@100원＋5,600개×@40원＝920,000원

－기말재공품원가＝2,000개×@100원＋500개×@40원＝220,000원

재공품(선입선출법)

기초재공품원가	196,000원	완성품원가	920,000원	→ 제품계정 차변으로 대체
당기투입 원가	944,000원	기말재공품원가	220,000원	→ B/S상의 재공품
계	1,140,000원	계	1,140,000원	

선입선출법과 평균법의 수량차이는 기초재공품의 완성품 환산량차이 이다.

평균법의 완성품환산량＝선입선출법의 완성품환산량＋**기초재공품의 완성품 환산량**

기초재공품의 완성품 환산량 : 재료비 1,000×100%＝1,000개

가공비 1,000×40%＝400개

🔑 16 공손

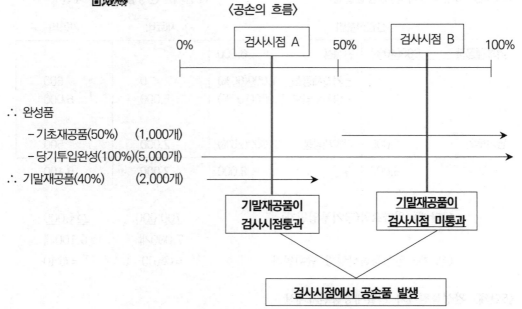

〈공손의 흐름〉

∴ 완성품
 - 기초재공품(50%)　(1,000개)
 - 당기투입완성(100%)(5,000개)
∴ 기말재공품(40%)　(2,000개)

기말재공품이 검사시점통과

기말재공품이 검사시점 미통과

검사시점에서 공손품 발생

정상공손원가	제조 원가	기말재공품이 **검사시점 통과**	완성품과 **기말재공품에 배부**
		기말재공품이 **검사시점 미통과**	완성품에만 배부
비정상공손원가	**영업외비용**		

☞ 작업폐물(scrap) : 원재료로부터 발생하는 찌꺼기나 조각을 말하는데 판매가치가 적은 것을 말한다.

🔑 17 개별원가계산 VS 종합원가계산

구 분	개별(작업별)원가계산	종합원가계산
적용생산형태	**주문생산(다품종소량생산)**	**대량연속생산(소품종대량생산)**
업　　　종	조선업, 건설업, 항공기제조업	자동차, 전자제품, 정유업
원 가 계 산	**작업별원가계산 (제조지시서, 작업원가표)**	**공정별원가계산 (제조원가보고서)**
특　　　징	1. **정확한 원가계산** 2. 시간과 비용이 과다 　(직·간접비 구분) 3. **핵심과제 : 제조간접비 배부**	1. **지나친 단순화로 정확도가 떨어진다.** 2. 시간과 비용이 절약 　(투입시점에 따라 원가구분) 3. **핵심과제 : 완성품환산량**

기본개념 및 원가계산

원가회계는 기본개념만 아셔도 높은 점수를 얻을 수 있습니다. 그리고 이것이 합격의 밑바탕이 됩니다. 원가의 기본개념에 집중적으로 공부하셔야 합니다. 그리고 제시된 해답처럼 그림이나 도표를 그려서 이해하시기 바랍니다.

[1] 아래 자료에 의하여 다음을 계산하시오.

- 당기총제조원가 : 600,000원
- 가공원가 : 400,000원
- 직접비(기본원가) : 500,000원

① 직접재료비

② 직접노무비

③ 제조간접비

[2] 원가 자료가 다음과 같을 경우 다음을 계산하시오.

- 기초원재료보다 기말원재료 감소액 : 300,000원
- 직접노무원가 발생액 : 600,000원
  (고정제조간접원가는 총제조간접원가의 40%이다.)
- 직접재료원가 구입액 : 500,000원
- 고정제조간접원가 발생액 : 700,000원

① 직접재료원가

② 제조간접원가

③ 가공원가(전환원가)

[3] 다음 자료를 참고하여 1월 중 제조간접비를 계산하시오.

• 1월 중 400,000원의 직접재료를 구입하였다.
• 1월 중 직접노무비는 500,000원이었다.
• 1월 중 매출액은 1,200,000원이며, 원가에 20%의 이익을 가산하여 결정한다.
• 재공품과 제품의 기초재고와 기말재고는 같다.
• 원재료의 1월초 재고가 200,000원이었고, 1월말 재고가 300,000원이다.

[4] 다음 자료에 의하여 당기제품매출원가를 계산하시오.

• 기초재공품재고액 : 300,000원	• 당기총제조비용 : 1,000,000원
• 기말재공품재고액 : 400,000원	• 당기제품제조원가 : 1,200,000원
• 기말제품재고액 : 500,000원	• 기초제품재고액 : 1,300,000원

[5] 다음의 자료에 의하여 다음 금액을 계산하시오.

• 제조지시서 #1 : 제조원가 200,000원	• 제조지시서 #2 : 제조원가 100,000원
• 제조지시서 #3 : 제조원가 50,000원	• 제품재고 감소액 : 10,000원
• 기초재공품 가액 : 0원	

 단, 제조지시서 #1, #2은 완성되었고, #3은 미완성품이다.

① 당기제품제조원가

② 제품매출원가

[6] 다음 자료에 의한 제조간접비를 구하시오.

• 기초원재료 :	100,000원	• 당기매입원재료 :	500,000원
• 기말원재료 :	200,000원	• 직접노무비 :	1,000,000원
• 기초재공품 :	1,000,000원	• 외주가공비 :	400,000원
• 기말재공품 :	1,100,000원		
• 당기제품제조원가 :	2,500,000원		

[7] 다음은 제조원가명세서 자료이다. 기말 재무상태표의 자산계정에 반영될 금액을 구하시오

제조원가명세서		(단위 : 원)
Ⅰ ( )		14,000,000
( )	2,000,000	
당 기 매 입	16,000,000	
( )	( )	
Ⅱ 노 무 비		10,000,000
Ⅲ 경 비		8,000,000
Ⅳ 당 기 총 제 조 비 용		( )
Ⅴ ( )		2,000,000
Ⅵ 합 계		( )
Ⅶ ( )		( )
Ⅷ 당 기 제 품 제 조 원 가		30,000,000

[8] 당월 기말재공품재고액은 기초재공품재고액에 비하여 300,000원이 감소하였고, 당월 기말제품재고액은 기초제품재고액에 비하여 200,000원이 증가하였다. 당월총제조비용이 1,200,000원이고, 판매가능제품액이 2,300,000원이라면 당월 기말제품재고액은 얼마인가?

[9] ㈜로그인의 전력부문은 조립부문 및 절단부문에 용역을 공급하고 있다. 전력부문에서 발생된 원가는 변동비가 200,000원이고 고정비가 300,000원이다. 전력부문에서 발생된 원가를 조립부문 및 절단부문에 배부하고자 한다. 다음과 같이 배부할 경우 절단 부문에 배부될 금액을 구하시오.

구 분	조립부문	절단부문	합 계
실제제공시간	400시간	600시간	1,000시간
최대제공시간	900시간	600시간	1,500시간

① 단일배부율법

② 이중배부율법

[10] 제조부문(조립,절단) 과 보조부문(식당,전력)이 있다. 각 부문의 용역수수관계와 제조간접비 발생 원가가 다음과 같다. 직접배부법에 의해 보조부문의 제조간접비를 배부한다면 식당부문에서 절단 부분으로 배부된 제조간접비는 얼마인가?

	보조부문		제조부문		
	식당	전력	조립	절단	합 계
자기부문발생액	100,000원	300,000원	300,000원	200,000원	1,000,000원
[용역공급비율]					
식당	10%	20%	35%	35%	100%
전력	20%	30%	30%	20%	100%

[11] 당사는 단계배부법을 이용하여 보조부문 제조간접비를 제조부문에 배부하고자 한다. 각 부문별 원가발생액과 보조부문의 용역공급이 다음과 같을 경우 수선부문에서 조립부문으로 배부될 제조 간접비는 얼마인가?(단, 전력부문부터 배부한다고 가정함)

구 분	제조부문		보조부문	
	조립부문	절단부문	전력부문	수선부문
자기부문 제조간접비	600,000원	500,000원	300,000원	450,000원
전력부문 동력공급(kw)	300	400	–	300
수선부문 수선공급(시간)	40	50	10	–

기본개념 및 원가계산

답안

[1] 당기총제조원가 = 직접재료비 + 직접노무비 + 제조간접비

기본원가(직접원가) = 직접재료비 + **직접노무비**

가공원가(전환원가) = **직접노무비** + 제조간접비

제조간접비 = 당기총제조원가 - 기본원가 = 600,000 - 500,000 = 100,000원③

직접재료비 = 당기총제조원가 - 가공원가 = 600,000 - 400,000 = 200,000원①

직접노무비 = (기본원가 + 가공원가) - 당기총제조원가

= (500,000 + 400,000) - 600,000 = 300,000원

[2]

원재료

기초재고	300,000	**직접재료비(?)①**	**800,000**
매입	500,000	기말재고	0
계	800,000	계	700,000

② 제조간접원가 = 700,000/40% = 1,750,000원

③ 가공원가 = 직접노무비 + 제조간접비 = 600,000 + 1,750,000 = 2,350,000원

[3] 매출원가 : 1,200,000/1.2 = 1,000,000원

원 재 료

기초재고	200,000	**직접재료비**	**300,000**
매 입	400,000	기말재고	300,000
계	600,000	계	600,000

재고자산(재공품 + 제품)

기초재고(재공품+제품)	0	**매출원가**	**1,000,000**
당기총제조비용	1,000,000	기말재고(재공품+제품)	0
합 계	1,000,000	합 계	1,100,000

당기총제조비용 = 직접재료비 + 직접노무비 + 제조간접비

1,000,000 = 300,000 + 500,000 + 제조간접비   ∴ 제조간접비 200,000

[4]

제 품

기초재고	1,300,000	**매출원가 (?)**	**2,000,000**
당기제품제조원가	1,200,000	기말재고	500,000
계(판매가능재고)	**2,500,000**	계	2,500,000

[5] #1,#2는 완성품(제품)이고 #3는 미완성되었으므로 재공품이다.

재공품

기초재고	0	**당기제품제조원가**	**300,000①**
당기총제조비용	350,000	기말재고(#3)	50,000
계	350,000	계	350,000

제 품

기초재고	10,000	**매출원가(?)**	**310,000②**
당기제품제조원가	300,000	기말재고	0
계	310,000	계	310,000

[6]

원재료

기초재고	100,000	**직접재료비(?)**	**400,000**
매입	500,000	기말재고	200,000
계	600,000	계	600,000

재공품

기초재고	1,000,000	당기제품제조원가	2,500,000
직접재료비	400,000		
직접노무비	1,000,000		
직접경비(외주가공비)	**400,000**	기말재고	1,100,000
제조간접비(?)	**800,000**		
계	3,600,000	계	3,600,000

[7] 제조원가명세서는 원재료와 재공품의 T계정으로 계산된다.

원재료

기초재고	2,000,000	직접재료비	14,000,000
매입	16,000,000	**기말재고**	**4,000,000**
계	18,000,000	계	18,000,000

재공품

기초재고	2,000,000	당기제품제조원가	30,000,000
직접재료비	14,000,000		
직접노무비	10,000,000		
제조간접비(?)	8,000,000	**기말재고**	**4,000,000**
계	34,000,000	계	34,000,000

재무상태표의 자산계정에 반영될 금액 : **원재료기말재고＋재공품기말재고＝8,000,000원**

[8] 기초재공품을 "300,000"이라 가정하고 재공품계정을 그린다.

재 공 품

기초재고	300,000	**당기제품제조원가**	**1,500,000**
당기총제조비용	1,200,000	기말재고	0

판매가능재고는 제품계정 차변의 합계액이다.

제 품

기초재고	800,000	제품매출원가	
당기제품제조원가	1,500,000	**기말재고 (?)**	**800,000＋200,000**
계(판매가능재고)	**2,300,000**	**계**	**2,300,000**

[9] ① 단일배부율법

구 분	실제제공시간	총원가	배부원가
조립부문	400시간(40%)	500,000원	200,000원
절단부문	600시간(60%)		**300,000원**
합 계	1,000시간	500,000원	500,000원

② 이중배부율법

구 분	① 변동원가 (실제제공시간 기준)	② 고정원가 (최대제공시간기준)	③ 총배부원가 (＝①＋②)
조립부문	80,000원(40%)	180,000원(60%)	260,000원
절단부문	120,000원(60%)	120,000원(40%)	**240,000원**
합 계	200,000원	300,000원	500,000원

[10]

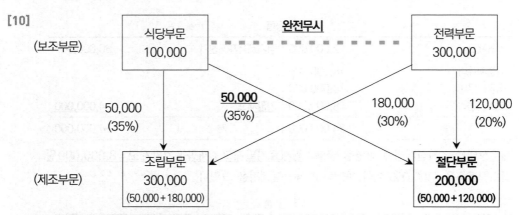

절단부문에 배부된 식당제조간접비 : 50,000원

☞ 식당에서 식당으로의 용역공급을 자기부문 소비용역이라 하는데 배부시 고려할 필요가 없다.

[11]

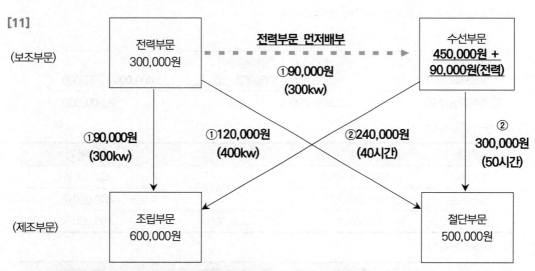

☞ 조립부문의 제조간접비배부액 = 540,000원 × 40시간/(40 + 50)시간 = 240,000원

개별원가계산

[1] 개별원가계산을 하고 있는 ㈜로그인의 1월의 제조지시서와 원가자료는 다음과 같다.

	제조지시서	
	#1	#2
생 산 량	1,000단위	1,000단위
직접노동시간	500시간	400시간
직접재료비	1,500,000원	1,400,000원
직접노무비	2,800,000원	2,500,000원

1월의 실제 제조간접비 총액은 2,800,000원이고, 제조간접비는 직접노동시간당 3,000원의 배부율로 예정배부되며, 제조지시서 #1은 4월중 완성되었고, #2는 미완성상태이다. 다음을 계산하시오.

① 제품(완성품)의 제조원가

② 제품의 단위당 원가

③ 재공품의 가액

[2] 개별원가계산을 채택하고 있는 로그인(주)의 생산과 관련한 원자자료는 다음과 같으며, 당기말 현재 제조지시서 #101 · #102가 완성되었고, #103은 미완성상태인 경우 당기총제조원가를 구하시오.

제조지시서	#101	#102	#103	계
전기이월	5,000			5,000
직접재료비	3,000	5,000	2,000	10,000
직접노무비	3,000	3,500	2,000	8,500
제조간접비	1,500	3,000	2,000	6,500
계	12,500	11,500	6,000	30,000

[3] (주)로그인은 개별원가계산제도를 채택하고 있으며, 제품 A의 작업원가표는 아래와 같을 때 제품 A의 제조원가는 얼마인가?

• 직접재료 투입액	100,000원
• 직접노동시간	100시간
• 직접노무원가 임률	500원/시간
• 전력사용시간	200시간
• 제조간접원가 예정배부율(전력사용시간당)	700원

[4] (주)로그인은 제조간접비를 직접노무시간으로 배부하고 있다. 당해연도초 제조간접비 예상금액은 600,000원, 예상직접노무시간은 1,000시간이다. 당기말 현재 실제제조간접비발생액은 800,000원이고 실제직접노무시간이 1,200시간일 경우 제조간접비 배부차를 구하시오.

[5] (주)로그인은 제조간접비를 직접노무시간을 기준으로 배부하고 있다. 당해 제조간접비 배부차이는 100,000원이 과대배부 되었다. 당기말 현재 실제제조간접비발생액은 5,000,000원이고, 실제직접노무시간이 2,000시간일 경우 예정배부율은 얼마인가?

[6] (주)로그인은 직접노동시간에 근거하여 제조간접비를 예정배부하고 있다. 실제직접노동시간은 700 시간이었고, 예정직접노동시간은 800시간이었다. 실제제조간접비는 3,000,000원 발생했다. 만일 제조간접비를 200,000 과소배부했다면 제조간접비 노동시간당 예정배부율은 얼마인가?

[7] 로그인전자는 제조간접비를 직접노무시간을 기준으로 예정배부하고 있다. 당해 연도 초의 예상직접 노무시간은 1,000시간이다. 당기 말 현재 실제제조간접비 발생액이 1,200,000원이고 실제 직접 노무시간이 1,200시간일 때 제조간접비 배부차이가 300,000원 과대배부된 경우 당해 연도초의 제조간접비 예산액을 계산하시오.

[8] (주)로그인은 직접노동시간을 기준으로 제조간접원가를 예정배부하고 있다. 연간제조간접원가를 400,000원, 직접노동시간을 2,000시간으로 예상하고 있다. 아래의 작업지시서가 3월중 시작되어 완성되었다. 기말제품원가는 얼마인가?(월초재공품 및 제품원가는 없다.)

> 직접재료원가 : 30,000원, 직접노무원가 : 20,000원, 직접노동시간 : 500시간

개별원가계산 답안

[1]

	제조지시서	
	#1(완성품)	#2(재공품)
생　산　량	1,000단위	1,000단위
직　접　노　동　시　간	500시간	400시간
직　접　재　료　비	1,500,000원	1,400,000원
직　접　노　무　비	2,800,000원	2,500,000원
예　정　배　부　제　조　간　접　비	500시간×3,000원 =1,500,000원	400시간×3,000원 1,200,000원
제조원가(직재+직노+제간)	①5,800,000원	③5,100,000원
제　품　단　위　당　원　가	②5,800원(①/1,000단위)	

[2] 당기총제조원가 = 직접재료비 + 직접노무비 + 제조간접비

= 10,000원+8,500원+6,500원 = 25,000원

[3] 제조원가 = 직접재료비 + 직접노무비 + 제조간접비

= 100,000원+100시간×500원/시간+200시간×700원 = 290,000원

[4] 예정배부율 : 600,000원/1,000시간 = 600원/시간당

제조간접비

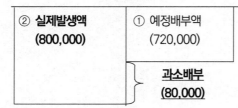

예정배부액 = 실제조업도 × 예정배부율

= 1,200시간×600원

= 720,000원

배부차이 : 실제발생액 − 예정배부액

=800,000−720,000=**80,000원(과소배부)**

[5]

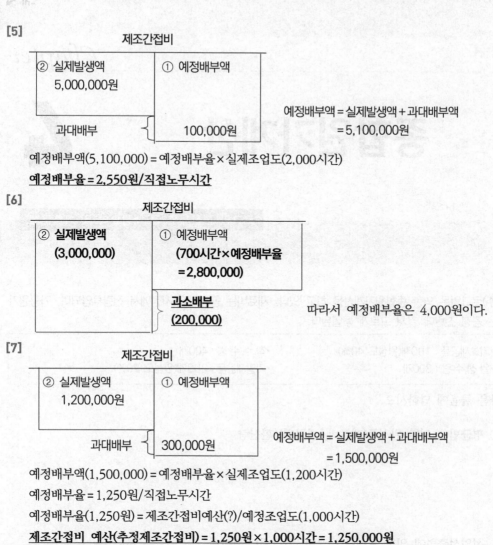

제조간접비

② 실제발생액	① 예정배부액
5,000,000원	

과대배부 } 100,000원

예정배부액 = 실제발생액 + 과대배부액
    = 5,100,000원

예정배부액(5,100,000) = 예정배부율 × 실제조업도(2,000시간)
예정배부율 = 2,550원/직접노무시간

[6]

제조간접비

② **실제발생액**	① 예정배부액
(3,000,000)	**(700시간 × 예정배부율**
	= 2,800,000)

과소배부
(200,000)

따라서 예정배부율은 4,000원이다.

[7]

제조간접비

② 실제발생액	① 예정배부액
1,200,000원	

과대배부 } 300,000원

예정배부액 = 실제발생액 + 과대배부액
    = 1,500,000원

예정배부액(1,500,000) = 예정배부율 × 실제조업도(1,200시간)
예정배부율 = 1,250원/직접노무시간
예정배부율(1,250원) = 제조간접비예산(?)/예정조업도(1,000시간)
제조간접비 예산(추정제조간접비) = 1,250원 × 1,000시간 = 1,250,000원

[8] 제조간접원가 예정배부율 : 400,000원/2,000시간 = 200/시간당
제품원가 : 30,000 + 20,000 + (500시간 × 200) = 150,000원

종합원가계산

[1] (주)로그인은 의한 종합원가계산을 하고 있다. 재료비는 공정시작 시점에서 전량투입되며, 가공원가는 공정 전반에 걸쳐 고르게 투입된다.

•기초재공품 : 100개(완성도 40%)	•착 수 수 량 : 400개
•완 성 수 량 : 300개	•기말재공품 : 200개(완성도 20%)

다음 물음에 답하시오.

① 평균법에 의한 완성품(재료비, 가공비) 환산량

② 선입선출법에 의한 완성품(재료비, 가공비) 환산량

③ 평균법과 선입선출법에 의한 완성품 환산량 차이를 구하시오.

[2] 다음 자료를 보고 다음 물음에 답하시오.

- 기초재공품 : 1,200단위 (완성도 : 60%) 　　　• 기말재공품 : 2,400단위 (완성도 : 40%)
- 착　수　량 : 3,200단위 　　　　　　　　　　• 완성품수량 : 2,000단위
- **원재료와 가공비는 공정전반에 걸쳐 균등하게 발생한다.**

　① 평균법에 의한 재료비와 가공비의 완성품환산량을 계산하시오.

　② 선입선출법에 의한 재료비와 가공비의 완성품환산량을 계산하시오.

[3] 다음 자료를 보고 종합원가계산(평균법)시 당기에 완성된 제품의 제조원가와 기말재공품을 구하시오. 재료는 공정초기에 모두 투입되고 가공비는 공정전반에 걸쳐 균등하게 투입된다.

- 기초재공품 원가 – 재료비 : 18,000원, 가공비 : 23,000원
- 당기총제조 비용 – 재료비 : 30,000원, 가공비 : 40,000원
- 기말재공품 수량 – 200개(완성도 : 50%)
- 당기완성품 수량 – 600개

[4] 다음은 ㈜로그인의 제조활동과 관련하여 발생한 자료이다. 당기 중에 발생한 정상공손의 수량은? (단, 공손품을 제외한 파손품이나 작업폐물은 없는 것으로 전제한다.)

- 기 초 재 공 품 :　 200개 　　　　• 기말재공품 :　 300개
- 당 기 착 수 량 : 3,000개 　　　　• 당기완성수량 : 2,200개
- 비정상공손수량 :　 120개

[5] (주)로그인은 평균법에 의한 종합원가계산을 실시하고 있다. 재료는 공정의 초기에 전량 투입되고 가공비는 제조진행에 따라 균등하게 발생한다. 다음 자료를 이용하여 정상공손수량과 비정상공손수량을 계산하면 각각 얼마인가?

• 기초재공품	500개(완성도 40%)	• 당기착수량	6,500개
• 완성품수량	5,200개	• 공　손　품	800개

다만, 검사는 완성도 50%인 시점에서 실시하고, 당기 검사에서 합격한 수량의 10%는 정상공손으로 간주한다. 기말재공품의 완성도는 70%이다.

[6] (주)로그인은 품질검사를 통과한 정상품(양품)의 10%만을 정상공손으로 간주하며 나머지는 비정상공손이다. 다음 물음에 답하시오.

재 공 품			
기초재공품　100개(완성도 30%)		당기완성품　700개	
		공　손　품　100개	
당기투입분　900개		기말재공품　200개(완성도 45%)	
계　　1,000개		계　　1,000개	

① 품질검사를 공정의 40%시점에서 한다고 가정하였을 경우에 정상공손품 수량은?

② 품질검사를 공정의 50%시점에서 한다고 가정하였을 경우에 정상공손품 수량은?

종합원가계산 답안

[1]

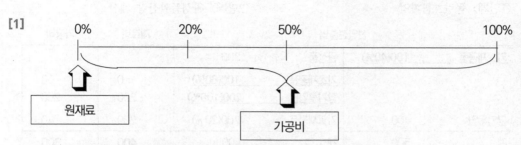

원재료

가공비

① 평균법 : **기초재공품은 당기에 착수한 것으로 가정한다.**

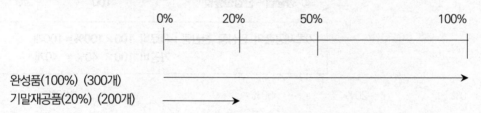

완성품(100%) (300개)
기말재공품(20%) (200개)

⟨1단계⟩ 물량흐름파악   ⟨2단계⟩완성품환산량 계산

	평균법			재료비	가공비
기초재공품	100(40%)	완성품	300(100%)	**300**	**300**
당기투입	400	기말재공품	200 (20%)	**200**	**40**
계	500	계	500	<u>**500**</u>	<u>**340**</u>

② 선입선출법 : **완성품을 기초재공품과 당기투입 완성분으로 나누어 계산한다.**

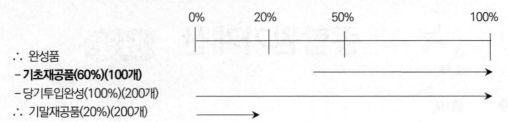

∴ 완성품
 – **기초재공품(60%)(100개)**
 – 당기투입완성(100%)(200개)
∴ 기말재공품(20%)(200개)

〈1단계〉 물량흐름파악   〈2단계〉 완성품환산량 계산

선입선출법					재료비	가공비
기초재공품	**100(40%)**	완성품	300			
		기초재공품	**100(60%)**		0	60
		당기투입분	**200(100%)**		200	200
당기투입	400	기말재공품	200(20%)		200	40
계	500	계	500		**400**	**300**
		③ **평균법 – 선입선출법**			**100**	**40**

> **기초재공품의 완성품 환산량 : 재료비 100×100% = 100개**
> **가공비 100× 40% = 40개**

[2]

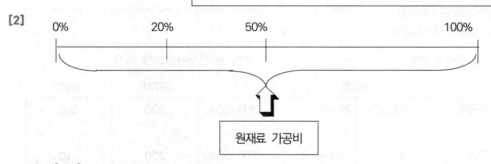

원재료 가공비

① 평균법

평균법			*재료비, 가공비*
	완성품	2,000	2,000
	기말재공품	2,400 (40%)	960
	계	4,400	**2,960**

② 선입선출법 = 평균법완성품환산량 – 기초재공품의 완성품 환산량
   = **2,960 – (1,200×60%) = 2,240**

[3] 〈1단계〉 물량흐름파악 　　　　　　　〈2단계〉 완성품환산량 계산

평균법			재료비	가공비
	완 성 품	600	600	600
	기말재공품	200(50%)	200	100
	계	800	800	700

〈3단계〉 원가요약　　　　　　　　　　 $18,000+30,000$ 　 $23,000+40,000$

　　　　　　　　　　　　　　　　　　 $=48,000$ 　　　 $=63,000$

〈4단계〉 완성품환산량당　　　　　　　　 800개　　　　 700개

　　　　　　　　 단위원가　　　　　 $=@60$ 　　　 $=@90$

〈5단계〉 완성품원가와 기말재공품원가계산

　– 완성품원가(제품제조원가) = 600개×@60원＋600개×@90원 = 90,000원

　– 기말재공품원가 = 200개×@60원＋100개×@90원 = 21,000원

[4]

재공품			
기초재공품	200개	완성품	2,200개
		공손품 〈 정상공손(?)	580개
		비정상공손	120개
당기투입	3,000개	기말재공품	300개
계	3,200개	계	3,200개

[5]

재공품			
기초재공품(40%)	500개	완성품	5,200개
		공손품 정상공손	620개
		(800개) 비정상공손	180개
당기투입	6,500개	기말재공품 (70%)	1,000개
계	7,000개	계	7,000개

합격품 = 완성품(기초재공품도 당기에 검사시점을 통과)＋기말재공품(검사시점 50%를 통과)
　　　 = 5,200개＋1,000개 = 6,200개
정상공손은 합격품의 10%이므로 620개이고 나머지 180개가 비정상공손수량이다.

[6]

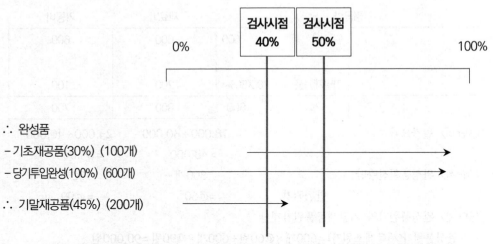

∴ 완성품
- 기초재공품(30%) (100개)
- 당기투입완성(100%) (600개)

∴ 기말재공품(45%) (200개)

① 검사시점 40%
   정상공손품 = (100개 + 600개 + 200개) × 10% = 90개
② 검사시점 50%
   정상공손품 = (100개 + 600개) × 10% = 70개

Part Ⅲ

부가가치세

핵심요약

🔑 ① 부가가치세의 특징

1. 국세	
2. 간접세	**납세의무자와 담세자(소비자)가 불일치**
3. 일반소비세	세율 : 10%, 0%
4. 다단계거래세	모든 거래의 단계마다 과세됨
5. 소비지국과세원칙	영세율제도
6. 면세제도	부가가치세의 역진성 완화목적
7. 전단계세액공제법	납부세액 = 매출세액 – 매입세액

☞ **2 납세의무자 - 사업자**

☞ ① 사업적   ② 독립성(인적, 물적)   ③ **영리목적유무 불구**

유 형		구 분 기 준	부가가치세 계산구조	증빙발급
부가 가치세법	일반 과세자	① 법인사업자	매출세액 – 매입세액	**세금계산서**
		② 개인사업자		
	간이 과세자	개인사업자로서 **직전 1역년의 공급대가가** **1억 4백만원에 미달**하는 자	공급대가×부가 가치율×10%	세금계산서[1] 또는 영수증
소득세법	면세 사업자	부가가치세법상 사업자가 아니고 소득세법(법인세법)상 사업자임.	납세의무 없음	**계산서**

[1]. 직전연도 공급대가 합계액의 4,800만원이상의 간이과세자는 세금계산서를 발급해야 한다.

3 납세지(사업장별 과세원칙)

1. 정 의	부가가치세는 사업자별로 합산과세하지 않고 **사업장별로 과세**한다. (예외) **주사업장총괄납부, 사업자단위 과세제도**	
2. 사업장	광 업	광업사무소의 소재지
	제조업	**최종제품을 완성하는 장소**
	건설업, 운수업, 부동산매매업	1. 법인 : 법인의 등기부상소재지 2. 개인 : 업무를 총괄하는 장소
	무인자동판매기를 통한사업	**그 사업에 관한 업무를 총괄하는 장소**
	부동산임대업	부동산의 등기부상의 소재지
	• 직매장 : 사업장에 해당함 • 하치장 : 사업장에 해당하지 아니함 • 임시사업장 : 기존사업장에 포함됨	

〈사업장별과세원칙의 예외〉 주사업장 총괄납부, 사업자단위과세제도

구 분	주사업장총괄납부	사업자단위과세
주사업장 또는 사업자단위과세사업장	–법인 : 본점 또는 지점 –개인 : 주사무소	–법인 : 본점 –개인 : 주사무소
효 력	**–총괄납부**	**–총괄신고 · 납부** **–사업자등록, 세금계산서발급, 결정 등**
	–판매목적 타사업장 반출에 대한 공급의제 배제	
신청 및 포기	–계속사업자의 경우 과세기간 개시 20일 전(승인사항이 아니다)	

🔑 ④ 과세기간

		과세기간	신고납부기한
일반	제 1기	예정 : 1월 1일~3월 31일, 확정 : 4월 1일~6월 30일	**과세기간의 말일** **(폐업 : 폐업일이** **속하는 달의** **말일)부터** *25일*
	제 2기	예정 : 7월 1일~9월 30일, 확정 : 10월 1일~12월 31일	
신규사업자		사업개시일 ~ 당해 과세기간의 종료일	이내 신고납부
폐업		당해 과세기간 개시일 ~ **폐업일**	

🔑 ⑤ 사업자등록

1. 신청기한	사업장마다 **사업개시일로부터 20일 이내**에 사업자등록을 신청 다만, 신규사업을 개시하는 자는 **사업개시일 전이라도 사업자등록 신청 가능**
2. 사업개시일	**1. 제조업 : 제조장별로 재화의 제조를 개시하는 날** 2. 광업 : 사업장별로 광물의 채취 · 채광을 개시하는 날 **3. 기타 : 재화 또는 용역의 공급을 개시하는 날**
3. 정정사유	**상호변경, 상속으로 명의 변경시 등** **(증여는 폐업사유이고, 수증자는 신규사업등록사항임)**

🔑 ⑥ 과세대상

1. 재화의 공급	계약상 또는 법률상의 모든 원인에 의하여 재화를 인도/양도하는 것
	1. 재화를 **담보를 제공**하거나 2. 소정 법률에 의한 **경매, 공매** **3. 조세의 물납** 4. 수용시 받는 대가 **5. 사업장 전체를 포괄양도**하는 것은 재화의 공급으로 보지 않는다.
2. 용역의 공급	계약상 또는 법률상의 모든 원인에 의하여 역무를 제공하거나 재화 · 시설물 또는 권리를 사용하게 하는 것 ☞ **부동산업 및 임대업은 용역에 해당하나 전, 답, 과수원, 목장용지, 임야 또는** **염전 임대업은 과세거래 제외**
3. 재화의 수입	외국으로부터 우리나라에 도착된 물품 등

🔑 **7** 재화의 무상공급(간주공급)

구 분		공급시기	과세표준
1. 자가공급	1. 면세전용	**사용·소비 되는 때**	**시가**
	2. 비영업용소형승용차와 그 유지를 위한 재화		**취득가액 (+가산)**
	3. 직매장반출 → **세금계산서 발행** (예외 : 주사업장총괄납부 등)	반출하는 때	
2. 개인적공급	사업과 직접 관련없이 자기가 사용·소비하는 경우 → **작업복, 직장체육비, 직장문화비는 제외**	**사용·소비 되는 때**	**시가**
3. 사업상증여	자기의 고객이나 불특정다수에게 증여하는 경우 → **견본품, 광고선전물은 제외**	증여하는 때	
4. 폐업시 잔존재화	사업자가 사업을 폐지하는 때에 잔존재화	**폐업시**	
기 타	**용역무상공급은 과세대상에서 제외(특수관계자간 부동산무상임대는 과세)**		

🔑 **8** 재화와 용역의 공급시기

1. 재화

일반적기준	1. 재화의 이동이 필요한 경우 : **재화가 인도되는 때** 2. 재화의 이동이 필요하지 아니한 경우 : 재화가 이용가능하게 되는 때 3. 이외의 경우는 재화의 공급이 확정되는 때
거래형태별 공급시기	1. 현금판매, 외상판매, 단기할부판매 : 재화가 인도되거나 이용가능하게 되는 때 2. **장기할부판매 : 대가의 각 부분을 받기로 때** 3. **수출재화, 중계무역방식의 수출 : 수출재화의 선적일** 4. **위탁판매수출 : 공급가액이 확정되는 때** 5. **위탁가공무역방식 수출, 외국인도수출 : 재화가 인도시** 6. **무인판매기에 의한 공급 : 무인판매기에서 현금을 인취하는 때**

2. 용역

일반적 기준	역무가 제공되거나 재화, 시설물 또는 권리가 사용되는 때
거래형태별 공급시기	1. 통상적인 경우 : 역무의 제공이 완료되는 때 2. 완성도기준지급, 중간지급, 장기할부 또는 기타 조건부 용역공급 : 대가의 　　각 부분을 받기로 한 때 3. 이외 : 역무의 제공이 완료되고 그 공급가액이 확정되는 때 4. **간주임대료 : 예정신고기간 또는 과세기간의 종료일**

[공급시기 특례]

폐업시	폐업 전에 공급한 재화 또는 용역의 공급시기가 폐업일 이후에 도래하는 경우에는 그 **폐업일**을 공급시기로 한다.
세금계산서 선발급시 (**선세금계산서**)	**재화 또는 용역의 공급시기가 되기 전**에 재화 또는 용역에 대한 **대가의 전부 또는 일부를 받고, 그 받은 대가에 대하여 세금계산서 또는 영수증을 발급하면 그 세금계산서 등을 발급하는 때**를 각각 그 재화 또는 용역의 공급시기로 본다.
	공급시기가 도래하기 전에 대가를 받지 않고 세금계산서를 발급하는 경우에도 그 발급하는 때를 재화 또는 용역의 공급시기로 본다. ① 장기할부판매 ② 전력 기타 공급단위를 구획할 수 없는 재화 또는 용역을 계속적으로 공급하는 경우

🔑 ⑨ 면세대상

기초생활 필수품	㉠ 미가공 식료품 등(국내외 불문) ㉡ 국내 생산된 식용에 공하지 아니하는 미가공 농·축·수·임산물
	<table><tr><td></td><td>국내생산</td><td>해외수입</td></tr><tr><td>식용</td><td rowspan="2">면세</td><td>면세</td></tr><tr><td>비식용</td><td>**과세**</td></tr></table>
	㉢ 수돗물(**생수는 과세**) ㉣ 연탄과 무연탄(**유연탄, 갈탄, 착화탄은 과세**) ㉤ 여성용 생리처리 위생용품, 영유아용 기저귀·분유(액상형 분유 포함) ㉥ 여객운송용역[**시내버스, 시외버스, 지하철, 마을버스, 고속버스(우등 제외)** 등] 　(**전세버스, 고속철도, 택시는 과세**) ㉦ 주택과 이에 부수되는 토지의 임대용역
국민후생 용역	㉠ 의료보건용역과 혈액(질병 치료 목적의 동물 혈액 포함, 개정세법 25) 　→ **약사가 판매하는 일반의약품은 과세, 미용목적 성형수술 과세, <u>산후조리원은 면세</u>** ㉡ **수의사가 제공하는 동물진료 용역(가축 등에 대한 진료용역, 기초생활수급자가 기르는 동물에 대한 진료용역, 기타 질병예방 목적의 동물 진료용역)** ㉢ 교육용역(허가분) ⇒ **운전면허학원은 과세** 　☞ 미술관, 박물관 및 과학관에서 제공하는 교육용역도 면세
문화관련 재화용역	㉠ 도서[도서대여 및 실내 도서 열람용역 포함]·신문(**인터넷신문 구독료**)·잡지·관보·뉴스통신(**광고는 과세**) ㉡ 예술창작품·예술행사·문화행사·비직업운동경기 ㉢ 도서관·과학관·박물관·미술관·동물원·식물원에의 입장

부가가치 구성요소	㉠ 금융 · 보험용역(금융회사와 보험회사는 면세사업자임) ㉡ **토지의 공급(토지의 임대는 과세)** ㉢ **인적용역(변호사 · 공인회계사 · 세무사 · 관세사 등의 인적용역은 제외)**
기타	㉠ 우표 · 인지 · 증지 · 복권 · 공중전화(**수집용 우표는 과세**) ㉡ 국가 등이 공급하는 재화 · 용역(제외 : 국가등이 운영하는 주차장 운영용역) ㉢ **국가 등에 무상공급하는 재화 · 용역**

부동산의 공급(재화의 공급)	부동산의 임대(용역의 제공)
1. **토지의 공급 : 면세** 2. 건물의 공급 : 과세(예외 : 국민주택)	1. 원칙 : 과세 2. 예외 : 주택 및 부수토지의 임대는 면세

⑩ 면세포기

1. 대 상	① **영세율적용대상이 되는 재화용역** ② **학술연구단체 또는 기술연구단체가 실비 또는 무상으로 공급하는 재화용역**
2. 승 인	**승인을 요하지 않는다.**
3. 재적용	**신고한 날로부터 3년간 면세를 적용받지 못한다.**

⑪ 면세 vs 영세율

	면 세	영 세 율
기본원리	면세거래에 납세의무 면제 ① 매출세액 : 징수 없음(결국 "0") ② **매입세액 : 환급되지 않음**	일정 과세거래에 0%세율 적용 ① 매출세액 : 0 ② **매입세액 : 전액환급**
면세정도	**부분면세**	**완전면세**
대상	기초생활필수품 등	수출 등 외화획득재화 · 용역의 공급
부가가치세법상 의무	매입처별세금계산서합계표제출의무	부가가치세법상 사업자이므로 제반의무를 이행하여야 한다.
사업자여부	**부가가치세법상 사업자가 아님**	**부가가치세법상 사업자임**
취지	**세부담의 역진성 완화**	• **국제적 이중과세의 방지** • **수출산업의 지원**

🔑 🔢 과세표준

1. 일반 원칙	**1. 실질 공급**	금전으로 대가를 받는 경우	그 대가
		금전 이외의 대가를 받는 경우	**공급한 재화 또는 용역의 시가**
		시가 : 사업자와 제3자간의 정상적인 거래에 있어서 형성되는 가격	
	2. 간주 공급	1. **원칙 : 재화의 시가** 2. **직매장반출 : 재화의 취득가액 또는 세금계산서 기재액** 3. 감가상각자산 : 취득가액×(1－감가율×경과된 과세기간의 수) 　☞ 감가율 : 건물, 구축물＝5% ; 기타＝25%	
2. 거래유형별과세표준		1. 외상판매, 할부판매 : 공급한 재화의 총가액 2. 장기할부판매, 완성도기준, 중간지급조건부 등 : 계약에 따라 받기로 한 대가의 각 부분	
3. 과세 표준 계산	미포함	1. 매출에누리, 매출환입, 매출할인 2. **공급받는 자에게 도달하기 전에 파손, 훼손 또는 멸실된 재화의 가액** 3. 공급대가의 지급지연으로 받는 연체이자 4. **반환조건부 용기대금·포장비용**	
	미공제	1. 대손금 2. **판매장려금(☞ 판매장려물품은 과세표준에 포함)** 3. 하자보증금	
4. 외국통화수령시		공급시기 도래 전에 외화수령	환가	**그 환가한 금액**
			미환가	**공급시기(선적일)의 기준환율 또는 재정환율**에 의하여 계산한 금액
		공급시기 이후에 외국통화로 지급받은 경우		
		☞ *기업회계기준상 매출액＝외화×인도시점의 기준환율*		
5. 재화의 수입		**관세의 과세가격＋관세＋개별소비세등**		
6. 간주임대료		**해당 기간의 임대보증금×정기예금 이자율×임대일수/365(366)일**		

🔑 🔢 세금계산서

1. 보관기간	5년

2. 발급시기	1. **일반적 : 공급한 때에 발급**
	2. 공급시기전 발급 :
	  ① 원칙 : 대가의 전부 또는 일부를 받고 당해 받은 대가에 대하여 세금계산서 발급시
	  ② 예외 : 세금계산서를 교부하고 그 세금계산서 발급일로부터 7일 이내
	      대가를 지급받은 경우 등
	3. 공급시기후 : **월합계세금계산서는 말일자를 발행일자로 하여 익월 10일까지 교부**

3. **발급면제**	1. 부가가치세법에서 규정한 영수증발급대상사업
	  ① **목욕, 이발, 미용업**
	  ② **여객운송업(전세버스운송사업은 제외)**
	  ③ **입장권을 발행하여 영위하는 사업**
	2. 재화의 간주공급 : 직매장반출은 발급의무
	  (다만, 주사업장총괄납부사업자, 사업자단위과세사업자는 발급면제)
	3. **간주임대료**
	4. **영세율적용대상 재화, 용역 → 국내수출분(내국신용장, 구매확인서 등)은 발급대상**

4. 수정	1. 공급한 재화가 환입시 : **환입된 날을 작성일자로 하여 비고란에 당초 세금계산서 작성일자로 부기한 후 (−)표시** 2. 착오시 : 경정 전까지 수정하여 발행가능 3. 공급가액의 증감시 : **증감사유가 발생한 날에 세금계산서를 수정**하여 발급 4. 계약해제시 : **계약해제일을 공급일자로 하여 수정발급**한다.
5. 매입자발행	사업자가 세금계산서를 발행하지 않은 경우(**거래건당 공급대가가 5만원 이상인 거래**) 공급받은 자는 관할 세무서장의 확인을 받아 세금계산서를 발행 → **과세기간 종료일부터 1년 이내 발급신청**

🔑 🔢 전자세금계산서

1. 의무자	① **법인사업자(무조건 발급)** ② **개인사업자(일정규모 이상)**		
	공급가액(과세+면세) 기준년도	기준금액	발급의무기간
	20x0년	8천만원	20x1. 7. 1~ **계속**
2. 발급기한	공급시기(월합계세금계산서의 경우 다음달 10일까지 가능)		

3. 전송	**발급일의 다음날**
4. 혜택	**– 세금계산합계표 제출의무 면제** – 세금계산서 5년간 보존의무 면제 – 직전년도 공급가액 3억원 미만인 개인사업자 전자세금계산서 발급 세액공제(건당 200원, 한도 연간 100만원)

[공급시기에 따른 전자세금계산서 발급 관련 가산세]

공급시기	발급기한	**지연발급(1%)**	**미발급(2%)**
3.11	~4.10	4.11~7.25	*7.25(확정신고기한)까지 미발급*

[공급받는자의 지연수취가산세 및 매입세액공제여부]

	4.11~7.25	**7.26~익년도 7.25**	**익년도 7.26 이후 수취**
매입세액공제	○	○	×
지연수취가산세(0.5%)	○	○	×

[전자세금계산서 전송관련 가산세]

발급시기	전송기한	**지연전송(0.3%)**	**미전송(0.5%)**
4.05	~4.06	4.07~7.25	7.25까지 미전송시

⑮ 대손세액공제

1. 대손사유	1. 파산, 강제집행, 사망, 실종 2. 회사정리인가 3. 부도발생일로부터 **6월 이상 경과한 어음·수표** 및 외상매출금(중소기업의 외상매출금으로서 부도발생일 이전의 것) **4. 중소기업의 외상매출금 및 미수금으로서 회수기일로부터 2년이 경과한 외상매출금 등(특수관계인과의 거래는 제외)** **5. 소멸시효 완성채권** **6. 회수기일이 6개월 이상 지난 채권 중 채권가액이 30만원 이하** 7. 신용회복지원 협약에 따라 면책으로 확정된 채권
2. 공제시기	대손사유가 발생한 과세기간의 **확정신고시 공제** ☞ 대손기한 : 공급일로부터 10년이 되는 날이 속하는 과세기간에 대한 확정신고기한까지

3. 공제액	대손금액(VAT포함)×10/110		
4. 처리	구 분	공급자	공급받는 자
	1. 대손확정	**대손세액(−)**	**대손처분받은세액(−)**
		매출세액에 **차감**	매입세액에 차감
	2. 대손금 회수 또는 변제한 경우	**대손세액(+)**	**변제대손세액(+)**
		매출세액에 **가산**	매입세액에 가산

🔑 16 공제받지 못할 매입세액

사 유	내 역
협력의무 불이행	① 세금계산서 미수취 · 불명분 매입세액
	② 매입처별세금계산합계표 미제출 · 불명분매입세액
	③ 사업자등록 전 매입세액 — **공급시기가 속하는 과세기간이 끝난 후 20일 이내에 등록을 신청한 경우 등록신청일부터 공급시기가 속하는 과세기간 개시일 (1.1 또는 7.1)까지 역산한 기간 내의 것은 제외한다.**
부가가치 미창출	④ **사업과 직접 관련 없는 지출**
	⑤ **비영업용소형승용차 구입 · 유지 · 임차** — **8인승 이하, 배기량 1,000cc 초과(1,000cc 이하 경차는 제외),** 지프형승용차, 캠핑용자동차, 이륜자동차(125cc 초과) 관련세액
	⑥ **기업업무추진비 및 이와 유사한 비용의 지출에 대한 매입세액**
	⑦ **면세사업과 관련된 매입세액**
	⑧ **토지관련 매입세액** — 토지의 취득 및 조성 등에 관련 매입세액

🔑 17 신용카드매출전표등 수령명세서

매입세액 공제대상에서 제외	1. 세금계산서 발급불가 사업자 : 면세사업자
	2. 간이과세자 중 영수증발급대상자 : 직전 공급대가 합계액이 4,800만원 미만 등
	3. **세금계산서 발급 불가업종** ① **목욕, 이발, 미용업** ② **여객운송업(전세버스운송사업자 제외)** ③ **입장권을 발행하여 영위하는 사업**
	4. **공제받지 못할 매입세액**

※ 세금계산서 발급대상 간이과세자로부터 신용카드매출전표 등을 수령시 매입세액공제

18 의제매입세액공제

1. 요건	면세농산물을 과세재화의 원재료로 사용(적격증빙 수취)			
	제조업 : 농어민으로부터 직접 공급받는 경우에도 공제가능(영수증도 가능)			
2. 계산	구입시점에 공제(예정신고시 또는 확정시 공제)			
	면세농산물등의 매입가액(구입시점)×공제율			
	업 종			공제율
	음식점업	과세유흥장소		**2/102**
		위 외 음식점업자	법인	6/106
			개인사업자	8/108
	제조업	**일반**		**2/102**
		중소기업 및 개인사업자		**4/104**
	위 외의 사업			2/102
	매입가액은 운임 등의 부대비용을 제외한 가액, 수입농산물 : 관세의 과세가격			
3. 추징	1. 면세농산물 등을 그대로 양도하는 경우			
	2. 면세농산물 등을 면세사업 또는 기타의 목적을 위하여 사용소비			
4. 한도	**과세표준(면세농산물관련)×한도비율(법인 50%)×의제매입세액공제율**			
5 회계처리	구입시	(차) 원재료(의제매입세액) 1,040 (대) 현금 1,040		
	의제매입세액	**(차) 부가세대급금 40 (대) 원재료(타계정대체) 40**		
		☞ 의제매입세액＝1,040×4/104(중소제조기업)		

재활용폐자원 등에 대한 매입세액공제특례

참고

재활용폐자원 등을 수집하는 사업자가 국가 등 기타 부가가치세 과세사업을 영위하지 않는 자(**계산서 발급**) 또는 간이과세자(**일반영수증 발급**)로부터 재활용폐자원 등을 취득하여 제조 또는 가공하거나 이를 공급하는 경우에는 일정율을 매입세액으로 의제한다.

구 분	매입세액공제액
재활용폐자원 : 고철, 폐지, 폐건전지 등	공제대상금액의 3/103
수출용중고자동차(1년 미만인 자동차는 제외)	공제대상금액의 10/110

⑲ 공통매입세액 : 매입세액불공제내역서

1. 내용	겸영사업자(과세＋면세사업)의 공통매입세액에 대한 면세사업분에 대하여 매입세액은 불공제임
2. 안분방법	1. **당해 과세기간의 공급가액 기준** 2. 공급가액이 없는 경우(건물인 경우 ③①②) 　① 매입가액 비율 　② 예정공급가액의 비율 　③ 예정사용면적의 비율 3. 안분계산 생략 　① 당해 과세기간의 총공급가액중 면세공급가액이 5% 미만인 경우의 공통매입세액 　　(단, 공통매입세액이 5백만원 이상인 경우 안분계산해야 함) 　② 당해 과세기간중의 공통매입세액합계액이 5만원 미만인 경우 　③ 신규사업으로 인해 직전 과세기간이 없는 경우
3. 안분계산 및 정산	매입세액불공제분＝공통매입세액×해당과세기간의 $\dfrac{\text{면세공급가액}}{\text{총공급가액}}$ (＝면세비율) **1. 예정신고시 안분계산 → 2. 확정신고시 정산**

⑳ 납부·환급세액의 재계산

1. 재계산 요건	1. **감가상각자산** 2. 당초 안분계산 대상이 되었던 매입세액에 한함 3. **면세공급가액비율의 증가 또는 감소 : 5% 이상(과세기간기준)**
2. 계산	**공통매입세액×(1－감가율×경과된 과세기간의 수)×증감된 면세비율** ☞ 감가율 : 건물, 구축물 5%, 기타 25%
3. 신고납부	**확정 신고시에만 재계산(예정신고시에는 계산하지 않는다)**

㉑ 경감공제세액

1. 신용카드매출전표 발행공제	직전연도공급가액 10억원 이하 개인사업자만 해당 (연간 한도액 1,000만원)
2. 전자신고세액공제	10,000원
3. 전자세금계산서 발급세액공제	직전년도 사업장별 공급가액 3억 미만인 **개인사업자**(발급건당 200원, 한도 연간 100만원)

🔑 22 가산세

1. 가산세의 감면(국세기본법)

1. 수정신고	〈법정신고기한이 지난 후 수정신고시〉					
	~1개월이내	~3개월이내	~6개월 이내	~1년이내	~1년6개월이내	~2년이내
	90%	75%	50%	30%	20%	10%
	1.신고불성실가산세			*2.영세율과세표준신고불성실가산세*		
2. 세법에 따른 제출 등의 의무	법정신고기한 후 **1개월 이내** 의무 이행시 → 매출처별세금계산서합계표 제출 등					50%

2. 부가가치세법상 가산세

1. 세금계산서 불성실	1. **가공세금계산서 발급 및 수취**	공급가액 3%
	2. **미발급,** 타인명의 발급(위장세금계산서) 및 수취 ☞ 전자세금계산서 발급대상자가 종이세금계산서 발급시 1%	공급가액 2%
	3. **과다기재**	과다 기재금액의 2%
	4. 부실기재 및 **지연발급**	공급가액 1%
2. 전자세금계산서 전송	1. 지연전송(7/25, 익년도 1/25까지 전송)	공급가액 0.3%
	2. 미전송 : 지연전송기한까지 미전송	공급가액 0.5%
3. 매출처별 세금계산서 합계표불성실	1. 미제출(1개월 이내 제출시 50%감면)/부실기재	공급가액 0.5%
	2. 지연제출(예정신고분→확정신고제출)	공급가액 0.3%
4 매입처별세금계산서 합계표[1]에 대한 가산세	공급가액을 과다기재하여 매입세액공제 (차액분에 대해서 가산세)	공급가액(차액분) 0.5%
5. 신고불성실 (부당의 경우 40%)	1. 무신고가산세	일반 20%
	2. 과소신고가산세(초과환급신고가산세)	일반 10%
	3. 영세율과세표준 신고불성실가산세	공급가액 0.5%
	2년이내 수정신고시 신고불성실가산세 90%~10% 감면	
6. 납부지연가산세[1]	미납·미달납부세액(초과환급세액)×일수×(1.9~2.2)[2]/10,000	

*1. 신용카드매출전표등 수령명세서 추가

*2. 시행령 정기개정(매년 2월경)시 결정(2025년은 2.2)

🔑 ㉓ 부가세 신고서 – 가산세

			확정신고(전산세무2급)	수정신고
대 상			예정신고누락분을 확정신고시 제출	확정(예정)신고누락분을 수정 신고시
신고기한			확정신고시(7/25, 1/25)	관할세무서장이 결정/경정 전까지
신고서 작성			부가가치세확정신고서 예정신고 누락분에 기재	기존 확정신고서에 수정 기재(누락분을 합산)
가산세	매출	전자 세금계산서	- 미발급 : 2%(종이세금계산서 발급시 1%) - 지연발급 : 1%	
		전자세금 계산서전송	- 지연전송 : 0.3%(~7/25, ~익년도 1/25까지 전송시) - 미전송 : 0.5%(확정신고기한까지 미전송시)	
	매입	지연수취	- 0.5%[확정신고기한의 다음날부터 1년 이내까지 수취]	
		세금계산서 합계표불성실	- 부실기재 : 0.5%(과다기재액)	
	신고 불성실	일반	- 미달신고세액의 10%(75% 감면)	- 미달신고세액의 10%[1]
		영 세 율 과세표준	- 공급가액의 0.5%(75% 감면)	- 공급가액의 0.5%[1]
	납부지연		- 미달납부세액 × 미납일수 × (1.9~2.2)[2]/10,000	

*1. 2년 이내 수정신고시 90%, 75%, 50%, 30%, 20%, 10% 감면
*2. 시행령 정기개정(매년 2월경)시 결정

⟨매출매입신고누락분 – 전자세금계산서 발급 및 전송⟩

전자세금계산서 미발급가산세
(5,500,000원)

구 분				공급가액	세액
매출	과세	세 금	종이	4,000,000	400,000
			전자	1,000,000	100,000
		기 타		2,000,000	200,000
	영세	세 금	종이	1,500,000	–
			전자	3,500,000	–
		기 타		2,000,000	–
매입	세금계산서 등			3,000,000	300,000
미달신고(납부)					400,000

영세율과세표준신고불성실가산세
(7,000,000원)

신고, 납부지연가산세
(400,000원)

🔑 24 예정신고 및 납부

1. 원칙		법인	신고의무. 다만, 영세법인사업자(직전과세기간 과세표준 1.5억 미만)에 대하여는 고지징수
		개인	고지납부
2. 고지 납부	대상자		예정고지세액이 **50만원 미만인 경우 징수안함** 고지금액 : 직전 과세기간에 대한 납부세액의 50%
	선택적 예정신고		– 휴업/사업부진 등으로 인하여 직전과세기간대비 공급가액(또는 납부세액)이 1/3에 미달하는 자 – 조기환급을 받고자 하는 자

25 환급

1. 일반환급	확정신고기한 경과 후 **30일 이내**에 환급 **(예정신고의 환급세액은 확정신고시 납부세액에서 차감)**	
2. 조기환급	대상	**1. 영세율 적용 대상이 있는 때** **2. 사업설비를 신설, 취득, 확장, 증축(감가상각자산)** 3. 재무구조개선계획을 이행중인 사업자
	기한	조기환급 신고기한(매월 또는 2개월 단위로 신고가능) 경과 후 **15일 이내**에 환급
3. 경정시 환급	지체없이 환급	

26 간이과세자

1. 판정방법	1. 일반적 : 직전 1역년의 공급대가의 합계액이 **1억 4백만원 미만인 개인사업자**로서 각 사업장 매출액의 합계액으로 판정 2. 신규사업개시자(임의 선택)	
2. 적용배제	1. 일반과세 적용	• **사업자가 일반과세가 적용되는 사업장을 보유시** • **직전연도 공급대가 합계액이 4,800만원 이상인 부동산임대업 및 과세유흥장소**
	2. 적용배제 업종	① 광업 ② 도매업 ③ 제조업 ④ 부동산매매업 및 일정한 부동산임대업 ⑤ 건설업 ⑥ 전문적 인적용역제공사업(변호사등) ⑦ 소득세법상 복식부기의무자 등
3. 세금계산서 발급의무	1 원칙 : 세금계산서 발급의무 2. 예외 : 영수증 발급 ① 간이과세자 중 신규사업자 및 직전연도 공급대가 합계액이 4,800만원 미만 ② 주로 사업자가 아닌 자에게 재화 등을 공급하는 사업자(소매업, 음식점업, 숙박업, 미용 및 욕탕등) 다만 소매업, 음식점업, 숙박업 등은 공급받는 자가 요구하는 경우 세금계산서 발급의무	
4. 과세기간	**1기 : 1.1 ~ 12.31(1년간)** ☞ 예정부과제도 ① 예정부과기간 : 1.1~6.30 **다만, 세금계산서를 발급한 간이과세자는 예정부과기간에 대하여 신고 및 납부(7/25)해야 한다.** ② 고지징수 : 직전납부세액의 1/2을 고지징수(7/25), **50만원 미만은 소액부징수** ③ 예외 : 사업부진시 신고·납부할 수 있다.	
5. **납부의무 면제**	**공급대가 4,800만원 미만**	

| 6. 포기 | 포기하고자 하는 달의 전달 마지막 날까지 신고
☞ 간이과세를 포기하고 일반과세자가 될 수 있고, <u>다시 포기신고의 철회가 가능</u> |

◐⚷ 27 부가세 계산구조 – 간이과세자

납 부 세 액	공급대가×업종별부가가치율×10%
(-) 공 제 세 액	세금계산서 등을 발급받은 매입액(공급대가)×0.5% 신용카드매출전표발행세액공제, 전자세금계산서 발급세액공제 등
(+) 가 산 세	세금계산서 발급 및 미수취가산세 적용
= 차가감납부세액	**환급세액이 없다.**

〈간이과세자 요약〉

1. 거래증빙	• 원칙 : 세금계산서(직전연도 공급대가 합계액 4,800만원 이상 인 간이과세자) • 예외 : 영수증
2. 업종별 부가가치율	15~40%
3. 세금계산서 수취시 세액공제	매입액(공급대가)×0.5%(= 매입세액×5.5%)
4. 의제매입세액공제	배제
5. 신용카드매출전표등 발행세액공제	1.3%
6. **세금계산서 발급대상 간이과세자가** **발급하는 신용카드 매출전표** 등을 일반과세자가 수취시	**매입세액공제 대상** (영수증 발급 대상 간이과세자는 제외)

분개연습

<매입매출전표 유형선택 : *증빙을 보시고 판단하세요!!!!*>

매출유형	증 빙		매입유형
11.과세	(전자)세금계산서		51.과세
12.영세	(전자)영세율세금계산서	공제	52.영세
13.면세	(전자)계산서	불공제	53.면세
14.건별	증빙없음/일반영수증	불공제	54.불공
16.수출	직수출	수입전자세금계산서	55.수입
17.카과	신용카드영수증(과세)		57.카과
18.카면	신용카드영수증(면세)		58.카면
22.현과	현금영수증(과세)		61.현과
23.현면	현금영수증(면세)		62.현면

1. 제품창고가 신축이 완료되어 (주)서울에 잔금을 회사의 보통예금통장에서 지급하고 세법에 의한 전자세금계산서를 수취하다. (주)서울과의 공급계약은 다음과 같다.
   (본 계약은 계약금 및 중도금지급시 전자세금계산서를 수취하지 않고, 잔금지급시 전자세금계산서를 수취하였다. 계약금 및 중도금은 건설중인자산으로 회계처리하였고, 건물로의 대체분개도 행하시오.)

구 분	지급일자	공급대가(부가가치세 포함)
계 약 금	3월 31일	1,100,000원
중 도 금	4월 21일	5,500,000원
잔 금	8월 10일	4,400,000원

   [과세유형]   [공급가액]   [세액]
   [분개]

2. 자사제품(원가 700,000원, 시가 800,000원, VAT별도)을 거래처인 성정전자에 선물로 제공하였다.
   [과세유형]   [공급가액]   [세액]
   [분개]

3. 개인인 홍길동에게 제품을 판매하고 대금 ₩550,000(VAT포함)은 신용카드(국민카드사) 매출전표를 발행하였다.
   [과세유형]   [공급가액]   [세액]
   [분개]

4. 두정㈜에 외상으로 판매한 상품 중 프린터 1대(@200,000)가 불량으로 반품되어 회수하고 반품전자세금계산서를 발급하였다.
   [과세유형]   [공급가액]   [세액]
   [분개]

5. 제품운송용으로 사용하던 화물차(취득가액 15,000,000원, 감가상각누계액 3,000,000원)를 북일전자에 매각하고 매각대금은 한달 후에 받기로 하였다. 매각금액 10,000,000원(부가세 별도)에 대한 전자세금계산서를 발급하였다.
   [과세유형]   [공급가액]   [세액]
   [분개]

6. 원재료를 수입하면서 인천세관으로부터 수입전자세금계산서(공급가액 800,000원, 부가가치세 80,000원)를 교부받고, 부가가치세와 관세 등 150,000원을 현금으로 지급하였다.

[과세유형]　　　　　　　　　　**[공급가액]**　　　　　　　　　　**[세액]**

[분개]

7. 독일의 D사에게 제품을 $25,000에 직수출하고 제품을 선적하였다. 대금은 계약금으로 9월 1일에 $5,000을 받아서 원화 6,000,000원(보통예금)으로 환가하였고, 잔액인 $20,000은 9월 30일 받기로 하였다. 계약금에 대한 회계처리는 선수금으로 처리하였다.(단, 수출에 대한 회계처리는 부가가치세법에 따라 처리하시오.)

구　　분		환　　율
선적일 (9월 10일)	대고객외국환 매도율	1,290원/$
	대고객외국환 매입율	1,280원/$
	기준환율	1,240원/$
잔금일 (9월 30일)	대고객외국환 매도율	1,270원/$
	대고객외국환 매입율	1,260원/$
	기준환율	1,230원/$

[과세유형]　　　　　　　　　　**[공급가액]**　　　　　　　　　　**[세액]**

[분개]

8. ㈜호서에 제품(공급가액 1,000,000원, 부가가치세 별도)을 다음과 같은 장기할부조건으로 판매하기로 하고 부가가치세법상의 전자세금계산서를 정상적으로 발급하였다. 각 할부금은 회수시점에 현금으로 회수하였으며, 8/10 회수기일도래기준에 따라 회계처리하기로 한다.

구　　분	1차할부금	2차할부금	3차할부금	잔　금
일　　자	20x0.04.10	20x0.09.10	20x1.07.10	20x1.08.10
공급가액	300,000원	300,000원	200,000원	200,000원
세　　액	30,000원	30,000원	20,000원	20,000원

[과세유형]　　　　　　　　　　**[공급가액]**　　　　　　　　　　**[세액]**

[분개]

9. 당사는 사옥으로 사용할 목적으로 (주)현대건설로부터 건물과 토지를 30,000,000원(부가세 별도)에 일괄 취득하였고, 대금은 약속어음(만기 5개월 후)을 발행하였다. 단, 취득당시 건물의 공정가액은 16,000,000원, 토지의 공정가액은 8,000,000원이었으며, 토지와 건물에 대하여 부가가치세법상 전자세금계산서와 계산서를 수취하였다.

► 토지에 대한 회계처리

[과세유형]   [공급가액]   [세액]

[분개]

► 건물에 대한 회계처리

[과세유형]   [공급가액]   [세액]

[분개]

10. 업무용 승용차(2,000cc)를 (주)아산에서 구입하였다. 차량대금은 어음(만기 3개월)을 발행해 주었고 부가가치세와 취득세 등은 현금으로 지급하고 전자세금계산서를 교부받았다.

•차량가액 : 25,000,000원	•부가가치세 : 2,500,000원
•취 득 세 : 1,000,000원	•등록면허세 : 500,000원

[과세유형]   [공급가액]   [세액]

[분개]

11. (주)아산물산으로부터 영업부에서 사용할 컴퓨터를 2,200,000원(부가가치세 포함)에 구입하고 현금영수증을 교부받았으며 대금은 당좌수표를 발행하여 지급하였다.

[과세유형]   [공급가액]   [세액]

[분개]

12. 국고보조금에 의하여 취득한 다음의 기계장치가 노후화되어 성동㈜에 외상(매각대금 20,000,000원, 부가가치세별도)으로 현금처분하고 전자세금계산서를 발급하였다.

기 계 장 치	50,000,000원
국고보조금(자산차감)	(30,000,000)원
<u>감가상각누계액</u>	<u>(10,000,000)원</u>
장 부 가 액	10,000,000원

[과세유형]   [공급가액]   [세액]

[분개]

13. 회사는 (주)경기가 보유하고 있는 특허권을 취득하고 전자세금계산서를 수취하였으며, 대가로 회사의 주식 1,000주를 발행하여 교부하고 부가가치세 800,000원은 다음 달 주기로 하였다. 회사가 발행한 주식은 액면가액 @5,000원, 시가 @8,000원, 특허권의 시가는 8,000,000원이다.

[과세유형]   [공급가액]   [세액]

[분개]

14. 9월 05일 창고에 있는 제품 중 일부를 (주)영우와 다음과 같은 수출품 납품계약에 의해 납품하고 Local L/C(내국신용장)를 근거로 영세율전자세금계산서를 발급하였다. 대금은 9월 1일에 국민은행 보통예금계좌로 입금된 계약금을 상계한 잔액을 다음달 말일까지 받기로 하였다.

계 약 내 용		
계 약 일 자	20X1년 9월 1일	
총계약 금액	20,000,000원	
계 약 금	20X1. 09. 01	2,000,000원
납품기일및금액	20X1. 09. 05	18,000,000원

[과세유형]   [공급가액]   [세액]

[분개]

15. 공장에 설치 중인 기계장치의 성능을 시운전하기 위하여 오뚜기 주유소에서 휘발유 1,100,000원(공급대가)을 구입하면서 법인명의의 신용카드(삼성카드)로 결제하였다.

[과세유형]   [공급가액]   [세액]

[분개]

16. 회사는 매출처인 (주)서울의 제품매출에 대한 외상매출금 잔액(1,100,000원) 중 990,000원을 보통예금으로 송금받았다. 송금받지 못한 110,000원은 제품에 대하여 하자가 발생하여 에누리하기로 하고 금일자로 수정전자세금계산서를 발급하였다. 수정전자세금계산서에 대한 회계처리만 하세요.

[과세유형]   [공급가액]   [세액]

[분개]

17. 구정을 맞이하여 매출처인 ㈜서울에 선물용으로 3개를 제공하였고, 영업직 과장의 모친 회갑선물로 2개를 제공하고 다음과 같이 전자계산서를 교부받았다.

품 명	수량	공급가액	거래처	결제방법
한우	5개	1,000,000	㈜아산	외 상

[과세유형] 　　　　　　　　　 [공급가액] 　　　　　　　　　　　 [세액]
[분개]

18. 주차장으로 활용할 목적으로 취득한 농지에 대해서 부지정지작업을 하고, 동 부지정리작업에 대하여 (주)현대건설로부터 아래와 같은 내용의 전자세금계산서를 교부받았다. 단, 대금전액은 금일자로 당사발행 약속어음(만기 : 3개월)으로 지급하였다.

작성일자	품 목	공급가액	세 액	합 계	비고
10.25	부지정지작업	5,000,000원	500,000원	5,500,000원	청 구

[과세유형] 　　　　　　　　　 [공급가액] 　　　　　　　　　　　 [세액]
[분개]

19. ㈜서울리스로부터 운용리스계약에 의해 기계장치를 임차하여 운용 중에 있으며, 매월리스료를 지급하고 있다. 회사는 ㈜서울리스로부터 8월 31일 전자계산서를 수취하였다.

도입일자	20x1. 5. 1.	기계장치가액	25,000,000
월리스료	1,000,000 (매 1개월 후불, 계산서 수취)		
대금결제방법	계산서 수취후 15일 이내 계좌이체		

[과세유형] 　　　　　　　　　 [공급가액] 　　　　　　　　　　　 [세액]
[분개]

20. 당사는 국민은행(면세사업자)에서 사용하던 중고미니버스(12인승)을 15,000,000원(공급가액)에 구입하면서, 국민카드로 결제하였다.
[과세유형] 　　　　　　　　　 [공급가액] 　　　　　　　　　　　 [세액]
[분개]

21. GM상사로부터 영업부서에서 사용할 승용차(배기량 2,000cc, 4인승)를 인천세관을 통해 수입하고 수입전자세금계산서(공급가액 50,000,000원, 부가가치세 5,000,000원)를 교부받았다. 부가가치세와 관세 300,000원을 현금납부하였다.

[과세유형]   [공급가액]   [세액]

[분개]

22. (주)서울에 제품 100개(판매단가 @10,000원, 부가가치세 별도)를 외상으로 납품하면서 대금은 거래수량에 따라 공급가액 중 전체금액의 5%를 사전에누리해주기로 하고, 전자세금계산서는 에누리한 금액으로 발급하였다.

[과세유형]   [공급가액]   [세액]

[분개]

23. LOGIN사에 제품을 직수출하였다. 총 수출대금은 $30,000이고, 1월 30일에 수령한 계약금 $3,000(수령 후 바로 3,000,000원으로 환가함)을 제외한 잔금을 선적일(2월 12일)로부터 1개월 이내 수령하기로 했다.

·1월 30일 기준환율 : 1,000원/$	·2월 12일 기준환율 : 1,200원/$

[과세유형]   [공급가액]   [세액]

[분개]

분/개/연/습 (매입매출전표) 답안

[1]	유형	51.과세	공급가액	10,000,000	세액	1,000,000
(차) 건　　물		10,000,000	(대) 보 통 예 금			4,400,000
부가세대급금		1,000,000	건설중인자산			6,600,000
☞ 계약금 중도금 지급시						
(차) 건설중인자산	6,600,000		(대) 현　금	6,600,000		

[2]	유형	14.건별	공급가액	800,000	세액	80,000
(차) 기업업무추진비(판)		780,000	(대) 제　　품(타계정대체)			700,000
			부가세예수금			80,000
☞ 간주공급(사업상증여)의 과세표준은 시가이다. 그리고 기업업무추진비는 제품의 장부가액(원가)과 부가세예수금의 합이다.						

[3]	유형	17.카과	공급가액	500,000	세액	50,000
(차) 외상매출금		550,000	(대) 제 품 매 출			500,000
(국민카드)			부가세예수금			50,000

[4]	유형	11.과세	공급가액	△200,000	세액	△20,000
(차) 외상매출금		△220,000	(대) 상 품 매 출			△200,000
(두정(주))			부가세예수금			△20,000

[5]	유형	11.과세	공급가액	10,000,000	세액	1,000,000
(차) 감가상각누계액		3,000,000	(대) 차량운반구			15,000,000
(차량)			부가세예수금			1,000,000
미수금(북일전자)		11,000,000				
유형자산처분손		2,000,000				

114

[6]	유형	55.수입	공급가액	800,000	세액	80,000
(차)	부가세대급금		80,000	(대) 현 금		150,000
	원 재 료		70,000			

☞ 수입세금계산서는 세관장이 발행한다. 수입세금계산서의 공급가액은 수입자의 구입가격이 아니라 부가가치세를 징수하기 위한 허수의 개념에 불과하다.

[7]	유형	16.수출 (1.직접수출)	공급가액	30,800,000	세액	0
(차)	선 수 금		6,000,000	(대) 제 품 매 출		30,800,000
	외상매출금(D사)		24,800,000			

☞ 부가세법상 과세표준 : 6,000,000원 + $20,000 × 1,240원(선적일 기준환율)

[8]	유형	11.과세	공급가액	200,000	세액	20,000
(차)	현 금		220,000	(대) 제 품 매 출		200,000
				부가세예수금		20,000

[9]	유형	53.면세	공급가액	10,000,000	세액	0
(차)	토 지		10,000,000	(대) 미 지 급 금((주)현대건설)		10,000,000

	유형	51.과세	공급가액	20,000,000	세액	2,000,000
(차)	건 물		20,000,000	(대) 미 지 급 금((주)현대건설)		22,000,000
	부가세대급금		2,000,000			

☞ 일괄취득시 공정가액으로 안분계산
- 토지의 공급가액 : 8,000,000/(16,000,000 + 8,000,000) × 30,000,000 = 10,000,000
- 건물의 공급가액 : 16,000,000/(16,000,000 + 8,000,000) × 30,000,000 = 20,000,000

[10]	유형	54.불공	공급가액	25,000,000	세액	2,500,000
(차)	차량운반구		29,000,000	(대) 현 금		4,000,000
				미 지 급 금((주)아산)		25,000,000

[11]	유형	61.현과	공급가액	2,000,000	세액	200,000
(차)	비 품		2,000,000	(대) 당 좌 예 금		2,200,000
	부가세대급금		200,000			

[12]	유형	11.과세	공급가액	20,000,000	세액	2,000,000
(차)	감가상각누계액(기계)	10,000,000	(대)	기 계 장 치		50,000,000
	국고보조금	30,000,000		부가세예수금		2,000,000
	현 금	22,000,000		유형자산처분익		10,000,000

[13]	유형	51.과세	공급가액	8,000,000	세액	800,000
(차)	특 허 권	8,000,000	(대)	미 지 급 금((주)경기)		800,000
	부가세대급금	800,000		자 본 금		5,000,000
				주식발행초과금		3,000,000

[14]	유형	12.영세 (3.내국신용장)	공급가액	20,000,000	세액	0
(차)	선 수 금	2,000,000	(대)	제 품 매 출		20,000,000
	외상매출금((주)영우)	18,000,000				

[15]	유형	57.카과	공급가액	1,000,000	세액	100,000
(차)	기 계 장 치	1,000,000	(대)	미 지 급 금(삼성카드)		1,100,000
	부가세대급금	100,000				

[16]	유형	11.과세	공급가액	△100,000	세액	△10,000
(차)	외상매출금((주)서울)	△110,000	(대)	제 품 매 출		△100,000
				부가세예수금		△10,000

[17]	유형	53.면세	공급가액	1,000,000	세액	0
(차)	기업업무추진비(판)	600,000	(대)	미 지 급 금((주)아산)		1,000,000
	복리후생비(판)	400,000				

[18]	유형	54.불공	공급가액	5,000,000	세액	500,000
(차)	토 지	5,500,000	(대)	미 지 급 금((주)현대건설)		5,500,000

[19]	유형	53.면세	공급가액	1,000,000	세액	0
(차) 임　차　료(제)			1,000,000	(대) 미지급금((주)서울리스)		1,000,000

[20]	유형	58.카면	공급가액	15,000,000	세액	0
(차) 차량운반구			15,000,000	(대) 미 지 급 금(국민카드)		15,000,000

[21]	유형	54.불공	공급가액	50,000,000	세액	5,000,000
(차) 차량운반구			5,300,000	(대) 현　　금		5,300,000

[22]	유형	11.과세	공급가액	950,000	세액	95,000
(차) 외상매출금((주)서울			1,045,000	(대) 제 품 매 출		950,000
				부가세예수금		95,000

☞ 공급가액 : 100개 × 10,000원 × 95%

[23]	유형	16.수출	공급가액	35,400,000	세액	0
(차) 선수금			3,000,000	(대) 제 품 매 출		36,000,000
외상매출금			32,400,000			
외환차익			600,000			

☞ 과세표준 = 3,000,000(환가한 금액) + \$27,000 × 1,200 = 35,400,000원
　제품매출(수익) = \$30,000 × 1,200 = 36,000,000원 ⇒ 인도시점에 기준환율로 인식.

신고서 및 부속서류

Ⅰ. 의제매입세액 공제신고서

1. 2기 확정시 면세 재화 구입내역

구 분	일 자	상 호	품 명	매입가액	증 빙
사업자매입분	20X1. 10.01	㈜아산축산	축산물	3,000,000원	계산서
	20X1. 10.03	㈜두정축산	축산물	1,000,000원	영수증
	20X1. 10.12	㈜성정수산	해산물	2,000,000원	신용카드
	20X1. 11.21	㈜신방수산	해산물	1,500,000원	계산서
농어민매입분	20X1. 12.12	김한국	축산물	1,400,000원	영수증
	20X1. 12.05	이한국	농산물	1,100,000원	영수증

☞ ㈜아산축산에서 구입시 운반비용 500,000원을 당사가 현금지급하였고, 동 금액이 포함되어 있지 않다.
   모두 "원재료"계정으로 회계처리하였다.

2. 2기 의제매입세액과 관련한 매출내역

예정신고	확정신고	계
20,000,000	30,000,000	50,000,000

3. 2기 예정신고시 의제매입세액 신고내역
  ① 의제매입세액 공제대상 면세매입금액 : 5,000,000원
  ② 의제매입세액공제액 : ???원(의제매입세액은 적정하게 계산되어 신고하였고, 9월 30일 의제매입세액에 대해서 적정하게 회계처리되었다.)

4. 다음의 질문에 답하시오.
  (1) 당사는 중소 제조업(법인)이라 가정하고 의제매입세액을 계산하고, 의제매입세액에 대한 회계처리(12월 31일)를 하시오.
  (2) 당사는 음식점업(법인한도 50%)을 영위한다 가정하고 의제매입세액을 계산하시오.

 풀이

해답

1. 의제매입세액 대상여부 판단

- 제조업의 경우 사업자 매입분에 대해서는 적격증빙(계산서, 신용카드, 현금영수증 등)이 필요하나, 농어민 매입분에 대해서는 적격증빙이 없이도 가능하다.

구 분	상호	증 빙	제조업	음식점업	비고
사업자 매입분	(주)아산축산	**계산서**	3,000,000	3,000,000	매입가액은 순수 매입가액만 대상이다.
	(주)두정축산	영수증	X	X	
	(주)성정수산	**신용카드**	2,000,000	2,000,000	
	(주)신방수산	**계산서**	1,500,000	1,500,000	
농어민 매입분	김한국	**영수증**	1,400,000	X	
	이한국	**영수증**	1,100,000	X	
계			9,000,000	6,500,000	

2. 중소제조업(법인)

	예정(7~9월)	확정(10~12월)	계
① 공급가액(면세매입관련)	20,000,000	30,000,000	50,000,000
② 면세매입금액	5,000,000	9,000,000	14,000,000
③ 한도(①×50% : 법인)	–		25,000,000
④ Min[②,③]	–		**14,000,000**
공제율	4/104(중소제조업)		
⑤ 당기 의제매입세액공제액(7~12월)	④×공제율		538,461
⑥ 예정신고시 의제매입세액공제	5,000,000×4/104		192,307
⑦ **확정신고시 의제매입세액공제**	(⑤-⑥)		**346,154**

- 회계처리

　(차) 부가세대급금　　　346,154원　　(대) 원재료(타계정대체)　　346,154원

3. 음식점업(법인)

	예정(7~9월)	확정(10~12월)	계
① 공급가액(면세매입관련)	20,000,000	30,000,000	50,000,000
② 면세매입금액	5,000,000	6,500,000	11,500,000
③ 한도(①×50% : 법인)	–		25,000,000
④ Min[②,③]	–		**11,500,000**
공제율	6/106(음식점업 – 법인)		
⑤ 당기 의제매입세액공제액(7~12월)	④×공제율		650,943
⑥ 예정신고시 의제매입세액공제	5,000,000×6/106		283,018
⑦ 확정신고시 의제매입세액공제	(⑤－⑥)		**367,925**

Ⅱ. 공통매입세액 안분계산

다음 자료를 보고 당사(과세 및 면세 겸영사업자)의 공제받지 못할 매입세액(공통분 매입세액)을 계산하시오. 단, 아래의 매출과 매입은 모두 관련 세금계산서 또는 계산서를 적정하게 수수한 것이며, 과세분 매출과 면세분 매출은 모두 공통매입분과 관련된 것이다.

(1) 예정신고(1 - 3월)

구 분		공급가액	세액	합계액
매출내역	과세분	40,000,000	4,000,000	44,000,000
	면세분	60,000,000	–	60,000,000
	합 계	100,000,000	4,000,000	104,000,000
매입내역	공통분	50,000,000	5,000,000	55,000,000

(2) 확정신고(4~6월)

구 분		공급가액	세액	합계액
매출내역	과세분	50,000,000	5,000,000	55,000,000
	면세분	50,000,000	–	50,000,000
	합 계	100,000,000	5,000,000	105,000,000
매입내역	공통분	30,000,000	3,000,000	33,000,000

1. 20X1년 1기 예정시 불공제 매입세액(안분계산)을 계산하시오.

2. 20X1년 1기 확정신고시 불공제 매입세액(정산)을 계산하시오.

 풀이 ━━━━━━━━━━━━━━━━━━━━━━━━━━━━━ ■ ■ ■

해답

- 안분계산 원칙

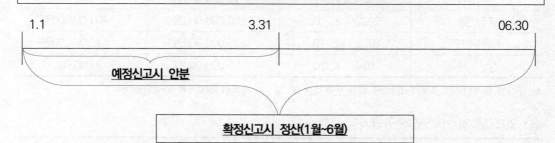

매입세액불공제분 = 공통매입세액 × 해당 과세기간의 $\dfrac{\text{면세공급가액}}{\text{총공급가액}}$ (= 면세비율)

1. 예정신고시 안분계산 → 2. 확정신고시 정산

1.1   3.31   06.30

예정신고시 안분

확정신고시 정산(1월~6월)

1. 예정신고시 안분계산

공통매입세액(1월~3월) × 해당 과세기간(1월~3월)의 $\dfrac{\text{면세공급가액}}{\text{총공급가액}}$

$= 5,000,000 \times \dfrac{60,000,000}{100,000,000} = \mathbf{3,000,000}$(예정신고시불공제매입세액)

2. **공통매입세액의 정산(확정신고)**

총공통매입세액(1월~6월) × 해당 과세기간(1월~6월)의 $\dfrac{\text{면세공급가액}}{\text{총공급가액}}$

- 예정신고시(1~3월) 불공제매입세액

$= 8,000,000$(1~6월 공통매입세액) $\times \dfrac{110,000,000(1\sim6월\ 면세공급가액)}{200,000,000(1\sim6월\ 총공급가액)}$

-3,000,000(예정신고시 불공제매입세액) = 1,400,000(확정신신고시 불공제매입세액)

Ⅲ. 납부환급세액 재계산

다음의 자료를 토대로 2025년 2기 확정 부가가치세신고시 납부환급세액의 재계산을 하여 납부세액 또는 환급세액을 계산하시오.

• 과세사업과 면세사업에 공통으로 사용되는 자산의 구입내역

계정과목	취득일자	공급가액	부가가치세
기계장치	2024. 7. 1.	10,000,000원	1,000,000원
공장건물	2022. 8. 10.	200,000,000원	20,000,000원
차량운반구	2023. 12. 10.	15,000,000원	1,500,000원
상 품	2024. 7. 20.	20,000,000원	2,000,000원

※ 부가세 확정신고시 공통매입세액에 대한 안분계산 및 정산은 정확히 신고서에 반영되었다.

• 2024년 및 2025년의 공급가액 내역

구 분	2024년		2025년	
	1기	2기	1기	2기
과세사업	100,000,000	80,000,000	90,000,000	150,000,000
면세사업	100,000,000	120,000,000	115,000,000	150,000,000
계	200,000,000	200,000,000	205,000,000	300,000,000

 풀이 --- ▪ ▪ ▪

해답

> 1. 감가상각자산 &   2. 면세공급가액 비율이 5% 이상 증감

1. 면세공급가액 비율

구 분	2024년		2025년	
	1기	2기	1기	2기
과세사업	100,000,000	80,000,000	90,000,000	150,000,000
면세사업(A)	100,000,000	120,000,000	115,000,000	150,000,000
계(B)	200,000,000	200,000,000	205,000,000	300,000,000
면세공급가액 비율(A/B)	50%	60%	56.1%	50%
재계산여부	–	재계산	재계산X	재계산

> 10% 증가   5% 미만   10% 감소

2. 환급세액 재계산(면세비율이 감소했으므로 환급세액 발생)

계정과목	①재화의 매입세액	②경과된 과세기간 수	③경감률 [1 – (체감율× ②)]	④증감된 면세공급 가액율	⑤가산 또는 공제되는 매입세액 (①×③×④)
기계장치	1,000,000	2	50%	– 10%	– 50,000
공장건물	20,000,000	6	70%	– 10%	– 1,400,000
차량운반구	* 경과된 과세기간 수가 4 이므로 환급세액/납부세액 대상에서 제외				
합계	21,000,000				– 1,450,000

체감율 : 건물(5%), 기계장치(25%)

환급세액

Ⅳ. 신용카드매출전표등 수령명세서

20X1년 10월부터 12월까지의 기간동안 재화나 용역을 공급받고 신용카드매출전표 (부가가치세 별도 기입분)를 수취한 내용이다. 다음 거래를 보고 매입세액공제액을 계산하시오.

거래처명	거래일자	발행금액	공급자 업종 (과세유형)	거래내용
천안슈퍼	10.11	220,000원	소매업 (일반과세)	거래처 선물구입대
아산상회	10.20	330,000원	음식점업 (일반과세)	직원회식대 (복리후생)
성정문구	11.13	440,000원	소매업 (간이과세[*1])	사무비품 구입
자우리모텔	11.20	550,000원	숙박업 (일반과세)	지방출장 숙박비
천안정비	12.20	660,000원	차량정비업 (일반과세)	승용차(3500CC 수리비)
한국의원	12.25	770,000원	서비스업 (면세사업자)	업무중 직원의 상해치료비
천안경영아카데미	12.27	880,000원	서비스업 (면세사업자)	직원의 세법교육비

*1. 직전연도 공급대가 합계액이 **4,800**만원 미만 간이과세자로서 영수증 발급대상사업자

 풉이 ∎∎∎

해답

[신용카드매출전표 등을 수취하더라도 매입세액공제 대상이 아닌 것]

1. 세금계산서 발급불가 사업자 : 면세사업자
2. 간이과세자 중 영수증 발급 대상자 : 직전 공급대가 합계액이 4,800만원 미만 등
3. 세금계산서 발급 불가업종
   ① 목욕, 이발, 미용업
   ② 여객운송업(전세버스운송사업자 제외)
   ③ 입장권을 발행하여 영위하는 사업
4. 공제받지 못할 매입세액

거래처명	대상여부	매입세액공제
천안슈퍼	공제받지못할 매입세액[기업업무추진 관련매입세액]	×
아산상회	사업관련매입세액	30,000원
성정문구	간이과세자 중 영수증 발급 대상 사업자	×
자우리모텔	사업관련매입세액	50,000원
천안정비	공제받지못할 매입세액(비영업용소형승용차)	×
한국의원	세금계산서 발급불가 사업자(면세사업자)	×
천안경영아카데미	세금계산서 발급불가 사업자(면세사업자)	×
매입세액 공제 계		80,000원

V. 부가가치세 신고서 1

다음은 중소제조업을 영위하는 사업자로서 ㈜로그인의 제 1기 확정신고(4.1~6.30)를 위한 자료이다. ※ 임의의 회사를 선택하셔서, KcLep에 입력 연습하셔도 됩니다.

1. 매출내역

국 내 판매분	– 전자세금계산서 발행 매출액(VAT 미포함) – 신용카드매출전표 발행분(VAT 포함) – 영수증 발행(VAT 포함)	50,000,000 33,000,000 22,000,000
수출분	– 내국신용장에 의한 공급분(Local 수출분 – 전자세금계산서) – 직수출분	40,000,000 60,000,000
기 타	– 임대보증금 10,000,000원, 정기예금이자율 2.5% 및 365일로 가정한다. – 제품을 거래처에 기업업무추진(접대)목적으로 지급(시가 3,000,000원, 장부가 1,800,000원)	

① 예정신고 누락분 : 국내매출(전자세금계산서 발급분, VAT 미포함)   20,000,000원
                   직수출(세금계산서 미교부분, VAT 미포함)   15,000,000원
                   현금영수증발급분(VAT 미포함)   11,000,000원

② 대손발생내역 : 거래처 파산으로 인하여 발생한 대손금액 22,000,000원

2. 매입거래

원재료 (과세재화)	전자세금계산서 수취분(VAT 미포함) 신용카드매출전표 수취분(VAT 미포함) 영수증 수취분(VAT 포함)	50,000,000 30,000,000 22,000,000
기업업무추진비 지출	전자세금계산서 수취분(VAT 미포함)	25,000,000
토지정지비용	전자세금계산서 수취분(VAT 미포함)	4,000,000
소프트웨어	전자세금계산서 수취	12,000,000
면세재화	계산서 수취(원재료로 회계처리하였고, 의제매입세액공제 대상이다) – 의제매입세액에 대한 한도는 충분하다고 가정한다.	2,600,000

① 예정신고 누락분 : 국내매출(전자세금계산서 발급분, VAT 미포함)   5,000,000원
                   신용카드영수증발급분(고정자산, VAT 포함)   1,100,000원

3. 기타자료

① 예정신고시 미환급세액 : 1,200,000원
② 전자신고를 하였다.

풀이

1. 회계처리

① 간주임대료를 임차인이 부담하기로 하여 현금으로 수취하였다.
[분개]

② 거래처에 기업업무추진(접대)목적으로 지급한 제품에 대해서 회계처리하시오.
[분개]

③ 토지정지비용에 대하여 다음달 지급하기로 하다.
[분개]

④ 면세재화(원재료)의 의제매입세액에 대하여 회계처리하시오.
[분개]

2. 다음 부가가치세 관련 서식에 입력하시오.(과세표준명세와 가산세 계산은 생략하시오.)

(1) 예정신고누락분 명세

구분				금액	세율	세액
7.매출(예정신고누락분)						
예정누락분	과세	세금계산서	33		10/100	
		기타	34		10/100	
	영세	세금계산서	35		0/100	
		기타	36		0/100	
	합계		37			

12.매입(예정신고누락분)					
예정누락	세금계산서		38		
	그 밖의 공제매입세액		39		
	합계		40		
	신용카드매출 수령금액합계	일반매입			
		고정매입			
	의제매입세액				
	재활용폐자원등매입세액				
	과세사업전환매입세액				
	재고매입세액				

(2) 과세표준 및 매출세액

구분				금액	세율	세액
과세표준및매출세액	과세	세금계산서발급분	1		10/100	
		매입자발행세금계산서	2		10/100	
		신용카드·현금영수증발행분	3			
		기타(정규영수증외매출분)	4		10/100	
	영세	세금계산서발급분	5		0/100	
		기타	6		0/100	
	예정신고누락분		7			
	대손세액가감		8			
	합계		9		㉮	

(3) 그 밖의 공제매입세액, 공제받지못할 매입세액, 매입세액

- 그 밖의 공제매입세액 입력

14.그 밖의 공제매입세액					
신용카드매출수령금액합계표	일반매입	41			
	고정매입	42			
의제매입세액		43		뒤쪽	
재활용폐자원등매입세액		44		뒤쪽	
과세사업전환매입세액		45			
재고매입세액		46			
변제대손세액		47			
외국인관광객에대한환급세액		48			
합계		49			

- 공제받지못할 매입세액 입력

16.공제받지못할매입세액				
공제받지못할 매입세액	50			
공통매입세액면세등사업분	51			
대손처분받은세액	52			
합계	53			

- 매입세액 입력

구분				금액	세율	세액
매입세액	세금계산서수취분	일반매입	10			
		수출기업수입분납부유예	10			
		고정자산매입	11			
	예정신고누락분		12			
	매입자발행세금계산서		13			
	그 밖의 공제매입세액		14			
	합계(10)-(10-1)+(11)+(12)+(13)+(14)		15			
	공제받지못할매입세액		16			
	차감계 (15-16)		17		㉯	

(4) 그 밖의 경감공제세액 입력

18.그 밖의 경감·공제세액				
전자신고세액공제	54			
전자세금계산서발급세액공제	55			
택시운송사업자경감세액	56			
대리납부세액공제	57			
현금영수증사업자세액공제	58			
기타	59			
합계	60			

(5) 예정신고 미환급세액 입력

예정신고미환급세액	21		⑩	
예정고지세액	22		⑭	

해답

1. 회계처리
① 간주임대료 : 10,000,000원×2.5%(가정)×92일(10.1~12.31)/365일 = 63,013원
　　(차) 현　　　금　　　　　6,301원　　　(대) 부가세예수금　　　　　6,301원
② 장려물품(간주공급)
　　(차) 기업업무추진비(판)　2,100,000원　　(대) 제 품(타계정대체)　1,800,000원
　　　　　　　　　　　　　　　　　　　　　　　부가세예수금　　　　　300,000원
③ 토지정지비용(불공제매입세액)
　　(차) 토　　　지　　　　4,400,000원　　(대) 미지급금　　　　　4,400,000원
④ 의제매입세액(면세재화) : 2,600,000×4/104(중소제조업) = 100,000원
　　(차) 부가세대급금　　　　100,000원　　(대) 원재료(타계정대체)　100,000원

2. 부가가치세

(1) 예정신고누락분 명세

구분				금액	세율	세액
7.매출(예정신고누락분)						
예정누락분	과세	세금계산서	33	20,000,000	10/100	2,000,000
		기타	34	11,000,000	10/100	1,100,000
	영세	세금계산서	35		0/100	
		기타	36	15,000,000	0/100	
		합계	37	46,000,000		3,100,000
12.매입(예정신고누락분)						
예정누락분		세금계산서	38	5,000,000		500,000
		그 밖의 공제매입세액	39	1,000,000		100,000
		합계	40	6,000,000		600,000
	신용카드매출 수령금액합계	일반매입				
		고정매입		1,000,000		100,000
	의제매입세액					
	재활용폐자원등매입세액					
	과세사업전환매입세액					
	재고매입세액					
	변제대손세액					
	외국인관광객에대한환급서					
		합계		1,000,000		100,000

(2) 과세표준 및 매출세액

구분				금액	세율	세액
과세표준및매출세액	과세	세금계산서발급분	1	50,000,000	10/100	5,000,000
		매입자발행세금계산서	2		10/100	
		신용카드·현금영수증발행분	3	30,000,000	10/100	3,000,000
		기타(정규영수증외매출분)	4	23,063,013		2,306,301
	영세	세금계산서발급분	5	40,000,000	0/100	
		기타	6	60,000,000	0/100	
	예정신고누락분		7	46,000,000		3,100,000
	대손세액가감		8			-2,000,000
	합계		9	249,063,013	㉮	11,406,301

20,000,000+63,013(간주임대료)
+3,000,000(간주공급)

(3) 매입세액 및 그 밖의 공제매입세액외

- 그 밖의 공제매입세액 입력(신용카드 및 의제매입세액)

14.그 밖의 공제매입세액			금액		세액
신용카드매출 수령금액합계표	일반매입	41	30,000,000		3,000,000
	고정매입	42			
의제매입세액		43	2,600,000	뒤쪽	100,000
재활용폐자원등매입세액		44		뒤쪽	
과세사업전환매입세액		45			
재고매입세액		46			
변제대손세액		47			
외국인관광객에대한환급세액		48			
합계		49	32,600,000		3,100,000

- 공제받지못할 매입세액 입력(기업업무추진비 및 토지관련 매입세액)

구분		금액	세율	세액
16.공제받지못할매입세액				
공제받지못할 매입세액	50	29,000,000		2,900,000
공통매입세액면세등사업분	51			
대손처분받은세액	52			
합계	53	29,000,000		2,900,000

- 매입세액 입력(영수증 수취 분은 매입세액공제가 안되고, 소프트웨어는 고정자산 매입분에 입력한다. 그리고 토지관련 매입세액은 일반매입 란에 입력한다.)

매 입 세 액	세금계산서 수취분	일반매입	10	79,000,000		7,900,000
		수출기업수입분납부유예	10			
		고정자산매입	11	12,000,000		1,200,000
	예정신고누락분		12	6,000,000		600,000
	매입자발행세금계산서		13			
	그 밖의 공제매입세액		14	32,600,000		3,100,000
	합계(10)-(10-1)+(11)+(12)+(13)+(14)		15	129,600,000		12,800,000
	공제받지못할매입세액		16	29,000,000		2,900,000
	차감계 (15-16)		17	100,600,000	㉯	9,900,000

(4) 기타경감공제세액 입력

- 전자신고세액공제 : 10,000원(확정신고 시만 공제)

18.그 밖의 경감·공제세액				
전자신고세액공제	54			10,000
전자세금계산서발급세액공제	55			

(5) 예정신고 미환급세액 입력

예정신고미환급세액	21		㉹	1,200,000
예정고지세액	22		㉺	
사업양수자의 대리납부 기납부세액	23		㉻	
매입자 납부특례 기납부세액	24		㉾	

133

[최종신고서]

구분				정기신고금액		
				금액	세율	세액
과세표준및매출세액	과세	세금계산서발급분	1	50,000,000	10/100	5,000,000
		매입자발행세금계산서	2		10/100	
		신용카드·현금영수증발행분	3	30,000,000	10/100	3,000,000
		기타(정규영수증외매출분)	4	23,063,013		2,306,301
	영세	세금계산서발급분	5	40,000,000	0/100	
		기타	6	60,000,000	0/100	
	예정신고누락분		7	46,000,000		3,100,000
	대손세액가감		8			-2,000,000
	합계		9	249,063,013	㉮	11,406,301
매입세액	세금계산서수취분	일반매입	10	79,000,000		7,900,000
		수출기업수입분납부유예	10			
		고정자산매입	11	12,000,000		1,200,000
	예정신고누락분		12	6,000,000		600,000
	매입자발행세금계산서		13			
	그 밖의 공제매입세액		14	32,600,000		3,100,000
	합계(10)-(10-1)+(11)+(12)+(13)+(14)		15	129,600,000		12,800,000
	공제받지못할매입세액		16	29,000,000		2,900,000
	차감계 (15-16)		17	100,600,000	㉯	9,900,000
납부(환급)세액(매출세액㉮-매입세액㉯)					㉰	1,506,301
경감공제세액	그 밖의 경감·공제세액		18			10,000
	신용카드매출전표등 발행공제등		19			
	합계		20		㉱	10,000
소규모 개인사업자 부가가치세 감면세액			20		㉲	
예정신고미환급세액			21		㉳	1,200,000
예정고지세액			22		㉴	
사업양수자의 대리납부 기납부세액			23		㉵	
매입자 납부특례 기납부세액			24		㉶	
신용카드업자의 대리납부 기납부세액			25		㉷	
가산세액계			26		㉸	
차가감하여 납부할세액(환급받을세액)㉰-㉱-㉲-㉳-㉴-㉵-㉶-㉷+㉸			27			296,301
총괄납부사업자가 납부할 세액(환급받을 세액)						

Ⅵ. 부가가치세 신고서 2

　제1기 확정 부가가치세 신고서에 예정신고 누락분과 가산세를 신고서 서식에 입력하시오. (미납 부경과일수는 91일이고, 부당한 과소신고는 아닌 것으로 가정한다.) **전자세금계산서는 적법발급했으나, 지연전송(7월 25일 전송)하였고 예정신고서에도 누락되었다. 납부지연가산세율은 1일 2/10,000로 가정한다.**

[예정신고시 누락된 자료]

(1) 제품을 판매하고 교부한 전자세금계산서 1매
　　(공급가액 10,000,000원, 부가가치세 1,000,000원)

(2) 제품을 직수출하고 받은 외화입금증명서 1매(공급가액 20,000,000원)

(3) 제품을 거래처에 선물로 증정(제품원가 5,000,000원, 제품시가 7,000,000원)

(4) 원재료를 매입하고 받은 전자세금계산서 1매
　　(공급가액 5,000,000원, 부가가치세 500,000원)

(5) 제품을 local L/C(영세율전자세금계산서)에 의한 국내수출분(공급가액 8,000,000원)

 풀이

1. 예정신고누락분 입력

구분				금액	세율	세액
7.매출(예정신고누락분)						
예정누락분	과세	세금계산서	33		10/100	
		기타	34		10/100	
	영세	세금계산서	35		0/100	
		기타	36		0/100	
		합계	37			
12.매입(예정신고누락분)						
예정누락		세금계산서	38			
		그 밖의 공제매입세액	39			
		합계	40			
	신용카드매출 수령금액합계	일반매입				
		고정매입				
	의제매입세액					
	재활용폐자원등매입세액					
	과세사업전환매입세액					
	재고매입세액					

2. 가산세 입력

25.가산세명세					
사업자미등록등		61		1/100	
세 금 계산서	지연발급 등	62		1/100	
	지연수취	63		5/1,000	
	미발급 등	64		뒤쪽참조	
전자세금 발급명세	지연전송	65		3/1,000	
	미전송	66		5/1,000	
세금계산서 합계표	제출불성실	67		5/1,000	
	지연제출	68		3/1,000	
신고 불성실	무신고(일반)	69		뒤쪽	
	무신고(부당)	70		뒤쪽	
	과소·초과환급(일반)	71		뒤쪽	
	과소·초과환급(부당)	72		뒤쪽	
납부지연		73		뒤쪽	
영세율과세표준신고불성실		74		5/1,000	
현금매출명세서불성실		75		1/100	
부동산임대공급가액명세서		76		1/100	
매입자 납부특례	거래계좌 미사용	77		뒤쪽	
	거래계좌 지연입금	78		뒤쪽	
합계		79			

해답

1. 예정신고누락분 입력

7.매출(예정신고누락분)

예 정 누 락 분	과 세	세금계산서	32	10,000,000	10/100	1,000,000
		기타	33	7,000,000	10/100	700,000
	영 세	세금계산서	34	8,000,000	0/100	
		기타	35	20,000,000	0/100	
		합계	36	45,000,000		1,700,000

12.매입(예정신고누락분)

예	세금계산서	37	5,000,000		500,000
	그 밖의 공제매입세액	38			
	합계	39	5,000,000		500,000

2. 가산세 계산 및 입력

전자세금계산서 지연전송(18,000,000원)

〈예정신고 매출매입신고누락분〉

구 분			공급가액	세액
매출	과세	세 금 종이		
		세 금 전자	10,000,000(지연전송)	1,000,000
		기 타	7,000,000	700,000
	영세	세 금 종이		–
		세 금 전자	8,000,000(지연전송)	–
		기 타	20,000,000	–
매입	세금계산서 등		5,000,000	500,000
미달신고(납부)				1,200,000

영세율과세표준신고불성실(28,000,000원)

신고, 납부지연(1,200,000원)

1. 전자세금계산서 지연전송	18,000,000원×0.3%=54,000원
2. 영세율과세표준신고 불성실	28,000,000원×0.5%×(1−25%)=35,000원 * 3개월 이내 수정신고시 75% 감면
3. 신고불성실	1,200,000원×10%×(1−25%)=30,000원 * 3개월 이내 수정신고시 75% 감면
4. 납부지연	1,200,000원×91일×2(가정)/10,000=21,840원
계	140,840원

25.가산세명세

구분			코드	금액	세율	세액
사업자미등록등			61		1/100	
세 금 계산서	지연발급 등		62		1/100	
	지연수취		63		5/1,000	
	미발급 등		64		뒤쪽참조	
전자세금 발급명세	지연전송		65	18,000,000	3/1,000	54,000
	미전송		66		5/1,000	
세금계산서 합계표	제출불성실		67		5/1,000	
	지연제출		68		3/1,000	
신고 불성실	무신고(일반)		69		뒤쪽	
	무신고(부당)		70		뒤쪽	
	과소·초과환급(일반)		71	1,200,000	뒤쪽	30,000
	과소·초과환급(부당)		72		뒤쪽	
납부지연			73	1,200,000	뒤쪽	21,840
영세율과세표준신고불성실			74	28,000,000	5/1,000	35,000
현금매출명세서불성실			75		1/100	
부동산임대공급가액명세서			76		1/100	
매입자 납부특례	거래계좌 미사용		77		뒤쪽	
	거래계좌 지연입금		78		뒤쪽	
합계			79			140,840

Ⅶ. 부가가치세 신고서 3

제2기 확정 부가가치세 신고시 누락된 자료이다. 제2기 확정 부가가치세 신고서에 누락분과 가산세를 반영하여 신고하시오. 수정신고일은 2월14일로 가정한다. (미납부경과일수는 20일이고, 부당한 과소신고는 아닌 것으로 가정한다.) **전자세금계산서는 적법발급하고 다음날 전송했으나 확정신고서에 누락되었다. 납부지연가산세율은 1일 2/10,000로 가정한다.**

[확정신고시 누락된 자료]

(1) 제품을 판매하고 발급한 전자세금계산서 1매(공급가액 5,000,000원)

(2) 제품을 판매하고 발급한 영세율전자세금계산서 1매(공급가액 3,000,000원)

(3) 제품을 거래처에 판매하고 발급한 신용카드영수증(공급가액 2,000,000원)

(4) 원재료를 매입하고 받은 영세율전자세금계산서 1매(공급가액 3,000,000원)

[당초 부가가치세 확정신고서]

구분				정기신고금액		
				금액	세율	세액
과세표준및매출세액	과세	세금계산서발급분	1	100,000,000	10/100	10,000,000
		매입자발행세금계산서	2		10/100	
		신용카드·현금영수증발행분	3	50,000,000		5,000,000
		기타(정규영수증외매출분)	4	30,000,000	10/100	3,000,000
	영세	세금계산서발급분	5	20,000,000	0/100	
		기타	6	10,000,000	0/100	
	예정신고누락분		7			
	대손세액가감		8			
	합계		9	210,000,000	㉮	18,000,000
매입세액	세금계산서수취분	일반매입	10	30,000,000		3,000,000
		수출기업수입분납부유예	10			
		고정자산매입	11	5,000,000		500,000
	예정신고누락분		12			
	매입자발행세금계산서		13			
	그 밖의 공제매입세액		14	15,000,000		1,500,000
	합계(10)-(10-1)+(11)+(12)+(13)+(14)		15	50,000,000		5,000,000
	공제받지못할매입세액		16			
	차감계 (15-16)		17	50,000,000	㉯	5,000,000
납부(환급)세액(매출세액㉮-매입세액㉯)					㉰	13,000,000
경감공제세액	그 밖의 경감·공제세액		18			
	신용카드매출전표등 발행공제등		19			
	합계		20		㉣	
예정신고미환급세액			21		㉤	
예정고지세액			22		㉥	
사업양수자의 대리납부 기납부세액			23		㉦	
매입자 납부특례 기납부세액			24		㉧	
신용카드업자의 대리납부 기납부세액			25		㉨	
가산세액계			26		㉩	
차감.가감하여 납부할세액(환급받을세액)(㉰-㉣-㉤-㉥-㉦-㉧-㉨+㉩)			27			13,000,000
총괄납부사업자가 납부할 세액(환급받을 세액)						

풀이

1. 확정신고분 누락분 입력

구분				정기신고금액 금액	세율	세액		수정신고금액 금액	세율	세액
과세표준및매출세액	과세	세금계산서발급분	1	100,000,000	10/100	10,000,000	1		10/100	
		매입자발행세금계산서	2		10/100		2		10/100	
		신용카드·현금영수증발행분	3	50,000,000	10/100	5,000,000	3		10/100	
		기타(정규영수증외매출분)	4	30,000,000		3,000,000	4			
	영세	세금계산서발급분	5	20,000,000	0/100		5		0/100	
		기타	6	10,000,000	0/100		6		0/100	
	예정신고누락분		7				7			
	대손세액가감		8				8			
	합계		9	210,000,000	㉮	18,000,000	9		㉮	
매입세액	세금계산서수취분	일반매입	10	30,000,000		3,000,000	10			
		수출기업수입분납부유예	10				10			
		고정자산매입	11	5,000,000		500,000	11			
	예정신고누락분		12				12			
	매입자발행세금계산서		13				13			
	그 밖의 공제매입세액		14	15,000,000		1,500,000	14			
	합계(10)-(10-1)+(11)+(12)+(13)+(14)		15	50,000,000		5,000,000	15			
	공제받지못할매입세액		16				16			
	차감계 (15-16)		17	50,000,000	㉯	5,000,000	17		㉯	
납부(환급)세액(매출세액㉮-매입세액㉯)			㉰			13,000,000			㉰	
경감공제	그 밖의 경감·공제세액		18				18			
	신용카드매출전표등 발행공제등		19				19			
세액	합계		20		㉱		20		㉱	
예정신고미환급세액			21		㉲		21		㉲	
예정고지세액			22		㉳		22		㉳	
사업양수자의 대리납부 기납부세액			23		㉴		23		㉴	
매입자 납부특례 기납부세액			24		㉵		24		㉵	
신용카드업자의 대리납부 기납부세액			25		㉶		25		㉶	
가산세액계			26		㉷		26		㉷	
차감.가감하여 납부할세액(환급받을세액)(㉰-㉱-㉲-㉳-㉴-㉵-㉶+㉷)			27			13,000,000			27	
총괄납부사업자가 납부할 세액(환급받을 세액)										

2. 가산세입력

25.가산세명세					
사업자미등록등		61		1/100	
세금계산서	지연발급 등	62		1/100	
	지연수취	63		5/1,000	
	미발급 등	64		뒤쪽참조	
전자세금발급명세	지연전송	65		3/1,000	
	미전송	66		5/1,000	
세금계산서합계표	제출불성실	67		5/1,000	
	지연제출	68		3/1,000	
신고불성실	무신고(일반)	69		뒤쪽	
	무신고(부당)	70		뒤쪽	
	과소·초과환급(일반)	71		뒤쪽	
	과소·초과환급(부당)	72		뒤쪽	
납부지연		73		뒤쪽	
영세율과세표준신고불성실		74		5/1,000	
현금매출명세서불성실		75		1/100	
부동산임대공급가액명세서		76		1/100	
매입자 납부특례	거래계좌 미사용	77		뒤쪽	
	거래계좌 지연입금	78		뒤쪽	
	합계	79			

해답 ▪▪▪▪

1. 수정신고금액입력

구분			정기신고금액 금액	세율	세액		수정신고금액 금액	세율	세액
과세표준및매출세액	과세	세금계산서발급분	1	100,000,000	10/100	10,000,000	1	105,000,000	10/100	10,500,000
		매입자발행세금계산서	2		10/100		2		10/100	
		신용카드·현금영수증발행분	3	50,000,000	10/100	5,000,000	3	52,000,000	10/100	5,200,000
		기타(정규영수증외매출분)	4	30,000,000		3,000,000	4	30,000,000		3,000,000
	영세	세금계산서발급분	5	20,000,000	0/100		5	23,000,000	0/100	
		기타	6	10,000,000	0/100		6	10,000,000	0/100	
	예정신고누락분		7				7			
	대손세액가감		8				8			
	합계		9	210,000,000	㉮	18,000,000	9	220,000,000	㉮	18,700,000
매입세액	세금계산서수취분	일반매입	10	30,000,000		3,000,000	10	33,000,000		3,000,000
		수출기업수입분납부유예	10				10			
		고정자산매입	11	5,000,000		500,000	11	5,000,000		500,000
	예정신고누락분		12				12			
	매입자발행세금계산서		13				13			
	그 밖의 공제매입세액		14	15,000,000		1,500,000	14	15,000,000		1,500,000
	합계(10)-(10-1)+(11)+(12)+(13)+(14)		15	50,000,000		5,000,000	15	53,000,000		5,000,000
	공제받지못할매입세액		16				16			
	차감계 (15-16)		17	50,000,000	㉰	5,000,000	17	53,000,000	㉰	5,000,000

〈매출매입신고누락분 – 전자세금계산서 적법 발급 및 전송〉

구 분			공급가액	세액
매출	과세	세금(전자)	5,000,000	500,000
		기 타	2,000,000	200,000
	영세	세 금(전자)	3,000,000	
		기 타		
매입	세금계산서 등		3,000,000	
	불공제매입세액			
미달신고(납부)				700,000

영세율과세표준신고불성실(3,000,000) → | 신고, 납부지연(700,000)

1. 영세율과세표준신고 불성실	**3,000,000원**×0.5%×(1−90%)=1,500원 * 1개월 이내 수정신고시 90% 감면
2. 신고불성실	**700,000원**×10%×(1−90%)=7,000원 * 1개월 이내 수정신고시 90% 감면
3. 납부지연	**700,000원**×20일×2(가정)/10,000=2,800원
계	**11,300원**

25.가산세명세

구분		번호	금액	세율	세액
사업자미등록등		61		1/100	
세금계산서	지연발급 등	62		1/100	
	지연수취	63		5/1,000	
	미발급 등	64		뒤쪽참조	
전자세금발급명세	지연전송	65		5/1,000	
	미전송	66		5/1,000	
세금계산서합계표	제출불성실	67		5/1,000	
	지연제출	68		3/1,000	
신고불성실	무신고(일반)	69		뒤쪽	
	무신고(부당)	70		뒤쪽	
	과소·초과환급(일반)	71	700,000	뒤쪽	7,000
	과소·초과환급(부당)	72		뒤쪽	
납부지연		73	700,000	뒤쪽	2,800
영세율과세표준신고불성실		74	3,000,000	5/1,000	1,500
현금매출명세서불성실		75		1/100	
부동산임대공급가액명세서		76		1/100	
매입자납부특례	거래계좌 미사용	77		뒤쪽	
	거래계좌 지연입금	78		뒤쪽	
합계		79			11,300

[최종수정신고서]

구분				정기신고금액				수정신고금액		
				금액	세율	세액		금액	세율	세액
과세표준및매출세액	과세	세금계산서발급분	1	100,000,000	10/100	10,000,000	1	105,000,000	10/100	10,500,000
		매입자발행세금계산서	2		10/100		2		10/100	
		신용카드·현금영수증발행분	3	50,000,000	10/100	5,000,000	3	52,000,000	10/100	5,200,000
		기타(정규영수증외매출분)	4	30,000,000		3,000,000	4	30,000,000		3,000,000
	영세	세금계산서발급분	5	20,000,000	0/100		5	23,000,000	0/100	
		기타	6	10,000,000	0/100		6	10,000,000	0/100	
	예정신고누락분		7				7			
	대손세액가감		8				8			
	합계		9	210,000,000	㉒	18,000,000	9	220,000,000	㉒	18,700,000
매입세액	세금계산서수취분	일반매입	10	30,000,000		3,000,000	10	30,000,000		3,000,000
		수출기업수입분납부유예	10				10			
		고정자산매입	11	5,000,000		500,000	11	5,000,000		500,000
	예정신고누락분		12				12			
	매입자발행세금계산서		13				13			
	그 밖의 공제매입세액		14	15,000,000		1,500,000	14	15,000,000		1,500,000
	합계(10)-(10-1)+(11)+(12)+(13)+(14)		15	50,000,000		5,000,000	15	50,000,000		5,000,000
	공제받지못할매입세액		16				16			
	차감계 (15-16)		17	50,000,000	㉯	5,000,000	17	50,000,000	㉯	5,000,000
납부(환급)세액(매출세액㉒-매입세액㉯)					㉰	13,000,000			㉰	13,700,000
경감공제세액	그 밖의 경감·공제세액		18				18			
	신용카드매출전표등 발행공제등		19				19			
	합계		20		㉣		20		㉣	
소규모 개인사업자 부가가치세 감면세액			20		㉤		21		㉤	
예정신고미환급세액			21		㉥		21		㉥	
예정고지세액			22		㉦		22		㉦	
사업양수자의 대리납부 기납부세액			23		㉧		23		㉧	
매입자 납부특례 기납부세액			24		㉨		24		㉨	
신용카드업자의 대리납부 기납부세액			25		㉩		25		㉩	
가산세액계			26		㉪		26		㉪	11,300
차가감하여 납부할세액(환급받을세액)㉰-㉣-㉤-㉥-㉦-㉧-㉨-㉩+㉪			27			13,000,000			27	13,711,300
총괄납부사업자가 납부할 세액(환급받을 세액)										

Part IV

소득세

핵심요약

🔑 **1** 소득세의 특징

1. 응능과세제도		부담 능력에 따른 과세
2. 직접세		납세자와 담세자가 동일
3. 열거주의 과세방법		이자·배당·사업소득은 유형별 포괄주의
4. 개인단위과세제도		또한 인적공제를 두고 있다.
5. 과세방법	종합과세	이자, 배당, 사업, 근로, 연금 및 기타소득
	분리과세	**일정금액 이하(20백만원)인 금융소득**, 일용근로소득, 복권당첨소득 등에 대하여 원천징수로써 납세의무를 종결
	분류과세	퇴직소득, 양도소득
6. 초과누진세율		
7. 원천징수제도		

② 납세의무자

1. 거주자(무제한 납세의무자)	국내에 주소를 두거나 **1과세기간 중 183일 이상** 거소를 둔 개인	**국내＋국외 원천소득**
2. 비거주자(제한납세의무자)	거주자가 아닌 개인	**국내원천소득**

③ 과세기간

구 분	과세기간	확정신고기한
1. 원칙	**1.1~12.31(신규사업시, 폐업시도 동일함)**	익년도 5.1~5.31
2. 사망시	**1.1~사망한 날**	상속개시일이 속하는 달의 말일부터 6개월이 되는 날
3. 출국시	**1.1~출국한 날**	출국일 전일

④ 납세지

1. 일반	1. 거주자	**주소지(주소지가 없는 경우 거소지)**
	2. 비거주자	주된 국내사업장 소재지(if not 국내원천소득이 발생하는 장소)
2. 납세지지정		사업소득이 있는 거주자가 사업장 소재지를 납세지로 신청가능

📍 5 소득에 대한 과세방법 요약

구 분		원천징수	종합과세 여부	
종합소득	1. 이자소득	O	종합과세	분리과세 일부
	2. 배당소득	O		분리과세 일부
	3. 사업소득 (부동산임대)	특정사업소득 O X		(세액계산시) 선택적 분리과세[1]
	4. 근로소득	O		분리과세 일부
	5. 연금소득	O		분리과세 일부
	6. 기타소득	대부분 O		분리과세 일부
7. 퇴직소득		O	**분 류 과 세**	
8. 양도소득		X		

*1. 수입금액이 2천만원 이하의 주택임대소득만 대상

📍 6 소득세의 비열거소득

1. 증권시장의 안정	**1. 채권매매차익** **2. 상장협회등록주식의 양도차익(대주주는 과세)**
2. 연구/사회보장	3. 연구개발업(단, 계약에 의한 연구개발과세) 4. 사회복지사업 5. 학교사업 6. 일정한 보험차익
3. 과세부적절	**7. 손해배상금(법원의 판결 등)** **8. 사업용고정자산인 기계장치 등의 처분익(복식부기의무자는 과세)**

📍 7 손해배상금의 과세체계

	손해배상금	법정이자
법원의 판결 또는 화해에 의하여 지급받을 경우	과세제외	과세제외
계약의 위약 · 해약	기타소득	기타소득

⑧ 이자소득 및 수입시기

구 분		수 입 시 기
1. 채권 등의 이자와 할인액	무기명	그 지급을 받는 날
	기 명	약정에 의한 지급일
2. 예금의 이자		원칙 : 실제로 이자를 지급받는 날 1. 원본에 전입하는 뜻의 특약이 있는 이자 : 원본전입일 2. 해약시 : 해약일 3. 계약기간을 연장 : 연장일
3. 통지예금의 이자		인출일
4. 채권 또는 증권의 환매조건부 매매차익		약정에 따른 환매수일 또는 환매도일. 다만, 기일 전에 환매수 또는 환매도하는 경우에는 그 환매수 또는 환매도일
5. 저축성보험의 보험차익		지급일(기일전 해지시 해지일)
6. 직장공제회의 초과반환금		약정에 따른 공제회 반환금의 지급일
7. 비영업대금의 이익		**약정에 따른 이자지급일(약정일 전 지급시 지급일)**

	자금대여	성 격	소득구분
금융업	영업대금의 대여	사업적	사업소득
금융업이외	비영업대금의 대여	일시우발적	이자소득

8. 유형별 포괄주의에 따른 이자소득	약정에 의한 상환일로 함. 다만, 기일 전에 상환시 상환일

⑨ 배당소득 및 수입시기

1. 일반배당	1. 무기명주식 : 지급일 2. 기명주식 : 잉여금처분결의일		
	공동사업 **이익배분**	**공동사업자(경영참가시)**	사업소득
		출자공동사업자(경영미참가시)	**배당소득**
2. 의제배당	• 해산 : 잔여재산가액 확정일 • 합병 : 합병등기를 한 날 • 감자 : 감자결의일등		
3. 인정배당	당해 사업년도의 결산 확정일		

⑩ 금융소득의 과세방법

과세방법	범 위	원천징수세율
1. 무조건 분리과세	– 비실명 이자 · 배당소득 – 직장공제회초과반환금 – **법원 보관금에 대한 이자**	45% 기본세율 14%
2. 무조건 종합과세	– 국외에서 받은 이자 · 배당소득 – 원천징수되지 않는 금융소득 – 출자공동사업자의 배당소득	– – 25%
3. 조건부 종합과세	1 외의 이자 · 배당소득 합계액(출자공동사업자의 배당소득 제외)이 ① **2천만원을 초과하는 경우 … 종합과세** ② **2천만원 이하인 경우 … 분리과세(조건부 종합과세만 분리과세)**	14%(25%)

Ⅲ 사업소득

1. 비과세

> 1. 농지대여소득 : 다만 타용도로 사용 후 발생하는 소득은 과세
> 2. 작물재배업에서 발생하는 소득(10억원 이하의 작물재배)
>   ☞ 곡물 및 기타 식량작물재배업은 사업소득에서 과세제외
> 3. **1개의 주택을 소유하는 자의 주택임대소득[고가주택*1의 임대소득은 제외]**
> 4. **3,000만원 이하 농가부업소득 등**
> 5. 어업소득(어로어업 · 양식어업 소득) : 5천만원 이하
> 6. **1,200만원 이하 전통주 제조소득**
> 7. **조림기간이 5년 이상인 임지의 임목 벌채 · 양도로 인한 소득금액 600만원까지 비과세**

*1. 고가주택 기준시가 **12억** 초과

2. 사업소득 : 총수입금액

총수입금액산입	총수입금액불산입
ⓐ 사업수입금액 　－매출에누리와 환입, 매출할인 제외 　－**임직원에 대한 재화 · 용역의 할인금액은 사업 　수입금액에 포함(개정세법 25)** ⓑ 판매장려금 등 ⓒ 사업과 관련된 자산수증이익 · 채무면제이익 ⓓ **사업과 관련하여 생긴 보험차익 　(퇴직연금운용자산)** ⓔ 가사용으로 소비된 재고자산 ⓕ 사업용 유형자산(부동산 제외)양도가액 　(복식부기의무자)	ⓐ 소득세 등의 환급액 ⓑ 부가가치세 매출세액 ⓒ **재고자산 이외(고정자산)의 자산의 처분이익 　(복식부기의무자 제외)** ⓓ 국세환급가산금

3. 사업소득 : 필요경비

필요경비산입	필요경비불산입
ⓐ 판매한 상품 등에 대한 매입가액 ⓑ 종업원의 급여 　－**임직원에 대한 재화 · 용역 등 할인금액(개정 　세법 25)** ⓒ 사업용자산에 대한 비용 및 감가상각비 ⓓ 사업과 관련 있는 제세공과금 ⓔ **복식부기의무자의 사업용 유형자산 　양도 시 장부가액** ⓕ 거래수량 또는 거래금액에 따라 상대편에게 　지급하는 장려금 등	ⓐ **소득세와 지방소득세** ⓑ **벌금 · 과료와 과태료과 강제징수비(체납처분비)** ⓒ **감가상각비 중 상각범위액을 초과하는 금액** ⓓ **대표자의 급여와 퇴직급여** ⓔ **재고자산 이외(고정자산)의 자산의 처분손실 　(복식부기의무자 제외)** ⓕ 가사(집안일)관련경비 ⓖ 한도 초과 업무용 승용차 관련비용등 　(복식부기의무자)

4. 사업소득 중 부동산임대업

1. 부동산 또는 부동산상의 권리(전세권, 지역권, 지상권)의 대여
2. 공장재단 또는 광업재단의 대여 소득
3. 채굴권의 대여소득
   ☞ 공익사업과 관련된 지역권, 지상권의 대여 : 기타소득

◐━ 🔢 근로소득

1. 근로소득이 아닌 것

1. 근로의 대가로서 현실적 퇴직을 원인으로 지급받는 소득 : 퇴직소득
2. 퇴직 후에 받는 직무발명보상금 : 기타소득
3. 주식매수선택권을 퇴직 후 행사하여 얻은 이익 : 기타소득
4. 사회 통념상 타당한 범위내의 경조금
5. 업무와 무관한 사내원고료와 강연료 : 기타소득

2. 비과세

1. 실비변상적인 급여	1. 일직료, 숙직료 또는 여비로서 실비변상정도의 금액 2. **자가운전보조금(회사업무사용시) 중 월 20만원 이내의 금액 :** 　① **종업원 소유차량(종업원 명의 임차차량 포함)&** 　② **업무사용& ③ 소요경비를 미지급** 3. 작업복 등 4. 교육기관의 교원이 받는 연구보조비 중 월 20만원 5. 근로자가 천재, 지변 기타 재해로 인하여 받는 급여 6. 연구보조비 또는 연구활동비 중 월 20만원 이내의 금액
2. 생산직 근로자의 연장근로수당	**월정액급여가 2.1백만원이고 직전년도 총급여액 3천만원 이하 근로자** **1. 광산근로자 · 일용근로자 : 전액** **2. 생산직근로자, 어선근로자 : 연 240만원까지**
3. 식사와 식사대	**현물식사 또는 식사대(월 20만원 이하) → 현물제공＋식대 지급시 과세**

4. 복리후생적 성격의 급여	1. **사택제공 및 주택자금 대여 이익**		
		사택제공이익	주택자금대여이익
	출자임원	근로소득	근로소득 **(중소기업 종업원은 비과세)**
	소액주주임원, 비출자임원	**비과세** 근로소득	
	종업원		
	2. 단체순수보장성 보험 및 단체환급부보장성 보험 중 70만원이하의 보험료		
5. 기타	1. 본인의 학자금 2. 고용보험료 등 사용자 부담금 3. **출산지원금(개정세법 25) : 전액 비과세(출생일 이후 2년 이내, 지급 2회 이내)** 4. **양육(보육)수당 : 6세 이하의 자녀보육과 관련된 급여 월 20만원 이내** 5. 배우자 출산휴가 급여 6. 국외(북한포함)소득 월 100만원 이내 ☞ 외항선박과 해외건설근로자는 월 500만원 7. **직무발명보상금 7백만원 이하의 보상금** 8. **종업원 할인 금액(개정세법 25) : MAX(시가의 20%, 연 240만원)**		

3. 근로소득의 수입시기

1. 급 여	• 근로를 제공한 날
2. 잉여금 처분에 따른 상여	• 잉여금 처분결의일
3. 인정상여	• 해당 사업연도 중의 근로를 제공한 날
4. 주식매수 선택권	• 행사한 날

4. 일용근로소득(분리과세소득)

1. 대상	**동일한 고용주에게 3개월(건설공사 종사자는 1년)미만 고용된 근로자**
2. 일 원천징수세액	**[일급여액 - 150,000원] × 6% × (1 - 55%)** ☞ 근로소득세액공제 : 산출세액의 55%

☞ ⑬ 연금소득

1. 공적연금	1. 국민연금 2. 공무원연금 등	2. 연금계좌 (사적연금)	1. 퇴직연금 2. 개인연금 3. 기타연금
3. 비 과 세	국민연금법에 의한 유족연금, 장애연금 등		
4. 연금소득	총연금액(비과세 제외) – 연금소득공제(**소득공제 900만원 한도**)		
5. 과세방법	1. 원칙(공적연금) : 종합과세 2. 연금계좌에서 연금수령시(사적연금) 　① 1,500만원 이하 : 저율·분리과세(5%~3%) 　② 1,500만원 초과 : 종합과세 또는 15% 분리과세		

☞ ⑭ 기타소득

1. 80% 추정필요경비가 적용되는 기타소득

① 공익법인이 주무관청의 승인을 얻어 시상하는 상금 및 부상 등 ② 위약금과 배상금 중 주택입주 지체상금 ③ 서화·골동품의 양도로 발생하는 소득[*1](개당 양도가액 6천만원 이상인 것) 　☞ 사업장등 물적시설을 갖춘 경우와 서화·골동품을 거래하기 위한 목적으로 사업자등록을 한 경우에는 사업소득으로 과세	MAX [①수입금액의 80%, ②실제 소요경비]

*1. 양도가액이 1억원 이하 또는 보유기간이 10년 이상 경우 90% 필요경비

2. 60% 추정필요경비가 적용되는 기타소득

① 일시적 **인적용역제공대가** ② 일시적인 문예창작소득 ③ 산업재산권, 영업권 등 양도 또는 대여 ④ 공익사업과 관련된 지상권·지역권의 설정·대여소득 ⑤ 통신판매중개를 통하여 물품 또는 장소를 대여(연 500만원 이하)	MAX[①수입금액의 60%, ②실제 소요경비]

3. 실제발생경비만 필요경비가 인정되는 소득

① 상금·현상금·포상금 등 ② 복권, 경품권 기타 추첨권에 따라 받는 당첨금품 ③ 저작권등 양도 또는 사용등의 대가(**저작자 외의 자에게 귀속시**) ④ 물품 또는 장소를 **일시적으로 대여**하고 사용료로서 받는 금품 ⑤ **계약의 위약 또는 해약으로 인하여 받는 위약금과 배상금** 　**(정신적·신체적·물질적 피해보상은 비열거소득임)** ⑥ **뇌물, 알선수재 및 배임수재에 따라 받은 금품**	**실제발생경비**
⑧ 승마투표권 등의 환급금	단위투표금액의 합계액
⑨ 슬롯머신 등의 당첨금품 등	당첨직전에 투입한 금액
⑩ 종교인소득 ☞ 근로소득 신고시 인정	의제필요경비

4. 비과세

① 국가보안법 등에 의한 받는 상금 등 ② 퇴직 후에 지급받는 **직무발명보상금으로 7백만원 이하**의 금액 　(근로소득에서 비과세되는 직무발명보상금 차감) ③ 상훈법에 의한 훈장과 관련하여 받는 상금과 부상 등 ④ **서화·골동품을 박물관 또는 미술관에 양도함으로써 발생하는 소득**

5. 과세방법

1. 원천징수	**원칙 : 20%**(복권 등 당첨금품의 경우 3억 초과시 초과분은 30%)
2. 무조건 분리과세	1. 복권등 당첨소득 2. 승마투표권의 구매자가 받는 환급금 3. 슬러트머신 등의 당첨금
3. 무조건종합과세	**뇌물, 알선수재 및 배임수재에 의하여 받는 금품**
4. 선택적분리과세	**연 300만원 이하의 기타소득금액**
5. 수입시기	일반적 : 지급을 받은 날(현금주의) 광업권 등의 양도소득 : 대금청산일, 사용수익일, 인도일 중 빠른 날
6. 과세최저한 규정	－ **일반적 : 5만원 이하면 과세 제외** － 복권당첨금, 슬롯머신 등의 당첨금품 등이 **건별로 200만원 이하**인 경우

🔑 15 결손금 공제

1. 결손금	총수입금액〈필요경비
2. 공제	1. 사업소득의 결손금 : **사업소득(부동산임대업)** → **근로소득** → **연금소득** → **기타소득** → **이자소득** → **배당소득** 2. 부동산임대업소득(주거용 건물임대업 제외)의 결손금 : **다른 소득에서 공제하지 않고 이월하여 해당 부동산임대업의 소득금액에서만 공제**

🔑 16 이월결손금 공제

1. 공제	1. 사업소득의 이월결손금 사업소득(부동산 임대업의 소득금액을 포함) → 근로소득 → 연금소득 → 기타소득 → 이자소득 → 배당소득 2. **부동산임대업 사업소득(주거용 건물 임대업 제외)의 이월결손금 : 부동산임대업 사업소득(주거용 건물 임대업 제외)에서만 공제**
2. 기타	1. 해당연도에 결손금이 발생하고 이월결손금이 있는 경우에는 해당연도의 결손금을 먼저 소득금액에서 공제한다. 2. **결손금은 일정기간 이월공제함.**

2020년 이후	2009년~2019년	2008년 이전
15년	10년	5년

	3. 소득금액의 추계시에는 이월결손금공제 적용불가(예외 : 천재지변)
3. 결손금 소급공제	**중소기업을 영위하는 거주자**는 이월결손금(결손금을 다른 소득에서 공제하고 남는 금액)이 발생한 경우에는 직전과세기간[*1]의 사업소득에 대하여 환급신청

◉━ 🔟 종합소득인적공제

1. 기본공제(인당 150만원)

	공제대상자	요 건		비 고
		연 령	연간소득금액	
1. 본인공제	해당 거주자	–	–	
2. 배우자공제	거주자의 배우자	–	**100만원 이하** **(종합＋퇴직＋양도소** **득금액의 합계액)** **다만 근로소득만 있는** **경우 총급여 5백만원** **이하**	장애인은 연령제한을 받지 않는다. 그러나 소득금액의 제한을 받는다.
3. 부양가족공제	직계존속(계부계모 포함)*1	**60세 이상**		
	직계비속(의붓자녀)과 입양자	**20세 이하**		
	형제자매	**20세 이하/** **60세 이상**		
	국민기초생활보호대상자	–		
	위탁아동(6개월 이상)*2	**18세 미만**		

*1. 직계존속이 재혼한 배우자를 직계존속 사후에도 부양하는 경우 포함

*2. 보호기간이 연장된 위탁아동 포함(20세 이하인 경우)

2. 추가공제 → 기본공제 대상자를 전제(추가공제는 중복하여 적용가능)

1. 경로우대공제	기본공제 대상자가 **70세 이상**인 경우	100만원/인
2. 장애인공제	기본공제대상자가 **장애인**인 경우 ☞ 항시 치료를 요하는 중증환자도 장애인임.	200만원/인
3. 부녀자공제	**해당 과세기간의 종합소득금액이 3천만원 이하인 거주자** 1. 배우자가 없는 여성으로서 기본공제대상인 부양가족이 있는 　세대주인 경우 or 2. 배우자가 있는 여성인 경우	50만원
4. 한부모소득공제	**배우자가 없는 자**로서 기본공제대상자인 직계비속 또는 입양자가 **있는 경우** ☞ 부녀자공제와 중복적용배제	100만원

🔑 18 소득요건

종합+퇴직+양도소득금액의 합계액으로 판단			소득요건 충족여부
1. 근로소득	상용근로자	**총급여액 5,000,000원 이하인 자**	충족
		총급여액 5,000,000원 (근로소득금액 1,500,000원) 초과자	**미충족**
	일용근로자	**무조건 분리과세**	**충족**
2. 금융소득	국내예금이자 등 (무조건+조건부)	2천만원 이하(분리과세)	충족
		2천만원 초과(종합과세)	미충족
3. 기타소득	**복권 등**	**무조건 분리과세**	**충족**
	뇌물 등	**무조건 종합과세(1백만원 초과)**	**미충족**
	기타소득금액	**1백만원 이하**	**충족**
		1백만원 초과~3백만원 이하	**선택적 분리과세**
		3백만원 초과자	미충족

☞ '○○소득금액'과 '○○'소득은 다른 표현입니다. XX소득금액이란 필요경비(또는 소득공제)를 공제 후 금액을 말한다.

🔑 19 종합소득공제 – 물적공제

1. 연금보험료 등의 소득공제 : 공적연금보험료(국민연금보험료) 전액

2. 특별소득공제

(1) 보험료공제 : 근로소득이 있는 거주자

건강보험료 · 고용보험료+노인장기요양보험료	전액공제

(2) 주택자금공제

무주택세대주(**세대구성원도 요건 충족시 가능**)로서 국민주택규모 이하	
1. 주택임차자금 원리금상환액	40%
2. 장기주택(기준시가 6억 이하)저당차입금의 이자상환액	전액

3. 신용카드 소득공제(조세특례제한법)

1. 공제대상자	형제자매의 신용카드 사용분은 제외한다.(연령요건 ×, 소득요건 ○)
2. 사용금액 제외	**해외사용분 제외** 1. 사업소득과 관련된 비용 또는 법인의 비용 2. 보험료, 리스료 3. 교육비 4. 제세공과금(국세, 지방세, **아파트관리비**, 고속도로 통행료 등) 5. 리스료 6. 상품권 등 유가증권구입비 7. 취득세 등이 부과되는 재산의 구입비용 **(중고자동차의 경우 구입금액의 10% 공제)** 8. 국가 등에 지급하는 사용료 등 ☞ 다만 우체국 택배, 부동산임대업, 기타 운동시설 운영, 보건소에 지급하는 비용은 신용카드 등 사용액에 포함됨. 9. 면세점(시내·출국장 면세점, 기내면세점 등) 사용금액
3. 중복공제 허용	1. <u>의료비특별세액공제</u> 2. <u>교육비특별세액공제</u> **(취학전 아동의 학원비 및 체육시설수강료, 중고등학생 교복구입비용)**
4. 추가공제	1. **전통시장** 2. **대중교통비** 3. **총급여액 7천만원 이하자의 신문(종이신문만 대상)·공연비, 박물관·미술관, 영화관람료**, 수영장·체력단련장 시설이용료[1](개정세법 25) 등 *1. 2025.7.1. 이후 지출분부터 적용

4. 개인연금저축 및 주택마련저축소득공제(조세특례제한법)

🔑 20 소득공제한도

1. 공제한도		2,500만원
2. 공제한도 소득공제	소득세법	특별소득공제(건강보험료, 고용보험료 등은 제외)
	조특법	주택마련저축, 신용카드 등 사용금액, 개인연금저축, 우리사주조합출자에 대한 공제 등

☞ ☐ 21 세액공제

구 분	공제요건	세액공제
1. 배당세액	배당소득에 배당가산액을 합산한 경우	배당가산액(10%)
2. 기장세액	간편장부대상자가 복식부기에 따라 기장시	기장된 사업소득에 대한 산출세액의 20% (연간 100만원 한도)
3. 외국납부세액	외국납부세액이 있는 경우	
4. 재해손실세액	재해상실비율이 20% 이상	
5. 근로소득세액	근로소득자	- 산출세액의 55%, 30%
6-1. 자녀세액공제 (개정세법 25)	**종합소득이 있는 거주자의 기본공제 대상 자녀 및 손자녀 중 8세 이상 (입양자 및 위탁아동 포함)**	1. 1명인 경우 : 25만원 2. <u>2명인 경우 : 55만원</u> 3. 2명 초과 : 55만원+40만원/초과인)
6-2. 출산입양	기본공제대상 자녀	**첫째 30만원 둘째 50만원 셋째 이상 70 만원**
7. 연금계좌세액공제	종합소득이 있는 거주자	연금계좌납입액의 12%,15%
8. 특별세액공제	근로소득이 있는 거주자	1. 보험료세액공제 : 대상액의 12%,15% 2. 의료비세액공제 : 대상액의 15%~30% 3. 교육비세액공제 : 대상액의 15% 4. 기부금세액공제 : 대상액의 15%,30%
9. 월세세액공제	**해당 과세기간 총급여액이 8천만원 이 하(종합소득금액 7천만원 이하)인 근로 자와 기본공제대상자** ☞ 국민주택 규모(85㎡) 이하 또는 기준시가 4억원 이하 주택 임차	- 월세액의 15%, 17% (공제대상 월세액 한도 1,000만원)
10. 기부정치자금세액 공제	**- 본인이 정치자금을 기부**시	**- 10만원 이하 : 100/110 공제** - 10만원 초과 : 15% 공제
11. 고향사랑 기부금	**- 주민등록상 거주지를 제외한 지방 자치단체에 기부한 경우**	**- 10만원 이하 : 100/110 공제** - 10만원 초과~2천만원(개정세법 25) 이하 : 15% 공제
12. 결혼세액공제 (개정세법 25)	- 혼인 신고를 한 거주자(생애 1회)	- 50만원(혼인신고를 한 해)
13. 성실사업자	- 의료비 및 교육비 세액공제	- 해당액의 일정률
14. 전자신고세액	납세자가 직접 전자신고시	- 2만원

❶━ 22 특별세액공제

1. 표준세액공제 : 특별소득공제와 특별세액공제 미신청

근로소득이 있는 자	**13만원**
근로소득이 없는 거주자	7만원(성실사업자 12만원)

2. 특별세액공제 공통적용요건

구 분	보장성보험료		의료비	교육비		기부금
	일반	장애인		일반	장애인특수	
연령요건	○(충족)	×(미충족)	×	×	×	×
소득요건	○	○	×	○	×	○
세액공제액	12%	15%	15~30%	15%		15%, 30%

☞ 근로기간 지출한 비용만 세액공제대상임(예외 : 기부금세액공제은 1년 동안 지출한 금액이 대상이 된다.)
   일정사유 발생(혼인, 이혼, 별거, 취업 등)한 날까지 지급금액만 대상이다.

3. 보장성보험료세액공제 : 대상액의 12%, 15%

① 보장성보험료와 **주택임차보증금(3억 이하)반환 보증보험료**	연 100만원 한도	12%
② 장애인전용보장성보험료	연 100만원 한도	15%

4. 의료비세액공제 : 대상액의 15%~30%

난임시술비	**임신을 위하여 지출하는 시술비용**	30%
미숙아 등	**미숙아 · 선천성 이상아에 대한 의료비**	20%
특정	⊙ **본인** ⓒ **(과세기간 개시일) 6세 이하** ⓒ **(과세기간 종료일) 65세 이상인 자** ⓔ **장애인** ⓜ **중증질환자, 희귀난치성질환자 또는 결핵환자 등**	15%
일반	난임, 미숙아 등, 특정의료비 이외	

대상	• 질병의 예방 및 치료에 지출한 의료비 • 장애인보장구 구입 · 임차비용, 보청기 구입비용 • **시력보정용안경 · 콘택트렌즈 구입비용(1인당 50만원 이내)** • **임신관련비용**(초음파검사, 인공수정을 위한 검사 · 시술비) • **출산관련분만비용**(의료법상 의료기관이어야 한다.) • 보철비, 임플란트와 **스케일링비** • **예방접종비**, 의료기관에 지출한 식대, **건강검진비** • **산후조리원에 지출한 비용(출산 1회당 2백만원 한도)**
제외	• **국외의료기관에 지출한 의료비** • 건강증진을 위한 의약품 구입비 • 미용목적 성형수술비 • 간병인에 대한 간병비용 • **실손의료보험금으로 보전받은 금액**

5. 교육비세액공제 : 대상액의 15%

1. 본인	1) **전액(대학원 교육비는 본인만 대상)** 2) 직무관련수강료
2. 기본공제대상자	**직계존속제외**
3. 장애인특수교육비	한도없음**(직계존속도 가능)**

공제대상교육비	공제불능교육비
㉠ 수업료, 입학금, 보육비용, 수강료 및 급식비등 ㉡ **방과후 학교(어린이집, 유치원 포함) 수강료와 방과후 도서구입비(초 · 중 · 고등학생)** ㉢ **중 · 고등학생 교복구입비용(연 50만원 한도)** ㉣ **국외교육기관에 지출한 교육** ㉤ **본인 든든학자금 및 일반 상환학자금 대출의 원리금상환액** ㉥ **초 · 중 · 고등학생의 수련활동, 수학여행 등 현장체험학습비 (한도 30만원)** ㉦ **대학입학 전형료, 수능응시료**	㉠ **직계존속의 교육비 지출액** (장애인특수교육비 제외) ㉡ **소득세 또는 증여세가 비과세되는 학자금(=장학금)** ㉢ **학원수강료(취학전 아동은 제외)** ㉣ **학자금 대출을 받아 지급하는 교육비**

6. 기부금세액공제 : 대상액의 15%, 30%

1. 특례	1. 국가 등에 무상으로 기증하는 금품/국방헌금과 위문금품 2. 이재민구호금품(천재 · 지변) 3. 사립학교 등에 지출하는 기부금 4. **사회복지공동모금회에 출연하는 금액** 5. 특별재난지역을 복구하기 위하여 자원봉사한 경우 그 용역의 가액 6. **한국장학재단 기부**
2. 우리사주조합에 지출하는 기부금 – 우리사주조합원이 아닌 거주자에 한함	

3. 일반	1. 종교단체 기부금 2. 종교단체외 　① **노동조합에 납부한 회비**, 사내근로복지기금에 지출기부금 　② 사회복지등 공익목적의 기부금 　③ **무료 · 실비 사회복지시설 기부금** 　④ 공공기관 등에 지출하는 기부금
4. 이월공제	10년

❓ 23 특별세액공제와 신용카드공제 중복적용여부

구　　분			특별세액공제	신용카드 공제
보장성보험료			○	×
의료비	공제대상		○	○
	공제제외		×	○
교육비	학원비	취학전 아동	○	○
		이외	×	○
	(중 · 고등학생)교복구입비		△(한도 50만원)	○
	기부금		○	×

❓ 24 원천징수의 개념

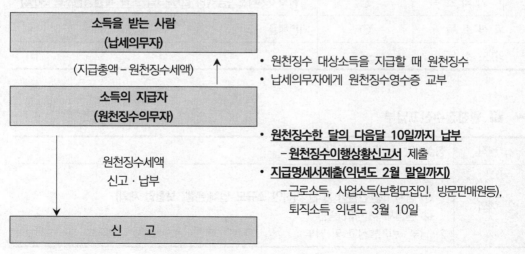

🔑 25 완납적원천징수와 예납적원천징수

구 분	예납적 원천징수	완납적 원천징수
납세의무 종결	원천징수로 종결되지 않음	원천징수로 납세의무종결
확정신고 의무	**확정신고의무 있음**	**확정신고 불필요**
조세부담	확정신고시 정산하고 원천징수 세액을 기납부세액으로 공제함	원천징수세액
대상소득	**분리과세 이외의 소득**	**분리과세소득**

🔑 26 원천징수세율

구 분			원천징수여부	비 고
종합소득	금융소득	이자	○	– **지급액의 14%(비실명 45%)**
		배당		– **비영업대금의 이익과 출자공동사업자의 배당소득은 25%**
	특정사업소득		○	– **인적용역과 의료 · 보건용역의 3%** – **봉사료의 5%**
	근 로 소 득		○	– 간이세액표에 의하여 원천징수 – **일용근로자의 근로소득에 대해서는 6%**
	연 금 소 득		○	– 공적연금 : 간이세액표에 의하여 원천징수 – 사적연금 : 5%(4%,3%)
	기 타 소 득		○	– **원칙 : 기타소득금액의 20%(3억 초과 복권당첨소득 30%)**
퇴 직 소 득			○	기본세율
양 도 소 득			×	

🔑 27 원천징수신고납부

1. 원칙	징수일이 속하는 다음 달의 10일
2. 예외	1. 조건 ① **상시 고용인원이 20인 이하인 소규모 업체(은행, 보험업 제외)** ② 관할세무서장의 승인 2. 납부 : 반기별신고 및 납부

28 **연말정산 – 근로소득**

구 분	시 기	신고납부
1. 일반	**다음해 2월분 급여 지급시**	**3월 10일까지**
2. 중도퇴사	**퇴직한 달의 급여를 지급하는 때**	**다음달 10일까지**
3. 반기별납부자	다음해 2월분 급여 지급시	신고는 3월 10일까지 납부는 7월 10일까지

29 **소득세 신고절차**

구 분	내 용	신고여부	신고납부기한
1. 중간예납	**사업소득이 있는 거주자**가 상반기(1월 ~ 6월)의 소득세를 미리 납부하는 절차 → **소액부징수 : 50만원 미만**	고지납부	11월 30일
2. 간이지급 명세서 제출	**상용근로소득**	반기단위제출	**반기말 다음달 말일**
	원천징수대상사업소득/인적용역관련 기타소득	매월단위제출	**다음달 말일**
3. 사업장 현황신고	**면세사업자(개인)**의 총수입금액을 파악하기 위한 제도	자진신고	**다음연도 2월 10일까지**
4. 지급명세서 제출	다만 근로소득, 퇴직소득, 원천징수대상사업소득은 익년도 3월 10일까지	제출	다음연도 2월말까지
5. 확정신고	소득세법상 소득이 있는 자가 소득세를 확정신고 · 납부하는 것 ☞ 성실신고확인대상 사업자 신고 : 5.1~6.30	자진신고	다음연도 5월말까지

30 **확정신고**

1. 대상자	종합소득, 퇴직소득 또는 양도소득금액이 있는 자
2. 확정신고의무가 없는 자	1. 연말정산한 자(근로소득, 공적연금소득 등) 2. 퇴직소득만 있는 자 3. 분리과세소득이 있는 자

🔑 31 소액부징수

1. 원천징수세액이 1천원 미만인 경우(**이자소득과 인적용역 사업소득으로서 계속적·반복적 활동을 통해 얻는 소득은 제외**)
2. 납세조합의 징수세액이 1천원 미만인 경우
3. **중간예납세액이 50만원** 미만인 경우

🔑 32 소득세법상 주요 가산세

종 류	적 용 대 상	가 산 세 액
1. 지급명세서 불성실가산세	미제출 또는 제출된 지급명세서의 내용이 불분명한 경우	미제출·불분명 지급금액×1% **(기한후 3개월 이내에 제출시에는 50% 감면)**
2. 계산서 등 또는 계산서합계표 불성실가산세	– 미발급 – 가공 및 위장계산서 등(현금영수증 포함)을 수수한 경우	– **미발급, 가공 및 위장수수×2%** – **지연발급×1%** – **계산서 합계표 미제출×0.5%**(지연제출 0.3%)
3. 원천징수불성실 가산세	원천징수세액의 미납부·미달 납부	MIN[①, ②] ① **미달납부세액×3%＋미달납부세액× 미납일수×이자율** ② **미달납부세액의 10%**
4. 지출증빙미수취 가산세	**건당 3만원 초과분에 지출하고 임의 증빙서류를 수취**한 경우	**미수취금액 중 필요경비 인정금액×2%**
5. 영수증수취명세서제출불성실가산세(**3만원 초과분**)		미제출·불분명금액×1%
6. 기타	사업용계좌미사용 가산세, 신용카드매출전표미발급가산세 현금영수증미발급가산세 등이 있다.	

소득세 연습

별도 언급이 없으면 연령(나이)는 과세기간 종료일 현재기준으로 한다.

Ⅰ. 인적공제

다음 자료를 보고, 기본공제 대상여부 및 추가공제, 자녀세액공제, 출산·입양세액공제대상 여부를 판단하시오.

문항	관계	연령	소득금액	비 고	기본공제	추가공제(자녀)
1.	본인	25	부동산임대소득금액 1천만원	장애인 여성으로서 배우자가 있음.	○	
2.	본인	30	여성으로서 배우자가 없고, 기본공제자 중 20세 이하 자녀가 있다.		○	
3.	본인	45	배우자가 없는 세대주 여성으로서 기본공제대상인 부양가족(20세 이하 자녀는 없음)이 있다.		○	
4.	배우자	25	없음	장애인		
5.	배우자	70	없음			
6.	배우자	40	근로소득 총급여액 5.2백만원			
7.	배우자	35	근로소득금액 1백만원			
8.	배우자	45	기타소득금액 2.9백만원(분리과세를 선택함)			
9.	자	0	없음	올해 출산		

문항	관계	연령	소득금액	비　고	기본 공제	추가 공제(자녀)
10.	자	8	없음	장애인		
11.	자	22	없음			
12.	자	25	복권당첨소득 3억원	장애인		
13.	자	25	사업소득금액 50만원 퇴직소득금액1백만원	장애인		
14.	자	5	없음			
15.	자	17	총급여액 6백만원	장애인		
16.	부	55	없음	장애인		
17.	부	60	없음			
18.	모	70	없음			
19.	장인	75	일용근로소득금액 1천만원			
20.	장모	80	없음			
21.	장모	48`	국내 상장주식배당금 18백만원	항시 치료를 요하는 중증환자		
22.	형제	40	소득없음	장애인		
23.	형제	60	기타소득(강연료) 수입금액 2백만원			
24.	형제	12	정기예금이자 25백만원			
25.	처제	26	총급여액 3.2백만원	장애인		
26.	삼촌	45	–			
27.	이모	25	없음	장애인		
28.	자	6	없음	취학아동		

해답

문항	관계	연령	판 단	기본 공제	추가 공제(자녀)
1.	본인	25	본인은 무조건 기본공제대상이다. 또한 **배우자가 있는 여성이므로 부녀자공제와 장애인추가 공제**를 받게 된다.	○	부녀자 장애인
2.	본인	30	**배우자가 없고, 기본공제자중 20세 이하의 자녀**가 있으므로 한부모소득공제를 적용받을 수 있다.	○	한부모
3.	본인	45	**배우자가 없는 세대주 여성**으로서 **기본공제대상인 부양가족**이 있으나 자녀가 없으므로 부녀자공제를 받게 된다.	○	부녀자
4.	배우자	25		○	장애인
5.	배우자	70		○	경로
6.	배우자	40	**총급여액 5백만원 초과자**이므로 소득요건 미충족	×	–
7.	배우자	35	총급여액 = 근로소득금액/30% = 1,000,000/30% = 3,333,333원 총급여액 5백만원 이하자	○	–
8.	배우자	45	**기타소득금액 3백만원 이하인 자는 종합과세와 분리과세를 선택**할 수 있다. 분리과세를 선택했으므로 소득요건을 충족한다.	○	–
9.	자	0	출산이나 입양시 기본공제대상이 되고, **출산입양세액공제대상이 된다**. 다만 아동수당 지급으로 **8세 미만 자녀는 자녀세액공제대상에서 제외된다**.	○	**출산**
10.	자	8	8세 이상의 자녀로서 자녀세액공제대상이 된다.	○	장애인 자녀
11.	자	22	연령요건 미충족이고, 추가공제는 기본공제대상일 경우 대상이 된다.	×	×
12.	자	25	복권당첨소득은 분리과세소득으로서 소득요건을 충족하나 연령요건을 충족하지 못하나, 장애인은 연령요건을 따지지 않는다.	○	장애인 자녀
13.	자	25	**소득금액은 종합+양도+퇴직소득금액의 합계액으로** 판단한다.	×	×
14.	자	5	**8세 미만의 자녀는 자녀세액공제대상에서 제외**	○	–

문항	관계	연령	판 단	기본 공제	추가 공제(자녀)
15.	자	17	**총급여액 5백만원 초과자**	×	–
16.	부	55	연령요건을 충족하지 않으나, **장애인이므로 연령요건을 충족하지 않아도 된다.**	○	장애인
17.	부	60		○	–
18.	모	70	70세 이상이므로 경로우대공제가 된다.	○	경로우대
19.	장인	75	**일용근로소득은 분리과세소득**으로서 소득요건 충족한다.	○	경로우대
20.	장모	80		○	경로우대
21.	장모	48	**금융소득이 2천만 이하인 경우 분리과세소득**에 해당하고, 항시 치료를 요하는 중증환자도 장애인에 해당하므로 연령요건을 따지지 않는다.	○	장애인
22.	형제	40	장애인은 연령요건을 따지지 않는다.	○	장애인
23.	형제	60	**기타소득(강연료) 수입금액 2백만원은 필요경비 60%가 인정**된다. 따라서 기타소득금액은 80만원으로서 소득요건을 충족한다.	○	–
24.	형제	12	금융소득(정기예금이자)가 20백만원 초과일 경우 종합과세되므로 소득요건을 충족하지 못한다.	×	×
25.	처제	26	총급여액 5백만원 이하이므로 소득요건을 충족하고, 장애인이므로 연령요건을 따지지 않는다.	○	장애인
26.	삼촌	45	**삼촌과 이모는 직계존속이 아니므로 부양가족대상에서**	×	×
27.	이모	25	**제외**된다.	×	×
28.	자	6	8세미만이면 자녀세액공제대상에서 제외된다.	○	×

II. 원천징수이행상황신고서(6월)

- 소득 총지급액에서 원천징수세액을 차감하고 지급하였다.
- 당사는 매월별 원천징수세액 납부대상사업자이다.
- 전월분 원천징수이행상황신고서상의 차월이월환급세액은 200,000원이었으며, 환급세액에 대하여는 일체의 환급신청을 하지 않았다.

1. 정규근로자 급여지급내역

	기본급여및제수당(원)			
	기본급	상여	자가운전보조금	지급합계
김길순외 3명	9,000,000	1,200,000	400,000	10,600,000
	공제액(원)			
	국민연금 등	근로소득세	지방소득세	공제합계
	620,000	72,000	7,200	699,200

- '자가운전보조금' 항목은 소득세법상 비과세요건을 충족한다.

2. 중도퇴사자 연말정산내역

	급여지급내역(1월~퇴사시)			
	기본급	상여	자가운전보조금	지급합계
김갑순	7,600,000	2,400,000	800,000	10,800,000
	연말정산내역			
	근로소득세	지방소득세		합계
	△50,000	△5,000		△55,000

3. 공장 일용근로자 급여지급내역

성명	총지급액	소득세	지방소득세	비 고
이태백	2,500,000	27,000	2,700	일당 250,000원으로서 10일간 근무하고 총지급액에서 소득세 등을 차감하고 지급하였다.

4. 원천징수이행상황신고를 작성하시오.

소득자 소득구분			코드	원천징수명세					⑨ 당월 조정 환급세액	납부 세액	
				소득지급 (과세 미달, 일부 비과세 포함)		징수세액				⑩ 소득세 등 (가산세 포함)	⑪ 농어촌 특별세
				④인원	⑤총지급액	⑥소득세 등	⑦농어촌 특별세	⑧가산세			
개인(거주자·비거주자)	근로 소득	간 이 세 액	A01								
		중 도 퇴 사	A02								
		일 용 근 로	A03								
		연 말 정 산	A04								
		가 감 계	A10								
	퇴 직 소 득		A20								
	사업 소득	매 월 징 수	A25								
		연 말 정 산	A26								
		가 감 계	A30								
	기 타 소 득		A40								
	연금 소득	매 월 징 수	A45								
		연 말 정 산	A46								
		가 감 계	A47								
	이 자 소 득		A50								
	배 당 소 득		A60								
	저축해지 추징세액 등		A69								
	비 거 주 자 양 도 소 득		A70								
법인	내 · 외 국 법 인 원 천		A80								
수 정 신 고 (세 액)			A90								
총 합 계			A99								

2. 환급세액 조정(단위 : 원)

전월 미환급 세액의 계산			당월 발생 환급세액				⑱ 조정대상 환급세액 (⑭+⑮+ ⑯+⑰)	⑲ 당월조정 환급 세액계	⑳ 차월이월 환급세액 (⑱-⑲)	㉑ 환급 신청액
⑫ 전월 미환급 세액	⑬기환급 신 청 세 액	⑭차 감 잔 액 (⑫-⑬)	⑮ 일반 환급	⑯신탁재산 (금융 회사 등)	⑰그밖의 환급세액					
					금융 회사 등	합병 등				

해답

- ⑤ 총지급액란에는 **비과세 및 과세미달을 포함한 총지급액**을 적습니다. 다만 **비과세 자가운전보조금** 등 일부는 제외한다.
- **⑥소득세등에는 소득세만 입력한다.**(지방소득세는 지방자치단체에 신고 납부)
- 중도퇴사자의 연말정산은 중토퇴사(A02)에 기재한다.
- 일용근로소득은 A03에 기재하는데, 총지급액에 비과세(150,000원)를 포함하여 입력한다.
- ⑫전월미환급세액은 차월이월환급세액을 입력하고 ⑨당월조정환급세액 순차적으로 반영하고, ⑲당월조정환급세액 계에 합계를 기재하고, 환급받지 못한 세액은 차월로 이월하거나 환급신청을 하도록 한다.

소득자 소득구분			코드	원천징수명세					⑨ 당월 조정 환급세액	납부 세액	
				소득지급 (과세 미달, 일부 비과세 포함)		징수세액				⑩ 소득세 등 (가산세 포함)	⑪ 농어촌 특별세
				④인원	⑤총지급액	⑥소득세 등	⑦농어촌 특별세	⑧가산세			
개인(거주자·비거주자)	근로소득	간 이 세 액	A01	4	10,200,000	72,000					
		중 도 퇴 사	A02	1	10,000,000	△50,000					
		일 용 근 로	A03	1	2,500,000	27,000					
		연 말 정 산	A04								
		가 감 계	A10	6	22,700,000	49,000			49,000	0	
	퇴 직 소 득		A20								
	사업소득	매 월 징 수	A25								
		연 말 정 산	A26								
		가 감 계	A30								
	기 타 소 득		A40								
	연금소득	매 월 징 수	A45								
		연 말 정 산	A46								
		가 감 계	A47								
	이 자 소 득		A50								
	배 당 소 득		A60								
	저축해지 추징세액 등		A69								
	비 거 주 자 양 도 소 득		A70								
법인	내 · 외국 법인 원천		A80								
수 정 신 고 (세 액)			A90								
총 합 계			A99	6	22,700,000	49,000					

2. 환급세액 조정(단위 : 원)

전월 미환급 세액의 계산			당월 발생 환급세액				⑱ 조정대상 환급세액 (⑭+⑮+ ⑯+⑰)	⑲ 당월조정 환급 세액계	⑳ 차월이월 환급세액 (⑱-⑲)	㉑ 환급 신청액
⑫전 월 미환급 세 액	⑬기환급 신 청 세 액	⑭차 감 잔 액 (⑫-⑬)	⑮ 일반 환급	⑯신탁재산 (금융 회사 등)	⑰그밖의 환급세액					
					금융 회사 등	합병 등				
200,000		200,000					200,000	49,000	151,000	

Ⅲ. 특별소득공제 외

다음 부양가족자료를 보고 공제여부 및 공제금액을 판단하시오.

1. 주택자금 소득 공제 및 **월세 세액공제**

명 세	공제 여부
1. 국민주택규모의 주택을 임차하고 월세 지급(무주택세대주로서 총급여액이 48백만원이다.)	
2. 국민주택규모의 주택을 임차하고 월세 지급(무주택세대주로서 총급여액이 100백만원이고, 종합소득금액이 85백만원이다.)	
3. 본인 무주택(세대주) 명의로 주택청약저축 가입	

2. 신용카드공제

연령 요건	소득 요건	명 세	공제 여부
X	O	1. 본인의 자동차보험료	
		2. 모(58세, 소득없음)의 생활용품 구입비용	
		3. 처(정기예금이자소득 3천만원)의 유흥비용	
		4. 처(소득없음)의 성형수술비용	
		5. 본인 대학원 등록금	
		6. 형(만35세, 소득없음)의 생활용품 구입비용	
		7. 본인의 아파트관리비	
		8. 처의 현금서비스	
		9. 부(55세, 소득없음)의 백화점 사용액	
		10. 본인의 미국여행시 해외사용경비	
		11. 본인의 신용카드 사용액(법인사용경비)	
		12. 부친의 한약보약 사용액	
		13. 차녀(6세)의 미술학원비	
		14. 본인의 신규자동차 구입	
		15. 장남(18세)의 영어, 수학 학원비	
		16. 본인 아파트의 재산세	
		17. 동생(19세)의 생활용품 구입비	

연령 요건	소득 요건	명　　　　　세	공제 여부
X	O	18. 본인의 아파트 전기요금	
		19. 본인의 월세 지출액(소득세법에 따라 세액공제를 받음)	
		20. 본인의 특례기부금 납부액	
		21. 자(18세)의 고등학교 교복구입비용 600,000원	
		22. 본인의 대중교통비 사용액	
		23. 본인 중고자동차 구입액 10,000,000원	
		24. 본인(총급여액 7천만원)의 도서·신문·공연비 지출분	
		25. 본인(총급여액 7천만원)의 박물관·미술관 입장료	
		26. 부(65, 부동산임대소득금액 3,000,000원) 질병치료비	
		27. 본인 해외여행으로부터 입국시 기내 면세점 사용분	
		28. 본인 직불카드 사용금액 3,000,000원	
		29. 본인(총급여액 7천만원 이하자)의 수영장 및 체력단련장 이용료 (2025년 8월 지출분)	

해답

1. 주택자금 소득 공제 및 월세 세액공제

명　　　세	공제여부
1,2. **총급여액 8천만원 이하(종합소득금액이 7천만원 초과자는 제외) 근로자로서 국민주택**	○
규모이하 또는 기준시가 3억 이하 주택임차에 대한 월세지급액이 세액공제대상이다.	×
3. 본인과 **배우자**(개정세법 25)가 대상이다.	○

2. 신용카드공제

연령요건	소득요건	명　　　세	공제여부
		1. **자동차보험료는 대상에서 제외된다.**	×
		2. **연령요건을 충족하지 않아도 된다.**	○
		3. **정기예금이자소득 3천만원이면 종합과세되므로 소득요건을 충족하지 못한다.**	×
		4. **의료비**는 신용카드 공제대상이고, **중복공제가 가능**하다.	○
		5. **대학교/대학원의 등록금은 공제대상에서 제외**된다.	×
		6. **형제자매는 대상에서 제외된다.**	×
		7. **아파트관리비는 대상에서 제외**된다.	×
X	O	8. **현금서비스는 대상에서 제외**된다.	×
		9. 연령요건을 따지지 않는다.	○
		10. **국내사용경비만 대상**이다.	×
		11. **법인사용경비와 사업소득의 필요경비는 대상에서 제외**된다.	×
		12. 의료비는 신용카드공제대상이다.	○
		13. **학원비는 신용카드공제대상**이다 　　 (취학전 아동의 경우 교육비세액공제도 대상이다).	○
		14. **신규자동차 구입은 대상에서 제외**된다.	×
		15. 학원비는 신용카드공제대상이다.	○
		16. **제세공과금은 대상에서 제외**된다.	×

연령 요건	소득 요건	명 세	공제 여부
X	O	17. 형제자매는 대상에서 제외된다.	×
		18. 전기료, 수도료, 가스료, 전화료는 대상에서 제외된다.	×
		19. **세액공제를 받은 월세지출액은 대상에서 제외**된다.	×
		20. **기부금은 대상에서 제외**된다.	×
		21. **교복구입비용은 한도없이 전액대상**이고, 교육비세액공제 중복적용되나 교육비세액공제의 한도는 500,000원이다.	O
		22. 대중교통비 사용액은 추가적으로 1백만원 공제된다.	O
		23. **중고자동차 구입은 구입액의 10%가 대상**	O
		24,25. **총급여 7천만원 이하 자에 한해 도서·신문(종이신문만 대상)·공연비, 박물관·미술관 지출분에 대하여 1백만원 추가공제**된다.	O
		26. 부의 소득요건 미충족으로 공제대상에서 제외	×
		27. **면세점에서 사용금액은 대상에서 제외**	×
		28. 직불카드 사용액도 대상	O
		29. 총급여액 7천만원 이하자의 수영장 및 체력단련장 이용료도 대상 (2025.7.1.이후 지출분)	O

Ⅳ. 특별세액공제

다음 부양가족자료를 보고 공제여부 및 대상금액을 판단하시오

1. 보장성보험료세액공제 : 대상액의 12%, 15%

연령 요건	소득 요건	명　　　　세	공제 여부
O (장애 : X)	O	1. 소득이 없는 배우자를 피보험자로 하여 상해보험 가입	
		2. 퇴직소득금액(1,000만원)이 있는 아버지를 피보험자로 하여 차량보험 가입	
		3. 본인의 저축성 보험 가입	
		4. 소득이 없는 배우자를 피보험자로 하여 차량종합보험 가입	
		5. 본인의 현 직장 근무 전에 납부한 차량종합보험료	
		6. 소득이 없는 장남(28세)의 장애인 전용 보장성 보험료	
		7. 사업소득(총수입금액 1,800만원, 필요경비 1,710만원)이 있는 장모(58세)의 장애인 전용 보장성보험료	
		8. 본인 주택임차보증금(3억 이하) 반환 보증보험료	

2. 의료비세액공제 : 대상액의 15~30%

연령 요건	소득 요건	명　　　　세	공제여부 난임/미숙아/특정/일반
×	×	1. 본인의 건강검진비	
		2. 배우자(65세)의 장애인보장구 구입비용	
		3. 배우자(48세)의 치료를 위한 한약 구입비	
		4. 부(67세)의 미국에서 대장암치료비	
		5. 모(58세, 사업소득금액 : 5백만원)의 영양 보약제	
		6. 자(15세)의 치과스케일링 비용	
		7. 배우자(소득없음)의 미용목적성형수술비	
		8. 배우자의 산후조리원에 지출한 1회 출산 산후조리비용 5,000,000원	
		9. 부(68세)의 보약구입비	

연령 요건	소득 요건	명 세	공제여부 난임/미숙아/특정/일반
× 	× 	10. 형(50세)의 신종플루 예방접종비	
		11. 자(22세)의 콘텍트 렌즈구입비 100만원	
		12. 배우자(18세, 근로소득금액 3백만원) 라식수술비	
		13. 부(45세)의 건강기능식품구입비용	
		14. 처제(60세)의 치과 관련 임플란트비	
		15. 처(근로소득금액 5백만원)의 장애인 보장구입비용	
		16. 자(과세기간 개시일 현재 6세)의 근시교정수술비	
		17. 장모(65세)의 수술 후 의료기관에 지출한 식대	
		18. 장인(70세)의 간암수술비 5백만원 (보험사로부터 실손의료보험금 2백만원을 보전받음)	
		19. 처(45세)의 수술 후 간병인(미인가)에 대한 간병비용	
		20. 배우자의 임신을 위하여 지출하는 체외수정시술비	
		21. 중증질환자로서 건강보험산정특례자로 등록된 배우자 의 질병치료비	
		22. 자(0세)의 미숙아 의료비	

3. 교육비세액공제 : 대상액의 15%

연령 요건	소득 요건	명 세	공제 여부
× 	O 	1. 근로자 본인의 대학원 수업료 200만원	
		2. 처(근로소득 총급여액 510만원)의 대학교 등록금 500만원	
		3. 자(22세, 소득없음)의 대학원 교육비 500만원	
		4. 자(15세, 소득없음)의 중학교 수업료 100만원	
		5. 자(10세, 소득없음)의 미술학원비 10만원	
		6. 자(6세, 소득없음)의 태권도 학원비 10만원	
		7. 처(소득없음)의 어학원 수강료 100만원	

연령 요건	소득 요건	명　　　　　　　세	공제 여부
×	O	8. 자(4세)유치원 교육비 500만원	
		9. 부(55세)의 노인대학 등록금 100만원	
		10. 부(55세, 장애인)의 특수교육비 200만원	
		11. 자(22세)의 고등학교 기숙사비	
		12. 본인의 검도도장 학원비 100만원	
		13. 형(만 50세, 소득없음)의 대학교 등록금 500만원	
		14. 처(만 40세)의 장애인 특수교육비 1,000만원	
		15. 자(6세)의 어린이집 급식비 50만원	
		16. 자(10세)의 초등학교 방과후 수업료와 도서구입비 50만원	
		17. 자(12세)의 중학교 교복 구입비용 100만원	
		18. 자(22세, 소득없음) 미국 대학교 교육비용(법적요건 충족)	
		19. 자(22세, 일용근로소득 1,000만원)의 대학교 등록금 500만원	
		20. 처제(22세, 소득없음)의 대학교 등록금 700만원	
		21. 본인의 직무관련와 관련하여 학원 등에서 전산세무 수강비용 100만원 (국가지원금 80만원)	
		22. 본인 대학 재학시 차입한 학자금 대출액 상환액 100만원 (차입시 교육비 공제를 받지 않음)	
		23. 자(15세) 중학교에서 실시하는 수련활동 체험학습비 50만원	
		24. 자(만 18세)의 대학 입학전형료와 수능응시료	

4. 기부금세액공제 : 대상액의 15%, 30%

연령 요건	소득 요건	명　　세	정치자금/고향사랑 특례/일반/종교단체
×	O	1. 본인 명의로 사회복지법인에 기부	
		2. 본인 명의로 대학교동창회 후원금	
		3. 부(58세, 소득없음)의 명의로 천안시에 기부	
		4. 본인 명의로 교회 건축헌금	
		5. 처 명의로 특별재난지역의 이재민 구호금품	
		6. 처(소득없음) 명의로 종친회 기부금	
		7. 부(65세, 소득없음) 명의로 이재민 구호금품	
		8. 자(10세, 소득없음)아들명의로 국방헌금 지출액	
		9. 처의 명의로 수재의연금 기부	
		10. 본인 명의의 정당에 기부한 정치자금	
		11. 모(60세, 소득없음)의 명의로 사찰에 기부	
		12. 모(65세, 소득없음)의 명의로 정치자금 기부	
		13. 형(60세, 양도소득금액 10,000,000원)의 명의로 대학교 　　 연구비 기부	
		14. 본인 명의로 노동조합 회비 납부	
		15. 본인 명의로 초등학교 시설비 기부	
		16. 본인 명의로 특별재난지역을 복구하기 위하여 자원봉사 　　 한 그 용역의 가액(해당 기관의 용역가액 확인)	
		17. 자(18세, 소득없음)의 명의로 사회복지공동모금회에 기부	
		18. 본인(천안 거주)의 고향인 충북 옥천에 기부(10만원)	

5. 연금계좌납입세액공제 : 대상액의 12%, 15%

명　　세	공제여부
1. 배우자 명의로 연금저축 불입액	
2. 본인 명의로 퇴직연금 불입액	

해답 ・・・

1. 보장성 보험료세액공제

연령 요건	소득 요건	명 세	공제 여부
O	O	1. 소득요건을 충족하고 보장성보험임.	○
		2. 소득요건 불충족	×
		3. **보장성보험만 대상**임.	×
		4. 차량종합보험은 보장성 보험임.	○
		5. **근무기간 지출분에 대해서만 대상**이다.	×
		6. **장애인 전용 보장성 보험료는 연령요건을 충족하지 않아도 된다.**	○
		7. 사업소득금액이 90만원(총수입금액 – 필요경비)이므로 소득요건을 충족한다.	○
		8. 주택임차보증금 반환 보증 보험료(보증대상 임차보증금 3억원 이하)도 보험료세액공제 대상	○

2. 의료비세액공제

연령 요건	소득 요건	명 세	공제여부 난임/미숙아/특정/일반
X	X	1. **건강검진비도 공제대상**이다.	특정(본인)
		2. 장애인보장구구입비용은 전액공제대상이다.	특정(장애)
		3. **치료를 위한 한약 구입비**는 공제대상이다.	일반
		4. **해외치료비는 대상에서 제외**된다.	×
		5. **건강증진을 위한 의약품은 공제대상에서 제외**된다.	×
		6. 예방목적의 치과스케일링 비용도 공제대상이다.	일반
		7. **미용목적성형수술비는 공제대상에서 제외**된다.	×
		8. **산후조리비용도 의료비대상**임.(1회 출산비용 한도 2백만원)	**일반(한도 2백만원)**

연령 요건	소득 요건	명　　　　　세	공제여부 난임/미숙아/특정/일반
X	X	9. **보약구입비는 대상에서 제외**된다.	×
		10. 예방접종비도 공제대상이다.	일반
		11. **시력보정용 안경등 구입비는 50만원 한도**이다.	**일반(한도 50만원)**
		12. **의료비는 연령요건, 소득요건을 따지지 않는다.**	일반
		13. 건강기능식품구입비용은 공제대상에서 제외된다.	×
		14. 임플란트비도 공제대상이다.	일반
		15. 의료비는 연령, 소득요건을 따지지 않는다.	특정(장애)
		16. 근시교정수술비도 공제대상이다.(**과세기간 개시일 현재** 6세 이하는 특정의료비)	**특정**(6세 이하)
		17. **의료기관에 지출한 식대도 공제대상**이다.	특정(65세 이상)
		18. 실손보험금 보전금액은 제외됨	특정(3백만원)
		19. **간병인(미인가)에 대한 간병비용은 원칙적으로 공제대상에서 제외**된다.	×
		20. **배우자의 임신을 위하여 지출하는 체외수정시술비는 전액공제의료비에 해당한다.**	난임
		21. 중증환자, 희귀난치성질환자, 결핵환자도 전액공제대상(특정)의료비이다.	특정(중증)
		22. **미숙아와 선천성 이상아에 대한 의료비는 20% 세액공제율이 적용**된다.	미숙아

3. 교육비세액공제

연령 요건	소득 요건	명　　　　　세	공제 여부
X	O	1. **대학원은 본인만 대상**이다.	○
		2. 소득요건을 충족하지 못한다. 근로소득의 경우 총급여액 5백만원 이하인자만 소득요건을 충족한다.	×
		3. 대학원 교육비는 본인만 대상이다.	×
		4. 수업료는 공제대상이다.	○

연령 요건	소득 요건	명 세	공제 여부
		5. **학원비는 취학전 아동만 대상**이다.	×
		6. 취학전 아동의 학원비는 공제대상이다.	○
		7. 학원비는 취학전 아동만 대상이다.	×
		8. **유치원 교육비는 공제대상**이다.	○
		9. **직계존속의 교육비는 대상에서 제외**된다.(예외 장애인 특수교육비)	×
		10. **직계존속의 장애인특수교육비는 공제대상**이다.	○
		11. 기숙사비는 교육비공제대상에서 제외된다.	×
		12. 학원비는 취학전 아동만 대상이다(본인의 경우 직무관련 수강료는 공제대 상이다).	×
		13. 연령요건을 충족하지 않아도 된다.	○
X	O	14. **장애인 특수교육비는 한도 없이 전액 공제대상이다.**	○
		15. **학교등(유치원, 어린이집 포함) 급식비는 공제대상**이다.	○
		16. **방과후 수업료와 방과후 도서구입비는 공제대상**이다.	○
		17. **교복 구입비용은 한도가 50만원**이다.	○
		18. **해외교육기관에 지출한 교육비도 공제대상**이다.	○
		19. 일용근로소득은 분리과세소득으로서 소득요건을 충족한다.	○
		20. 형제자매의 교육비도 공제대상이다.	○
		21. 직무관련 학원비는 공제대상 20만원(**국가지원금은 제외**)	○
		22. **학자금 대출 원리금 상환금액도 대상**	○
		23. **체험학습비는 인당 연 30만원**	○
		24. **대학입학전형료와 수능응시료도 세액공제대상임.**	○

4. 기부금세액공제

연령 요건	소득 요건	명　　　　세	정치자금/고향 사랑/특례/ 일반/종교단체
×	O	1. 사회복지법인 기부금은 일반기부금이다.	일반
		2. 동창회 후원금은 비지정기부금이다.	×
		3. **연령요건을 충족하지 못해도 공제대상**	특례
		4. 교회헌금은 종교단체에 대한 일반(종교단체)기부금이다.	종교단체
		5. **특별재난지역에 대한 기부금은 특례기부금**이다.	특례
		6. 종친회기부금은 비지정기부금이다.	×
		7. **이재민 구호금품은 특례기부금**이다.	특례
		8. **국방헌금은 특례기부금**이다.	특례
		9. 수재의연금은 특례기부금이다.	특례
		10. **정치자금은 10만원 이하는 100/110, 10만원 초과분은 15% 세액공제대상이다.**	정치자금
		11. 사찰기부금은 종교단체기부금에 해당한다.	종교단체
		12. **정치자금은 본인만 대상**이다.	×
		13. 소득요건을 충족해야 한다.	×
		14. 노동조합회비는 일반기부금이다.	일반
		15. 초등학교(국가 등에 해당) 시설비는 특례기부금이다.	특례
		16. **특별재난지역의 자원봉사시 그 용역의 가액은 특례기부금**이다.	특례
		17. 사회복지공동모금회에 기부는 특례기부금이다.	특례
		18. 고향사랑기부금 : **10만원 이하는 100/110, 10만원 초과 20백 만원 이하(개정세법 25)는 15% 세액공제대상이다.**	고향사랑

5. 연금계좌납입세액공제

명　　　　세	공제여부
1. **본인 명의만 대상**이다.	×
2. 퇴직연금불입액은 대상이다.	O

Ⅴ. 연말정산

1. 김호인씨의 20X1년 귀속 근로소득 연말정산에 필요한 소득공제자료 및 특별세액공제자료는 다음과 같다. 근로소득연말정산을 하시오.

구 분	명세 및 금액
본인	1. 생명보험료 : 400,000원 2. 자동차보험료 : 300,000원 3. 건강검진비 : 600,000원 4. 대학원수업료 : 6,000,000원 5. 신용카드사용액 : 30,000,000원(단, 하와이여행시 현지에서 사용한 금액 5,000,000 원이 포함되어 있으며, 나머지는 국내유흥비임) 6. 이재민구호금품 : 500,000원 7. 특별재난지역 복구를 위한 자원봉사용역의 가액 : 300,000원 8. 종교단체기부금 : 500,000원 9. 든든학자금 상환액 : 600,000원(대학 재학시 학자금 대출액) (차입시 교육비 공제를 받지 않음)
이춘자 (배우자)	1. 신용카드사용액 : 10,000,000원(전액 의류 및 식료품구입비임) 2. 산후조리원(1회 출산) 비용 : 5,000,000원(김호인씨 총급여액은 80,000,000원이다.)
김장남 (장남)	1. 콘택트렌즈 구입비 : 300,000원 2. 대학교등록금 : 4,000,000원
김차남 (차남)	1. 시력교정용 안경구입비 : 700,000원 2. 고등학교 수업료 : 900,000원 3. 수학여행 현장체험학습비 : 600,000원
황장모 (장모)	1. 신용카드사용액 : 아파트 관리비 2,000,000원 미술관·박물관 입장료 1,000,000원 2. 위암수술비 : 5,000,000원(실손보험금 4,000,000원 수령)
이처제 (처제)	1. 신용카드사용액 : 3,000,000원(명품시계 구입비 3백만원)과 미술관·박물관 입장료 1백만원

※ 제시된 가족은 과세기간 종료일 현재 모두 본인과 생계를 같이하고 있다.

※ 배우자 : 만 50세 소득없음.

※ 처제(만32세)와 장모(만69세) : 소득없음.

※ 장남 : 만 25세, 연간 근로소득금액은 6,000,000원

※ 차남 : 만 16세, 소득없음.

※ 기부금은 모두 김호인씨 본인이 직접 지출한 금액이다.

풀이

[소득공제]		
1. 주택자금		
2. 신용카드	① 신용카드 ② 현금영수증 ③ 직불카드 ④ 전통시장 ⑤ 대중교통비 ⑥ 도서·공연비, 미술관, 영화관람료, 수영장 이용료 등	
[특별세액공제]		
1. 보험료	① 보장성보험료 ② 장애인전용보장성보험료	
2. 의료비	① 난임시술비 ② 특정(본인, 장애, 65세 이상, 중증질환자, 　 6세 이하 등) ③ 일반	
3. 교육비	① 본 인 ② 대학생 ③ 취학전 아동, 초중고 ④ 장애인특수교육비	
4. 기부금	① 정치자금 　 ㉠ 10만원 이하 　 ㉡ 10만원 초과 ② 특례기부금 ③ 일반기부금(일반) ④ 종교단체	

해답   ■ ■ ■

구 분	명 세	대상여부 및 입력
본인	1. 생명보험료 : 400,000원	○(보장성 – 400,000)
	2. 자동차보험료 : 300,000원	○(보장성 – 300,000)
	3. 건강검진비 : 600,000원	○(특정 – 600,000)
	4. 대학원수업료 : 6,000,000원	○(6,000,000)
	5. 신용카드사용액 : 30,000,000원 (해외사용비 5,000,000원)	○(25,000,000 – 국외는 제외)
	6. 이재민구호금품 : 500,000원	○(특례 – 500,000)
	7. 특별재난지역 자원봉사용역 : 300,000원	○(특례 – 300,000)
	8. 종교단체기부금 : 500,000원	○(종교단체 – 500,000)
	9. 든든학자금 상환액	○(600,000)
이춘자 (배우자)	1. 신용카드사용액 : 10,000,000원(의류 등)	○(신용 – 10,000,000)
	2. **산후조리비용은 1회 한도는 2백만원**이다.	○(일반 – 2,000,000)
김장남 **(연령 : X 소득 : X)**	1. 콘택트렌즈 구입비 : 300,000원 **(의료비는 연령요건, 소득요건 충족하지 않아도 된다)**	○(일반 – 300,000)
	2. 대학교등록금 : 4,000,000원	×**(소득요건미충족)**
김차남	1. 시력교정용 안경구입비 : 700,000원	○(일반 – 500,000 – 한도)
	2. 고등학교 수업료 : 900,000원	○(900,000)
	3. 체험학습비(30만원 한도)	○(300,000)
황장모	1. 신용카드사용액 : 3,000,000원 (아파트 관리비는 대상에서 제외되나, 미술관등 입장료는 대상)	○(신용 – 박물관 1,000,000)
	2. 실손보험금을 차감한 금액만 의료비 대상임.	○(특정 – 1,000,000)
처제 (연령 : X)	1. 신용카드사용액 : 4,000,000원	×**(형제자매는 대상에서 제외)**

[소득공제]		
1. 신용카드	① 신용카드	25,000,000+10,000,000
	⑥ 도서, 박물관 등	1,000,000
[특별세액공제]		
1. 보험료	① 보장성보험료	400,000+300,000
2. 의료비	② 특정 ③ 일반	600,000+1,000,000 2,000,000+300,000+ 500,000
3. 교육비	① 본 인 ③ 취학전아동, 초중고	6,000,000+600,000 900,000+300,000
4. 기부금	② 특례기부금 ④ 일반기부금(종교단체)	500,000+300,000 500,000

2. 김미란(여, 총급여액 40백만원)의 연말정산에 필요한 소득공제자료 및 특별세액 공제자료는 다음과 같다. 다음 자료에 의하여 근로소득 연말정산을 하시오.

※ 소득공제신고서에 제시된 가족은 생계를 같이하며 실제 부양하고 있음.

구 분	명 세	금 액
보험료	본인의 상해보험료(직장근무전 납부)	350,000
	본인 주택임차보증금(보증대상 임차보증금 2.5억)반환 보증보험료	200,000
	본인의 자동차보험료	800,000
의료비	부(만 65세) 무릎관절치료비	1,500,000
	모(만 60세) 장애재활치료비	2,000,000
교육비	자의 고등학교 수업료(사업소득금액 200만원 있음)	800,000
	자의 중학교 수업료	400,000
월세	배우자 월세 지출액(배우자가 계약체결)	800,000
기부금	본인 국방헌금	500,000
신용카드	신규 출고된 자동차 구입	10,000,000
	본인 도서·공연비, 박물관, 미술관 사용액	2,500,000
	배우자 전통시장사용액	4,800,000

🔑 풀이

[소득공제]		
1. 신용카드	① 신용카드 ② 현금영수증 ③ 직불카드 ④ 전통시장 ⑤ 대중교통비 ⑥ 도서 · 공연비, 미술관, 영화관람료, 수영장 이용료 등	
[특별세액공제]		
1. 보험료	① 보장성보험료 ② 장애인전용보장성보험료	
2. 의료비	① 난임시술비 ② 특정 ③ 일반	
3. 교육비	① 본 인 ② 대학생 ③ 취학전아동, 초중고 ④ 장애인특수교육비	
4. 기부금	① 정치자금 　㉠ 10만원 이하 　㉡ 10만원 초과 ② 특례기부금 ③ 일반기부금 ④ 종교단체	
[월세세액공제]		

해답

구 분	내 용	대상여부 및 입력
보험료 (○,○)	근무 전 납부한 상해보험료는 제외	×
	본인 주택임차보증금 반환 보증보험료	○(보장성 – 200,000)
	본인의 자동차보험료	○(보장성 – 800,000)
의료비 (×,×)	부(만 65세) 무릎관절치료비	○(특정 – 1,500,000)
	모(만 60세) 장애재활치료비	○(특정 – 2,000,000)
교육비 (×,○)	자의 고등학교 수업료(사업소득금액 200만원)	×(소득요건 미충족)
	자의 중학교 수업료	○(400,000)
월세	배우자가 계약한 경우도 대상	○(800,000)
기부금 (×,○)	국방헌금은 특례기부금	○(특례 – 500,000)
신용카드 (×,○)	신규 출고된 자동차 구입	×(신규자동차는 대상에서 제외)
	본인 도서공연비	○(2,500,000)
	배우자 전통시장사용액	○(4,800,000)

[소득공제]

1. 신용카드	④ 전통시장사용분	4,800,000
	⑥ 도서·공연비, 미술관, 영화관람료, 수영장 이용료 등	2,500,000

[특별세액공제]

1. 보험료	① 보장성보험료	200,000 + 800,000
2. 의료비	① 특정(장애)의료비 ② 특정(65세 이상)의료비	2,000,000 1,500,000
3. 교육비	③ 취학전아동, 초중고	400,000
4. 기부금	② 특례	500,000
[월세세액공제]		800,000

3. 김기호의 연말정산 소득공제자료 및 특별세액공제자료이다. 부양가족은 12월 31일 현재 생계를 같이하고 있다. 연말정산 추가자료를 입력하시오.

구 분	명 세	금 액
교육비	장남(만23세)의 대학원 등록금	2,000,000
	차남(만18세)의 보습학원비	15,000,000
	고등학생인 차남(만18세)의 수능응시료 및 대학응시전형료	400,000
의료비	부친(65세)의 관절염치료비	1,000,000
	배우자의 출산관련 분만비용	500,000
	본인의 건강진단비	800,000
보험료	본인의 차량종합보험료	750,000
신용카드	차남의 보습학원비	15,000,000
	본인 아파트관리비	1,500,000
	본인 종합토지세	250,000
	본인 중고자동차 구입	10,000,000
	본인 직불카드 사용금액	1,000,000
	본인 영화관람료	500,000
기부금	본인 정당에 기부한 정치자금	300,000
	본인 노동조합비	150,000
	본인 동창회비	200,000
	장남(만23세)의 국방헌금	1,000,000

풀이

[소득공제]		
1. 신용카드	① 신용카드 ② 현금영수증 ③ 직불카드 ④ 전통시장 ⑤ 대중교통비 ⑥ 도서·공연비, 미술관, 영화관람료, 수영장 이용료 등	

[특별세액공제]		
1. 보험료	① 보장성보험료 ② 장애인전용보장성보험료	
2. 의료비	① 난임시술비 ② 특정 ③ 일반	
3. 교육비	① 본 인 ② 대학생 ③ 취학전아동, 초중고 ④ 장애인특수교육비	
4. 기부금	① 정치자금 　㉠ 10만원 이하 　㉡ 10만원 초과 ② 특례기부금 ③ 일반기부금 ④ 종교단체	

해답

구 분	명 세	대상여부 및 입력
교육비 (×,○)	장남(만23세)의 대학원 등록금	×(대학원은 본인만 대상임)
	차남(만18세)의 보습학원비	×(학원비는 대상이 아님)
	차남의 수능응시료 및 대학응시전형료도 대상	○(고등 – 400,000)
의료비 (×,×)	부친(65세)의 관절염치료비	○(특정 – 1,000,000)
	배우자의 출산관련 분만비용	○(일반 – 500,000)
	본인의 건강진단비	○(특정 – 800,000)
보험료 (○,○)	본인의 차량종합보험료	○(보장성 – 750,000)

구 분	명 세	대상여부 및 입력
신용카드 (×,○)	차남의 보습학원비	○(15,000,000)
	본인 아파트관리비	×(아파트관리비는 대상에서 제외)
	본인 종합토지세	×(제세공과금은 대상에서 제외)
	본인 중고자동차도 대상	○(1,000,000, 구입액의 10%)
	직불카드	○(1,000,000)
	본인 영화관람료	○(500,000)
기부금 (×,○)	정당에 기부한 정치자금(본인만 대상)	○(정치자금 300,000원)
	본인 노동조합비	○(일반 – 150,000)
	본인 동창회비	×(동창회비는 비지정기부금)
	연령요건을 충족하지 않아도 됨	○(특례 – 1,000,000)

[소득공제]

1. 신용카드	① 신용카드	15,000,000 + 1,000,000
	③ 직불카드	1,000,000
	⑥ 도서 · 공연비, 미술관, 영화관람료, 수영장 이용료 등	500,000

[특별세액공제]

1. 보험료	① 보장성보험료	750,000
2. 의료비	② 특정의료비	1,000,000 + 800,000
	③ 일반의료비	500,000
3. 교육비	③ 취학전아동, 초중고	400,000
4. 기부금	① 정치자금	
	㉠ 10만원 이하	100,000
	㉡ 10만원 초과	200,000
	② 특례기부금	1,000,000
	③ 일반부금	150,000

[회계프로그램 입력방법]

100,000원 초과일 경우 10만원 이하란에 100,000원을 입력하고, 초과분은 10만원 초과란에 입력한다.

63.기부금		300,000
1)정치자금	10만원이하	100,000
기부금	10만원초과	200,000

4. 이호진의 근로소득 연말정산에 필요한 소득공제자료 및 특별세액공제자료는 다음과 같다. 다음 자료에 의하여 근로소득연말정산을 하시오. 부양가족은 생계를 같이하고 있다.

구 분	명 세	금 액
보험료	본인분 생명보험료	600,000
	본인분 자동차보험료	500,000
	장애인 아들(18세)의 보험료(올해 보험계약을 신규로 체결하였으며, 장애인전용보장성보험임)	580,000
교육비	딸(22세)의 대학수업료	7,500,000
	딸의 대학기숙사비	2,400,000
	본인의 대학원 수업료	10,000,000
의료비	딸의 시력교정수술비(라식수술)	2,000,000
	장애인 아들(18세)의 장애치료를 위한 수술비	950,000
	부(73세)의 질병치료비	550,000
	본인 보약구입비용	300,000
	본인 치과 스케일링비용	50,000
	배우자의 임신을 위한 체외수정시술비	6,000,000
신용카드	본인명의 신용카드로서, 보험료납부액(1,100,000원)이 포함되어 있으며, 이외의 것은 모두 주유소와 할인마트에서 사용한 금액이다.	18,000,000
	배우자명의로서 전화요금 납부액(300,000원)이 포함되어 있으며, 이외의 것은 모두 할인마트에서 사용한 금액이다.	3,000,000
	동생(35세)명의 신용카드 모두 의상구입비이다.	2,000,000
기부금	딸(22세)교회헌금	800,000
	본인이재민 구호금품	200,000
	본인노동조합비	300,000
	본인 고교동창회비	50,000

풀이

[소득공제]		
1. 주택자금		
2. 신용카드	① 신용카드 ② 현금영수증 ③ 직불카드 ④ 전통시장 ⑤ 대중교통비 ⑥ 도서·공연비, 미술관, 영화관람료, 수영장 이용료 등	
[특별세액공제]		
1. 보험료	① 보장성보험료 ② 장애인전용보장성보험료	
2. 의료비	① 난임시술비 ② 특정 ③ 일반	
3. 교육비	① 본 인 ② 대학생 ③ 취학전아동, 초중고 ④ 장애인특수교육비	

4. 기부금	① 정치자금
	  ㉠ 10만원 이하
	  ㉡ 10만원 초과
	② 특례기부금
	③ 일반기부금
	④ 종교단체	

해답

구 분	명 세	대상여부 및 입력
보험료 (○,○) (장애×,○)	본인분 생명보험료	○(보장성 – 600,000)
	본인분 자동차보험료	○(보장성 – 500,000)
	장애인 아들(18세)의 장애인전용보장성보험임	○(장애인전용 – 580,000)
교육비 (×,○)	딸(22세)의 대학수업료	○(7,500,000)
	딸의 대학기숙사비	×(기숙사비는 대상제외)
	본인의 대학원 수업료	○(10,000,000)
의료비 (×,×)	딸의 라식수술비	○(일반 – 2,000,000)
	장애인 아들의 장애치료를 위한 수술비	○(특정 – 950,000)
	부(73세)의 질병치료비	○(특정 – 550,000)
	본인 보약구입비용	×(보약은 제외)
	본인 치과 스케일링비용	○(특정 – 50,000)
	배우자의 임신을 위한 체외수정시술비	○(난임 – 6,000,000)
신용카드 (×,○)	본인명의 신용카드(보험료납부액 제외)	○(16,900,000)
	배우자명의 신용카드(전화요금 제외)	○(2,700,000)
	동생(35세)명의 신용카드	×(형제자매는 대상제외)
기부금 (×,○)	딸(22세)교회헌금(연령요건 미충족도 대상)	○(일반 – 800,000)
	본인 이재민 구호금품	○(특례 – 200,000)
	본인 노동조합비	○(일반 – 300,000)
	본인 고교동창회비	×(비지정기부금)

[소득공제]		
1. 주택자금		
2. 신용카드	① 신용카드	16,900,000 + 2,700,000
[특별세액공제]		
1. 보험료	① 보장성보험료 ② 장애인전용보장성보험료	600,000 + 500,000 580,000
2. 의료비	① 난임시술비 ② 특정 ③ 일반	6,000,000 550,000 + 50,000 + 950,000 2,000,000
3. 교육비	① 본 인 ② 대학생 ③ 취학전아동, 초중고 ④ 장애인특수교육비	10,000,000 7,500,000
4. 기부금	② 특례기부금 ③ 일반기부금 ④ 종교단체	200,000 300,000 800,000

Part V

기출문제

〈전산세무 2급 출제내역〉

이론	1. 재무회계	10점	객관식 5문항
	2. 원가회계	10점	객관식 5문항
	3. 부가가치세, 소득세	10점	객관식 5문항
실무	1. 일반전표입력	15점	일반전표입력 5문항
	2. 매입매출전표입력	15점	매입매출전표 입력 5문항
	3. 부가가치세	10점	**부가가치세 신고서작성** **부가가치세 수정신고서(가산세)** 신용카드매출표발행집계표 부동산임대공급가액명세서 / 의제매입세액공제신고서 대손세액공제신고서 / 매입세액불공제내역 수출실적명세서 신용카드매출전표 등 수령금액 합계표(갑) 등
	4. 결산자료입력	15점	수동결산 : 12월 31일 일반전표입력 **자동결산 : 재고자산, 대손충당금, 감가상각비, 퇴직급여,** **법인세 등 입력**
	5. 원천징수	15점	**사원등록(인적공제)** 급여자료입력 원천징수이행상황신고서 **연말정산추가자료입력**
계		100점	

전산세무회계 프로그램 케이랩(KcLep교육형세무사랑) 설치 방법

1 한국세무사회국가공인자격시험 홈페이지(http://license.kacpta.or.kr)에 접속 후 [수험용 프로그램 케이랩(KcLep)]을
다운로드하고 설치합니다.

2 설치가 완료되면, 바탕화면에 🖥️ 단축아이콘을 확인할 수 있다.

3 바탕화면에서 🖥️ 아이콘을 더블클릭하여 아래와 같이 프로그램을 실행한다.

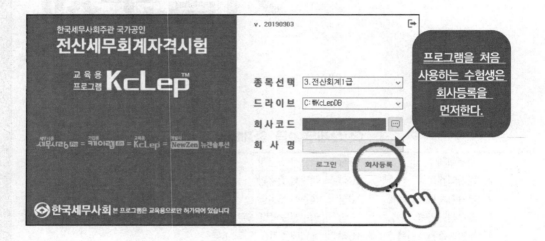

백데이타 다운로드 및 설치

1 도서출판 어울림 홈페이지(www.aubook.co.kr)에 접속한다.

2 홈페이지에 상단에 [자료실] - [백데이타 자료실]을 클릭한다.

3 자료실 - 백데이터 자료실 - [**로그인 전산세무2급 핵심요약 및 기출문제**] 백데이터를 선택하여 다운로드한다.

4 데이터를 다운받은 후 실행을 하면, [내컴퓨터 ➡ C:₩KcLepDB ➡ KcLep] 폴더 안에 4자리 숫자폴더 저장된다.

5 회사등록메뉴 상단 F4(회사코드재생성)을 실행하면 실습회사코드가 생성된다.

이해가 안되시면 도서출판 어울림 홈페이지에 공지사항(81번)
"로그인 케이렙 실습데이타 다운로드 및 회사코드 재생성 관련 동영상"을 참고해주십시오.

2025년 주요 개정세법 (전산세무2급 관련)

Ⅰ. 부가가치세법

1. 질병 치료 목적의 **동물혈액** 부가가치세 면제
2. 명의 위장 사업자 가산세 강화

현행	일반과세자 1%, 간이과세자 0.5%	개정	일반과세자 2%, 간이과세자 1%

Ⅱ. 소득세법

1. 임직원 할인금액에 대한 과세 합리화(사업수입금액 및 필요경비)

신설	– 사업자의 임직원에 대한 재화 등 할인금액은 사업수입금액 – 사업자의 임직원에 대한 재화 등 할인금액은 필요경비

2. 종업원할인 금액에 대한 근로소득 규정과 비과세 기준

신설	– 자사 및 계열사의 종업원으로 일반소비자의 시가보다 할인하여 공급받는 경우 근로소득으로 규정 – (대상금액) 재화 등을 시가보다 할인하여 공급받은 경우 할인받은 금액 – (비과세 금액) MAX(시가의 20%, 연 240만원)

3. 기업의 출산지원금 비과세

신설	– 전액 비과세(한도 없음) – 근로자 본인 또는 배우자의 출산과 관련하여 출생일 이후 2년 이내에, 공통지급규정에 따라 사용자로부터 지급(2회 이내)받는 급여

4. 총급여액 7천만원 이하자의 추가 소득공제(조특법)

신설	수영장 · 체력단련장 시설 이용료(2025.7.1. 이후 지출분)

5. 결혼세액공제(조특법)

신설	(적용대상) 혼인신고를 한 거주자 (적용연도) 혼인 신고를 한해(생애 1회) (공제금액) 50만원

6. 자녀세액공제 확대

현행	(1인) 15만원, (2인) 35만원, (2인 초과) 30만원/인	개정	**(1인) 25만원, (2인) 55만원, (2인 초과) 40만원/인**

20**년 **월 **일 시행
제***회 전산세무회계자격시험

2교시 A형

종목 및 등급 : **전산세무2급**   - 제한시간 : 90분
(12:30 ~ 14:00)   - 페이지수 : 13p

▶시험시작 전 문제를 풀지 말것◀

① USB 수령	·감독관으로부터 시험에 필요한 응시종목별 기초백데이타 설치용 USB를 수령한다. ·USB 꼬리표가 본인의 응시종목과 일치하는지 확인하고, 꼬리표 뒷면에 수험정보를 정확히 기재한다.
② USB 설치	·USB를 컴퓨터의 USB 포트에 삽입하여 인식된 해당 USB 드라이브로 이동한다. ·USB드라이브에서 기초백데이타설치프로그램인 'Tax.exe' 파일을 실행한다. [주의] USB는 처음 설치이후, 시험 중 수험자 임의로 절대 재설치(초기화)하지 말 것.
③ 수험정보입력	·[수험번호(8자리)]와 [성명]을 정확히 입력한 후 [설치]버튼을 클릭한다. ※ 입력한 수험정보는 이후 절대 수정이 불가하니 정확히 입력할 것.
④ 시험지 수령	·시험지와 본인의 응시종목(급수) 일치 여부 및 문제유형(A 또는 B)을 확인한다. ·문제유형(A 또는 B)을 프로그램에 입력한다. ·시험지의 총 페이지수를 확인한다. ※응시종목 및 급수와 파본 여부를 확인하지 않은 것에 대한 책임은 수험자에게 있음.
⑤ 시 험 시 작	·감독관이 불러주는 '감독관확인번호'를 정확히 입력하고, 시험에 응시한다.
(시험을 마치면) ⑥ USB 저장	·**이론문제의 답**은 메인화면에서 이론문제 답안작성 을 클릭하여 입력한다. ·**실무문제의 답**은 문항별 요구사항을 수험자가 파악하여 각 메뉴에 입력한다. ·이론과 실무문제의 답을 모두 입력한 후 답안저장(USB로 저장) 을 클릭하여 답안을 저장한다. ·**저장완료** 메시지를 확인한다.
⑦ USB 제출	·답안이 수록된 USB 메모리를 빼서, <감독관>에게 제출 후 조용히 퇴실한다.

▶ 본 자격시험은 전산프로그램을 이용한 자격시험입니다. 컴퓨터의 사양에 따라 전산프로그램이 원활히 작동하지 않을 수도 있으므로 전산프로그램의 진행속도를 고려하여 입력해주시기 바랍니다.
▶ 수험번호나 성명 등을 잘못 입력했거나, 답안을 USB에 저장하지 않음으로써 발생하는 일체의 불이익과 책임은 수험자 본인에게 있습니다.
▶ 타인의 답안을 자신의 답안으로 부정 복사한 경우 해당 관련자는 모두 불합격 처리됩니다.
▶ 타인 및 본인의 답안을 복사하거나 외부로 반출하는 행위는 모두 부정행위 처리됩니다.
▶ PC, 프로그램 등 조작미숙으로 시험이 불가능하다고 판단될 경우 불합격처리 될 수 있습니다.
▶ 시험 진행 중에는 자격검정(KcLep)프로그램을 제외한 일체의 다른 프로그램을 사용할 수 없습니다.
  (예시. 인터넷, 메모장, 윈도우 계산기 등)

이론문제 답안작성 을 한번도 클릭하지 않으면 답안저장(USB로 저장) 을 클릭해도 답안이 저장되지 않습니다.

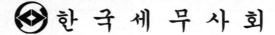

제117회 전산세무 2급

합격율	시험년월
27%	2024.12

다음 문제를 보고 알맞은 것을 골라 　이론문제 답안작성　 메뉴에 입력하시오. (객관식 문항당 2점)

───────── 〈 기 본 전 제 〉 ─────────

문제에서 한국채택국제회계기준을 적용하도록 하는 전제조건이 없는 경우, 일반기업회계기준을 적용한다.

이 론

01. 다음 중 자산, 부채의 분류가 잘못 연결된 것은?

① 임차보증금 – 비유동자산　　　　　② 사채 – 유동부채
③ 퇴직급여충당부채 – 비유동부채　　④ 선급비용 – 유동자산

02. 다음 중 무형자산에 대한 설명으로 옳은 것은?

① 무형자산 창출을 위한 내부 프로젝트를 연구단계와 개발단계로 구분할 수 없는 경우 그 프로젝트에서 발생한 지출은 모두 연구단계에서 발생한 것으로 본다.
② 내부적으로 창출한 영업권은 취득일의 공정가치로 자산으로 인식한다.
③ 연구단계에서 발생한 지출은 모두 무형자산으로 인식한다.
④ 무형자산의 상각기간은 어떠한 경우에도 20년을 초과할 수 없다.

03. 다음 중 채무증권으로만 분류되는 유가증권은 무엇인가?

① 단기매매증권　　　　　② 매도가능증권
③ 만기보유증권　　　　　④ 지분법적용투자주식

04. 다음 중 유형자산의 감가상각에 대한 설명으로 옳지 않은 것은?

① 감가상각은 자산이 사용 가능한 때부터 시작한다.

② 감가상각대상금액은 내용연수에 걸쳐 합리적이고 체계적인 방법으로 배분한다.

③ 내용연수 도중 사용을 중단하고 처분 예정인 유형자산은 사용을 중단한 시점의 장부금액으로 표시한다.

④ 감가상각방법 중 연수합계법은 자산의 내용연수 동안 감가상각액이 매 기간 증가하는 방법이다.

05. 다음 중 일반기업회계기준상 오류수정에 대한 설명으로 옳지 않은 것은?

① 오류수정은 전기 또는 그 이전의 재무제표에 포함된 회계적 오류를 당기에 발견하여 수정하는 것을 말한다.

② 당기에 발견한 전기 또는 그 이전 기간의 오류 중 중대한 오류가 아닌 경우에는 영업외손익 중 전기오류수정손익으로 보고한다.

③ 전기 이전 기간에 발생한 중대한 오류의 수정은 발견 당시 회계기간의 재무제표 항목을 재작성한다.

④ 중대한 오류는 재무제표의 신뢰성을 심각하게 손상시킬 수 있는 매우 중요한 오류를 말한다.

06. 다음 중 공장에서 사용하는 제품 제조용 전기요금에 대한 원가행태로 옳은 것은?

① 변동원가, 가공원가   ② 변동원가, 기초원가

③ 고정원가, 가공원가   ④ 고정원가, 기초원가

07. 다음 중 제조원가명세서의 구성요소가 아닌 것은?

① 기초제품재고액   ② 기말원재료재고액   ③ 당기제품제조원가   ④ 기말재공품재고액

08. 다음 중 종합원가계산 제도에 대한 설명으로 옳지 않은 것은?

① 완성품환산량이란 일정기간에 투입한 원가를 그 기간에 완성품만을 생산하는 데 투입하였다면 완성되었을 완성품 수량을 의미한다.

② 동종제품, 대량생산, 연속생산의 공정에 적합한 원가계산제도이다.

③ 정유업, 화학공업, 시멘트공업에 적합하다.

④ 원가의 정확성이 높으며, 작업원가표를 주요 원가자료로 사용한다.

09. 다음의 자료를 이용하여 제조간접원가 배부액과 제조원가를 각각 계산하면 얼마인가? 단, 제조간접원가는 기계작업시간을 기준으로 예정배부한다.

• 제조간접원가 총액(예정) : 5,000,000원	• 예정 기계작업시간 : 5,000시간
• 직접노무원가 : 4,000,000원	• 실제 기계작업시간 : 4,000시간
• 직접재료원가 : 2,000,000원	

	제조간접원가 배부액	제조원가
①	6,250,000원	12,250,000원
②	6,250,000원	10,000,000원
③	4,000,000원	10,000,000원
④	4,000,000원	12,250,000원

10. 다음의 자료를 이용하여 직접배분법에 따라 보조부문의 제조간접원가를 배분한다면 제조부문 B에 배분된 보조부문원가는 얼마인가?

구분		보조부문		제조부문		합계
		X	Y	A	B	
자기부문 발생액		100,000원	300,000원	500,000원	750,000원	1,650,000원
제공 횟수	X	–	100회	400회	600회	1,100회
	Y	400회	–	300회	300회	1,000회

① 210,000원 ② 400,000원 ③ 850,000원 ④ 960,000원

11. 다음 중 부가가치세법상 영세율에 대한 설명으로 옳지 않은 것은?

① 사업자가 비거주자인 경우에는 그 해당 국가에서 대한민국의 거주자에 대하여 동일하게 면세하는 경우에만 영세율을 적용한다.

② 영세율이 적용되는 사업자는 부가가치세 납세의무가 면제된다.

③ 국내에서 계약과 대가의 수령이 이루어지지만 영세율이 적용되는 경우도 있다.

④ 내국물품을 외국으로 반출하는 것은 수출에 해당하므로 영세율을 적용한다.

12. 다음 중 부가가치세법상 공급시기로 옳지 않은 것은?

① 내국물품을 외국으로 수출하는 경우 : 수출 재화의 선적일

② 폐업 시 잔존재화의 경우 : 폐업하는 때

③ 위탁판매의 경우(위탁자 또는 본인을 알 수 있는 경우에 해당) : 위탁자가 판매를 위탁한 때

④ 무인판매기로 재화를 공급하는 경우 : 무인판매기에서 현금을 꺼내는 때

13. 다음 중 부가가치세법상 주사업장총괄납부와 사업자단위과세제도에 대한 설명으로 옳지 않은 것은?

① 법인의 경우 총괄납부제도의 주사업장은 분사무소도 가능하다.

② 총괄납부의 신청은 납부하려는 과세기간 종료일 20일 전에 신청하여야 한다.

③ 사업자 단위로 본점 관할세무서장에게 등록신청한 경우 적용 대상 사업장에 한 개의 등록번호만 부여된다.

④ 사업자단위과세를 적용할 경우 직매장반출은 재화의 공급의제에서 배제된다.

14. 다음 중 소득세법상 근로소득과 사업소득이 발생한 경우, 근로소득에 대한 종합소득산출세액을 초과하여 공제받을 수 있는 특별세액공제는?

① 교육비 세액공제   ② 보험료 세액공제

③ 의료비 세액공제   ④ 기부금 세액공제

15. 다음 중 소득세법상 과세표준의 확정신고와 납부에 대한 설명으로 옳은 것은?

① 공적연금소득과 근로소득이 있는 자로서 각각의 소득을 연말정산한 자는 종합소득세 확정신고의무가 없다.

② 두 곳 이상의 직장에서 근로소득이 발생된 자가 이를 합산하여 한 곳의 직장에서 연말정산을 했다면 종합소득세 확정신고의무가 없다.

③ 근로소득이 있는 자에게 연말정산 대상 사업소득이 추가로 발생한 경우, 해당 사업소득을 연말정산 했다면 종합소득세 확정신고의무가 없다.

④ 금융소득만 3천만원이 있는 자는 종합소득세 확정신고의무가 없다.

■■■■■■■■ 실 무

㈜어진상사(2117)는 전자제품의 제조 및 도·소매업을 주업으로 영위하는 중소기업으로 당기의 회계 기간은 20x1.1.1.~20x1.12.31.이다. 전산세무회계 수험용 프로그램을 이용하여 다음 물음에 답하시오.

─────────── 〈 기 본 전 제 〉 ───────────

· 문제에서 한국채택국제회계기준을 적용하도록 하는 전제조건이 없는 경우, 일반기업회계기준을 적용하여 회계처리한다.
· 문제의 풀이와 답안작성은 제시된 문제의 순서대로 진행한다.

─────────── 〈 입 력 시 유의사항 〉 ───────────

· 일반적인 적요의 입력은 생략하지만, 타계정 대체거래는 적요 번호를 선택하여 입력한다.
· 채권·채무와 관련된 거래는 별도의 요구가 없는 한 반드시 기등록된 거래처코드를 선택하는 방법으로 거래처명을 입력한다.
· 제조경비는 500번대 계정코드를, 판매비와관리비는 800번대 계정코드를 사용한다.
· 회계처리 시 계정과목은 별도의 제시가 없는 한 등록된 계정과목 중 가장 적절한 과목으로 한다.

문제 1 [일반전표입력] 메뉴를 이용하여 다음의 거래자료를 입력하시오. (15점)

[1] 01월 05일   ㈜대명으로부터 사옥을 구입하기 위한 자금 600,000,000원을 6개월 내 상환하는 조건에 차입하기로 약정하여 선이자 15,000,000원을 제외한 나머지 금액이 보통예금 계좌에 입금되었다(단, 하나의 전표로 입력할 것). (3점)

[2] 04월 20일   주주총회에서 결의된 내용에 따라 유상증자를 실시하였다. 1주당 6,000원 (액면가액 : 1주당 5,000원)에 10,000주를 발행하고, 대금은 보통예금으로 입금받았다(단, 주식할인발행차금을 확인하고, 회계처리 할 것). (3점)

[3] 07월 17일   전기에 회수불능으로 대손처리한 외상매출금 11,000,000원(부가가치세 포함)을 보통예금으로 회수하였다(단, 당시 대손요건을 충족하여 대손세액공제를 받았음). (3점)

[4] 08월 01일   정기예금 100,000,000원을 중도해지하여 은행으로부터 다음과 같은 내역서를 받고 이자를 포함한 전액을 당사의 보통예금 계좌로 입금받았다. 이자는 이자수익 계정으로 계상하며, 법인세와 지방소득세는 자산계정으로 처리하시오. (3점)

거래내역 확인증

계좌번호	103 – 9475 – 3561 – 31	거래일시	x1.08.01.(15 : 12 : 59)
취급점	서울은행 강남지점	취급자	홍길동

※ 거래내용 : 중도해지 ※

• 예금주명 : ㈜어진상사	• 법인세 : 42,000원
• 원금 : 100,000,000원	• 지방소득세 : 4,200원
• 해지이자 : 300,000원	• 세금 합계 : 46,200원
• 세후이자 : 253,800원	
• 차감지급액 : 100,253,800원	

항상 저희 은행을 찾아주셔서 감사합니다.
계좌번호 및 거래내역을 확인하시기 바랍니다.

[5] 11월 01일   제2기 예정분 부가가치세 고지금액을 가산세를 포함하여 보통예금 계좌에서 이체하여 납부하였다(단, 부가세예수금 계정을 사용하고 차액은 잡손실 계정으로 회계처리 한다. 이 문제에 한하여 해당 법인은 소규모 법인이라고 가정한다). (3점)

납부고지서 겸 영수증 (납세자용)

납부번호	분류기호	납부연월	결정구분	세목	발행번호
	0126	x110	7	41	85521897
성명(상호)	㈜어진상사		수입징수관 계좌번호		011756
주민등록번호 (사업자등록번호)	571 – 85 – 01094	회계연도	20x1	일반	기획재정부 소관	조세
		과세기간	20x107	회계		
주소(사업장)	서울시 구로구 안양천로 539길 6				

납부기한	20x1 년 10월 25일 까지
부가가치세	950,000
계	950,000

납기경과 20x1. 10. 26.까지	납부지연가산세	28,500
	계	978,500
납기 후 납부시 우측〈납부일자별 납부할 금액〉을 참고하여 기재		
납기경과 20x1. 10. 27.부터	납부할 금액	978,500

위 금액을 한국은행 국고(수납)대리점 위 금액을 정히 영수합니다.
인 은행 또는 우체국 등에 납부하시기
바랍니다.   년   월   일   수납인
(인터넷 등에 의한 전자납부 가능)
                                은   행
        20x1년 10월 05일   우체국 등

        구로 세무서장 (인)

문제 2 **[매입매출전표입력]** 메뉴를 이용하여 다음의 거래자료를 입력하시오. (15점)

─────〈입력 시 유의사항〉─────

· 일반적인 적요의 입력은 생략하지만, 타계정 대체거래는 적요 번호를 선택하여 입력한다.
· 채권·채무 관련 거래는 별도의 요구가 없는 한 반드시 기등록된 거래처코드를 선택하는 방법으로 거래처명을 입력한다.
· 제조경비는 500번대 계정코드를, 판매비와관리비는 800번대 계정코드를 사용한다.
· 회계처리 시 계정과목은 등록된 계정과목 중 가장 적절한 과목으로 한다.
· 입력 화면 하단의 분개까지 처리하고, 세금계산서 및 계산서는 전자 여부를 입력하여 반영한다.

[1] 01월 04일　　제조부문이 사용하는 시설장치의 원상회복을 위한 수선을 하고 수선비 330,000원을 전액 국민카드로 결제하고 다음의 매출전표를 수취하였다(부채계정은 미지급금으로 회계처리 할 것). (3점)

매 출 전 표

단말기번호	98758156	전표번호		123789

카드종류		거래종류		결제방법
국민카드		신용구매		일시불
회원번호(Card No)		취소시 원거래일자		
1234 – 5678 – 8888 – 9098				
유효기간		거래일시		품명
2026.12.01.		20x1.01.04.		시설장치수선
전표제출	금	액 / AMOUNT		300,000
	부 가 세 / VAT			30,000
전표매입사	봉 사 료 / TIPS			
	합 계 / TOTAL			330,000
거래번호	승인번호/(Approval No.)			
	123789			
가 맹 점	시설수리전문여기야			
대 표 자	박수리		TEL	02 – 2673 – 0001
가맹점번호	123456	사 업 자 번 호		124 – 11 – 80005
주　　　소	서울시 송파구 충민로 66			

서명(Signature)

[2] 02월 03일 　 생산공장에서 사용할 목적으로 플라스틱 사출기(기계장치)를 중국으로부터 인천세관을 통하여 수입하고, 수입전자세금계산서를 수취하였다. 부가가치세는 보통예금으로 지급하였다. 부가가치세와 관련된 회계처리만 입력하시오. (3점)

수입전자세금계산서					승인번호		20240203 - 1451412 - 203458		
세관명	등록번호	121 - 83 - 00561	종사업장번호		수입자	등록번호	571 - 85 - 01094	종사업장번호	
	세관명	인천세관	성명	김통관		상호(법인명)	㈜어진상사	성명	김세종
	세관주소	인천광역시 중구 서해대로 339 (항동7가)				사업장주소	서울 구로구 안양천로 539길 6		
	수입신고번호또는일괄발급기간(총건)	20240203178528				업태	제조, 도소매 종목	전자제품	
납부일자		과세표준		세액		수정사유		비고	
20x1.02.03.		42,400,000		4,240,000					
월	일	품목	규격	수량	단가	공급가액	세액	비고	
02	03	사출기(기계장치)		10	4,240,000	42,400,000	4,240,000		
합계금액		46,640,000							

[3] 02월 15일 　 영업부서 거래처 직원의 경조사가 발생하여 화환을 주문하고, 다음의 계산서를 발급받았다. (3점)

전자계산서					승인번호		20240215 - 90051116 - 10181237		
공급자	등록번호	123 - 90 - 11117	종사업장번호		공급받는자	등록번호	571 - 85 - 01094	종사업장번호	
	상호(법인명)	풍성화원	성명	오미숙		상호(법인명)	㈜어진상사	성명	김세종
	사업장주소	경기도 화성시 양감면 은행나무로 22				사업장주소	서울시 구로구 안양천로 539길 6		
	업태	도소매업 종목	화훼, 식물			업태	제조, 도소매 종목	전자제품	
	이메일	miso7@naver.com				이메일	happy07@naver.com		
						이메일			
작성일자		공급가액		수정사유		비고			
20x1.02.15.		100,000							
월	일	품목	규격	수량	단가	공급가액	비고		
02	15	화환		1	100,000	100,000			
합계금액		현금		수표		어음	외상미수금	위 금액을 (청구) 함	
100,000							100,000		

[4] 02월 18일　공장에서 사용하던 화물용 트럭(취득가액 18,000,000원, 감가상각누계액 6,000,000원)을 10,500,000원(부가가치세 별도)에 이배달씨(비사업자)에게 매각하고 전자세금계산서를 발급하였으며 매각 대금은 2월 15일에 선수금으로 1,800,000원을 받았고 잔액은 2월 18일에 보통예금 계좌로 입금받았다. (※ 2월 18일의 회계처리를 하시오.) (3점)

전자세금계산서					승인번호		20240218-410100012-7115861			
공급자	등록번호	571-85-01094		종사업장번호		공급받는자	등록번호	680101-1240854		종사업장번호	
	상호(법인명)	㈜어진상사		성명	김세종		상호(법인명)			성명	이배달
	사업장	서울 구로구 안양천로 539길 6					사업장				
	업태	제조, 도소매	종목	전자제품			업태		종목		
	이메일	happy07@naver.com					이메일				
							이메일				

작성일자	공급가액	세액	수정사유
20x1.02.18.	10,500,000	1,050,000	해당 없음
비고			

월	일	품목	규격	수량	단가	공급가액	세액	비고
02	18	화물용 트럭 판매		1	10,500,000	10,500,000	1,050,000	

합계금액	현금	수표	어음	외상미수금	이 금액을 （영수 ） 함
11,550,000	11,550,000				

[5] 03월 07일　당사의 건물 인테리어 공사를 담당한 ㈜양주산업의 견적 내역은 다음과 같으며, 3월 7일 전자세금계산서 수취와 동시에 해당 금액은 전액 약속어음(만기일 24.12.31.)을 발행하여 결제 완료하였다. 계정과목은 건물로 계상하시오. (3점)

공사 구분	금액	비고
건물 내부 인테리어	100,000,000원	
1층 보안시스템 설치	10,000,000원	
합계	110,000,000원	**부가가치세 별도**

· ㈜어진상사는 1층 보안시스템의 설치로 물품 도난 사고 방지에 도움이 될 것으로 예상하며, 건물의 감정평가액이 높아질 것으로 기대하고 있다.

문제 3 부가가치세 신고와 관련하여 다음 물음에 답하시오. (10점)

[1] 다음 자료를 보고 제2기 부가가치세 확정신고 기간의 [공제받지못할매입세액명세서](「공제받지못할매입세액내역」 및 「공통매입세액의정산내역」)를 작성하시오(단, 불러온 자료는 무시하고 다음의 자료를 참고하여 직접 입력할 것). (4점)

1. 매출 공급가액에 관한 자료

구분	과세사업	면세사업	합계
7월~12월	200,000,000원	50,000,000원	250,000,000원

2. 매입세액(세금계산서 수취분)에 관한 자료

구분	① 과세사업 관련			② 면세사업 관련		
	공급가액	매입세액	매수	공급가액	매입세액	매수
10월~12월	180,000,000원	18,000,000원	20매	20,000,000원	2,000,000원	8매

3. 총공통매입세액(7월~12월) : 5,000,000원
※ 제2기 예정신고 시 공통매입세액 중 불공제된 매입세액 : 800,000원

[2] 다음은 20x1년 제2기 부가가치세 예정신고기간(7월 1일~9월 30일)의 영세율 매출과 관련된 자료이다. [수출실적명세서] 및 [내국신용장·구매확인서전자발급명세서]를 작성하시오. (4점)

1. 홈택스에서 조회한 수출실적명세서 관련 내역

수출신고번호	선적일자	통화	환율	외화금액	원화환산금액
8123458123458X	20x1년 7월 22일	USD	1,400원/$	$30,000	42,000,000원

※ 위 자료는 직접수출에 해당하며, 거래처명 입력은 생략한다.

2. 홈택스에서 조회한 구매확인서 및 전자세금계산서 관련 내역
(1) 구매확인서 전자발급명세서 내역

서류구분	서류번호	발급일	공급일	금액
구매확인서	PKT20240731555	20x1년 8월 5일	20x1년 7월 31일	70,000,000원

(2) 영세율전자세금계산서

영세율전자세금계산서			승인번호	20240731 – 33000099 – 11000022		

<table>
<tr><td rowspan="6">공급자</td><td>등록
번호</td><td colspan="2">571 – 85 – 01094</td><td>종사업장
번호</td><td></td><td rowspan="6">공급받는자</td><td>등록
번호</td><td colspan="2">551 – 85 – 12772</td><td>종사업장
번호</td><td></td></tr>
<tr><td>상호
(법인명)</td><td colspan="2">㈜어진상사</td><td>성명</td><td>김세종</td><td>상호
(법인명)</td><td colspan="2">㈜최강전자</td><td>성명</td><td>최강수</td></tr>
<tr><td>사업장</td><td colspan="4">서울시 구로구 안양천로 539길 6</td><td>사업장</td><td colspan="4">경기도 광명시 디지털로 5, 301호</td></tr>
<tr><td>업태</td><td colspan="2">제조업</td><td>종목</td><td>전자제품</td><td>업태</td><td colspan="2">도매업</td><td>종목</td><td>전자제품</td></tr>
<tr><td rowspan="2">이메일</td><td colspan="4" rowspan="2">happy07@naver.com</td><td>이메일</td><td colspan="4">big99@naver.com</td></tr>
<tr><td>이메일</td><td colspan="4"></td></tr>
</table>

작성일자	공급가액	세액	수정사유
20x1.07.31.	70,000,000		해당 없음
비고			

월	일	품목	규격	수량	단가	공급가액	세액	비고
07	31	전자제품				70,000,000		

합계금액	현금	수표	어음	외상미수금	이 금액을　(**청구**　)　함	
70,000,000				70,000,000		

[3] 당사의 20x1년 제1기 부가가치세 확정 신고서를 작성 및 마감하여 국세청 홈택스에서 부가가치세 신고를 수행하시오. (2점)

1. 부가가치세신고서와 관련 부속서류는 마감되어 있다.
2. [전자신고] → [국세청 홈택스 전자신고변환(교육용)] 순으로 진행한다.
3. 전자신고용 전자파일 제작 시 신고인 구분은 2.납세자 자진신고로 선택하고, 비밀번호는 "12341234"로 입력한다.
4. 전자신고용 전자파일 저장경로는 로컬디스크(C:)이며, 파일명은 "enc작성연월일.101.v5718501094"이다.
5. 최종적으로 국세청 홈택스에서 [전자파일 제출하기]를 완료한다.

문제 4 결산정리사항은 다음과 같다. 관련 메뉴를 이용하여 결산을 완료하시오. (15점)

[1] ㈜어진상사는 20x1년 2월 1일에 국민은행으로부터 1년 갱신 조건으로 마이너스 보통예금 통장을 개설하였다. 20x1년 12월 31일 현재 통장 잔액은 (−)5,700,000원이다(단, 음수(−)로 회계처리 하지 말 것). (3점)

[2] 미국에 소재한 거래처 INSIDEOUT과의 거래로 발생한 외상매입금 60,250,000원($50,000)이 계상되어 있다(결산일 현재 기준환율 : 1,390원/$). (3점)

[3] 당사는 생산부서의 원재료를 보관하기 위해 창고를 임차하고 임대차계약을 체결하였다. 당해 연도 9월 1일에 임대인에게 1년분 임차료 18,000,000원(20x1.9.1.~20x2.8.31.)을 보통예금 계좌에서 이체하여 지급하고 지급일에 1년분 임차료를 선급비용으로 회계처리하였다(단, 임차료는 월할계산할 것). (3점)

[4] 당사는 외상매출금과 받을어음에 대하여 기말채권잔액의 2%를 대손예상액으로 추정하여 대손충당금을 설정하기로 한다(단, 다른 채권에 대해서는 대손충당금을 설정하지 않음). (3점)

[5] 20x1년 4월 15일에 취득한 영업권의 취득원가는 54,000,000원이다. 영업권에 대한 12월 말 결산 회계처리를 하시오. 회사는 무형자산에 대하여 5년간 월할 균등 상각하고 있으며, 상각기간 계산 시 1월 미만은 1월로 간주한다. (3점)

문제 5 20x1년 귀속 원천징수와 관련된 다음의 물음에 답하시오. (15점)

[1] 다음은 영업부 김성민 과장(사번 : 300)의 11월 귀속 급여 및 상여와 관련된 자료이다. [급여자
료입력]과 [원천징수이행상황신고서]를 작성하시오(단, [기초코드등록]→[환경등록]→[원천]→
[5.급여자료입력 화면]에서 "2.구분별로 입력"으로 변경한 후 작성할 것). (5점)

---

1. 11월 귀속 급여 및 상여 자료
1) 급여 자료

급여 항목	금액	공제항목	금액
기 본 급	3,000,000원	국 민 연 금	135,000원
식 대 (비 과 세)	200,000원	건 강 보 험	106,350원
		장 기 요 양 보 험	13,770원
		고 용 보 험	24,000원
		소 득 세	74,350원
		지 방 소 득 세	7,430원
		공 제 총 액	360,900원
지 급 총 액	3,200,000원	차 인 지 급 액	2,839,100원

2) 상여 자료

상여 항목	금액	공제항목	금액
상 여	2,500,000원	고 용 보 험	20,000원
		소 득 세	207,020원
		지 방 소 득 세	20,700원
		공 제 총 액	247,720원
지 급 총 액	2,500,000원	차 인 지 급 액	2,252,280원

2. 급여의 지급시기는 20x1년 11월 30일이고, 상여의 지급시기는 20x2년 3월 15일이다.
3. 소득세법상 11월 귀속 근로소득이 12월까지 지급되지 않은 경우, 12월 31일에 지급한 것으로 보아 소득세를 원천징수한다.
4. 지급시기별로 각각의 [급여자료입력]과 [원천징수이행상황신고서]를 작성한다.

---

[2] 다음은 ㈜어진상사의 사무관리직원인 이태원(사원코드 : 202번)씨의 연말정산 관련 자료이다. [연말정산 추가자료입력] 메뉴의 [소득명세] 탭, [부양가족] 탭, [연말정산입력] 탭을 작성하시오(입력된 자료는 무시하고 다음의 자료만을 이용하여 입력할 것). (10점)

〈자료 1〉 근무지 현황(급여에는 기본급 외에는 없고, 급여일은 매달 말일임)

근무지	급여기간	월급여	연간 총급여
㈜경기 412 – 81 – 24785	20x1.1.1.~20x1.11.30.(퇴사)	4,500,000원	49,500,000원
	• 국민연금 : 2,400,000원, 고용보험 : 440,000원 • 건강보험 : 1,826,000원, 장기요양보험 : 187,000원 • 원천징수 소득세 : 2,580,000원, 지방소득세 : 258,000원		

근무지	급여기간	월급여	연간 총급여
㈜어진상사	20x1.12.1.(입사)~20x1.12.31.	5,500,000원	5,500,000원
	• 국민연금 : 218,700원, 고용보험 : 49,550원 • 건강보험 : 166,750원, 장기요양보험 : 17,090원 • 원천징수 소득세 : 289,850원, 지방소득세 : 28,980원		

〈자료 2〉 가족 현황

관계	성명	주민등록번호	비고
본인	이태원	731210 – 1254632	총급여 55,000,000원
배우자	김진실	771214 – 2458694	소득 없음
모	최명순	440425 – 2639216	소득 있음(장애인(주1))
아들	이민석	030505 – 3569879	대학생
딸	이채영	080214 – 4452141	고등학생

※ (주1)모친인 최명순씨는 상가임대소득에 대한 총수입금액 36,000,000원과 필요경비 16,000,000원이 있으며, 「장애인복지법」상 장애인에 해당함.

〈자료 3〉 연말정산자료

※ 단, 의료비, 보험료, 교육비 입력 시 국세청간소화에 입력하고, 의료비의 증빙코드는 1.국세청장으로 입력
   할 것.

(1) 보험료
   • 본인(이태원)
     − 자동차보험료 600,000원
     − 보장성운전자보험료 240,000원
   • 본인 외
     − 모친의 장애인전용보장성보험료 960,000원
     − 배우자의 저축성생명보험료 1,800,000원

(2) 교육비
   • 본인(이태원) : 경영대학원 교육비 8,000,000원
   • 배우자 : 정규야간전문대학 교육비 7,000,000원
   • 아들 : 대학교 수업료 7,000,000원
   • 딸 : 고등학교 수업료 2,000,000원, 교복구입비용 1,000,000원, 현장체험학습비 500,000원

(3) 의료비(단, 모두 근로자 본인(이태원)이 부담하였다.)
   • 모친 : 상해사고 치료비 5,000,000원(실손보험 수령액 3,000,000원)
   • 아들 : 시력보정용안경 300,000원
   • 배우자 : 미용목적 성형수술비 2,000,000원

제117회 전산세무2급 답안 및 해설

이 론

1	2	3	4	5	6	7	8	9	10	11	12	13	14	15
②	①	③	④	③	①	①	④	③	①	②	③	②	④	②

01. **사채는 비유동부채**이다.

02. ② **내부적으로 창출한 영업권**은 원가를 신뢰성 있게 측정할 수 없을 뿐만 아니라 기업이 통제하고 있는 식별가능한 자원도 아니기 때문에 **자산으로 인식하지 않는다.**

③ **연구단계에서 발생한 지출**은 무형자산으로 인식할 수 없고 **발생한 기간의 비용으로 인식**한다.

④ 무형자산의 상각기간은 독점적, 배타적인 권리를 부여하고 있는 **관계 법령이나 계약에 정해진 경우를 제외하고는 20년을 초과할 수 없다.**

03. 채무증권 : 단기매매증권, 매도가능증권, **만기보유증권**

지분증권 : 단기매매증권, 매도가능증권, 지분법적용투자주식

04. **연수합계법은 자산의 내용연수 동안 감가상각액이 매 기간 감소하는 방법**이다.

05. **중대한 오류수정은 중대한 오류의 영향을 받는 회계기간의 재무제표 항목을 재작성**한다.

06. **전기요금은 변동원가, 가공원가(제조간접비)에 해당**한다.

07. **기초제품재고액**은 (전기)재무상태표와 (당기)손익계산서에서 확인할 수 있다.

08. ④ 개별원가계산을 설명하는 내용이다.

09. 예정배부율 = 예정제조간접원가(5,000,000) ÷ 예정기계작업시간(5,000) = 1,000원/기계작업시간

제조간접원가 배부액 = 실제조업도(4,000) × 예정배부율(1,000) = 4,000,000원

제조원가 = 직접재료원가(2,000,000) + 직접노무원가(4,000,000) + 제조간접원가(4,000,000)

= 10,000,000원

10. 〈직접배분법〉

	보조부문		제조부문	
	X	Y	A	B
배분전 원가	100,000	300,000	500,000	750,000
X(40% : 60%)	(100,000)	–	40,000	**60,000**
Y(50% : 50%)	–	(300,000)	150,000	**150,000**
보조부문 배부후 원가			1,050,000	960,000

제조부문 B에 배분된 보조부문원가 = X(60,000) + Y(150,000) = 210,000원

11. 영세율은 단지 세율만 0%로 적용하며 납세의무는 면제되지 않는다.

12. 위탁판매 또는 대리인에 의한 매매의 경우에는 수탁자 또는 대리인의 공급을 기준(인도시점)으로 하여 공급시기이다.

13. 그 납부하려는 **과세기간 개시 20일 전에 관할세무서장에게 신청**해야 한다.

14. 교육비, 의료비, 보험료 세액공제는 근로소득에 대한 종합소득산출세액을 초과하는 경우 공제되지 않는다.

15. ① 공적연금소득과 근로소득은 합산하여 종합소득세 신고를 해야 한다.
    ③ 근로소득과 연말정산 사업소득이 있으면 합산하여 종합소득세 신고를 해야 한다.
    ④ 금융소득 2천만원 초과자는 종합소득세 확정신고의무가 있다.

실 무

문제 1 일반전표입력

[1] 일반전표입력(01/05)

(차)	보통예금	585,000,000원	(대)	단기차입금(㈜대명)	600,000,000원
	이자비용	15,000,000원			

[2] 일반전표입력(04/20)

(차)	보통예금	60,000,000원	(대)	자본금	50,000,000원
				주식할인발행차금	3,000,000원
				주식발행초과금	7,000,000원

[3] 일반전표입력(07/17)

(차)	보통예금	11,000,000원	(대)	대손충당금(109)	10,000,000원
				부가세예수금	1,000,000원

[4] 일반전표입력(08/01)

(차)	보통예금	100,253,800원	(대)	정기예금	100,000,000원
	선납세금	46,200원		이자수익	300,000원

[5] 일반전표입력(11/01)

(차)	부가세예수금	950,000원	(대)	보통예금	978,500원
	잡손실	28,500원			

문제 2 **매입매출전표입력**

[1] 매입매출전표입력(01/04)

유형: 57.카과, 공급가액: 300,000원,부가세: 30,000 원,공급처명: 시설수리전문여기야, 분개: 카드 또는 혼합
신용카드사: 국민카드

| (차) | 수선비(제) | 300,000원 | (대) | 미지급금(국민카드) | 330,000원 |
| | 부가세대급금 | 30,000원 | | | |

[2] 매입매출전표입력(02/03)

유형: 55.수입, 공급가액:42,400,000 원, 부가세: 4,240,000 원, 공급처명: 인천세관,전자:여, 분개: 혼합

| (차) | 부가세대급금 | 4,240,000원 | (대) | 보통예금 | 4,240,000원 |

[3] 매입매출전표입력(02/15)

유형: 53.면세, 공급가액:100,000 원, 부가세: 0 원, 공급처명: 풍성화원, 전자: 여, 분개: 혼합

| (차) | 기업업무추진비(판) | 100,000원 | (대) | 미지급금 | 100,000원 |

[4] 매입매출전표입력(02/18)

유형: 11.과세, 공급가액: 10,500,000 원, 부가세: 1,050,000 원, 공급처명: 이배달,전자: 여, 분개:혼합

(차)	보통예금	9,750,000원	(대)	차량운반구	18,000,000원
	선수금	1,800,000원		부가세예수금	1,050,000원
	감가상각누계액(209)	6,000,000원			
	유형자산처분손실	1,500,000원			

☞처분손익 = 처분가액(10,500,000) − 장부가액(18,000,000 − 6,000,000) = △1,500,000원(손실)

[5] 매입매출전표입력(03/07)

유형:51.과세, 공급가액:110,000,000원,부가세: 11,000,000 원, 공급처명: ㈜양주산업, 전자:여, 분개:혼합

| (차) | 건물 | 110,000,000원 | (대) | 미지급금 | 121,000,000원 |
| | 부가세대급금 | 11,000,000원 | | | |

☞상거래 이외의 어음발행은 미지급금 계정과목으로 처리하여야 한다.

문제 3 부가가치세

[1] 공제받지못할매입세액명세서(10~12월)

1. [공제받지못할매입세액내역] 탭

매입세액 불공제 사유	세금계산서		
	매수	공급가액	매입세액
①필요적 기재사항 누락 등			
②사업과 직접 관련 없는 지출			
③개별소비세법 제1조제2항제3호에 따른 자동차 구입·유지			
④기업업무추진비 및 이와 유사한 비용 관련			
⑤면세사업등 관련	8	20,000,000	2,000,000
⑥토지의 자본적 지출 관련			

2. [공통매입세액의정산내역] 탭

면세비율 = 면세사업(50,000,000) ÷ 총공급가액(250,000,000) = 20%

공제받지못할매입세액내역	공통매입세액안분계산내역	공통매입세액의정산내역	납부세액또는환급세액재계산

산식	구분	(15)총공통매입세액	(16)면세 사업확정 비율			(17)불공제매입세액총액 ((15)*(16))	(18)기불공제매입세액	(19)가산또는 공제되는매입세액((17)-(18))
			총공급가액	면세공급가액	면세비율			
1.당해과세기간의 공급가액기준		5,000,000	250,000,000.00	50,000,000.00	20.000000	1,000,000	800,000	200,000

가산또는공제되는매입세액 (200,000) = 총공통매입세액(5,000,000) * 면세비율(%)(20.000000) - 기불공제매입세액(800,000)

[2] 수출실적명세서외

1. [수출실적명세서](7~9월)

구분	건수	외화금액	원화금액	비고
⑨합계	1	30,000.00	42,000,000	
⑩수출재화[=⑫합계]	1	30,000.00	42,000,000	
⑪기타영세율적용				

No	□	(13)수출신고번호	(14)선(기)적일자	(15)통화코드	(16)환율	금액		전표정보	
						(17)외화	(18)원화	거래처코드	거래처명
1	□	81234-59-123458X	20x1-07-22	USD	1,400.0000	30,000.00	42,000,000		

2. [내국신용장·구매확인서전자발급명세서](7~9월)

▷	2. 내국신용장·구매확인서에 의한 공급실적 합계				
구분	건수	금액(원)	비고		[참고] 내국신용장 또는 구매확인서에 의한 영세율 첨부서류 방법 변경(영 제64조 제3항 제1의3호)
(9)합계(10+11)	1	70,000,000			▶ 전자무역기반시설을 통하여 개설되거나 발급된 경우 내국신용장·구매확인서 전자발급명세서를
(10)내국신용장					제출하고 이 외의 경우 내국신용장 사본을 제출함
(11)구매확인서	1	70,000,000			⇒ 2011.7.1 이후 최초로 개설되거나 발급되는 내국신용장 또는 구매확인서부터 적용

▷	3. 내국신용장·구매확인서에 의한 공급실적 명세서								
□	(12)번호	(13)구분	(14)서류번호	(15)발급일	품목	거래정보		(17)금액	전표일자	(18)비고
						거래처명	(16)공급받는자의 사업자등록번호			
□	1	구매확인서	PKT20240731555	20x1-08-05		(주)최강전자	551-85-12772	70,000,000		

[3] 전자신고(4월~6월)

1. [부가가치세신고서](4월~6월) 마감

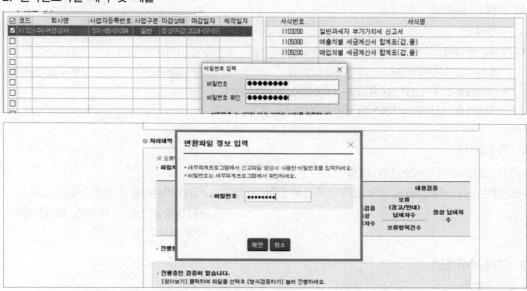

2. 전자신고파일 제작 및 제출

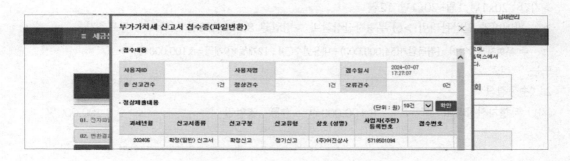

문제 4 ┃ 결산

[1] 〈수동결산〉

| (차) | 보통예금 | 5,700,000원 | (대) | 단기차입금(국민은행) | 5,700,000원 |

[2] 〈수동결산〉

| (차) | 외화환산손실 | 9,250,000원 | (대) | 외상매입금(INSIDEOUT) | 9,250,000원 |

☞환산손익 = 기말평가액($50,000×1,390) − 외상매입금 장부금액(60,250,000) = 9,250,000원(손실)

[3] 〈수동결산〉

| (차) | 임차료(제) | 6,000,000원 | (대) | 선급비용 | 6,000,000원 |

☞임차료 = 선급비용(18,000,000)÷12개월×4개월(9.1~12.31) = 6,000,000원

[4] 〈자동/수동결산〉

1. 〈수동결산〉

| (차) | 대손상각비 | 306,950원 | (대) | 대손충당금(외상매출금) | 306,950원 |
| | 대손충당금(받을어음) | 2,364,000원 | | 대손충당금환입(판) | 2,364,000원 |

☞ 외상매출금 : 615,347,500원×2% − 12,000,000원 = 306,950원
　　받을어음 : 131,800,000원×2% − 5,000,000원 = (−)2,364,000원

또는,

2. 〈자동결산〉

>기간 : 20x1년 1월~20x1년 12월
>F8 대손상각 >대손율(%) 2% 입력 >추가설정액(결산반영) >108.외상매출금 306,950원 입력
>110.받을어음 (−)2,364,000원 입력
>F3 전표추가

[5] 〈자동/수동결산〉

1. 〈자동결산〉

>기간 : 20x1년 1월~20x1년 12월
>4. 판매비와 일반관리비 >6).무형자산상각비 >영업권 8,100,000원 입력>F3 전표추가

☞ 무형자산상각비 = [취득원가(54,000,000)÷내용연수(5)]÷12개월×9개월 = 8,100,000원

또는,

2. 〈수동결산〉

| (차) | 무형자산상각비 | 8,100,000원 | (대) | 영업권 | 8,100,000원 |

문제 5 원천징수

[1] 급여자료 입력과 원천징수이행상황신고서

1. [기초코드등록]→[환경등록]→[원천]→[5.급여자료입력 화면]을 "2.구분별로 입력"으로 변경

2. [급여자료입력]

① 11월 급여(300. 김성민, 귀속년월 11월, 1.급여, 지급년월일 11월 30일)

급여항목	금액	공제항목	금액
기본급	3,000,000	국민연금	135,000
월차수당		건강보험	106,350
식대	200,000	장기요양보험	13,770
자가운전보조금		고용보험	24,000
야간근로수당		소득세(100%)	74,350
		지방소득세	7,430
		농특세	
과 세	3,000,000		
비 과 세	200,000	공 제 총 액	360,900
지 급 총 액	3,200,000	차 인 지 급 액	2,839,100

② 11월 상여(300. 김성민, 귀속년월 11월, 3.상여, 지급년월일 12월 31일←지급시기의제규정)

급여항목	금액	공제항목	금액
상여	2,500,000	고용보험	20,000
		소득세(100%)	207,020
		지방소득세	20,700
		농특세	
과 세	2,500,000		
비 과 세		공 제 총 액	247,720
지 급 총 액	2,500,000	차 인 지 급 액	2,252,280

3. [원천징수이행상황신고서]

① 원천징수이행상황신고서(귀속기간 11월, 지급기간 11월, 1.정기신고)

원천징수명세및납부세액	원천징수이행상황신고서 부표	원천징수세액환급신청서	기납부세액명세서	전월미환급세액 조정명세서	차월이월환급세액 승계명세

소득자 소득구분		코드	소득지급		징수세액			당월조정 환급세액	납부세액	
			인원	총지급액	소득세 등	농어촌특별세	가산세		소득세 등	농어촌특별세
	간이세액	A01	1	3,200,000	74,350					
	중도퇴사	A02								

② 원천징수이행상황신고서(귀속기간 11월, 지급기간 12월, 1.정기신고)

원천징수명세및납부세액	원천징수이행상황신고서 부표	원천징수세액환급신청서	기납부세액명세서	전월미환급세액 조정명세서	차월이월환급세액 승계명세

소득자 소득구분		코드	소득지급		징수세액			당월조정 환급세액	납부세액	
			인원	총지급액	소득세 등	농어촌특별세	가산세		소득세 등	농어촌특별세
	간이세액	A01	1	2,500,000	207,020					
	중도퇴사	A02								

[2] 연말정산(이태원)

1. [연말정산추가자료입력] 메뉴 → [소득명세] 탭 전근무지 입력

근무 처명	사업자 등록번호	급여	보험료 명세				세액명세		근무 기간
			건강 보험	장기 요양	고용 보험	국민 연금	소득세	지방 소득세	
㈜경기	412-81-24785	49,500,000	1,826,000	187,000	440,000	2,400,000	2,580,000	258,000	1.1~11.30

2. [연말정산추가자료입력] 메뉴 → [부양가족] 탭

관계	요 건		기본 공제	추가 (자녀)	판 단
	연령	소득			
본인(세대주)	–	–	○		
배우자	–	○	○		
모(81)	○	×	부		사업소득금액 = 총수입금액(36,000,000) 　　　　　　　 − 필요경비(16,000,000) 　　　　　　　 = 10,000,000원
아들(22)	×	○	부		
딸(17)	○	○	○	자녀	종합소득금액 1백만원 초과자

연말 관계	성명	내/외 국인	주민(외국인,여권)번호	나이	기본공제	부녀자	한부모	경로우대	장애인	자녀	출산입양
0	이태원	내	1 731210-1254632	52	본인						
3	김진실	내	1 771214-2458694	48	배우자						
1	최명순	내	1 440425-2639216	81	부						
4	이민석	내	1 030505-3569879	22	부						
4	이채명	내	1 080214-4452141	17	20세이하					○	

3. 연말정산

<연말정산 대상여부 판단>

항 목	요건		내역 및 대상여부	입력
	연령	소득		
보 험 료	○ (×)	○	• 본인 자동차보험료 • 본인 운전자 보험료 • 모친 장애인전용보장성보험료(소득요건 미충족) • 배우자 저축성보험료(대상에서 제외)	○(일반 600,000) ○(일반 240,000) × ×
교 육 비	×	○	• 본인 대학원 교육비 • 배우자 야간대학 교육비 • 아들 대학교 수업료 • 딸 고등학교 수업료외(교복구입비 50만원, 　　　　　　　　　　　체험학습비 30만원 한도)	○(본인 8,000,000) ○(대학 7,000,000) ○(대학 7,000,000) ○(고등 2,800,000)
의 료 비	×	×	• 모친 상해사고 치료비 • 아들 시력보정용 안경(한도 50만원) • 배우자 미용목적 성형수술비	○(65세 2,000,000) ○(일반 300,000) ×

(1) 부양가족 탭

① 본인(보장성 보험료 및 교육비)

고용보험료	
보장성보험-일반	840,000
보장성보험-장애인	
합 계	840,000

교육비	
일반	장애인특수
8,000,000 4.본인	

② 배우자(교육비) 김진실

교육비	
일반	장애인특수
7,000,000 3.대학생	

③ 아들(교육비)

교육비	
일반	장애인특수
7,000,000 3.대학생	

③ 딸(교육비)

교육비	
일반	장애인특수
2,800,000 2.초중고	

(2) 의료비 탭

			2024년 의료비 지급명세서												
		의료비 공제대상자				지급처			지급명세						14.산후조리원
	성명	내/외	5.주민등록번호	6.본인등해당여부	9.증빙코드	8.상호	7.사업자등록번호	10.건수	11.금액	11-1.실손보험수령액	12.미숙아선천성이상아	13.납입여부		
☐	최명순	내	440425-2639216	2	0			1	5,000,000	3,000,000	X	X		X
☐	이민석	내	030505-3569879	3	X			1	300,000		X	X		X

4. 연말정산입력 → F8 : 부양가족 탭 불러오기

구분		지출액	공제금액	구분		지출액	공제대상금액	공제금액
소득공제 금융 보험료 공제	32. 공적연금 보험 공제 공무원연금			세액공제 @ 출산.입양 명)				
	군인연금			연금계좌	58.과학기술공제			
	사립학교교직원				59.근로자퇴직연금			
	별정우체국연금				60.연금저축			
	33.보험료	2,686,390	2,686,390		60-1.ISA연금계좌전환			
	건강보험료	2,196,840	2,196,840	특별세액	61.보장 일반	840,000	840,000	840,000	100,800
	고용보험료	489,550	489,550		성보험 장애인			
특별소득공제	34.주택차입금 대출기관				62.의료비	5,300,000	5,300,000	650,000	97,500
	원리금상환액 거주자				63.교육비	24,800,000	24,800,000	24,800,000	2,635,936
	34.장기주택저당차입금이자상				64.기부금				
	35.기부금-2013년이전이월분			세액 공제	1)정치자금 10만원이하			
	36.특별소득공제 계		2,686,390		기부금 10만원초과			
37.차감소득금액			32,694,910		2)고향사랑 10만원이하			
38.개인연금저축					기부금 10만원초과			
그밖의 소득공제	39.소기업.소상 2015년이전가입				3)특례기부금(전액)			
	공인 공제부금 2016년이후가입				4)우리사주조합기부금			
	40.주택 청약저축				5)일반기부금(종교단체외)			
	마련저축 주택청약				6)일반기부금(종교단체)			
	소득공제 근로자주택마련				65.특별세액공제 계				2,834,236

구분		소득세	지방소득세	농어촌특별세	계
73.결정세액					
기납부세액	74.종(전)근무지	2,580,000	258,000		2,838,000
	75.주(현)근무지	289,850	28,980		318,830
76.납부특례세액					
77.차감징수세액		-2,869,850	-286,980		-3,156,830

제116회 전산세무 2급

합격율	시험년월
21%	2024.10

■ 이 론

01. 다음 중 자본적 지출 항목을 수익적 지출로 잘못 회계처리한 경우 재무제표에 미치는 영향으로 옳은 것은?

① 자산이 과소계상 된다.   ② 당기순이익이 과대계상 된다.

③ 부채가 과소계상 된다.   ④ 자본이 과대계상 된다.

02. 다음 중 당좌자산에 해당하지 않는 항목은 무엇인가?

① 영업권   ② 매출채권   ③ 단기투자자산   ④ 선급비용

03. 다음 중 회계추정의 변경에 해당하지 않는 것은 무엇인가?

① 감가상각자산의 내용연수 변경

② 감가상각방법의 변경

③ 재고자산 평가방법의 변경

④ 재고자산의 진부화 여부에 대한 판단

04. 다음 중 자본에 대한 설명으로 옳지 않은 것은?

① 유상증자 시 주식이 할인발행된 경우 주식할인발행차금은 자본조정으로 계상한다.

② 신주발행비는 손익계산서상의 당기 비용으로 처리한다.

③ 주식분할의 경우 주식수만 증가할 뿐 자본금에 미치는 영향은 발생하지 않는다.

④ 무상감자는 주식소각 대가를 주주에게 지급하지 않으므로 형식적 감자에 해당한다.

05. 다음의 자료를 이용하여 기말재고자산에 포함해야 할 총금액을 계산하면 얼마인가? 단, 창고 재고 금액은 고려하지 않는다.

> • 반품률이 높지만, 그 반품률을 합리적으로 추정할 수 없는 상태로 판매한 상품 : 2,000,000원
> • 시용판매 조건으로 판매된 시송품 총 3,000,000원 중 고객이 구매의사표시를 한 상품 : 1,000,000원
> • 담보로 제공한 저당상품 : 9,000,000원
> • 선적지 인도조건으로 매입한 미착상품 : 4,000,000원

① 15,000,000원 ② 16,000,000원 ③ 17,000,000원 ④ 18,000,000원

06. 다음 중 원가에 대한 설명으로 옳지 않은 것은?

① 조업도(제품생산량)가 증가함에 따라 단위당 변동원가는 일정하고 단위당 고정원가는 감소한다.

② 제조원가는 직접재료원가, 직접노무원가, 제조간접원가를 말한다.

③ 가공원가란 직접재료원가와 직접노무원가만을 합한 금액을 말한다.

④ 고정원가란 관련범위 내에서 조업도 수준과 관계없이 총원가가 일정한 원가를 말한다.

07. 다음 중 개별원가계산과 종합원가계산에 대한 설명으로 옳지 않은 것은?

① 개별원가계산은 개별적으로 원가를 추적해야 하므로 공정별로 원가를 통제하기가 어렵다.

② 종합원가계산 중 평균법은 기초재공품 모두를 당기에 착수하여 완성한 것으로 가정한다.

③ 종합원가계산을 적용할 때 기초재공품이 없다면 평균법과 선입선출법에 의한 계산은 차이가 없다.

④ 종합원가계산은 개별원가계산과 달리 기말재공품의 평가문제가 발생하지 않는다.

08. 다음 중 보조부문원가를 배분하는 방법에 대한 설명으로 옳지 않은 것은?

① 상호배분법은 보조부문 상호 간의 용역수수관계를 완전히 반영하는 방법이다.

② 단계배분법은 보조부문 상호 간의 용역수수관계를 전혀 반영하지 않는 방법이다.

③ 직접배분법은 보조부문 상호 간의 용역수수관계를 전혀 반영하지 않는 방법이다.

④ 상호배분법, 단계배분법, 직접배분법 중 어떤 방법을 사용하더라도 보조부문의 총원가는 제조부문에 모두 배분된다.

09. 당사의 보험료를 제조부문에 80%, 영업부문에 20%로 배분하고 있다. 당월 지급액 100,000원, 전월 미지급액 30,000원, 당월 미지급액이 20,000원인 경우 당월 제조간접원가로 계상해야 하는 보험료는 얼마인가?

① 64,000원　　　　② 72,000원　　　　③ 80,000원　　　　④ 90,000원

10. 종합원가계산을 적용할 경우, 다음의 자료를 이용하여 평균법과 선입선출법에 따른 가공원가의 완성품환산량을 각각 계산하면 몇 개인가?

> • 기초재공품 : 300개(완성도 20%)
> • 당기착수량 : 1,000개
> • 당기완성량 : 1,100개
> • 기말재공품 : 200개(완성도 60%)
> • 원재료는 공정착수 시점에 전량 투입되며, 가공원가는 전체 공정에서 균등하게 발생한다.

	평균법	선입선출법		평균법	선입선출법
①	1,120개	1,060개	②	1,120개	1,080개
③	1,220개	1,180개	④	1,220개	1,160개

11. 다음 중 부가가치세법상 부가가치세가 과세되는 재화 또는 용역의 공급에 해당하는 것은?

① 박물관에 입장하도록 하는 용역　　　　② 고속철도에 의한 여객운송 용역

③ 도서 공급　　　　④ 도서대여 용역

12. 다음 중 부가가치세법상 매입세액공제가 가능한 경우는?

① 면세사업과 관련된 매입세액
② 기업업무추진비 지출과 관련된 매입세액
③ 토지의 형질변경과 관련된 매입세액
④ 제조업을 영위하는 사업자가 농민으로부터 면세로 구입한 농산물의 의제매입세액

13. 다음 중 소득세법상 근로소득의 원천징수 시기로 옳지 않은 것은?

① 20x1년 05월 귀속 근로소득을 20x1년 05월 31일에 지급한 경우 : 20x1년 05월 31일
② 20x1년 07월 귀속 근로소득을 20x1년 08월 10일에 지급한 경우 : 20x1년 08월 10일
③ 20x1년 11월 귀속 근로소득을 20x2년 01월 31일에 지급한 경우 : 20x1년 12월 31일
④ 20x1년 12월 귀속 근로소득을 20x2년 03월 31일에 지급한 경우 : 20x1년 12월 31일

14. 다음 중 소득세법상 사업소득에 대한 설명으로 가장 옳지 않은 것은?

① 간편장부대상자의 사업용 유형자산 처분으로 인하여 발생한 이익은 사업소득에 해당한다.
② 국세환급가산금은 총수입금액에 산입하지 않는다.
③ 거주자가 재고자산을 가사용으로 소비하는 경우 그 소비·지급한 때의 가액을 총수입금액에 산입한다.
④ 부동산임대와 관련 없는 사업소득의 이월결손금은 당해 연도의 다른 종합소득에서 공제될 수 있다.

15. 다음 중 소득세법상 종합소득공제 및 세액공제에 대한 설명으로 옳지 않은 것은?

① 거주자의 직계존속이 주거 형편에 따라 별거하고 있는 경우에는 생계를 같이 하는 것으로 본다.
② 재학 중인 학교로부터 받은 장학금이 있는 경우 이를 차감한 금액을 세액공제 대상 교육비로 한다.
③ 배우자가 있는 여성은 배우자가 별도의 소득이 없는 경우에 한하여 부녀자공제를 받을 수 있다.
④ 맞벌이 부부 중 남편이 계약자이고 피보험자가 부부공동인 보장성보험의 보험료는 보험료 세액공제 대상이다.

■■■■■■■■ 실 무

㈜선진테크(2116)는 컴퓨터 및 주변장치의 제조 및 도·소매업을 주업으로 영위하는 중소기업으로서 당기의 회계기간은 20x1.1.1.~20x1.12.31.이다. 전산세무회계 수험용 프로그램을 이용하여 다음 물음에 답하시오.

문제 1 [일반전표입력] 메뉴를 이용하여 다음의 거래자료를 입력하시오. (15점)

[1] 01월 03일 전기에 하남상회에게 제품을 판매하고 계상했던 외상매출금 총 3,400,000원 중 1,400,000원은 하남상회가 발행한 약속어음으로 받고, 나머지는 보통예금 계좌로 즉시 입금받았다. (3점)

[2] 01월 15일 영업부에서 사용할 실무서적을 현금으로 구입하고, 다음의 영수증을 수취하였다. (3점)

NO.	영수증(공급받는자용)			
		㈜선진테크 귀하		
공급자	사업자등록번호	145 – 91 – 12336		
	상 호	대일서점	성 명	김대일
	사 업 장 소 재 지	서울시 강동구 천호대로 1(천호동)		
	업 태	도소매	종 목	서적
	작성일자	금액합계		비고
	20x1.01.15.	25,000원		
	공급내역			
월/일	품명	수량	단가	금액
1/15	영업전략실무	1	25,000원	25,000원
	합계	₩		25,000
	위 금액을 영수함			

[3] 08월 20일 당사는 공장신축용 토지를 취득한 후 취득세 18,000,000원과 지방채 12,000,000원(액면가 12,000,000원, 공정가치 10,500,000원, 만기 5년, 무이자부)을 보통예금 계좌에서 지급하였다. (단, 지방채는 매도가능증권으로 분류할 것) (3점)

[4] 10월 25일 다음의 제조부서 직원급여를 보통예금 계좌에서 이체하여 지급하였다. 예수금은 하나의 계정으로 처리하시오. (3점)

20x1년 10월분 급여명세서

(단위 : 원)

사원코드 : 0008		사원명 : 김하나	입사일 : 20x0.05.01	
부서 : 제조		직급 : 과장		
지 급 내 역	지 급 액	공 제 내 역	공 제 액
---	---	---	---
기 본 급	3,500,000	국 민 연 금	265,500
상 여	3,000,000	건 강 보 험	230,420
		고 용 보 험	58,500
		장 기 요 양 보 험 료	29,840
		소 득 세	530,000
		지 방 소 득 세	53,000
		공 제 액 계	1,167,260
지 급 액 계	6,500,000	차 인 지 급 액	5,332,740

귀하의 노고에 감사드립니다.   ㈜선진테크

[5] 12월 01일 지난 9월 2일 공장에서 사용할 목적으로 ㈜은성기계에서 기계장치를 구매하고 아
래의 전자세금계산서를 수취하면서 미지급금으로 회계처리를 했던 거래에 대하여
12월 1일에 법인카드(신한카드)로 결제하여 지급하였다(단, 카드 결제분은 미지급
금으로 처리할 것). (3점)

전자세금계산서

승인번호	20240902 – 31000013 – 44346111

	등록번호	180 – 81 – 41214	종사업장 번호				등록번호	130 – 81 – 53506	종사업장 번호	
공급자	상호(법인명)	㈜은성기계	성명	박은성	공급받는자	상호(법인명)	㈜선진테크	성명	이득세
	사업장	서울특별시 성북구 장월로1길 28, 상가동 101호				사업장	경기도 부천 길주로 284, 105호(중동)		
	업태	제조업	종목	전자부품		업태	제조, 도소매 외	종목	컴퓨터 및 주변장치 외
	이메일	es@naver.com				이메일	jdcorp@naver.com		
						이메일			

작성일자	공급가액	세액	수정사유
20x1/09/02	20,000,000	2,000,000	해당 없음
비고			

월	일	품목	규격	수량	단가	공급가액	세액	비고
09	02	기계장치				20,000,000	2,000,000	

합계금액	현금	수표	어음	외상미수금	이 금액을 (**청구**) 함
22,000,000				22,000,000	

문제 2 [매입매출전표입력] 메뉴를 이용하여 다음의 거래자료를 입력하시오. (15점)

[1] 01월 02일 제조부문에서 사용하던 기계장치(취득원가 5,000,000원, 감가상각누계액 4,300,000원)를 미래전자에 1,000,000원(부가가치세 별도)에 매각하면서 전자세금계산서를 발급하였으며, 대금 중 부가가치세는 현금으로 받고, 나머지는 전액 미래전자가 발행한 약속어음으로 수취하였다. (3점)

[2] 02월 12일 가공육선물세트를 구입하여 영업부 거래처에 접대를 목적으로 제공하고 아래의 전자세금계산서를 수취하면서 대금은 보통예금 계좌에서 지급하였다. (3점)

전자세금계산서					승인번호		20240212-100156-956214		
공급자	등록번호	130-81-23545	종사업장번호		공급받는자	등록번호	130-81-53506	종사업장번호	
	상호(법인명)	㈜롯데백화점 중동	성명	이시진		상호(법인명)	㈜선진테크	성명	이득세
	사업장주소	경기도 부천시 길주로 300 (중동)				사업장주소	경기도 부천시 길주로 284, 105호 (중동)		
	업태	서비스	종목	백화점		업태	제조, 도소매	종목	컴퓨터 및 주변장치 외
	이메일	fhdns@never.net				이메일	1111@daum.net		
						이메일			

작성일자	공급가액	세액	수정사유	비고
20x1/02/12	7,100,000	710,000		

월	일	품목	규격	수량	단가	공급가액	세액	비고
02	12	가공육 선물세트 1호		100	71,000	7,100,000	710,000	

합계금액	현금	수표	어음	외상미수금	위 금액을 **(영수)** 함
7,810,000	7,810,000				

[3] 07월 17일 당사는 수출회사인 ㈜봉산실업에 내국신용장에 의해 제품을 판매하고 영세율전자세금계산서를 발급하였다. 대금 중 1,800,000원은 현금으로 받고, 나머지는 외상으로 하였다. (3점)

영세율전자세금계산서				승인번호		20240717 - 1000000 - 0000415871		
공급자	등록번호	130 - 81 - 53506	종사업장번호		공급받는자	등록번호	130 - 81 - 55668	종사업장번호	
	상호(법인명)	㈜선진테크	성명	이득세		상호(법인명)	㈜봉산실업	성명	안민애
	사업장	경기도 부천시 길주로 284, 105호 (중동)				사업장	서울 강남구 역삼로 1504 - 20		
	업태	제조 외	종목	컴퓨터 및 주변장치 외		업태	도소매	종목	전자제품
	이메일	1111@daum.net				이메일	semicom@naver.com		
						이메일			

작성일자	공급가액	세액	수정사유
20x1/07/17	18,000,000	0	해당 없음
비고			

월	일	품목	규격	수량	단가	공급가액	세액	비고
07	17	제품	set	10	1,800,000	18,000,000	0	

합계금액	현금	수표	어음	외상미수금	이 금액을 (영수) 함
18,000,000	1,800,000			16,200,000	

[4] 08월 20일 ㈜하나로마트에서 한우갈비세트(부가가치세 면세 대상) 2,000,000원을 현금으로 결제하고 현금영수증(지출증빙용)을 수취하였다. 이 중 600,000원 상당은 복리후생 차원에서 당사 공장 직원에게 제공하였고, 나머지는 영업부서 직원에게 제공하였다. (3점)

[5] 09월 10일 아래의 세금계산서를 20x1년 제2기 부가가치세 예정신고 시 누락하였다. 반드시
20x1년 제2기 부가가치세 확정신고서에 반영되도록 입력 및 설정한다. (3점)

세금계산서															책　번　호		권			호			
															일　련　번　호				–				

공급자	사업자 등록번호	1	1	3	–	1	5	–	5	3	1	2	7	공급받는자	사업자 등록번호	1	3	0	–	8	1	–	5	3	5	0	6

	상호(법인명)	풍성철강	성명(대표자)	이소희		상호(법인명)	㈜선진테크	성명(대표자)	이득세
공급자	사업장 주소	서울시 금천구 시흥대로 53			공급받는자	사업장 주소	경기도 부천시 길주로 284, 105호 (중동)		
	업태	도매업	종목	철강		업태	제조업	종목	컴퓨터 및 주변장치 외

작성			공급가액										세액									비고
연	월	일	공란수	백	십	억	천	백	십	만	천	백	십	일	십	억	천	백	십	만	천	백	십	일	
20x1	09	10					1	0	0	0	0	0	0				1	0	0	0	0	0		

월	일	품목	규격	수량	단가	공급가액	세액	비고
09	10	원재료				1,000,000	100,000	

합계금액	현금	수표	어음	외상미수금	이 금액을　(청구)　함
1,100,000				1,100,000	

문제 3 **부가가치세 신고와 관련하여 다음 물음에 답하시오. (10점)**

[1] 다음의 자료를 토대로 20x1년 제1기 부가가치세 확정신고기간의 [부가가치세신고서]를 작성
하시오(단, <u>아래 제시된 자료만 있는 것으로 가정함</u>). (6점)

매출자료	• 세금계산서 발급분 과세 매출 : 공급가액 200,000,000원, 세액 20,000,000원 – 종이(전자 외) 세금계산서 발급분(공급가액 50,000,000원, 세액 5,000,000원)이 포함되어 있다. – 그 외 나머지는 모두 전자세금계산서 발급분이다. • 당사의 직원인 홍길동(임원 아님)에게 경조사와 관련하여 연간 100,000원(시가) 상당의 제품(당사가 제조한 제품임)을 무상으로 제공하였다. • 대손이 확정된 외상매출금 1,650,000원(부가가치세 포함)에 대하여 대손세액공제를 적용한다.
매입자료	• 수취한 매입세금계산서는 공급가액 120,000,000원, 세액 12,000,000원으로 내용은 아래와 같다. – 승용자동차(배기량 : 999cc, 경차에 해당됨) 취득분 : 공급가액 20,000,000원, 세액 2,000,000원 – 거래처 접대목적으로 구입한 물품(고정자산 아님) : 공급가액 5,000,000원, 세액 500,000원 – 그 외 나머지는 일반 매입분이다.
유의사항	• 세부담 최소화를 가정한다. • 불러온 자료는 무시하고 문제에 제시된 자료만 직접 입력한다. • 해당 법인은 홈택스 사이트를 통해 전자적인 방법으로 부가가치세 신고를 직접 한다. • 부가가치세 신고서 이외의 과세표준명세 등 기타 부속서류의 작성은 생략한다.

[2] 다음의 자료는 20x1년 제2기 확정신고 시의 대손 관련 자료이다. 해당 자료를 이용하여 20x1년 제2기 확정신고 시의 [대손세액공제신고서]를 작성하시오(단, 모든 거래는 부가가치세 과세대상에 해당함). (4점)

대손 확정일	당초 공급일	계정과목	대손금	매출처 상호	대손사유
20x1.10.5.	2023. 5. 3.	미수금 (유형자산매각대금)	11,000,000원	㈜가경	파산종결 결정공고
20x1.10.24.	2021.10.10.	외상매출금	22,000,000원	㈜용암	소멸시효완성
20x1.5.19. (부도발생일)	20x1. 4. 8.	받을어음	16,500,000원	㈜개신	부도발생 (저당권설정 안 됨)
20x1.12.19. (부도발생일)	20x1. 8.25.	받을어음	13,200,000원	㈜비하	부도발생 (저당권설정 안 됨)

문제 4 결산정리사항은 다음과 같다. 관련 메뉴를 이용하여 결산을 완료하시오. (15점)

[1] 기존에 입력된 데이터는 무시하고, 20x1년 제2기 부가가치세 확정신고와 관련된 내용이 다음과 같다고 가정한다. 12월 31일 부가세예수금과 부가세대급금을 정리하는 회계처리를 하시오(단, 납부세액(또는 환급세액)은 미지급세금(또는 미수금)으로, 경감공제세액은 잡이익으로, 가산세는 세금과공과(판)로 회계처리한다). (3점)

> • 부가세대급금 : 9,500,000원   • 부가세예수금 : 12,500,000원
> • 전자신고세액공제액 : 10,000원   • 세금계산서 미발급가산세 : 240,000원

[2] 아래의 내용을 참고하여 20x1년 말 현재 보유 중인 매도가능증권(비유동자산)에 대한 결산 회계처리를 하시오(단, 매도가능증권과 관련된 20x0년의 회계처리는 적절하게 수행함). (3점)

주식명	20x0년 취득가액	20x0년 말 공정가치	20x1년 말 공정가치
엔비디아듀	1,000,000원	800,000원	2,000,000원

[3] 9월 1일에 영업부 차량보험에 가입하고 1년치 보험료 1,200,000원을 납부하였다. 보험료 납부 당시 회사는 전액 보험료로 회계처리 하였다(단, 월할계산할 것). (3점)

[4] 당사는 20x1년 1월 1일에 사채(액면가액 10,000,000원)를 발행하고 매년 결산일(12월 31일)에 이자비용을 보통예금 계좌에서 지급하고 있다. 만기 20x3년 12월 31일, 액면이자율 10%, 시장이자율 7%이며 발행시점의 발행가액은 10,787,300원이다. 20x1년 12월 31일 결산일에 필요한 회계처리를 하시오. (3점)

[5] 다음은 ㈜선진테크의 유형자산 명세서이다. 기존에 입력된 데이터는 무시하며 다음의 유형자산만 있다고 가정하고 감가상각과 관련된 회계처리를 하시오. (3점)

유형자산 명세서					
계정과목	자산명	당기분 회사 계상 감가상각비	상각 방법	내용 연수	사용 부서
건물	공장건물	10,000,000원	정액법	20년	제조부
기계장치	초정밀검사기	8,000,000원	정률법	10년	제조부
차량운반구	그랜져	7,000,000원	정액법	5년	영업부
비품	컴퓨터	3,000,000원	정률법	5년	영업부

문제 5 20x1년 귀속 원천징수와 관련된 다음의 물음에 답하시오. (15점)

[1] 다음의 자료를 바탕으로 내국인이며 거주자인 생산직 사원 임하나(750128-2436815, 세대주, 입사일 : 20x1.09.01.)의 세부담이 최소화 되도록 [사원등록] 메뉴의 [기본사항] 탭을 이용하여 아래의 내용 중에서 필요한 항목을 입력하고, 9월분 급여자료를 입력하시오(단, 급여지급일은 매월 말일이며, 사용하지 않는 수당항목은 '부'로 표시할 것). (6점)

※ 아래 〈자료〉를 통해 임하나의 [사원등록] 메뉴의 [기본사항] 탭에서 다음의 사항을 입력하고 9월분 급여자료를 입력하시오.
• 10.생산직등여부, 연장근로비과세, 전년도총급여
• 12.국민연금보수월액
• 13.건강보험보수월액
• 14.고용보험보수월액

〈자료〉

- 국민연금보수월액, 건강보험보수월액, 고용보험보수월액은 1,800,000원으로 신고하였다.
- 급여 및 제수당 내역은 다음과 같다.

급여 및 제수당	기본급	식대	시내교통비	출산.보육수당 (육아수당)	야간근로수당
금액(원)	1,500,000	200,000	300,000	100,000	2,200,000

- 별도의 식사는 제공하지 않고 있으며, 식대로 매월 200,000원을 지급하고 있다.
- 출퇴근용 시내교통비로 매월 300,000원을 지급하고 있다.
- 출산·보육수당(육아수당)은 6세 이하 자녀를 양육하는 직원에게 지급하는 수당이다.
- 9월은 업무 특성상 야간근무를 하며, 이에 대하여 별도의 수당을 지급하고 있다.
  (→ 임하나 : 국내 근무, 월정액급여 1,800,000원, 전년도총급여 27,000,000원)
- 20x1년 9월 1일 이전의 연장·야간근로수당으로서 비과세되는 금액은 없다.

[2] 다음은 퇴사자 우미영 사원(사번 : 301)의 20x1년 3월 급여자료이다. [사원등록] 메뉴에서 퇴사년월일을 반영하고, 3월의 [급여자료입력]과 [원천징수이행상황신고서]를 작성하시오(단, 반드시 [급여자료입력]의 「F7 중도퇴사자정산」을 이용하여 중도퇴사자 정산 내역을 급여자료에 반영할 것). (6점)

- 퇴사일은 20x1년 3월 31일이고, 3월 급여는 20x1년 4월 5일에 지급되었다.
- 수당 및 공제항목은 중도퇴사자 정산과 관련된 부분을 제외하고 추가 및 변경하지 않기로 하며 사용하지 않는 항목은 그대로 둔다.
- 3월 급여자료(우미영에 대한 급여자료만 입력하도록 한다.)

급 여 항 목	금액	공제 항목	금액
기　　본　　급	2,700,000원	국　민　연　금	121,500원
식 대 (비 과 세)	200,000원	건　강　보　험	95,710원
		장 기 요 양 보 험	12,390원
		고　용　보　험	21,600원
		중 도 정 산 소 득 세	-96,500원
		중 도 정 산 지 방 소 득 세	-9,640원
		공　제　총　액	145,060원
지　급　총　액	2,900,000원	차 인 지 급 액	2,754,940원

[3] 다음 자료를 이용하여 이미 작성된 [원천징수이행상황신고서]를 조회하여 마감하고, 국세청 홈
택스에 전자신고를 하시오. (3점)

〈전산프로그램에 입력된 소득자료〉

귀속월	지급월	소득구분	신고코드	인원	총지급액	소득세	비고
10월	10월	근로소득	A01	2명	7,000,000원	254,440원	매월(정기)신고

〈유의사항〉

1. 위 자료를 바탕으로 [원천징수이행상황신고서]가 작성되어 있다.
2. [원천징수이행상황신고서] 마감 → [전자신고] → [국세청 홈택스 전자신고 변환(교육용)] 순으로 진행한다.
3. [전자신고] 메뉴의 [원천징수이행상황제작] 탭에서 신고인구분은 2.납세자 자진신고를 선택하고, 비밀번호는 "123456789"를 입력한다.
4. [국세청 홈택스 전자신고 변환(교육용)] → 전자파일변환(변환대상파일선택) → 찾아보기 에서 전자신고용 전자파일을 선택한다.
5. 전자신고용 전자파일 저장경로는 로컬디스크(C:)이며, 파일명은 "작성연월일.01.t사업자등록번호"다.
6. 형식검증하기 ➡ 형식검증결과확인 ➡ 내용검증하기 ➡ 내용검증결과확인 ➡ 전자파일제출 을 순서대로 클릭한다.
7. 최종적으로 전자파일 제출하기 를 완료한다.

이 론

1	2	3	4	5	6	7	8	9	10	11	12	13	14	15
①	①	③	②	③	③	④	②	②	④	②	④	④	①	③

01. 자산을 비용으로 계상하면 **자산과 당기순이익 및 자본이 과소계상**된다. 부채에는 영향이 없다.

02. 영업권은 무형자산에 해당한다.

03. **재고자산 평가방법의 변경은 회계정책의 변경**에 해당한다.

04. **신주발행비는 주식의 발행대금에서 차감**한다.

05. 재고자산 = 반품률 추정 불가 상품(2,000,000) + 구매의사 미표시 시송품(2,000,000)
　　　　　　+ 담보제공 저당상품(9,000,000) + 선적지 인도 미착상품(4,000,000) = 17,000,000원

06. 가공원가는 **직접노무원가와 제조간접원가를 합한 금액**이다.

07. 종합원가계산은 공정별로 원가를 집계하므로 재공품 원가의 개별확인이 불가능하여 원가계산 기간 말 현재 **가공 중에 있는 재공품의 원가를 별도로 추정(진척율 등)**해야 한다.

08. 단계배분법은 **보조부문 상호 간의 용역수수관계를 일부 반영하는 방법**이다.

09. 발생 보험료 = 당월 지급액(100,000) − 전월 미지급액(30,000) + 당월 미지급액(20,000) = 90,000원
제조간접원가(보험료) = 발생보험료(90,000) × 배부율(80%) = 72,000원

10.

〈1단계〉 물량흐름파악(평균법)			〈2단계〉 완성품환산량 계산	
평균법			재료비	가공비
완성품	1,100(100%)			1,100
기말재공품	200(60%)			120
계	1,300			**1,220**

선입선출법 = 평균법(1,220) − 기초재공품(300) × 완성도(20%) = **1,160개**

11. 일반적인 여객운송 용역은 부가가치세를 면제한다. 다만, **고속철도에 의한 여객운송 용역은 부가가치세를 과세**한다.

12. **의제매입세액은 매입세액으로 간주**하므로 매입세액공제가 가능하다.

13. 근로소득 원천징수시기는 지급시점에 원천징수를 하는 것이 원칙이다. 다만 근로소득을 당해연도에 미지급시 다음과 같이 특례를 적용한다.
1~11월 분 근로소득 미지급시 원천징수시기는 12월 31일이다.
12월분 근로소득 미지급시 원천징수시기는 익년도 2월말(연말정산시기)이다.

14. <u>복식부기의무자의 경우 사업용 유형자산의 처분으로 발생하는 이익을 사업소득에 포함</u>시킨다.

15. 배우자가 있는 여성인 경우 <u>배우자의 소득유무에 불구하고 부녀자공제를 받을 수 있다.</u>

실 무

문제 1 일반전표입력

[1] 일반전표입력(01/03)

| (차) 보통예금 | 2,000,000원 | (대) 외상매출금(하남상회) | 3,400,000원 |
| 받을어음(하남상회) | 1,400,000원 | | |

[2] 일반전표입력(01/15)

| (차) 도서인쇄비(판) | 25,000원 | (대) 현금 | 25,000원 |

[3] 일반전표입력(8/20)

| (차) 토지 | 19,500,000원 | (대) 보통예금 | 30,000,000원 |
| 매도가능증권(178) | 10,500,000원 | | |

[4] 일반전표입력(10/25)

| (차) 임금(제) | 3,500,000원 | (대) 보통예금 | 5,332,740원 |
| 상여금(제) | 3,000,000원 | 예수금 | 1,167,260원 |

[5] 일반전표입력(12/01)

| (차) 미지급금(㈜은성기계) | 22,000,000원 | (대) 미지급금(신한카드) | 22,000,000원 |

☞일반전표입력 문제이므로 전자세금계산서를 입력하는게 아니라, 채무자를 변경하는 회계처리를 해야 합니다.

문제 2 매입매출전표입력

[1] 매입매출전표입력(1/02)

유형:11.과세, 공급가액:1,000,000 원, 부가세: 100,000 원, 공급처명: 미래전자, 전자: 여, 분개: 혼합

(차) 미수금	1,000,000원	(대) 기계장치	5,000,000원
현금	100,000원	유형자산처분이익	300,000원
감가상각누계액(207)	4,300,000원	부가세예수금	100,000원

☞처분손익 = 처분가액(1,000,000) - 장부가액(5,000,000 - 4,300,000) = 300,000원(이익)

[2] 매입매출전표입력(2/12)

유형:54.불공, 공급가액:7,100,000 원, 부가세: 710,000 원, 공급처명: ㈜롯데백화점 중동,전자:여, 분개: 혼합
불공제사유 : ④기업업무추진비 및 이와 유사한 비용 관련

(차) 기업업무추진비(판)	7,810,000원	(대) 보통예금	7,810,000원

[3] 매입매출전표입력(7/17)

유형:12.영세, 공급가액:18,000,000 원, 부가세: 0 원, 공급처명: ㈜봉산실업, 전자: 여,　분개: 혼합
영세율구분 : ③내국신용장·구매확인서에 의하여 공급하는 재화

(차) 현금	1,800,000원	(대) 제품매출	18,000,000원
외상매출금	16,200,000원		

[4] 매입매출전표입력(8/20)

유형:62.현면, 공급가액:2,000,000 원, 부가세: 0 원,　공급처명: ㈜하나로마트,　분개: 현금 또는 혼합

(차) 복리후생비(제)	600,000원	(대) 현금	2,000,000원
복리후생비(판)	1,400,000원		

[5] 매입매출전표입력(9/10)

유형:51.과세,　공급가액: 1,000,000 원,부가세:100,000원,공급처명:풍성철강, 전자:부, 분개:외상 또는 혼합

(차) 원재료	1,000,000원	(대) 외상매입금	1,100,000원
부가세대급금	100,000원		

※ 해당 전표 선택 후 Shift + F5 >예정신고누락분 확정신고>확정신고 개시연월 : 20x1년 10월 입력
　　또는 상단 F11 간편집계.. ▼ >SF5 예정 누락분>확정신고 개시연월 : 20x1년 10월 입력(※ 또는 11월, 12월)

문제 3 부가가치세

[1] [부가가치세신고서] 4~6월

1. 과세표준 및 매출세액

구분				정기신고금액		
				금액	세율	세액
과세표준및매출세액	과세	세금계산서발급분	1	200,000,000	10/100	20,000,000
		매입자발행세금계산서	2		10/100	
		신용카드·현금영수증발행분	3		10/100	
		기타(정규영수증외매출분)	4			
	영세	세금계산서발급분	5		0/100	
		기타	6		0/100	
	예정신고누락분		7			
	대손세액가감		8			-150,000
	합계		9	200,000,000	㉮	19,850,000

☞경조사와 관련하여 직원에게 제공한 제품 등은 연간 100,000원 이하까지 재화의 공급으로 보지 않는다.

2. 매입세액

매입세액	세금계산서수취분	일반매입	10	100,000,000		10,000,000
		수출기업수입분납부유예	10-1			
		고정자산매입	11	20,000,000		2,000,000
	예정신고누락분		12			
	매입자발행세금계산서		13			
	그 밖의 공제매입세액		14			
	합계(10)-(10-1)+(11)+(12)+(13)+(14)		15	120,000,000		12,000,000
	공제받지못할매입세액		16	5,000,000		500,000
	차감계 (15-16)		17	115,000,000	㉯	11,500,000
납부(환급)세액(매출세액㉮-매입세액㉯)					㉰	8,350,000

- 공제받지 못할 매입세액

구분		금액	세율	세액
16.공제받지못할매입세액				
공제받지못할 매입세액	50	5,000,000		500,000
공통매입세액면세등사업분	51			

3. 경감공제세액 : 전자신고세액공제(10,000원)

4. 가산세 : 전자세금계산서 미발급가산세 = 50,000,000 × 1%(종이) = 500,000원

세금계산서	지연발급 등	62		1/100	
	지연수취	63		5/1,000	
	미발급 등	64	50,000,000	뒤쪽참조	500,000

5. 납부할 세액

경감공제세액	그 밖의 경감·공제세액	18			10,000
	신용카드매출전표등 발행공제등	19			
	합계	20		㉱	10,000
소규모 개인사업자 부가가치세 감면세액		20-1		㉲	
예정신고미환급세액		21		㉳	
예정고지세액		22		㉴	
사업양수자의 대리납부 기납부세액		23		㉵	
매입자 납부특례 기납부세액		24		㉶	
신용카드업자의 대리납부 기납부세액		25		㉷	
가산세액계		26		㉸	500,000
차가감하여 납부할세액(환급받을세액)㉮-㉯-㉱-㉲-㉳-㉴-㉵-㉶-㉷+㉸		27			8,840,000
총괄납부사업자가 납부할 세액(환급받을 세액)					

[2] [대손세액공제신고서] 10~12월

매손발생	매손변제							
조회기간	2024 년 10 ∨ 월 ~ 2024 년 12 ∨ 월 2기 확정							
당초공급일	대손확정일	대손금액	공제율	대손세액		거래처		대손사유
2023-05-03	20x1-10-05	11,000,000	10/110	1,000,000		(주)가경	1	파산
2021-10-10	20x1-10-24	22,000,000	10/110	2,000,000		(주)용암	6	소멸시효완성
20x1-04-08	20x1-11-20	16,500,000	10/110	1,500,000		(주)개신	5	부도(6개월경과)
합 계		49,500,000		4,500,000				

☞ 부도발생일(12.19)로 부터 6개월이 경과한 경우에 대손세액공제대상이 되므로 익년 1기 확정신고대상이다.

문제 4 결산

[1] 〈수동결산〉

(차) 부가세예수금	12,500,000원	(대) 부가세대급금	9,500,000원
세금과공과(판)	240,000원	미지급세금	3,230,000원
		잡이익	10,000원

[2] 〈수동결산〉

(차) 매도가능증권(178)	1,200,000원	(대) 매도가능증권평가이익	1,000,000원
		매도가능증권평가손실	200,000원

	취득가액	공정가액	평가이익	평가손실
전기	1,000,000	800,000		200,000
당기		2,000,000	1,000,000	△200,000
계			1,000,000	0

☞ 전기 말 인식한 매도가능증권평가손실(200,000)을 당기 말 발생한 매도가능증권평가이익(1,200,000)과 우선 상계한다.

[3] 〈수동결산〉

(차) 선급비용	800,000원	(대) 보험료(판)	800,000원

☞ 선급비용 = 1년치 보험료(1,200,000) × 8/12 = 800,000원

[4] 〈수동결산〉

(차) 이자비용	755,111원	(대) 보통예금	1,000,000원
사채할증발행차금	244,889원		

☞ 20x1년 이자비용 = 발행가액(10,787,300) × 시장이자율(7%) = 755,111원
　사채할증발행차금 상각액 = 액면이자(1,000,000) - 이자비용(755,111) = 244,889원

[5] 〈자동/수동결산〉

1. 일반전표입력

(차)	감가상각비(제)	18,000,000원	(대)	감가상각누계액(203)	10,000,000원
	감가상각비(판)	10,000,000원		감가상각누계액(207)	8,000,000원
				감가상각누계액(209)	7,000,000원
				감가상각누계액(213)	3,000,000원

2. 또는 [결산자료입력]

>기간 : 20x1년 1월~20x1년 12월
>2.매출원가   >7)경비   >2).일반감가상각비   >건물 10,000,000원 입력
                                                      >기계장치 8,000,000원 입력
>4.판매비와 일반관리비 >4).감가상각비 >차량운반구 7,000,000원 입력
                              >비품 3,000,000원 입력>F3 전표추가

문제 5 원천징수

[1] 사원등록 및 급여자료 입력(100.임하나)

1. [사원등록] 메뉴 → [기본사항] 탭

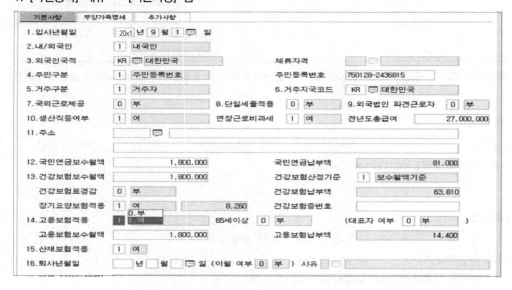

2. [급여자료입력] 메뉴 → [수당등록] 탭

No	코드	과세구분	수당명	근로소득유형 유형	코드	한도	월정액	통상임금	사용여부
1	1001	과세	기본급	급여			정기	여	여
2	1002	과세	상여	상여			부정기	부	부
3	1003	과세	직책수당	급여			정기	부	부
4	1004	과세	월차수당	급여			정기	부	부
5	1005	비과세	식대	식대	P01	(월)200,000	정기	부	여
6	1006	비과세	자가운전보조금	자가운전보조금	H03	(월)200,000	부정기	부	부
7	1007	비과세	야간근로수당	야간근로수당	O01	(년)2,400,000	부정기	부	여
8	2001	비과세	출산.보육수당(육아~	출산.보육수당(육아	Q01	(월)200,000	정기	부	여
9	2002	과세	시내교통비	급여			정기	부	여
10									

3. [급여자료입력] 귀속년월 9월, 지급년월일 9월 30일

급여항목	금액	공제항목	금액
기본급	1,500,000	국민연금	81,000
식대	200,000	건강보험	63,810
야간근로수당	2,200,000	장기요양보험	8,260
출산.보육수당(육아수당)	100,000	고용보험	14,400
시내교통비	300,000	소득세(100%)	15,110
		지방소득세	1,510
		농특세	

과　　세	1,800,000		
비　과　세	2,500,000	공 제 총 액	184,090
지 급 총 액	4,300,000	차 인 지 급 액	4,115,910

☞ 비과세＝식대(200,000)＋보육수당(100,000)＋야간근로수당(2,200,000)＝2,500,000원

[2] 급여자료와 원천징수이행상황신고서(301.우미영)

1. [사원등록] 메뉴 → 우미영 사원의 퇴사년월일(20x1.3.31) 입력

2. [급여자료입력] 메뉴(귀속년월 3월, 지급년월일 4월 5일) → 상단 **F7 중도퇴사자정산 ▼** 반영

급여항목	금액	공제항목	금액
기본급	2,700,000	국민연금	121,500
식대	200,000	건강보험	95,710
야간근로수당		장기요양보험	12,390
출산.보육수당(육아수당)		고용보험	21,600
시내교통비		소득세(100%)	
		지방소득세	
		농특세	
		중도정산소득세	-96,500
		중도정산지방소득세	-9,640

과　　세	2,700,000		
비　과　세	200,000	공 제 총 액	145,060
지 급 총 액	2,900,000	차 인 지 급 액	2,754,940

☞ 소득세 등은 자동 계산되어집니다.

3. [원천징수이행상황신고서] 메뉴 귀속기간 3월, 지급기간 4월, 1.정기신고

소득자 소득구분		코드	소득지급		징수세액			당월조정 환급세액	납부세액	
			인원	총지급액	소득세 등	농어촌특별세	가산세		소득세 등	농어촌특별세
근로 소	간이세액	A01	1	2,900,000						
	중도퇴사	A02	1	8,700,000	-96,500					
	일용근로	A03								
	연말정산	A04								

[3] 전자신고(10월)

1. [원천징수이행상황신고서](귀속기간 10월, 지급기간 10월, 1.정기신고) 마감

소득자 소득구분	코드	소득지급		징수세액			당월조정 환급세액	납부세액	
		인원	총지급액	소득세 등	농어촌특별세	가산세		소득세 등	농어촌특별세
간이세액	A01	2	7,000,000	254,440					
중도퇴사	A02								

2. 전자신고 파일(원천징수 이행상황제작) 제작(지급기간 10월)

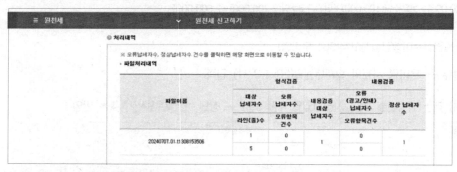

3. 홈택스 전자파일 변환 및 제출

제115회 전산세무 2급

합격율	시험년월
28%	2024.8

이 론

01. 다음 중 재무제표의 기본가정에 해당하지 않는 것은?

① 기업실체를 중심으로 하여 기업실체의 경제적 현상을 재무제표에 보고해야 한다.

② 기업이 계속적으로 존재하지 않을 것이라는 반증이 없는 한, 기업실체의 본래 목적을 달성하기 위하여 계속적으로 존재한다.

③ 기업실체의 지속적인 경제적 활동을 인위적으로 일정 기간 단위로 분할하여 각 기간마다 경영자의 수탁책임을 보고한다.

④ 회계정보가 유용하기 위해서는 그 정보가 의사결정에 반영될 수 있도록 적시에 제공되어야 한다.

02. 다음의 자료를 통해 20x3년 12월 31일 결산 후 재무제표에서 확인 가능한 정보로 올바른 것은?

20x1년 1월 1일 기계장치 취득	
• 매입가액	20,000,000원
• 취득에 직접적으로 필요한 설치비	300,000원
• 20x1년에 발생한 소모품 교체비	600,000원
• 20x1년에 발생한 본래의 용도를 변경하기 위한 제조·개량비	4,000,000원
• 내용연수는 6년, 정액법으로 매년 정상적으로 상각함(월할계산할 것), 잔존가치는 없음.	

① 기계장치의 취득원가는 24,000,000원으로 계상되어 있다.

② 손익계산서에 표시되는 감가상각비는 4,150,000원이다.

③ 재무상태표에 표시되는 감가상각누계액은 8,300,000원이다.

④ 상각 후 기계장치의 미상각잔액은 12,150,000원이다.

03. 다음 중 일반기업회계기준상 무형자산 상각에 대한 설명으로 옳지 않은 것은?

① 무형자산의 상각대상 금액은 그 자산의 추정 내용연수 동안 체계적인 방법에 의하여 비용으로 배분된다.

② 제조와 관련된 무형자산의 상각비는 제조원가에 포함한다.

③ 무형자산의 상각방법으로는 정액법만 사용해야 한다.

④ 무형자산의 잔존가치는 없는 것을 원칙으로 한다.

04. 다음 중 사채에 대한 설명으로 가장 옳지 않은 것은?

① 사채할인발행차금은 사채의 발행금액에서 차감하는 형식으로 표시한다.

② 액면이자율보다 시장이자율이 큰 경우에는 할인발행된다.

③ 사채할증발행차금은 사채의 액면금액에서 가산하는 형식으로 표시한다.

④ 액면이자율이 시장이자율보다 큰 경우에는 할증발행된다.

05. 다음 중 회계정책, 회계추정의 변경 및 오류에 대한 설명으로 옳지 않은 것은?

① 회계정책의 변경은 기업환경의 변화, 새로운 정보의 획득 또는 경험의 축적에 따라 지금까지 사용해 오던 회계적 추정치의 근거와 방법 등을 바꾸는 것을 말한다.

② 회계추정의 변경은 전진적으로 처리하여 그 효과를 당기와 당기 이후의 기간에 반영한다.

③ 회계변경의 효과를 회계정책의 변경효과와 회계추정의 변경효과로 구분하는 것이 불가능한 경우 회계추정의 변경으로 본다.

④ 회계추정 변경의 효과는 당해 회계연도 개시일부터 적용한다.

06. 다음 중 원가 집계과정에 대한 설명으로 옳지 않은 것은?

① 당기제품제조원가(당기완성품원가)는 원재료 계정의 차변으로 대체된다.

② 당기총제조원가는 재공품 계정의 차변으로 대체된다.

③ 당기제품제조원가(당기완성품원가)는 제품 계정의 차변으로 대체된다.

④ 제품매출원가는 매출원가 계정의 차변으로 대체된다.

07. 다음 중 개별원가계산과 종합원가계산에 대한 설명으로 옳지 않은 것은?

① 개별원가계산은 주문받은 개별 제품별로 작성된 작업원가표에 집계하여 원가를 계산한다.

② 종합원가계산은 개별 제품별로 작업원가표를 작성하여 원가를 계산한다.

③ 개별원가계산은 각 제조지시별로 원가계산을 해야 하므로 많은 시간과 비용이 발생한다.

④ 조선업, 건설업은 개별원가계산이 적합한 업종에 해당한다.

08. 다음 중 제조원가명세서와 손익계산서 및 재무상태표의 관계에 대한 설명으로 옳지 않은 것은?

① 제조원가명세서의 기말원재료재고액은 재무상태표의 원재료 계정에 계상된다.

② 제조원가명세서의 기말재공품의 원가는 재무상태표의 재공품 계정으로 계상된다.

③ 제조원가명세서의 당기제품제조원가는 재무상태표의 매출원가에 계상된다.

④ 손익계산서의 기말제품재고액은 재무상태표의 제품 계정 금액과 같다.

09. 다음의 자료를 이용하여 직접노무시간당 제조간접원가 예정배부율을 구하시오.

• 제조간접원가 실제 발생액 : 6,000,000원

• 제조간접원가 배부차이 : 400,000원(과대배부)

• 실제 직접노무시간 : 50,000시간

---

① 112원   ② 128원   ③ 136원   ④ 146원

10. 기초재공품은 1,000개이고 완성도는 30%이다. 당기투입수량은 6,000개이고 기말재공품은 800개일 경우 선입선출법에 의한 가공원가의 완성품환산량이 6,100개라면, 기말재공품의 완성도는 몇 %인가? (단, 가공원가는 전공정에 걸쳐 균등하게 발생한다.)

① 10%   ② 15%   ③ 20%   ④ 25%

11. 다음 중 부가가치세법상 과세기간에 대한 설명으로 옳지 않은 것은?

① 일반과세자의 과세기간은 원칙상 1년에 2개가 있다.

② 신규로 사업을 개시하는 것은 과세기간 개시일의 예외가 된다.

③ 매출이 기준금액에 미달하여 일반과세자가 간이과세자로 변경되는 경우 그 변경되는 해에 간이과 세자에 관한 규정이 적용되는 과세기간은 그 변경 이전 1월 1일부터 6월 30일까지이다.

④ 간이과세자가 간이과세자에 관한 규정의 적용을 포기함으로써 일반과세자로 되는 경우에는 1년 에 과세기간이 3개가 될 수 있다.

12. 다음 중 부가가치세법상 재화의 공급에 해당하는 것은?

① 담보의 제공　　　　　　　　　　② 사업용 상가건물의 양도

③ 사업의 포괄적 양도　　　　　　　④ 조세의 물납

13. 다음 중 소득세법상 근로소득이 없는 거주자(사업소득자가 아님)가 받을 수 있는 특별세액공제는?

① 보험료세액공제　　　　　　　　　② 의료비세액공제

③ 교육비세액공제　　　　　　　　　④ 기부금세액공제

14. 다음 중 소득세법상 수입시기로 가장 옳지 않은 것은?

① 비영업대금의 이익 : 약정에 의한 이자 지급일

② 잉여금 처분에 의한 배당 : 잉여금 처분 결의일

③ 장기할부판매 : 대가의 각 부분을 받기로 한 날

④ 부동산 등의 판매 : 소유권이전등기일, 대금청산일, 사용수익일 중 빠른 날

15. 다음 중 소득세법상 기타소득에 대한 설명으로 가장 옳지 않은 것은?

① 「공익법인의 설립·운영에 관한 법률」의 적용을 받는 공익법인이 주무관청의 승인을 받아 시상하는 상금 및 부상과 다수가 순위 경쟁하는 대회에서 입상자가 받는 상금 및 부상의 경우, 거주자가 받은 금액의 100분의 60에 상당하는 금액을 필요경비로 한다.

② 고용관계 없이 다수인에게 강연을 하고 강연료 등 대가를 받는 용역을 일시적으로 제공하고 받는 대가는 기타소득에 해당한다.

③ 이자소득·배당소득·사업소득·근로소득·연금소득·퇴직소득 및 양도소득 외의 소득으로서 재산권에 관한 알선수수료는 기타소득에 해당한다.

④ 이자소득·배당소득·사업소득·근로소득·연금소득·퇴직소득 및 양도소득 외의 소득으로서 상표권·영업권을 양도하거나 대여하고 받는 금품은 기타소득에 해당한다.

▣ 실 무

㈜은마상사(2115)는 전자제품의 제조 및 도·소매업을 주업으로 영위하는 중소기업으로 당기의 회계기간은 20x1.1.1.~20x1.12.31.이다. 전산세무회계 수험용 프로그램을 이용하여 다음 물음에 답하시오.

문제 1 [일반전표입력] 메뉴를 이용하여 다음의 거래자료를 입력하시오. (15점)

[1] 04월 11일 당사가 보유 중인 매도가능증권을 12,000,000원에 처분하고 처분대금은 보통예금 계좌로 입금받았다. 해당 매도가능증권의 취득가액은 10,000,000원이며, 20x0년 말 공정가치는 11,000,000원이다. (3점)

[2] 06월 25일 당사의 거래처인 ㈜은비로부터 비품을 무상으로 받았다. 해당 비품의 공정가치는 5,000,000원이다. (3점)

[3] 08월 02일 ㈜은마상사의 사옥으로 사용할 토지를 비사업자로부터 다음과 같이 매입하였다. 그 중 토지 취득 관련 지출은 다음과 같다. 취득세는 현금으로 납부하고 토지대금과 등기수수료, 중개수수료는 보통예금 계좌에서 이체하였다. (3점)

• 토지가액	300,000,000원	• 토지 취득 관련 법무사 등기수수료	300,000원
• 토지 관련 취득	13,000,000원	• 토지 취득 관련 중개수수료	2,700,000원

[4] 08월 10일 당기분 퇴직급여를 위하여 영업부서 직원에 대한 퇴직연금(DB형) 5,000,000원과 제조부서 직원에 대한 퇴직연금(DC형) 3,000,000원을 보통예금 계좌에서 이체하였다. (3점)

[5] 12월 13일 자기주식(취득가액 : 주당 58,000원) 120주를 주당 65,000원에 처분하여 매매대금이 보통예금 계좌로 입금되었다. 처분일 현재 자기주식처분손실 200,000원이 계상되어 있다. (3점)

문제 2 **[매입매출전표입력]** 메뉴를 이용하여 다음의 거래자료를 입력하시오. (15점)

[1] 03월 12일 싱가포르에 소재하는 ABC사에 제품을 $30,000에 직수출하였다. 수출대금 중 $20,000가 선적과 동시에 보통예금 계좌에 입금되었으며 나머지 $10,000는 다음 달 말일에 수취하기로 하였다(수출신고번호 입력은 생략할 것). (3점)

수출대금	대금수령일	기준환율	비고
$20,000	20x1.03.12.	1,300원/$	선적일
$10,000	20x1.04.30.	1,250원/$	잔금청산일

[2] 10월 01일 업무용으로 사용할 목적으로 거래처 달려요로부터 업무용승용차(990cc)를 중고로 구입하였다. 대금은 한 달 후에 지급하기로 하고, 다음의 종이세금계산서를 발급받았다. (3점)

세금계산서(공급받는 자 보관용)

책 번 호 [ ] 권 [ ] 호
일 련 번 호 [ ][ ][ ] - [ ][ ][ ][ ]

공급자					공급받는자				
등록번호	1 0 6 - 1 1 - 5 6 3 1 8				등록번호	688 - 85 - 01470			
상호(법인명)	달려요	성명(대표자)	정화물		상호(법인명)	㈜은마상사	성명(대표자)	박은마	
사업장 주소	경기도 성남시 중원구 성남대로 99				사업장 주소	경기도 평택시 가재길 14			
업 태	서비스	종 목	화물		업 태	도소매	종 목	전자제품	

작성	공 급 가 액	세 액	비 고
연 월 일 빈칸 수	조 천 백 십 억 천 백 십 만 천 백 십 일	천 백 십 억 천 백 십 만 천 백 십 일	
x1 10 01 4	2 0 0 0 0 0 0 0	2 0 0 0 0 0 0	

월	일	품 목	규 격	수 량	단 가	공 급 가 액	세 액	비 고
10	01	승용차				20,000,000	2,000,000	

합 계 금 액	현 금	수 표	어 음	외상미수금	이 금액을 **청구** 함
22,000,000				22,000,000	

[3] 10월 29일 업무용승용차를 ㈜월클파이낸셜로부터 운용리스 조건으로 리스하였다. 영업부서에서 사용하고 임차료 1,800,000원의 전자계산서를 발급받았다. 대금은 다음 달 5일에 지급하기로 하였다. (3점)

[4] 11월 01일 ㈜은마상사는 ㈜진산에 아래와 같은 전자세금계산서를 발급하였다. 제품 대금은 ㈜진산에게 지급해야할 미지급금(8,000,000원)과 상계하기로 상호 협의하였으며 잔액은 보통예금 계좌로 입금받았다. (3점)

전자세금계산서					승인번호		20241101 - 1547412 - 2014956		
공급자	등록번호	688 - 85 - 01470	종사업장번호		공급받는자	등록번호	259 - 81 - 15652	종사업장번호	
	상호(법인명)	㈜은마상사	성명	박은마		상호(법인명)	㈜진산	성명	이진산
	사업장주소	경기도 평택시 가재길 14				사업장주소	세종시 부강면 부곡리 128		
	업태	도소매	종목	전자제품		업태	건설업	종목	인테리어
	이메일					이메일			
						이메일			

작성일자	공급가액	세액	수정사유	비고
20x1.11.01	10,000,000	1,000,000		

월	일	품목	규격	수량	단가	공급가액	세액	비고
11	01	전자제품				10,000,000	1,000,000	

합계금액	현금	수표	어음	외상미수금	위 금액을 (청구) 함
11,000,000	3,000,000			8,000,000	

[5] 11월 20일　㈜코스트코코리아에서 제조부 사원들을 위해 공장에 비치할 목적으로 온풍기를 1,936,000원(부가가치세 포함)에 구입하고, 대금은 보통예금 계좌에서 이체하여 지급한 후 현금영수증(지출증빙용)을 수취하였다(단, 자산으로 처리할 것). (3점)

Hometax. 국세청홈택스 현금영수증

● 거래정보

거래일시	20x1 – 11 – 20
승인번호	G45972376
거래구분	승인거래
거래용도	지출증빙
발급수단번호	688 – 85 – 01470

● 거래금액

공급가액	부가세	봉사료	총 거래금액
1,760,000	176,000	0	1,936,000

● 가맹점 정보

상호	㈜코스트코코리아
사업자번호	107 – 81 – 63829
대표자명	조만수
주소	경기도 부천시 길주로 284

● 익일 홈택스에서 현금영수증 발급 여부를 반드시 확인하시기 바랍니다.
● 홈페이지 (http://www.hometax.go.kr)
　– 조회/발급＞현금영수증 조회＞사용내역(소득공제) 조회
　　　　　　　　　　　　＞매입내역(지출증빙) 조회
● 관련문의는 국세상담센터(☎126 – 1 – 1)

문제 3 부가가치세 신고와 관련하여 다음 물음에 답하시오. (10점)

[1] 다음 자료를 보고 제2기 확정신고기간의 [공제받지못할매입세액명세서] 중 [공제받지못할매입세액내역] 탭과 [공통매입세액의정산내역] 탭을 작성하시오(단, 불러온 자료는 무시하고 직접 입력할 것). (4점)

1. 매출 공급가액에 관한 자료

구분	과세사업	면세사업	합계
7월~12월	350,000,000원	150,000,000원	500,000,000원

2. 매입세액(세금계산서 수취분)에 관한 자료

구분	① 과세사업 관련			② 면세사업 관련		
	공급가액	매입세액	매수	공급가액	매입세액	매수
10월~12월	245,000,000원	24,500,000원	18매	90,000,000원	9,000,000원	12매

3. 총공통매입세액(7월~12월) : 3,800,000원
※ 제2기 예정신고 시 공통매입세액 중 불공제매입세액 : 500,000원

[2] 다음의 자료를 이용하여 20x1년 제1기 확정신고기간에 대한 [부가가치세신고서]를 작성하시 오(단, 과세표준명세 작성은 생략한다). (6점)

구분	자료
매출	1. 전자세금계산서 발급 매출 공급가액 : 500,000,000원(세액 50,000,000원) (→지연발급한 전자세금계산서의 매출 공급가액 1,000,000원이 포함되어 있음) 2. 신용카드 매출전표 발급 매출 공급대가 : 66,000,000원 (→전자세금계산서 발급 매출 공급가액 10,000,000원이 포함되어 있음) 3. 해외 직수출에 따른 매출 공급가액 : 30,000,000원
매입	1. 전자세금계산서 수취 매입(일반) 공급가액 : 320,000,000원(세액 32,000,000원) 2. 신용카드 매입 공급대가 : 12,100,000원 (→에어컨 구입비 3,300,000원(공급대가)이 포함되어 있음) 3. 제1기 예정신고 시 누락된 세금계산서 매입(일반) 공급가액 : 10,000,000원(세액 1,000,000원)
비고	1. 지난해 11월에 발생한 매출채권(5,500,000원, 부가가치세 포함)이 해당 거래처의 파산으로 대손이 확정되었다. 2. 20x1년 제1기 예정신고미환급세액 : 3,000,000원 3. 국세청 홈택스에 전자신고를 완료하였다.

문제 4 | 결산정리사항은 다음과 같다. 관련 메뉴를 이용하여 결산을 완료하시오. (15점)

[1] 전기에 은혜은행으로부터 차입한 장기차입금 20,000,000원의 만기일은 20x2년 4월 30일이다. (3점)

[2] 10월 01일에 팝업스토어 매장 임차료 1년분 금액 3,000,000원을 모두 지불하고 임차료로 계상하였다. 기말 결산 시 필요한 회계처리를 행하시오(단, 임차료는 월할 계산한다). (3점)

[3] 아래의 차입금 관련 자료를 이용하여 결산일까지 발생한 차입금 이자비용에 대한 당해연도분 미지급비용을 인식하는 회계처리를 하시오(단, 이자는 만기 시에 지급하고, 월할 계산한다). (3점)

• 금융기관 : ㈜중동은행	• 대출기간 : 20x1년 05월 01일~20x2년 04월 30일
• 대출금액 : 300,000,000원	• 대출이자율 : 연 6.8%

[4] 결산 시 당기 감가상각비 계상액은 다음과 같다. 결산을 완료하시오. (3점)

계정과목	경비구분	당기 감가상각비 계상액
건물	판매및관리	20,000,000원
기계장치	제조	4,000,000원
영업권	판매및관리	3,000,000원

[5] 결산일 현재 재고자산은 다음과 같다. 아래의 정보를 반영하여 결산자료입력을 수행하시오. (3점)

> 1. 기말재고자산
>   • 기말원재료 : 4,700,000원
>   • 기말재공품 : 800,000원
>   • 기말제품 : 16,300,000원
> 2. 추가정보(위 1.에 포함되지 않은 자료임)
>   • 도착지 인도조건으로 매입하여 운송 중인 미착원재료 : 2,300,000원
>   • 수탁자에게 인도한 위탁제품 14,000,000원 중에 수탁자가 판매 완료한 것은 9,000,000원으로 확인됨.

문제 5 **20x1년 귀속 원천징수와 관련된 다음의 물음에 답하시오. (15점)**

[1] 다음은 영업부 사원 김필영(사번 : 1001)의 부양가족 자료이다. 부양가족은 모두 생계를 함께하고 있으며 세부담 최소화를 위해 가능하면 김필영이 모두 공제받고자 한다. 본인 및 부양가족의 소득은 주어진 내용이 전부이다. [사원등록] 메뉴의 [부양가족명세] 탭을 작성하시오(단, 기본공제대상자가 아닌 경우도 기본공제 '부'로 입력할 것). (5점)

관계	성명	주민등록번호	동거 여부	비고
본인	김필영	820419 – 1234564	세대주	총급여 8,000만원
배우자	최하나	841006 – 2219118	동거	퇴직소득금액 100만원
아들	김이온	120712 – 3035892	동거	소득 없음
딸	김시온	190103 – 4035455	동거	소득 없음
부친	김경식	450103 – 1156778	주거형편상 별거	소득 없음, 「국가유공자법」에 따른 상이자로 장애인, 20x1.03.08. 사망.
모친	이연화	490717 – 2155433	주거형편상 별거	양도소득금액 1,000만원, 장애인(중증환자)
장모	한수희	511111 – 2523454	주거형편상 별거	총급여 500만원
형	김필모	791230 – 1234574	동거	일용근로소득 720만원, 「장애인복지법」에 따른 장애인

[2] 다음은 회계부서에 재직 중인 이철수(사원코드 : 102) 사원의 연말정산 관련 자료이다. 아래의
자료를 이용하여 [연말정산추가자료입력] 메뉴의 [부양가족] 탭, [신용카드 등] 탭, [의료비] 탭
을 입력하여 [연말정산입력] 탭을 완성하시오(단, 근로자 본인의 세부담 최소화를 가정한다).
(10점)

1. 가족사항(모두 거주자인 내국인에 해당함)

성명	관계	주민등록번호	동거 여부	소득금액	비고
이철수	본인	830505 – 1478521		48,000,000원	총급여액(근로소득 외의 소득 없음), 세대주
강희영	배우자	840630 – 2547858	여	10,000,000원	양도소득금액
이명수	부친	561012 – 1587428	여	900,000원	부동산임대소득금액 : 총수입금액 20,000,000원 필요경비　19,100,000원
이현수	아들	140408 – 3852611	여	–	초등학생
이리수	딸	191104 – 4487122	여	–	취학 전 아동

※ 기본공제대상자가 아닌 경우도 기본공제 '부'로 입력할 것

2. 연말정산 관련 추가자료(모든 자료는 국세청에서 제공된 자료에 해당하며, 표준세액공제가 더 클 경우에
표준세액공제를 적용한다.)

내역	비고
보장성 보험료	• 이철수(본인) : 자동차보험료 300,000원 • 강희영(배우자) : 보장성보험료 200,000원 • 이명수(부친) : 생명보험료 150,000원(만기까지 납입액이 만기환급액보다 큰 경우에 해당) • 이현수(아들) : 보장성보험료 350,000원
교육비	• 이철수(본인) : 정규 교육 과정 대학원 교육비 5,000,000원 • 이현수(아들) : 국내 소재 사립초등학교(「초·중등교육법」상의 정규 교육기관) 수업료 8,000,000원 　　　　　　　　바이올린 학원비 2,400,000원 • 이리수(딸) : 「영유아보육법」상의 어린이집 교육비 1,800,000원
의료비	• 이철수(본인) : 질병 치료 목적 의료비 1,050,000원 • 이명수(부친) : 질병 치료 목적 국외 의료비 1,500,000원 • 이리수(딸) : 질병 치료 목적 의료비 250,000원
신용카드 사용액	• 이철수(본인) : 신용카드 사용액 32,500,000원 　(신용카드사용분 중 전통시장/대중교통/도서 등 사용분은 없음)

☞ **신용카드사용의 당해연도 소비증가는 없다고 가정한다.**

제115회 전산세무2급 답안 및 해설

이 론

1	2	3	4	5	6	7	8	9	10	11	12	13	14	15
④	④	③	①	①	①	②	③	②	④	③	②	④	③	①

01. **기본가정에는 1. 기업실체의 가정, 2.계속기업의 가정, 3.기간별보고의 가정**이 있고 ④은 회계정보의 질적특성 중 목적적합성(적시성)에 대한 설명이다.

02. ① 취득원가 = 매입가액(20,000,000) + 설치비(300,000) + 개량비(4,000,000) = 24,300,000원

☞ 소모품 교체비는 수익적 지출로서 당기 비용으로 처리한다.

② 감가상각비 = 취득원가(24,300,000) ÷ 내용연수(6년) = 4,050,000원/년

③ 감가상각누계액 = 4,050,000원 × 3년(x1~x3) = 12,150,000원

④ x3.12.31 미상각잔액(장부가액) = 취득가액(24,300,000) - 누계액(12,150,000) = 12,150,000원

03. 무형자산의 상각방법은 합리적인 방법을 사용하며, **합리적인 상각방법을 정할 수 없는 경우에는 정액법을 사용**한다.

04. 사채할인발행차금은 **사채의 액면금액에서 차감하는 형식으로 표시**한다.

05. 회계정책의 변경은 재무제표의 작성과 보고에 적용하던 **회계정책을 다른 회계정책으로 바꾸는 것**을 말한다.

06. **당기제품제조원가(당기완성품원가)는 재공품 계정의 대변으로 대체**된다.

07. **작업원가표**는 종합원가계산이 아닌, **개별원가계산을 적용할 때 작성**한다.

08. 제조원가명세서의 당기제품제조원가는 **손익계산서의 당기제품제조원가에 계상**된다.

09. 예정배부액 = 실제배부(6,000,000) + 과대배부(400,000) = 6,400,000원

예정배부율 = 예정배부액(6,400,000) ÷ 실제조업도(50,000) = 128원/직접노무시간

10.

〈1단계〉 물량흐름파악(선입선출법)		〈2단계〉 완성품환산량 계산	
재공품		재료비	가공비
완성품	6,200		
- 기초재공품	1,000(70%)		700
- 당기투입분	5,200(100%)		5,200
기말재공품	800(??%)		*(200)*
계	7,000		6,100

기말 재공품 완성도 = 완성품환산량(200) ÷ 기말재공품(800) = 25%

11. 일반과세자가 간이과세자로 변경되는 경우 그 변경되는 해에 간이과세자에 관한 규정이 적용되는 기간은 그 **변경 이후 7월 1일부터 12월 31일까지**이다.

    간이과세자가 간이과세를 1기 예정신고 기간에 포기(3.1)했다고 가정하면 과세기간은 다음과 같다.

과세기간	1.1 ~ 03.31	4.1~6.30	7.1~12.31
사업자	간이과세자	일반과세자	일반과세자

12. 사업용 상가건물의 양도는 재화의 공급에 해당하지만, 담보의 제공, 사업의 포괄적 양도, 조세의 물납은 재화의 공급으로 보지 않는다.

13. **기부금세액공제는 종합소득**(사업소득자는 필요경비 산입)이 있는 거주자가 받을 수 있다.

14. 소득세법상 **장기할부판매의 수입시기는 상품 등을 인도한 날**이며, 부가가치세법상 **장기할부판매의 공급시기는 대가의 각 부분을 받기로 한 때**이다.

15. 상금등은 **거주자가 받은 금액의 100분의 80에 상당하는 금액**을 필요경비로 한다.

실 무

문제 1 일반전표입력

[1] 일반전표입력(4/11)

(차) 보통예금　　　　　12,000,000원　　(대) 매도가능증권(178)　11,000,000원
　　　매도가능증권평가이익　1,000,000원　　　　　매도가능증권처분이익　2,000,000원
　　☞처분손익(매도가능증권) = 처분가액(12,000,000) − 취득가액(10,000,000) = 2,000,000원

[2] 일반전표입력(6/25)

(차) 비품　　　　　　　5,000,000원　　(대) 자산수증이익　　　　5,000,000원

[3] 일반전표입력(8/02)

(차) 토지　　　　　316,000,000원　　(대) 현금　　　　　　　13,000,000원
　　　　　　　　　　　　　　　　　　　　　　보통예금　　　　　303,000,000원

[4] 일반전표입력(8/10)

(차) 퇴직연금운용자산　5,000,000원　　(대) 보통예금　　　　　8,000,000원
　　　퇴직급여(제)　　　3,000,000원

[5] 일반전표입력(12/13)

(차)	보통예금	7,800,000원	(대)	자기주식	6,960,000원
				자기주식처분손실	200,000원
				자기주식처분이익	640,000원

☞처분손익(자기주식) = [처분가액(65,000) – 취득가액(58,000)] × 120주 = 840,000원(이익)

자기주식처분손실(200,000)을 우선 상계하고 자기주식처분이익 640,000원 계상한다.

문제 2 매입매출전표입력

[1] 매입매출전표입력(3/12)

유형: 16.수출, 공급가액:39,000,000 원,공급처명: ABC사, 분개: 혼합

영세율구분 : ①직접수출(대행수출 포함)

(차)	보통예금	26,000,000원	(대)	제품매출	39,000,000원
	외상매출금	13,000,000원			

☞ 선적일(3.12)<잔금청산일(4.30) 이므로 수익인식은 선적일의 환율을 적용한다.

과세표준 및 제품매출 = 수출대금($30,000) × 선적일 환율(1,300) = 39,000,000원

[2] 매입매출전표입력(10/01)

유형: 51.과세, 공급가액: 20,000,000 원,부가세: 2,000,000 원, 공급처명: 달려요,전자: 부,분개: 혼합

(차)	부가세대급금	2,000,000원	(대)	미지급금	22,000,000원
	차량운반구	20,000,000원			

☞ 1,000cc 이하의 경차는 부가가치세 매입세액공제가 가능하다.

[3] 매입매출전표입력(10/29)

유형: 53.면세, 공급가액:1,800,000 원,부가세: 0 원, 공급처명: ㈜월클파이낸셜, 전자:여,분개:혼합

(차)	임차료(판)	1,800,000원	(대)	미지급금	1,800,000원

[4] 매입매출전표입력(11/01)

유형: 11.과세, 공급가액:10,000,000 원,부가세: 1,000,000 원, 공급처명: ㈜진산, 전자:여,분개:혼합

(차)	보통예금	3,000:,000원	(대)	부가세예수금	1,000,000원
	미지급금	8,000,000원		제품매출	10,000,000원

[5] 매입매출전표입력(11/20)

유형: 61.현과, 공급가액:1,760,000 원,부가세: 176,000 원, 공급처명: ㈜코스트코코리아, 분개:혼합

(차)	부가세대급금	176,000원	(대)	보통예금	1,936,000원
	비품	1,760,000원			

문제 3 부가가치세

[1] 공제받지못할 매입세액명세서(10~12월)

1. [공제받지못할매입세액내역] 탭

매입세액 불공제 사유	세금계산서		
	매수	공급가액	매입세액
①필요적 기재사항 누락 등			
②사업과 직접 관련 없는 지출			
③비영업용 소형승용자동차 구입 · 유지 및 임차			
④접대비 및 이와 유사한 비용 관련			
⑤면세사업등 관련	12	90,000,000	9,000,000
⑥토지의 자본적 지출 관련			
⑦사업자등록 전 매입세액			

2. [공통매입세액의정산내역] 탭

산식	구분	(15)총공통매입세액	(16)면세 사업확정 비율		(17)불공제매입세액총액((15)*(16))	(18)기불공제매입세액	(19)가산또는 공제되는매입세액((17)-(18))
			총공급가액	면세공급가액 면세비율			
1.당해과세기간의 공급가액기준		3,800,000	500,000,000.00	150,000,000.00 30.000000	1,140,000	500,000	640,000

[2] [부가가치세신고서](4~6월)

1. 과세표준 및 매출세액

구분			정기신고금액		
			금액	세율	세액
과세표준및매출세액	과세	세금계산서발급분	1	500,000,000	10/100	50,000,000
		매입자발행세금계산서	2		10/100	
		신용카드 · 현금영수증발행분	3	50,000,000		5,000,000
		기타(정규영수증외매출분)	4		10/100	
	영세	세금계산서발급분	5		0/100	
		기타	6	30,000,000	0/100	
	예정신고누락분		7			
	대손세액가감		8			-500,000
	합계		9	580,000,000	㉮	54,500,000

2. 매입세액

매입세액	세금계산서수취분	일반매입	10	320,000,000		32,000,000
		수출기업수입분납부유예	10-1			
		고정자산매입	11			
	예정신고누락분		12	10,000,000		1,000,000
	매입자발행세금계산서		13			
	그 밖의 공제매입세액		14	11,000,000		1,100,000
	합계(10)-(10-1)+(11)+(12)+(13)+(14)		15	341,000,000		34,100,000
	공제받지못할매입세액		16			
	차감계 (15-16)		17	341,000,000	㉯	34,100,000
납부(환급)세액(매출세액㉮-매입세액㉯)					㉰	20,400,000

- 예정신고누락분

12.매입(예정신고누락분)				
예	세금계산서	38	10,000,000	1,000,000
	그 밖의 공제매입세액	39		
	합계	40	10,000,000	1,000,000

- 그 밖의 공제매입세액

14.그 밖의 공제매입세액				
신용카드매출	일반매입	41	8,000,000	800,000
수령금액합계표	고정매입	42	3,000,000	300,000
의제매입세액		43	뒤쪽	
재활용폐자원등매입세액		44	뒤쪽	

3. 납부세액(전자신고세액공제 10,000원)

경감	그 밖의 경감·공제세액	18			10,000
공제	신용카드매출전표등 발행공제등	19			
세액	합계	20		㉾	10,000
소규모 개인사업자 부가가치세 감면세액		20-1		㉿	
예정신고미환급세액		21		㉿	3,000,000
예정고지세액		22		㉿	
사업양수자의 대리납부 기납부세액		23		㉿	
매입자 납부특례 기납부세액		24		㉿	
신용카드업자의 대리납부 기납부세액		25		㉿	
가산세액계		26		㉿	10,000
차가감하여 납부할세액(환급받을세액)㉰-㉽-㉾-㉿-㉿-㉿-㉿-㉿+㉿		27			17,400,000
총괄납부사업자가 납부할 세액(환급받을 세액)					

- 지연발급가산세

세 금	지연발급 등	62	1,000,000	1/100	10,000
계산서	지연수취	63		5/1,000	
	미발급 등	64		뒤쪽참조	

문제 4 결산

[1] 〈수동결산〉

(차) 장기차입금(은혜은행) 20,000,000원 (대) 유동성장기부채(은혜은행) 20,000,000원

[2] 〈수동결산〉

(차) 선급비용 2,250,000원 (대) 임차료(판) 2,250,000원

☞ 선급비용 = 임차료(3,000,000)×9/12 = 2,250,000원

[3] 〈수동결산〉

(차) 이자비용 13,600,000원 (대) 미지급비용 13,600,000원

☞ 미지급비용 = 차입금(300,000,000)×6.8%(연이자율)×8개월/12개월 = 13,600,000원

[4] 〈자동/수동결산〉

1. [결산자료입력]

>2.매출원가   >7).경비   >2).일반감가상각비   >기계장치 4,000,000원 입력

>4.판매비와 일반관리비 >4).감가상각비   >건물 20,000,000원 입력

>4.판매비와 일반관리비 >6).무형자산상각비 >영업권 3,000,000원 입력

>F3 전표추가

2. 또는 일반전표입력

(차) 감가상각비(판)	20,000,000원	(대) 감가상각누계액(203)	20,000,000원
감가상각비(제)	4,000,000원	감가상각누계액(207)	4,000,000원
무형자산상각비(판)	3,000,000원	영업권	3,000,000원

[5] 〈자동결산〉

>2.매출원가 >1).원재료비   >⑩기말원재료 재고액 4,700,000원 입력

         >8).당기 총제조비용 >⑩기말재공품 재고액 800,000원 입력

         >9).당기완성품제조원가 >⑩기말제품 재고액 21,300,000원 입력

>F3 전표추가

☞ 도착지 인도조건으로 매입하여 운송 중인 미착원재료 2,300,000원은 기말재고에 포함하지 않고, 위탁제품 중 판매되지 않은 5,000,000원은 기말재고에 포함한다.

문제 5   원천징수

[1] [사원등록](김필영 2025)

| 관계 | 요 건 | | 기본 공제 | 추가 (자녀) | 판 단 |
	연령	소득			
본인(세대주)	–	–	○		
부(80)	○	○	○	경로, 장애(2)	상이자, 사망전일 판단.
모(76)	○	×	부		소득금액 1백만원 초과자
장모(74)	○	○	○	경로	총급여액 5백만원 이하자
배우자	–	○	○		소득금액 1백만원 이하자
자1(13)	○	○	○	자녀	
자2(6)	○	○	○		
형(46)	×	○	○	장애(1)	일용근로소득은 분리과세소득

[2] [연말정산추가자료입력] 이철수(2025)

1. [부양가족] 탭

(1) 인적공제

관계	요 건		기본 공제	추가 (자녀)	판 단
	연령	소득			
본인(세대주)	–	–	○		
배우자	–	×	부		소득금액 1백만원 초과자
부(69)	○	○	○		소득금액 1백만원 이하자
자1(11)	○	○	○	자녀	
자2(6)	○	○	○		

<연말정산 대상여부 판단>

항 목	요건		내역 및 대상여부	입력
	연령	소득		
보 험 료	○ (×)	○	• 본인 자동차보험료 • 배우자 보장성보험료(소득요건 미충족) • 부친 생명보험료(납입금액)환급금액) • 아들 보장성 보험료	○(일반 300,000) × ○(일반 150,000) ○(일반 350,000)
교 육 비	×	○	• 본인 대학원 등록금 • 아들 수업료(학원비는 대상에서 제외) • 딸 어린이집 교육비	○(본인 5,000,000) ○(초등 8,000,000) ○(취학전 1,800,000)
의 료 비	×	×	• 본인 의료비 • 부친 국외의료비는 대상에서 제외 • 딸 의료비	○(본인 1,050,000) × ○(6세이하 250,000)
신용카드	×	○	• 본인 신용카드 사용액	○(신용 32,500,000)

(2) 보험료

① 이철수(본인)

보장성보험-일반	300,000
보장성보험-장애인	
합 계	300,000

② 이명수(부친)

보장성보험-일반	150,000
보장성보험-장애인	
합 계	150,000

③ 이현수(아들)

보장성보험-일반	350,000
보장성보험-장애인	
합 계	350,000

(3) 교육비

① 이철수(본인)

교육비	
일반	장애인특수
5,000,000 4.본인	

② 이현수(아들)

교육비	
일반	장애인특수
8,000,000 2.초중고	

※ 또는 3,000,000

③ 이리수(딸)

교육비	
일반	장애인특수
1,800,000 1.취학전	

2. [신용카드 등] 탭

	성명 생년월일	자료구분	신용카드	직불.선불	현금영수증	도서등 신용	도서등 직불	도서등 현금	전통시장	대중교통	소비증가분	
											20x0 년	20x1 년
	이철수	국세청	32,500,000									
	1983-05-05	기타										32,500,000

3. [의료비] 탭 : 국외 의료비는 공제 대상 의료비에서 제외된다.

의료비 공제대상자				지급처			지급명세					14.산후 조리원
성명	내/외	5.주민등록번호	6.본인등 해당여부	9.증빙 코드	8.상호	7.사업자 등록번호	10. 건수	11.금액	11-1.실손 보험수령액	12.미숙아 선천성이상아	13.난임 여부	
이철수	내	830505-1478521	1	0	1				1,050,000		X	X	X
이리수	내	191104-4487122	2	0	1				250,000		X	X	X

4. [연말정산입력] 탭 : F8 부양가족탭 불러오기 실행

	구분		지출액	공제금액		구분		지출액	공제대상금액	공제금액
특별공제	건강보험료		1,921,920	1,921,920	특별세액공제	61.보장 성보험	일반	800,000	800,000	800,000 / 96,000
	고용보험료		384,000	384,000			장애인			
	34.주택차입금 원리금상환액	대출기관				62.의료비		1,300,000	1,300,000	
		거주자				63.교육비		14,800,000	14,800,000	9,800,000 / 1,041,612
	34.장기주택저당차입금이자상					64.기부금				
	35.기부금-2013년이전이월분					1)정치자금 기부금	10만원이하			
	36.특별소득공제 계			2,305,920			10만원초과			
37.차감소득금액				25,384,080		2)고향사랑 기부금	10만원이하			
38.개인연금저축							10만원초과			
그밖의소득공제	39.소기업,소상 공인 공제부금	2015년이전가입			특별세액공제	3)특례기부금(전액)				
		2016년이후가입				4)우리사주조합기부금				
	40.주택 마련저축 소득공제	청약저축				5)일반기부금(종교단체외)				
		주택청약				6)일반기부금(종교단체)				
		근로자주택마련				65.특별세액공제 계				1,137,612
	41.투자조합출자 등 소득공제					66.표준세액공제				
	42.신용카드 등 사용액		32,500,000	4,000,000		67.납세조합공제				
	43.우리사주조합 출연금	일반 등				68.주택차입금				
		벤처 등				69.외국납부	▶			
	44.고용유지중소기업근로자					70.월세액				

제113회 전산세무 2급

합격율	시험년월
28%	2024.4

이 론

01. 다음 중 재무상태표의 구성요소에 대한 설명으로 틀린 것은?

① 부채는 유동성에 따라 유동부채와 비유동부채로 구분한다.

② 자산과 부채는 유동성이 큰 항목부터 배열하는 것을 원칙으로 한다.

③ 자산은 유동자산과 비유동자산으로 구분하며 유동자산은 당좌자산과 투자자산으로 구분한다.

④ 자본은 자본금, 자본잉여금, 자본조정, 기타포괄손익누계액 및 이익잉여금(결손금)으로 구분한다.

02. 다음의 자료를 이용하여 기말 자본잉여금을 구하시오. 단, 기초 자본잉여금은 10,000,000원이다.

> 당기에 발생한 자본 항목의 증감 내역은 아래와 같다.
> • 주식발행초과금 증가 2,000,000원   • 자기주식처분이익 발생 300,000원
> • 이익준비금 적립 3,000,000원   • 자본금 증가 5,000,000원

① 12,000,000원   ② 12,300,000원   ③ 15,000,000원   ④ 17,000,000원

03. 다음 중 받을어음의 대손충당금을 과대 설정하였을 경우 재무제표에 미치는 영향으로 올바른 것은?

① 자산의 과소계상   ② 비용의 과소계상

③ 당기순이익 과대계상   ④ 이익잉여금의 과대계상

04. 다음 중 일반기업회계기준에 따른 유형자산에 대한 설명으로 옳지 않은 것은?

① 취득원가는 구입원가 또는 제작원가 및 경영진이 의도하는 방식으로 자산을 가동하는 데 필요한 장소와 상태에 이르게 하는 데 직접 관련되는 원가로 구성된다.

② 취득세, 등록면허세 등 유형자산의 취득과 직접 관련된 제세공과금은 당기비용으로 처리한다.

③ 새로운 상품과 서비스를 소개하는 데 소요되는 원가(예 : 광고 및 판촉활동과 관련된 원가)는 유형자산의 원가를 구성하지 않는다.

④ 건물을 신축하기 위하여 사용 중인 기존 건물을 철거하는 경우 그 건물의 장부금액은 제거하여 처분손실로 반영하고, 철거비용은 전액 당기비용으로 처리한다.

05. 다음 중 충당부채에 대한 설명으로 틀린 것은?

① 과거사건에 의해 충당부채를 인식하기 위해서는 그 사건이 기업의 미래행위와 독립적이어야 한다.

② 충당부채는 보고기간말마다 그 잔액을 검토하고, 보고기간말 현재 최선의 추정치를 반영하여 증감조정한다.

③ 충당부채를 발생시킨 사건과 밀접하게 관련된 자산의 예상되는 처분차익은 충당부채 금액의 측정에 고려하지 아니한다.

④ 의무발생사건의 결과로 현재의무가 존재하면 자원의 유출 가능성이 낮더라도 충당부채로 인식해야 한다.

06. ㈜한국은 선입선출법에 의한 종합원가계산을 적용하고 있으며, 당기 생산 관련 자료는 아래와 같다. 품질검사는 완성도 30% 시점에서 이루어지며, 당기에 검사를 통과한 정상품의 3%를 정상공손으로 간주한다. 당기의 정상공손수량은 몇 개인가?

〈물량흐름〉		
기초재공품	500개(완성도 70%)	
당기착수량	2,000개	
당기완성량	2,000개	
기말재공품	300개(완성도 50%)	

① 51개   ② 54개   ③ 60개   ④ 75개

07. 다음 중 원가회계의 목적과 거리가 먼 것은?

① 내부 경영 의사결정에 필요한 원가 정보를 제공하기 위함이다.

② 원가통제에 필요한 원가 정보를 제공하기 위함이다.

③ 손익계산서상 제품 원가에 대한 원가 정보를 제공하기 위함이다.

④ 이익잉여금처분계산서상 이익잉여금 처분 정보를 제공하기 위함이다.

08. 다음은 정상원가계산을 채택하고 있는 ㈜서울의 20x1년 원가 관련 자료이다. ㈜서울은 직접노동시간에 비례하여 제조간접원가를 배부한다. 제조간접원가 배부액을 구하시오.

• 제조간접원가 예산 : 39,690,000원	• 실제 제조간접원가 : 44,100,000원
• 예산 직접노동시간 : 90,000시간	• 실제 직접노동시간 : 70,000시간

① 30,870,000원　　　② 34,300,000원　　　③ 47,800,000원　　　④ 51,030,000원

09. 다음 중 제조원가의 분류로 잘못 구성된 것을 고르시오.

① 추적가능성에 따른 분류 : 직접재료원가, 간접재료원가, 직접노무원가, 간접노무원가

② 제조원가의 요소에 따른 분류 : 직접재료원가, 직접노무원가, 제조간접원가

③ 원가행태에 따른 분류 : 재료원가, 노무원가, 제조간접원가

④ 발생형태에 따른 분류 : 재료원가, 노무원가, 제조경비

10. 다음 중 보조부문원가의 배분 방법에 대한 설명으로 옳은 것은?　

① 직접배분법은 보조부문 상호간의 용역수수관계를 전혀 인식하지 않아 항상 가장 부정확하다.

② 상호배분법은 보조부문 상호간의 용역수수관계를 가장 정확하게 배분하므로 가장 많이 이용된다.

③ 단계배분법은 보조부문 상호간의 용역수수관계를 일부 인식하며 배분 순서에 따라 결과가 달라진다.

④ 단계배분법은 우선순위가 낮은 부문의 원가를 우선순위가 높은 부문과 제조부문에 먼저 배분한다.

11. 다음 중 부가가치세법상 아래의 수정세금계산서 발급 방법에 대한 수정세금계산서 발급 사유로 옳은 것은?

> (수정세금계산서 발급 방법)
> 사유 발생일을 작성일로 적고 비고란에 처음 세금계산서 작성일을 덧붙여 적은 후 붉은색 글씨로 쓰거나 음의 표시를 하여 발급

① 착오로 전자세금계산서를 이중으로 발급한 경우
② 계약의 해제로 재화 또는 용역이 공급되지 아니한 경우
③ 필요적 기재사항 등이 착오 외의 사유로 잘못 적힌 경우
④ 면세 등 세금계산서 발급 대상이 아닌 거래 등에 대하여 세금계산서를 발급한 경우

12. 다음 중 부가가치세법상 공제하지 아니하는 매입세액이 아닌 것은?

① 토지에 관련된 매입세액
② 사업과 직접 관련이 없는 지출에 대한 매입세액
③ 기업업무추진비 및 이와 유사한 비용 지출에 대한 매입세액
④ 세금계산서 임의적 기재사항의 일부가 적히지 아니한 지출에 대한 매입세액

13. 다음 중 부가가치세법상 환급에 대한 설명으로 가장 옳지 않은 것은?

① 각 과세기간별로 그 과세기간에 대한 환급세액을 확정신고한 사업자에게 그 확정신고기한이 지난 후 25일 이내에 환급하여야 한다.
② 재화 및 용역의 공급에 영세율을 적용받는 경우 조기환급 신고할 수 있다.
③ 조기환급 신고의 경우 조기환급 신고기한이 지난 후 15일 이내에 환급할 수 있다.
④ 사업 설비를 신설·취득·확장 또는 증축하는 경우 조기환급 신고할 수 있다.

14. 다음 중 소득세법상 종합소득에 대한 설명으로 틀린 것은?

① 이자소득은 총수입금액과 소득금액이 동일하다.
② 퇴직소득과 양도소득은 종합소득에 해당하지 않는다.
③ 사업소득, 근로소득, 연금소득, 기타소득에는 비과세 소득이 존재한다.
④ 금융소득(이자 및 배당)은 납세자의 선택에 따라 금융소득종합과세를 적용할 수 있다.

15. 다음 중 소득세법상 결손금과 이월결손금에 대한 설명으로 가장 옳지 않은 것은?

① 비주거용 부동산 임대업에서 발생한 이월결손금은 타 소득에서 공제할 수 없다.

② 추계 신고 시에는 원칙적으로 이월결손금을 공제할 수 없다.

③ 해당 과세기간에 일반사업소득에서 결손금이 발생하고 이월결손금도 있는 경우에는 이월결손금을 먼저 다른 소득금액에서 공제한다.

④ 결손금의 소급공제는 중소기업에 한하여 적용 가능하다.

■ 실 무

㈜파도상회(2113)는 전자제품의 제조 및 도·소매업을 주업으로 영위하는 중소기업으로, 당기의 회계기간은 20x1.1.1.~20x1.12.31.이다. 전산세무회계 수험용 프로그램을 이용하여 다음 물음에 답하시오.

문제 1 **[일반전표입력]** 메뉴를 이용하여 다음의 거래자료를 입력하시오. (15점)

[1] 03월 21일   정기 주주총회에서 이익배당을 결의하다. 다음은 정기 주주총회 의사록이며, 실제 배당금 지급일은 4월로 예정되었다(단, 이익배당과 관련된 회계처리를 이월이익잉여금(375) 계정을 사용하여 회계처리할 것). (3점)

제12기 정기 주주총회 의사록

㈜파도상회

1. 일시 : 20x1년 3월 21일 16시
2. 장소 : 경기도 부천시 길주로 284, 515호 (중동, 신중동역 헤리움 메트로타워)
3. 출석상황

주주총수 : 5명	주식총수 : 100,000주	
출석주주 : 5명	주식총수 : 100,000주	
참 석 율 : 100%	100%	

  의장인 사내이사 이도진은 정관 규정에 따라 의장석에 등단하여 위와 같이 법정수에 달하는 주주가 출석하여 본 총회가 적법하게 성립되었음을 알리고 개회를 선언하다.

제1호 의안 : 제12기(20x0년 1월 1일부터 20x0년 12월 31일까지) 재무제표 승인의 건
의장은 본 의안을 20x0년 결산기가 20x0년 12월 31일자로 종료됨에 따라 재무상태표 및 손익계산서를 보고하고 이에 따른 승인을 구한 바 참석주주 전원의 일치로 이를 승인가결하다.

제2호 의안 : 제12기 이익배당의 건
  의장은 제12기(20x0년) 배당에 관한 안건을 상정하고 의안에 대한 설명 및 필요성을 설명하고 그 승인을 구한 바, 만장일치로 찬성하여 다음과 같이 승인 가결하다.
  1) 배당에 관한 사항
  가. 1주당 배당금 : 보통주 1,000원   나. 액면배당률 : 보통주   10%   다. 배당총액 : 100,000,000원
  2) 기타사항
  가. 배당은 현금배당으로 하며, 이익배당액의 10%를 결의일에 이익준비금으로 적립한다.
이상으로서 금일의 의안 전부를 심의 종료하였으므로 의장은 폐회를 선언하다.

위 결의를 명확히 하기 위해 이 의사록을 작성하고 의장과 출석한 이사 및 감사 아래에 기명 날인하다.

---

[2] 03월 28일   남일상사에 대한 외상매입금 15,500,000원 중 7,000,000원은 보통예금 계좌에서 이체하여 지급하였으며 잔액은 대표자 개인 명의의 보통예금 계좌에서 이체하여 지급하였다(단, 가수금 계정을 사용하고, 거래처(00133)를 입력할 것). (3점)

[3] 06월 25일　외부 강사를 초청하여 영업부 직원들의 CS교육을 실시하고 강사료 2,400,000원에서 원천징수세액(지방소득세 포함) 79,200원을 차감한 금액을 보통예금 계좌에서 지급하였다. (3점)

[4] 08월 10일　단기매매차익을 얻을 목적으로 전기에 취득하여 보유하고 있던 ㈜연홍의 주식(취득가액 500,000원)을 모두 1,000,000원에 처분하고 대금에서 거래수수료 등 제비용 50,000원을 차감한 잔액이 보통예금 계좌로 입금되었다. (3점)

[5] 09월 05일　제품 생산에 투입할 원재료로 사용하기 위해 구입하여 보관 중인 미가공식료품을 수재민을 도와주기 위하여 지방자치단체에 무상으로 기부하였다. 단, 취득원가는 2,000,000원이며, 시가는 2,100,000원이다. (3점)

문제 2 **[매입매출전표입력]** 메뉴를 이용하여 다음의 거래자료를 입력하시오. (15점)

[1] 07월 17일　비사업자인 개인 소비자 추미랑에게 제품을 판매하고 대금은 현금으로 받아 아래의 현금영수증을 발급하였다. (3점)

Hometax. 국세청홈택스 현금영수증

● 거래정보

거래일시	20x1/07/17
승인번호	G45972376
거래구분	승인거래
거래용도	소득공제
발급수단번호	010 - **** - 9694

● 거래금액

공급가액	부가세	봉사료	총 거래금액
480,000	48,000	0	528,000

● 가맹점 정보

상호	㈜파도상회
사업자번호	124 - 86 - 94282
대표자명	이도진
주소	경기도 부천시 길주로 284, 515호

● 익일 홈택스에서 현금영수증 발급 여부를 반드시 확인하시기 바랍니다.
● 홈페이지 (http://www.hometax.go.kr)
　- 조회/발급＞현금영수증 조회＞사용내역(소득공제) 조회
　　　　　　　　　　　＞매입내역(지출증빙) 조회
● 관련문의는 국세상담센터(☎126 - 1 - 1)

[2] 07월 28일   비사업자인 개인에게 영업부 사무실에서 사용하던 에어컨(취득원가 2,500,000원, 감
가상각누계액 1,500,000원)을 1,100,000원(부가가치세 포함)에 판매하고, 대금은 보
통예금 계좌로 받았다(단, 별도의 세금계산서나 현금영수증을 발급하지 않았으며, 거래처
입력은 생략할 것). (3점)

[3] 08월 28일   해외거래처인 LQTECH로부터 제품 생산에 필요한 원재료를 수입하면서 인천세관으로
부터 아래의 수입전자세금계산서를 발급받고, 부가가치세는 현금으로 납부하였다(단,
재고자산에 대한 회계처리는 생략할 것). (3점)

수입전자세금계산서					승인번호		20240828 – 11324560 – 11134567			
세관명	등록번호	135 – 82 – 12512	종사업장번호		수입자	등록번호	124 – 86 – 94282	종사업장번호		
	세관명	인천세관	성명	김세관		상호(법인명)	㈜파도상회	성명	이도진	
	세관주소	인천광역시 미추홀구 항구로				사업장주소	경기도 부천시 길주로 284, 515호			
	수입신고번호또는일괄발급기간(총건)					업태	제조업	종목	전자제품	
납부일자		과세표준		세액		수정사유		비고		
20x1/08/28		5,400,000		540,000		해당 없음				
월	일	품목	규격	수량	단가		공급가액	세액	비고	
08	28	수입신고필증 참조					5,400,000	540,000		
	합계금액	5,940,000								

[4] 09월 02일 사내 행사를 위하여 영업부 직원들에게 제공할 다과류를 구입하고 법인카드(비씨카드)로 결제하였다. (3점)

과자나라㈜
20x1.09.02.(화) 09 : 30 : 51

1,100,000원
정상승인 | 일시불

결제정보

카드	비씨카드(1234 – 5678 – 1001 – 2348)
승인번호	71942793
이용구분	일시불

결제금액   **1,100,000원**

공급가액	1,000,000원
부가세	100,000원
봉사료	0원

가맹점 정보

가맹점명	과자나라㈜
업종	도소매
사업자등록번호	123 – 86 – 12346
대표자명	오나라
전화번호	02 – 452 – 4512
주소	서울시 서초구 명달로 105

본 매출표는 신용카드 이용에 따른 증빙용으로 비씨카드사에서 발급한 것임을 확인합니다.

🅑비씨카드주식회사

---

[5] 09월 11일 공장에서 사용할 목적으로 지난 4월 2일 ㈜오성기계와 체결한 기계장치 공급계약에 따라 절단로봇을 인도받고 시험가동을 완료하였다. 잔금은 보통예금 계좌에서 지급하고 아래의 전자세금계산서를 발급받았다. (3점)

고압제트 절단로봇 공급계약서

(생략)

제 2 조 위 공급계약의 총 계약금액은 <u>22,000,000원(VAT 포함)</u>으로 하며, 아래와 같이 지불하기로 한다.

계 약 금	일금 이백만 원정 (₩ 2,000,000)은 계약 시에 지불한다.
잔 금	일금 이천만 원정 (₩ 20,000,000)은 20x1년 09월 30일 내에 제품 인도 후 시험가동이 완료된 때에 지불한다.

(이하 생략)

전자세금계산서					승인번호		20240911－31000013－443461111		
공급자	등록번호	130－81－08113		종사업장번호		공급받는자	등록번호	124－86－94282	종사업장번호	
	상호(법인명)	㈜오성기계	성명	유오성			상호(법인명)	㈜파도상회	성명	이도진
	사업장	경기도 부천시 길주로 1					사업장	경기도 부천시 길주로 284, 515호		
	업태	제조	종목	생산로봇			업태	제조,도소매	종목	전자제품
	이메일	osung@naver.com					이메일	wavestore@naver.com		
							이메일			

작성일자	공급가액	세액	수정사유
20x1/09/11	20,000,000	2,000,000	
비고			

월	일	품목	규격	수량	단가	공급가액	세액	비고
09	11	고압제트 절단 로봇	M701C			20,000,000	2,000,000	

합계금액	현금	수표	어음	외상미수금	이 금액을 （ 영수 ） 함
22,000,000	22,000,000				

문제 3　부가가치세 신고와 관련하여 다음 물음에 답하시오. (10점)

[1] 이 문제에 한정하여 ㈜파도상회는 음식점업만을 영위하는 법인으로 가정한다. 다음 자료를 이용하여 20x1년 제1기 확정신고기간(20x1.04.01.~20x1.06.30.)에 대한 의제매입세액공제신고서를 작성하시오. (4점)

1. 매입자료

취득일자	공급자	사업자등록번호 (주민등록번호)	물품명	수량	매입가액	구분
20x1.04.10.	은성	752-06-02023	야채	250개	1,020,000원	계산서
20x1.04.30.	㈜이두식자재	872-87-85496	생닭	300마리	1,830,000원	신용카드
20x1.05.20.	김어부	650321-1548905	갈치	80마리	790,000원	농어민 매입

2. 제1기 예정분 과세표준은 80,000,000원이며, 확정분 과세표준은 95,000,000원이다.
3. 제1기 예정신고 시 의제매입세액 75,000원을 공제받았다.
4. 위 자료 1의 면세 매입 물품은 모두 과세사업인 음식점업에 직접 사용하였다.

[2] 다음의 자료를 이용하여 20x1년 제2기 부가가치세 확정신고기간에 대한 [건물등감가상각자산취득명세서]를 작성하시오(단, 아래의 자산은 모두 감가상각 대상에 해당함). (4점)

취득일	내용	공급가액	상호	수량
		부가가치세액	사업자등록번호	매입가액
10.04.	영업부의 업무용승용차(2,000cc) 구입	31,000,000원	㈜원대자동차	전자세금계산서 수취
		3,100,000원	210 – 81 – 13571	
11.26.	제조부의 공장 건물 신축공사비 지급	50,000,000원	아름건설	종이세금계산서 수취
		5,000,000원	101 – 26 – 97846	
12.09.	제조부 공장에서 사용할 포장기계 구입	2,500,000원	나라포장	법인 신용카드 결제
		250,000원	106 – 02 – 56785	

[3] 20x1년 제1기 예정신고기간(20x1.01.01.~20x1.03.31.)의 [부가가치세신고서]를 전자신고하시오. (2점)

1. 부가가치세신고서와 관련 부속서류는 마감되어 있다.
2. [전자신고] → [국세청 홈택스 전자신고변환(교육용)] 순으로 진행한다.
3. [전자신고] 메뉴의 [전자신고제작] 탭에서 신고인구분은 2.납세자 자진신고를 선택하고, 비밀번호는 "12341234"로 입력한다.
4. [국세청 홈택스 전자신고변환(교육용)] → 전자파일변환(변환대상파일선택) → [찾아보기] 에서 전자신고용 전자파일을 선택한다.
5. 전자신고용 전자파일 저장경로는 로컬디스크(C:)이며, 파일명은 "enc작성연월일.101.v사업자등록번호"다.
6. [형식검증하기] ➡ [형식검증결과확인] ➡ [내용검증하기] ➡ [내용검증결과확인] ➡ [전자파일제출] 을 순서대로 클릭한다.
7. 최종적으로 [전자파일 제출하기] 를 완료한다.

문제 4 결산정리사항은 다음과 같다. 관련 메뉴를 이용하여 결산을 완료하시오. (15점)

[1] 아래의 자료를 이용하여 정기예금의 당기분 경과이자에 대한 회계처리를 하시오(단, 월할 계산할 것). (3점)

> • 정기예금액 : 30,000,000원 • 예금가입기간 : 20x1.04.01.~20x2.03.31. • 연이자율 : 3.4%
> • 이자는 만기일(20x2.03.31.)에 일시 수령한다.

[2] 일반기업회계기준에 따라 20x1년 말 현재 보유 중인 매도가능증권에 대하여 결산일의 적절한 회계처리를 하시오(단, 매도가능증권은 비유동자산이며, 20x0년의 회계처리는 적절하게 되었다). (3점)

주식명	20x0년 취득가액	20x0년 말 공정가치	20x1년 말 공정가치
㈜엔지	5,000,000원	6,000,000원	4,800,000원

[3] 20x1년 11월 중 캐나다 ZF사에 수출한 외상매출금 $100,000은 20x2년 1월 15일에 외화 통장으로 회수될 예정이며, 일자별 기준환율은 다음과 같다. (3점)

구분	수출신고일 : 20x1.11.03.	선적일 : 20x1.11.10.	결산일 : 20x1.12.31.
기준환율	900원/$	920원/$	950원/$

[4] 기존에 입력된 데이터는 무시하고 20x1년 제2기 확정신고기간의 부가가치세와 관련된 내용은 다음과 같다고 가정한다. 12월 31일 부가세예수금과 부가세대급금을 정리하는 회계처리를 하시오. 단, 납부세액(또는 환급세액)은 미지급세금(또는 미수금)으로, 경감세액은 잡이익으로, 가산세는 세금과공과(판)로 회계처리한다. (3점)

> • 부가세대급금   6,400,000원 • 부가세예수금   8,240,000원
> • 전자신고세액공제액   10,000원 • 세금계산서지연발급가산세   84,000원

[5] 결산일 현재 무형자산인 영업권의 전기 말 상각 후 미상각잔액은 200,000,000원으로 이 영업권은 작년 1월 초 250,000,000원에 취득한 것이다. 이에 대한 회계처리를 하시오. 단, 회사는 무형자산에 대하여 5년간 월할 균등 상각하고 있으며, 상각기간 계산 시 1월 미만은 1월로 간주한다. (3점)

문제 5 20x1년 귀속 원천징수와 관련된 다음의 물음에 답하시오. (15점)

[1] 다음 자료를 이용하여 20x1년 5월 귀속 [원천징수이행상황신고서]를 작성하시오. 단, 아래에 주어진
자료만을 이용하여 [원천징수이행상황신고서]를 직접 작성하고, [급여자료입력] 메뉴에서 불러오는
자료는 무시할 것. (5점)

[지급일자 : 20x1년 6월 05일]　　　　　　20x1년 5월 귀속 급여대장　　　　　　　　　　(단위 : 원)

구분	급여내역상세					공제내역상세			
성명	기본급	자격수당	식대	자가운전보조금	합계	4대보험	소득세	지방소득세	합계
김성현	2,600,000	–	200,000	200,000	3,000,000	234,000	90,000	9,000	333,000
서지은	2,700,000	300,000	200,000	–	3,200,000	270,000	– 20,000	– 20,000	50,000
합계	5,300,000	300,000	400,000	200,000	6,200,000	504,000	– 11,000	– 11,000	383,000

1. 위 급여내역 중 식대 및 자가운전보조금은 비과세 요건을 충족한다.
2. 5월 귀속 급여 지급일은 20x1년 6월 5일이다.
3. 서지은(중도퇴사자) 관련 사항
　(가) 20x1년 5월 31일까지 근무 후 중도퇴사하였다.
　(나) 20x1년 1월부터 4월까지의 총지급액은 12,000,000원이라고 가정한다.
　(다) 소득세 및 지방소득세는 중도퇴사자 정산이 반영된 내역이며, 5월분 급여에 대해서는 원천징수하지
　　　않았다.

[2] 함춘식 대리(사번 : 301, 입사일 : 20x1년 04월 21일)의 20x1년 귀속 연말정산과 관련된 자료는 다음
과 같다. 아래의 자료를 이용하여 [연말정산추가자료입력] 메뉴의 [소득명세] 탭, [부양가족] 탭, [의료비]
탭, [신용카드등] 탭, [월세액] 탭을 작성하고 [연말정산입력] 탭에서 연말정산을 완료하시오(단, 제시된
소득 이외의 소득은 없으며, 세부담 최소화를 가정한다). (10점)

현근무지	• 급여총액 : 40,600,000원(비과세 급여, 상여, 감면소득 없음) • 소득세 기납부세액 : 2,368,370원(지방소득세 : 236,800원) • 이외 소득명세 탭의 자료는 불러오기 금액을 반영한다.
전(前)근무지 근로소득 원천징수영수 증	• 근무처 : ㈜솔비공업사(사업자번호 : 956 – 85 – 02635) • 근무기간 : 20x1.01.01.~20x1.04.20. • 급여총액 : 12,200,000원(비과세 급여, 상여, 감면소득 없음) • 건강보험료 : 464,810원　　　　　　장기요양보험료 : 97,290원 • 고용보험료 : 134,320원　　　　　　국민연금 : 508,700원 • 소득세 결정세액 : 398,000원(지방소득세 결정세액 : 39,800원)

가족사항	성명	관계	주민번호	비고
	함춘식	본인	900919 - 1668321	무주택 세대주임
	함덕주	부	501223 - 1589321	일용근로소득금액 4,300만원
	박경자	모	530807 - 2548718	복권 당첨소득 500만원
	함경리	누나	881229 - 2509019	중증환자 등 장애인으로 소득 없음

• 기본공제대상자가 아닌 경우 기본공제 여부에 '부'로 표시할 것
• 위의 가족은 모두 내국인으로 생계를 같이 하는 것으로 한다.

20x1년도 연말정산자료	항목	내용
	보험료	• 함덕주(부) : 일반 보장성 보험료 50만원 • 함춘식(본인) : 저축성 보험료 120만원 • 함경리(누나) : 장애인 전용 보장성 보험료 70만원
	의료비	• 박경자(모) : 임플란트 비용 200만원 • 함덕주(부) : 보청기 구입비용 30만원 • 함경리(누나) : 치료를 위한 한약 30만원 ※ 위 의료비는 모두 함춘식 본인의 신용카드로 결제하였고, 치료 목적으로 지출하였다. ※ 주어진 자료만 고려하여 입력한다.
	신용카드등 사용액	• 함춘식(본인) 신용카드 사용액 : 2,100만원 　- 대중교통 사용분 60만원, 아파트 관리비 100만원, 동거가족 의료비 260만원 포함 • 함덕주(부) 체크카드 사용액 : 800만원 　- 전통시장 사용분 200만원 포함
	월세액	• 임대인 : 이고동(주민등록번호 691126 - 1904701) • 유형 및 면적 : 아파트, 84㎡ • 임대주택 주소지 : 경기도 안산시 단원구 중앙대로 620 • 임대차 기간 : 20x1.01.01.~20x2.12.31. • 월세액 : 월 60만원

※ 위 보험료, 의료비, 신용카드 등 사용액은 모두 국세청 연말정산 간소화 서비스에서 조회된 자료이다.

제113회 전산세무2급 답안 및 해설

이 론

1	2	3	4	5	6	7	8	9	10	11	12	13	14	15
③	②	①	②	④	②	④	①	③	③	②	④	①	④	③

01. 유동자산은 **당좌자산과 재고자산으로 구분**하고 투자자산은 비유동자산에 속한다.

02. 기말 자본잉여금 = 기초 자본잉여금(10,000,000) + 주식발행초과금(2,000,000)
+ 자기주식처분이익(300,000) = 12,300,000원

03. **대손충당금(자산 차감) 과대 설정은 자산의 과소계상**된다. 동시에 대손상각비가 과대 계상된다.

04. 취득세, 등록면허세 등 유형자산의 **취득과 직접 관련된 제세공과금은 유형자산의 원가를 구성**한다.

05. 충당부채는 과거사건이나 거래의 결과에 의한 현재의무로서, 지출의 시기 또는 금액이 불확실하지만 그 의무를 이행하기 위하여 **자원이 유출될 가능성이 매우 높고 또한 당해 금액을 신뢰성 있게 추정할 수 있는 의무**를 말한다.

06. 당기에 검사(30%)를 통과한 정상품 = 1,500개 + 300개 = 1,800개

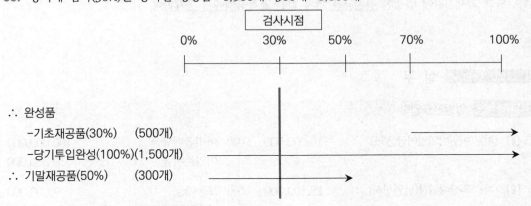

검사시점
| 0% | 30% | 50% | 70% | 100% |

∴ 완성품
 - 기초재공품(30%)   (500개)
 - 당기투입완성(100%)(1,500개)
∴ 기말재공품(50%)   (300개)

∴ 정상공손수량 = 정상품(1,800개) × 3% = 54개

07. 이익잉여금처분은 주주에게 지급하는 배당 등을 의미하며 **주주인 외부 이해관계자에게 제공하는 것은 재무회계의 목적에 해당**한다.

08. 제조간접원가 예정배부율 = 제조간접원가 예산(39,690,000) ÷ 예산 직접노동시간(90,000)
= 441원/직접노동시간

배부액 = 실제 직접노동시간(70,000) × 예정배부율(441) = 30,870,000원

09. 제조원가를 **원가행태에 따른 분류하면 변동제조원가, 고정제조원가**로 분류한다.

10. 단계배분법은 우선순위가 높은 부문의 보조부문원가를 우선순위가 낮은 부문과 제조부문에 먼저 배분하는 방법으로 상호간의 용역수수관계를 일부 인식하지만 **배분 순서가 부적절한 경우 직접배분법보다도 정확성이 떨어질 수 있다.**

상호배분법은 보조부문 상호간의 용역수수관계를 가장 정확하게 배분하지만 **보조부문의 수가 여러 개일 경우 시간과 비용이 많이 소요되고 계산하기가 어려워 실무상 거의 사용되지 않는다.**

11. ① 착오로 전자세금계산서를 이중으로 발급한 경우 : 처음에 발급한 세금계산서의 내용대로 음의 표시를 하여 발급

③ 필요적 기재사항 등이 착오 외의 사유로 잘못 적힌 경우 : 처음에 발급한 세금계산서의 내용대로 세금계산서를 붉은색 글씨로 쓰거나 음의 표시를 하여 발급하고, 수정하여 발급하는 세금계산서는 검은색 글씨로 작성하여 발급

④ 면세 등 세금계산서 발급 대상이 아닌 거래 등에 대하여 세금계산서를 발급한 경우 : 처음에 발급한 세금계산서의 내용대로 붉은색 글씨로 쓰거나 음의 표시를 하여 발급

12. 세금계산서 **임의적 기재사항의 일부가 적히지 아니한 지출에 대한 매입세액은 공제가 가능**하다. 필요적 기재사항의 일부가 적히지 아니한 지출에 대한 매입세액에 대해서는 공제 불가하다.

13. 납세지 관할 세무서장은 각 과세기간별로 그 과세기간에 대한 환급세액을 확정신고한 사업자에게 그 **확정신고기한이 지난 후 30일 이내(조기 환급의 경우에는 15일 이내)**에 환급하여야 한다.

14. 금융소득은 납세자의 선택에 따라 종합소득합산과세를 적용할 수 없으며 금융소득이 **연 2천만원을 초과하는 경우 금융소득종합과세를 적용**한다.

15. 당해 과세기간에 발생한 **결손금을 먼저 다른 소득금액에서 공제**한다.

▇▇▇ 실 무

| 문제 1 | 일반전표입력 |

[1] (차) 이월이익잉여금(375) 110,000,000 (대) 미지급배당금 100,000,000
                                              이익준비금 10,000,000

[2] (차) 외상매입금(남일상사) 15,500,000 (대) 보통예금 7,000,000
                                              가수금(대표자) 8,500,000

[3] (차) 교육훈련비(판) 2,400,000 (대) 예수금 79,200
                                        보통예금 2,320,800

[4] (차) 보통예금 950,000 (대) 단기매매증권 500,000
                                단기매매증권처분이익 450,000

☞처분손익 = 처분가액(1,000,000 − 50,000) − 장부가액(500,000) = 450,000원(이익)

[5] (차) 기부금 2,000,000 (대) 원재료(8. 타계정으로 대체) 2,000,000

문제 2 매입매출전표입력

[1] 매입매출전표입력(7/17)

유형: 22.현과 공급가액: 480,000 원 부가세: 48,000 원 공급처명: 추미랑 분개:현금 또는 혼합

| (차) | 현금 | 528,000원 | (대) | 제품매출 | 480,000원 |
| | | | | 부가세예수금 | 48,000원 |

[2] 매입매출전표입력(7/28)

유형: 14.건별 공급가액: 1,000,000 원 부가세: 100,000 원 공급처명: 없음 분개:혼합

| (차) | 보통예금 | 1,100,000원 | (대) | 부가세예수금 | 100,000원 |
| | 감가상각누계액(213) | 1,500,000원 | | 비품 | 2,500,000원 |

[3] 매입매출전표입력(8/28)

유형: 55.수입 공급가액: 5,400,000 원 부가세: 540,000 원 공급처명: 인천세관 전자: 여 분개: 현금 또는 혼합

| (차) | 부가세대급금 | 540,000원 | (대) | 현금 | 540,000원 |

[4] 매입매출전표입력(9/02)

유형: 57.카과 공급가액: 1,000,000 원 부가세: 100,000 원 공급처명: 과자나라㈜ 분개:카드 또는 혼합
신용카드사 : 비씨카드

| (차) | 부가세대급금 | 100,000원 | (대) | 미지급금(비씨카드) | 1,100,000원 |
| | 복리후생비(판) | 1,000,000원 | | | |

[5] 매입매출전표입력(9/11)

유형: 51.과세 공급가액: 20,000,000 원 부가세: 2,000,000 원 공급처명:㈜오성기계 전자:여 분개: 혼합

| (차) | 기계장치 | 20,000,000원 | (대) | 보통예금 | 20,000,000원 |
| | 부가세대급금 | 2,000,000원 | | 선급금 | 2,000,000원 |

문제 3 부가가치세

[1] [의제매입세액공제신고서](4~6월) 음식점업 법인 6/106

※ <u>농어민으로부터의 매입은 제조업자에 한하여 가능</u>하다.

(1) 의제매입세액 자료

① 은성

취득일자	구분	물품명	수량	매입가액	공제율	의제매입세액	건수
20x1-04-10	계산서	야채	250	1,020,000	6/106	57,735	1

② ㈜이두식자재

취득일자	구분	물품명	수량	매입가액	공제율	의제매입세액	건수
20x1-04-30	신용카드등	생닭	300	1,830,000	6/106	103,584	1

(2) 한도계산

☞ 예정신고기간 매입액 : 예정신고 시 의제매입세액 75,000원÷6/106＝1,325,000원

당기매입액＝예정신고기간 매입액(1,325,000)+확정신고기간 매입액(2,850,000)＝4,175,000원

면세농산물등	제조업 면세농산물등					
가. 과세기간 과세표준 및 공제가능한 금액등						불러오기

과세표준			대상액 한도계산		B. 당기매입액	공제대상금액 [MIN (A,B)]
합계	예정분	확정분	한도율	A. 한도액		
175,000,000	80,000,000	95,000,000	50/100	87,500,000	4,175,000	4,175,000

나. 과세기간 공제할 세액						
공제대상세액			이미 공제받은 금액			공제(납부)할세액 (C-D)
공제율	C. 공제대상금액	D.합계	예정신고분	월별조기분		
6/106	236,320	75,000	75,000			161,320

[2] [건물등감가상각자산취득명세서](10~12월)

○ 취득내역					
감가상각자산종류	건수	공급가액	세액	비고	
합 계	3	83,500,000	8,350,000		
건물ㆍ구축물	1	50,000,000	5,000,000		
기 계 장 치	1	2,500,000	250,000		
차 량 운 반 구	1	31,000,000	3,100,000		
기타감가상각자산					

No			거래처별 감가상각자산 취득명세				
	월/일	상호	사업자등록번호	자산구분	공급가액	세액	건수
1	10-04	(주)원대자동차	210-81-13571	차량운반구	31,000,000	3,100,000	1
2	11-26	아름건설	101-26-97846	건물,구축물	50,000,000	5,000,000	1
3	12-09	나리포장	106-02-56785	기계장치	2,500,000	250,000	1
4							
		합 계			83,500,000	8,350,000	3

☞ 건물 신축공사비는 완공된 건물로 보셔야 합니다. 공장건물 신축공사비에 대해서 <u>건설중인자산으로 보아 매입매출전표에 입력하면 건물로 집계가 됩니다.</u>

[3] 전자신고(1~3월)

1. [부가가치세신고서] 및 관련 부속서류 마감 확인

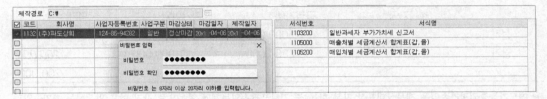

2. [전자신고]>[전자신고제작] 탭>F4 제작>비밀번호(12341234) 입력

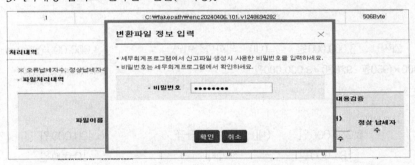

3. [국세청 홈택스 전자신고변환(교육용)]

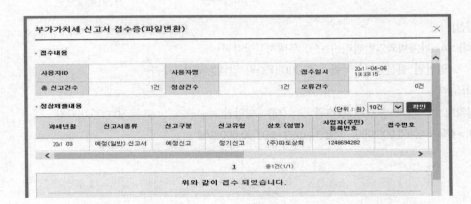

문제 4 결산

[1] [수동결산]

20x1.12.31. (차) 미수수익   765,000원   (대) 이자수익   765,000원

☞ 미수수익 = 정기예금액(30,000,000)×연지이율(3.4%)×9/12 = 765,000원

[2] [수동결산]

(차) 매도가능증권평가이익   1,000,000원   (대) 매도가능증권(178)   1,200,000원
      매도가능증권평가손실   200,000원

	취득가액	공정가액	평가이익	평가손실
전기	5,000,000	6,000,000	1,000,000	0
당기		4,800,000	△1,000,000	*200,000*
계			0	200,000

☞ 매도가능증권평가손익은 재무상태표상 자본 항목 중 기타포괄손익누계액 항목으로 차기 이후 발생하는 평가손익과 상계하여 회계처리한다.

[3] [수동결산]

(차) 외상매출금(캐나다   ZF사)   3,000,000원   (대) 외화환산이익   3,000,000원

☞ 환산손익(자산) = $100,000×(950원 − 920원) = 3,000,000원

[4] [수동결산]

(차) 부가세예수금   8,240,000원   (대) 부가세대급금   6,400,000원
      세금과공과(판)   84,000원   잡이익   10,000원
                                              미지급세금   1,914,000원

[5] [자동/수동결산]

1. [결산자료입력]>4. 판매비와일반관리비>6). 무형자산상각비
              >영업권 결산반영금액란 : 50,000,000원 입력>F3전표추가
2. 또는 일반전표입력

(차) 무형자산상각비   50,000,000원   (대) 영업권   50,000,000원

☞ 무형자산 상각비 = 취득가액(250,000,000)÷내용연수(5년) = 50,000,000원/년

문제 5 원천징수

[1] 원천징수이행상황신고서(귀속기간 5월, 지급기간 6월, 1.정기신고)

원천징수명세및납부세액	원천징수이행상황신고서 부표	원천징수세액환급신청서	기납부세액명세서	전월미환급세액 조정명세서	차월이월환급세액 승계명세

소득자 소득구분		코드	소득지급		징수세액			당월조정 환급세액	납부세액	
			인원	총지급액	소득세 등	농어촌특별세	가산세		소득세 등	농어촌특별세
근로소득	간이세액	A01	2	6,000,000	90,000					
	중도퇴사	A02	1	15,200,000	-200,000					
	일용근로	A03								
	연말정산	A04								
	(분납신청)	A05								
	(납부금액)	A06								
	가 감 계	A10	3	21,200,000	-110,000					
총 합 계		A99	3	21,200,000						

전월 미환급 세액의 계산				당월 발생 환급세액				18.조정대상환급금(14+15+16+17)	19.당월조정 환급세액계	20.차월이월 환급세액	21.환급신청액
12.전월미환급	13.기환급	14.차감(12-13)		15.일반환급	16.신탁재산	금융회사 등	합병 등				
				110,000				110,000		110,000	

- 간이세액[A01] 총지급액 : 급여 합계 6,200,000원 - **미제출비과세(자가운전보조금) 200,000원**

　　　　　　　　　　　= 6,000,000원

※ 원천세 신고 및 지급명세서 작성 시 **식대는 제출비과세** 항목이며, **자가운전보조금은 미제출비과세 항목**이다.

- 중도퇴사[A02] : 1월~4월 총지급액 12,000,000원 + 5월 총지급액 3,200,000원 = 15,200,000원

[2] 연말정산(함춘식) 2025

1. [소득명세] 탭

근무처명	사업자 등록번호	급여	보험료 명세				세액명세		근무기간
			건강보험	장기요양	고용보험	국민연금	소득세	지방소득세	
㈜솔비공업사	956-85-02635	12,200,000	464,810	97.290	134.320	508,700	398,000	39,800	1.1~4.20

2. [부양가족] 탭

관계	요 건		기본공제	추가(자녀)	판　단
	연령	소득			
본인(세대주)	-	-	○		
부(75)	○	○	○	경로	일용근로소득은 분리과세소득
모(72)	○	○	○	경로	복권당첨소득은 분리과세소득
누나(37)	○	○	○	장애(3)	

3. 연말정산

항 목	요건		내역 및 대상여부	입력
	연령	소득		
보 험 료	○ (×)	○	• 부친 일반 보장성 보험료 • 본인 저축성 보험료는 대상에서 제외 • 누나 장애인 전용보장성 보험료	○(일반 500,000) × ○(장애인 700,000)
의 료 비	×	×	• 모친 임플란트 • 부친 보청기 구입비 • 누나 치료 한약 구입	○(65세 2,000,000) ○(65세 300,000) ○(장애 300,000)
신용카드	×	○	• 본인 신용카드(아파트관리비 제외) • 부친 체크카드	○(신용 19,400,000 대중 600,000) ○(직불 6,000,000 전통 2,000,000)
월세	본인등		• 월세액	○(7,200,000)

(1) 보험료

① 본인

보장성보험-일반	500,000
보장성보험-장애인	
합 계	500,000

② 누나

보장성보험-일반	
보장성보험-장애인	700,000
합 계	700,000

(2) [의료비] 탭

의료비 공제대상자					지급처			지급명세					14.산후조리원
성명	내/외	5.주민등록번호	6.본인등 해당여부	9.증빙 코드	8.상호	7.사업자 등록번호	10. 건수	11.금액	11-1.실손 보험수령액	12.미숙아 선천성이상아	13.난임 여부		
박경자	내	530807-2548718	2	0	1				2,000,000		X	X	X
함덕주	내	501223-1589321	2	0	1				300,000		X	X	X
함경리	내	881229-2509019	2	0	1				300,000		X	X	X
						합계		2,600,000					
일반의료비 (본인)		65세 이상자.장애인 건강보험산정특례자	2,600,000		일반의료비 (그 외)				난임시술비				
									미숙아.선천성이상아				

(3) [신용카드 등] 탭

소득명세	부양가족	신용카드 등	의료비	기부금	연금저축 등Ⅰ	연금저축 등Ⅱ	월세액	연말정산입력

	성명 생년월일	자료 구분	신용카드	직불.선불	현금영수증	도서등 신용	도서등 직불	도서등 현금	전통시장	대중교통	소비증가분	
											20x0년	20x1년
	함춘식	국세청	19,400,000							600,000		20,000,000
	1990-09-19	기타										
	함덕주	국세청		6,000,000					2,000,000			8,000,000
	1950-12-23	기타										

4. [월세액] 탭

| 1 | 월세액 세액공제 명세(연말정산입력 탭의 70.월세액) | | | | | | | | | 크게보기 |

임대인명 (상호)	주민등록번호 (사업자번호)	유형	계약 면적(㎡)	임대차계약서 상 주소지	계약서상 임대차 계약기간 개시일	~	종료일	연간 월세액	공제대상금액	세액공제금액
이고동	691126-1904701	아파트	84.00	경기도 안산시 단원구 중앙대	20x1-01-01	~	20x2-12-31	7,200,000	7,200,000	820,731

5. [연말정산입력] 탭 : F8부양가족탭불러오기 실행

구분			지출액	공제금액	구분			지출액	공제대상금액	공제금액
21.총급여				52,800,000	49.종합소득 과세표준					20,387,540
22.근로소득공제				12,390,000	50.산출세액					1,798,131
23.근로소득금액				40,410,000	세 액 감 면	51.「소득세법」	▶			
기 본 공 제	24.본인			1,500,000		52.「조세특례제한법」 (53제외)	▶			
	25.배우자					53.「조세특례제한법」 제30조	▶			
종	26.부양가족	3명)		4,500,000						
합	추 가 공 제	27.경로우대	2명)		2,000,000		54.조세조약	▶			
		28.장애인	1명)		2,000,000		55.세액감면 계				
		29.부녀자					56.근로소득 세액공제				660,000
소		30.한부모가족					57.자녀 ⑦자녀 명)				
	연 금 보 험 료 공 제	31.국민연금보험료		2,335,700	2,335,700	세액공제 ⑧출산.입양 명)					
		32. 공무원연금				연 금 계 좌	58.과학기술공제				
	공적 연금 보험 공제	군인연금					59.근로자퇴직연금				
		사립학교교직원					60.연금저축				
		별정우체국연금					60-1.ISA연금계좌전환				
득	특 별 소 득 공 제	33.보험료		2,646,760	2,646,760	특 별 세 액 공 제	61.보장 일반	500,000	500,000	500,000	60,000
		건강보험료		2,187,640	2,187,640		성보험 장애인	700,000	700,000	700,000	105,000
		고용보험료		459,120	459,120		62.의료비		2,600,000	2,600,000	1,016,000	152,400
		34.주택차입금 대출기관					63.교육비				
		원리금상환액 거주자					64.기부금				
공		34.장기주택저당차입금이자상					1)정치자금 10만원이하				
		35.기부금-2013년이전이월분					기부금 10만원초과				
제		36.특별소득공제 계			2,646,760		2)고향사랑 10만원이하				
	37.차감소득금액				25,427,540		기부금 10만원초과				
	38.개인연금저축						3)특례기부금(전액)				
그 밖 의 소 득 공 제	39.소기업,소상 2015년이전가입				4)우리사주조합기부금					
	공인 공제부금 2016년이후가입				5)일반기부금(종교단체외)					
	40.주택 청약저축				6)일반기부금(종교단체)					
	마련저축 주택청약					65.특별세액공제 계				317,400
	소득공제 근로자·주택마련				제	66.표준세액공제				
	41.투자조합출자 등 소득공제					67.납세조합공제				
	42.신용카드 등 사용액		28,000,000	5,040,000		68.주택차입금				
	43.우리사주조합 일반 등					69.외국납부 ▶				
	출연금 벤처 등					70.월세액		7,200,000	7,200,000	820,731
	44.고용유지중소기업근로자					71.세액공제 계				1,798,131
	45.장기집합투자증권저축				72.결정세액((50)-(55)-(71))					
	46.청년형장기집합투자증권저축				82.실효세율(%) [(72/21)]X100					
	47.그 밖의 소득공제 계			5,040,000						
	48.소득공제 종합한도 초과액 ▶									

구분		소득세	지방소득세	농어촌특별세	계
73.결정세액					
기납부 세액	74.종(전)근무지	398,000	39,800		437,800
	75.주(현)근무지	2,368,370	236,800		2,605,170
76.납부특례세액					
77.차감징수세액		-2,766,370	-276,600		-3,042,970

제111회 전산세무 2급

합격율	시험년월
27%	2023.12

■ 이 론

01. 다음 중 재무제표의 기본가정에 대한 설명으로 가장 옳은 것은?

① 재무제표의 기본가정에는 기업실체의 가정, 계속기업의 가정, 수익·비용 대응의 가정이 있다.

② 기간별 보고의 가정은 자산과 부채의 분류표시를 유동성 순위에 따라 분류하여야 한다는 가정이다.

③ 기업실체의 가정은 기업실체를 소유주와는 독립적으로 보아 기업의 자산과 소유주의 자산을 분리하여 인식하여야 한다는 가정이다.

④ 계속기업의 가정은 기업실체의 지속적인 경제적 활동을 일정한 기간 단위로 분할하여 각 기간별로 재무제표를 작성하는 것을 말한다.

02. 물가가 지속해서 상승하는 경제 상황을 가정할 때, 다음 중 당기순이익이 가장 적게 계상되는 재고자산 평가방법은 무엇인가?

① 선입선출법   ② 총평균법   ③ 이동평균법   ④ 후입선출법

03. 20x1년 10월 1일 ㈜한국은 기계장치를 5,000,000원에 취득하였다. 기계장치의 내용연수는 3년, 잔존가치는 500,000원으로 추정되었으며, 연수합계법으로 상각한다. ㈜한국이 결산일인 20x1년 12월 31일에 계상하여야 할 감가상각비는 얼마인가? (단, 월할상각 할 것)

① 416,666원   ② 562,500원   ③ 625,000원   ④ 750,000원

04. 다음 중 무형자산에 대한 설명으로 옳지 않은 것은?

① 무형자산의 재무제표 표시방법으로 직접법만을 허용하고 있다.

② 무형자산 상각 시 잔존가치는 원칙적으로 '0'인 것으로 본다.

③ 무형자산은 유형자산과 마찬가지로 매입가액에 취득 관련 부대 원가를 가산한 금액을 취득원가로 처리한다.

④ 무형자산의 상각기간은 독점적·배타적인 권리를 부여하고 있는 관계 법령이나 계약에 정해진 경우를 제외하고는 20년을 초과할 수 없다.

05. 다음 중 자본 항목의 자본조정으로 분류하는 것은?

① 자기주식처분손실   ② 주식발행초과금

③ 매도가능증권평가손익   ④ 감자차익

06. 다음 중 원가의 개념에 대한 설명으로 가장 옳지 않은 것은?

① 기회원가 : 자원을 다른 대체적인 용도로 사용할 경우 얻을 수 있는 최대금액

② 매몰원가 : 과거의 의사결정으로 이미 발생한 원가로서 의사결정에 고려하지 말아야 하는 원가

③ 회피가능원가 : 특정한 대체안을 선택하는 것과 관계없이 계속해서 발생하는 원가

④ 관련원가 : 여러 대안 사이에 차이가 나는 원가로서 의사결정에 직접적으로 관련되는 원가

07. 다음 중 변동원가와 고정원가에 대한 설명으로 가장 옳지 않은 것은?

① 변동원가는 생산량이 증가함에 따라 총원가가 증가하는 원가이다.

② 고정원가는 생산량의 증감과는 관계없이 총원가가 일정한 원가이다.

③ 생산량의 증감과는 관계없이 제품 단위당 변동원가는 일정하다.

④ 생산량의 증감과는 관계없이 제품 단위당 고정원가는 일정하다.

08. 다음 중 제조원가명세서에 대한 설명으로 가장 옳지 않은 것은?

① 제조원가명세서에는 기말 제품 재고액이 표시된다.

② 판매비와관리비는 제조원가명세서 작성과 관련이 없다.

③ 당기총제조원가는 직접재료원가, 직접노무원가, 제조간접원가의 합을 의미한다.

④ 제조원가명세서의 당기제품제조원가는 손익계산서의 당기제품제조원가와 일치한다.

09. 캠핑카를 생산하여 판매하는 ㈜붕붕은 고급형 캠핑카와 일반형 캠핑카 두 가지 모델을 생산하고 있다. 모델별 제조와 관련하여 당기에 발생한 원가는 각각 아래와 같다. ㈜붕붕은 직접재료원가를 기준으로 제조간접원가를 배부하고 있으며, 당기의 실제 제조간접원가는 2,400,000원이다. 일반형 캠핑카의 당기총제조원가는 얼마인가?

구분	고급형 캠핑카	일반형 캠핑카	합계
직접재료원가	1,800,000원	1,200,000원	3,000,000원
직접노무원가	1,000,000원	600,000원	1,600,000원

① 2,700,000원　　② 2,760,000원　　③ 4,240,000원　　④ 4,300,000원

10. 다음 자료를 이용하여 평균법에 따른 종합원가계산을 적용할 경우, 가공원가의 완성품환산량 단위당 원가는 얼마인가?

- 직접재료는 공정 개시 시점에 모두 투입하며, 가공원가는 공정 진행에 따라 균등하게 발생한다.
- 기초재공품 2,500개(완성도 30%), 당기투입량 30,000개, 기말재공품 4,000개(완성도 30%)
- 기초재공품원가 : 직접재료원가 200,000원, 가공원가 30,000원
- 당기제조원가 : 직접재료원가 2,400,000원, 가공원가 1,306,500원

① 25원　　② 37원　　③ 42원　　④ 45원

11. 다음 중 부가가치세법상 면세에 해당하는 것은 모두 몇 개인가?

- 시외우등고속버스 여객운송용역
- 토지의 공급
- 자동차운전학원에서 가르치는 교육용역
- 식용으로 제공되는 외국산 미가공식료품
- 형사소송법에 따른 국선변호인의 국선 변호
- 제작 후 100년이 초과된 골동품

① 5개　　② 4개　　③ 3개　　④ 2개

12. 다음 중 부가가치세법상 대손세액공제에 대한 설명으로 가장 옳지 않은 것은?

① 대손 사유에는 부도발생일 부터 6개월 이상 지난 어음·수표가 포함된다.
② 회수기일이 6개월 이상 지난 채권 중 채권가액이 30만원 이하인 채권은 대손사유를 충족한다.
③ 재화를 공급한 후 공급일 부터 15년이 지난 날이 속하는 과세기간에 대한 확정신고기한까지 대손사유로 확정되는 경우 대손세액공제를 적용한다.
④ 대손세액은 대손이 확정된 날이 속하는 과세기간의 매출세액에서 뺄 수 있다.

13. 다음 중 소득세의 특징으로 가장 옳은 것은?

① 소득세의 과세기간은 사업자의 선택에 따라 변경할 수 있다.

② 거주자의 소득세 납세지는 거주자의 거소지가 원칙이다.

③ 소득세법은 종합과세제도에 의하므로 거주자의 모든 소득을 합산하여 과세한다.

④ 소득세는 개인별 소득을 기준으로 과세하는 개인 단위 과세제도이다.

14. 거주자 김민재 씨의 소득이 다음과 같을 경우, 종합소득금액은 얼마인가? 단, 이자소득금액은 모두 국내 은행의 정기예금이자이다.

• 양도소득금액 : 10,000,000원	• 근로소득금액 : 30,000,000원
• 이자소득금액 : 22,000,000원	• 퇴직소득금액 : 8,700,000원

① 30,000,000원   ② 52,000,000원   ③ 54,700,000원   ④ 74,700,000원

15. 다음 중 소득세법상 근로소득의 원천징수 시기가 틀린 것은?

① 20x1년 11월 귀속 근로소득을 20x1년 12월 31일에 지급한 경우 : 20x1년 12월 말일

② 20x1년 11월 귀속 근로소득을 20x2년 01월 31일에 지급한 경우 : 20x2년 01월 말일

③ 20x1년 12월 귀속 근로소득을 20x2년 01월 31일에 지급한 경우 : 20x2년 01월 말일

④ 20x1년 12월 귀속 근로소득을 20x2년 03월 31일에 지급한 경우 : 20x2년 02월 말일

실 무

㈜대동산업(2111)은 컴퓨터 및 주변장치의 제조 및 도·소매업을 주업으로 영위하는 중소기업으로, 당기의 회계기간은 20x1.1.1.~20x1.12.31.이다. 전산세무회계 수험용 프로그램을 이용하여 다음 물음에 답하시오.

문제 1 [일반전표입력] 메뉴를 이용하여 다음의 거래자료를 입력하시오. (15점)

[1] 01월 30일 　당사가 생산한 제품(원가 50,000원, 시가 80,000원)을 제조부 생산직 직원에게 복리후생 목적으로 제공하였다(단, 부가가치세법상 재화의 공급의제에 해당하지 아니함). (3점)

[2] 04월 01일 　미국 LA은행으로부터 차입한 외화장기차입금 $20,000와 이자 $800에 대해 보통예금으로 달러를 구입하여 원금과 이자를 지급하였다. 4월 1일의 기준환율은 ₩1,400/$이다(단, 외화장기차입금은 거래처원장을 조회하여 회계처리하고, 하나의 전표로 처리할 것). (3점)

[3] 05월 06일 　영업부 사무실로 사용하기 위하여 4월 2일에 아래와 같이 ㈜명당과 체결한 부동산임대차계약에 따라 임대차계약서상의 보증금 20,000,000원 중 잔금 18,000,000원을 보통예금 계좌에서 송금하여 지급하고, 사무실의 임차를 개시하였다(단, 관련 계정을 조회하여 처리할 것). (3점)

부동산임대차계약서		
제 1 조 임대차계약에 있어 임차인은 보증금을 아래와 같이 계약금과 잔금으로 나누어 지급하기로 한다.		
보증금	일금　　　이천만원정　(₩20,000,000)	
계약금	일금　　　이백만원정　(₩2,000,000)은 계약 시에 지불하고 영수함.	
잔금	일금　　　일천팔백만원정　(₩18,000,000)은 20x1년 05월 06일에 지불한다.	

[4] 08월 20일 　전기에 회수불능으로 대손처리한 외상매출금 2,750,000원(부가가치세 포함)을 회수하여 보통예금 계좌로 입금되었다(단, 당시 대손 요건을 충족하여 대손세액공제를 받았으며, 하나의 전표로 처리할 것). (3점)

[5] 09월 19일　영업부에서 사용할 업무용 차량의 취득세 1,250,000원을 보통예금 계좌에서 납부하였다. (3점)

문제 2　매입매출전표입력] 메뉴를 이용하여 다음의 거래자료를 입력하시오.(15점)

[1] 04월 02일　제품을 ㈜이레테크에 판매하고 다음과 같이 전자세금계산서를 발급하였다. 3월 2일에 받은 선수금 5,000,000원을 제외한 대금 중 30,000,000원은 ㈜이레테크가 발행한 어음으로 받고 나머지는 외상으로 하였다. (3점)

전자세금계산서					승인번호		20230402-000023123547		
공급자	등록번호	128-81-59325	종사업장번호		공급받는자	등록번호	127-81-32505	종사업장번호	
	상호(법인명)	(주)대동산업	성명	지민아		상호(법인명)	㈜이레테크	성명	이진주
	사업장주소	서울시 서초구 서초대로12길 45				사업장주소	부산시 사상구 대동로 307		
	업태	제조 외	종목	컴퓨터 및 주변장치		업태	제조업	종목	전자제품
	이메일	jjjj@daum.net				이메일	sky@naver.com		
						이메일			
작성일자		공급가액		세액	수정사유		비고		
20x1/04/02		50,000,000		5,000,000	해당 없음				
월	일	품목	규격	수량	단가		공급가액	세액	비고
04	02	제품					50,000,000	5,000,000	
합계금액		현금		수표	어음		외상미수금		위 금액을 (청구) 함
55,000,000		5,000,000			30,000,000		20,000,000		

[2] 04월 09일　해외 매출거래처인 BTECH에 제품을 3,000,000원에 직수출하고, 대금은 1개월 후에 받기로 하였다(단, 반드시 수출신고번호는 「1234500123456X」를 입력할 것). (3점)

[3] 05월 29일 직원회식대로 제조부 660,000원과 영업부 440,000원을 지출하고 침산가든에서 제일
카드(법인카드)로 결제하였다. (3점)

[4] 06월 05일 ㈜한라상사로부터 과세사업에는 사용하지 않고 면세사업에만 사용하기 위한 기계장치를
공급가액 100,000,000원(세액 10,000,000원)에 취득하고, 전자세금계산서를 발급받
았다. 대금은 보통예금 계좌에서 10,000,000원을 송금하고, 나머지는 당좌수표를 발행
하여 지급하였다. (3점)

[5] 06월 15일　제조부가 사용할 청소용품을 일진상사(일반과세자)에서 현금으로 구입하고, 현금영수증을 발급받았다(단, 소모품비로 회계처리할 것). (3점)

일진상사

211 – 11 – 10614　　　　　　　　　　　박일문
경기도 부천시 신흥로 110　　　　TEL : 031 – 117 – 2727

홈페이지 http://www.kacpta.or.kr

현금영수증(지출증빙용)

구매 20x1/06/15 17 : 27　　　　　　　거래번호 : 11511

상품명	수량	단가	공급가액
청소용품			200,000

과 세 물 품 가 액	200,000원
부 가 가 치 세 액	20,000원
합　　　　계	220,000원
받 은 금 액	220,000원

문제 3　부가가치세 신고와 관련하여 다음 물음에 답하시오. (10점)

[1] 다음 자료를 보고 20x1년 제1기 예정신고기간의 [수출실적명세서]와 [영세율매출명세서]를 작성하시오 (단, 매입매출전표입력은 생략할 것). (4점)

거래처	수출신고번호	선적일	환가일	통화	수출액	적용환율	
						선적일	환가일
제임스사	13065 – 22 – 065849X	20x1.01.31.	20x1.01.25.	USD	$100,000	₩1,000/$	₩1,080/$
랜덤기업	13075 – 20 – 080907X	20x1.02.20.	20x1.02.23.	USD	$80,000	₩1,050/$	₩1,070/$
큐수상사	13889 – 25 – 148890X	20x1.03.18.	–	JPY	¥5,000,000	₩800/100¥	–

[2] 다음은 20x1년 제2기 부가가치세 확정신고기간 귀속 자료이다. 다음 자료만을 이용하여 [부가가치세신
고서]를 작성하시오(단, 기존의 입력된 자료는 무시하고, 부가가치세신고서 외의 부속서류 및 과세표준
명세 입력은 생략할 것). (6점)

구분	자 료
매출	1. 전자세금계산서 발급분(과세분) : 공급가액 500,000,000원, 세액 50,000,000원 2. 신용카드에 의한 매출액 : 공급가액 80,000,000원, 세액 8,000,000원 3. 직수출액 : 150,000,000원 4. 영세율세금계산서 발급분 : 50,000,000원(종이 세금계산서 발급) 5. 20x0년 제2기 확정신고 시 대손세액공제 받은 외상매출금 33,000,000원을 전액 회수함.
매입	1. 세금계산서 수취분 일반매입 : 공급가액 550,000,000원, 세액 55,000,000원 　(세금계산서 수취분 매입액 중 520,000,000원은 과세사업의 매출과 관련된 매입액이며, 나머 　지 30,000,000원은 거래처 접대와 관련된 매입액이다.) 2. 제2기 예정신고 시 누락된 종이 세금계산서 수취분 : 공급가액 20,000,000원, 세액 2,000,000원
기타	1. 예정신고 누락분은 확정신고 시 반영하기로 한다. 2. 홈택스에서 직접 전자신고하여 세액공제를 받기로 한다.

문제 4　결산정리사항은 다음과 같다. 관련 메뉴를 이용하여 결산을 완료하시오. (15점)

[1] 관리부가 20x1년 9월 1일에 구입한 소모품 중 당기 말 현재까지 미사용한 소모품은 100,000원이다.
(단, 비용에 대한 계정과목은 소모품비(판매관리비)를 사용하고, 반드시 해당 거래를 조회하여 적절한
회계처리를 할 것). (3점)

[2] 결산일 현재 보유 중인 매도가능증권(20x0년 취득)에 대하여 일반기업회계기준에 따라 회계처리를 하시
오(단, 매도가능증권은 비유동자산에 해당함). (3점)

주식명	주식 수	취득일	1주당 취득원가	20x0년 12월 31일 1주당 공정가치	20x1년 12월 31일 1주당 공정가치
㈜에코	100주	20x0.05.23.	10,000원	8,300원	7,000원

[3] 20x1년 12월 16일에 차입한 대출금에 대한 이자를 다음 달부터 매월 16일에 지급하기로 하였다. (3점)

20x1년 12월 16일부터 20x2년 1월 15일까지 1개월 동안 지급되어야 할 이자는 3,100,000원이었
으며, 이 중 20x1년도 12월 31일까지의 발생이자는 1,600,000원이었다.

[4] 당해연도 말 퇴직급여추계액은 생산직 75,000,000원, 관리직 35,000,000원이며, 이미 설정된 퇴직급여충당부채액은 생산직 50,000,000원과 관리직 28,000,000원이다. 당사는 퇴직급여추계액의 100%를 퇴직급여충당부채로 계상한다. (3점)

[5] 20x1년 결산을 하면서 당해연도에 대한 법인세 45,000,000원, 법인지방소득세 6,000,000원을 확정하였다. 중간예납세액 23,000,000원, 이자수익에 대한 원천징수세액 3,080,000원이 자산으로 계상되어 있다. (3점)

문제 5 20x1년 귀속 원천징수자료와 관련하여 다음의 물음에 답하시오. (15점)

[1] 다음 자료는 인사부 박한별 사원(입사일 20x1년 6월 1일, 국내 근무)의 부양가족과 관련된 내용이다. 제시된 자료만을 이용하여 [사원등록(사번 : 500)]을 하고, 부양가족을 모두 [부양가족명세]에 등록 후 박한별의 세부담이 최소화되도록 기본공제 및 추가공제 여부를 입력하시오. (6점)

- 박한별 사원 본인과 부양가족은 모두 내국인이며 거주자이다.
- 기본공제 대상자가 아닌 경우 '부'로 표시한다.

관계	성명	주민등록번호	동거(생계)여부	장애인 여부	소득현황 및 기타사항
본인	박한별	810505-2027818	–	부	근로소득금액 2,500만원
배우자	김준호	800525-1056931	부	부	소득 없음, 주거형편상 별거
본인의 아버지	박인수	510725-1013119	여	부	「장애인복지법」상 장애인에 해당함, 소득 없음, 20x1년 1월 31일에 사망
아들	김은수	050510-3212685	부	부	분리과세 기타소득 200만원, 국외 유학 중
딸	김아름	231225-4115731	여	부	소득 없음

[2] 20x1년 7월 1일 입사한 김기웅(사번 : 600)의 연말정산 자료는 다음과 같다. [연말정산추가입력]에 전(前)근무지의 내용을 반영하여 [소득명세] 탭, [부양가족] 탭, [신용카드 등] 탭, [연금저축 등] 탭, [연말정산입력] 탭을 작성하시오. (9점)

1. 전(前) 근무지(㈜해탈상사)에서 받은 근로소득원천징수영수증 자료를 입력한다.
2. 20x1년 7월에 직장 근처로 이사하면서 전세자금대출을 받았다.

〈김기웅의 전(前)근무지 근로소득원천징수영수증〉

	구　분		주(현)	종(전)	⑯ – 1 납세조합	합　계
Ⅰ 근무처별소득명세	⑨ 근 무 처 명		㈜해탈상사			
	⑩ 사업자등록번호		120 – 85 – 22227			
	⑪ 근무기간		20x1.1.1.~20x1.6.30.	~	~	~
	⑫ 감면기간		~	~	~	~
	⑬ 급　　　여		24,000,000			
	⑭ 상　　　여		3,000,000			
	⑮ 인 정 상 여					
	⑮ – 1 주식매수선택권 행사이익					
	⑮ – 2 우리사주조합인출금					
	⑮ – 3 임원 퇴직소득금액 한도초과액					
	⑯ 계		27,000,000			
Ⅱ 비과세및감면소득명세	⑱ 국외근로					
	⑱ – 1 야간근로수당	001				
	⑱ – 2 출산·보육수당	Q01	600,000			
	⑱ – 4 연구보조비					
	~					
	⑱ – 29					
	⑲ 수련보조수당	Y22				
	⑳ 비과세소득 계					
	⑳ – 1 감면소득 계					
Ⅲ 세액명세	구　　분		⑱ 소 득 세	⑲ 지방소득세	⑳ 농어촌특별세	
	⑫ 결　정　세　액		1,255,000	125,500		
	기납부세액	⑬ 종(전)근무지 (결정세액란의 세액을 적습니다)	사업자 등록 번호			
		⑭ 주(현)근무지	1,350,000	135,000		
	⑮ 납부특례세액					
	⑯ 차 감 징 수 세 액(⑫ – ⑬ – ⑭ – ⑮)		△95,000	△9,500		
(국민연금 1,610,000원　건강보험 1,388,000원　장기요양보험 189,000원　고용보험 235,600원) 위의 원천징수액(근로소득)을 정히 영수(지급)합니다.						

〈김기웅의 20x1년 연말정산자료 : 모든 자료는 국세청에서 제공된 자료에 해당함〉

항목	내용
보험료	• 본인 저축성보험료 : 800,000원
교육비	• 본인 야간대학원 등록금 : 3,000,000원
의료비	• 시력보정용 안경구입비 : 600,000원(본인 신용카드 결제) • 본인 질병치료비 : 2,500,000원(실손의료보험금 500,000원 수령)
신용카드 등 사용액	• 신용카드 사용액 : 21,200,000원(대중교통 1,200,000원 포함) • 직불카드 사용액 : 1,300,000원(전통시장 300,000원 포함) • 현금영수증 사용액 : 1,200,000원(도서 · 공연 200,000원 포함) ☞ **신용카드사용의 당해연도 소비증가는 없다고 가정한다.**
주택차입금 원리금상환액	• 이자상환액 : 300,000원 • 원금상환액 : 3,000,000원 ※ 주택임차차입금원리금 상환액 공제요건을 충족한다고 가정한다.

제111회 전산세무2급 답안 및 해설

■ 이 론

1	2	3	4	5	6	7	8	9	10	11	12	13	14	15
③	④	②	①	①	③	④	①	②	④	③	③	④	②	②

01. ① 재무제표는 일정한 가정 하에서 작성되며, 그러한 기본가정으로는 **기업실체, 계속기업 및 기간별 보고**를 들 수 있다.

② 기간별 보고의 가정이란 기업실체의 존속기간을 **일정한 기간 단위로 분할하여 각 기간별로 재무제표를 작성하는 것**을 말한다.

④ 기간별 보고의 가정에 대한 설명이다. 계속기업의 가정이란 기업실체는 그 목적과 의무를 이행하기에 충분할 정도로 장기간 존속한다고 가정하는 것을 말한다.

02. **자산과 이익은 비례관계**이다. 따라서 물가가 상승(100→200→300으로 가정)하므로 **기말재고를 가장 적게 계상되는 방법은 후입선출법(100)**이다.

03. 내용연수합계(3년) = 6년

감가상각비(1차년도) = [취득가액(5,000,000) – 잔존가치(500,000)] × 잔여내용연수(3년)
÷ 내용연수합계(6년) = 2,250,000원

감가상각비(3개월) = 연감가상각비(2,250,000) ÷ 12개월 × 3개월 = 562,500원

04. **무형자산의 재무제표 표시방법으로 직접법과 간접법을 모두 허용**하고 있다.

05. 자본잉여금 : 주식발행초과금, 감자차익

기타포괄손익누계액 : 매도가능증권평가손익

06. 회피불능원가에 대한 설명이다. 회피가능원가란 의사결정에 따라 회피할 수 있는 원가를 말한다.

07. 생산량의 증감에 따라 **제품 단위당 고정원가는 변동**한다.

08. 제조원가명세서에는 원재료재고액과 기말재공품 재고액이 표시된다. 기말 제품 재고액은 손익계산서에 표시된다.

09. 제조간접원가 배부율 = 제조간접원가(2,400,000) ÷ 총직접재료원가(3,000,000) = 80%

제조간접원가 배부액(일반형) = 직접재료원가(1,200,000) × 배부율(80%) = 960,000원

당기총제조원가(일반형) = 직접재료원가(1,200,000) + 직접노무원가(600,000)
+ 제조간접원가(960,000) = 2,760,000원

10.

〈1단계〉 물량흐름파악		〈2단계〉 완성품환산량 계산	
평균법		재료비	가공비
완성품	28,500(100%)		28,500
기말재공품	4,000(30%)		1,200
계	32,500		29,700
〈3단계〉 원가요약(기초재공품원가+당기투입원가)			30,000+1,306,500
			29,700
〈4단계〉 완성품환산량당단위원가			@45

11. 면세 : 토지의공급, **식용 미가공식료품(국산, 외국산 불문)**, 국선변호사 국선변호

과세 : 시외우등고속버스용역, 운전학원교육용역, 골동품(제작 후 100년 초과)

12. 공급일부터 **10년이 지난 날이 속하는 과세기간에 대한 확정신고기한**까지 확정되는 대손세액에 대하여 대손세액공제를 적용받을 수 있다.

14. 종합소득금액＝근로소득금액(30,000,000)＋이자소득금액(22,000,000)

＝52,000,000원

양도소득과 퇴직소득은 분류과세한다.

15. 20x1년 11월 귀속 근로소득을 20x2년 1월에 지급한 경우 **원천징수시기는 20x1년 12월 31일이다.**

1월~11월 귀속 근로소득을 12월 31일까지 지급하지 않은 경우, 그 근로소득은 **12월 31일에 지급한 것**으로 보아 소득세를 원천징수한다.

12월 귀속 근로소득을 다음 연도 2월 말까지 지급하지 않은 경우, 그 근로소득은 **다음 연도 2월 말에 지급한 것**으로 보아 소득세를 원천징수한다.

실 무

문제 1 일반전표입력

[1] (차) 복리후생비(제) 50,000 (대) 제품(8.타계정대체) 50,000

[2] (차) 외화장기차입금(미국LA은행) 26,000,000 (대) 보통예금 29,120,000
　　　　 이자비용 1,120,000
　　　　 외환차손 2,000,000
　☞ **외환차손익(부채) = 상환가액($20,000×1,400) − 장부가액(26,000,000) = 2,000,000(손실)**
　　〈거래처원장 조회 : 잔액, 4월 1일~4월 1일, 외화장기차입금(305)

거래처분류	□~	□	거 래 처	00154	□ 미국 LA은행	~	00154	□ 미국 LA은행	
□ 코드	거 래 처	등록번호	대표자명	전기이월		차 변	대 변		잔 액
□ 00154	미국 LA은행			26,000,000					26,000,000

[3] (차) 임차보증금(㈜명당) 20,000,000 (대) 보통예금 18,000,000
　　　　　　　　　　　　　　　　　　　 선급금(㈜명당) 2,000,000

[4] (차) 보통예금 2,750,000 (대) 대손충당금(109) 2,500,000
　　　　　　　　　　　　　　　　　　 부가세예수금 250,000

[5] (차) 차량운반구 1,250,000 (대) 보통예금 1,250,000

문제 2 매입 매출전표입력

문항	일자	유형	공급가액	부가세	거래처	전자
[1]	4/02	11.과세	20,000,000	5,000,000	㈜이레테크	여
분개유형		(차) 선수금	5,000,000 (대)	부가세예수금		5,000,000
혼합		받을어음	30,000,000	제품매출		50,000,000
		외상매출금	20,000,000			
문항	일자	유형	공급가액	부가세	거래처	전자
[2]	4/09	16.수출	3,000,000	100,000	BTECH	–
		영세율구분 : ①직접수출(대행수출 포함)			수출신고번호 : 12,345 – 00 – 123,456X	
분개유형		(차) 외상매출금	3,000,000 (대)	제품매출		3,000,000
외상(혼합)						

문항	일자	유형	공급가액	부가세	거래처	신용카드
[3]	5/29	57.카과	1,000,000	100,000	침산가든	제일카드
분개유형		(차) 부가세대급금		100,000	(대) 미지급금	1,100,000
카드(혼합)		복리후생비(제)		600,000	(제일카드)	
		복리후생비(판)		400,000		

문항	일자	유형	공급가액	부가세	거래처	전자
[4]	6/05	54.불공	100,000,000	10,000,000	㈜한라상사	여
		불공제사유 : ⑤ 면세사업 관련				
분개유형		(차) 기계장치		110,000,000	(대) 당좌예금	100,000,000
혼합					보통예금	10,000,000

문항	일자	유형	공급가액	부가세	거래처	전자
[5]	6/15	61.현과	200,000	20,000	일진상사	–
분개유형		(차) 부가세대급금		20,000	(대) 현금	220,000
현금(혼합)		소모품비(제)		200,000		

문제 3 부가가치세

[1] 수출실적명세서외

1. [수출실적명세서](1~3월)

구분	건수	외화금액	원화금액	비고
⑨합계	3	5,190,000.00	232,000,000	
⑩수출재화[=⑫합계]	3	5,180,000.00	232,000,000	
⑪기타영세율적용				

No		(13)수출신고번호	(14)선(기)적일자	(15)통화코드	(16)환율	금액 (17)외화	금액 (18)원화	거래처코드	전표정보 거래처명
1	☐	13065-22-065849X	20×1-01-31	USD	1,080.0000	100,000.00	108,000,000	00801	제임스사
2	☐	13075-20-080907X	20×1-02-20	USD	1,050.0000	80,000.00	84,000,000	00802	랜딩기업
3	☐	13889-25-148890X	20×1-03-18	JPY	8.0000	5,000,000.00	40,000,000	00901	큐수상사
	☐								
		합계				5,180,000	232,000,000		

2. [영세율매출명세서](1~3월)

(7)구분	(8)조문	(9)내용	(10)금액(원)
		직접수출(대행수출 포함)	232,000,000
		중계무역·위탁판매·외국인도 또는 위탁가공무역 방식의 수출	
	제21조	내국신용장·구매확인서에 의하여 공급하는 재화	
		한국국제협력단 및 한국국제보건의료재단에 공급하는 해외반출용 재화	

[2] 부가가치세 신고서(10~12월)

1. 과세표준 및 매출세액

<table>
<tr><th colspan="2" rowspan="2">구분</th><th rowspan="2"></th><th colspan="3">정기신고금액</th></tr>
<tr><th>금액</th><th>세율</th><th>세액</th></tr>
<tr><td rowspan="8">과세표준및매출세액</td><td rowspan="4">과세</td><td>세금계산서발급분</td><td>1</td><td>500,000,000</td><td>10/100</td><td>50,000,000</td></tr>
<tr><td>매입자발행세금계산서</td><td>2</td><td></td><td>10/100</td><td></td></tr>
<tr><td>신용카드·현금영수증발행분</td><td>3</td><td>80,000,000</td><td rowspan="2">10/100</td><td>8,000,000</td></tr>
<tr><td>기타(정규영수증외매출분)</td><td>4</td><td></td><td></td></tr>
<tr><td rowspan="2">영세</td><td>세금계산서발급분</td><td>5</td><td>50,000,000</td><td>0/100</td><td></td></tr>
<tr><td>기타</td><td>6</td><td>150,000,000</td><td>0/100</td><td></td></tr>
<tr><td colspan="2">예정신고누락분</td><td>7</td><td></td><td></td><td></td></tr>
<tr><td colspan="2">대손세액가감</td><td>8</td><td></td><td></td><td>3,000,000</td></tr>
<tr><td colspan="3">합계</td><td>9</td><td>780,000,000</td><td>㉮</td><td>61,000,000</td></tr>
</table>

2. 매입세액

<table>
<tr><td rowspan="9">매입세액</td><td rowspan="2">세금계산서수취분</td><td>일반매입</td><td>10</td><td>550,000,000</td><td></td><td>55,000,000</td></tr>
<tr><td>수출기업수입분납부유예</td><td>10-1</td><td></td><td></td><td></td></tr>
<tr><td colspan="2">고정자산매입</td><td>11</td><td></td><td></td><td></td></tr>
<tr><td colspan="2">예정신고누락분</td><td>12</td><td>20,000,000</td><td></td><td>2,000,000</td></tr>
<tr><td colspan="2">매입자발행세금계산서</td><td>13</td><td></td><td></td><td></td></tr>
<tr><td colspan="2">그 밖의 공제매입세액</td><td>14</td><td></td><td></td><td></td></tr>
<tr><td colspan="2">합계(10)-(10-1)+(11)+(12)+(13)+(14)</td><td>15</td><td>570,000,000</td><td></td><td>57,000,000</td></tr>
<tr><td colspan="2">공제받지못할매입세액</td><td>16</td><td>30,000,000</td><td></td><td>3,000,000</td></tr>
<tr><td colspan="2">차감계 (15-16)</td><td>17</td><td>540,000,000</td><td>㉯</td><td>54,000,000</td></tr>
<tr><td colspan="4">납부(환급)세액(매출세액㉮-매입세액㉯)</td><td></td><td>㉰</td><td>7,000,000</td></tr>
</table>

예정신고누락분

<table>
<tr><td colspan="3">12.매입(예정신고누락분)</td><td></td><td></td></tr>
<tr><td rowspan="4">예정누락분</td><td colspan="2">세금계산서</td><td>38</td><td>20,000,000</td></tr>
<tr><td colspan="2">그 밖의 공제매입세액</td><td>39</td><td></td></tr>
<tr><td colspan="2">합계</td><td>40</td><td>20,000,000</td></tr>
<tr><td>신용카드매출</td><td>일반매입</td><td></td><td></td></tr>
</table>

- 공제받지 못할 매입세액

<table>
<tr><th colspan="2">구분</th><th>금액</th><th>세율</th><th>세액</th></tr>
<tr><td colspan="4">16.공제받지못할매입세액</td><td></td></tr>
<tr><td>공제받지못할 매입세액</td><td>50</td><td>30,000,000</td><td></td><td>3,000,000</td></tr>
<tr><td>공통매입세액면세등사업분</td><td>51</td><td></td><td></td><td></td></tr>
</table>

3. 납부세액 : 7,490,000원

- 전자신고세액공제 : 10,000원

- 가산세(종이세금계산서 발급시)

<table>
<tr><td colspan="3">25.가산세명세</td><td></td><td></td><td></td></tr>
<tr><td colspan="2">사업자미등록등</td><td>61</td><td></td><td>1/100</td><td></td></tr>
<tr><td rowspan="3">세 금계산서</td><td>지연발급 등</td><td>62</td><td></td><td>1/100</td><td></td></tr>
<tr><td>지연수취</td><td>63</td><td></td><td>5/1,000</td><td></td></tr>
<tr><td>미발급 등</td><td>64</td><td>50,000,000</td><td>뒤쪽참조</td><td>500,000</td></tr>
<tr><td rowspan="2">전자세금발급명세</td><td>지연전송</td><td>65</td><td></td><td>3/1,000</td><td></td></tr>
<tr><td>미전송</td><td>66</td><td></td><td>5/1,000</td><td></td></tr>
</table>

문제 4 결산

[1] 〈수동결산〉

| (차) 소모품비(판) | 900,000 | (대) 소모품 | 900,000 |

☞9월 1일 매입매출전표 조회

구분	계정과목		적요		거래처		차변(출금)	대변(입금)
차변	0135	부가세대급금	소모품구입		00101	현대상사	100,000	
차변	0173	소모품	소모품구입		00101	현대상사	1,000,000	
대변	0253	미지급금	소모품구입		00101	현대상사		1,100,000

[2] 〈수동결산〉

| (차) 매도가능증권평가손실 | 130,000 | (대) 매도가능증권(178) | 130,000 |

〈매도가능증권 평가〉

	취득가액	공정가액	평가이익	평가손실
전기	1,000,000	830,000		170,000
당기		700,000		130,000
계			0	300,000

[3] 〈수동결산〉

| (차) 이자비용 | 1,600,000 | (대) 미지급비용 | 1,600,000 |

[4] 〈수동/자동결산〉

| (차) 퇴직급여(제) | 25,000,000 | (대) 퇴직급여충당부채 | 32,000,000 |
| 퇴직급여(판) | 7,000,000 | | |

또는 [결산자료입력]

· 퇴직급여(508) 25,000,000원, 퇴직급여(806) 7,000,000원 입력

[5] 〈수동/자동결산〉

| (차) 법인세등 | 51,000,000 | (대) 미지급세금 | 24,920,000 |
| | | 선납세금 | 26,080,000 |

또는 [결산자료입력]

9.)법인세등>1.선납세금 26,080,000원 입력   2.추가계상액 24,920,000원 입력

※ 자동결산항목을 모두 입력하고 상단의 전표추가한다.

문제 5   원천징수

[1] 부양가족명세(박한별, 여성)

1. [사원등록]>[기본사항]

| 기본사항 | 부양가족명세 | 추가사항 |

1. 입사년월일	20×1 년 6 월 1 💬 일
2. 내/외국인	1 내국인
3. 외국인국적	KR 💬 대한민국 체류자격 💬
4. 주민구분	1 주민등록번호 주민등록번호 810505-2027818
5. 거주구분	1 거주자 6. 거주지국코드 KR 💬 대한민국
7. 국외근로제공	0 부 8. 단일세율적용 0 부 9. 외국법인 파견근로자 0 부
10. 생산직등여부	0 부 연장근로비과세 0 부 전년도총급여

2. [사원등록]>[부양가족명세]

관계	요 건		기본 공제	추가 (자녀)	판 단
	연령	소득			
본인(여성)	–	–	○	부녀자	종합소득금액 3천만원 이하자
배우자	–	○	○		배우자는 생계를 같이 해야 한다는 규정은 없음
부(74)	○	○	○	경로,장애(1)	
자1(20)	○	○	○	자녀	직계비속은 항상 생계를 같이한다고 봄
자2(2)	○	○	○		

[2] 연말정산(김기웅)

1. 소득명세 탭

근무 처명	사업자 등록번호	급여	상여	보육수당	보험료 명세				세액명세		근무 기간
					건강 보험	장기 요양	고용 보험	국민 연금	소득세	지방 소득세	
㈜해탈 상사	120-85 -22227	24,000,000	3,000,000	600,000	1,388,000	189,000	235,600	1,610,000	1,255,000	125,500	1.1~ 6.30

2. 연말정산 판단

항 목	요건		내역 및 대상여부	입력
	연령	소득		
보 험 료	○	○	• 본인 저축성보험료	×
교 육 비	×	○	• 본인 대학원 등록금(본인만 대상)	○(본인 3,000,000)
의 료 비	×	×	• 본인 안경구입비(한도 50만원) • 본인 질병치료비(실손보험료 500,000차감)	○(본인 500,000) ○(본인 2,000,000)

신용카드	×	○	• 본인 신용카드
			
			• 본인 직불카드
			
			• 본인 현금영수증
				○(신용 20,000,000
				  대중 1,200,000)
				○(직불 1,000,000
				  전통 300,000)
				○(현금 1,000,000
				  도서 등 200,000)

주택차입금	본인		• 본인 원리금 상환액	○(3,300,000)

3. 부양가족(본인) 탭 : 교육비

자료구분	보험료				의료비					교육비	
	건강	고용	일반보장성	장애인전용	일반	실손	선천성이상아	난임	65세,장애인	일반	장애인특수
국세청										3,000,000	
기타	3,256,580	571,600								4.본인	

4. 신용카드 등 탭(김기웅 본인)

자료 구분	신용카드	직불,선불	현금영수증	도서등 신용	도서등 직불	도서등 현금	전통시장	대중교통	소비증가분	
									20x0년	20x1년
국세청	20,000,000	1,000,000	1,000,000			200,000	300,000	1,200,000		
기타										

5. 의료비 탭

| 소득명세 | 부양가족 | 신용카드 등 | 의료비 | 기부금 | 연금저축 등Ⅰ | 연금저축 등Ⅱ | 월세액 | 연말정산입력 |

2023년 의료비 지급명세서													
의료비 공제대상자					지급처			지급명세						14.산후 조리원
성명	내/외	5.주민등록번호	6.본인등 해당여부	9.증빙 코드	8.상호	7.사업자 등록번호	10. 건수	11.금액	11-1.실손 보험수령핵	12.미숙아 선천성이상아	13.납입 여부		
김기웅	내	800706-1256785	1	0	1				500,000		X	X	X
김기웅	내	800706-1256785	1	0	1				2,500,000	500,000	X	X	X

6. 연말정산입력 탭

(1) 주택차입금원리금상환액

구분		공제한도	불입/상환액	공제금액
①청약저축_연 납입 240만원				
②주택청약저축(무주택자)_연 납입 240만원		불입액의 40%		
③근로자주택마련저축_월 납입 15만원, 연 납입 180만원				
1.주택마련저축공제계(①~③)		연 400만원 한도		
주택임차차입금 원리금상환액	①대출기관	불입액의 40%	3,300,000	1,320,000
	②거주자(총급여 5천만원 이하)			
2.주택차입금원리금상환액(①~②)		1+2 ≤ 연 400만원	3,300,000	1,320,000
	2011년 이전 차입금	ⓐ15년 미만	1+2+⊙ ≤ 600만원	
		ⓑ15년~29년	1+2+ⓒ ≤ 1,000만원	
		ⓒ30년 이상	1+2+ⓒ ≤ 1,500만원	

(2) F8부양가족탭불러오기

[소득공제]		
1. 주택자금	주택임차차입금 원리금상환액	3,300,000
2. 신용카드	① 신용카드	20,000,000
	② 직불카드	1,000,000
	③ 현금영수증	1,000,000
	④ 도서공연비외(총급여액 7천만원 이하자)	200,000
	⑤ 전통시장	300,000
	⑥ 대중교통	1,200,000
[특별세액공제]		
1. 교육비	① 본 인	3,000,000
2. 의료비	① 특정(본인)	2,500,000

제110회 전산세무 2급

합격율	시험년월
46%	2023.10

이 론

01. 다음 중 재무제표의 작성과 표시에 관한 설명으로 틀린 것은?

① 자산과 부채는 유동성이 낮은 항목부터 배열하는 것을 원칙으로 한다.
② 재무제표는 재무상태표, 손익계산서, 현금흐름표, 자본변동표로 구성되며, 주석을 포함한다.
③ 자산과 부채 및 자본은 총액에 의하여 기재함을 원칙으로 하고, 자산 항목과 부채 항목 또는 자본 항목을 상계하여 그 전부 또는 일부를 재무상태표에서 제외하면 안된다.
④ 자본거래에서 발생한 자본잉여금과 손익거래에서 발생한 이익잉여금을 구분하여 표시한다.

02. 다음 자료를 이용하여 유동자산에 해당하는 금액의 합계액을 구하면 얼마인가?

• 매출채권	1,000,000원	• 상품	2,500,000원
• 특허권	1,500,000원	• 당좌예금	3,000,000원
• 선급비용	500,000원	• 장기매출채권	2,000,000원

① 5,500,000원 ② 6,000,000원 ③ 6,500,000원 ④ 7,000,000원

03. 다음 중 물가가 지속적으로 상승하는 상황에서 기말재고자산이 가장 크게 계상되는 재고자산의 평가방법은 무엇인가?

① 선입선출법 ② 후입선출법 ③ 총평균법 ④ 이동평균법

04. 유형자산을 보유하고 있는 동안 발생한 수익적지출을 자본적지출로 잘못 회계처리한 경우, 재무제표에 미치는 효과로 가장 올바른 것은?

① 자산의 과소계상 ② 부채의 과대계상
③ 당기순이익의 과대계상 ④ 매출총이익의 과소계상

05. 다음 중 자본에 대한 설명으로 가장 옳지 않은 것은?

① 자본금은 기업이 발행한 발행주식총수에 1주당 액면금액을 곱한 금액이다.

② 자본잉여금은 주식발행초과금과 기타자본잉여금(감자차익, 자기주식처분이익 등)으로 구분하여 표시한다.

③ 매도가능증권평가손익은 자본조정 항목으로 계상한다.

④ 미처분이익잉여금은 배당 등으로 처분할 수 있는 이익잉여금을 말한다.

06. 다음 중 원가에 대한 설명으로 가장 옳지 않은 것은?

① 직접원가란 특정원가집적대상에 직접 추적이 가능하거나 식별가능한 원가이다.

② 고정원가란 관련범위 내에서 조업도 수준과 관계없이 총원가가 일정한 원가 형태를 말한다.

③ 가공원가란 직접재료원가와 직접노무원가를 말한다.

④ 매몰원가란 과거 의사결정에 따라 이미 발생한 원가로 현재의 의사결정에 영향을 미치지 못하는 원가를 의미한다.

07. 다음의 원가 자료를 이용하여 직접재료원가를 계산하면 얼마인가?

• 총제조원가 : 4,000,000원	• 직접노무원가 : 제조간접원가의 2배
• 제조간접원가 : 총제조원가의 25%	

① 1,000,000원 ② 1,500,000원 ③ 2,000,000원 ④ 2,500,000원

08. ㈜한국은 직접노무시간을 기준으로 제조간접원가를 예정배부하고 있다. 당기 초 제조간접원가 예산은 2,000,000원이며, 예정 직접노무시간은 200시간이다. 당기 말 현재 실제 제조간접원가는 2,500,000원이 발생하였으며, 제조간접원가 배부차이가 발생하지 않았다면 실제 직접노무시간은 얼마인가?

① 160시간 ② 200시간 ③ 250시간 ④ 500시간

09. 다음 중 공손에 관한 설명으로 옳지 않은 것은?

① 정상적인 생산과정에서 필수불가결하게 발생하는 정상공손원가는 제조원가에 포함된다.

② 주산품의 제조과정에서 발생한 원재료의 부스러기 등 작업폐물의 순실현가치는 제조원가에서 차감한다.

③ 작업자의 부주의 등에 의하여 발생하는 비정상공손원가는 발생한 기간의 영업외비용으로 처리한다.

④ 정상공손수량과 비정상공손수량은 원가흐름의 가정에 따라 다르게 계산된다.

10. 다음 중 가중평균법에 의한 종합원가계산방법을 적용하여 완성품 단위당 원가를 산정할 때 필요하지 않은 자료는 무엇인가?

① 기말재공품의 완성도 ② 당기총제조원가
③ 완성품의 물량 ④ 기초재공품의 물량

11. 다음 중 부가가치세법상 재화의 공급의제(재화의 공급으로 보는 특례)에 해당하는 것은? 단, 일반과세자로서 매입 시 매입세액은 전부 공제받았다고 가정한다.

① 자기의 다른 과세사업장에서 원료 또는 자재 등으로 사용·소비하기 위해 반출하는 경우
② 사용인에게 사업을 위해 착용하는 작업복, 작업모, 작업화를 제공하는 경우
③ 무상으로 견본품을 인도 또는 양도하거나 불특정다수에게 광고선전물을 배포하는 경우
④ 자동차 제조회사가 자기생산한 승용자동차(2,000cc)를 업무용으로 사용하는 경우

12. 다음 중 부가가치세법상 영세율제도에 대한 설명으로 가장 옳지 않은 것은?

① 부가가치세의 역진성 완화를 목적으로 한다.
② 완전 면세제도이다.
③ 면세사업자는 영세율 적용대상자가 아니다.
④ 비거주자 또는 외국법인의 경우에는 상호면세주의에 따른다.

13. 다음은 부가가치세법상 가산세에 대한 설명이다. 빈칸에 들어갈 내용으로 알맞은 것은?

사업자가 재화 또는 용역을 공급하지 아니하고 세금계산서를 발급하는 경우 그 세금계산서에 적힌 공급가액의 (   )를 납부세액에 더하거나 환급세액에서 뺀다.

① 1% ② 2% ③ 3% ④ 10%

14. 다음 중 소득세법상 근로소득의 수입시기로 옳지 않은 것은?

① 잉여금처분에 의한 상여 : 결산일
② 인정상여 : 해당 사업연도 중 근로를 제공한 날
③ 일반상여 : 근로를 제공한 날
④ 일반급여 : 근로를 제공한 날

15. 다음의 자료를 이용하여 소득세법상 복식부기의무자의 사업소득 총수입금액을 구하면 얼마인
가?

> - 매출액 300,000,000원
> - 원천징수된 은행 예금의 이자수익 500,000원
> - 차량운반구(사업용) 양도가액 30,000,000원
> - 공장건물 양도가액 100,000,000원

　① 430,500,000원　　② 430,000,000원　　③ 330,000,000원　　④ 300,000,000원

실 무

㈜도원기업(2110)은 전자제품의 제조 및 도·소매업을 주업으로 영위하는 중소기업으로, 당기의 회계기간은 20x1.1.1.~20x1.12.31.이다. 전산세무회계 수험용 프로그램을 이용하여 다음 물음에 답하시오.

문제 1　**[일반전표입력]** 메뉴를 이용하여 다음의 거래자료를 입력하시오. (15점)

[1] 01월 05일　에코전자의 상장주식 100주를 단기 투자목적으로 1주당 60,000원에 취득하고 대금은 증권거래수수료 30,000원과 함께 보통예금 계좌에서 지급하였다. (3점)

[2] 03월 31일　보유 중인 신한은행의 예금에서 이자수익 500,000원이 발생하여 원천징수세액을 제외한 423,000원이 보통예금 계좌로 입금되었다(단, 원천징수세액은 자산으로 처리할 것). (3점)

[3] 04월 30일　본사 건물 신축공사를 위한 장기차입금의 이자비용 2,500,000원을 보통예금 계좌에서 지급하였다. 해당 지출은 차입원가 자본화 요건을 충족하였으며, 신축공사 중인 건물은 20x2년 2월 28일에 완공될 예정이다. (3점)

[4] 07월 10일　당사는 퇴직연금제도를 도입하면서 퇴직연금상품에 가입하였다. 생산부서 직원에 대해서는 확정급여형(DB형) 상품으로 10,000,000원, 영업부서 직원에 대해서는 확정기여형(DC형) 상품으로 7,000,000원을 보통예금 계좌에서 이체하여 납입하였다(단, 하나의 전표로 입력하고 기초 퇴직급여충당부채 금액은 고려하지 말 것). (3점)

[5] 07월 15일 ㈜지유로부터 공장에서 사용할 기계장치를 구입하기로 계약하고, 계약금 5,000,000원을 즉시 당좌수표를 발행하여 지급하였다. (3점)

문제 2 [매입매출전표입력] 메뉴를 이용하여 다음의 거래자료를 입력하시오.(15점)

[1] 07월 07일 ㈜신화에서 영업부서의 매출처에 선물로 증정할 와인세트 10세트를 1세트당 50,000원(부가가치세 별도)에 구입하고 전자세금계산서를 발급받았다. 대금 550,000원은 현금으로 지급하고, 선물은 구입 즉시 모두 거래처에 전달하였다. (3점)

[2] 07월 20일 공장에서 생산부서가 사용할 선풍기를 ㈜하나마트에서 현금으로 구입하고, 아래와 같이 현금영수증을 발급받았다(단, 소모품비로 처리할 것). (3점)

㈜하나마트

2023072079067698000174 4070

㈜하나마트   T : (02)117 - 2727
128 - 85 - 46204   유하나
서울특별시 구로구 구로동 2727

영수증 미지참시 교환/환불 불가
정상상품에 한함, 30일 이내(신선 7일)

[현금영수증(지출증빙)]

[구매] 20x1 - 07 - 20   17 : 27   POS : 7901 - 9979

상품명	단가	수량	금액
맥스파워선풍기	110,000	10	1,100,000

과 세 물 품		1,000,000
부 가 세		100,000
합 계		1,100,000
결 제 대 상 금 액		1,100,000

현금영수증 승인번호 17090235
식별정보 3708112345
문의 ☎ 126 - 1 - 1

---

[3] 08월 16일   미국 UFC사에 제품을 $10,000에 해외 직수출하고, 8월 31일에 수출대금 전액을 달러
($)로 받기로 하였다. 일자별 환율은 다음과 같다(단, 수출신고번호 입력은 생략할 것).
(3점)

구분	8월 10일(수출신고일)	8월 16일(선적일)	8월 31일(대금회수일)
기준환율	1,150원/$	1,100원/$	1,200원/$

[4] 09월 30일   ㈜명학산업에 제품을 공급하고 아래와 같이 전자세금계산서를 발급하였다. 대금은 8월
31일에 기수령한 계약금 1,800,000원을 제외한 잔액을 ㈜명학산업이 발행한 당좌수표
로 수령하였다. (3점)

전자세금계산서				승인번호	20230930 – 1547412 – 2014956			
공급자	등록번호	㈜도원기업	종사업장번호		공급받는자	등록번호	301 – 81 – 45665	종사업장번호	
	상호(법인명)	370 – 81 – 12345	성명	이세종		상호(법인명)	㈜명학산업	성명	김연동
	사업장주소	서울 구로구 안양천로539길 6				사업장주소	세종시 부강면 문곡리 128		
	업태	제조등	종목	전자부품		업태	제조	종목	가전제품
	이메일					이메일			
						이메일			

작성일자	공급가액	세액	수정사유	비고
20x1/09/30	18,000,000	1,800,000		

월	일	품목	규격	수량	단가	공급가액	세액	비고
09	30	제품				18,000,000	1,800,000	

합계금액	현금	수표	어음	외상미수금	위 금액을 (영수) 함
19,800,000	1,800,000	18,000,000			

[5] 10월 31일   구매확인서에 의하여 ㈜크림으로부터 수출용 원재료(공급가액 6,000,000원)를 매입하
고 영세율전자세금계산서를 발급받았다. 대금은 보통예금 계좌에서 지급하였다. (3점)

문제 3 부가가치세 신고와 관련하여 다음 물음에 답하시오. (10점)

[1] 다음의 자료를 이용하여 20x1년 제2기 부가가치세 확정신고기간에 대한 [건물등감가상각자산취득명세서]를 작성하시오(단, 아래의 자산은 모두 감가상각 대상에 해당함). (3점)

취득일	내용	공급가액	상호	비고
		부가가치세액	사업자등록번호	
10.04.	회계부서의 컴퓨터 및 프린터 교체	20,000,000원	우리전산	종이세금계산서 수취
		2,000,000원	102-03-52877	
11.11.	생산부서의 보관창고 신축공사비	100,000,000원	㈜튼튼건설	전자세금계산서 수취
		10,000,000원	101-81-25749	
11.20.	업무용승용차(1,500cc) 구입	15,000,000원	㈜빠름자동차	전자세금계산서 수취
		1,500,000원	204-81-96316	
12.14.	영업부서의 에어컨 구입	10,000,000원	㈜시원마트	법인 신용카드 결제
		1,000,000원	304-81-74529	

[2] 아래의 자료만을 이용하여 20x1년 제1기 부가가치세 확정신고기간(4월~6월)의 [부가가치세신고서]를 직접 입력하여 작성하시오(단, 부가가치세신고서 외의 부속서류와 과세표준명세의 작성은 생략하며, 불러온 데이터는 무시하고 새로 입력할 것). (5점)

매출자료	• 전자세금계산서 매출액[주1] : 공급가액 320,000,000원, 세액 30,000,000원 　주1) 영세율세금계산서 매출액(공급가액 20,000,000원)이 포함되어 있다. • 해외 직수출 매출액 : 공급가액 15,000,000원 • 현금영수증 매출액 : 공급대가 11,000,000원

매입자료	• 전자세금계산서를 수취한 매입액[주2] : 공급가액 150,000,000원, 세액 15,000,000원 　주2) 운반용 화물자동차 매입액(공급가액 20,000,000원, 세액 2,000,000원)이 포함되어 있으며, 나머지 금액은 모두 재고자산 매입액이다. • 신용카드 매입액은 다음과 같다.

구분	내용	공급가액	세액
일반매입	직원 복리후생 관련 매입	8,000,000원	800,000원
	대표자 개인용 물품 매입	1,000,000원	100,000원
고정자산매입	제품 품질 테스트 기계설비 매입	6,000,000원	600,000원
합 계		15,000,000원	1,500,000원

기타자료	• 예정신고 미환급세액은 900,000원으로 가정한다.

317

[3] 20x1년 제1기 예정신고기간(20x1.01.01.~20x1.03.31.)의 [부가가치세신고서]를 전자신고하시오. (2점)

> 1. 부가가치세신고서와 관련 부속서류는 마감되어 있다.
> 2. [전자신고] → [국세청 홈택스 전자신고변환(교육용)] 순으로 진행한다.
> 3. [전자신고] 메뉴의 [전자신고제작] 탭에서 신고인구분은 **2.납세자 자진신고**를 선택하고, 비밀번호는 "**12341234**"로 입력한다.
> 4. [국세청 홈택스 전자신고변환(교육용)] → 전자파일변환(변환대상파일선택) → 찾아보기 에서 전자신고용 전자파일을 선택한다.
> 5. 전자신고용 전자파일 저장경로는 로컬디스크(C:)이며, 파일명은 "enc작성연월일.101.v3708112345"이다.
> 6. 형식검증하기 ➡ 형식검증결과확인 ➡ 내용검증하기 ➡ 내용검증결과확인 ➡ 전자파일제출 을 순서대로 클릭한다.
> 7. 최종적으로 전자파일 제출하기 를 완료한다.

문제 4 **결산정리사항은 다음과 같다. 관련 메뉴를 이용하여 결산을 완료하시오. (15점)**

[1] 다음은 20x1년 제2기 확정신고기간의 부가가치세 관련 자료이다. 아래의 자료만을 이용하여 부가세대급금과 부가세예수금을 정리하는 회계처리를 하시오. 단 입력된 데이터는 무시하고, 납부세액은 미지급세금으로, 환급세액은 미수금으로, 가산세는 세금과공과(판)로, 공제세액은 잡이익으로 처리하시오. (3점)

> • 부가세예수금 : 720,000원
> • 전자세금계산서지연발급가산세 : 10,000원
> • 부가세대급금 : 520,000원
> • 전자신고세액공제 : 10,000원

[2] 돌담은행으로부터 차입한 장기차입금 중 100,000,000원은 20x2년 6월 30일에 상환기일이 도래한다. (3점)

[3] 외상매출금 및 미수금에 대하여만 기말잔액에 1%의 대손율을 적용하여 보충법에 의해 대손충당금을 설정하시오. (3점)

[4] 기말 현재 보유하고 있는 무형자산 중 영업권의 전기 말 상각 후 미상각잔액은 16,000,000원이다. 해당 영업권의 취득일은 20x0년 1월 1일이며, 회사는 영업권에 대하여 5년간 월할 균등상각하고 있다. (3점)

[5] 결산일 현재 재고자산은 다음과 같다. 결산자료입력을 이용하여 결산을 수행하시오. (3점)

구분	금액	비고
원재료	93,000,000원	선적지 인도기준(FOB)으로 매입하여 운송 중인 미착원재료 2,000,000원 미포함
재공품	70,000,000원	
제품	135,000,000원	수탁자가 보관 중인 위탁제품 5,000,000원 미포함

문제 5 20x1년 귀속 원천징수자료와 관련하여 다음의 물음에 답하시오. (15점)

[1] 다음은 ㈜도원기업의 사무직 사원 김우리(사원코드 : 100)의 6월 급여자료이다. 아래 자료를 이용하여 [사원등록]의 [부양가족명세] 탭의 부양가족에 대한 기본공제 및 추가공제 여부를 반영하고, [수당공제등록] 및 [급여자료입력]을 수행하시오(단, 근로자 본인의 세부담 최소화를 가정한다). (5점)

1. 부양가족 명세(모두 거주자인 내국인에 해당함)

성명	주민등록번호	관계	동거(생계)여부	비고
김우리	801210 – 1127858	본인		세대주, 20x1년 총급여액 5,200만원
이현진	821010 – 2145201	배우자	여	소득없음
김아현	190101 – 4928325	입양자녀	여	소득없음, 20x1년 1월에 입양신고함

※ 제시된 자료 외의 다른 소득은 없다.

2. 6월분 급여자료

이름	김우리	지급일	20x1년 07월 10일
기　　본　　급	3,000,000원	소　　득　　세	89,390원
식　　　　대	200,000원	지 방 소 득 세	8,930원
자 가 운 전 보 조 금	200,000원	국　민　연　금	166,500원
육　아　수　당	200,000원	건　강　보　험	131,160원
야 간 근 로 수 당	527,000원	장 기 요 양 보 험	16,800원
		고　용　보　험	34,440원
급　　여　　계	4,127,000원	공　제　합　계	447,220원
		지　급　총　액	3,679,780원

• 식대 : 당사는 현물식사와 식대를 함께 제공하고 있다.
• 자가운전보조금 : 당사는 본인 명의의 차량을 업무 목적으로 사용한 직원에게만 자가운전보조금을 지급하고 있으며, 실제 발생한 교통비를 별도로 지급하지 않는다.
• 육아수당 : 당사는 6세 이하 자녀(입양자녀 포함) 1명당 200,000원씩 육아수당을 지급하고 있다.
※ 수당등록 시 월정액 및 통상임금은 고려하지 않으며, 사용하는 수당 이외의 항목은 사용 여부를 "부"로 반영한다.
※ 급여자료입력 시 공제항목의 불러온 데이터는 무시하고 직접 입력하여 작성한다.

[2] 다음은 회계부서에 재직 중인 김갑용(사원코드 : 101) 사원의 연말정산 관련 자료이다. 다음의 자료를 이용하여 [연말정산추가자료입력] 메뉴의 [부양가족] 탭 및 관련된 탭을 모두 작성하여 연말정산을 완료하시오(단, 근로자 본인의 세부담 최소화를 가정하고, [연말정산입력] 탭은 직접 입력하지 않음). (10점)

1. 가족사항(모두 거주자인 내국인에 해당함)

성명	관계	주민등록번호	동거 여부	소득금액	비고
김갑용	본인	830505 – 1478521		65,000,000원	총급여액(근로소득 외의 소득없음), 세대주
강희영	배우자	840630 – 2547858	여	10,000,000원	근로소득금액
김수필	부친	561012 – 1587428	여	900,000원	부동산임대소득금액 : 총수입금액 20,000,000원 필요경비 19,100,000원
김정은	아들	140408 – 3852611	여	–	초등학생
김준희	딸	191104 – 4487122	여	–	취학 전 아동

2. 연말정산 관련 추가자료(모든 자료는 국세청에서 제공된 자료에 해당함)

내역	비고
보장성 보험료	• 김갑용(본인) : 자동차보험료 300,000원 • 강희영(배우자) : 보장성보험료 200,000원 • 김수필(부친) : 생명보험료 150,000원(만기까지 납입액이 만기환급액보다 큰 경우에 해당) • 김준희(딸) : 보장성보험료 350,000원
교육비	• 김갑용(본인) : 정규 교육 과정 대학원 교육비 5,000,000원 • 김정은(아들) : 국내 소재 사립초등학교(「교육법」상의 정규 교육기관) 수업료 8,000,000원, 바이올린 학원비 2,400,000원 • 김준희(딸) : 「영유아보육법」상의 어린이집 교육비 1,800,000원
의료비	• 김갑용(본인) : 시력보정용 안경 구입비용 650,000원 • 김수필(부친) : 질병 치료 목적 의료비 1,500,000원 • 김준희(딸) : 질병 치료 목적 의료비 250,000원

신용카드
사용액
	• 김갑용(본인) : 신용카드 사용액 21,500,000원(국세청 자료)
	  (신용카드사용분 중 전통시장/대중교통/도서 등 사용분은 없음)
	  ☞ **신용카드사용의 당해연도 소비증가는 없다고 가정한다.**

연금저축	• 김갑용(본인) : 20x1년 연금저축계좌 납입액 6,000,000원 (계좌번호 : 농협중앙회 301 – 02 – 228451, 당해연도에 가입함)

제110회 전산세무2급 답안 및 해설

■ 이 론

1	2	3	4	5	6	7	8	9	10	11	12	13	14	15
①	④	①	③	③	③	①	③	②,④	④	④	①	③	①	③

01. **유동성이 높은 항목부터 배열하는 것을 원칙**으로 한다.

02. 유동자산＝매출채권(1,000,000)＋상품(2,500,000)＋당좌예금(3,000,000)＋선급비용(500,000)
　　　　＝7,000,000원

　　비유동자산 : 특허권, 장기매출채권

03. 원가흐름의 가정에 대한 문제가 나올 시 **가장 크거나 가장 작은 방법은 선입선출법 또는 후입선출법**
이 된다. 그리고 언제나 순서는 선입→이동→총→후입이 되고, 역으로도 마찬가지이다.
　　물가가 지속적으로 상승하는 경우 **기말재고자산 금액은 후입선출법＞총평균법＞이동평균법＞선입선**
출법 순으로 커진다.

04. 수익적지출을 자본적 지출로 잘못 회계처리하면 **자산의 과대계상과 비용의 과소계상으로 인해 당기**
순이익과 자본이 과대계상된다.

05. **매도가능증권평가손익은 기타포괄손익누계액에 계상**한다.

06. **가공원가란 직접노무원가와 제조간접원가**를 말한다.

07. 제조간접원가＝총제조원가(4,000,000)×25%＝1,000,000원

　　직접노무원가＝제조간접원가(1,000,000)×200%＝2,000,000원

　　직접재료원가＝총제조원가(4,000,000) − 제조간접원가(1,000,000) − 직접노무원가(2,000,000)
　　　　　　　　＝1,000,000원

08.　예정배부율 : $\dfrac{\text{제조간접원가 예산}(2,000,000)}{\text{예정 직접노무시간}(200\text{시간})}$ ＝10,000원/직접노무시간

　　예정배부액＝실제 제조간접원가(2,500,000)±배부차이(0)＝2,500,000원

　　실제 직접노동시간＝실제제조간접원가(2,000,000)÷예정배부율(10,000)＝250시간

09. ② 작업폐물에 관한 설명이다.(공손에 관한 설명과 관계없는 작업폐물도 정답 인용)

　　④ **정상공손여부는 원가흐름과 상관없다.**

10. 평균법은 **기초재공품도 당기에 착수한 것으로 가정하므로 기초재공품의 물량에 대한 정보는 불필요**
하다.

11. 사업자가 자기생산·취득재화를 **비영업용 승용자동차(개별소비세 과세 대상)로 사용 또는 소비하거**
나 그 자동차의 유지를 위하여 사용 또는 소비하는 경우 재화의 공급으로 본다.

12. 역진성 완화에 대한 설명으로 면세제도이다. 영세율 제도는 소비지국과세원칙의 구현을 목적으로 한다.

13. 사업자가 재화 또는 용역을 공급하지 아니하고 세금계산서 등을 발급한 경우 그 **(가공)세금계산서 등에 적힌 공급가액의 3퍼센트를 납부세액에 더하거나 환급세액에서 뺀다.**

14. **잉여금처분에 의한 상여는 해당 법인의 잉여금처분결의일을 수입시기**로 한다.

15. 총수입금액 = 매출액(300,000,000) + 차량 양도가액(30,000,000) = 330,000,000원
    복식부기의무자가 **차량 및 운반구 등 대 유형자산(토지, 건물 제외)을 양도함으로써 발생하는 소득은 사업소득**으로 한다.

▇▇▇▇▇ 실 무

문제 1	일반전표입력

[1]	(차)	단기매매증권	6,000,000	(대)	보통예금	6,030,000
		수수료비용(984)	30,000			
[2]	(차)	보통예금	423,000	(대)	이자수익	500,000
		선납세금	77,000			
[3]	(차)	건설중인자산	2,500,000	(대)	보통예금	2,500,000
[4]	(차)	퇴직연금운용자산	10,000,000	(대)	보통예금	17,000,000
		퇴직급여(판)	7,000,000			
[5]	(차)	선급금(㈜지유)	5,000,000	(대)	당좌예금	5,000,000

문제 2　매입매출전표입력

문항	일자	유형	공급가액	부가세	거래처	전자
[1]	7/7	54.불공	500,000	50,000	㈜신화	여
		불공제사유 : ④ 기업업무추진비 및 이와 유사한 비용 관련				
분개유형		(차) 기업업무추진비(판)　550,000 (대) 현금				550,000
혐금(혼합)						

문항	일자	유형	공급가액	부가세	거래처	전자
[2]	7/20	61.현과	1,000,000	100,000	㈜하나마트	–
분개유형		(차) 부가세대급금　　100,000 (대) 현금				1,100,000
혼합(현금)		소모품비(제)　1,000,000				

문항	일자	유형	공급가액	부가세	거래처	전자
[3]	8/16	16.수출	11,000,000	–	미국 UFC사	–
		영세율구분 : ① 직접수출(대행수출 포함)				
분개유형		(차) 외상매출금　11,000,000 (대) 제품매출				11,000,000
외상(혼합)						

문항	일자	유형	공급가액	부가세	거래처	전자
[4]	9/30	11.과세	18,000,000	1,800,000	㈜명학산업	여
분개유형		(차) 현금　　　18,000,000 (대) 부가세예수금				1,800,000
혼합		선수금　　1,800,000　　제품매출				18,000,000

☞타인발행당좌수표는 현금성자산에 해당합니다.

문항	일자	유형	공급가액	부가세	거래처	전자
[5]	10/31	52.영세	6,000,000	–	㈜크림	여
분개유형		(차) 원재료　　　6,000,000 (대) 보통예금				6,000,000
혼합						

문제 3　부가가치세

[1] [건물등감가상각자산취득명세서](10~12월)

감가상각자산종류	건수	공급가액	세액	비 고
합　계	4	145,000,000	14,500,000	
건물 · 구축물	1	100,000,000	10,000,000	
기 계 장 치				
차 량 운 반 구	1	15,000,000	1,500,000	
기타감가상각자산	2	30,000,000	3,000,000	

No	월/일	거래처별 감가상각자산 취득명세					
		상호	사업자등록번호	자산구분	공급가액	세액	건수
1	10-04	우리전산	102-03-52877	기타	20,000,000	2,000,000	1
2	11-11	㈜튼튼건설	101-81-25749	건물,구축물	100,000,000	10,000,000	1
3	11-20	㈜빠름자동차	204-81-96316	차량운반구	15,000,000	1,500,000	1
4	12-14	㈜시원마트	304-81-74529	기타	10,000,000	1,000,000	1
5							
		합 계			145,000,000	14,500,000	4

[2] [부가가치세신고서](4~6월)

1. 과세표준 및 매출세액

구분				정기신고금액		
				금액	세율	세액
과세표준및매출세액	과세	세금계산서발급분	1	300,000,000	10/100	30,000,000
		매입자발행세금계산서	2		10/100	
		신용카드·현금영수증발행분	3	10,000,000	10/100	1,000,000
		기타(정규영수증외매출분)	4			
	영세	세금계산서발급분	5	20,000,000	0/100	
		기타	6	15,000,000	0/100	
	예정신고누락분		7			
	대손세액가감		8			
	합계		9	345,000,000	㉑	31,000,000

2. 매입세액

매입세액	세금계산서수취분	일반매입	10	130,000,000		13,000,000
		수출기업수입분납부유예	10-1			
		고정자산매입	11	20,000,000		2,000,000
	예정신고누락분		12			
	매입자발행세금계산서		13			
	그 밖의 공제매입세액		14	14,000,000		1,400,000
	합계(10)-(10-1)+(11)+(12)+(13)+(14)		15	164,000,000		16,400,000
	공제받지못할매입세액		16			
	차감계 (15-16)		17	164,000,000	㉯	16,400,000
납부(환급)세액(매출세액㉑-매입세액㉯)					㉰	14,600,000

3. 납부세액(예정신고 미환급세액 900,000원, 전자신고세액공제 10,000원)

- 차가감 납부할세액 : 13,690,000

[3] 전자신고(1~3월)

1. [부가가치세신고서] 및 관련 부속서류 마감 확인

구분				정기신고금액		
				금액	세율	세액
과세표준및매출세액	과세	세금계산서발급분	1	2,171,380,000	10/100	217,138,000
		매입자발행세금계산서	2		10/100	
		신용카드·현금영수증발행분	3		10/100	
		기타(정규영수증외매출분)	4			
	영세	세금계산서발급분	5		0/100	
		기타	6		0/100	
	예정신고누락분		7			
	대손세액가감		8			
	합계		9	2,171,380,000	㉑	217,138,000
매입세액	세금계산서수취분	일반매입	10	941,056,000		94,105,600
		수출기업수입분납부유예	10-1			
		고정자산매입	11	50,000,000		5,000,000
	예정신고누락분		12			
	매입자발행세금계산서		13			
	그 밖의 공제매입세액		14			
	합계(10)-(10-1)+(11)+(12)+(13)+(14)		15	991,056,000		99,105,600
	공제받지못할매입세액		16	600,000		60,000
	차감계 (15-16)		17	990,456,000	㉯	99,045,600
납부(환급)세액(매출세액㉑-매입세액㉯)					㉰	118,092,400

2. [전자신고]>[전자신고제작] 탭>F4 제작>비밀번호(12341234) 입력

☑ 코드	회사명	사업자등록번호	사업자구분	마감상태	마감일자	제작일자		서식번호	서식명
1102	(주)도원기업	370-81-12345	일반	정상마감	2023-07-02	2023-10-08		1103200	일반과세자 부가가치세 신고서
								1103300	공제받지못할매입세액명세서
								1103800	건물 등 감가상각자산 취득명세서
								1105000	매출처별 세금계산서 합계표(갑,을)
								1105200	매입처별 세금계산서 합계표(갑,을)

제작경로 C:₩

비밀번호 입력

비밀번호 ●●●●●●●●

비밀번호 확인 ●●●●●●●●

비밀번호 는 8자리 이상 20자리 이하를 입력합니다.

3. [국세청 홈택스 전자신고변환(교육용)]

문제 4   결산

[1] 〈수동결산〉

(차) 부가세예수금	720,000	(대) 부가세대급금	520,000
세금과공과(판)	10,000	잡이익	10,000
		미지급세금	200,000

[2] 〈수동결산〉

(차) 장기차입금(돌담은행)	100,000,000	(대) 유동성장기부채(돌담은행)	100,000,000

[3] 〈수동/자동결산〉

(차) 대손상각비	3,334,800	(대) 대손충당금(109)	3,334,800
기타의대손상각비	230,000	대손충당금(121)	230,000

· 대손상각비 : 외상매출금 기말잔액 583,480,000원×1% - 2,500,000원 = 3,334,800원

· 기타의대손상각비 : 미수금 기말잔액 23,000,000원×1% = 230,000원

또는 [결산자료입력]>기간 : 20x1년 01월~20x1년 12월>4. 판매비와 일반관리비

                >5). 대손상각>외상매출금 3,334,800원 입력>

                >7. 영업외 비용>2). 기타의대손상각>미수금 230,000원 입력

[4] 〈수동/자동결산〉

(차) 무형자산상각비   4,000,000 (대) 영업권   4,000,000

     · 상각비 = 전기 말 미상각잔액(16,000,000) ÷ 잔여내용연수(5년 − 1년) = 4,000,000원/년

또는 [결산자료입력] > 기간 : 20x1년 01월~20x1년 12월

> 4. 판매비와 일반관리비 > 6). 무형자산상각비

> 영업권 4,000,000원 입력

[5] 〈자동결산〉

[결산자료입력] > 기간 : 20x1년 01월~20x1년 12월

                     > 2. 매출원가 > 1)원재료비 > ⑩ 기말 원재료 재고액 95,000,000원 입력

                     8)당기 총제조비용 > ⑩ 기말 재공품 재고액 70,000,000원 입력

                     9)당기완성품제조원가 > ⑩ 기말 제품 재고액 140,000,000원 입력

※ 자동결산항목을 모두 입력하고 상단의 전표추가를 한다.

문제 5   원천징수

[1] 부양가족 명세 및 급여자료 입력(김우리)

1. [부양가족명세]

관계	요 건		기본 공제	추가 (자녀)	판 단
	연령	소득			
본인(세대주)	−	−	○		
배우자	−	○	○		
자녀(6)	○	○	○	출산(1)	당해연도 입양

2. [수당등록] 비과세 :

No	코드	과세구분	수당명	근로소득유형			월정액	통상임금	사용여부
				유형	코드	한도			
1	1001	과세	기본급	급여			정기	여	여
2	1002	과세	상여	상여			부정기	부	부
3	1003	과세	직책수당	급여			정기	부	부
4	1004	과세	월차수당	급여			정기	부	부
5	1005	비과세	식대	식대	P01	(월)200,000	정기	부	부
6	1006	비과세	자가운전보조금	자가운전보조금	H03	(월)200,000	부정기	부	여
7	1007	비과세	야간근로수당	야간근로수당	001	(년)2,400,000	부정기	부	여
8	2001	과세	식대	급여			정기	부	여
9	2002	비과세	육아수당	육아수당	Q01	(월)200,000)	정기	부	여
10									

• 현물식사를 제공받고 있으므로 식대로 제공받는 금액은 과세

• 육아(양육)수당은 6세 이하 자녀가 있는 근로자가 받는 금액 중 월 20만원을 한도로 비과세

3. [급여자료입력] 귀속년월 6월, 지급년월일 7월 10일

급여항목	금액	공제항목	금액
기본급	3,000,000	국민연금	166,500
자가운전보조금	200,000	건강보험	131,160
야간근로수당	527,000	장기요양보험	16,800
식대	200,000	고용보험	34,440
육아수당	200,000	소득세(100%)	89,390
		지방소득세	8,930
		농특세	
과　　세	3,817,0000		
비 과 세	400,0000	공 제 총 액	447,220
지 급 총 액	4,127,000	차 인 지 급 액	3,679,780

☞비과세금액 = 자가운전보조금(200,000) + 육아수당(200,000) = 400,000원

[2] [연말정산추가자료입력] 김갑용(2025)

1. [부양가족] 탭

(1) 인적공제

관계	요 건		기본공제	추가(자녀)	판　　단
	연령	소득			
본인(세대주)	–	–	○		총급여액 65백만원
배우자	–	×	부		총급여액 5백만원 초과자
부(69)	○	○	○		사업소득금액 1백만원 이하자
아들(11)	○	○	○	자녀	8세이상 자녀만 자녀세액공제
딸(6)	○	○	○	–	

(2) 연말정산 판단

항 목	요건		내역 및 대상여부	입력
	연령	소득		
보 험 료	○ (×)	○	• 본인 자동차 보험료 • 배우자 보장성 보험료(소득요건 미충족) • 부친 생명보험료 • 딸 보장성보험료	○(일반 300,000) × ○(일반 150,000) ○(일반 350,000)
교 육 비	×	○	• 본인 대학원 교육비(본인만 대상) • 아들 초등학교 수업료는 대상, 학원비는 제외 • 딸 어린이집 교육비	○(본인 5,000,000) ○(초등 8,000,000) ○(취학전 1,800,000)
의 료 비	×	×	• 본인 안경구입비(한도 50만원) • 부친 질병치료비 • 딸 질병치료비	○(본인 500,000) ○(65세 1,500,000) ○(6세이하 250,000)
신용카드	×	○	• 본인 신용카드	○(신용 21,500,000)
연금계좌	본인		• 본인 연금저축	○(연금저축 6,000,000)

(3) 보험료

① 김갑용(본인)

보장성보험-일반	300,000
보장성보험-장애인	
합 계	300,000

② 김수필(부친)

보장성보험-일반	150,000
보장성보험-장애인	
합 계	150,000

③ 김준희(딸)

보장성보험-일반	350,000
보장성보험-장애인	
합 계	350,000

(4) 교육비세액공제

• 김갑용(본인)

교육비	
일반	장애인
5,000,000 4.본인	

• 김정은(아들)

교육비	
일반	장애인
8,000,000 2.초중고	

• 김준희(딸)

교육비	
일반	장애인특
1,800,000 1.취학전	

2. [신용카드] 탭(본인)

자료구분	신용카드	직불,선불	현금영수증	도서등 신용	도서등 직불	도서등 현금	전통시장	대중교통	소비증가분 2024년	소비증가분 2025년
국세청	21,500,000									

3. [의료비] 탭

의료비 공제대상자 성명	내/외	5.주민등록번호	6.본인등 해당여부	9.증빙코드	8.상호	7.사업자등록번호	10.건수	11.금액	11-1.실손 보험수령액	12.미숙아 선천성이상아	13.난임여부	14.산후조리원
김갑용	내	830505-1478521	1	0	1				500,000	X	X	X
김수필	내	561012-1587428	2	0	1				1,500,000	X	X	X
김준희	내	191104-4487122	2	0	1				250,000	X	X	X
합계								2,250,000				
일반의료비 (본인)	500,000	65세 이상자,장애인 건강보험산정특례자	1,750,000	일반의료비 (그 외)		0			난임시술비 미숙아.선천성이상아			

4. [연금저축 등 I] 탭

2 연금계좌 세액공제	- 연금저축계좌(연말정산입력 탭의 38.개인연금저축, 60.연금저축)					크게보기
연금저축구분	코드	금융회사 등	계좌번호(증권번호)	납입금액	공제대상금액	소득/세액공제액
2.연금저축	190	농협중앙회 및 산하기관	301-02-228451	6,000,000	6,000,000	720,000

5. [연말정산입력] 탭 : F8부양가족탭불러오기 실행

[소득공제]		
1. 신용카드	① 신용카드	21,500,000
[연금계좌세액공제]	연금저축	6,000,000
[특별세액공제]		
1. 보장성보험료	① 일반	800,000
3. 교육비	① 본 인	5,000,000
	② 취학전	1,800,000
	③ 초중고	8,000,000
2. 의료비	① 특정(본인)	500,000
	② 특정(장애, 65세 이상, 산정특례자, 6세 이하)	1,750,000

제109회 전산세무 2급

합격율	시험년월
47%	2023.08

이 론

01. 다음 중 금융부채에 대한 설명으로 틀린 것은?

① 금융부채는 최초 인식 시 공정가치로 측정하는 것이 원칙이다.

② 양도한 금융부채의 장부금액과 지급한 대가의 차액은 기타포괄손익으로 인식한다.

③ 금융부채는 후속 측정 시 상각후원가로 측정하는 것이 원칙이다.

④ 금융채무자가 재화 또는 용역을 채권자에게 제공하여 금융부채를 소멸시킬 수 있다.

02. 아래의 자료는 시장성 있는 유가증권에 관련된 내용이다. 이에 대한 설명으로 옳은 것은?

> • 20x0년 08월 05일 : A회사 주식 500주를 주당 4,000원에 매입하였다.
> • 20x0년 12월 31일 : A회사 주식의 공정가치는 주당 5,000원이다.
> • 20x1년 04월 30일 : A회사 주식 전부를 주당 6,000원에 처분하였다.

① 단기매매증권으로 분류할 경우 매도가능증권으로 분류하였을 때보다 20x0년 당기순이익은 감소한다.

② 단기매매증권으로 분류할 경우 매도가능증권으로 분류하였을 때보다 20x0년 기말 자산이 더 크다.

③ 매도가능증권으로 분류할 경우 처분 시 매도가능증권처분이익은 500,000원이다.

④ 매도가능증권으로 분류할 경우 단기매매증권으로 분류하였을 때보다 20x1년 당기순이익은 증가한다.

03. 다음 중 회계변경으로 인정되는 정당한 사례로 적절하지 않은 것은?

① 일반기업회계기준의 제·개정으로 인하여 새로운 해석에 따라 회계변경을 하는 경우

② 기업환경의 중대한 변화에 의하여 종전의 회계정책을 적용하면 재무제표가 왜곡되는 경우

③ 동종산업에 속한 대부분의 기업이 채택한 회계정책 또는 추정방법으로 변경함에 있어서 새로운 회계정책 또는 추정방법이 종전보다 더 합리적이라고 판단되는 경우

④ 정확한 세무신고를 위해 세법 규정을 따를 필요가 있는 경우

04. 다음 중 무형자산에 대한 설명으로 가장 옳지 않은 것은?

① 개발비 중 연구단계에서 발생한 지출은 발생한 기간의 비용으로 인식한다.

② 합리적인 상각방법을 정할 수 없는 경우에는 정률법으로 상각한다.

③ 일반기업회계기준에서는 무형자산의 재무제표 표시방법으로 직접상각법과 간접상각법을 모두 허용하고 있다.

④ 무형자산의 내용연수는 법적 내용연수와 경제적 내용연수 중 짧은 것으로 한다.

05. 다음 중 자본에 대한 설명으로 틀린 것은?

① 자본은 기업의 자산에서 모든 부채를 차감한 후의 잔여지분을 나타낸다.

② 주식의 발행금액이 액면금액보다 크면 그 차액을 주식발행초과금으로 하여 이익잉여금으로 회계처리한다.

③ 납입된 자본에 기업활동을 통해 획득하여 기업의 활동을 위해 유보된 금액을 가산하여 계산한다.

④ 납입된 자본에 소유자에 대한 배당으로 인한 주주지분 감소액을 차감하여 계산한다.

06. ㈜하나의 제조간접원가 배부차이가 250,000원 과대배부인 경우, 실제 제조간접원가 발생액은 얼마인가? 단, 제조간접원가 예정배부율은 작업시간당 3,000원이며, 작업시간은 1일당 5시간으로 총 100일간 작업하였다.

① 1,000,000원　　　② 1,250,000원　　　③ 1,500,000원　　　④ 1,750,000원

07. ㈜연우가 20x1년에 사용한 원재료는 500,000원이다. 20x1년 초 원재료 재고액이 20x1년 말 원재료 재고액보다 50,000원 적을 경우, 20x1년의 원재료 매입액은 얼마인가?

① 450,000원　　　② 500,000원　　　③ 550,000원　　　④ 600,000원

08. 다음 중 제조원가명세서를 작성하기 위하여 필요한 내용이 아닌 것은?

① 당기 직접노무원가 발생액　　　② 당기 직접재료 구입액

③ 당기 기말제품 재고액　　　　　④ 당기 직접재료 사용액

09. ㈜푸른솔은 보조부문의 원가배분방법으로 직접배분법을 사용한다. 보조부문 A와 B의 원가가 각각 1,500,000원과 1,600,000원으로 집계되었을 경우, 아래의 자료를 바탕으로 제조부문 X에 배분될 보조부문원가는 얼마인가?

사용부문 제공부문	보조부문		제조부문		합계
	A	B	X	Y	
A	–	50시간	500시간	300시간	850시간
B	200시간	–	300시간	500시간	1,000시간

① 1,150,000원 ② 1,250,000원 ③ 1,332,500원 ④ 1,537,500원

10. 다음 중 종합원가계산에 대한 설명으로 틀린 것은?

① 선입선출법은 실제 물량흐름을 반영하므로 평균법보다 더 유용한 정보를 제공한다.
② 평균법은 당기 이전에 착수된 기초재공품도 당기에 착수한 것으로 본다.
③ 선입선출법이 평균법보다 계산방법이 간편하다.
④ 기초재공품이 없다면 선입선출법과 평균법의 적용 시 기말재공품원가는 언제나 동일하다.

11. 다음 중 부가가치세법상 용역의 공급시기에 대한 설명으로 틀린 것은?

① 임대보증금의 간주임대료는 예정신고기간 또는 과세기간의 종료일을 공급시기로 한다.
② 폐업 전에 공급한 용역의 공급시기가 폐업일 이후에 도래하는 경우 폐업일을 공급시기로 한다.
③ 장기할부조건부 용역의 공급의 경우 대가의 각 부분을 받기로 한 때를 공급시기로 한다.
④ 용역의 대가의 각 부분을 받기로 한 때 대가를 받지 못하는 경우 공급시기로 보지 않는다.

12. 다음 중 부가가치세법상 면세 대상이 아닌 것은?

① 항공법에 따른 항공기에 의한 여객운송용역
② 도서, 신문
③ 연탄과 무연탄
④ 우표, 인지, 증지, 복권

13. 다음 중 부가가치세법상 재화의 공급에 해당하는 거래는?

① 과세사업자가 사업을 폐업할 때 자기생산·취득재화가 남아있는 경우
② 사업장별로 그 사업에 관한 모든 권리와 의무를 포괄적으로 승계시키는 경우
③ 법률에 따라 조세를 물납하는 경우
④ 각종 법에 의한 강제 경매나 공매에 따라 재화를 인도하거나 양도하는 경우

14. 다음 중 소득세법상 과세방법이 다른 하나는?

① 복권 당첨금
② 일용근로소득
③ 계약금이 위약금으로 대체되는 경우의 위약금이나 배상금
④ 비실명 이자소득

15. 다음 중 근로소득만 있는 거주자의 연말정산 시 산출세액에서 공제하는 세액공제에 대한 설명으로 틀린 것은?

① 저축성보험료에 대해서는 공제받을 수 없다.
② 근로를 제공한 기간에 지출한 의료비만 공제 대상 의료비에 해당한다.
③ 직계존속의 일반대학교 등록금은 교육비세액공제 대상이다.
④ 의료비세액공제는 지출한 의료비가 총급여액의 3%를 초과하는 경우에만 적용받을 수 있다.

실 무

㈜천부전자(2109)는 제조 및 도·소매업을 영위하는 중소기업으로, 당기 회계기간은 20x1.1.1.~20x1.12.31.이다. 전산세무회계 수험용 프로그램을 이용하여 다음 물음에 답하시오.

문제 1 [일반전표입력] 메뉴를 이용하여 다음의 거래자료를 입력하시오. (15점)

[1] 01월 22일 ㈜한강물산에 제품을 8,000,000원에 판매하기로 계약하고, 판매대금 중 20%를 당좌예금 계좌로 송금받았다. (3점)

[2] 03월 25일 거래처인 ㈜동방불패의 파산으로 외상매출금 13,000,000원의 회수가 불가능해짐에 따라 대손처리하였다(대손 발생일 직전 외상매출금에 대한 대손충당금 잔액은 4,000,000원이었으며, 부가가치세법상 대손세액공제는 고려하지 않는다). (3점)

[3] 06월 30일　업무용 승용자동차(5인승, 2,000cc)의 엔진 교체 후 대금 7,700,000원을 보통예금 계좌에서 지급하고 현금영수증을 수령하였다(단, 승용자동차의 엔진 교체는 자본적지출에 해당한다). (3점)

[4] 07월 25일　이사회에서 20x1년 07월 12일에 결의한 중간배당(현금배당 100,000,000원)인 미지급배당금에 대하여 소득세 등 15.4%를 원천징수하고 보통예금 계좌에서 지급하였다(단, 관련 데이터를 조회하여 회계처리할 것). (3점)

[5] 11월 05일　액면가액 10,000,000원(3년 만기)인 사채를 10,850,000원에 할증발행하였으며, 대금은 전액 보통예금 계좌로 입금되었다. (3점)

문제 2　[매입매출전표입력] 메뉴를 이용하여 다음의 거래자료를 입력하시오.(15점)

[1] 07월 18일　취득가액은 52,000,000원, 매각 당시 감가상각누계액은 38,000,000원인 공장에서 사용하던 기계장치를 ㈜로라상사에 매각하고 아래와 같이 전자세금계산서를 발급하였다(당기의 감가상각비는 고려하지 말고 하나의 전표로 입력할 것). (3점)

전자세금계산서					승인번호		20230718 - 000023 - 123547		
공급자	등록번호	130 - 81 - 25029	종사업장번호		공급받는자	등록번호	101 - 81 - 42001	종사업장번호	
	상호(법인명)	㈜천부전자	성명	정지훈		상호(법인명)	㈜로라상사	성명	전소민
	사업장주소	인천시 남동구 간석로 7				사업장주소	경기 포천시 중앙로 8		
	업태	제조,도소매	종목	전자제품		업태	제조업	종목	자동차부품
	이메일					이메일			
						이메일			

작성일자	공급가액	세액	수정사유	비고
20x1.07.18.	11,000,000	1,100,000	해당 없음	

월	일	품목	규격	수량	단가	공급가액	세액	비고
07	18	기계장치 매각				11,000,000	1,100,000	

합계금액	현금	수표	어음	외상미수금	위 금액을 (청구) 함
12,100,000				12,100,000	

[2] 07월 30일　영업부에 필요한 비품을 ㈜소나무로부터 구입하고 법인 명의로 현금영수증을 발급받았다. 법인의 운영자금이 부족하여 대표자 개인 명의의 계좌에서 대금을 지급하였다(단, 가수금(대표자)으로 처리할 것). (3점)

Hometax. 국세청홈택스 현금영수증

● 거래정보

거래일시	20x1년 7월 30일 13 : 40 : 14
승인번호	1234567
거래구분	승인거래
거래용도	지출증빙
발급수단번호	130 - 81 - 25029

● 거래금액

공급가액	부가세	봉사료	총 거래금액
600,000	60,000		660,000

● 가맹점 정보

상호	㈜소나무
사업자번호	222 - 81 - 12347
대표자명	박무늬
주소	서울특별시 강남구 압구정동 14

● 익일 홈택스에서 현금영수증 발급 여부를 반드시 확인하시기 바랍니다.
● 홈페이지 (http://www.hometax.go.kr)
　- 조회/발급＞현금영수증 조회＞사용내역(소득공제) 조회
　　　　　　　　　　　　＞매입내역(지출증빙) 조회
● 관련문의는 국세상담센터(☎126 - 1 - 1)

[3] 08월 31일　제2기 부가가치세 예정신고 시 누락한 제조부의 자재 창고 임차료에 대하여 아래와 같이 종이 세금계산서를 10월 30일에 수취하였다(단, 제2기 확정 부가 가치세신고서에 자동 반영되도록 입력 및 설정할 것). (3점)

											책 번 호		권		호	

세금계산서(공급받는 자 보관용)

일 련 번 호 □□ - □□□□

공급자	등록번호	1 1 3 - 5 5 - 6 1 4 4 8				공급받는자	등록번호	130 - 81 - 25029		
	상호(법인명)	오미순부동산	성 명(대표자)		오미순		상호(법인명)	㈜천부전자	성 명(대표자)	정지훈
	사업장 주소	경기도 부천시 신흥로 111					사업장 주소	인천시 남동구 간석로 7		
	업 태	부동산업	종 목		임대업		업 태	제조 외	종 목	전자제품

작성			공　　급　　가　　액												세　　　　　액												비　　고	
연	월	일	빈칸 수	조	천	백	십	억	천	백	십	만	천	백	십	일	천	백	십	억	천	백	십	만	천	백	십	일
x1	08	31	6						1	5	0	0	0	0	0									1	5	0	0	0	0

월	일	품　　　　　　목		규 격	수 량	단 가	공 급 가 액	세 액	비 고
08	31	자재창고 임차료					1,500,000	150,000	

합 계 금 액	현 금	수 표	어 음	외상미수금	이 금액을 **청구** 함
1,650,000				1,650,000	

[4] 09월 28일   제품의 제작에 필요한 원재료를 수입하면서 인천세관으로부터 아래의 수입전자세금계산서를 발급받고, 부가가치세는 보통예금 계좌에서 지급하였다(단, 재고자산에 대한 회계처리는 생략할 것). (3점)

수입전자세금계산서					승인번호		20230928 - 16565842 - 11125669			
세 관 명	등록번호	135 - 82 - 12512	종사업장번호		수 입 자	등록번호	130 - 81 - 25029	종사업장번호		
	세관명	인천세관	성명	김세관		상호(법인명)	㈜천부전자	성명	정지훈	
	세관주소	인천광역시 미추홀구 항구로				사업장주소	인천시 남동구 간석로 7			
	수입신고번호또는일괄발급기간(총건)					업태	제조,도소매	종목	전자제품	
납부일자		과세표준		세액		수정사유		비고		
20x1.09.28.		20,000,000		2,000,000		해당 없음				
월	일	품목	규격	수량		단가	공급가액	세액		비고
09	28	수입신고필증 참조					20,000,000	2,000,000		
합계금액		22,000,000								

[5] 09월 30일   영업부에서 거래처에 추석선물로 제공하기 위하여 ㈜부천백화점에서 선물세트를 구입하고 아래의 전자세금계산서를 발급받았다. 대금 중 500,000원은 현금으로 결제하였으며, 잔액은 보통예금 계좌에서 지급하였다. (3점)

전자세금계산서					승인번호		20230930 - 100156 - 956214			
공 급 자	등록번호	130 - 81 - 01236	종사업장번호		공 급 받 는 자	등록번호	130 - 81 - 25029	종사업장번호		
	상호(법인명)	㈜부천백화점	성명	안부천		상호(법인명)	㈜천부전자	성명	정지훈	
	사업장주소	경기도 부천시 길주로 280 (중동)				사업장주소	인천시 남동구 간석로 7			
	업태	소매	종목	잡화		업태	제조	종목	전자제품	
	이메일	bucheon@never.net				이메일				
						이메일				
작성일자		공급가액		세액		수정사유		비고		
20x1.09.30.		2,600,000		260,000		해당 없음				
월	일	품목	규격	수량		단가	공급가액	세액		비고
09	30	홍삼선물세트		10		260,000	2,600,000	260,000		
합계금액		현금		수표		어음		외상미수금		위 금액을 (영수) 함
2,860,000		2,860,000								

문제 3 부가가치세 신고와 관련하여 다음 물음에 답하시오. (10점)

[1] 아래의 자료를 이용하여 20x1년 제1기 부가가치세 확정신고기간의 [수출실적명세서]를 작성하시오(단, 거래처코드와 거래처명은 조회하여 불러올 것). (3점)

거래처	수출신고번호	선적일	환가일	통화	수출액	기준환율	
						선적일	환가일
B&G	11133-77-100066X	20x1.04.15.	20x1.04.10.	USD	$80,000	₩1,350/$	₩1,300/$
PNP	22244-88-100077X	20x1.05.30.	20x1.06.07.	EUR	€52,000	₩1,400/€	₩1,410/€

[2] 다음의 자료만을 이용하여 20x1년 제1기 부가가치세 확정신고기간(4월 1일~6월 30일)의 [부가가치세 신고서]를 작성하시오(단, 기존에 입력된 자료 또는 불러온 자료는 무시하고, 부가가치세신고서 외의 부속서류 작성은 생략할 것). (5점)

구분	자료
매출	1. 전자세금계산서 발급분 제품 매출액 : 200,000,000원(부가가치세 별도) 2. 신용카드로 결제한 제품 매출액 : 44,000,000원(부가가치세 포함) 3. 내국신용장에 의한 제품 매출액(영세율세금계산서 발급분) : 공급가액 40,000,000원 4. 수출신고필증 및 선하증권으로 확인된 수출액(직수출) : 5,000,000원(원화 환산액)
매입	1. 세금계산서 수취분 일반매입 : 공급가액 120,000,000원, 세액 12,000,000원 2. 세금계산서 수취분 9인승 업무용 차량 매입 : 공급가액 30,000,000원, 세액 3,000,000원 　※ 위 1번의 일반매입분과 별개이다. 3. 법인신용카드매출전표 수취분 중 공제 대상 일반매입 : 공급가액 10,000,000원, 세액 1,000,000원 4. 제1기 예정신고 시 누락된 세금계산서 매입 : 공급가액 20,000,000원, 세액 2,000,000원
비고	제1기 예정신고 시 미환급세액은 1,000,000원이라고 가정하고, 전자신고세액공제는 고려하지 않는다.

[3] 다음의 자료를 이용하여 20x1년 제1기 부가가치세 예정신고기간(1월 1일~3월 31일)의 [부가가치세신고서] 및 관련 부속서류를 전자신고하시오. (2점)

---

1. 부가가치세신고서와 관련 부속서류는 마감되어 있다.
2. [전자신고] → [국세청 홈택스 전자신고변환(교육용)] 순으로 진행한다.
3. [전자신고]의 [전자신고제작] 탭에서 신고인구분은 **2.납세자 자진신고**를 선택하고, 비밀번호는 **"12341234"**로 입력한다.
4. [국세청 홈택스 전자신고변환(교육용)] → 전자파일변환(변환대상파일선택) → 찾아보기 에서 전자신고용 전자파일을 선택한다.
5. 전자신고용 전자파일 저장경로는 로컬디스크(C:)이며, 파일명은 "enc작성연월일.101.v사업자등록번호"이다.
6. 형식검증하기 ➡ 형식검증결과확인 ➡ 내용검증하기 ➡ 내용검증결과확인 ➡ 전자파일제출 을 순서대로 클릭한다.
7. 최종적으로 전자파일 제출하기 를 완료한다.

문제 4 결산정리사항은 다음과 같다. 관련 메뉴를 이용하여 결산을 완료하시오. (15점)

[1] 기말 재고조사 결과 자산으로 처리하였던 영업부의 소모품 일부(장부가액 : 250,000원)가 제조부의 소모품비로 사용되었음을 확인하였다. (3점)

[2] 기말 재무상태표의 단기차입금 중에는 당기에 발생한 ㈜유성에 대한 외화차입금 26,000,000원이 포함되어 있다. 발생일 현재 기준환율은 1,300원/$이고, 기말 현재 기준환율은 1,400원/$이다. (3점)

[3] 대출금에 대한 이자지급일은 매월 16일이다. 당해연도분 미지급비용을 인식하는 회계처리를 하시오(단, 거래처 입력은 하지 않을 것). (3점)

대출 적용금리는 변동금리로 은행에 문의한 결과 20x1년 12월 16일부터 20x2년 1월 15일까지의 기간에 대하여 지급되어야 할 이자는 총 5,000,000원이며, 이 중 20x1년도 12월 31일까지에 대한 발생이자는 2,550,000원이었다.

---

[4] 기존에 입력된 데이터는 무시하고 제2기 확정신고기간의 부가가치세와 관련된 내용이 다음과 같다고 가정한다. 12월 31일 부가세예수금과 부가세대급금을 정리하는 회계처리를 하시오. 단, 납부세액(또는 환급세액)은 미지급세금(또는 미수금)으로, 경감세액은 잡이익으로, 가산세는 세금과공과(판)로 회계처리한다. (3점)

> * 부가세대급금 12,400,000원 　　　　* 부가세예수금 240,000원
> * 전자신고세액공제액 10,000원 　　　　* 세금계산서지연발급가산세 24,000원

[5] 당기분 법인세가 27,800,000원(법인지방소득세 포함)으로 확정되었다. 회사는 법인세 중간예납세액과 이자소득원천징수세액의 합계액 11,000,000원을 선납세금으로 계상하고 있었다. (3점)

문제 5 　20x1년 귀속 원천징수자료와 관련하여 다음의 물음에 답하시오. (15점)

[1] 다음은 자재부 사원 김경민(사번 : 101)의 부양가족 자료이다. 부양가족은 모두 생계를 함께하고 있으며 세부담 최소화를 위해 가능하면 김경민이 모두 공제받고자 한다. [사원등록] 메뉴의 [부양가족명세]를 작성하시오(단, <u>기본공제대상자가 아닌 경우에는 입력하지 말 것</u>). (5점)

성명	관계	주민등록번호	동거 여부	비고
김경민	본인	650213 – 1234567	세대주	총급여 : 50,000,000원
정혜미	배우자	630415 – 2215676	동거	퇴직소득금액 100만원
김경희	동생	700115 – 2157895	동거	일용근로소득 550만원, 장애인(장애인복지법)
김경우	부친	400122 – 1789545	주거형편상 별거	이자소득 2천만원
박순란	모친	400228 – 2156777	주거형편상 별거	소득없음
정지원	처남	690717 – 1333451	동거	양도소득금액 100만원, 장애인(중증환자)
김기정	아들	951111 – 1123456	주거형편상 별거	취업준비생, 일용근로소득 500만원
김지은	딸	031230 – 4156870	동거	사업소득금액 100만원

[2] 다음은 진도준(사번 : 15, 입사일 : 20x1.01.02.) 사원의 20x1년 귀속 연말정산 관련 자료이다. [연말
정산추가자료입력]의 [부양가족(보험료, 교육비)] 탭, [신용카드] 탭, [의료비] 탭, [연금저축] 탭을 작성하
고, [연말정산입력] 탭에서 연말정산을 완료하시오(단, 근로자 본인의 세부담이 최소화되도록 한다). (10점)

1. 가족사항(모두 동거하며, 생계를 같이한다. 아래 제시된 자료 외의 다른 소득은 없다.)

관계	성명	주민등록번호	소득	비고
본인	진도준	771030 – 1224112	총급여 8,000만원	세대주
어머니	박정희	490511 – 2148712	종합과세금융소득 2,400만원	
배우자	김선영	800115 – 2347238	분리과세 선택 기타소득 300만원	
아들	진도진	140131 – 3165610	소득 없음	초등학생
아들	진시진	170121 – 3165115	소득 없음	유치원생

※ 기본공제대상자가 아닌 경우 기본공제 "부"로 입력할 것

2. 연말정산 자료

※ 아래의 자료는 국세청 홈택스 및 기타 증빙을 통해 확인된 것으로, 별도의 언급이 없는 한 국세청 홈택스 연말정산간
소화서비스에서 조회된 자료이다.

구분	내용
보험료	• 진도준 보장성보험료 : 2,200,000원 • 진도진 보장성보험료 : 480,000원 • 진시진 보장성보험료 : 456,000원
교육비	• 진도준 대학원 수업료 : 8,000,000원 • 박정희 사이버대학 수업료 : 2,050,000원 • 진도진 영어보습학원비 : 2,640,000원 • 진도진 태권도학원비 : 1,800,000원 • 진시진 축구교실학원비 : 1,200,000원 (진시진의 축구교실학원비는 국세청 홈택스 연말정산간소화서비스에서 조회한 자료가 아니며, 교육비세액공제 요건을 충족하지 못하는 것으로 확인되었다.)
의료비	• 진도준 질병 치료비 : 3,000,000원(진도준 신용카드 결제) • 진도준 시력보정용 렌즈 구입비용 : 600,000원(1건, 진도준 신용카드 결제) 　– 구입처 : 렌즈모아(사업자등록번호 105 – 68 – 23521) 　　– 의료비증빙코드 : 기타영수증 • 박정희 질병 치료비 : 3,250,000원(진도준 신용카드 결제) 　– 보험업법에 따른 보험회사에서 실손의료보험금 2,000,000원 수령

구분	내용
신용카드 등 사용액	• 진도준 신용카드 사용액 : 32,000,000원(전통시장 사용분 2,000,000원 포함) • 진도준 현금영수증 사용액 : 3,200,000원(전통시장 사용분 200,000원 포함) • 진도준 체크카드 사용액 : 2,382,000원(대중교통 사용분 182,000원 포함) • 진도준 신용카드 사용액은 의료비 지출액이 모두 포함된 금액이다. • 제시된 내용 외 전통시장/대중교통/도서 등 사용분은 없다. ☞ **<u>신용카드사용의 당해연도 소비증가는 없다고 가정한다.</u>**
기타	• 진도준 연금저축계좌 납입액 : 2,400,000원(20x1년도 납입분) – 삼성생명보험㈜ 계좌번호 : 153 – 05274 – 72339

제109회 전산세무2급 답안 및 해설

이 론

1	2	3	4	5	6	7	8	9	10	11	12	13	14	15
②	④	④	②	②	②	③	③	④	③	④	①	①	③	③

01. <u>양도한 금융부채의 장부금액과 지급한 대가의 차액은 당기손익으로 인식</u>한다.

02. 처분손익(단기매매) = [처분가액(6,000) - 장부가액(5,000)]×500주 = 500,000원(이익)

처분손익(매도가능) = [처분가액(6,000) - 취득가액(4,000)]×500주 = 1,000,000원(이익)

따라서 <u>매도가능증권으로 분류한 경우의 20x1년 당기순이익이 단기매매증권으로 분류하였을 때보다 500,000원 증가</u>한다.

x0년 평가손익(단기매매) = [공정가액(5,000) - 장부가액(4,000)]×500주 = 500,000원(당기이익)

x0년 평가손익(매도가능) = [공정가액(5,000) - 장부가액(4,000)]×500주 = 500,000원(자본)

단기매매증권 또는 매도가능증권 분류시 자산금액은 동일하다.

03. <u>세법 규정을 따르기 위한 회계변경은 정당한 사유에 해당하지 않는다.</u>

04. <u>합리적인 상각방법을 정할 수 없는 경우에는 정액법으로 상각</u>한다.

05. 주주로부터 현금을 수령하고 주식을 발행하는 경우에 주식의 발행금액이 액면금액보다 크다면 그 차액을 <u>주식발행초과금으로 하여 자본잉여금</u>으로 회계처리한다.

06. 예정배부액 = 실제조업도(5시간×100일)×예정배부율(3,000) = 1,500,000원

예정배부액(1,500,000) - 실제발생액(??) = 250,000원(과대배부)

∴ 실제발생액 = 1,250,000원

07.

원재료			
기초재고	0	사용	500,000
구입	550,000	기말재고	50,000
계	550,000	계	550,000

08. 당기 기말제품 재고액은 손익계산서에서 매출원가를 산출하는데 필요한 자료이다.

09. 〈직접배분법〉

	보조부문		제조부문	
	A	B	X	Y
배분전 원가	1,500,000	1,600,000		
A(62.5% : 37.5%)	(1,500,000)	–	937,500	
B(37.5% : 62.5%)	–	(1,600,000)	600,000	
보조부문 배부후 원가			1,537,500	

10. 평균법은 당기 이전에 착수된 기초재공품도 당기에 착수한 것으로 가정하여 계산하므로 **평균법이 선입선출법보다 계산이 간편**하다.

11. 용역의 대가의 각 부분을 받기로 한 때란 **"받기로 약정된 날"**을 의미하므로 **대가를 받지 못하는 경우에도 공급시기**로 본다.

12. **항공법에 따른 항공기에 의한 여객운송용역은 과세 대상**에 해당한다.

13. **폐업 시 잔존재화는 재화의 간주공급**에 해당하며, 사업의 포괄양도와 조세의 물납, 강제 경매나 공매는 재화의 공급으로 보지 않는다.

14. 나머지는 모두 무조건 분리과세 대상에 해당하며 **계약금이 위약금으로 대체되는 경우의 위약금 등은 무조건 종합과세 대상**이다.

15. **직계존속의 일반대학교 등록금은 교육비세액공제 대상이 아니다.**

실 무

문제 1 일반전표입력

[1] (차) 당좌예금   1,600,000 (대) 선수금(㈜한강물산)   1,600,000

[2] (차) 대손충당금(109)   4,000,000 (대) 외상매출금(㈜동방불패)   13,000,000
       대손상각비(판)   9,000,000

[3] (차) 차량운반구   7,700,000 (대) 보통예금   7,700,000

[4] (차) 미지급배당금   100,000,000 (대) 예수금   15,400,000
                                          보통예금   84,600,000

    ☞결의시 : (차) 이월이익잉여금(중간배당금) 100,000,000   (대) 미지급배당금 100,000,000

[5] (차) 보통예금   10,850,000 (대) 사채   10,000,000
                                          사채할증발행차금   850,000

문제 2 **매입 매출전표입력**

문항	일자	유형	공급가액	부가세	거래처	전자
[1]	7/18	11.과세	11,000,000	1,100,000	㈜로라상사	여
분개유형		(차) 미수금		12,100,000 (대)	부가세예수금	1,100,000
혼합		감가상각누계액(207)		38,000,000	기계장치	52,000,000
		유형자산처분손실		3,000,000		

문항	일자	유형	공급가액	부가세	거래처	전자
[2]	7/30	61.현과	600,000	60,000	㈜소나무	–
분개유형		(차) 부가세대급금		60,000 (대)	가수금	660,000
혼합		비품		600,000	(대표자 또는 정지훈)	

문항	일자	유형	공급가액	부가세	거래처	전자
[3]	8/31	51.과세	1,500,000	150,000	오미순부동산	부
		Shift F5 예정신고누락분 확정신고＞확정신고 개시연월 : 20x1년 10월＞확인(Tab)				
분개유형		(차) 부가세대급금		150,000 (대)	미지급금	1,650,000
혼합		임차료(제)		1,500,000		

문항	일자	유형	공급가액	부가세	거래처	전자
[4]	9/28	55.수입	20,000,000	2,000,000	인천세관	여
분개유형		(차) 부가세대급금		2,000,000 (대)	보통예금	2,000,000
혼합						

문항	일자	유형	공급가액	부가세	거래처	전자
[5]	9/30	54.불공(④)	2,600,000	260,000	㈜부천백화점	여
분개유형		(차) 기업업무추진비(판)		2,860,000 (대)	현금	500,000
혼합					보통예금	2,360,000

문제 3 부가가치세

[1] [수출실적명세서](4~6월)

	선적일		환가일	적용환율
B&G	04.15.	>	04.10.	**₩1,300/$(환가일)**
PNP	05.30.	<	06.07	**₩1,400/€ (선적일)**

구분	건수	외화금액	원화금액	비고
⑨합계	2	132,000.00	176,800,000	
⑩수출재화[=⑫합계]	2	132,000.00	176,800,000	
⑪기타영세율적용				

No	□	(13)수출신고번호	(14)선(기)적일자	(15)통화코드	(16)환율	금액 (17)외화	금액 (18)원화	전표정보 거래처코드	전표정보 거래처명
1	□	11133-77-100066X	20×1-04-15	USD	1,300.0000	80,000.00	104,000,000	00159	B&G
2	□	22244-88-100077X	20×1-05-30	EUR	1,400.0000	52,000.00	72,800,000	00160	PNP
		합계				132,000	176,800,000		

[2] [부가가치세신고서](4~6월)

1. 과세표준 및 매출세액

구분				정기신고금액 금액	정기신고금액 세율	정기신고금액 세액
과세표준및매출세액	과세	세금계산서발급분	1	200,000,000	10/100	20,000,000
		매입자발행세금계산서	2		10/100	
		신용카드·현금영수증발행분	3	40,000,000	10/100	4,000,000
		기타(정규영수증외매출분)	4			
	영세	세금계산서발급분	5	40,000,000	0/100	
		기타	6	5,000,000	0/100	
	예정신고누락분		7			
	대손세액가감		8			
	합계		9	285,000,000	㉑	24,000,000

2. 매입세액

매입세액	세금계산서수취분	일반매입	10	120,000,000		12,000,000
		수출기업수입분납부유예	10-1			
		고정자산매입	11	30,000,000		3,000,000
	예정신고누락분		12	20,000,000		2,000,000
	매입자발행세금계산서		13			
	그 밖의 공제매입세액		14	10,000,000		1,000,000
	합계(10)-(10-1)+(11)+(12)+(13)+(14)		15	180,000,000		18,000,000
	공제받지못할매입세액		16			
	차감계 (15-16)		17	180,000,000	㉣	18,000,000
납부(환급)세액(매출세액㉑-매입세액㉣)					㉤	6,000,000

☞ 9인승 차량은 매입세액공제대상입니다.

예정신고누락분

12.매입(예정신고누락분)				
예	세금계산서	38	20,000,000	2,000,000
	그 밖의 공제매입세액	39		

그 밖의 공제매입세액

14.그 밖의 공제매입세액				
신용카드매출	일반매입	41	10,000,000	1,000,000
수령금액합계표	고정매입	42		

3. 납부세액(예정신고 미환급세액 1,000,000원)

납부(환급)세액(매출세액⑨-매입세액⑮)			⑩	6,000,000
경감	그 밖의 경감·공제세액	18		
공제	신용카드매출전표등 발행공제등	19		
세액	합계	20	⑳	
소규모 개인사업자 부가가치세 감면세액		20-1	⑪	
예정신고미환급세액		21	⑮	1,000,000
예정고지세액		22	㉑	
사업양수자의 대리납부 기납부세액		23	㉒	
매입자 납부특례 기납부세액		24	㉓	
신용카드업자의 대리납부 기납부세액		25	㉔	
가산세액계		26	㉕	
차가감하여 납부할세액(환급받을세액)⑩-⑱-⑪-⑮-㉑-㉒-㉓-㉔+㉕		27		5,000,000
총괄납부사업자가 납부할 세액(환급받을 세액)				

[3] 전자신고(1~3월)

1. [부가가치세신고서] 및 관련 부속서류 마감 확인

	구분		정기신고금액			7.매출(예정신고누락분)	구분		금액	세율	세액
			금액	세율	세액						
과세표준및매출세액	과세	세금계산서발급분	1	706,560,000	10/100	70,656,000	예정누락분	과세	세금계산서	33		10/100	
		매입자발행세금계산서	2		10/100				기타	34		10/100	
		신용카드·현금영수증발행분	3		10/100			영세	세금계산서	35		0/100	
		기타(정규영수증외매출분)	4		10/100				기타	36		0/100	
	영세	세금계산서발급분	5		0/100				합계	37			
		기타	6		0/100		12.매입(예정신고누락분)					
	예정신고누락분		7				예정누락분	세금계산서		38			
	대손세액가감		8					그 밖의 공제매입세액		39			
	합계		9	706,560,000	⑨	70,656,000		합계		40			
매입세액	세금계산서	일반매입	10	225,190,000		22,519,000		신용카드매출	일반매입				
	수취분	수출기업수입분납부유예	10-1					수령금액합계	고정매입				
		고정자산매입	11					의제매입세액					
	예정신고누락분		12					재활용폐자원등매입세액					
	매입자발행세금계산서		13					과세사업전환매입세액					
	그 밖의 공제매입세액		14					재고매입세액					
	합계(10)-(10-1)+(11)+(12)+(13)+(14)		15	225,190,000		22,519,000		변제대손세액					
	공제받지못할매입세액		16					외국인관광객에대한환급세액					
	차감계 (15-16)		17	225,190,000	⑮	22,519,000		합계					
납부(환급)세액(매출세액⑨-매입세액⑮)					⑩	48,137,000	14.그 밖의 공제매입세액					

2. [전자신고]>[전자신고제작] 탭>F4 제작>비밀번호(12341234) 입력

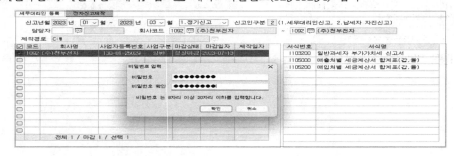

3. [국세청 홈택스 전자신고변환(교육용)]

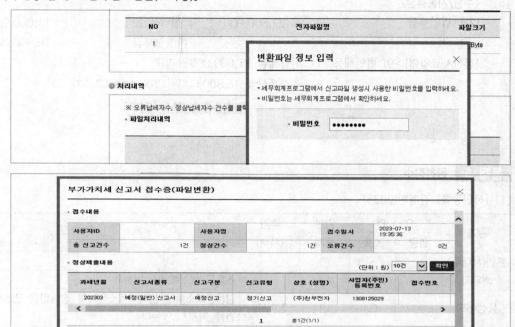

문제 4 결산

[1] 〈수동결산〉

(차) 소모품비(제)	250,000	(대) 소모품	250,000

[2] 〈수동결산〉

(차) 외화환산손실	2,000,000	(대) 단기차입금(㈜유성)	2,000,000

☞환산손익 = [기말 기준환율(1,400) − 발생일 기준환율(1,300)] × $20,000 = 2,000,000원(손실)

[3] 〈수동결산〉

(차) 이자비용	2,550,000	(대) 미지급비용	2,550,000

[4] 〈수동결산〉

(차) 부가세예수금	240,000	(대) 부가세대급금	12,400,000
세금과공과(판)	24,000	잡이익	10,000
미수금	12,146,000		

[5] 〈수동/자동결산〉

(차) 법인세등	27,800,000	(대)	선납세금	11,000,000
			미지급세금	16,800,000

[결산자료입력]>9. 법인세등>1). 선납세금 11,000,000원 입력

3). 추가계상액 16,800,000원 입력>F3전표추가

문제 5 원천징수

[1] [사원등록] 김경민(2025)

관계	요 건 연령	요 건 소득	기본 공제	추가 (자녀)	판　　단
본인(세대주)	–	–	○		
배우자	–	○	○		소득금액 1백만원 이하자
동생(55)	×	○	○	장애(1)	**일용근로소득은 분리과세소득**이며 장애인은 연령요건을 따지지 않는다.
부(85)	○	○	○	경로	**금융소득은 2천만원 이하는 분리과세소득**
모(85)	○	○	○	경로	
처남(56)	×	○	○	장애(3)	소득금액 1백만원 이하자
아들(30)	×	○	×		**지문에서 입력하지 말라고 제시하였으므로 입력하면 안됩니다.**
딸(22)	×	○	×		

[2] 연말정산(진도준)(2025)

1. [부양가족] 탭

　　(1) 인적공제

관계	요 건 연령	요 건 소득	기본 공제	추가 (자녀)	판　　단
본인(세대주)	–	–	○		***총급여액 8천만원***
모(76)	○	×	부		종합과세금융소득 2천만원 초과자
배우자	–	○	○		기타소득금액 3백만원이하는 선택적 분리과세이므로 분리과세를 선택하고 기본공제 선택
아들1(11)	○	○	○	자녀	8세 이상 자녀만 자녀세액공제
아들2(8)	○	○	○	자녀	

(2) 연말정산 판단

항목	요건		내역 및 대상여부	입력
	연령	소득		
보 험 료	○ (×)	○	• 본인 보장성보험료 • 아들1 보장성보험료 • 아들2 보장성보험료	○(일반 2,200,000) ○(일반 480,000) ○(일반 456,000)
교 육 비	×	○	• 본인 대학원 교육비(본인만 대상) • 어머니 사이버대학 수업료(직계존속은 대상에서 제외) • 아들1 학원비(초등학생은 제외) • 아들2 학원비(취학전 아동의 학원비는 원칙적으로 대상이나 **지문에서 대상이 아니라고 제시)**	○(본인 8,000,000) × × ×
의 료 비	×	×	• 본인 치료비 • 본인 안경구입비(한도 50만원) • 어머니 질병치료비(실손의료보험 차감)	○(본인 3,000,000) ○(본인 500,000) ○(특정 1,250,000)

신용카드	×	○	• 본인 신용카드
			
			• 본인 현금영수증
			
			• 본인 직불카드
				○(신용 30,000,000)
				  (전통 2,000,000)
				○(현금 3,000,000)
				  (전통 200,000)
				○(직불 2,200,000)
				  (대중교통 182,000)

연금계좌	본인		• 본인 연금저축	○(연금저축 2,400,000)

(3) 보험료

① 진도준

보장성보험-일반	2,200,000

② 진도진

보장성보험-일반	480,000
보장성보험-장애인	

③ 진시진

보장성보험-일반	456,000
보장성보험-장애인	

(4) 교육비(진도준)

교육비	
일반	장애인특수
8,000,000 4.본인	

2. [의료비] 탭

					20x1년 의료비 지급명세서								
의료비 공제대상자					지급처			지급명세					14.산후조리원
성명	내/외	5.주민등록번호	6.본인등해당여부	9.증빙코드	8.상호	7.사업자등록번호	10.건수	11.금액	11-1.실손보험수령핵	12.미숙아선천성이상아	13.납입여부		
진도준	내	771030-1224112	1	0	1				3,000,000		X	X	X
진도준	내	771030-1224112	1	0	5	렌즈모아	105-68-23521	1	500,000		X	X	X
박정희	내	490511-2148712	2	0	1				3,250,000	2,000,000	X	X	X
				합계			1	6,750,000	2,000,000				
일반의료비(본인)		3,500,000	65세 이상자.장애인건강보험산정특례자		3,250,000	일반의료비(그 외)				난임시술비			
										미숙아.선천성이상아			

3. [신용카드 등] 탭 본인 진도준

자료구분	신용카드	직불,선불	현금영수증	도서등신용	도서등직불	도서등현금	전통시장	대중교통	소비증가분	
									20x0년	20x1년
국세청	30,000,000	2,200,000	3,000,000				2,200,000	182,000		
기타										

4. [연금저축 등Ⅰ] 탭

2 연금계좌 세액공제		- 연금저축계좌(연말정산입력 탭의 38.개인연금저축, 60.연금저축)				크게보기
연금저축구분	코드	금융회사 등	계좌번호(증권번호)	납입금액	공제대상금액	소득/세액공제액
2.연금저축	405	삼성생명보험 (주)	153-05274-72339	2,400,000	2,400,000	288,000

5. [연말정산입력] 탭 : F8부양가족탭불러오기 실행

[소득공제]		
1. 신용카드	① 신용카드	30,000,000
	② 직불카드	2,200,000
	③ 현금영수증	3,000,000
	④ 전통시장	2,200,000
	⑤ 대중교통	182,000
[연금계좌세액공제]	연금저축	2,400,000
[특별세액공제]		
1. 보장성보험료	① 일반	3,136,000
2. 교육비	① 본인	8,000,000
2. 의료비	① 특정(본인)	3,500,000
	② 특정(65세 이상)	1,250,000

제108회 전산세무 2급

합격율	시험년월
25%	2023.06

이 론

01. 다음 중 회계정책, 회계추정의 변경 및 오류에 대한 설명으로 틀린 것은?

① 회계추정 변경의 효과는 당해 회계연도 개시일부터 적용한다.
② 변경된 새로운 회계정책은 원칙적으로 전진적으로 적용한다.
③ 매기 동일한 회계추정을 사용하면 비교가능성이 증대되어 재무제표의 유용성이 향상된다.
④ 매기 동일한 회계정책을 사용하면 비교가능성이 증대되어 재무제표의 유용성이 향상된다.

02. 다음 중 주식배당에 대한 설명으로 가장 옳지 않은 것은?

① 주식발행 회사의 순자산은 변동이 없으며, 주주 입장에서는 주식 수 및 단가만 조정한다.
② 주식발행 회사의 입장에서는 배당결의일에 미처분이익잉여금이 감소한다.
③ 주식의 주당 액면가액이 증가한다.
④ 주식발행 회사의 자본금이 증가한다.

03. 비용의 인식이란 비용이 귀속되는 보고기간을 결정하는 것을 말하며, 관련 수익과의 대응 여부에 따라 수익과 직접대응, 합리적인 기간 배분, 당기에 즉시 인식의 세 가지 방법이 있다. 다음 중 비용인식의 성격이 나머지와 다른 하나는 무엇인가?

① 감가상각비   ② 급여   ③ 광고선전비   ④ 기업업무추진비

04. 다음 중 재무상태표와 손익계산서에 모두 영향을 미치는 오류에 해당하는 것은?

① 만기가 1년 이내에 도래하는 장기채무를 유동성대체하지 않은 경우
② 매출할인을 영업외비용으로 회계처리한 경우
③ 장기성매출채권을 매출채권으로 분류한 경우
④ 감가상각비를 과대계상한 경우

05. 아래의 자료에서 기말재고자산에 포함해야 할 금액은 모두 얼마인가?

- 선적지인도조건으로 매입한 미착상품 1,000,000원
- 도착지인도조건으로 판매한 운송 중인 상품 3,000,000원
- 담보로 제공한 저당상품 5,000,000원
- 반품률을 합리적으로 추정가능한 상태로 판매한 상품 4,000,000원

① 4,000,000원　　　② 8,000,000원　　　③ 9,000,000원　　　④ 13,000,000원

06. 제조부서에서 사용하는 비품의 감가상각비 700,000원을 판매부서의 감가상각비로 회계처리할 경우, 해당 오류가 당기손익에 미치는 영향으로 옳은 것은? (단, 당기에 생산한 제품은 모두 당기 판매되고, 기초 및 기말재공품은 없는 것으로 가정한다.)

① 제품매출원가가 700,000원만큼 과소계상된다.
② 매출총이익이 700,000원만큼 과소계상된다.
③ 영업이익이 700,000원만큼 과소계상된다.
④ 당기순이익이 700,000원만큼 과소계상된다.

07. 다음의 ㈜광명의 원가 관련 자료이다. 당기의 가공원가는 얼마인가?

- 직접재료 구입액 : 110,000원
- 직접노무원가 : 200,000원
- 변동제조간접원가는 직접노무원가의 3배이다.
- 직접재료 기말재고액 : 10,000원
- 고정제조간접원가 : 500,000원

① 900,000원　　　② 1,100,000원　　　③ 1,300,000원　　　④ 1,400,000원

08. 다음의 자료에서 설명하는 원가행태의 예시로 가장 올바른 것은?

- 조업도가 '0'이라도 일정한 원가가 발생하고 조업도가 증가할수록 원가도 비례적으로 증가한다.
- 혼합원가(Mixed Costs)라고도 한다.

① 직접재료원가　　　② 임차료　　　③ 수선비　　　④ 전기요금

09. 종합원가계산제도하의 다음 물량흐름 자료를 참고하여 ㉠과 ㉡의 차이를 구하면 얼마인가?

> - 재료원가는 공정 초에 전량 투입되며, 가공원가는 공정 전반에 걸쳐 균등하게 발생한다.
> - 기초재공품 : 300개(완성도 40%)　　　　· 당기착수량 : 700개
> - 기말재공품 : 200개(완성도 50%)　　　　· 당기완성품 : 800개
> - 평균법에 의한 가공원가의 완성품환산량은 (㉠)개이다.
> - 선입선출법에 의한 가공원가의 완성품환산량은 (㉡)개이다.

① 100개　　　　　② 120개　　　　　③ 150개　　　　　④ 200개

10. 다음 중 공손 및 작업폐물의 회계처리에 대한 설명으로 틀린 것은?

① 정상적이면서 모든 작업에 공통되는 공손원가는 공손이 발생한 제조부문에 부과하여 제조간접원가의 배부과정을 통해 모든 작업에 배부되도록 한다.

② 비정상공손품의 제조원가가 80,000원이고, 처분가치가 10,000원이라면 다음과 같이 회계처리한다.

(차) 공손품	10,000원	(대) 재공품	80,000원
공손손실	70,000원		

③ 작업폐물이 정상적이면서 모든 작업에 공통되는 경우에는 처분가치를 제조간접원가에서 차감한다.

④ 작업폐물이 비정상적인 경우에는 작업폐물의 매각가치를 제조간접원가에서 차감한다.

11. 다음 중 부가가치세법에 따른 과세거래에 대한 설명으로 틀린 것은?

① 자기가 주요자재의 일부를 부담하는 가공계약에 따라 생산한 재화를 인도하는 것은 재화의 공급으로 본다.

② 사업자가 위탁가공을 위하여 원자재를 국외의 수탁가공 사업자에게 대가 없이 반출하는 것은 재화의 공급으로 보지 아니한다.

③ 주된 사업과 관련하여 용역의 제공 과정에서 필연적으로 생기는 재화의 공급은 주된 용역의 공급에 포함되는 것으로 본다.

④ 사업자가 특수관계인에게 사업용 부동산의 임대용역을 제공하는 것은 용역의 공급으로 본다.

12. 다음 중 부가가치세법에 따른 신고와 납부에 대한 설명으로 틀린 것은?

① 모든 사업자는 예정신고기간의 과세표준과 납부세액을 관할 세무서장에게 신고해야 한다.

② 간이과세자에서 해당 과세기간 개시일 현재 일반과세자로 변경된 경우 예정고지가 면제된다.

③ 조기에 환급을 받기 위하여 신고한 사업자는 이미 신고한 과세표준과 납부한 납부세액 또는 환급받은 세액은 신고하지 아니한다.

④ 폐업하는 경우 폐업일이 속한 달의 다음 달 25일까지 과세표준과 세액을 신고해야 한다.

13. 다음 중 세금계산서에 대한 설명으로 가장 올바르지 않은 것은?

① 소매업을 영위하는 사업자가 영수증을 발급한 경우, 상대방이 세금계산서를 요구할지라도 세금계
산서를 발행할 수 없다.

② 세관장은 수입자에게 세금계산서를 발급하여야 한다.

③ 면세사업자도 재화를 공급하는 경우 계산서를 발급하여야 한다.

④ 매입자발행세금계산서 발급이 가능한 경우가 있다.

14. 다음 중 소득세법상 비과세되는 근로소득이 아닌 것은?

① 근로자가 출장여비로 실제 소요된 비용을 별도로 지급받지 않고 본인 소유의 차량을 직접 운전하
여 업무수행에 이용한 경우 지급하는 월 20만원 이내의 자가운전보조금

② 회사에서 현물식사를 제공하는 대신에 별도로 근로자에게 지급하는 월 20만원의 식대

③ 근로자가 6세 이하 자녀보육과 관련하여 받는 급여로서 월 20만원 이내의 금액

④ 대주주인 출자임원이 사택을 제공받음으로써 얻는 이익

15. 소득세법상 다음 자료에 의한 소득만 있는 거주자의 20x1년 귀속 종합소득금액은 모두 얼마인가?

- 사업소득금액(도소매업) : 25,000,000원
- 사업소득금액(음식점업) : △10,000,000원
- 사업소득금액(비주거용 부동산임대업) : △7,000,000원
- 근로소득금액 : 13,000,000원
- 양도소득금액 : 20,000,000원

① 21,000,000원　　② 28,000,000원　　③ 41,000,000원　　④ 48,000,000원

실 무

㈜세아산업(2108)은 제조 및 도·소매업을 영위하는 중소기업으로, 당기 회계기간은 20x1.1.1.~ 20x1.12.31.이다. 전산세무회계 수험용 프로그램을 이용하여 다음 물음에 답하시오.

문제 1 다음 거래를 일반전표입력 메뉴에 추가 입력하시오.(15점)

[1] 02월 11일　영업부의 거래처 직원인 최민영의 자녀 돌잔치 축의금으로 100,000원을 보통예금 계좌에서 이체하였다. (3점)

[2] 03월 31일　제조공장의 직원을 위해 확정기여형(DC) 퇴직연금에 가입하고 당월분 납입액 2,700,000원을 보통예금 계좌에서 퇴직연금 계좌로 이체하였다. (3점)

[3] 05월 30일　당사는 유상증자를 통해 보통주 5,000주를 주당 4,000원(주당 액면가액 5,000원)에 발행하고, 증자대금은 보통예금 계좌로 입금되었다. 유상증자일 현재 주식발행초과금 잔액은 2,000,000원이다. (3점)

[4] 07월 10일　래인상사㈜로부터 제품 판매대금으로 수령한 3개월 만기 약속어음 20,000,000원을 하나은행에 할인하고, 할인수수료 550,000원을 차감한 잔액이 보통예금 계좌로 입금되었다(단, 차입거래로 회계처리 할 것). (3점)

[5] 12월 13일　당사의 거래처인 ㈜서울로부터 기계장치를 무상으로 받았다. 동 기계장치의 공정가치는 3,800,000원이다. (3점)

문제 2 [매입매출전표입력] 메뉴를 이용하여 다음의 거래자료를 입력하시오. (15점)

[1] 10월 08일 수출업체인 ㈜상상에 구매확인서에 의하여 제품을 10,000,000원에 판매하고, 영세율전
자세금계산서를 발급하였다. 판매대금은 당월 20일에 지급받는 것으로 하였다(단, 서류
번호의 입력은 생략한다). (3점)

[2] 10월 14일 제조공장에서 사용하는 화물용 트럭의 접촉 사고로 인해 파손된 부분을 안녕정비소에서
수리하고, 1,650,000원(부가가치세 포함)을 법인카드(㈜순양카드)로 결제하였다. 단,
지출비용은 차량유지비 계정을 사용한다. (3점)

카드매출전표
카드종류 : ㈜순양카드
카드번호 : 2224 – 1222 – **** – 1347
거래일시 : 20x1.10.14. 22 : 05 : 16
거래유형 : 신용승인
금   액 : 1,500,000원
부 가 세 : 150,000원
합   계 : 1,650,000원
결제방법 : 일시불
승인번호 : 71999995
은행확인 : 하나은행
가맹점명 : 안녕정비소
- 이하생략 -

[3] 11월 03일 ㈜바이머신에서 10월 1일에 구입한 기계장치에 하자가 있어 반품하고 아래와 같이 수정세금계산서를 발급받았으며 대금은 전액 미지급금과 상계처리하였다 (단, 분개는 음수(-)로 회계처리할 것). (3점)

		수정전자세금계산서				승인번호		20231103 – 00054021 – 00000086		
공급자	등록번호	105 – 81 – 72040	종사입장번호		공급받는자	등록번호	202 – 81 – 03655		종사입장번호	
	상호(법인명)	㈜바이머신	성명	한만군		상호(법인명)	㈜세아산업		성명	오세아
	사업장주소	경북 칠곡군 석적읍 강변대로 220				사업장주소	서울시 동대문구 겸재로 16			
	업태	도소매	종목	기타 기계 및 장비		업태	제조,도소매	종목	컴퓨터부품	
	이메일					이메일				
						이메일				

작성일자	공급가액	세액	수정사유	비고
20x1 – 11 – 03	– 30,000,000원	– 3,000,000원	재화의 환입	당초 작성일자(20x11001), 당초 승인번호

월	일	품목	규격	수량	단가	공급가액	세액	비고
11	03	기계장치				– 30,000,000원	– 3,000,000원	

합계금액	현금	수표	어음	외상미수금	위 금액을 (청구) 함
– 33,000,000원				– 33,000,000원	

[4] 11월 11일   빼빼로데이를 맞아 당사의 영업부 직원들에게 선물하기 위해 미리 주문하였던 초콜릿을 ㈜사탕으로부터 인도받았다. 대금 2,200,000원(부가가치세 포함) 중 200,000원은 10월 4일 계약금으로 지급하였으며, 나머지 금액은 보통예금 계좌에서 지급하고 아래의 전자세금계산서를 수취하였다. (3점)

전자세금계산서					승인번호		20231111 – 15454645 – 58811886		
공급자	등록번호	178 – 81 – 12341	종사업장번호		공급받는자	등록번호	202 – 81 – 03655	종사업장번호	
	상호(법인명)	㈜사탕	성명	박사랑		상호(법인명)	㈜세아산업	성명	오세아
	사업장주소	서울특별시 동작구 여의대방로 28				사업장주소	서울시 동대문구 겸재로 16		
	업태	소매업	종목	과자류		업태	제조,도소매	종목	컴퓨터부품
	이메일					이메일			
						이메일			
작성일자		공급가액		세액	수정사유		비고		
20x1 – 11 – 11		2,000,000원		200,000원	해당 없음		계약금 200,000원 수령(20x1년 10월 4일)		
월	일	품목	규격	수량	단가	공급가액	세액	비고	
11	11	힘내라 초콜렛 외			2,000,000원	2,000,000원	200,000원		
합계금액		현금		수표		어음	외상미수금	위 금액을 (청구) 함	
2,200,000원		200,000					2,000,000원		

[5] 12월 28일   비사업자인 개인 소비자에게 사무실에서 사용하던 비품(취득원가 1,200,000원, 감가상각누계액 960,000원)을 275,000원(부가가치세 포함)에 판매하고, 대금은 보통예금 계좌로 받았다(별도의 세금계산서나 현금영수증을 발급하지 않았으며, 거래처 입력은 생략한다). (3점)

문제 3 부가가치세신고와 관련하여 다음 물음에 답하시오.(10점)

[1] 다음은 20x1년 제2기 부가가치세 예정신고기간의 신용카드 매출 및 매입자료이다. 아래 자료를 이용하여 [신용카드매출전표등발행금액집계표]와 [신용카드매출전표등수령명세서(갑)]을 작성하시오(단, 매입처는 모두 일반과세자이다). (4점)

1. 신용카드 매출

거래일자	거래내용	공급가액	부가가치세	합계	비고
7월 17일	제품매출	4,000,000원	400,000원	4,400,000원	전자세금계산서를 발급하고 신용카드로 결제받은 3,300,000원이 포함되어 있다.
8월 21일	제품매출	3,000,000원	300,000원	3,300,000원	
9월 30일	제품매출	2,000,000원	200,000원	2,200,000원	

2. 신용카드 매입

거래일자	상 호	사업자번호	공급가액	부가가치세	비고
7월 11일	㈜가람	772 – 81 – 10112	70,000원	7,000원	사무실 문구구입 – 법인(신한) 카드 사용
8월 15일	㈜기쁨	331 – 80 – 62014	50,000원	5,000원	거래처 선물구입 – 법인(신한) 카드 사용
9월 27일	자금성	211 – 03 – 54223	10,000원	1,000원	직원 간식구입 – 직원 개인카드 사용

※ 법인(신한)카드 번호 : 7777 – 9999 – 7777 – 9999,
　직원 개인카드 번호 : 3333 – 5555 – 3333 – 5555

[2] 다음의 자료를 이용하여 20x1년 제1기 부가가치세 확정신고기간(20x1년 4월~20x1년 6월)에 대한 [대손세액공제신고서]를 작성하시오. (4점)

- 대손이 발생된 매출채권은 아래와 같다.

공급일자	거래상대방	계정과목	공급대가	비고
20x1. 01. 05.	정성㈜	외상매출금	11,000,000원	부도발생일(20x1. 03. 31.)
20x0. 09. 01.	수성㈜	받을어음	7,700,000원	부도발생일(20x0. 11. 01.)
2021. 05. 10.	금성㈜	외상매출금	5,500,000원	상법상 소멸시효 완성(20x1. 05. 10.)
20x0. 01. 15.	우강상사	단기대여금	2,200,000원	자금 차입자의 사망(20x1. 06. 25.)

- 전기에 대손세액공제(사유 : 전자어음부도, 당초공급일 : 20x0.01.05., 대손확정일자 : 20x0.10.01.)를 받았던 매출채권(공급대가 : 5,500,000원, 매출처 : 비담㈜, 111 – 81 – 33339)의 50%를 20x1.05.10.에 회수하였다.

[3] 당 법인의 20x1년 제1기 예정신고기간의 부가가치세신고서를 작성 및 마감하여 부가가치세
전자신고를 수행하시오. (2점)

> 1. 부가가치세신고서와 관련 부속서류는 마감되어 있다.
> 2. [전자신고] → [국세청 홈택스 전자신고변환(교육용)] 순으로 진행한다.
> 3. 전자신고용 전자파일 제작 시 신고인 구분은 2.납세자 자진신고로 선택하고, 비밀번호는
>   "12341234"로 입력한다.
> 4. 전자신고용 전자파일 저장경로는 로컬디스크(C:)이며, 파일명은 "enc작성연월일.101.
>   v2028103655"이다.
> 5. 최종적으로 국세청 홈택스에서 [전자파일 제출하기]를 완료한다.

문제 4 　다음 결산자료를 입력하여 결산을 완료하시오.(15점)

[1] 20x1년 6월 1일에 제조공장에 대한 화재보험료(보험기간 : 20x1.06.01.~20x2.05.31.) 3,000,000원
을 전액 납입하고 즉시 비용으로 회계처리하였다(단, 음수(−)로 회계처리하지 말고, 월할계산할 것). (3점)

[2] 보통예금(우리은행)의 잔액이 (−)7,200,000원으로 계상되어 있어 거래처원장을 확인해보니
마이너스통장으로 확인되었다. (3점)

[3] 다음은 기말 현재 보유하고 있는 매도가능증권(투자자산)의 내역이다. 이를 반영하여 매도가능증권의
기말평가에 대한 회계처리를 하시오. (3점)

회사명	20x0년 취득가액	20x0년 기말 공정가액	20x1년 기말 공정가액
㈜대박	159,000,000원	158,500,000원	135,000,000원

[4] 결산일 현재 외상매출금 잔액과 미수금 잔액에 대해서만 1%의 대손충당금(기타채권 제외)을
보충법으로 설정하고 있다. (3점)

[5] 기말 현재 보유 중인 감가상각 대상 자산은 다음과 같다. (3점)

- 계정과목 : 특허권
- 취득원가 : 4,550,000원
- 내용연수 : 7년
- 취득일자 : 2021.04.01.
- 상각방법 : 정액법

문제 5 **20X1년 귀속 원천징수자료와 관련하여 다음의 물음에 답하시오.(15점)**

[1] 다음은 영업부 최철수 과장(사원코드 : 101)의 3월과 4월의 급여자료이다. 3월과 4월의 [급여 자료입력]과 [원천징수이행상황신고서]를 작성하시오(단, 원천징수이행상황신고서는 각각 작성 할 것). (5점)

1. 회사 사정으로 인해 3월과 4월 급여는 20x1년 4월 30일에 일괄 지급되었다.
2. 수당 및 공제항목은 불러온 자료는 무시하고, 아래 자료에 따라 입력하되 사용하지 않는 항목 은 "부"로 등록한다.
3. 급여자료

구 분	3월	4월	비 고
기 본 급	2,800,000원	3,000,000원	
식 대	100,000원	200,000원	현물식사를 별도로 제공하고 있다.
지 급 총 액	2,900,000원	3,200,000원	
국 민 연 금	135,000원	135,000원	
건 강 보 험	104,850원	115,330원	
장 기 요 양 보 험	13,430원	14,770원	
고 용 보 험	23,200원	25,600원	
건 강 보 험 료 정 산	-	125,760원	공제소득유형 : 5.건강보험료정산
장 기 요 양 보 험 정 산	-	15,480원	공제소득유형 : 6.장기요양보험정산
소 득 세	65,360원	91,460원	
지 방 소 득 세	6,530원	9,140원	
공 제 총 액	348,370원	532,540원	
차 인 지 급 액	2,551,630원	2,667,460원	

[2] 신영식 사원(사번 : 102, 입사일 : 20x1년 05월 01일)의 20x1년 귀속 연말정산과 관련된 자료는 다음
과 같다. 아래의 자료를 이용하여 [연말정산추가자료입력] 메뉴의 [소득명세] 탭, [부양가족] 탭, [의료비]
탭, [기부금] 탭, [연금저축 등 I] 탭, [연말정산입력] 탭을 작성하여 연말정산을 완료하시오. 단, 신영식
은 무주택 세대주로 부양가족이 없으며, 근로소득 이외에 다른 소득은 없다. (10점)

현근무지	• 급여총액 : 24,800,000원(비과세 급여, 상여, 감면소득 없음) • 소득세 기납부세액 : 747,200원(지방소득세 : 74,720원) • 이외 소득명세 탭의 자료는 불러오기 금액을 반영한다.
전(前)근무지 근로소득원천징수 영수증	• 근무처 : ㈜진우상사(사업자번호 : 258-81-84442) • 근무기간 : 20x1.01.01.~20x1.04.20. • 급여총액 : 20,000,000원 (비과세 급여, 상여, 감면소득 없음) • 건강보험료 : 419,300원 • 장기요양보험료 : 51,440원 • 고용보험료 : 108,000원 • 국민연금 : 540,000원 • 소득세 결정세액 : 200,000원(지방소득세 결정세액 : 20,000원)
20x1년도 연말정산자료	※ 안경구입비를 제외한 연말정산 자료는 모두 국세청 홈택스 연말정산간소화서비스 자료임 표 아래 참조

항목	내용
보험료 (본인)	• 일반 보장성 보험료 : 2,000,000원 • 저축성 보험료 : 1,500,000원 　※ 계약자와 피보험자 모두 본인이다.
교육비(본인)	• 대학원 교육비 : 7,000,000원
의료비 (본인)	• 질병 치료비 : 3,000,000원 　(본인 현금 결제, 실손의료보험금 1,000,000원 수령) • 시력보정용 안경 구입비 : 800,000원 　(안경원에서 의료비공제용 영수증 수령) • 미용 목적 피부과 시술비 : 1,000,000원 • 건강증진을 위한 한약 : 500,000원
기부금 (본인)	• 종교단체 금전 기부금 : 1,200,000원 • 사회복지공동모금회 금전 기부금 : 2,000,000원 　※ 지급처(기부처) 상호 및 사업자번호 입력은 생략한다.
개인연금저축 (본인)	• 개인연금저축 납입금액 : 2,000,000원 • KEB 하나은행, 계좌번호 : 253-660750-73308

제108회 전산세무2급 답안 및 해설

이 론

1	2	3	4	5	6	7	8	9	10	11	12	13	14	15
②	③	①	④	③	①	③	④	②	④	③	①	①	④	②

01. **변경된 새로운 회계정책은 소급하여 적용(소급법)**한다.

02. **주식배당으로 주당 액면가액의 변동은 없다.**

03. **감가상각비는 기간 배분에 따라 비용을 인식**하지만, 나머지는 당기에 즉시 비용으로 인식한다.

04. ④ **손익계산서에 감가상각비가 과대계상되고, 재무상태표의 자산의 과소계상**된다.

　　①, ③ 재무상태표에만 영향을 미치는 오류

　　② 손익계산서에만 영향을 미치는 오류

05. 기말재고자산 = 선적지인도조건(1,000,000) + 도착지인도조건(3,000,000)

　　+ 담보제공저당상품(5,000,000) = 9,000,000원

　　반품률을 합리적으로 추정가능시 수익으로 인식하고 재고자산에서 제외한다.

06. 제조부서의 감가상각비를 판매부서의 감가상각비로 회계처리 할 경우, **제품매출원가가 과소계상되어 매출총이익은 증가하고, 영업이익 및 당기순이익의 변동은 없다.**

07. 변동제조간접원가 = 직접노무원가(200,000) × 3 = 600,000원

　　가공원가 = 직접노무원가(200,000) + 변동제조간접원가(600,000) + 고정제조간접원가(500,000)

　　= 1,300,000원

08. 준변동원가(전기요금)에 대한 설명이다.

09. **평균법과 선입선출법의 차이는 기초재공품의 완성도 차이**이다.

　　기초재공품(300) × 완성도(40%) = 120개

10. **작업폐물이 비정상적인 경우에는 작업폐물의 매각가치를 기타수익**으로 처리한다.

11. 주된 사업과 관련하여 주된 재화의 생산 과정이나 용역의 제공 과정에서 **필연적으로 생기는 재화의 공급은 별도의 공급으로 보되**, 과세 및 면세 여부 등은 주된 사업의 과세 및 면세 여부 등을 따른다.

12. **개인사업자와 영세법인사업자는 각 예정신고기간마다 직전 과세기간에 대한 납부세액의 50퍼센트로 결정하여 고지징수**한다.

13. 소매업을 영위하는 사업자가 영수증을 발급한 경우에도 재화 또는 용역을 **공급받는 자가 사업자등록증을 제시하고 세금계산서 발급을 요구하는 경우에는 세금계산서를 발급**하여야 한다.

14. **대주주인 출자임원이 사택을 제공받음으로써 얻는 이익은 근로소득으로 과세**되며, 주주가 아닌 임원의 경우에는 과세 제외된다.

15. 종합소득금액 = 사업소득금액(25,000,000) − 사업소득결손금 결손금(10,000,000)
  +근로소득금액(13,000,000) = 28,000,000원
  → 양도소득은 분류과세되는 소득이며, **비주거용 부동산 임대업에서 발생한 결손금은 해당연도의**
  다른 소득금액에서 공제할 수 없다.

실 무

문제 1 일반전표입력

[1] (차) 기업업무추진비(판)   100,000 (대) 보통예금   100,000

[2] (차) 퇴직급여(제)   2,700,000 (대) 보통예금   2,700,000

[3] (차) 보통예금   20,000,000 (대) 자본금   25,000,000
   주식발행초과금   2,000,000
   주식할인발행차금   3,000,000
   ☞ 발행가액(5,000주×4,000) − 액면가액(5,000주×5,000) = △5,000,000원(할인발행)
   주식발행초과금 2,000,000원을 우선상계하고 나머지는 주식할인발행차금으로 회계처리한다.

[4] (차) 보통예금   19,450,000 (대) 단기차입금(하나은행)   20,000,000
   이자비용   550,000
   ☞ 차입거래는 어음을 담보로 자금을 빌리는 것을 말한다.

[5] (차) 기계장치   3,800,000 (대) 자산수증이익   3,800,000

문제 2 매입매출전표입력

문항	일자	유형	공급가액	부가세	거래처	전자
[1]	10/08	12.영세	10,000,000	–	㈜상상	여
		영세율구분 : ③내국신용장·구매확인서에 의하여 공급하는 재화				
분개유형		(차) 외상매출금	10,000,000	(대) 제품매출		10,000,000
외상(혼합)						

문항	일자	유형	공급가액	부가세	거래처	신용카드
[2]	10/14	57.카과	1,500,000	150,000	안녕정비소	㈜순양카드
분개유형		(차) 부가세대급금	150,000	(대) 미지급금		1,650,000
카드(혼합)		차량유지비(제)	1,500,000	(㈜순양카드)		

문항	일자	유형	공급가액	부가세	거래처	전자
[3]	11/03	51.과세	– 30,000,000	– 3,000,000	㈜바이머신	여
분개유형		(차) 부가세대급금	– 3,000,000	(대) 미지급금		– 33,000,000
혼합		기계장치	– 30,000,000			

문항	일자	유형	공급가액	부가세	거래처	전자
[4]	11/11	51.과세	2,000,000	200,000	㈜사탕	여
분개유형		(차) 부가세대급금	200,000	(대) 선급금		200,000
혼합		복리후생비(판)	2,000,000	보통예금		2,000,000

문항	일자	유형	공급가액	부가세	거래처	전자
[5]	12/28	14.건별	250,000	25,000	–	–
분개유형		(차) 보통예금	275,000	(대) 부가세예수금		25,000
혼합		감가상각누계액(213)	960,000	비품		1,200,000
				유형자산처분이익		10,000

☞ 처분손익 = 처분가액(250,000) – 장부가액(1,200,000 – 960,000) = 10,000원(이익)

문제 3 부가가치세

[1] [신용카드매출전표등발행금액집계표]와 [신용카드매출전표등 수령명세서(갑)](7월~9월)

1. [신용카드매출전표등발행금액집계표](7월~9월)

◎ 2. 신용카드매출전표 등 발행금액 현황

구 분	합 계	신용·직불·기명식 선불카드	현금영수증	직불전자지급 수단 및 기명식선불 전자지급수단
합 계	9,900,000	9,900,000		
과세 매출분	9,900,000	9,900,000		
면세 매출분				
봉 사 료				

◎ 3. 신용카드매출전표 등 발행금액중 세금계산서 교부내역

세금계산서발급금액	3,300,000	계산서발급금액	

2. [신용카드매출전표등수령명세서(갑)](7월~9월)

◎ 2. 신용카드 등 매입내역 합계

구분	거래건수	공급가액	세액
합 계	2	80,000	8,000
현금영수증			
화물운전자복지카드			
사업용신용카드	1	70,000	7,000
그 밖의 신용카드	1	10,000	1,000

◎ 3. 거래내역입력

No		월/일	구분	공급자	공급자(가맹점) 사업자등록번호	카드회원번호	그 밖의 신용카드 등 거래내역 합계		
							거래건수	공급가액	세액
1	□	07-11	사업	(주)가람	772-81-10112	7777-9999-7777-9999	1	70,000	7,000
2	□	09-27	신용	자금성	211-03-54223	3333-5555-3333-5555	1	10,000	1,000
3	□								
	□								
	□								
	□								
				합계			2	80,000	8,000

[2] [대손세액공제신고서](4월~6월)

당초공급일	대손확정일	대손금액	공제율	대손세액	거래처		대손사유
20×0-09-01	-05-02	7,700,000	10/110	700,000	수성(주)	5	부도(6개월경과)
2021-05-10	-05-10	5,500,000	10/110	500,000	금성(주)	6	소멸시효완성
20×0-01-05	-05-10	-2,750,000	10/110	-250,000	비담(주)		
합 계		10,450,000		950,000			

• 정성㈜ 외상매출금 : 부도발생일로부터 6개월이 경과하지 않았으므로 공제 불가.

• 우강상사 단기대여금 : 단기대여금은 부가가치세법상 대손세액공제 대상이 아니다.

[3] 전자신고(1~3월)

1. [전자신고] : 전자신고 파일 제작 비밀번호 "12341234"

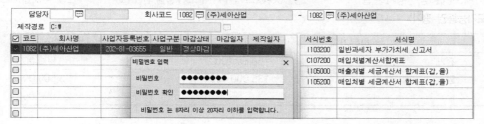

2. [국세청 홈택스 전자신고변환(교육용)]

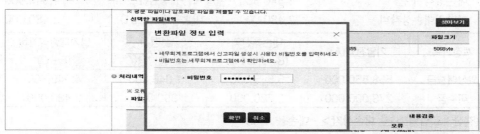

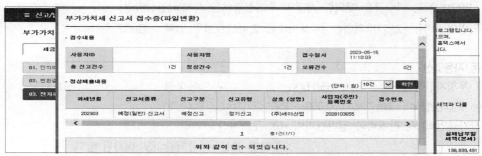

문제 4 결산

[1] 〈수동결산〉

(차) 선급비용	1,250,000	(대) 보험료(제)	1,250,000

☞선급비용 = 보험료(3,000,000)÷12개월×5개월(1.1~5.31) = 1,250,000원

[2] 〈수동결산〉

(차) 보통예금	7,200,000	(대) 단기차입금(우리은행)	7,200,000

☞ 기말에 당좌차월금액은 단기차입금으로 대체되므로 당좌차월로 처리하시면 안됩니다.

[3] 〈수동결산〉

(차) 매도가능증권평가손실　　　　23,500,000　(대) 매도가능증권(178)　　　23,500,000

〈매도가능증권 평가〉

	취득가액	공정가액	평가이익	평가손실
전기	159,000,000	158,500,000		500,000
당기		135,000,000		**23,500,000**
계				24,000,000

[4] 〈수동/자동결산〉

(차) 대손상각비(판)　　　　4,540,500　(대) 대손충당금(109)　　　4,540,500

　　기타의대손상각비　　　　2,480,000　　　대손충당금(121)　　　2,480,000

계정과목	기말잔액(A)	대손추산액 (B = A × 1%)	설정전 대손충당금(C)	당기대손상각비 (B − C)
외상매출금	558,550,000	5,585,500	1,045,000	4,540,500
미수금	278,000,000	2,780,000	300,000	2,480,000

1. [결산자료입력]>F8 대손상각> · 대손율 1.00

　· 외상매출금, 미수금을 제외한 계정의 추가설정액을 삭제>[결산반영]

2. 7.영업외비용>2).기타의대손상각>미수금 2,480,000원 입력 >F3전표추가

[5] 〈수동/자동결산〉

(차) 무형자산상각비　　　　650,000　　　　(대) 특허권　　　　650,000

　　☞ 무형자산상각비 = 취득가액(4,550,000)÷내용연수(7년) = 650,000원/년

[결산자료입력]>4.판매비와 일반관리비>6). 무형자산상각비

　　　　　　　　　　　　　　　>특허권 결산반영금액란 650,000원 입력

　　　　　　　　　　　　　　　>F3 전표추가

문제 5 **원천징수**

[1] [급여자료입력] 및 [원천징수이행상황신고서]최철수, 귀속기간 : 3월, 4월, 지급년월일 : 4월 30일

1. 수당 및 공제 등록

   (1) 수당등록

No	코드	과세구분	수당명	근로소득유형			월정액	통상임금	사용여부
				유형	코드	한도			
1	1001	과세	기본급	급여			정기	여	여
2	1002	과세	상여	상여			부정기	부	부
3	1003	과세	직책수당	급여			정기	부	부
4	1004	과세	월차수당	급여			정기	부	부
5	1005	비과세	식대	식대	P01	(월)200,000	정기	부	부
6	1006	비과세	자가운전보조금	자가운전보조금	H03	(월)200,000	부정기	부	부
7	1007	비과세	야간근로수당	야간근로수당	001	(년)2,400,000	부정기	부	부
8	2001	과세	식대	급여			정기	부	여

   ☞현물식사를 제공하므로 식대는 과세

   (2) 공제등록

No	코드	공제항목명	공제소득유형	사용여부
1	5001	국민연금	고정항목	여
2	5002	건강보험	고정항목	여
3	5003	장기요양보험	고정항목	여
4	5004	고용보험	고정항목	여
5	5005	학자금상환	고정항목	부
6	6001	건강보험료정산	건강보험료정산	여
7	6002	장기요양보험정산	장기요양보험정산	여

2. [급여자료입력] 최철수

   (1) 3월 귀속 급여(지급년월일 4월 30일)

급여항목	금액	공제항목	금액
기본급	2,800,000	국민연금	135,000
식대	100,000	건강보험	104,850
		장기요양보험	13,430
		고용보험	23,200
		건강보험료정산	
		장기요양보험정산	
		소득세(100%)	65,360
		지방소득세	6,530
		농특세	
과　　세	2,900,000	공 제 총 액	348,370
비 과 세		차 인 지 급 액	2,551,630
지 급 총 액	2,900,000		

   ☞ 소득세 등은 문제에서 주어진대로 입력합니다.

(2) 4월 귀속 급여(지급년월일 4월 30일)

급여항목	금액	공제항목	금액
기본급	3,000,000	국민연금	135,000
식대	200,000	건강보험	115,330
		장기요양보험	14,770
		고용보험	25,600
		건강보험료정산	125,760
		장기요양보험정산	15,480
		소득세(100%)	91,460
		지방소득세	9,140
		농특세	
과　세	3,200,000	공 제 총 액	532,540
비 과 세		차 인 지 급 액	2,667,460
지 급 총 액	3,200,000		

3. 원천징수이행상황신고서

(1) 3월 귀속 4월 지급분(귀속기간 3월, 지급기간 4월,1. 정기신고)

원천징수명세및납부세액	원천징수이행상황신고서 부표	원천징수세액환급신청서	기납부세액명세서	전월미환급세액 조정명세서	차월이월환급세액 승계명세

소득자 소득구분	코드	소득지급		징수세액			당월조정환급세액	납부세액	
		인원	총지급액	소득세 등	농어촌특별세	가산세		소득세 등	농어촌특별세
간이세액	A01	1	2,900,000	65,360					
중도퇴사	A02								

(2) 4월 귀속 4월 지급분(귀속기간 4월, 지급기간 4월,1. 정기신고)

원천징수명세및납부세액	원천징수이행상황신고서 부표	원천징수세액환급신청서	기납부세액명세서	전월미환급세액 조정명세서	차월이월환급세액 승계명세

소득자 소득구분	코드	소득지급		징수세액			당월조정환급세액	납부세액	
		인원	총지급액	소득세 등	농어촌특별세	가산세		소득세 등	농어촌특별세
간이세액	A01	1	3,200,000	91,460					
중도퇴사	A02								

☞ 귀속연월이 다른 소득을 당월분과 함께 지급시 그 귀속월별로 각각 작성하여 제출하여야 합니다.

[2] 연말정산(신영식)

1. [소득명세] 탭(전근무지 원천징수영수증 입력)(입력후 총급여액 44,800,000원)

근무처명	사업자 등록번호	급여	보험료 명세				세액명세		근무기간
			건강보험	장기요양	국민연금	고용보험	소득세	지방소득세	
㈜진우상사	258-81-84442	20,000,000	419,300	51,440	540,000	108,500	200,000	20,000	1.1~4.20

2. 연말정산판단

항목	요건		내역 및 대상여부	입력
	연령	소득		
보 험 료	○ (×)	○	• 본인 보장성보험료 • 본인 저축성 보험료	○(일반 2,000,000) ×
교 육 비	×	○	• 본인 대학원 교육비(본인만 대상)	○(본인 7,000,000)
의 료 비	×	×	• 본인 치료비(실손의료보험금 차감) • 본인 안경구입비(한도 50만원) • 본인 미용목적 피부과시술 • 본인 건강증진을 위한 한약	○(본인 2,000,000) ○(본인 500,000) × ×
기부금	×	○	• 본인 종교단체 기부금 • 본인 사회복지공동모금회 기부금	○(종교단체 1,200,000) ○(특례 2,000,000)
개인연금	본인		• 본인 개인연금	○(개인연금 2,000,000)

3. [부양가족] 탭

(1) 보장성보험

보장성보험-일반	2,000,000
보장성보험-장애인	

(2) 교육비

교육비	
일반	장애인특수
7,000,000 4.본인	

4. [의료비] 탭

의료비 공제대상자				지급처			지급명세					14.산후 조리원
성명	내/외	5.주민등록번호	6.본인등 해당여부	9.증빙 코드	8.상호	7.사업자 등록번호	10. 건수	11.금액	11-1.실손 보험수령액	12.미숙아 선천성이상아	13.납입 여부	
신영식	내	890801-1211112	1	0 1				3,000,000	1,000,000	X	X	X
신영식	내	890801-1211112	1	0 5			1	500,000		X	X	X

5. [기부금] 탭

(1) [기부금입력] 탭

구분		9.기부내용	기부처		건수	기부명세			자료 구분
7.유형	8. 코드		10.상호 (법인명)	11.사업자 번호 등		13.기부금합계 금액 (14+15)	14.공제대상 기부금액	15.기부장려금 신청 금액	
종교	41	금전				1,200,000	1,200,000		국세청
특례	10	금전				2,000,000	2,000,000		국세청

☞ 사회복지공동모금회는 특례기부금에 해당합니다. 일반기부금도 정답처리하였으나, 잘못된 답안을 제시하는 것입니다.

(2) [기부금조정] 탭

· 공제금액계산 > 불러오기 > 공제금액반영 > 저장

기부금 입력	기부금 조정							공제금액계산
구분		기부연도	16.기부금액	17.전년도까지 공제된금액	18.공제대상 금액(16-17)	해당연도 공제금액	해당연도에 공제받지 못한 금액	
유형	코드						소멸금액	이월금액
특례	10	20×1	2,000,000		2,000,000	2,000,000		
종교	41	20×1	1,200,000		1,200,000	1,200,000		

6. [연금저축] 탭

2 연금계좌 세액공제		- 연금저축계좌(연말정산입력 탭의 38.개인연금저축, 60.연금저축)				크게보기
연금저축구분	코드	금융회사 등	계좌번호(증권번호)	납입금액	공제대상금액	소득/세액공제액
1.개인연금저축	305	KEB 하나은행(구, 주식회사	253-660750-73308	2,000,000		720,000

7. [연말정산입력] 탭 : F8 부양가족탭불러오기

[연금계좌 탭]	개인연금	2,000,000
[특별세액공제]		
1. 보장성보험료	① 일반	2,000,000
2. 교육비	① 본 인	7,000,000
3. 의료비	① 특정(본인) – 실비보험금 1,000,000차감 후	2,500,000
4. 기부금	① 특례기부금 ② 종교단체	2,000,000 1,200,000

제107회 전산세무 2급

합격율	시험년월
19%	2023.04

이 론

01. 다음 중 재고자산의 취득원가에 포함되지 않는 것은?

① 부동산매매업자가 부동산(재고자산)을 취득하기 위하여 지출한 취득세

② 컴퓨터를 수입하여 판매하는 소매업자가 컴퓨터를 수입하기 위하여 지출한 하역료

③ 가전제품 판매업자가 가전제품을 홍보하기 위하여 지출한 광고비

④ 제품 제조과정에서 발생하는 직접재료원가

02. 다음 중 아래 자료의 거래로 변동이 있는 자본 항목끼리 바르게 짝지어진 것은?

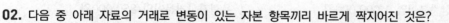

㈜한국은 자기주식 300주(주당 액면금액 500원)를 주당 600원에 취득하여 200주는 주당 500원에 매각하고, 나머지 100주는 소각하였다. ㈜한국의 자기주식 취득 전 자본 항목은 자본금뿐이다.

① 자본금, 자본잉여금   ② 자본잉여금, 자본조정

③ 자본금, 자본조정   ④ 자본조정, 기타포괄손익누계액

03. 아래의 자료를 이용하여 20x1년 매도가능증권처분손익을 구하면 얼마인가?

- 20x0년 03월 01일 : 매도가능증권 1,000주를 주당 7,000원에 취득하였다.
- 20x0년 12월 31일 : 매도가능증권 1,000주에 대하여 기말 공정가치로 평가하고, 매도가능증권 평가이익 2,000,000원을 인식하였다.
- 20x1년 03월 01일 : 매도가능증권 100주를 주당 6,000원에 처분하였다.
- 위 거래 이외에 매도가능증권 관련 다른 거래는 없었다.

① 매도가능증권처분이익 100,000원   ② 매도가능증권처분손실 100,000원

③ 매도가능증권처분이익 200,000원   ④ 매도가능증권처분손실 200,000원

04. 다음 중 충당부채에 대한 설명으로 가장 옳지 않은 것은?

① 충당부채의 명목금액과 현재가치의 차이가 중요한 경우에는 의무를 이행하기 위해 예상되는 지출액의 미래가치로 평가한다.

② 충당부채는 최초의 인식시점에서 의도한 목적과 용도로만 사용해야 한다.

③ 충당부채로 인식하기 위해서는 과거 거래의 결과로 현재 의무가 존재하여야 하고, 그 의무를 이행하기 위해 자원이 유출될 가능성이 매우 높아야 한다.

④ 충당부채로 인식하는 금액은 현재의무를 이행하는데 소요되는 지출에 대한 보고기간 말 현재 최선의 추정치여야 한다.

05. 20x1년 12월 31일 ㈜순양은 영업부가 사용하던 승합자동차를 중고차 매매 중개사이트를 이용하여 8,000,000원에 처분하고, 중고차 매매 중개사이트의 중개수수료 150,000원을 차감한 후 7,850,000원을 지급받았다. 다음은 처분한 승합자동차 관련 자료로 아래의 감가상각방법에 의하여 감가상각하였다. 아래의 자료를 이용하여 계산한 유형자산처분손익은 얼마인가?

구분	사용부서	취득가액	잔존가액	취득일	감가상각방법	내용연수
승합자동차	영업부	15,000,000원	0원	20x0.01.01.	정액법	5년

① 유형자산처분이익 1,000,000원 ② 유형자산처분이익 850,000원

③ 유형자산처분손실 1,000,000원 ④ 유형자산처분손실 1,150,000원

06. 다음 중 손익계산서에서 확인할 수 있는 항목을 고르시오.

① 당기원재료사용액 ② 제조간접원가사용액

③ 당기제품제조원가 ④ 기말재공품재고액

07. 다음 중 변동원가에 대한 설명으로 옳지 않은 것은?

① 조업도가 증가하면 단위당 변동원가도 증가한다.

② 조업도가 감소하면 총변동원가도 감소한다.

③ 직접재료원가는 대표적인 변동원가이다.

④ 일반적으로 단위당 변동원가에 조업도를 곱하여 총변동원가를 계산한다.

08. 다음 중 종합원가계산의 특징으로 가장 옳은 것은?

① 직접원가와 간접원가로 나누어 계산한다.

② 단일 종류의 제품을 연속적으로 대량 생산하는 경우에 적용한다.

③ 고객의 주문이나 고객이 원하는 형태의 제품을 생산할 때 사용되는 방법이다.

④ 제조간접원가는 원가대상에 직접 추적할 수 없으므로 배부기준을 정하여 배부율을 계산하여야 한다.

09. 다음 자료를 이용하여 직접노무원가를 계산하면 얼마인가?

| • 직접원가(기초원가) 400,000원 | • 가공원가 500,000원 |
| • 당기총제조원가 800,000원 | |

① 100,000원　　　② 200,000원　　　③ 300,000원　　　④ 400,000원

10. 각 부문의 용역수수관계와 원가 발생액이 다음과 같을 때, 단계배분법(가공부문의 원가부터 배분)에 따라 보조부문원가를 제조부문에 배분한 후 3라인에 집계되는 제조원가를 구하시오.

소비부문 제공부문	보조부문		제조부문	
	가공부문	연마부문	3라인	5라인
가공부문	–	50%	30%	20%
연마부문	20%	–	35%	45%
발생원가	400,000원	200,000원	500,000원	600,000원

① 690,000원　　　② 707,500원　　　③ 760,000원　　　④ 795,000원

11. 다음 중 부가가치세법상 신용카드매출전표 등 발급에 대한 세액공제에 관한 설명으로 틀린 것은?

① 법인사업자와 직전 연도의 재화 또는 용역의 공급가액의 합계액이 사업장별로 10억원을 초과하는 개인사업자는 적용 대상에서 제외한다.

② 신용카드매출전표 등 발급에 대한 세액공제금액은 각 과세기간마다 500만원을 한도로 한다.

③ 공제대상 사업자가 현금영수증을 발급한 금액에 대해서도 신용카드매출전표 등 발급에 대한 세액공제를 적용한다.

④ 신용카드매출전표 등 발급에 대한 세액공제금액이 납부할 세액을 초과하면 그 초과하는 부분은 없는 것으로 본다.

12. 다음은 일반과세자인 ㈜한성의 20x1년 제1기 매출 관련 자료이다. 부가가치세 매출세액은 얼마인가?

• 총매출액 : 20,000,000원	• 매출에누리액 : 3,000,000원	• 판매장려금 : 1,500,000원

① 150,000원 ② 300,000원 ③ 1,550,000원 ④ 1,700,000원

13. 다음 중 부가가치세법상 의제매입세액공제에 대한 설명으로 옳은 것은?

① 법인 음식점은 의제매입세액공제를 받을 수 없다.

② 간이과세자는 의제매입세액공제를 받을 수 없다.

③ 면세농산물 등을 사용한 날이 속하는 예정신고 또는 확정신고 시 공제한다.

④ 일반과세자인 음식점은 농어민으로부터 정규증빙 없이 농산물 등을 구입한 경우에도 공제받을 수 있다.

14. 주어진 자료에 의하여 아래의 일용근로자의 근로소득에 대하여 원천징수할 세액은 얼마인가?

• 근로소득	일당 200,000원×4일 = 800,000원
• 근로소득공제	1일 150,000원
• 근로소득세액공제	근로소득에 대한 산출세액의 100분의 55

① 48,000원 ② 39,000원 ③ 12,000원 ④ 5,400원

15. 다음은 기업업무추진비에 관한 설명이다. 아래의 빈칸에 각각 들어갈 금액으로 올바르게 짝지 어진 것은?

사업자가 한 차례의 기업업무추진에 지출한 기업업무추진비 중 경조금의 경우 (가), 그 외의 경우 (나)을 초과하는 적격 증빙 미수취 기업업무추진비는 각 과세기간의 소득금액을 계산할 때 필요경비에 산입하지 아니한다.

	가	나
①	100,000원	10,000원
②	100,000원	30,000원
③	200,000원	10,000원
④	200,000원	30,000원

실 무

㈜파쇄상회(2107)는 제조 및 도·소매업을 영위하는 중소기업으로, 당기 회계기간은 20x1.1.1.~ 20x1.12.31.이다. 전산세무회계 수험용 프로그램을 이용하여 다음 물음에 답하시오.

문제 1 다음 거래를 일반전표입력 메뉴에 추가 입력하시오.(15점)

[1] 01월 31일 ㈜오늘물산의 1월 31일 현재 외상매출금 잔액이 전부 보통예금 계좌로 입금되었다(단, 거래처원장을 조회하여 입력할 것). (3점)

[2] 03월 15일 정기주주총회에서 주식배당 10,000,000원, 현금배당 20,000,000원을 실시 하기로 결의하였다(단, 이월이익잉여금(코드번호 0375) 계정을 사용하고, 현 금배당의 10%를 이익준비금으로 적립한다). (3점)

[3] 04월 21일 외상매출금으로 계상한 해외 매출처인 CTEK의 외화 외상매출금 $23,000 전액을 회수 와 동시에 즉시 원화로 환가하여 보통예금 계좌에 입금하였다. 환율은 다음과 같다. (3점)

> • 20x1년 01월 03일 선적일(외상매출금 인식 시점) 적용 환율 : 1,280원/$
> • 20x1년 04월 21일 환가일(외상매출금 입금 시점) 적용 환율 : 1,220원/$

[4] 08월 05일 단기매매차익을 얻을 목적으로 보유하고 있는 ㈜망고의 주식 100주를 1주당 10,000원 에 처분하고 대금은 수수료 등 10,000원을 차감한 금액이 보통예금 계좌로 입금되었다 (단, ㈜망고의 주식 1주당 취득원가는 5,000원이다). (3점)

[5] 09월 02일   사무실을 임차하기 위하여 ㈜헤리움과 08월 02일에 체결한 임대차계약의 보증금 잔액
을 보통예금 계좌에서 이체하여 지급하였다. 다음은 임대차계약서의 일부이다. (3점)

부동산임대차계약서

제1조 위 부동산의 임대차계약에 있어 임차인은 보증금 및 차임을 아래와 같이 지불하기로 한다.

보증금	일금	일천만원정	(₩ 10,000,000)
계약금	일금	일백만원정	(₩ 1,000,000)은 계약 시에 지불하고 영수함.
잔금	일금	구백만원정	(₩ 9,000,000)은 20x1년 09월 02일에 지불한다.

문제 2 [매입매출전표입력] 메뉴를 이용하여 다음의 거래자료를 입력하시오. (15점)

[1] 01월 15일   회사 사옥을 신축하기 위해 취득한 토지의 중개수수료에 대하여 부동산중개법인으로부
터 아래의 전자세금계산서를 수취하였다. (3점)

전자세금계산서			승인번호	20230115-10454645-53811338	

공급자	등록번호	211-81-41992	종사업장번호		공급받는자	등록번호	301-81-59626	종사업장번호	
	상호(법인명)	㈜동산	성명	오미진		상호(법인명)	㈜파쇄상회	성명	이미숙
	사업장주소	서울시 금천구 시흥대로 198-11				사업장주소	서울시 영등포구 선유동1로 1		
	업태	서비스	종목	부동산중개		업태	제조 외	종목	전자제품
	이메일	ds114@naver.com				이메일	jjsy77@naver.com		
						이메일			

작성일자	공급가액	세액	수정사유	비고
20x1-01-15	10,000,000원	1,000,000원	해당 없음	

월	일	품목	규격	수량	단가	공급가액	세액	비고
01	15	토지 중개수수료				10,000,000원	1,000,000원	

합계금액	현금	수표	어음	외상미수금	위 금액을 (청구) 함
11,000,000원				11,000,000원	

[2] 03월 30일   외국인(비사업자)에게 제품을 110,000원(부가가치세 포함)에 판매하고 대금은 현금으로
수령하였다(단, 구매자는 현금영수증을 요청하지 않았으나 당사는 현금영수증 의무발행
사업자로서 적절하게 현금영수증을 발행하였다). (3점)

[3] 07월 20일　㈜굳딜과 제품 판매계약을 체결하고 판매대금 16,500,000원(부가가치세 포함)을 보통
예금 계좌로 입금받은 후 전자세금계산서를 발급하였다. 계약서상 해당 제품의 인도일은
다음 달 15일이다. (3점)

전자세금계산서					승인번호			20230720 - 000023 - 123547		
공급자	등록번호	301 - 81 - 59626	종사업장번호		공급받는자	등록번호	101 - 81 - 42001	종사업장번호		
	상호(법인명)	㈜파쇄상회	성명	이미숙		상호(법인명)	㈜굳딜	성명	전소민	
	사업장주소	서울시 영등포구 선유동1로 1				사업장주소	경기 포천시 중앙로 8			
	업태	제조 외	종목	전자제품		업태	제조업	종목	자동차부품	
	이메일	jjsy77@naver.com				이메일				
						이메일				
작성일자		공급가액		세액		수정사유		비고		
20x1 - 07 - 20		15,000,000원		1,500,000원		해당 없음				
월	일	품목	규격	수량	단가		공급가액	세액		비고
07	20	제품 선수금					15,000,000원	1,500,000원		
합계금액		현금		수표		어음		외상미수금		위 금액을 (영수) 함
16,500,000원		16,500,000원								

[4] 08월 20일　미국에 소재한 해외 매출거래처인 몽키에게 제품을 5,000,000원에 직수출하고 판매대
금은 3개월 후에 받기로 하였다(단, 수출신고번호 입력은 생략한다). (3점)

[5] 09월 12일   다음은 영업부 사무실의 임대인으로부터 받은 전자세금계산서이다. 단, 세금계산서상에
기재된 품목별 계정과목으로 각각 회계처리하시오. (3점)

전자세금계산서					승인번호		20230912 - 31000013 - 44346111		
공급자	등록번호	130 - 55 - 08114	종사업장번호		공급받는자	등록번호	301 - 81 - 59626	종사업장번호	
	상호(법인명)	미래부동산	성명	편미선		상호(법인명)	㈜파쇄상회	성명	이미숙
	사업장주소	경기도 부천시 길주로 1				사업장주소	서울시 영등포구 선유동1로 1		
	업태	부동산업	종목	부동산임대		업태	제조 외	종목	전자제품
	이메일	futureland@estate.com				이메일	jjsy77@naver.com		
						이메일			

작성일자	공급가액	세액	수정사유	비고
20x1 - 09 - 12	2,800,000원	280,000원	해당 없음	

월	일	품목	규격	수량	단가	공급가액	세액	비고
09	12	임차료				2,500,000원	250,000원	
09	12	건물관리비				300,000원	30,000원	

합계금액	현금	수표	어음	외상미수금	위 금액을 (청구) 함
3,080,000원				3,080,000원	

문제 3 **부가가치세신고와 관련하여 다음 물음에 답하시오.(10점)**

[1] 아래 자료만을 이용하여 20x1년 제1기 부가가치세 확정신고기간(04.01.~06.30.)의 [부가가
치세신고서]를 작성하시오(단, 기존에 입력된 자료 또는 불러온 자료는 무시하고, 부가가치세신
고서 외의 부속서류 작성은 생략할 것). (6점)

매출자료	• 전자세금계산서 발급분 과세 매출액 : 600,000,000원(부가가치세 별도) • 신용카드매출전표 발급분 과세 매출액 : 66,000,000원(부가가치세 포함) • 현금영수증 발급분 과세 매출액 : 3,300,000원(부가가치세 포함) • 중국 직수출액 : 400,000위안

일자별 환율	4월 10일 : 수출신고일	4월 15일 : 선적일	4월 20일 : 환가일
	180원/위안	170원/위안	160원/위안

• 대손세액공제 요건을 충족한 소멸시효 완성 외상매출금 : 11,000,000원(부가가치세 포함)

매입자료	• 세금계산서 수취분 매입액(일반매입) : 공급가액 400,000,000원, 세액 40,000,000원 　– 이 중 접대 물품 관련 매입액(공급가액 8,000,000원, 세액 800,000원)이 포함되어 있으 　　며, 나머지는 과세 재고자산의 구입액이다. • 정상적으로 수취한 종이세금계산서 예정신고 누락분 : 공급가액 5,000,000원, 부가가치세 　500,000원
기타자료	• 매출자료 중 전자세금계산서 지연발급분 : 공급가액 23,000,000원, 세액 2,300,000원 • 부가가치세 신고는 신고기한 내에 당사가 직접 국세청 홈택스에서 전자신고한다. • 세부담 최소화를 가정한다.

[2] 다음 자료를 이용하여 제2기 확정신고기간의 [공제받지못할매입세액명세서](「공제받지못할매입세액 내역」 및 「공통매입세액의정산내역」)를 작성하시오(단, 불러온 자료는 무시하고 직접 입력할 것). (4점)

1. 매출 공급가액에 관한 자료

구분	과세사업	면세사업	합계
07월~12월	450,000,000원	150,000,000원	600,000,000원

2. 매입세액(세금계산서 수취분)에 관한 자료

구분	① 과세사업 관련			② 면세사업 관련		
	공급가액	매입세액	매수	공급가액	매입세액	매수
10월~12월	225,000,000원	22,500,000원	11매	50,000,000원	5,000,000원	3매

3. 제2기(07.01.~12.31.) 총공통매입세액 : 15,000,000원
4. 제2기 예정신고 시 공통매입세액 중 불공제매입세액 : 250,000원

문제 4 **다음 결산자료를 입력하여 결산을 완료하시오.(15점)**

[1] 2021년 7월 1일에 개설한 푸른은행의 정기예금 100,000,000원의 만기일이 20x2년 6월 30
일에 도래한다. (3점)

[2] 20x1년 4월 1일 우리㈜에게 70,000,000원을 대여하고 이자는 20x2년 3월 31일 수령하기로 하였다
(단, 약정이자율은 연 6%, 월할 계산할 것). (3점)

[3] 당기 중 현금 시재가 부족하여 현금과부족으로 처리했던 623,000원을 결산일에 확인한 결과 내용은 다음과 같다(단, 하나의 전표로 입력하고, 항목별로 적절한 계정과목을 선택할 것). (3점)

내용	금액
불우이웃돕기 성금	500,000원
생산부에서 발생한 운반비(간이영수증 수령)	23,000원
영업부 거래처 직원의 결혼 축의금	100,000원

[4] 결산일 현재 재고자산을 실사 평가한 결과는 다음과 같다. 기말재고자산 관련 결산분개를 하시 오(단, 각 기말재고자산의 시가와 취득원가는 동일한 것으로 가정한다). (3점)

구분	취득단가	장부상 기말재고	실사한 기말재고	수량 차이 원인
원재료	1,500원	6,500개	6,200개	정상감모
제품	15,500원	350개	350개	
상품	10,000원	1,500개	1,000개	비정상감모

[5] 당사는 기말 현재 보유 중인 외상매출금, 받을어음, 단기대여금의 잔액(기타 채권의 잔액은 제외)에 대해서만 1%의 대손충당금을 보충법으로 설정하고 있다(단, 원 단위 미만은 절사한다). (3점)

20X1년 귀속 원천징수자료와 관련하여 다음의 물음에 답하시오.(15점)

[1] 다음은 생산직 근로자인 이현민(사번 : 105)의 3월분 급여 관련 자료이다. 아래 자료를 이용하여 3월분 [급여자료입력]과 [원천징수이행상황신고서]를 작성하시오(단, 전월미환급세액은 420,000원이다). (5점)

1. 유의사항
   - 수당등록 및 공제항목은 불러온 자료는 무시하고 아래 자료에 따라 입력하며, 사용하는 수당 및 공제 이외의 항목은 "부"로 체크하고, 월정액 여부와 정기 · 부정기 여부는 무시한다.
   - 원천징수이행상황신고서는 매월 작성하며, 이현민의 급여 내역만 반영하고 환급신청은 하지 않는다.

2. 급여명세서 및 급여 관련 자료

20x1년 3월 급여명세서

㈜파쇄상회

이름	이현민	지급일	20x1.03.31.
기 본 급	2,600,000원	소 득 세	10,230원
상 여	600,000원	지 방 소 득 세	1,020원
식 대	100,000원	국 민 연 금	126,000원
자 가 운 전 보 조 금	200,000원	건 강 보 험	98,270원
야 간 근 로 수 당	200,000원	장 기 요 양 보 험	12,580원
월 차 수 당	300,000원	고 용 보 험	29,600원
급 여 합 계	4,000,000원	공 제 합 계	277,700원
귀하의 노고에 감사드립니다.		차 인 지 급 액	3,722,300원

- 식대 : 당 회사는 현물 식사를 별도로 제공하지 않는다.
- 자가운전보조금 : 직원 본인 명의의 차량을 소유하고 있고, 그 차량을 업무수행에 이용하는 경우에 자가운전보조금을 지급하고 있으며, 별도의 시내교통비 등을 정산하여 지급하지 않는다.
- 야간근로수당 : 생산직 근로자가 받는 시간외근무수당으로서 이현민 사원의 기본급은 매월 동일한 것으로 가정한다.

[2] 다음은 강희찬(사번 : 500) 사원의 20x1년 귀속 연말정산 관련 자료이다. 아래의 자료를 이용
하여 [연말정산추가자료입력] 메뉴의 [부양가족](인별 보험료 및 교육비 포함) 탭을 수정하고,
[신용카드 등] 탭, [의료비] 탭, [기부금] 탭을 작성하여 연말정산을 완료하시오. (10점)

1. 가족사항

관계	성명	나이	소득	비고
본인	강희찬	42세	총급여액 6,000만원	세대주
배우자	송은영	44세	양도소득금액 500만원	
아들	강민호	11세	소득 없음	첫째, 20x1년에 입양 신고함
동생	강성찬	39세	소득 없음	장애인복지법에 따른 장애인

2. 연말정산 자료 : 다음은 근로자 본인이 결제하거나 지출한 금액으로서 모두 국세청 홈택스 연말정산
간소화서비스에서 수집한 자료이다.

구분	내용
신용카드등 사용액	• 본인 : 신용카드 20,000,000원 　– 재직 중인 ㈜파쇄상회의 비용을 본인 신용카드로 결제한 금액 1,000,000원, 자녀 미술학원비 1,200,000원, 대중교통이용액 500,000원이 포함되어 있다. • 아들 : 현금영수증 700,000원 　– 자녀의 질병 치료목적 한약구입비용 300,000원, 대중교통이용액 100,000원이 포함되어 있다. 　☞ <u>**신용카드사용의 당해연도 소비증가는 없다고 가정한다.**</u>
보험료	• 본인 : 생명보험료 2,400,000원(보장성 보험임) • 동생 : 장애인전용보장성보험료 1,700,000원
의료비	• 본인 : 2,700,000원(시력보정용 안경 구입비 600,000원 포함) • 배우자 : 2,500,000원(전액 난임시술비에 해당함) • 아들 : 1,200,000원(현금영수증 수취분 질병 치료목적 한약구입비용 300,000원 포함) • 동생 : 3,100,000원(전액 질병 치료목적으로 지출한 의료비에 해당함)
교육비	• 아들 : 초등학교 수업료 500,000원, 미술학원비 1,200,000원(본인 신용카드 사용분에 포함)
기부금	• 본인 : 종교단체 기부금 1,200,000원(모두 당해연도 지출액임)

3. 근로자 본인의 세부담이 최소화되도록 하고, 제시된 가족들은 모두 생계를 같이하는 동거가족이다.

제107회 전산세무2급 답안 및 해설

이 론

1	2	3	4	5	6	7	8	9	10	11	12	13	14	15
③	③	②	①	④	③	①	②	①	④	②	④	②	④	④

01. 가전제품 판매업자가 가전제품을 홍보하기 위하여 지출한 **광고비는 재고자산 취득 후에 발생하는 판매관리비 성격의 비용으로 취득원가에 포함되지 않는다.**

02. 변동이 있는 자본 항목은 자본금과 자본조정(자기주식, 자기주식처분손실, 감자차손)이다.

    – 취득   (차) 자기주식   180,000원   (대) 현금등   180,000원

       처분   (차) 현금등   100,000원   (대) 자기주식   120,000원

                  자기주식처분손실   20,000원

    – 소각   (차) 자본금   50,000원   (대) 자기주식   60,000원

                  감자차손   10,000원

03. 처분손익 = [처분가액(6,000) – 취득원가(7,000)]×100주 = △100,000원(손실)

04. 명목금액과 현재가치의 차이가 중요한 경우에는 의무를 이행하기 위하여 예상되는 **지출액의 현재가치로 평가**한다.

05. 감가상각누계액 = 취득가액(15,000,000)÷5년×2년 = 6,000,000원

    처분시 장부가액 = 취득가액(15,000,000) – 감가상각누계액(6,000,000) = 9,000,000원

    처분손익 = 처분가액(8,000,000 – 150,000) – 장부가액(9,000,000) = △1,150,000원(손실)

06. **당기제품제조원가는 손익계산서 및 제조원가명세서에서 확인**할 수 있다.

07. 조업도가 증가하더라도 **단위당 변동원가는 일정하다.**

08. 종합원가계산은 **단일 종류의 제품을 연속적으로 대량 생산하는 제품의 원가계산**에 적합하다. 나머지는 개별원가계산에 대한 설명이다.

09. 직접재료원가 = 당기총제조원가(800,000) – 가공원가(500,000) = 300,000원

    직접노무원가 = 기초원가(400,000) – 직접재료원가(300,000) = 100,000원

10. 〈단계배분법〉 가공부문의 원가부터 먼저 배분한다.

제공부문 \ 사용부문		보조부문		제조부문	
		가공	연마	3라인	5라인
배부전원가		400,000	200,000	500,000	600,000
보조부문 배부	B(50% : 30% : 20%)	(400,000)	200,000	120,000	80,000
	A(0 : 35% : 45%)	–	(400,000)	175,000	225,000
보조부문 배부후 원가		0	0	**795,000**	905,000

11. 공제금액(연간 1천만원을 한도로 한다) : 발급금액 또는 결제금액의 1.3퍼센트

따라서 **각 과세기간마다 500만원을 한도로 하는 것은 아니다.**

12. 과세표준 = 총매출액(20,000,000) – 매출에누리(3,000,000) = 17,000,000원

매출세액 = 과세표준(17,000,000) × 10% = 1,700,000원

• 매출에누리는 과세표준에서 차감하는 항목이고, 판매장려금은 과세표준에서 공제하지 않는 항목이다.

13. ① 법인 음식점은 의제매입세액 공제율 6/106을 적용한다.

③ 면세농산물 등을 사용한 시점이 아닌 **구입한 날이 속하는 과세기간에 공제**한다.

④ **제조업만 농어민으로부터 정규증빙 없이 농산물 등을 구입한 경우에도 의제매입세액공제가 가능**하다.

14. 원천징수세액(일용근로) = [일당(200,000) – 근로소득공제(150,000)] × 4일

　　　　　　　　　　 × 최저세율(6%) × (1 – 55%) = 5,400원

15. 사업자가 한 차례의 기업업무추진(접대)에 지출한 기업업무추진 중 **경조금의 경우 20만원, 이외의 경우 3만원을 초과하는 기업업무추진비**로서 적격증빙을 수취하지 아니한 기업업무추진비는 각 과세기간의 소득금액을 계산할 때 필요경비에 산입하지 아니한다.

■■■ 실 무

문제 1　일반전표입력

[1]　(차)　보통예금　　　　　　　7,700,000　(대) 외상매출금(㈜오늘물산)　 7,700,000

[2]　(차) 이월이익잉여금(375)　32,000,000　(대) 미교부주식배당금　10,000,000

　　　　　　　　　　　　　　　　　　　　　　 미지급배당금　　　20,000,000

　　　　　　　　　　　　　　　　　　　　　　 이익준비금　　　　 2,000,000

[3]　(차)　보통예금　　　　　　28,060,000　(대) 외상매출금(CTEK)　29,440,000

　　　　외환차손　　　　　　　1,380,000

　　☞외환차손익(자산) = [환가금액(1,220) – 장부가액(1,280)] × $23,000 = △1,380,000원(손실)

[4] (차) 보통예금   990,000 (대) 단기매매증권   500,000

                                                  단기매매증권처분이익   490,000

☞처분손익(단기매매) = 처분가액(100주×10,000 − 10,000) − 장부가액(100주×5,000) = 490,000원(이익)

[5] (차) 임차보증금(㈜헤리움)   10,000,000 (대) 보통예금   9,000,000

                                                   선급금(㈜헤리움)   1,000,000

문제 2   매입 매출전표입력

문항	일자	유형	공급가액	부가세	거래처	전자
[1]	1/15	54.불공	10,000,000	1,000,000	㈜동산	여
		불공제사유 : ⑥토지의 자본적 지출 관련				
분개유형		(차) 토지	11,000,000 (대) 미지급금			11,000,000
혼합						

문항	일자	유형	공급가액	부가세	거래처	전자
[2]	3/30	22.현과	100,000	10,000		–
분개유형		(차) 현금	110,000 (대) 부가세예수금			10,000
현금				제품매출		100,000

☞ 거래처를 외국인 또는 비사업자로 입력한 우에도 정답으로 인정함.

문항	일자	유형	공급가액	부가세	거래처	전자
[3]	7/20	11.과세	15,000,000	1,500,000	㈜굳딜	여
분개유형		(차) 보통예금	16,500,000 (대) 부가세예수금			1,500,000
혼합				선수금		15,000,000

문항	일자	유형	공급가액	부가세	거래처	전자
[4]	8/20	16. 수출	5,000,000	–	몽키	–
		영세율구분 : ①직접수출(대행수출 포함)				
분개유형		(차) 외상매출금	5,000,000 (대) 제품매출			5,000,000
외상(혼합)						

문항	일자	유형	공급가액	부가세	거래처	전자
[5]	9/12	51.과세	2,800,000	280,000	미래부동산	여
분개유형		(차) 부가세대급금	280,000 (대) 미지급금			3,080,000
혼합		임차료(판)	2,500,000			
		건물관리비(판)	300,000			

☞ 복수거래를 입력하여야 정확하게 입력한 것임.

문제 3 부가가치세

[1] 부가가치세 1기 확정신고서(4~6월)

(1) 매출세액 및 과세표준

구분				정기신고금액		
				금액	세율	세액
과세표준및매출세액	과세	세금계산서발급분	1	600,000,000	10/100	60,000,000
		매입자발행세금계산서	2		10/100	
		신용카드·현금영수증발행분	3	63,000,000	10/100	6,300,000
		기타(정규영수증외매출분)	4			
	영세	세금계산서발급분	5		0/100	
		기타	6	68,000,000	0/100	
	예정신고누락분		7			
	대손세액가감		8			-1,000,000
	합계		9	731,000,000	㉮	65,300,000

(2) 매입세액

매입세액	세금계산서수취분	일반매입	10	400,000,000		40,000,000
		수출기업수입분납부유예	10-1			
		고정자산매입	11			
	예정신고누락분		12	5,000,000		500,000
	매입자발행세금계산서		13			
	그 밖의 공제매입세액		14			
	합계(10)-(10-1)+(11)+(12)+(13)+(14)		15	405,000,000		40,500,000
	공제받지못할매입세액		16	8,000,000		800,000
	차감계 (15-16)		17	397,000,000	㉯	39,700,000
납부(환급)세액(매출세액㉮-매입세액㉯)					㉰	25,600,000

〈예정신고 누락분〉

12.매입(예정신고누락분)					
예	세금계산서	38	5,000,000		500,000
	그 밖의 공제매입세액	39			
	합계	40	5,000,000		500,000

〈공제받지 못할 매입세액〉

구분		금액	세율	세액
16.공제받지못할매입세액				
공제받지못할 매입세액	50	8,000,000		800,000
공통매입세액면세등사업분	51			

(3) 납부세액

〈지연발급가산세〉

25.가산세명세					
사업자미등록등		61		1/100	
세금계산서	지연발급 등	62	23,000,000	1/100	230,000
	지연수취	63		5/1,000	
	미발급 등	64		뒤쪽참조	

〈경감공제세액〉 전자신고세액공제 : 10,000원

납부할 세액 : 25,820,000원

[2] 공제받지못할매입세액명세서(10~12월)

(1) [공제받지못할매입세액내역] 탭

공제받지못할매입세액내역	공통매입세액안분계산내역	공통매입세액의정산내역	납부세액또는환급세액재계산

매입세액 불공제 사유	세금계산서		
	매수	공급가액	매입세액
①필요적 기재사항 누락 등			
②사업과 직접 관련 없는 지출			
③비영업용 소형승용자동차 구입·유지 및 임차			
④접대비 및 이와 유사한 비용 관련			
⑤면세사업등 관련	3	50,000,000	5,000,000

(2) [공통매입세액의정산내역] 탭

공제받지못할매입세액내역	공통매입세액안분계산내역	공통매입세액의정산내역	납부세액또는환급세액재계산

산식	구분	(15)총공통매입세액	(16)면세 사업확정 비율			(17)불공제매입세액총액((15)*(16))	(18)기불공제매입세액	(19)가산또는공제되는매입세액((17)-(18))
			총공급가액	면세공급가액	면세비율			
1.당해과세기간의 공급가액기준		15,000,000	600,000,000.00	150,000,000.00	25.000000	3,750,000	250,000	3,500,000

문제 4 결산

[1] 〈수동결산〉

(차) 정기예금(당좌)	100,000,000	(대) 장기성예금(투자)	100,000,000

☞ 장기성예금(비유동자산)이 만기가 1년 이내로 도래하므로 유동성 대체를 하여야 한다.

[2] 〈수동결산〉

(차) 미수수익	3,150,000	(대) 이자수익	3,150,000

☞ 이자수익=70,000,000원×6%(연이자율)×9개월/12개월=3,150,000원

[3] 〈수동결산〉

(차) 기부금	500,000	(대) 현금과부족	623,000
운반비(제)	23,000		
기업업무추진비(판)	100,000		

[4] 〈수동입력 후 자동결산〉

(차) 재고자산감모손실	5,000,000	(대) 상품(타계정대체)	5,000,000

〈결산자료입력〉

· 상품매출원가>⑩기말상품재고액 10,000,000원

· 제품매출원가>1)원재료비>⑩기말원재료재고액 9,300,000원

　　　　　　　　9)당기완성품제조원가>⑩기말제품재고액 5,425,000원

[5] 〈자동/수동결산〉

〈결산자료입력〉

[F8]대손상각>대손율 : 1%>추가설정액> · 외상매출금 2,426,480원

· 받을어음 638,400원

· 단기대여금 1,900,000원

(차) 대손상각비	3,064,880	(대) 대손충당금(109)	2,426,480
기타의대손상각비	1,900,000	대손충당금(111)	638,400
		대손충당금(115)	1,900,000

※ 자동결산항목을 모두 입력하고 상단의 **전표추가**를 한다.

문제 5   원천징수

[1] 급여자료입력과 원천징수이행상황신고서(3월)

1. 수당공제등록

		수당등록	공제등록						▲ ▼

No	코드	과세구분	수당명	근로소득유형			월정액	통상임금	사용여부
				유형	코드	한도			
1	1001	과세	기본급	급여			정기	여	여
2	1002	과세	상여	상여			부정기	부	여
3	1003	과세	직책수당	급여			정기	부	부
4	1005	비과세	식대	식대	P01	(월)200,000	정기	부	여
5	1006	비과세	자가운전보조금	자가운전보조금	H03	(월)200,000	부정기	부	여
6	1007	비과세	야간근로수당	야간근로수당	O01	(년)2,400,000	부정기	부	여
7	1004	과세	월차수당	급여			정기	부	여

• 식대와 자가운전보조금에 대해서는 비과세 적용을 받는다.

• 기본급여가 월 260만원으로 월정액 210만원을 초과하므로 야간근로(연장근로)수당에 대해서는 비과세 요건을 충족하지 않는다.

2. 급여자료입력(이현민, 3월, 지급년월일 3월 31일)

□	사번	사원명	감면율		급여항목	금액		공제항목	금액
■	105	이현민			기본급	2,600,000		국민연금	126,000
□	500	강희찬			상여	600,000		건강보험	98,270
□					식대	100,000		장기요양보험	12,580
□					자가운전보조금	200,000		고용보험	29,600
□					야간근로수당	200,000		소득세(100%)	10,230
□					월차수당	300,000		지방소득세	1,020
□								농특세	
□					과 세	3,700,000			
					비 과 세	300,000		공 제 총 액	277,700
	총인원(퇴사자)	2(0)			지 급 총 액	4,000,000		차 인 지 급 액	3,722,300

☞비과세금액 = 식대(100,000) + 자가운전보조금(200,000) = 300,000원

3. 원천징수이행상황신고서(귀속기간 3월, 지급기간 3월, 1.정기신고)

원천징수세액및납부세액	원천징수이행상황신고서 부표	원천징수세액환급신청서	기납부세액명세서	전월미환급세액 조정명세서	차월이월환급세액 승계명세

| 소득자 소득구분 | 코드 | 소득지급 | | 징수세액 | | | | 당월조정 환급세액 | 납부세액 | |
		인원	총지급액	소득세 등	농어촌특별세	가산세			소득세 등	농어촌특별세
간이세액	A01	1	3,800,000	10,230						
중도퇴사	A02									

| 전월 미환급 세액의 계산 | | | 당월 발생 환급세액 | | | | | 18.조정대상환급(14+15+16+17) | 19.당월조정 환급세액계 | 20.차월이월 환급세액 | 21.환급신청액 |
12.전월미환급	13.기환급	14.차감(12-13)	15.일반환급	16.신탁재산	금융회사 등	합병 등				
420,000		420,000						420,000	10,230	409,770	

– 전월미환급세액 420,000원 입력

☞ 소득세 등은 자동계산되어집니다.

[2] 연말정산(강희찬)2025

1. [부양가족] 탭

(1) 인적공제

| 관계 | 요 건 | | 기본 공제 | 추가 공제 | 판　　　단 |
	연령	소득			
본인(세대주)	–	–	○		
배우자	–	×	부		양도소득액 1백만원초과자
장남(11)	○	○	○	자녀 출산입양 (첫째)	
동생(39)	○	○	○	장애(1)	

2. 연말정산판단

| 항 목 | 요건 | | 내역 및 대상여부 | 입력 |
	연령	소득		
신용카드	×	○	• 본인 신용카드(회사경비 제외) • 아들 현금영수증	○(신용 18,500,000) (대중교통 500,000) ○(현금 600,000) (대중교통 100,000)
보 험 료	○ (×)	○	• 본인 생명보험료 • 동생 장애인전용보장성보험료	○(일반 2,400,000) ○(장애 1,700,000)
의 료 비	×	×	• 본인 의료비(<u>안경은 500,000 한도</u>) • 배우자 난임시술비 • 아들 의료비(질병치료목적 한약포함) • 동생 의료비	○(본인 2,600,000) ○(난임 2,500,000) ○(일반 1,200,000) ○(장애 3,100,000)

항 목	요건		내역 및 대상여부	입력
	연령	소득		
교 육 비	×	○	• 아들 초등학교수업료(학원비는 제외)	○(초등 500,000)
기부금	×	○	• 본인 종교단체 기부금	○(종교단체 5,000,000)

3. 부양가족탭

(1) 보험료

① 강희찬(본인)

보장성보험-일반	2,400,000
보장성보험-장애인	
합 계	2,400,000

② 강성찬(동생)

보장성보험-일반	
보장성보험-장애인	1,700,000
합 계	1,700,000

(2) 교육비(강민호)

교육비		
일반		장애인특수
500,000	2.초중고	

4. [신용카드 등] 탭

	성명 생년월일	작률 구분	신용카드	직불,선물	현금영수증	도서등 신용	도서등 직불	도서등 현금	전통시장	대중교통	소비증가분	
											20x0년	20x1년
■	강희찬	국세청	18,500,000							500,000		
	1983-01-30	기타										
□	송은영	국세청										
	1981-03-17	기타										
□	강민호	국세청			600,000					100,000		
	2014-12-25	기타										

5. [의료비] 탭

소득명세	부양가족	신용카드 등	의료비	기부금	연금저축 등Ⅰ	연금저축 등Ⅱ	월세액	연말정산입력

						의료비 지급명세서							
의료비 공제대상자					지급처			지급명세					14.산후 조리원
성명	내/외	5.주민등록번호	6.본인등 해당여부	9.증빙 코드	8.상호	7.사업자 등록번호	10. 건수	11.금액	11-1.실손 보험수령액	12.미숙아 선천성이상아	13.난임 여부		
강희찬	내	830130-1710614	1	0	1			2,600,000		X	X	X	
송은영	내	810317-2141611	3	X	1			2,500,000		X	0	X	
강민호	내	141225-3014674	3	X	1			1,200,000		X	X	X	
강성찬	내	860717-1714315	2	0	1			3,100,000		X	X	X	
				합계				9,400,000					
일반의료비 (본인)	2,600,000	65세 이상자,장애인 건강보험산정특례자		3,100,000	일반의료비 (그 외)		1,200,000		난임시술비				2,500,000
									미숙아,선천성이상아				

6. [기부금] 탭

(1) [기부금입력] 탭

| 소득명세 | 부양가족 | 신용카드 등 | 의료비 | 기부금 | 연금저축 등 I | 연금저축 등 II | 월세액 | 연말정산입력 |

| 기부금 입력 | 기부금 조정 |

12.기부자 인적 사항(F2)			
주민등록번호	관계코드	내·외국인	성명
830130-1710614	거주자(본인)	내국인	강희찬

구분		9.기부내용	기부처		건수	기부명세			자료 구분
7.유형	8.코드		10.상호 (법인명)	11.사업자 번호 등		13.기부금합계 금액(14+15)	14.공제대상 기부금액	15.기부장려금 신청 금액	
종교	41	금전				1,200,000	1,200,000		국세청

• 기부내용 : 금전, 현물, 미입력 모두 정답으로 인정함

(2) [기부금조정] 탭 > 공제금액계산 > 불러오기 > 공제금액반영 > 저장

| 소득명세 | 부양가족 | 신용카드 등 | 의료비 | 기부금 | 연금저축 등 I | 연금저축 등 II | 월세액 | 연말정산입력 |

| 기부금 입력 | 기부금 조정 | | | | | | | | 공제금액계산 |

구분		기부연도	16.기부금액	17.전년도까지 공제된금액	18.공제대상 금액(16-17)	해당연도 공제금액	해당연도에 공제받지 못한 금액	
유형	코드						소멸금액	이월금액
종교	41	20×1	1,200,000		1,200,000	1,200,000		

7. [연말정산입력] 탭 > F8 부양가족탭불러오기

[소득공제]		
1. 신용카드	① 신용카드	18,500,000
	② 현금영수증	600,000
	③ 대중교통	600,000
[특별세액공제]		
1. 보장성보험료	① 일반	2,400,000
	② 장애인전용	1,700,000
2. 교육비	① 초중고	500,000
3. 의료비	① 특정(본인)	2,600,000
	② 특정(장애, 65세 이상, 산정특례자, 6세 이하)	3,100,000
	③ 일반	1,200,000
	④ 난임시술비	2,500,000
4. 기부금	① 종교단체	1,200,000

제106회 전산세무 2급

합격율	시험년월
40%	2023.02

이 론

01. 다음 중 재무제표 작성과 표시에 대한 설명으로 틀린 것은?

① 자산과 부채는 1년을 기준으로 하여 유동자산 또는 비유동자산, 유동부채 또는 비유동부채로 구분하는 것을 원칙으로 한다.

② 중요하지 않은 항목이라도 성격이나 기능이 유사한 항목과 통합하여 표시할 수 없다.

③ 자산과 부채는 유동성이 높은 항목부터 배열하는 것을 원칙으로 한다.

④ 자본은 자본금, 자본잉여금, 자본조정, 기타포괄손익누계액, 이익잉여금(또는 결손금)으로 분류된다.

02. 다음 중 현금및현금성자산으로 분류되는 것은?

① 사용 제한 기간이 1년 이내인 보통예금

② 취득 당시 만기가 1년 이내에 도래하는 금융상품

③ 당좌차월

④ 3개월 이내 환매 조건을 가진 환매채

03. 다음 자료를 이용하여 유동부채에 포함될 금액을 구하면 얼마인가?

• 외상매입금	100,000,000원	• 퇴직급여충당부채	500,000,000원
• 선수금	5,000,000원	• 사채	50,000,000원
• 미지급금	3,000,000원		

① 655,000,000원　　② 158,000,000원　　③ 108,000,000원　　④ 58,000,000원

04. 다음 중 유가증권에 대한 설명으로 틀린 것은?

① 단기매매증권에 대한 미실현보유손익은 기타포괄손익누계액으로 처리한다.
② 단기매매증권이 시장성을 상실한 경우에는 매도가능증권으로 분류하여야 한다.
③ 매도가능증권에 대한 미실현보유손익은 기타포괄손익누계액으로 처리한다.
④ 만기가 확정된 채무증권으로서 상환금액이 확정되었거나 확정이 가능한 채무증권을 만기까지 보유할 적극적인 의도와 능력이 있는 경우에는 만기보유증권으로 분류한다.

05. 다음 중 자본에 영향을 미치는 거래에 해당하지 않는 것은?

① 보통주 500주를 1주당 500,000원에 신규발행하여 증자하였다.
② 정기주주총회에서 현금배당 1,000,000원을 지급하는 것으로 결의하였다.
③ 영업부에서 사용할 비품을 1,500,000원에 구입하고 대금은 현금으로 지급하였다.
④ 직원들에게 연말 상여금 2,000,000원을 현금으로 지급하였다.

06. 다음 중 원가 집계과정에 대한 설명으로 틀린 것은?

① 당기제품제조원가(당기완성품원가)는 재공품 계정의 차변으로 대체된다.
② 당기총제조원가는 재공품 계정의 차변으로 대체된다.
③ 당기제품제조원가(당기완성품원가)는 제품 계정의 차변으로 대체된다.
④ 제품매출원가는 매출원가 계정의 차변으로 대체된다.

07. 다음 중 의사결정과의 관련성에 따른 원가에 대한 설명으로 틀린 것은?

① 매몰원가 : 과거의 의사결정으로 이미 발생한 원가로서 어떤 의사결정을 하더라도 회수할 수 없는 원가
② 기회원가 : 자원을 현재 용도 이외에 다른 용도로 사용했을 경우 얻을 수 있는 최대 금액
③ 관련원가 : 의사결정 대안 간에 차이가 나는 원가로 의사결정에 영향을 주는 원가
④ 회피불능원가 : 어떤 의사결정을 하더라도 절약할 수 있는 원가

08. 다음의 그래프가 나타내는 원가에 대한 설명으로 가장 옳은 것은?

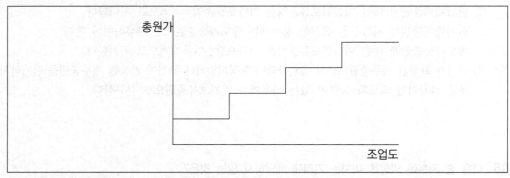

① 변동원가와 고정원가가 혼합된 원가이므로 혼합원가(Mixed Costs)라고도 한다.
② 일정한 범위의 조업도 내에서는 총원가가 일정하지만 조업도 구간이 달라지면 총액(총원가)이 달라진다.
③ 대표적인 예로는 전기요금, 수도요금 등이 있다.
④ 조업도의 변동과 관계없이 일정하게 발생하는 고정원가와 조업도의 변동에 따라 비례하여 발생하는 변동원가의 두 가지 요소를 모두 가지고 있다.

09. ㈜한양은 직접노무시간을 기준으로 제조간접원가를 예정배부하고 있다. 제조간접원가예산 총액은 3,000,000원이며, 예정 직접노무시간과 실제 직접노무시간은 30,000시간으로 동일하다. 제조간접원가가 100,000원 과소배부되었을 경우 실제 제조간접원가 발생액은 얼마인가?

① 2,900,000원   ② 3,000,000원   ③ 3,100,000원   ④ 3,200,000원

10. 다음은 제조회사인 ㈜가림의 원가 관련 자료이다. 아래의 자료를 바탕으로 구한 평균법에 의한 완성품 단위당 제조원가는 얼마인가? 단, 모든 제조원가는 공정 전반에 걸쳐 균등하게 투입된다.

- 기초재공품원가 : 직접재료원가 500,000원, 가공원가 : 500,000원
- 당기제조원가 : 직접재료원가 7,000,000원, 가공원가 6,000,000원
- 완성품수량 : 5,000개
- 기말재공품수량 : 2,500개(완성도 80%)

① 1,500원   ② 1,700원   ③ 1,800원   ④ 2,000원

11. 다음 중 우리나라의 부가가치세법에 대한 설명으로 옳은 것은?

> 가. 우리나라 부가가치세는 간접세이다.
> 나. 우리나라 부가가치세는 생산지국과세원칙을 적용하고 있다.
> 다. 우리나라 부가가치세는 지방세이다.
> 라. 우리나라 부가가치세는 전단계거래액공제법이다.

① 가   ② 가, 나   ③ 가, 다   ④ 가, 라

12. 다음 중 부가가치세법상 납세지에 대한 설명으로 틀린 것은? 단, 예외 사항은 없는 것으로 한다.

① 광업 : 광업사무소의 소재지
② 제조업 : 최종제품을 완성하는 장소
③ 부동산임대업 : 사업에 관한 업무를 총괄하는 장소
④ 법인 건설업 : 법인의 등기부상 소재지

13. 다음 중 소득세법상 기본원칙에 대한 설명으로 가장 옳지 않은 것은?

① 종합소득은 원칙적으로 종합과세하고, 퇴직소득과 양도소득은 분류과세한다.
② 사업소득이 있는 거주자의 종합소득세 납세지는 사업장의 소재지로 한다.
③ 소득세의 과세기간은 1월 1일부터 12월 31일까지를 원칙으로 한다.
④ 종합소득세 산출세액 계산 시 종합소득과세표준에 따라 6%~45%의 누진세율이 적용된다.

14. 소득세법상 아래의 자료에 의한 소득만 있는 거주자의 종합소득금액을 계산하면 얼마인가? 단, 이월결손금은 전년도의 부동산임대업을 제외한 사업소득에서 발생한 금액이다.

> • 부동산임대 이외의 사업소득금액 : 35,000,000원   • 근로소득금액 : 10,000,000원
> • 부동산(상가)임대 사업소득금액 : 15,000,000원   • 퇴직소득금액 : 70,000,000원
> • 이월결손금 : 50,000,000원

① 10,000,000원   ② 35,000,000원   ③ 60,000,000원   ④ 80,000,000원

15. 다음 중 소득세법에서 규정하고 있는 원천징수세율이 가장 낮은 소득은 무엇인가?

① 복권당첨소득 중 3억원 초과분   ② 비실명 이자소득
③ 이자소득 중 비영업대금이익   ④ 일용근로자의 근로소득

실 무

수원산업㈜(2106)는 제조 및 도·소매업을 영위하는 중소기업으로, 당기 회계기간은 20x1.1.1.~ 20x1.12.31.이다. 전산세무회계 수험용 프로그램을 이용하여 다음 물음에 답하시오.

문제 1 다음 거래를 일반전표입력 메뉴에 추가 입력하시오.(15점)

[1] 03월 20일 회사는 보유하고 있던 자기주식 300주(1주당 15,000원에 취득)를 모두 주당17,000원에 처분하고 대금은 보통예금 계좌로 수령하였다(단, 처분일 현재 자기주식처분손익 잔액을 조회하여 반영할 것). (3점)

[2] 03월 31일 액면가액 100,000,000원(5년 만기)인 사채를 102,000,000원에 발행하였으며, 대금은 전액 보통예금 계좌로 받았다. (3점)

[3] 04월 30일 다음은 4월 급여내역으로서 급여 지급일은 4월 30일이며, 보통예금 계좌에서 지급하였다(단, 하나의 전표로 처리할 것). (3점)

부서	성명	총급여	소득세 등 공제합계	차감지급액
영업부	박유미	2,400,000원	258,290원	2,141,710원
제조부	이옥섭	2,100,000원	205,940원	1,894,060원
합계		4,500,000원	464,230원	4,035,770원

[4] 05월 13일 ㈜진아로부터 외상매출금 50,000,000원을 조기 회수함에 따른 제품매출할인액(할인율 1%)을 차감한 나머지 금액을 보통예금 계좌로 입금받았다(단, 부가가치세는 고려하지 말 것). (3점)

[5] 08월 25일   20x1년 제1기 확정신고기간의 부가가치세 미납세액 5,000,000원(미지급세 금으로 처리함)과 납부지연가산세 200,000원을 법인카드(국민카드)로 납부하 였다. 국세 카드납부대행수수료는 결제금액의 2%가 부과된다. 단, 미지급 카드 대금은 미지급금, 가산세는 세금과공과(판), 카드수수료는 수수료비용(판)으로 처리하고, 하나의 전표로 회계처리하시오. (3점)

문제 2   **[매입매출전표입력]** 메뉴를 이용하여 다음의 거래자료를 입력하시오. (15점)

[1] 01월 23일   전기에 당사가 ㈜유진물산에 외상으로 판매한 제품(공급가액 5,000,000원, 세액 500,000원)에 관한 공급계약이 해제되어 현행 부가가치세법에 따라 아래와 같은 수정 전자세금계산서를 발급하였다. (3점)

수정전자세금계산서						승인번호		20220123 – 15454645 – 58811886			
공급자	등록번호	602 – 81 – 48930		종사업장번호		공급받는자	등록번호	150 – 81 – 21411		종사업장번호	
	상호(법인명)	수원산업㈜		성명	이준영		상호(법인명)	㈜유진물산		성명	최유진
	사업장주소	경기도 수원시 장안구 파장천로44번길 30					사업장주소	서울시 서초구 명달로 105			
	업태	제조 외	종목	컴퓨터 및 주변장치 외			업태	도소매	종목	전자제품	
	이메일						이메일				
							이메일				
작성일자		공급가액		세액		수정사유		비고			
20x1 – 01 – 23		– 5,000,000원		– 500,000원		계약해제					
월	일	품목		규격	수량	단가		공급가액	세액	비고	
1	23	제품						– 5,000,000원	– 500,000원		
합계금액		현금		수표		어음		외상미수금		위 금액을 **(청구)** 함	
– 5,500,000원								– 5,500,000원			

[2] 02월 01일　 업무용으로 사용할 목적으로 거래처 ㈜기대로부터 업무용승용차(990cc)를 중고로 구입하였다. 대금은 한 달 후에 지급하기로 하고, 다음의 종이세금계산서를 발급받았다. (3점)

책 번 호				권		호				

세금계산서(공급받는 자 보관용)

일 련 번 호 ☐☐ - ☐☐☐☐

공급자	등록번호	1 0 6 - 8 1 - 5 6 3 1 1	공급받는자	등록번호	602 - 81 - 48930
	상호(법인명)	㈜기대　성명(대표자)　정현우		상호(법인명)	수원산업㈜　성명(대표자)　이준영
	사업장 주소	경기도 성남시 중원구 성남대로 99		사업장 주소	경기도 수원시 장안구 파장천로44번길 30
	업 태	제조, 도소매　종 목　전자제품		업 태	도소매　종 목　컴퓨터 외

작성			공 급 가 액												세 액											비 고
연	월	일	빈칸 수	조	천	백	십	억	천	백	십	만	천	백	십	일	천	백	십	억	천	백	십	만	천	백	십	일
x1	02	01	4						1	0	0	0	0	0	0					1	0	0	0	0	0	

월	일	품 목	규 격	수 량	단 가	공 급 가 액	세 액	비 고
02	01	승용차				10,000,000원	1,000,000원	

합 계 금 액	현 금	수 표	어 음	외상미수금	이 금액을 **청구** 함
11,000,000원				11,000,000원	

[3] 03월 24일　 정상적인 구매확인서에 의하여 수출업체인 ㈜상도무역에 제품을 납품하고 다음의 영세율 전자세금계산서를 발급하였다. 대금은 다음 달에 지급받기로 하였다(단, 서류번호 입력은 생략할 것). (3점)

전자세금계산서				승인번호	20220324 - 15454645 - 58811886		
공급자	등록번호	602 - 81 - 48930	종사업장번호	공급받는자	등록번호	130 - 81 - 55668	종사업장번호
	상호(법인명)	수원산업㈜　성명　이준영			상호(법인명)	㈜상도무역　성명　김영수	
	사업장주소	경기도 수원시 장안구 파장천로44번길 30			사업장주소	서울시 서초구 강남대로 253	
	업태	제조 외　종목　컴퓨터 및 주변장치 외			업태	도소매,무역　종목　전자제품	
	이메일				이메일		
					이메일		

작성일자	공급가액	세액	수정사유	비고
20x1 - 03 - 24	30,000,000원	0원	해당 없음	구매확인서

월	일	품목	규격	수량	단가	공급가액	세액	비고
3	24	제품	SET	10	3,000,000원	30,000,000원	0원	

합계금액	현금	수표	어음	외상미수금	위 금액을 **(청구)** 함
30,000,000원				30,000,000원	

[4] 04월 01일   판매한 제품을 배송하기 위하여 ㈜장수운송(일반과세자)에 운반비를 현금으로 지급하고 현금영수증(지출증빙용)을 발급받았다. (3점)

Hom⒠tax. 국세청홈택스   현금영수증

● 거래정보

거래일시	20x1 - 04 - 01 13 : 06 : 22
승인번호	G00260107
거래구분	승인거래
거래용도	지출증빙
발급수단번호	602 - 81 - 48930

● 거래금액

공급가액	부가세	봉사료	총 거래금액
500,000	50,000	0	550,000

● 가맹점 정보

상호	㈜장수운송
사업자번호	114 - 81 - 80641
대표자명	남재안
주소	서울시 송파구 문정동 101 - 2

● 익일 홈택스에서 현금영수증 발급 여부를 반드시 확인하시기 바랍니다.
● 홈페이지 (http://www.hometax.go.kr)
 - 조회/발급>현금영수증 조회>사용내역(소득공제) 조회
 >매입내역(지출증빙) 조회
● 관련문의는 국세상담센터(☎126 - 1 - 1)

[5] 05월 20일   생산부 직원들이 온리푸드에서 회식을 하고 식사비용 495,000원(부가가치세 포함)을 법인카드인 국민카드로 결제하였다(단, 카드매입에 대한 부가가치세 매입세액 공제요건 은 충족하며, 미결제 카드대금은 미지급금으로 처리할 것). (3점)

문제 3 부가가치세신고와 관련하여 다음 물음에 답하시오.(10점)

[1] 다음 자료를 바탕으로 제2기 확정신고기간(20x1.10.01.~20x1.12.31.)의 부동산임대공급가액명세서를 작성하시오(단, 간주임대료에 대한 정기예금 이자율은 3.5%로 가정한다). (2점)

동수	층수	호수	면적(㎡)	용도	임대기간	보증금(원)	월세(원)	관리비(원)
1	2	201	120	사무실	2023.12.01.~2025.11.30.	30,000,000	1,700,000	300,000
					2025.12.01.~2027.11.30.	50,000,000	1,700,000	300,000

• 위 사무실은 세무법인 우람(101-86-73232)에게 2021.12.01. 최초로 임대를 개시하였으며, 2년 경과 후 계약기간이 만료되어 20x1.12.01. 임대차계약을 갱신하면서 보증금만 인상하기로 하였다.
• 월세와 관리비에 대해서는 정상적으로 세금계산서를 발급하였으며, 간주임대료에 대한 부가가치세는 임대인이 부담하고 있다.

[2] 다음의 자료만을 이용하여 20x1년 제2기 확정신고기간(10월 1일~12월 31일)의 [부가가치세신고서]를 직접 입력하여 작성하시오(부가가치세신고서 외의 기타 부속서류의 작성은 생략하며, 불러온 데이터 값은 무시하고 새로 입력할 것). (6점)

매출자료	• 전자세금계산서 매출액 : 공급가액 250,000,000원, 세액 25,000,000원 　- 영세율 매출은 없음 • 신용카드 매출액 : 공급가액 30,000,000원, 세액 3,000,000원 　- 신용카드 매출액은 전자세금계산서 발급분(공급가액 10,000,000원, 세액 1,000,000원)이 포함되어 있음
매입자료	• 전자세금계산서 매입액 : 공급가액 180,000,000원, 세액 18,000,000원 　- 전자세금계산서 매입액은 업무용승용차(5인승, 2,000cc) 매입액(공급가액 30,000,000원, 세액 3,000,000원)이 포함되어 있으며, 나머지는 원재료 매입액임 • 신용카드 매입액 : 공급가액 25,000,000원, 세액 2,500,000원 　- 전액 직원 복리후생 관련 매입액임
예정신고 누락분	• 전자세금계산서 과세 매출액 : 공급가액 20,000,000원, 세액 2,000,000원 　- 부당과소신고에 해당하지 않음
기타	• 예정신고 누락분은 확정신고 시 반영하기로 한다. • 20x1년 제2기 예정신고 시 당초 납부기한은 20x1.10.25.이며, 20x1년 제2기 확정신고 및 납부일은 20x2.01.25.이다. • 국세청 홈택스를 통해 전자신고하고, 전자신고세액공제를 받기로 한다. • 전자세금계산서의 발급 및 전송은 정상적으로 이뤄졌다. • **납부지연가산세 계산시 1일 2.2/10,000로 가정**한다.

[3] 다음의 자료를 이용하여 20x1년 제2기 부가가치세 예정신고기간(7월~9월)의 [부가가치세신고서]와 관련 부속서류를 전자신고하시오. (2점)

> 1. 부가가치세신고서와 관련 부속서류는 마감되어 있다.
> 2. [전자신고] → [국세청 홈택스 전자신고변환(교육용)] 순으로 진행한다.
> 3. 전자신고용 전자파일 제작 시 신고인 구분은 2.납세자 자진신고로 선택하고, 비밀번호는 "12341234"로 입력한다.
> 4. 전자신고용 전자파일 저장경로는 로컬디스크(C:)이며, 파일명은 "**enc작성연월일.101. v6028148930**"이다.
> 5. 최종적으로 국세청 홈택스에서 [전자파일 제출하기]를 완료한다.

문제 4   다음 결산자료를 입력하여 결산을 완료하시오.(15점)

[1] 영업부가 7월에 구입한 소모품 800,000원 중 결산일까지 미사용한 소모품은 500,000원이다. 당사는 소모품 구입 시 전액 자산으로 계상하였다(단, 자산에 대한 계정과목은 소모품을 사용할 것). (3점)

[2] 전기에 하나은행에서 차입한 $10,000가 당기 결산일 현재 외화장기차입금으로 남아 있으며, 일자별 기준환율은 다음과 같다. (3점)

> • 차입일 현재 환율 : 1,500원/$ ·   전기말 현재 환율 : 1,575원/$
> • 당기말 현재 환율 : 1,545원/$

[3] 일반기업회계기준에 따라 20x1년말 현재 보유 중인 매도가능증권(20x0년 중 취득)에 대하여 결산일 회계처리를 하시오(단, 매도가능증권은 비유동자산으로 가정함). (3점)

주식명	주식수	1주당 취득원가	20x0년말 1주당 공정가치	20x1년말 1주당 공정가치
㈜세모전자	100주	2,000원	3,300원	3,000원

[4] 매출채권(외상매출금, 받을어음) 잔액에 대하여 대손율 1%의 대손충당금을 보충법으로 설정하시오. (3점)

[5] 기말 현재 당기분 법인세(지방소득세 포함)는 20,000,000원으로 산출되었다. 단, 당기분 법인세 중간예납세액 8,300,000원과 이자소득 원천징수세액 700,000원은 선납세금으로 계상되어 있다. (3점)

문제 5 20X1년 귀속 원천징수자료와 관련하여 다음의 물음에 답하시오.(15점)

[1] 다음 자료를 바탕으로 [사원등록] 메뉴를 이용하여 사무직 사원 강하나(내국인, 거주자, 여성, 세대주, 배우자 없음)의 [부양가족명세] 탭을 알맞게 수정하고, [수당공제] 등록과 5월의 [급여자료입력]을 수행하시오. (5점)

1. 부양가족 명세

성명	관계	주민등록번호	내/외국인	동거여부	비고
강하나	본인	810630-2548757	내국인	세대주	근로소득 총급여액 3,000만원
강인우	본인의 아버지	510420-1434568	내국인	주거형편상 별거	양도소득금액 90만원
유지인	본인의 어머니	540730-2870981	내국인	주거형편상 별거	근로소득 총급여액 500만원
이민주	본인의 딸	020805-4123451	내국인	동거	소득 없음
이자유	본인의 아들	060505-3123451	내국인	동거	소득 없음
강하늘	본인의 언니	780112-2434522	내국인	동거	소득 없음, 장애인(중증환자)

※ 본인 및 부양가족의 소득은 위의 소득이 전부이다.

2. 5월분 급여자료

이름	강하나	지급일	5월 31일
기본급	2,000,000원	소득세	19,520원
식대	100,000원	지방소득세	1,950원
자가운전보조금	200,000원	국민연금	85,500원
		건강보험	59,280원
		장기요양보험	7,270원
		고용보험	16,000원
		공제합계	189,520원
급여계	2,300,000원	지급총액	2,110,480원

- 식대 : 당 회사는 현물 식사를 별도로 제공하고 있지 않다.
- 자가운전보조금 : 당사는 본인 명의의 차량을 업무 목적으로 사용한 직원에게만 자가운전보조금을 지급하고 있으며, 실제 발생한 교통비를 별도로 지급하지 않는다.

  ※ 수당등록 시 월정액 및 통상임금은 고려하지 않으며, 사용하는 수당 이외의 항목은 사용 여부를 "부"로 체크한다.

  ※ 급여자료입력 시 공제항목의 불러온 데이터는 무시하고 직접 입력하여 작성한다.

[2] 20x1년 6월 10일에 입사한 사원 문지율(사번 : 125, 남성, 세대주) 씨의 20x1년 귀속 연말정산 관련 자료는 다음과 같다. [연말정산추가자료입력] 메뉴를 이용하여 전(前)근무지 관련 근로소득원천징수영수증은 [소득명세] 탭에 입력하고, 나머지 자료에 따라 [부양가족] 탭 및 [의료비지급명세서(부양가족 탭)]와 [연말정산입력] 탭을 입력하시오(단, 제시된 소득 이외의 소득은 없으며, 세부담 최소화를 가정한다). (10점)

1. 전(前)근무지 근로소득원천징수영수증

- 근무기간 : 20x1.01.01.~20x1.06.01.
- 근무처 : 주식회사 영일전자(사업자등록번호 : 603-81-01281)
- 급여 : 16,200,000원, 상여 : 3,000,000원

세액명세	소득세	지방소득세		건강보험료	113,230원
결 정 세 액	100,000원	10,000원	공제보험료 명세	장기요양보험료	13,890원
기 납 부 세 액	300,000원	30,000원		고 용 보 험 료	25,920원
차감징수세액	-200,000원	-20,000원		국민연금보험료	145,800원

2. 가족사항 : 모두 생계를 같이함

성명	관계	주민번호	비고
문지율	본인	721010-1187511	총급여액 5,000만원
김민성	배우자	750101-2843110	일용근로소득금액 1,200만원
문가영	자녀	051027-4842411	소득 없음
문가빈	자녀	051027-4845114	소득 없음

※ 기본공제대상자가 아닌 경우도 기본공제 "부"로 입력할 것

3. 연말정산추가자료(모두 국세청 연말정산간소화서비스에서 조회한 자료임)

항목	내용
보험료	• 문지율(본인) : 자동차운전자보험료 120만원 • 문가영(자녀) : 일반보장성보험료 50만원
의료비	• 김민성(배우자) : 질병 치료비 200만원 　　　　　　　(실손의료보험금 수령액 50만원, 문지율의 신용카드로 결제) • 문가빈(자녀) : 콘택트렌즈 구입 비용 60만원(문지율의 신용카드로 결제)
교육비	• 문지율(본인) : 대학원 등록금 1,000만원 • 문가영(자녀) : 고등학교 교복 구입비 70만원, 체험학습비 20만원 • 문가빈(자녀) : 고등학교 교복 구입비 50만원, 영어학원비 100만원
신용카드 등 사용액	• 문지율(본인) 신용카드 3,200만원(아래의 항목이 포함된 금액임) 　－ 전통시장 사용분 150만원 　－ 대중교통 사용분 100만원 　－ 도서공연등 사용분 100만원 　－ 배우자 및 자녀의 의료비 지출액 260만원 • 문지율(본인) 현금영수증 : 300만원 • 김민성(배우자) 현금영수증 : 150만원 ☞ **신용카드사용의 당해연도 소비증가는 없다고 가정한다.**

제106회 전산세무2급 답안 및 해설

이 론

1	2	3	4	5	6	7	8	9	10	11	12	13	14	15
②	④	③	①	③	①	④	②	③	④	①	③	②	①	④

01. 자산, 부채, 자본 중 중요한 항목은 재무상태표 본문에 별도 항목으로 구분하여 표시한다. **중요하지 않은 항목은 성격 또는 기능이 유사한 항목에 통합하여 표시할 수 있으며, 통합할 적절한 항목이 없는 경우에는 기타항목으로 통합**할 수 있다. 이 경우 세부 내용은 주석으로 기재한다.

02. 현금및현금성자산은 통화 및 타인발행수표 등 통화대용증권과 당좌예금, 보통예금 및 큰 거래비용 없이 현금으로 전환이 용이하고 이자율 변동에 따른 가치변동의 위험이 경미한 금융상품으로서 **취득 당시 만기일(또는 상환일)이 3개월 이내인 것**을 말한다.

03. 유동부채 = 외상매입금(100,000,000) + 선수금(5,000,000) + 미지급금(3,000,000)
　　　　　　 = 108,000,000원
퇴직급여충당부채와 사채는 비유동부채로 분류한다.

04. 단기매매증권에 대한 미실현보유손익은 당기손익항목으로 처리한다.

05. ③ (차) 비품(자산 증가)　　　　　　(대) 현금(자산 감소) : 자본 영향 없음
　　① (차) 현금(자산 증가)　　　　　　(대) 자본금(자본 증가) : 자본 증가
　　② (차) 미처분이익잉여금(자본 감소)　(대) 미지급배당금(부채 증가) : 자본 감소
　　④ (차) 급여(비용 발생)　　　　　　(대) 현금(자산 감소) : 자본 감소

06. **당기제품제조원가(당기완성품원가)는 재공품 계정의 대변으로 대체**된다.

07. 회피가능원가에 대한 설명이다.

08. **준고정원가에 대한 설명으로 계단원가**라고도 한다.
　　①, ③, ④는 준변동원가에 대한 설명이다.

09. 예정배부율 = 예산(3,000,000) ÷ 예정 직접노무시간(30,000) = @100원/직접노무시간
예정배부액 = 실제 직접노무시간(30,000) × 예정배부율(@100) = 3,000,000원
실제 제조간접원가 발생 = 예정배부액(3,000,000) + 과소배부액(100,000) = 3,100,000원

10. <u>모든 제조원가는 공정전반에 걸쳐 균등하게 발생</u>한다.

〈1단계〉 물량흐름파악 평균법			〈2단계〉 완성품환산량 계산 제조원가
	완성품	5,000(100%)	5,000
	기말재공품	2,500(80%)	2,000
	계	7,500	7,000
〈3단계〉 원가요약(기초재공품원가+당기투입원가)			500,000+7,000,000+500,000+6,000,000
			7,000
〈4단계〉 완성품환산량당단위원가			@2,000

11. 부가가치세는 국세이며, 소비지국과세원칙을 적용하고 전단계세액공제법을 채택하고 있다.

12. <u>부동산임대업의 납세지는 부동산의 등기부상 소재지이다.</u>

13. 사업소득이 있는 거주자의 종합소득세 납세지는 거주자의 주소지로 한다.

14. 종합소득금액 = 사업소득(35,000,000) + 근로소득(10,000,000) + 사업소득(부동산임대
15,000,000) – 이월결손금(50,000,000) = 10,000,000원

<u>부동산임대업을 제외한 사업소득에서 발생한 이월결손금은 모든 종합소득에서 통산</u>한다.

15. 일용근로자의 근로소득 : 6%,   복권당첨소득 중 3억원 초과분 : 30%
비실명이자소득 : 45%,   이자소득 중 비영업대금이익 : 25%

실 무

문제 1 일반전표입력

[1] (차) 보통예금   5,100,000   (대) 자기주식   4,500,000
                                                    자기주식처분손실   300,000
                                                    자기주식처분이익   300,000

☞ 처분손익 = [처분가액(17,000) – 취득가액(15,000)]×300주 = 600,000원
자기주식처분손실(300,000)을 조회 후 우선상계하고 나머지는 자기주식처분이익으로 회계처리한다.

[2] (차) 보통예금   102,000,000   (대) 사채   100,000,000
                                                    사채할증발행차금   2,000,000

[3] (차) 급여(판)   2,400,000   (대) 예수금   464,230
        임금(제)   2,100,000   보통예금   4,035,770

[4] (차) 보통예금   49,500,000   (대) 외상매출금(㈜진아)   50,000,000
        매출할인(406)   500,000

[5] (차) 미지급세금   5,000,000   (대)   미지급금(국민카드)   5,304,000

       세금과공과(판)   200,000

       수수료비용(판)   104,000

문제 2   매입매출전표입력

문항	일자	유형	공급가액	부가세	거래처	전자
[1]	1/23	11.과세	− 5,000,000	− 500,000	㈜유진물산	여
분개유형		(차) 외상매출금		− 5,500,000	(대) 부가세예수금	− 500,000
외상(혼합)					제품매출	− 5,000,000
문항	일자	유형	공급가액	부가세	거래처	전자
[2]	2/01	51.과세	10,000,000	1,000,000	㈜기대	부
분개유형		(차) 부가세대급금		1,000,000	(대) 미지급금	11,000,000
혼합		차량운반구		10,000,000		
		☞ 1,000cc 이하 경차는 매입세액공제가 가능하다.				
문항	일자	유형	공급가액	부가세	거래처	전자
[3]	3/24	12.영세	30,000,000	0	㈜상도무역	여
		영세율구분 : ③내국신용장 · 구매확인서에 의하여 공급하는 재화				
분개유형		(차) 외상매출금		30,000,000	(대) 제품매출	30,000,000
외상(혼합)						
문항	일자	유형	공급가액	부가세	거래처	전자
[4]	4/01	61.현과	500,000	50,000	㈜장수운송	−
분개유형		(차) 부가세대급금		50,000	(대) 현금	550,000
현금(혼합)		운반비(판)		500,000		
문항	일자	유형	공급가액	부가세	거래처	신용카드
[5]	5/20	57.카과	450,000	45,000	온리푸드	국민카드
분개유형		(차) 부가세대급금		45,000	(대) 미지급금	495,000
카드(혼합)		복리후생비(제)		450,000	(국민카드)	

문제 3 부가가치세

[1] [부동산임대공급가액명세서](10~12월) (이자율 3.5% 가정)

〈갱신후〉

1.사업자등록번호	101-86-73232	2.주민등록번호	-

3.면적(㎡)		㎡	4.용도	

5.임대기간에 따른 계약 내용

No	계약갱신일	임대기간	
1		2023-12-01 ~	2025-11-30
2	2025-12-01	2025-12-01 ~	2027-11-30
3			

6.계약내용	금 액	당해과세기간계		
보 증 금	50,000,000	50,000,000		
월 세	1,700,000	1,700,000		
관 리 비	300,000	300,000		
7.간주 임대료	148,630	148,630	31	일
8.과 세 표 준	2,148,630	2,148,630		

	소	계	
월 세	5,100,000	관 리 비	900,000
간주임대료	324,109	과 세 표 준	6,324,109

[2] [부가가치세신고서](10~12월)

1. 과세표준 및 매출세액

		구분		정기신고금액		
				금액	세율	세액
과세표준및매출세액	과세	세금계산서발급분	1	250,000,000	10/100	25,000,000
		매입자발행세금계산서	2		10/100	
		신용카드·현금영수증발행분	3	20,000,000	10/100	2,000,000
		기타(정규영수증외매출분)	4			
	영세	세금계산서발급분	5		0/100	
		기타	6		0/100	
	예정신고누락분		7	20,000,000		2,000,000
	대손세액가감		8			
	합계		9	290,000,000	㉮	29,000,000
매입세액	세금계산서	일반매입	10	150,000,000		15,000,000
		수출기업수입분납부유예	10			

〈예정신고 누락분〉

		구분		금액	세율	세액
7.매출(예정신고누락분)						
예정	과세	세금계산서	33	20,000,000	10/100	2,000,000
		기타	34		10/100	

2. 매입세액

매입세액	세금계산서 수취분	일반매입	10	150,000,000		15,000,000
		수출기업수입분납부유예	10			
		고정자산매입	11	30,000,000		3,000,000
	예정신고누락분		12			
	매입자발행세금계산서		13			
	그 밖의 공제매입세액		14	25,000,000		2,500,000
	합계(10)-(10-1)+(11)+(12)+(13)+(14)		15	205,000,000		20,500,000
	공제받지못할매입세액		16	30,000,000		3,000,000
	차감계 (15-16)		17	175,000,000	㉯	17,500,000
납부(환급)세액(매출세액㉮-매입세액㉯)					㉰	11,500,000

〈그밖의 공제 매입세액〉

14.그 밖의 공제매입세액					
신용카드매출	일반매입	41	25,000,000		2,500,000
수령금액합계표	고정매입	42			

〈공제받지 못할 매입세액〉

구분		금액	세율	세액
16.공제받지못할매입세액				
공제받지못할 매입세액	50	30,000,000		3,000,000

3. 납부세액

〈전자신고세액공제〉 10,000원

〈가산세 입력〉

1. 신고불성실	$2,000,000원 × 10\% × (1 - 75\%) = 50,000원$
	* 3개월 이내 수정신고시 75% 감면
2. 납부지연	$2,000,000원 × 92일 × 2.2(가정) / 10,000 = 40,480원$

신고 불성실	무신고(일반)	69		뒤쪽	
	무신고(부당)	70		뒤쪽	
	과소·초과환급(일반)	71	2,000,000	뒤쪽	50,000
	과소·초과환급(부당)	72		뒤쪽	
납부지연		73	2,000,000	뒤쪽	40,480

4. 차감하여 납부할 세액 : 11,580,480원

[3] 전자신고(7~9월)

1. [부가가치세신고서]

	구분		정기신고금액				구분		금액	세율	세액
			금액	세율	세액	7.매출(예정신고누락분)					
과세표준및매출세액	과세	세금계산서발급분	1	10,000,000	10/100	1,000,000	예정누락분	과세	세금계산서	33		10/100	
		매입자발행세금계산서	2		10/100				기타	34		10/100	
		신용카드·현금영수증발행분	3		10/100			영세	세금계산서	35		0/100	
		기타(정규영수증외매출분)	4		10/100				기타	36		0/100	
	영세	세금계산서발급분	5		0/100				합계	37			
		기타	6		0/100		12.매입(예정신고누락분)					
	예정신고누락분		7				예정누락분		세금계산서	38			
	대손세액가감		8						그 밖의 공제매입세액	39			
	합계		9	10,000,000	㉑	1,000,000			합계	40			
매입세액	세금계산서	일반매입	10	5,000,000		500,000		신용카드매출	일반매입				
		수출기업수입분납부유예	10					수령금액합계	고정매입				
		고정자산매입	11					의제매입세액					
	수취분 예정신고누락분		12					재활용폐자원등매입세액					
	매입자발행세금계산서		13					과세사업전환매입세액					
	그 밖의 공제매입세액		14										
	합계(10)-(10-1)+(11)+(12)+(13)+(14)		15	5,000,000		500,000							

2. [전자신고]>[전자신고제작] 탭 비밀번호 "12341234"

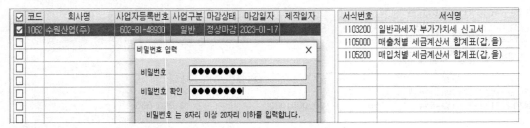

☑	코드	회사명	사업자등록번호	사업구분	마감상태	마감일자	제작일자
☑	1062	수원산업(주)	602-81-48930	일반	정상마감	2023-01-17	
☐							
☐							
☐							
☐							
☐							
☐							
☐							

비밀번호 입력 ✕

비밀번호 ●●●●●●●●

비밀번호 확인 ●●●●●●●●

비밀번호 는 8자리 이상 20자리 이하를 입력합니다.

서식번호	서식명
1103200	일반과세자 부가가치세 신고서
1105000	매출처별 세금계산서 합계표(갑, 을)
1105200	매입처별 세금계산서 합계표(갑, 을)

3. [국세청 홈택스 전자신고변환(교육용)]

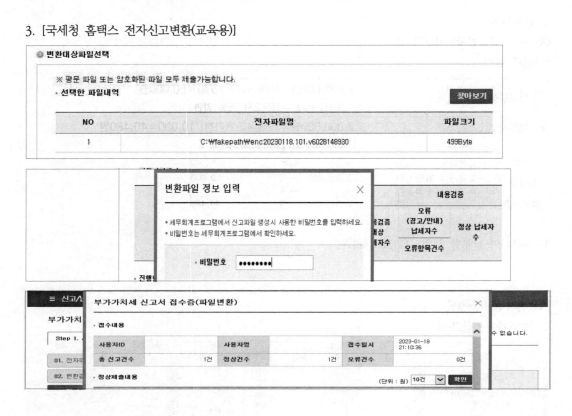

문제 4 결산

[1] 〈수동결산〉

(차) 소모품비(판) 300,000 (대) 소모품 300,000

[2] 〈수동결산〉

(차) 외화장기차입금 300,000 (대) 외화환산이익 300,000
    (하나은행)

☞ 환산손익(부채) = [기말공정가액(1,545) − 전기말 공정가액(1,575)] × $10,000 = △300,000원(이익)

[3] 〈수동결산〉

(차) 매도가능증권평가이익　　　30,000　(대) 매도가능증권(178)　　　30,000

〈매도가능증권 평가〉

	취득가액	공정가액	평가이익	평가손실
전기	200,000	330,000	130,000	−
당기		300,000	△30,000	−
계			100,000	−

[4] 〈수동/자동결산〉

(차) 대손상각비(판)　　4,237,600　(대) 대손충당금(109)　　3,160,000

　　　　　　　　　　　　　　　　대손충당금(111)　　1,077,600

계정과목	기말잔액(A)	대손추산액 (B = A X 1%)	설정전 대손충당금(C)	당기대손상각비 (B − C)
외상매출금	516,000,000	5,160,000	2,000,000	3,160,000
받을어음	167,760,000	1,677,600	600,000	1,077,600

[결산자료입력] > 4. 판매비와 일반관리비5). 대손상각 >

· 외상매출금 3,160,000원, 받을어음 1,077,600원 입력

[5] 〈수동결산〉

(차) 법인세등　　　　20,000,000　(대) 선납세금　　　　9,000,000

　　　　　　　　　　　　　　　　　미지급세금　　　11,000,000

[결산자료입력] > 9. 법인세등 > · 1). 선납세금 결산반영금액 9,000,000원 입력

　　　　　　　　　　　　　 · 2). 추가계상액 결산반영금액 11,000,000원 입력

※ 자동결산항목을 모두 입력하고 상단의 전표추가를 한다.

문제 5 원천징수

[1] [사원등록] 및 급여자료 입력(강하나, 여성, 세대주)

1. 부양가족명세

관계	요 건 연령	요 건 소득	기본공제	추가(자녀)	판 단
본인(세대주)	-	-	○	한부모	한부모공제(부녀자공제보다 공제액이 크므로 한부모공제를 적용)
부(74)	○	○	○	경로	
모(71)	○	○	○	경로	총급여액 5백만원 이하자
딸(23)	×	○	부	–	
아들(19)	○	○	○	자녀	
언니(47)	×	○	○	장애(3)	장애인은 연령요건을 충족하지 않아도 된다.

2. [수당공제등록]

No	코드	과세구분	수당명	근로소득유형 유형	근로소득유형 코드	근로소득유형 한도	월정액	통상임금	사용여부
1	1001	과세	기본급	급여			정기	여	여
2	1002	과세	상여	상여			부정기	부	부
3	1003	과세	직책수당	급여			정기	부	부
4	1004	과세	월차수당	급여			정기	부	부
5	1005	비과세	식대	식대	P01	(월)100,000	정기	부	여
6	1006	비과세	자가운전보조금	자가운전보조금	H03	(월)200,000	부정기	부	여
7	1007	비과세	야간근로수당	야간근로수당	001	(년)2,400,000	부정기	부	부

3. [급여자료입력] 귀속년월 5월, 지급년월일 5월 31일

□	사번	사원명	감면율	급여항목	금액	공제항목	금액
■	104	강하나		기본급	2,000,000	국민연금	85,500
□				식대	100,000	건강보험	59,280
□				자가운전보조금	200,000	장기요양보험	7,270
□						고용보험	16,000
□						소득세(100%)	19,520
□						지방소득세	1,950
□						농특세	
□							
□				과 세	2,000,000		
□				비 과 세	300,000	공 제 총 액	189,520
	총인원(퇴사자)	1(0)		지 급 총 액	2,300,000	차 인 지 급 액	2,110,480

☞ 비과세금액 = 식대(100,000) + 자가운전보조금(200,000) = 300,000원

　소득세 등은 자동 계산되어집니다.

[2] 연말정산(문지율)2025

1. [소득명세] 탭(전근무지 원천징수영수증 입력)(입력 후 총급여액 66,200,000원)

근무 처명	사업자 등록번호	급여	상여	보험료 명세				세액명세		근무 기간
				건강 보험	장기 요양	국민 연금	고용 보험	소득세	지방 소득세	
주식회사 영일전자	603-81-0 1281	16,200,000	3,000,000	113,230	13,890	145,800	25,920	100,000	10,000	1.1~6.01

2. [부양가족] 탭

(1) 인적공제

관계	요 건		기본 공제	추가 (자녀)	판 단
	연령	소득			
본인(세대주)	-	-	○		
배우자	-	○	○		일용근로소득은 분리과세소득
자1(20)	○	○	○	자녀	
자2(20)	○	○	○	자녀	

(2) 연말정산판단

항 목	요건		내역 및 대상여부	입력
	연령	소득		
보 험 료	○ (×)	○	• 본인 자동차 운전자보험료 • 자1 일반보장성보험료	○(일반 1,200,000) ○(일반 500,000)
의 료 비	×	×	• 배우자 치료비(실손의료보험금 차감) • 자녀2 콘택트렌즈 구입(한도 50만원)	○(일반 1,500,000) ○(일반 500,000)

교 육 비	×	○	• 본인 대학원 교육비(본인만 대상)
			• 자1 교복구입(한도 50만원), 체험학습비
			  (한도 30만원)
			• 자2 교복구입(한도 50만원), 영어학원비는
			  대상에서 제외
				○(본인 10,000,000)
				○(고등 700,000)
				
				○(고등 500,000)

신용카드	×	○	• 본인 신용카드
			
			• 본인 현금영수증
			• 배우자 현금영수증
				○(신용 28,500,000)
				  (전통시장 1,500,000)
				  (대중교통 1,000,000)
				  (도서 1,000,000)
				○(현금 3,000,000)
				○(현금 1,500,000)

부양가족	신용카드	의료비	기부금	연말정산입력
보험료 교육비	**해당 사항을 입력 후 최종적으로 연말정산 입력 탭에서** **F8부양가족탭불러오기를 클릭하여 입력된 데이터를 불러와서 최종 확인한다.**			

[소득공제]		
1. 신용카드	① 신용카드	28,500,000
	② 현금영수증	4,500,000
	③ 도서공연비외(총급여액 7천만원 이하자)	1,000,000
	④ 전통시장	1,500,000
	⑤ 대중교통	1,000,000
[특별세액공제]		
1. 보장성보험료	① 일반	1,700,000
2. 의료비	① 일반	2,000,000
3. 교육비	① 본 인	10,000,000
	② 초중고	1,200,000

제105회 전산세무 2급

합격율	시험년월
48%	2022.12

■■■■■■■ 이 론

01. 다음은 회계정보의 질적 특성 중 무엇에 대한 설명인가?

> 회계정보가 정보이용자의 의사결정 목적과 관련 있어야 한다는 것으로서, 회계정보를 이용하지 않고 의사결정하는 경우와 회계정보를 이용하여 의사결정하는 경우를 비교했을 때 의사결정의 내용에 차이가 발생하여야 한다는 특성이다.

① 이해가능성 ② 목적적합성 ③ 신뢰성 ④ 비교가능성

02. 다음의 자료는 ㈜아주상사의 20x1년 기말재고자산 내역이다. 재고자산감모손실이 20x1년 매출총이익에 미치는 영향을 바르게 설명한 것은?

> - 장부상 기말재고 : 1,000개
> - 실사에 의한 기말재고 : 950개
> - 단위당 원가 : 1,500원(시가 : 1,700원)
> - 재고자산감모손실의 5%는 비정상적으로 발생하였다.

① 매출총이익이 71,250원 감소한다. ② 매출총이익이 75,000원 감소한다.
③ 매출총이익이 76,500원 감소한다. ④ 매출총이익이 85,000원 감소한다.

03. 다음 중 유형자산에 대한 설명으로 틀린 것은?

① 유형자산은 재화의 생산, 용역의 제공, 타인에 대한 임대 또는 자체적으로 사용할 목적으로 보유하는 물리적 형체가 있는 자산을 말한다.
② 유형자산은 1년을 초과하여 사용할 것이 예상되는 자산이다.
③ 정부보조 등에 의해 유형자산을 무상 또는 공정가치보다 낮은 대가로 취득한 경우 그 유형자산의 취득원가는 취득일의 공정가치로 한다.
④ 다른 종류의 자산과의 교환으로 취득한 유형자산의 취득원가는 교환을 위하여 제공한 자산의 장부가액으로 측정한다.

04. 다음 중 재화의 판매로 인한 수익인식의 조건에 대한 설명으로 옳지 않은 것은?

① 수익금액을 신뢰성 있게 측정할 수 있다.

② 경제적 효익의 유입 가능성이 매우 높다.

③ 재화의 소유에 따른 유의적인 위험과 보상이 판매자에게 있다.

④ 거래와 관련하여 발생했거나 발생할 원가를 신뢰성 있게 측정할 수 있다.

05. 다음 중 자산과 부채에 대한 설명으로 틀린 것은?

① 우발자산은 자산으로 인식한다.

② 부채는 과거의 거래나 사건의 결과로 현재 기업 실체가 부담하고 있고 미래에 자원의 유출 또는 사용이 예상되는 의무이다.

③ 부채는 원칙적으로 1년을 기준으로 유동부채와 비유동부채로 분류한다.

④ 우발부채는 부채로 인식하지 않고 주석으로 기재한다.

06. 다음 중 원가의 분류기준에 대한 설명으로 옳지 않은 것은?

① 원가 발생형태에 따른 분류 : 재료원가, 노무원가, 제조간접원가

② 원가행태에 따른 분류 : 변동원가, 고정원가, 준변동원가, 준고정원가

③ 원가의 추적가능성에 따른 분류 : 제조원가, 비제조원가

④ 의사결정과의 관련성에 따른 분류 : 관련원가, 비관련원가, 기회원가, 매몰원가

07. 다음 중 제조원가명세서에 대한 설명으로 가장 옳지 않은 것은?

① 당기제품제조원가는 손익계산서상 제품 매출원가 계산에 직접적인 영향을 미친다.

② 제조원가명세서상 기말 원재료재고액은 재무상태표에 표시되지 않는다.

③ 당기총제조원가는 직접재료원가, 직접노무원가, 제조간접원가의 총액을 의미한다.

④ 당기제품제조원가는 당기에 완성된 제품의 원가를 의미한다.

08. 직접배분법을 이용하여 보조부문 제조간접원가를 제조부문에 배분하고자 한다. 보조부문 제조간접원가를 배분한 후 조립부문의 총원가는 얼마인가?

사용부문 제공부문	보조부문		제조부문	
	설비부문	전력부문	조립부문	절단부문
전력부문 공급	60kw	–	500kw	500kw
설비부문 공급	–	100시간	600시간	200시간
자기부문원가	800,000원	400,000원	600,000원	500,000원

① 900,000원   ② 1,300,000원   ③ 1,400,000원   ④ 1,800,000원

09. 정상개별원가계산을 채택하고 있는 ㈜현탄은 직접노무시간을 기준으로 제조간접원가를 배부하고 있다. 당해연도 초 제조간접원가 예상금액은 1,000,000원, 예상 직접노무시간은 20,000시간이다. 당기 말 현재 실제 제조간접원가 발생액은 800,000원, 실제 직접노무시간이 13,000시간일 경우 제조간접원가 배부차이는 얼마인가?

① 150,000원 과소배부   ② 150,000원 과대배부
③ 280,000원 과소배부   ④ 280,000원 과대배부

10. 아래의 자료를 이용하여 종합원가계산 시 비정상공손수량을 계산하면 몇 개인가? 단, 정상공손은 완성품 수량의 8%로 가정한다.

• 기초재공품 : 200개	• 당기착수량 : 900개	• 기말재공품 : 120개	• 공손수량 : 80개

① 5개   ② 6개   ③ 7개   ④ 8개

11. 다음 중 부가가치세법상 간이과세자에 대한 설명으로 틀린 것은?

① 법인은 간이과세자가 될 수 없다.
② 간이과세자는 의제매입세액 공제를 받을 수 있다.
③ 간이과세자는 공급대가를 과세표준으로 한다.
④ 간이과세자도 영세율을 적용받을 수 있으나 공제세액이 납부세액을 초과하더라도 환급되지 않는다.

12. 다음 중 부가가치세법상 재화 및 용역의 공급시기에 대한 설명으로 옳지 않은 것은?

① 장기할부판매 : 대가의 각 부분을 받기로 한 때
② 내국물품 외국반출(직수출) : 수출재화의 선(기)적일
③ 무인판매기를 이용하여 재화를 공급하는 경우 : 재화가 인도되는 때
④ 완성도기준지급조건부 : 대가의 각 부분을 받기로 한 때

13. 다음 중 부가가치세법상 면세 대상 재화 또는 용역에 해당하지 않는 것은?

① 주택과 그 부수토지(범위 내)의 임대용역
② 고속철도에 의한 여객운송용역
③ 연탄과 무연탄
④ 금융·보험용역

14. 다음 중 소득세법상 인적공제에 대한 설명으로 가장 옳은 것은?

① 기본공제 대상 판정에 있어 소득금액 합계액은 종합소득금액, 퇴직소득금액, 양도소득금액을 합하여 판단한다.
② 배우자가 없는 거주자로서 기본공제대상자인 자녀가 있는 경우에도 종합소득금액이 3천만원을 초과하는 경우에는 한부모추가공제를 적용받을 수 없다.
③ 형제자매의 배우자는 공제대상 부양가족에 포함한다.
④ 부양기간이 1년 미만인 부양가족에 대한 인적공제는 월할 계산한다.

15. 다음 중 소득세법상 과세 대상 근로소득에 해당하지 않는 것은?

① 주주총회 등 의결기관의 결의에 따라 상여로 받는 소득
② 퇴직할 때 받은 퇴직소득에 속하지 않는 퇴직공로금
③ 사업주가 모든 종업원에게 지급하는 하계 휴가비
④ 임원이 아닌 종업원이 중소기업에서 주택 구입에 소요되는 자금을 저리 또는 무상으로 받음으로써 얻는 이익

실 무

㈜미수상회(2105)는 제조 및 도·소매업을 영위하는 중소기업으로, 당기의 회계기간은 20x1.1.1.~ 20x1.12.31.이다. 전산세무회계 수험용 프로그램을 이용하여 다음 물음에 답하시오.

문제 1 다음 거래를 일반전표입력 메뉴에 추가 입력하시오.(15점)

[1] 01월 12일 미래상사㈜로부터 제품 판매대금으로 수령한 약속어음 15,000,000원을 할인하고, 할인 비용 200,000원을 차감한 잔액이 보통예금에 입금되었다(단, 매각거래로 회계처리 할 것). (3점)

[2] 02월 05일 생산부 직원들에 대한 확정기여형(DC형) 퇴직연금 납입액 3,000,000원을 보통예금 계좌에서 이체하였다. (3점)

[3] 03월 31일 미납된 법인세 4,000,000원을 보통예금 계좌에서 이체하여 납부하였다(단, 미지급한 세금은 부채이다). (3점)

[4] 05월 05일 유진전자에서 5월 1일에 구입한 3,000,000원의 컴퓨터를 사회복지공동모금회에 기부하였다(단, 컴퓨터는 구입 시 비품으로 처리하였음). (3점)

[5] 06월 17일　　생산부에서 사용할 청소용품을 현금으로 구입하고 아래의 간이영수증을 수령하였다(단, 당기 비용으로 처리할 것). (3점)

<table>
<tr><td colspan="6" align="center">영 수 증(공급받는자용)</td></tr>
<tr><td>No.</td><td colspan="5">㈜미수상회 귀하</td></tr>
<tr><td rowspan="4">공 급 자</td><td>사업자등록번호</td><td colspan="4">118 - 05 - 52158</td></tr>
<tr><td>상　　　　호</td><td colspan="2">서울철물</td><td>성 명</td><td>이영민 (인)</td></tr>
<tr><td>사 업 장 소 재 지</td><td colspan="4">서울시 강남구 도곡동</td></tr>
<tr><td>업　　　　태</td><td colspan="2">도,소매</td><td>종 목</td><td>철물점</td></tr>
<tr><td colspan="2" align="center">작성년월일</td><td colspan="2" align="center">공급대가 총액</td><td colspan="2" align="center">비고</td></tr>
<tr><td colspan="2" align="center">20x1.06.17.</td><td colspan="2" align="center">20,000원</td><td colspan="2"></td></tr>
<tr><td colspan="6" align="center">위 금액을 정히 영수(청구)함.</td></tr>
<tr><td>월일</td><td>품목</td><td>수량</td><td>단가</td><td colspan="2">공급가(금액)</td></tr>
<tr><td>06.17.</td><td>청소용품</td><td>2</td><td>10,000원</td><td colspan="2">20,000원</td></tr>
<tr><td></td><td></td><td></td><td></td><td colspan="2"></td></tr>
<tr><td colspan="3" align="center">합계</td><td colspan="3" align="center">20,000원</td></tr>
<tr><td colspan="6" align="center">부가가치세법시행규칙 제25조의 규정에 의한 (영수증)으로 개정</td></tr>
</table>

문제 2 **[매입매출전표입력]** 메뉴를 이용하여 다음의 거래자료를 입력하시오. (15점)

[1] 01월 20일　　㈜하이마트에서 탕비실에 비치할 목적으로 냉장고를 3,300,000원(부가가치세 포함)에 구입하고, 현금영수증(지출증빙용)을 수취하였다(단, 자산으로 처리할 것). (3점)

<table>
<tr><td colspan="4" align="center">㈜하이마트</td></tr>
<tr><td colspan="2">128 - 85 - 46204</td><td colspan="2" align="right">유정아</td></tr>
<tr><td colspan="2">서울특별시 구로구 구로동 2727</td><td colspan="2" align="right">TEL : 02 - 117 - 2727</td></tr>
<tr><td colspan="4" align="center">홈페이지 http://www.kacpta.or.kr</td></tr>
<tr><td colspan="4" align="center">현금영수증(지출증빙용)</td></tr>
<tr><td colspan="2">구매 20x1/01/20/17 : 27</td><td colspan="2" align="right">거래번호 : 0031 - 0027</td></tr>
<tr><td>상품명</td><td>수량</td><td>단가</td><td>금액</td></tr>
<tr><td>냉장고</td><td>1</td><td>3,300,000원</td><td>3,300,000원</td></tr>
<tr><td></td><td></td><td></td><td></td></tr>
<tr><td colspan="3" align="right">과 세 물 품 가 액</td><td>3,000,000원</td></tr>
<tr><td colspan="3" align="right">부 가 가 치 세 액</td><td>300,000원</td></tr>
<tr><td colspan="3" align="right">합　　　　계</td><td>3,300,000원</td></tr>
<tr><td colspan="3" align="right">받 은 금 액</td><td>3,300,000원</td></tr>
</table>

[2] 02월 09일　　영업부에서 비품으로 사용하던 복사기(취득가액 : 5,000,000원, 처분 시 감가상각누계액 : 2,255,000원)를 ㈜유미산업에 2,000,000원(부가가치세 별도)에 처분하고 전자세금계산서를 발급하였다. 대금은 보통예금 계좌로 입금되었다. (3점)

[3] 07월 01일 창립기념일 선물로 영업부 직원들에게 1인당 5개씩 지급할 USB를 ㈜원테크로부터 구입하였다. 매입대금 중 500,000원은 현금으로 지급하고 나머지는 외상으로 처리하였다 (단, 아래의 전자세금계산서는 적법하게 발급받았으며, 외상대는 미지급금 처리한다). (3점)

전자세금계산서					승인번호	20220701 – 15454645 – 58811886			
공급자	등록번호	101 – 81 – 22500	종사업장번호		**공급받는자**	등록번호	222 – 81 – 14476	종사업장번호	
	상호(법인명)	㈜원테크	성명	이원화		상호(법인명)	㈜미수상회	성명	전재현
	사업장주소	서울특별시 동작구 여의대방로 28				사업장주소	서울시 송파구 가락로 8		
	업태	도소매	종목	전자제품		업태	제조	종목	전자제품
	이메일					이메일			
						이메일			

작성일자	공급가액	세액	수정사유	비고
20x1 – 07 – 01	5,000,000원	500,000원	해당 없음	

월	일	품목	규격	수량	단가	공급가액	세액	비고
07	01	USB		1,000	5,000원	5,000,000원	500,000원	

합계금액	현금	수표	어음	외상미수금	
5,500,000원	500,000			5,000,000원	위 금액을 (청구) 함

[4] 08월 27일 기계장치의 내용연수를 연장시키는 주요 부품을 교체하고 13,200,000원(부가가치세 포함)을 광명기계에 당좌수표를 발행하여 지급하였다. 이에 대해 종이세금계산서를 수취하였다(단, 부품교체 비용은 자본적지출로 처리할 것). (3점)

[5] 09월 27일 미국 BOB사에 제품을 $30,000에 직수출(수출신고일 : 9월 15일, 선적일 : 9월 27일)하고, 수출대금은 9월 30일에 받기로 하였다. 수출과 관련된 내용은 다음과 같다(수출신고번호는 고려하지 말 것). (3점)

일자	9월 15일 : 수출신고일	9월 27일 : 선적일	9월 30일 : 대금회수일
기준환율	1,200원/$	1,150원/$	1,180원/$

문제 3 부가가치세신고와 관련하여 다음 물음에 답하시오.(10점)

[1] 다음의 자료를 이용하여 20x1년 제1기 확정신고기간에 대한 [건물등감가상각자산취득명세서]를 작성하시오(단, 모두 감가상각자산에 해당함). (3점)

일자	내역	공급가액	부가가치세	상호	사업자등록번호
04/08	생산부가 사용할 공장건물 구입 • 전자세금계산서 수령 • 보통예금으로 지급	500,000,000원	50,000,000원	㈜용을	130 – 81 – 50950
05/12	생산부 공장에서 사용할 포장용 기계 구입 • 전자세금계산서 수령 • 보통예금으로 지급	60,000,000원	6,000,000원	㈜광명	201 – 81 – 14367
06/22	영업부 환경개선을 위해 에어컨 구입 • 전자세금계산서 수령 • 법인카드로 결제	8,000,000원	800,000원	㈜ck 전자	203 – 81 – 55457

[2] 다음 자료를 이용하여 20x1년 제1기 확정신고기간의 [부가가치세신고서]만을 작성하시오(단, 불러오는 데이터 값은 무시하고 새로 입력할 것). (5점)

구분	자료
매출 자료	• 전자세금계산서 발급분 과세 매출액 : 공급가액 500,000,000원, 세액 50,000,000원 • 해외 직수출에 따른 매출 : 공급가액 100,000,000원, 세액 0원
매입 자료	• 전자세금계산서 발급받은 매입내역

구분	공급가액	세액
일반 매입	185,000,000원	18,500,000원
일반 매입[기업업무추진(접대)성 물품]	5,000,000원	500,000원
기계장치 매입	100,000,000원	10,000,000원
합계	290,000,000원	29,000,000원

• 신용카드 사용분 매입내역

구분	공급가액	세액
일반 매입	5,000,000원	500,000원
사업과 관련없는 매입	1,000,000원	100,000원
비품(고정) 매입	3,000,000원	300,000원
예정신고누락분(일반 매입)	1,000,000원	100,000원
합 계	10,000,000원	1,000,000원

구분	자료
기타	• 전자세금계산서의 발급 및 국세청 전송은 정상적으로 이루어졌다. • 예정신고누락분은 확정신고 시에 반영하기로 한다. • 국세청 홈택스로 전자신고하고, 세액공제를 받기로 한다.

[3] ㈜미수상회(회사코드 : 1052)의 제2기 확정 부가가치세 신고서를 작성 및 마감하여 가상홈텍스에서 부가가치세 신고를 수행하시오. (2점)

1. 부가가치세신고서와 관련 부속서류는 마감되어 있다.
2. [전자신고] → [국세청 홈택스 전자신고변환(교육용)] 순으로 진행한다.
3. 전자신고용 전자파일 제작 시 신고인 구분은 2.납세자 자진신고로 선택하고, 비밀번호는 "12341234" 로 입력한다.
4. 전자신고용 전자파일 저장경로는 로컬디스크(C:)이며, 파일명은 "enc작성연월일.101.v2228114476" 이다.
5. 최종적으로 국세청 홈택스에서 [전자파일 제출하기]를 완료한다.

문제 4　다음 결산자료를 입력하여 결산을 완료하시오.(15점)

[1] 아래의 차입금 관련 자료를 이용하여 결산일까지 발생한 차입금 이자비용에 대한 당해연도분 미지급비
　　 용을 인식하는 회계처리를 하시오(단, 이자비용은 만기 시에 지급하고, 월할 계산한다). (3점)

• 금융기관 : ㈜은아은행	• 대출기간 : 20x1년 05월 01일~20x2년 04월 30일
• 대출금액 : 300,000,000원	• 대출이자율 : 연 2.0%

[2] 12월 1일 장부상 현금보다 실제 현금이 86,000원 많은 것을 발견하여 현금과부족으로 회계처리하였으
　　 나 기말까지 원인을 파악하지 못했다. (3점)

[3] 다음은 제2기 확정신고기간의 부가가치세 관련 자료이다. 12월 31일에 부가세대급금과 부가세예수금을
　　 정리하는 회계처리를 하시오. 단, 입력된 데이터는 무시하고, 납부세액(또는 환급세액)은 미지급세금(또
　　 는 미수금), 가산세는 세금과공과(판), 경감세액은 잡이익으로 처리하시오. (3점)

• 부가세대급금 : 31,400,000원	• 부가세예수금 : 25,450,000원
• 전자세금계산서미발급가산세 : 60,000원	• 전자신고세액공제액 : 10,000원

[4] 전기에 미래은행으로부터 차입한 장기차입금 20,000,000원의 만기일은 20x2년(차기) 3월 30일이다.
　　 (3점)

[5] 결산일 현재 무형자산인 영업권의 전기말 상각 후 미상각잔액은 200,000,000원으로, 이 영업권은 작년
　　 1월 초 250,000,000원에 취득한 것이다. 단, 회사는 무형자산에 대하여 5년간 월할 균등상각하고 있으
　　 며, 상각기간 계산 시 1월 미만은 1월로 간주한다. 이에 대한 회계처리를 하시오. (3점)

문제 5 20X1년 귀속 원천징수자료와 관련하여 다음의 물음에 답하시오.(15점)

[1] 다음은 영업부 소속인 이영환(사번 : 501)의 급여 관련 자료이다. 필요한 [수당공제등록]을 하고 5월분 [급여자료입력]과 [원천징수이행상황신고서]를 작성하시오. (5점)

1. 5월의 급여 지급내역은 다음과 같다.

이름 : 이영환			지급일 : 20x1년 5월 31일	
	기본급	3,000,000원	국민연금	135,000원
	직책수당	400,000원	건강보험	120,000원
(비과세)	식대	200,000원	장기요양보험	14,720원
(비과세)	자가운전보조금	200,000원	고용보험	28,000원
(비과세)	육아수당	100,000원	소득세	142,220원
–			지방소득세	14,220원
급여 합계		3,900,000원	공제합계	454,160원
			차인지급액	3,445,840원

2. 수당공제등록 시 다음에 주의하여 입력한다.
   • 수당등록 시 사용하는 수당 이외의 항목은 사용 여부를 "부"로 체크한다.
     (단, 월정액 여부와 통상임금 여부는 무시할 것)
   • 공제등록은 그대로 둔다.
3. 급여자료입력 시 다음에 주의하여 입력한다.
   • 비과세에 해당하는 항목은 모두 요건을 충족하며, 최대한 반영하기로 한다.
   • 공제항목은 불러온 데이터는 무시하고 직접 입력하여 작성한다.
4. 원천징수는 매월하고 있으며, 전월 미환급세액은 200,000원이다.

[2] 다음은 최미남(사번 : 502, 입사일 : 20x1.01.01.) 사원의 20x1년 연말정산 관련 자료이다. [연말정산 추가자료입력] 메뉴를 통하여 [연말정산입력]탭에 반영되도록 연말정산을 완료하시오.(단, 근로자 본인의 세부담이 최소화되도록 한다). (10점)

1. 가족사항 (모두 동거하며, 생계를 같이한다. 제시된 자료 외의 다른 소득은 없다)

관계	성명	주민등록번호	소득	비고
본인	최미남	771030 – 1112352	총급여 7,000만원	세대주
어머니	박희수	500324 – 2625224	일용근로소득 300만원	
배우자	김연우	800515 – 2122527	종합과세금융소득 3,000만원	
딸	최지우	140123 – 4165982	소득 없음	초등학생
아들	최건우	151224 – 3695874	소득 없음	초등학생

※ 기본공제대상자가 아닌 경우도 기본공제 "부"로 입력할 것

2. 연말정산 자료

※ 국세청 홈택스 및 기타 증빙을 통해 확인된 자료이며, 별도의 언급이 없는 한 국세청 홈택스 연말정산간소화서비스에서 조회된 자료이다.

구분	내용
보험료	• 최미남 보장성보험료 : 1,600,000원 • 최지우 보장성보험료 : 500,000원 • 최건우 보장성보험료 : 450,000원
교육비	• 최미남 대학원 수업료 : 5,000,000원 • 김연우 사이버대학 수업료 : 750,000원 • 최지우 영어보습학원비 : 1,200,000원 • 최건우 컴퓨터학원비 : 1,000,000원
의료비	• 최미남 질병 치료비 : 1,500,000원 (최미남 신용카드 결제) • 최미남 시력보정용 안경 구입비용 : 500,000원 (최미남 신용카드 결제) 　– 구입처 : 대학안경점(사업자등록번호 605 – 26 – 23526) 　– 의료비증빙코드는 기타영수증으로 입력할 것 • 박희수 질병 치료비 : 3,250,000원(최미남 신용카드 결제) 　– 보험업법에 따른 보험회사에서 실손의료보험금 1,000,000원 지급 받음
신용카드 등 사용액	• 최미남 신용카드 사용액 : 22,000,000원(전통시장/대중교통/도서 등 사용분 없음) • 최미남 현금영수증 사용액 : 2,200,000원(전통시장/대중교통/도서 등 사용분 없음) • 김연우 신용카드 사용액 : 3,100,000원(전통시장/대중교통/도서 등 사용분 없음) • 최미남 신용카드 사용액에는 의료비 지출액이 모두 포함된 금액이다. ☞ <u>신용카드사용의 당해연도 소비증가는 없다고 가정한다.</u>
기타	• 최미남 연금저축계좌 : 1,200,000원 (20x1년도 납입분, ㈜국민은행 계좌번호 : 243 – 910750 – 72209)

제105회 전산세무2급 답안 및 해설

이 론

1	2	3	4	5	6	7	8	9	10	11	12	13	14	15
②	①	④	③	①	③	②	③	①	④	②	③	②	①	④

02. 재고자산감모손실 = (1,000개 - 950개) × 1,500원 = 75,000원

정상감모손실 = 감모손실(75,000) × 95% = 71,250원(매출원가)

비정상감모손실 = 감모손실(75,000) × 5% = 3,750원(영업외비용)

따라서 정상감모손실 금액만 매출총이익 71,250원이 감소한다.

03. 다른 종류(이종)의 자산과의 교환 시 취득한 유형자산의 취득원가는 **교환을 위하여 제공한 자산의 공정가치로 측정**한다.

04. 재화의 소유에 따른 **유의적인 위험과 보상이 구매자에게 이전**된다.

05. 우발자산은 자산으로 인식하지 않고, **자원의 유입가능성이 매우 높은 경우에만 주석에 기재**한다.

우발부채는 지출가능성이 높고, 금액을 신뢰성있게 추정이 가능한 경우에만 충당부채로 인식한다.

06. 원가의 추적가능성에 따른 분류 : 직접원가, 간접원가

07. 제조원가명세서상 기말 원재료재고액은 재무상태표에 표시된다.

08.

〈직접배분법〉	보조부문		제조부문	
	전력	설비	조립	절단
배분전 원가	400,000	800,000	600,000	500,000
전력(50% : 50%)	(400,000)	–	200,000	
설비(75% : 25%)		(800,000)	600,000	
보조부문 배부후 원가			**1,400,000**	

09. 예정배부율 = 예상 제조간접비(1,000,000) ÷ 예상 직접노무시간(20,000) = @50원/시간

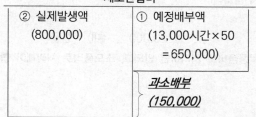

제조간접비

② 실제발생액 (800,000)	① 예정배부액 (13,000시간 × 50 = 650,000)
	과소배부 (150,000)

10. 정상공손수량 = 완성품(900개) × 8% = 72개

재공품			
기초재공품	200개	완성품	900개
		공손품 정상공손	72개
		(80개) *비정상공손*	*8개*
당기투입	900개	기말재공품	120개
계	1,100개	계	1,100개

11. <u>간이과세자는 의제매입세액 공제를 받을 수 없다.</u>

12. 무인판매기를 이용하여 재화를 공급하는 경우 : <u>무인판매기에서 현금을 인출하는 때</u>

13. 시내버스, 시외버스, 일반철도 등의 대중교통수단에 의한 여객운송용역은 기초생활필수품으로서 부가가치세를 면제하지만, 항공기 등에 의한 여객운송 용역은 부가가치세를 면제하는 여객운송 용역에서 제외한다.

14. 한부모추가공제는 소득금액에 제한을 받지 않는다.

형제자매의 배우자는 부양가족의 대상에 해당하지 않는다.

<u>부양기간 1년 미만 여부에 상관없이 월할계산하지 않는다.</u>

15. <u>중소기업 종업원이 대여받음으로써 얻는 이익은 비과세 근로소득</u>에 해당한다.

■ 실 무

문제 1 일반전표입력

[1] (차) 보통예금   14,800,000   (대) 받을어음(미래상사㈜)   15,000,000
       매출채권처분손실   200,000

[2] (차) 퇴직급여(제)   3,000,000   (대) 보통예금   3,000,000

[3] (차) 미지급세금   4,000,000   (대) 보통예금   4,000,000

[4] (차) 기부금   3,000,000   (대) 비품   3,000,000
☞타계정대체는 제품이나 상품을 판매이외의 목적으로 사용하는 것을 말하므로 비품에 대해서는 타계정대체가 필요하지 않습니다.

[5] (차) 소모품비(제)   20,000   (대) 현금   20,000
☞청소용품이므로 사무용품비로 처리하면 안되고, 소모품비로 처리해야 합니다.

문제 2 매입매출전표입력

문항	일자	유형	공급가액	부가세	거래처	전자세금
[1]	1/20	61.현과	3,000,000	300,000	㈜하이마트	–
분개유형		(차) 부가세대급금	300,000 (대) 현금			3,300,000
현금(혼합)		비품	3,000,000	(또는 보통예금)		

문항	일자	유형	공급가액	부가세	거래처	전자세금
[2]	2/09	11.과세	2,000,000	200,000	부가세대급금	여
분개유형		(차) 감가상각누계액(213)	2,255,000 (대) 부가세예수금			200,000
		보통예금	2,200,000 비품			5,000,000
혼합		유형자산처분손실	745,000			
☞처분손익=처분가액(2,000,000)−장부가액(5,000,000−2,255,000)=△745,000원(손실)						

문항	일자	유형	공급가액	부가세	거래처	전자세금
[3]	7/01	51.매입	5,000,000	500,000	㈜원테크	여
분개유형		(차) 부가세대급금	500,000 (대) 현금			500,000
혼합		복리후생비(판)	5,000,000 미지급금			5,000,000

문항	일자	유형	공급가액	부가세	거래처	전자세금
[4]	8/27	51.과세	12,000,000	1,200,000	광명기계	부
분개유형		(차) 부가세대급금	1,200,000 (대) 당좌예금			13,200,000
혼합		기계장치	12,000,000			

문항	일자	유형	공급가액	부가세	거래처	전자
[5]	9/27	16.수출(①)	34,500,000	0	미국 BOB사	–
분개유형		(차) 외상매출금	34,500,000 (대) 제품매출			34,500,000
외상(혼합)						
☞과세표준=$30,000×1,150원(선적일 환율)=34,500,000원						

문제 3 부가가치세

[1] [건물등감가상각자산취득명세서](4~6월)

감가상각자산종류	건수	공급가액	세액	비고
합 계	3	568,000,000	56,800,000	
건물 · 구축물	1	500,000,000	50,000,000	
기 계 장 치	1	60,000,000	6,000,000	
차 량 운 반 구				
기타감가상각자산	1	8,000,000	800,000	

No	거래처별 감가상각자산 취득명세					
	월/일	상호	사업자등록번호	자산구분	공급가액	세액	건수
1	04-08	(주)을을	130-81-50950	건물,구축물	500,000,000	50,000,000	1
2	05-12	(주)광명	201-81-14367	기계장치	60,000,000	6,000,000	1
3	06-22	(주)ck전자	203-81-55457	기타	8,000,000	800,000	1

[2] 부가가치세 신고서(4~6월)

1. 과세표준 및 매출세액

구분				정기신고금액		
				금액	세율	세액
과세표준및매출세액	과세	세금계산서발급분	1	500,000,000	10/100	50,000,000
		매입자발행세금계산서	2		10/100	
		신용카드·현금영수증발행분	3			
		기타(정규영수증외매출분)	4		10/100	
	영세	세금계산서발급분	5		0/100	
		기타	6	100,000,000	0/100	
	예정신고누락분		7			
	대손세액가감		8			
	합계		9	600,000,000	㉮	50,000,000

2. 매입세액

매입세액	세금계산서수취분	일반매입	10	190,000,000		19,000,000
		수출기업수입분납부유예	10			
		고정자산매입	11	100,000,000		10,000,000
	예정신고누락분		12	1,000,000		100,000
	매입자발행세금계산서		13			
	그 밖의 공제매입세액		14	8,000,000		800,000
	합계(10)-(10-1)+(11)+(12)+(13)+(14)		15	299,000,000		29,900,000
	공제받지못할매입세액		16	5,000,000		500,000
	차감계 (15-16)		17	294,000,000	㉯	29,400,000
납부(환급)세액(매출세액㉮-매입세액㉯)					㉰	20,600,000

- 예정신고누락분

12.매입(예정신고누락분)					
예	세금계산서	38			
	그 밖의 공제매입세액	39	1,000,000		100,000
	합계	40	1,000,000		100,000

- 그 밖의 공제 매입세액

14.그 밖의 공제 매입세액					
신용카드매출 수령금액합계표	일반매입	41	5,000,000		500,000
	고정매입	42	3,000,000		300,000

- 공제받지 못할 매입세액

구분		금액	세율	세액
16.공제받지못할매입세액				
공제받지못할 매입세액	50	5,000,000		500,000

3. 납부할 세액 : 20,590,000원

　- 전자신고세액공제 10,000원

[3] 전자신고(10~12월)

1. 부가가치세신고서 및 부속서류 마감 확인

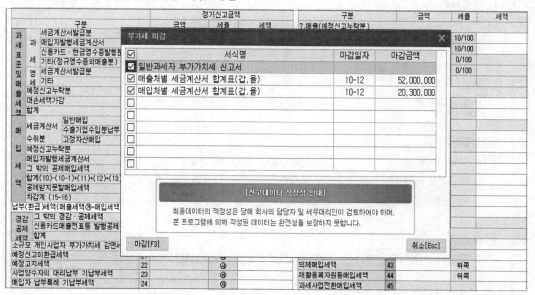

2. 전자신고 데이터 제작(비밀번호 12341234)

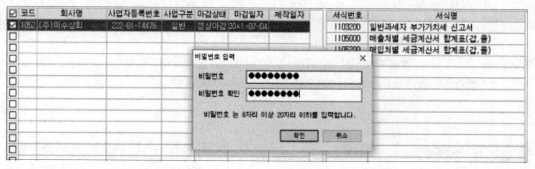

3. [국세청 홈택스 전자신고변환(교육용)]

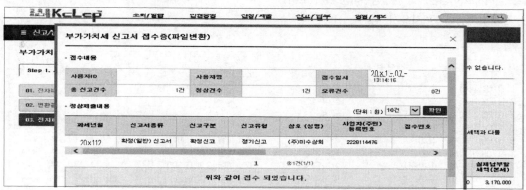

문제 4   결산

[1] 〈수동결산〉

| (차) 이자비용 | 4,000,000 | (대) 미지급비용 | 4,000,000 |

☞ 비용발생=300,000,000원×2%×8개월/12개월=4,000,000원

[2] 〈수동결산〉

| (차) 현금과부족 | 96,000 | (대) 잡이익 | 86,000 |

[3] 〈수동결산〉

(차) 부가세예수금	25,450,000	(대) 부가세대급금	31,400,000
세금과공과(판)	60,000	잡이익	10,000
미수금	5,900,000		

[4] 〈수동결산〉

| (차) 장기차입금(미래은행) | 20,000,000 | (대) 유동성장기부채(미래은행) | 20,000,000 |

[5] 〈수동/자동결산〉

| (차) 무형자산상각비 | 50,000,000 | (대) 영업권 | 50,000,000 |

[결산자료입력]>4. 판매비와일반관리비

　　　　　　　>6). 무형자산상각비

　　　　　　　>영업권 결산반영금액란 : 50,000,000원 입력>F3전표추가

☞무형자산상각비＝취득가액(250,000,000)÷5년＝50,000,000원/년

문제 5   원천징수

[1] 급여자료(이영환) 및 원천징수이행상황신고서

1. 수당공제등록⇒미사용시 "부"로 선택한다.

| No | 코드 | 과세구분 | 수당명 | 근로소득유형 | | | 월정액 | 통상임금 | 사용여부 |
				유형	코드	한도			
1	1001	과세	기본급	급여			정기	여	여
2	1002	과세	상여	상여			부정기	부	부
3	1003	과세	직책수당	급여			정기	부	여
4	1004	과세	월차수당	급여			정기	부	부
5	1005	비과세	식대	식대	P01	(월)100,000	정기	부	여
6	1006	비과세	자가운전보조금	자가운전보조금	H03	(월)200,000	부정기	부	여
7	1007	비과세	야간근로수당	야간근로수당	001	(년)2,400,000	부정기	부	부
8	2001	비과세	육아수당	육아수당	Q01	(월)200,000	정기	부	여

2. 급여자료입력(501. 이영환, 귀속년월 5월, 지급년월일 5월 31일)

급여항목	금액	공제항목	금액
기본급	3,000,000	국민연금	135,000
직책수당	400,000	건강보험	120,000
식대	200,000	장기요양보험	14,720
자가운전보조금	200,000	고용보험	28,000
육아수당	100,000	소득세(100%)	142,220
		지방소득세	14,220
		농특세	
과 세	3,400,000		
비 과 세	500,000	공 제 총 액	454,160
지 급 총 액	3,900,000	차 인 지 급 액	3,445,840

☞비과세금액= 식대(200,000)+자가운전보조금(200,000)+육아(양육)수당(100,000)=500,000원

3. 원천징수이행상황신고서(귀속기간 5월, 지급기간 5월, 0.정기신고)

소득자 소득구분		코드	소득지급		징수세액			당월조정 환급세액	납부세액	
			인원	총지급액	소득세 등	농어촌특별세	가산세		소득세 등	농어촌특별세
근로소득	간이세액	A01	1	3,700,000	114,990					
	중도퇴사	A02								
	일용근로	A03								
	연말정산	A04								

전월 미환급 세액의 계산			당월 발생 환급세액				18.조정대상환 급(14+15+16+17)	19.당월조정 환급세액계	20.차월이월 환급세액	21.환급신청액
12.전월미환급	13.기환급	14.차감(12-13)	15.일반환급	16.신탁재산	금융회사 등	합병 등				
200,000		200,000					200,000	114,990	85,010	

[2] 연말정산(최미남)

1. 부양가족탭

관계	요 건		기본 공제	추가 공제	판 단
	연령	소득			
본인	–	–	○		
어머니(75)	○	○	○	경로	일용근로소득은 분리과세소득
배우자	–	×	부		금융소득 2천만원초과자
장남(11)	○	○	○	자녀	
장녀(10)	○	○	○	자녀	

(1) 연말정산 판단

항 목	요건		내역 및 대상여부	입력
	연령	소득		
보 험 료	○ (×)	○	• 본인 보장성보험료 • 장녀 보장성보험료 • 장남 보장성보험료	○(일반 1,600,000) ○(일반 500,000) ○(일반 450,000)

항 목	요건		내역 및 대상여부	입력
	연령	소득		
교 육 비	×	○	• 본인 대학원 수업료 • 배우자 사이버 대학(소득요건 미충족) • 장녀 학원비(취학전 아동이 아님) • 장남 학원비(취학전 아동이 아님)	○(본인 5,000,000) × × ×
의 료 비	×	×	• 본인 의료비 • 본인 안경구입비(**안경은 500,000한도**) • 어머니 의료비(실손보험금 차감) ☞**의료비와 신용카드는 중복적용**	○(본인 1,500,000) ○(본인 500,000) ○(65세 2,250,000)
신용카드	×	○	• 본인 신용카드 • 본인 현금영수증 • 배우자 신용카드(소득요건 미충족)	○(신용 22,000,000) ○(현금 2,200,000) ×
연금계좌	본인만 대상		• 연금저축	○(1,200,000)

(2) 보험료

① 본인(최미남)

보장성보험-일반	1,600,000

② 장녀(최지우)

보장성보험-일반	500,000

③ 장남(최건우)

보장성보험-일반	450,000

(3) 교육비 입력(본인 입력)

자료구분	보험료				의료비					교육비	
	건강	고용	일반보장성	장애인전용	일반	실손	선천성이상아	난임	65세,장애인	일반	장애인특수
국세청			1,600,000							5,000,000 4.본인	
기타	2,746,600	560,000									

2. 의료비

의료비 공제대상자					지급처			지급명세				14.산후조리원
성명	내/외	5.주민등록번호	6.본인등 해당여부	9.증빙 코드	8.상호	7.사업자 등록번호	10. 건수	11.금액	11-1.실손 보험수령액	12.미숙아 선천성이상아	13.난임 여부	
최미남	내	771030-1112352	1	0	1				1,500,000		X	X	X
최미남	내	771030-1112352	1	0	5	대학안경점	605-26-23526	1	500,000		X	X	X
박희수	내	500324-2625224	2	0	1				3,250,000	1,000,000	X	X	X
					합계			1	5,250,000	1,000,000			
일반의료비 (본인)	2,000,000	65년 이상자,장애인 건강보험산정특례자		3,250,000	일반의료비 (그 외)			난임시술비 미숙아.선천성이상아				

3. 신용카드등(본인)

내/외 관계	성명 생년월일	자료 구분	신용카드	직불,선불	현금영수증	도서등 신용	도서등 직불	도서등 현금	전통시장	대중교통
내	최미남	국세청	22,000,000		2,200,000					
0	1977-10-30	기타								

4. 연금저축 등

2 연금계좌 세액공제 - 연금저축계좌(연말정산입력 탭의 38.개인연금저축, 59.연금저축)						크게보기
연금저축구분	코드	금융회사 등	계좌번호(증권번호)	납입금액	공제대상금액	소득/세액공제액
2.연금저축	306	(주) 국민은행	243-910750-72209	1,200,000	1,200,000	144,000

5. 연말정산입력

상단 F8부양가족탭 불러오기 실행 실행 후 기 입력된 화면을 불러온다.

[소득공제]		
1. 신용카드	① 신용카드 ② 현금영수증	22,000,000 2,200,000
[연금계좌세액공제]	연금저축	1,200,000
[특별세액공제]		
1. 보장성보험료	① 일반	2,550,000
2. 교육비	① 본 인	5,000,000
3. 의료비	① 특정(본인) ② 특정(장애, 65세 이상, 산정특례자, 6세 이하) 실손의료보험금 1,000,000원 차감	2,000,000 2,250,000

제104회 전산세무 2급

합격율	시험년월
44%	2022.10

이 론

01. 다음 중 재무제표의 작성과 표시에 관한 설명으로 가장 옳지 않은 것은?

① 재무제표를 작성할 때 계속기업으로서의 존속가능성을 평가해야 한다.
② 재무제표의 작성과 표시에 대한 책임은 경영진에게 있다.
③ 기업은 현금기준회계를 사용하여 재무제표를 작성한다.
④ 재무제표는 원칙적으로 사실에 근거한 자료만 나타내지만, 추정에 의한 측정치도 포함한다.

02. 다음 중 재고자산에 대한 설명으로 가장 옳지 않은 것은?

① 선적지인도조건으로 판매한 운송 중인 상품은 판매자의 재고자산이 아니다.
② 선입선출법은 기말재고자산이 가장 최근 매입분으로 구성되어 기말재고자산 가액이 시가에 가깝다.
③ 후입선출법에 의해 원가배분을 할 경우 기말재고는 최근에 구입한 상품의 원가로 구성된다.
④ 위탁매매계약을 체결하고 수탁자가 위탁자에게 받은 적송품은 수탁자가 제3자에게 판매하기 전까지 위탁자의 재고자산이다.

03. 다음 중 무형자산에 대한 설명으로 가장 옳지 않은 것은?

① 일반기업회계기준에서는 사업 결합 등 외부에서 취득한 영업권만 인정하고, 내부에서 창출된 영업권은 인정하지 않는다.
② 무형자산은 인식기준을 충족하지 못하면 그 지출은 발생한 기간의 비용으로 처리한다.
③ 무형자산의 잔존가치는 없는 것을 원칙으로 한다.
④ 무형자산의 공정가치가 증가하면 그 공정가치를 반영하여 감가상각한다.

04. 다음 자료를 이용하여 자본잉여금에 해당하는 금액을 구하면 얼마인가?

• 주식발행초과금	500,000원	• 매도가능증권평가이익	300,000원
• 자기주식처분이익	1,000,000원	• 이익준비금	1,000,000원
• 임의적립금	400,000원	• 감자차익	700,000원

① 2,100,000원
③ 2,500,000원

② 2,200,000원
④ 3,500,000원

05. 다음 중 회계변경에 대한 설명으로 가장 옳지 않은 것은?

① 회계정책의 변경은 회계방법이 변경되는 것이며, 소급법을 적용한다.
② 회계정책의 변경에 따른 누적 효과를 합리적으로 결정하기 어려우면 전진법을 적용한다.
③ 세법개정으로 회계처리를 변경해야 하는 경우 정당한 회계변경의 사유에 해당한다.
④ 회계추정의 변경은 전진적으로 처리하여 그 효과를 당기와 당기 이후의 기간에 반영한다.

06. 다음 중 원가에 대한 설명으로 가장 옳지 않은 것은?

① 직접재료비는 조업도에 비례하여 총원가가 증가한다.
② 당기총제조원가는 당기에 발생한 기본원가와 제조간접원가의 합이다.
③ 관련 범위 내에서 변동비는 조업도의 증감에 불구하고 단위당 원가가 일정하다.
④ 제품생산량이 증가함에 따라 관련 범위 내에서 제품 단위당 고정원가는 일정하다.

07. 수선부문과 동력부문에 각각 800,000원, 760,000원의 보조부문원가가 집계되어 있을 경우, 아래의 자료를 바탕으로 조립부문에 배분될 보조부문원가 총액은 얼마인가? (단, 직접배분법을 사용하는 것으로 가정한다.)

구분	제조부문		보조부문		합계
	성형	조립	수선	동력	
수선부문	300시간	200시간	–	500시간	1,000시간
동력부문	4,500kW	3,500kW	12,000kW	–	20,000kW

① 293,000원
③ 587,500원

② 453,000원
④ 652,500원

08. 아래의 자료만을 참고하여 기말제품재고액을 구하면 얼마인가?

1. 재무상태표의 자료

구분	기초	기말
재공품	100,000원	150,000원
제품	210,000원	(?)

※ 기초 및 기말원재료재고액은 없음

2. 제조원가명세서와 손익계산서의 자료
- 직접재료비 : 190,000원
- 제조간접비 : 150,000원
- 직접노무비 : 100,000원
- 제품매출원가 : 200,000원

① 400,000원   ② 360,000원
③ 280,000원   ④ 220,000원

09. 원가자료가 다음과 같을 때 당기의 직접재료비를 계산하면 얼마인가?

- 당기총제조원가는 2,300,000원이다.
- 제조간접비는 당기총제조원가의 20%이다.
- 제조간접비는 직접노무비의 80%이다.

① 0원   ② 1,035,000원
③ 1,265,000원   ④ 1,472,000원

10. 다음 중 개별원가계산과 종합원가계산에 대한 설명으로 가장 옳지 않은 것은?

① 개별원가계산은 다품종소량생산, 종합원가계산은 소품종대량생산에 적합하다.
② 개별원가계산은 종합원가계산에 비해 상대적으로 부정확하다.
③ 개별원가계산은 종합원가계산에 비해 과다한 노력과 비용이 발생한다.
④ 종합원가계산은 대상 기간의 총제품제조원가를 총생산량으로 나누어 단위당 제품제조원가를 계산한다.

11. 다음 중 부가가치세법상 재화의 공급에 해당하지 않는 것은?
① 자가공급   ② 외상판매   ③ 사업상 증여   ④ 담보제공

12. 다음 중 부가가치세법상 영세율과 면세에 대한 설명으로 가장 옳지 않은 것은?

① 국내 거래에는 영세율이 적용되지 않는다.
② 면세의 취지는 부가가치세의 역진성을 완화하기 위함이다.
③ 국외에서 공급하는 용역에 대해서는 영세율을 적용한다.
④ 상가 부수 토지를 매각하는 경우에도 부가가치세가 면제된다.

13. 다음의 일시적·우발적 소득 중 소득세법상 기타소득이 아닌 것은?

① 복권당첨금   ② 계약의 위약금
③ 상표권의 양도소득   ④ 비영업대금의 이익

14. 다음 중 소득세법상 근로소득의 수입시기로 옳지 않은 것은?

① 인정상여 : 해당 사업연도 중의 근로를 제공한 날
② 급여 : 지급을 받기로 한 날
③ 잉여금 처분에 의한 상여 : 해당 법인의 잉여금처분결의일
④ 임원의 퇴직소득 한도 초과로 근로소득으로 보는 금액 : 지급받거나 지급받기로 한 날

15. 다음 중 소득세법상 납세의무자에 대한 설명으로 가장 옳지 않은 것은?

① 비거주자는 국내원천소득에 대해서만 과세한다.
② 거주자는 국내·외 모든 원천소득에 대하여 소득세 납세의무를 진다.
③ 거주자는 국내에 주소를 두거나 150일 이상 거소를 둔 개인을 말한다.
④ 거주자의 소득세 납세지는 주소지로 한다.

■■■■■■ 실 무

㈜이천산업(2104)은 전자제품의 제조 및 도·소매업을 주업으로 영위하는 중소기업으로, 당기의 회계기간은 20x1.1.1.~20x1.12.31.이다. 전산세무회계 수험용 프로그램을 이용하여 다음 물음에 답하시오.

문제 1 다음 거래를 일반전표입력 메뉴에 추가 입력하시오.(15점)

[1] 03월 10일   전기에 회수불능채권으로 대손처리 했던 외상매출금(거래처 입력 생략) 6,000,000원 중 절반을 현금으로 회수하다(단, 부가가치세법상 대손세액공제는 적용하지 않는다). (3점)

[2] 03월 15일   코스닥 상장주식인 ㈜에코전자의 주식 500주를 단기보유목적으로 주당 10,000원에 매입하고, 대금은 수수료 50,000원과 함께 보통예금 계좌에서 이체하다(단, 수수료는 영업외비용으로 처리할 것). (3점)

[3] 07월 07일   영업부가 사용하는 건물에 대한 재산세 1,260,000원과 생산부가 사용하는 건물에 대한 재산세 880,000원을 보통예금으로 납부하다. (3점)

[4] 07월 16일   세무교육 전문가인 한세법 씨를 초빙하여 생산부의 직원들을 대상으로 연말정산교육을 실시하고, 그 대가로 한세법 씨에게 1,000,000원 중 원천징수세액 33,000원을 제외한 금액을 보통예금 계좌에서 지급하다(단, 교육훈련비 계정과목으로 회계처리 할 것). (3점)

[5] 08월 31일   정기예금의 만기가 도래하여 원금 10,000,000원과 정기예금이자(이자소득 400,000원, 원천징수세액 61,600원)의 원천징수세액을 제외한 나머지가 보통예금 계좌로 입금되다(단, 원천징수세액은 자산항목으로 처리한다). (3점)

문제 2 **[매입매출전표입력]** 메뉴를 이용하여 다음의 거래자료를 입력하시오. (15점)

[1] 01월 22일　공장건물을 신축하기 위한 토지를 취득하면서 토지정지비용을 다음 달에 지급하기로 하고 아래의 전자세금계산서를 발급받다. (3점)

전자세금계산서					승인번호		20220122 - 15454645 - 58811888		
공급자	등록번호	126 - 51 - 03728	종사업장번호		공급받는자	등록번호	412 - 81 - 28461	종사업장번호	
	상호(법인명)	상진개발	성명	이상진		상호(법인명)	㈜이천산업	성명	곽노정
	사업장주소	경기도 이천시 부발읍 경충대로 20				사업장주소	서울시 관악구 관악산나들길 66		
	업태	건설업	종목	토목공사		업태	제조 외	종목	전자제품
	이메일					이메일	tax111@daum.net		
						이메일			

작성일자	공급가액	세액	수정사유	비고
20x1 - 01 - 22	13,750,000원	1,375,000원	해당 없음	

월	일	품목	규격	수량	단가	공급가액	세액	비고
01	22	토지정지비용				13,750,000원	1,375,000원	

합계금액	현금	수표	어음	외상미수금	
15,125,000				15,125,000	위 금액을 (청구) 함

[2] 01월 31일　레고문구(일반과세자)에서 영업부가 사용할 문구류를 현금으로 매입하고 아래의 현금영수증을 받다(단, 문구류는 소모품비로 회계처리할 것). (3점)

현금영수증(지출증빙용)
CASH RECEIPT

사업자등록번호		215 - 16 - 85543		
현금영수증 가맹점명		레고문구		
대표자명		최강희		
주소		서울시 동작구 상도로 107		
전화번호		02 - 826 - 6603		
품명	문구류	승인번호	062 - 83	
거래일시	20x1.01.31	취소일자		

단위		백		천		원
금액 AMOUNT			1 5	0 0	0 0	
부가세 V.A.T			1	5 0	0 0	
봉사료 TIPS						
합계 TOTAL			1 6	5 0	0 0	

[3] 02월 28일 정상적인 구매확인서에 의하여 ㈜안건으로부터 원재료 30,000,000원을 매입하고 영세
율전자세금계산서를 발급받았으며, 대금은 보통예금으로 지급하다. (3점)

[4] 03월 10일 사업자가 아닌 김명진(거래처 입력할 것) 씨에게 제품을 판매하고, 판매대금 1,320,000
원(부가가치세 포함)은 보통예금 계좌로 입금되다(단, 간이영수증을 발행함). (3점)

[5] 03월 16일 영업부는 거래처 기업업무추진(접대)용 근조 화환을 주문하고, 다음의 전자계산서를 발
급받다. (3점)

전자계산서				승인번호	20220316 – 15454645 – 58811886		
공급자	등록번호	134 – 91 – 72824	종사업장번호	공급받는자	등록번호	412 – 81 – 28461	종사업장번호	
	상호(법인명)	제일화원	성명 한만군		상호(법인명)	㈜이천산업	성명 곽노정
	사업장주소	서울특별시 동작구 여의대방로 28			사업장주소	서울시 관악구 관악산나들길 66	
	업태	도소매	종목 화훼, 식물		업태	제조 외	종목 전자제품
	이메일	tax000@naver.com			이메일	tax111@daum.net	
					이메일		

작성일자	공급가액	수정사유	비고		
20x1 – 03 – 16	90,000원	해당 없음			

월	일	품목	규격	수량	단가	공급가액	비고
03	16	근조화환		1	90,000원	90,000원	

합계금액	현금	수표	어음	외상미수금	위 금액을 **(청구)** 함
90,000원				90,000원	

문제 3 부가가치세신고와 관련하여 다음 물음에 답하시오.(10점)

[1] 다음의 자료를 이용하여 20x1년 제2기 부가가치세 예정신고기간(7월~9월)의 [신용카드매출전표등수령명세서(갑)]를 작성하시오. 사업용 신용카드는 신한카드(1000-2000-3000-4000)를 사용하고 있으며, 현금지출의 경우 사업자등록번호를 기재한 지출증빙용 현금영수증을 수령하였다(단, 상대 거래처는 일반과세자라고 가정하며, 매입매출전표 입력은 생략함). (3점)

일자	내 역	공급가액	부가세액	상 호	사업자등록번호	증 빙
7/15	직원출장 택시요금	100,000원	10,000원	신성택시	409-21-73215	사업용신용카드
7/31	사무실 복합기 토너 구입	150,000원	15,000원	㈜오피스	124-81-04878	현금영수증
8/12	직원용 음료수 구입	50,000원	5,000원	이음마트	402-14-33228	사업용신용카드
9/21	직원야유회 놀이공원 입장권 구입	400,000원	40,000원	㈜스마트	138-86-01157	사업용신용카드

[2] 기존의 입력된 자료 또는 불러온 자료는 무시하고 아래의 자료만을 이용하여 20x1년 제1기 확정신고기간(4월~6월)의 [부가가치세신고서]를 직접 입력하여 작성하시오. 단, 부가가치세신고서 외의 과세표준명세 등 기타 부속서류의 작성은 생략하며, 세액공제를 받기 위하여 전자신고를 할 예정이다. (5점)

매출자료	• 전자세금계산서 발급 과세 매출액 : 130,000,000원(부가가치세 별도) • 신용카드 과세 매출액 : 3,300,000원(부가가치세 포함) • 직수출액 : 12,000,000원 • 비사업자에 대한 정규영수증 외 과세 매출액 : 440,000원(부가가치세 포함) • 20x1년 제1기 소멸시효가 완성된 외상매출금 1,100,000원(부가가치세 포함)은 대손세액공제를 받기로 하였다.
매입자료	• 세금계산서 수취분 매입액(일반매입) : 공급가액 55,000,000원, 세액 5,500,000원 　- 이 중 기업업무추진(접대)물품 관련 매입액(공급가액 10,000,000원, 세액 1,000,000원)이 포함되어 있으며, 나머지는 과세 재고자산의 구입액이다. • 20x1년 제1기 예정신고 시 미환급된 세액 : 800,000원

[3] 다음의 자료를 이용하여 20x1년 제2기 부가가치세 확정신고기간(10월 1일~12월 31일)의 [부가가치세 신고서] 및 관련 부속서류를 전자신고 하시오. (2점)

1. 부가가치세신고서와 관련 부속서류는 마감되어 있다.
2. [전자신고] → [국세청 홈택스 전자신고변환(교육용)] 순으로 진행한다.
3. 전자신고용 전자파일 제작 시 신고인 구분은 2.납세자자진신고로 선택하고, 비밀번호는 "12345678"입력한다.
4. 전자신고용 전자파일 저장경로는 로컬디스크(C:)이며, 파일명은 "enc작성연월일.101.v사업자등록번호"이다.
5. 최종적으로 국세청 홈택스에서 [전자파일 제출하기]를 완료한다.

문제 4 **다음 결산자료를 입력하여 결산을 완료하시오.(15점)**

[1] 1년간의 임대료(20x1년 10월 1일~20x2년 9월 30일) 24,000,000원을 일시에 수령하고 전액을 영업외수익으로 처리하였다(단, 임대료의 기간 배분은 월할계산하며, 회계처리 시 음수로 입력하지 말 것). (3점)

[2] 단기대여금 중에는 당기 중 발생한 LPL사에 대한 외화대여금 24,000,000원(발생일 기준환율 1,200원/$)이 포함되어 있다. 기말 현재 기준환율은 1,300원/$이다. (3점)

[3] 당기 중에 취득하여 기말 현재 보유 중인 유가증권의 내역은 다음과 같다. 기말 유가증권의 평가는 기업회계기준에 따라 처리하기로 한다(단, 단기매매목적으로 취득함). (3점)

구분	주식수	1주당 취득원가	기말 1주당 공정가치
상장주식	8,000주	3,000원	2,500원

[4] 코로나로 인한 특별재난지역에 기부한 제품 15,000,000원에 대한 회계처리가 누락된 것을 기말제품재고 실사 결과 확인하였다. (3점)

[5] 기말 현재 보유하고 있는 영업부의 감가상각자산은 다음과 같다. 감가상각비와 관련된 회계처리를 하시오(단, 제시된 자료 이외에 감가상각자산은 없다고 가정하고, 월할 상각하며, 고정자산등록은 생략할 것). (3점)

계정과목	취득일자	취득원가	잔존가치	내용연수	상각방법	전기말 감가상각누계액
차량운반구	20x0년 7월 1일	50,000,000원	0원	5년	정액법	5,000,000원

문제 5 20X1년 귀속 원천징수자료와 관련하여 다음의 물음에 답하시오.(15점)

[1] 다음은 총무부 사원 강지후(사번 : 105)의 부양가족 자료이다. 부양가족은 생계를 같이하고 있으며 부양가족공제는 요건이 충족되는 경우 모두 강지후 사원이 적용받기로 한다. 근로자 본인의 소득세가 최소화되도록 [사원등록] 메뉴의 [부양가족명세]를 작성하시오(단, 기본공제대상자가 아닌 경우에는 기본공제 "부"로 입력할 것). (5점)

성명	관계	주민등록번호	동거 여부	비고
강지후	본인	741213 - 1114524	세대주	
정혜미	배우자	751010 - 2845212	동거	퇴직소득금액 200만원
김미자	본인의 모친	550203 - 2346311	동거	일용근로소득 550만원
강지민	본인의 동생	791010 - 2115422	질병의 요양으로 일시적 퇴거	장애인(항시 치료를 요하는 중증환자), 양도소득금액 300만원
강지율	자녀	070505 - 4842106	동거	원고가 당선되어 받은 일시적인 원고료 100만원
강민율	자녀	100705 - 3845722	국외 유학 중	소득 없음

[2] 다음은 영업부 사원 한기홍(사번 : 103, 세대주)의 연말정산 관련 자료이다. 근로자 본인의 소득세부담이 최소화되도록 [연말정산추가자료입력] 메뉴에서 각각의 탭에 입력하여 최종적으로 [연말정산입력]탭에 반영하시오.(10점)

1. 국세청 연말정산간소화서비스 조회 자료

항목	내용
보험료	• 본인 자동차보험료 납부액 : 750,000원 • 배우자 저축성보험료 납부액 : 1,000,000원 • 자녀 보장성보험료 납부액 : 150,000원
의료비	• 모친 질병 치료 목적 병원비 : 3,000,000원(한기홍의 신용카드로 결제) • 모친 보약 구입비(건강증진 목적) : 500,000원 • 배우자 허리디스크 수술비(치료 목적) : 1,200,000원(실손의료보험금 500,000원 수령)
교육비	• 자녀 캐나다 현지 소재 초등학교(교육법에 따른 학교에 해당하는 교육기관) 수업료 : 20,000,000원
기부금	• 배우자 종교단체 기부금 : 500,000원
신용카드 등 사용액	• 본인 신용카드 : 10,000,000원 (모친 병원비 3,000,000원과 대중교통이용분 1,000,000원 포함) • 배우자 현금영수증 : 4,000,000원(전통시장사용분 500,000원 포함) ☞ **신용카드사용의 당해연도 소비증가는 없다고 가정한다.**
주택자금	• 장기주택저당차입금 이자상환액 : 2,000,000원(아래 추가자료 참고할 것)

2. 추가자료
  (1) 부양가족
   • 이슬비(배우자) : 소득 없음
   • 한기쁨(자녀) : 초등학생, 소득 없음
   • 김어른(모친) : 생계를 같이함, 총급여액 600만원, 장애인복지법상 장애인
  (2) 주택자금 관련 세부 내역
   • 한기홍 사원은 세대주이며, 국민주택규모의 1주택을 본인 명의로 소유하고 있다.
   • 장기저당주택차입금과 주택의 명의자는 한기홍이다.
   • 장기저당주택차입금의 차입일은 2014년 6월 1일이며, 상환기간은 15년(고정금리)이다.
   • 주택의 취득일(2014년 5월 6일) 당시 기준시가는 3억원이다.
   • 위 자료 외의 장기주택저당차입금 이자상환액공제요건은 모두 충족한 것으로 본다.

제104회 전산세무2급 답안 및 해설

이 론

1	2	3	4	5	6	7	8	9	10	11	12	13	14	15
③	③	④	②	③	④	④	①	③	②	④	①	④	②	③

01. 기업은 **현금흐름의 현금흐름표 제외**하고는 **발생기준 회계를 사용하여 재무제표를 작성**한다.

02. 후입선출법은 **현행수익에 대하여 현행원가가 대응되므로 기말재고는 과거의 상품원가**로 구성된다.

03. 무형자산의 미래경제적효익은 시간의 경과에 따라 소비되기 때문에 상각을 통하여 장부금액을 감소시킨다. **무형자산의 공정가치 또는 회수가능액이 증가하더라도 상각은 원가에 기초한다.**

04. 자본잉여금 = 주식발행초과금(500,000) + 감자차익(700,000) + 자기주식처분이익(1,000,000)
= 2,200,000원

이익잉여금 : 이익준비금, 임의적립금, 기타포괄손익누계액 : 매도가능증권평가이익

05. **세법개정으로 회계처리를 변경해야 하는 경우는 정당한 회계변경 사유가 아니다.**

06. 제품생산량이 증가함에 따라 제품 단위당 고정원가는 감소한다.

07.

직접배분법	보조부문		제조부문	
	수선	동력	성형	조립
배분전 원가	800,000	760,000		
수선(60% : 40%*1)	(800,000)	–	480,000	320,000
동력(56.25% : 43.75%*2)	–	(760,000)	427,500	332,500
보조부문 배부후 원가			907,500	*652,500*

*1. 200시간÷(300시간 + 200시간) = 40%
*2. 500㎾ ÷ (4,500㎾ + 3,500㎾) = 43.75%

08. 당기총제조원가 = 직접재료비(190,000) + 직접노무비(100,000) + 제조간접비(150,000) = 440,000원

재고자산(재공품 + 제품)			
기초재고(재공품 + 제품)	100,000 + 210,000	매출원가	200,000
당기총제조원가	440,000	기말재고[재공품 + 제품(??)]	150,000 + **400,000**
합 계	750,000	합 계	750,000

09. 제조간접비 = 당기총제조원가(2,300,000) × 20% = 460,000원

직접노무비 = 제조간접비(460,000) ÷ 80% = 575,000원

직접재료비 = 당기총제조원가(2,300,000) - 직접노무비(575,000) - 제조간접비(460,000)
= 1,265,000원

10. **개별원가계산은 원가계산 과정이 복잡하나 정확성은 더 높다.**

11. 담보제공은 채권담보의 목적에 불과하므로 재화의 공급으로 보지 않는다.

12. 내국신용장등에 의한 국내 거래에는 영세율이 적용된다.

13. 비영업대금의 이익은 이자소득에 해당한다.

14. **급여는 근로를 제공한 날을 수입시기로 한다.**

15. 거주자는 **국내에 주소를 두거나 183일 이상 거소를 둔 개인**을 말한다.

실 무

문제 1 일반전표입력

[1] (차) 현금 3,000,000 (대) 대손충당금(109) 3,000,000

[2] (차) 단기매매증권 5,000,000 (대) 보통예금 5,050,000
　　　수수료비용(영업외비용) 50,000

[3] (차) 세금과공과(판) 1,260,000 (대) 보통예금 2,140,000
　　　세금과공과(제) 880,000

[4] (차) 교육훈련비(제) 1,000,000 (대) 예수금 33,000
　　　　　　　　　　　　　　　　　　　보통예금 967,000

[5] (차) 보통예금 10,338,400 (대) 정기예금 10,000,000
　　　선납세금 61,600 이자수익 400,000

문제 2 매입매출전표입력

문항	일자	유형	공급가액	부가세	거래처	전자세금
[1]	1/22	54.불공(⑥)	13,750,000	1,375,000	상진개발	여
분개유형		(차) 토지	15,125,000	(대) 미지급금		15,125,000
혼합						
문항	일자	유형	공급가액	부가세	거래처	전자세금
[2]	1/31	61.현과	150,000	15,000	레고문구	-
분개유형		(차) 부가세대급금	15,000	(대) 현금		165,000
현금(혼합)		소모품비(판)	150,000			

문항	일자	유형	공급가액	부가세	거래처	전자세금
[3]	2/28	52.영세	30,000,000	0	㈜안건	여
분개유형		(차) 원재료	30,000,000 (대) 보통예금			30,000,000
혼합						

문항	일자	유형	공급가액	부가세	거래처	전자세금
[4]	3/10	14.건별	1,200,000	120,000	김명진	–
분개유형		(차) 보통예금	1,320,000 (대) 부가세예수금			120,000
혼합			제품매출			1,200,000

문항	일자	유형	공급가액	부가세	거래처	전자
[5]	3/16	53.면세	90,000	0	제일화원	여
분개유형		(차) 기업업무추진비(판)	90,000 (대) 미지급금			90,000
혼합						

문제 3 부가가치세

[1] 신용카드매출전표등 수령명세서(갑)(7~9월)

3. 거래내역입력

No	월/일	구분	공급자	공급자(가맹점) 사업자등록번호	카드회원번호	그 밖의 신용카드 등 거래내역 합계		
						거래건수	공급가액	세액
1	07-31	현금	(주)오피스	124-81-04878		1	150,000	15,000
2	08-12	사업	이음마트	402-14-33228	1000-2000-3000-4000	1	50,000	5,000

☞ 여객운송업(택시), 입장권(놀이공원) 발행 영위 사업은 공제대상에 해당하지 않는다.

[2] 부가가치세 신고서(4~6월)

(1) 과세표준 및 매출세액

	구분		정기신고금액		
			금액	세율	세액
과세표준및매출세액	과세	세금계산서발급분	1	130,000,000	10/100	13,000,000
		매입자발행세금계산서	2		10/100	
		신용카드·현금영수증발행분	3	3,000,000	10/100	300,000
		기타(정규영수증외매출분)	4	400,000		40,000
	영세	세금계산서발급분	5		0/100	
		기타	6	12,000,000	0/100	
	예정신고누락분		7			
	대손세액가감		8			-100,000
	합계		9	145,400,000	㉾	13,240,000

(2) 매입세액

매입세액	세금계산서 수취분	일반매입	10	55,000,000		5,500,000
		수출기업수입분납부유예	10			
		고정자산매입	11			
	예정신고누락분		12			
	매입자발행세금계산서		13			
	그 밖의 공제매입세액		14			
	합계(10)-(10-1)+(11)+(12)+(13)+(14)		15	55,000,000		5,500,000
	공제받지못할매입세액		16	10,000,000		1,000,000
	차감계 (15-16)		17	45,000,000	㉯	4,500,000

- 공제받지 못할 매입세액

16.공제받지못할매입세액			
공제받지못할 매입세액	50	10,000,000	1,000,000

(3) 납부할 세액 : 7,930,000원

- 예정신고 미환급세액 800,000원, 전자신고세액공제 10,000원

[3] 전자신고(확정신고 10~12월)

1. 전자신고파일생성	1. 신고서 작성 및 마감
	2. 전자신고서 제작(비밀번호 입력)
	3. C드라이브에 파일(파일명 메모)이 생성
2. 홈택스 전자신고	1. 전자신고파일 불러오기
	2. 형식검증하기(비밀번호 입력)→확인
	3. 내용검증하기→확인
	4. 전자파일 제출
	5. 접수증 확인

문제 4   결산

[1] 〈수동결산〉

(차) 임대료   18,000,000   (대) 선수수익   18,000,000

☞선수수익(차기 1.1~9.30)=1년임대료(24,000,000)÷12개월×9개월=18,000,000원

[2] 〈수동결산〉

(차) 단기대여금(LPL사)   2,000,000   (대) 외화환산이익   2,000,000

☞환산손익(자산)=공정가액($20,000×1,300)−장부가액(24,000,000)=+2,000,000원(이익)

[3] 〈수동결산〉

(차) 단기매매증권평가손실   4,000,000   (대) 단기매매증권   4,000,000

☞평가손익=공정가액(8,000주×2,500)−장부가액(8,000주×3,000)=△4,000,000원(손실)

[4] 〈수동결산〉

(차) 기부금   15,000,000   (대) 제품(8.타계정대체)   15,000,000

[5] 〈수동/자동결산〉

(차) 감가상각비(판)   10,000,000   (대) 감가상각누계액   10,000,000

☞감가상각비=취득가액(50,000,000)÷내용연수(5년)=10,000,000원

또는 [결산자료입력]>4. 판매비와 일반관리비>4.) 감가상각비>차량운반구

>결산반영금액 : 10,000,000원 입력>F3전표추가

문제 5 원천징수

[1] 사원등록(강지후)

관계	요 건		기본 공제	추가 (자녀)	판 단
	연령	소득			
본인(세대주)	–	–	○		
배우자	–	×	부		소득금액 1백만원초과자
모(70)	○	○	○	경로	일용근로소득은 분리과세소득
동생(46)	×	×	부		소득금액 1백만원초과자
자1(18)	○	○	○	자녀	기타소득금액＝100만원×(1−60%)＝40만원
자2(15)	○	○	○	자녀	취학등의 사유로 생계를 같이하지 않아도 인정

[2] 연말정산(한기홍) (총급여액 50,000,000원)

1. [부양가족] 탭

관계	요 건		기본 공제	추가 (자녀)	판 단
	연령	소득			
본인(세대주)	–	–	○		
배우자	–	○	○		
모(67)	○	×	부		총급여액 5백만원초과자
자(15)	○	○	○	자녀	

2. 연말정산

항 목	요건		내역 및 대상여부	입력
	연령	소득		
보 험 료	○ (×)	○	• 본인 자동차보험료 • 저축성 보험료는 대상에서 제외 • 자녀 보장성 보험료	○(일반 750,000) × ○(일반 150,000)
의 료 비	×	×	• 모친 질병치료 • 건강증진 보약은 대상에서 제외 • 배우자 치료목적 수술비(실손의료보험금 500,000원 수령)	○(65세 3,000,000) × ○(일반 700,000)
교 육 비	×	○	• 자 해외초등학교 수업료 〈국내근무자의 경우〉 "초등학교의 경우 부양의무자와 국외에서 동거한 기간이 1년이상" 규정이 적용되어야 함.	모두정답

항 목	요건		내역 및 대상여부	입력
	연령	소득		
기부금	×	○	• 배우자 종교단체	○(종교 500,000)
신용카드	×	○	• 본인 신용카드(의료비와 중복공제 가능) • 배우자 현금영수증	○(신용 9,000,000 대중 1,000,000) ○(현금 3,500,000 전통 500,000)
주택자금	본인		장기주택저당차입금 이자상환액	이자상환액 2,000,000

(1) 보험료 입력

① 본인(한기홍)

자료구분	보험료			
	건강	고용	일반보장성	장
국세청			750,000	
기타	1,961,880	418,000		

② 자녀(한기쁨)

자료구분	보험료			
	건강	고용	일반보장성	
국세청			150,000	
기타				

2. 신용카드 등

내/외 관계	성명 생년월일	자료 구분	신용카드	직불,선불	현금영수증	도서등 신용	도서등 직불	도서등 현금	전통시장	대중교통
내	한기홍	국세청	9,000,000							1,000,000
0	1971-05-01	기타								
내	김어른	국세청								
1	1958-08-01	기타								
내	이슬비	국세청			3,500,000				500,000	
3	1975-01-02	기타								

3. 의료비

의료비 공제대상자				지급처			지급명세					14.산후 조리원
성명	내/외	5.주민등록번호	6.본인등 해당여부	9.증빙 코드	8.상호	7.사업자 등록번호	10. 건수	11.금액	11-1.실손 보험수령액	12.미숙아 선천성이상아	13.납입 여부	
김어른	내	580801-2141116	2	0	1			3,000,000		X	X	X
이슬비	내	750102-2111452	3	X	1			1,200,000	500,000	X	X	X

4. 기부금

① 기부금 입력(배우자)

구분		9.기부내용	기부처		기부명세				자료 구분
7.유형	8. 코드		10.상호 (법인명)	11.사업자 번호 등	건수	13.기부금합계 금액 (14+15)	14.공제대상 기부금액	15.기부장려금 신청 금액	
종교	41	금전			1	500,000	500,000		국세청

② 기부금 조정

구분		기부연도	16.기부금액	17.전년도까지 공제된금액	18.공제대상 금액(16-17)	해당연도 공제금액	해당연도에 공제받지 못한 금액	
유형	코드						소멸금액	이월금액
종교	41	20x1	500,000		500,000			500,000

③ 상단의 공제금액계산 클릭→불러오기→공제금액반영

| 41 | 일반기부금(종교) 당기 | 500,000 | 500,000 | 500,000 | | 75,000 | |

④ 기부금조정(해당연도 공제 금액 반영)

구분		기부연도	16.기부금액	17.전년도까지 공제된금액	18.공제대상 금액(16-17)	해당연도 공제금액	해당연도에 공제받지 못한 금액	
유형	코드						소멸금액	이월금액
종교	41	20x1	500,000		500,000	500,000		

5. 연말정산입력

상단 F8부양가족탭 불러오기 실행 후 기 입력된 화면을 불러온다.

[소득공제]		
1. 주택자금	장기주택저당차입금이자(고정금리)	2,000,000
2. 신용카드	① 신용카드	9,000,000
	② 현금영수증	3,500,000
	③ 전통시장	500,000
	④ 대중교통	1,000,000
[특별세액공제]		
1. 보장성보험료	① 일반	900,000
2. 의료비	① 특정(장애, 65세 이상, 산정특례자, 6세 이하)	3,000,000
	② 일반	700,000
3. 기부금	① 일반기부금(종교단체)	500,000

제103회 전산세무 2급

합격율	시험년월
43%	2022.08

이 론

01. 다음 중 유형자산의 취득원가에 대한 설명으로 틀린 것은?

① 기존 건물이 있는 토지를 취득한 후 기존 건물의 즉시 철거비용은 토지의 취득원가에 포함한다.

② 기계장치를 구입 목적에 사용할 수 있을 때까지 발생한 설치비 및 시운전비는 취득원가에 가산한다.

③ 유형자산 취득과 관련하여 발생한 제세공과금은 유형자산의 취득원가에 가산한다.

④ 토지 등의 재산세 또는 종합부동산세가 발생한 경우 취득원가에 가산한다.

02. 다음 중 재무상태표상 자본과 관련된 설명으로 틀린 것은?

① 자기주식을 취득한 경우 자기주식(자본조정)으로 회계처리하고, 이를 처분할 때 이익이 발생한 경우 이는 자기주식처분이익(자본잉여금)으로 처리한다.

② 감자차손은 감자차익과 우선 상계하고 남은 잔액을 자본잉여금으로 분류한다.

③ 자본잉여금은 무상증자를 위해 자본금으로 전입시키는 경우에 사용되기도 한다.

④ 주식할인발행차금은 주식발행초과금과 우선하여 상계하고, 잔액이 남을 경우 자본조정으로 분류한다.

03. 다음 중 일반기업회계기준상 현금및현금성자산에 포함되지 않는 것은?

① 미국달러화 지폐 $100

② 사용에 제한이 없는 보통예금 5백만원

③ 만기가 도래하여 현금 회수가 가능한 받을어음 1천만원

④ 상환일이 1년 내인 단기대여금 1천만원

04. 다음 자료를 이용하여 영업이익을 계산하면 얼마인가?

• 매출액 : 100,000,000원	• 차량유지비 : 1,000,000원
• 매출원가 : 50,000,000원	• 기부금 : 2,000,000원
• 기업업무추진비 : 5,000,000원	• 잡손실 : 1,000,000원

① 41,000,000원 ② 42,000,000원
③ 44,000,000원 ④ 49,000,000원

05. 다음 중 사채에 대한 설명으로 옳지 않은 것은?

① 사채발행비용은 사채의 발행가액에서 차감한다.
② 액면이자율보다 시장이자율이 클 경우 할증발행한다.
③ 사채할인발행차금은 해당 사채의 액면가액에서 차감하여 기재한다.
④ 사채할인(할증)발행차금은 유효이자율법에 의하여 상각 또는 환입한다.

06. 다음의 자료는 ㈜하나의 제품인 비행기 제조와 관련하여 발생한 원가 자료이다. ㈜하나의 실제 당기 제조간접비는 1,200,000원이며, 회사는 직접재료비를 기준으로 제조간접비를 배부하고 있다. 비행기A의 당기총제조원가는 얼마인가?

구분	비행기A	비행기B	합계
직접재료비	600,000원	900,000원	1,500,000원
직접노무비	400,000원	600,000원	1,000,000원

① 1,480,000원 ② 1,500,000원
③ 2,500,000원 ④ 2,220,000원

07. 다음 자료는 종합원가계산에 대한 내용이다. 비정상공손 수량은 얼마인가?

• 기초재공품 : 3,000개	• 당기착수량 : 2,300개
• 공손품 : 200개	• 기말재공품 : 1,100개
• 단, 정상공손은 완성품수량의 3%이다.	

① 41개 ② 80개 ③ 120개 ④ 159개

08. ㈜세정은 정상개별원가계산제도를 사용하고 있다. 제조간접비 예정배부율은 직접노무시간당 10,000원, 예상 직접노무시간은 110시간, 실제 직접노무시간은 100시간이다. 실제 제조간접비 발생액은 1,400,000원인 경우 제조간접비 배부차이는 얼마인가?

① 300,000원 과소배부　　　　　　　② 300,000원 과대배부

③ 400,000원 과소배부　　　　　　　④ 400,000원 과대배부

09. 다음 중 공통부문원가를 각 부문에 배부하는 기준으로 가장 적합하지 않은 것은?

① 건물감가상각비 : 건물점유면적

② 종업원복리후생부문 : 각 부문의 종업원 수

③ 기계감가상각비 : 기계점유면적

④ 전력부문 : 전력사용량

10. 아래의 그래프는 조업도에 따른 원가의 변화를 나타낸 것이다. 다음 중 고정원가에 해당하는 그래프는 무엇인가?

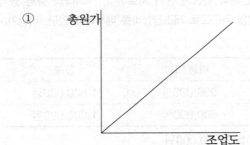

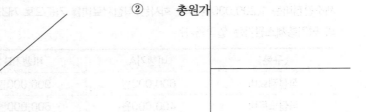

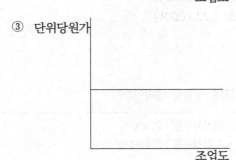

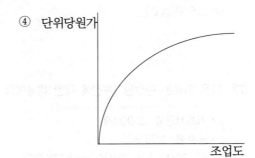

11. 다음 중 부가가치세법상 과세표준에 포함되는 것은?

① 할부판매의 이자상당액
② 매출에누리액
③ 환입된 재화의 가액
④ 재화를 공급한 후의 그 공급가액에 대한 할인액

12. 다음은 영세율에 대한 설명이다. 가장 틀린 것은?

① 영세율제도는 소비지국에서 과세하도록 함으로써 국제적인 이중과세를 방지하고자 하기 위한 제도이다.
② 국외에서 공급하는 용역에 대해서는 영세율을 적용하지 아니한다.
③ 비거주자나 외국법인의 국내 거래에 대해서는 영세율을 적용하지 아니함을 원칙으로 하되, 상호주의에 따라 영세율을 적용한다.
④ 국내 거래도 영세율 적용대상이 될 수 있다.

13. 다음 중 부가가치세법상 용역의 공급에 해당하지 않는 것은?

① 건설업의 경우 건설업자가 건설자재의 전부 또는 일부를 부담하는 것
② 자기가 주요 자재를 전혀 부담하지 아니하고 상대방으로부터 인도받은 재화를 단순히 가공만 하는 것
③ 상업상 또는 과학상의 지식·경험 또는 숙련에 관한 정보를 제공하는 것
④ 자기가 주요 자재의 전부 또는 일부를 부담하고 상대방으로부터 인도받은 재화를 가공하여 새로운 재화를 만드는 가공계약에 따라 재화를 인도하는 것

14. 다음 중 소득세법상 소득공제 및 세액공제 판단 시점에 관한 내용으로 틀린 것은?

① 인적공제 나이 판정 시 과세기간 종료일인 12월 31일의 상황으로 보는 것이 원칙이다.
② 과세기간 중 장애가 치유된 자에 대해서는 치유일 전날의 상황에 따른다.
③ 과세기간 중 사망한 자에 대해서는 사망일의 상황에 따른다.
④ 나이 판정 시 해당 과세기간 중에 요건을 충족하는 날이 하루라도 있으면 공제대상자로 한다.

15. 다음 중 소득세법상 종합소득금액에 대한 설명으로 옳은 것은?

① 종합소득금액은 이자소득, 배당소득, 사업소득, 근로소득, 퇴직소득, 기타소득, 연금소득을 모두 합산한 것을 말한다.

② 원천징수된 소득은 종합소득금액에 포함될 수 없다.

③ 부가가치세법상 영세율 적용대상에서 발생하는 매출은 소득세법상 소득금액에서 제외한다.

④ 해당 연도 사업소득에서 발생한 결손금은 해당 연도 다른 종합소득금액에서 공제한다. 단, 부동산 임대업을 영위하지 않았다.

▮▮▮▮▮ 실 무

㈜로운상회(2103)는 제조 및 도·소매업을 영위하는 중소기업으로, 당기의 회계기간은 20x1.1.1.~ 20x1.12.31.이다. 전산세무회계 수험용 프로그램을 이용하여 다음의 물음에 답하시오.

문제 1 다음 거래를 일반전표입력 메뉴에 추가 입력하시오.(15점)

[1] 01월 31일   생산부의 전직원(생산직 100명)에 대한 건강검진을 한국병원에서 실시하고, 건강검진 비용 10,000,000원을 법인신용카드(하나카드)로 결제하였다(미지급금으로 회계처리할 것). (3점)

[2] 03월 03일   ㈜동국 소유의 건물로 사무실을 이전하고 임차보증금 15,000,000원 중 계약금 5,000,000원(02월 03일 지급)을 제외한 잔금 10,000,000원을 보통예금 계좌에서 지급하였다. (3점)

[3] 03월 31일   단기 시세차익을 목적으로 올해 03월 02일에 취득하여 보유하고 있던 ㈜미래의 주식 1,000주(주당 액면가액 5,000원, 주당 취득가액 8,000원)를 10,000,000원에 일괄처분하고, 대금은 보통예금 계좌로 입금받았다. (3점)

[4] 09월 21일   자금을 조달할 목적으로 유상증자를 하였다. 신주 2,000주를 1주당 7,500원(주당 액면 가액 5,000원)에 발행하고, 주금은 보통예금 계좌로 입금받았다(단, 09월 21일 현재 주식할인발행차금 잔액은 없다). (3점)

[5] 10월 31일   기업은행에서 차입한 단기차입금 100,000,000원의 만기상환일이 도래하여 원금을 상 환하고, 동시에 차입금이자 300,000원도 함께 보통예금 계좌에서 이체하여 지급하였다. (3점)

문제 2 다음 거래자료를 매입매출전표입력 메뉴에 추가로 입력하시오.(15점)

[1] 07월 28일   부품의 제작에 필요한 원재료를 수입하고 김해세관으로부터 수입전자세금계산서를 발급 받았다. 부가가치세는 현금으로 지급하였다(단, 재고자산의 회계처리는 생략할 것). (3점)

수입전자세금계산서					승인번호	20220728 – 16565842 – 11125669			
세 관 명	등록번호	135 – 83 – 12412	종사업장번호		수 입 자	등록번호	121 – 86 – 23546	종사업장번호	
	세관명	김해세관	성명	김세관		상호(법인명)	㈜로운상회	성명	김로운
	세관주소	부산광역시 강서구 공항진입로				사업장주소	부산광역시 사상구 대동로 303		
	수입신고번호또는일괄발급기간(통건)					업태	제조,도소매	종목	컴퓨터 및 주변장치 외
납부일자		과세표준		세액		수정사유	비고		
20x1 – 07 – 28		30,000,000원		3,000,000원		해당 없음			
월	일	품목	규격	수량	단가		공급가액	세액	비고
07	28	수입신고필증 참조					30,000,000원	3,000,000원	
합계금액		33,000,000원							

[2] 07월 30일   ㈜조아캐피탈로부터 영업부가 업무용으로 사용하기 위하여 9인승 승합차를 리스하기로 하였다. 리스는 운용리스이며, 매월 리스료 550,000원 지급 조건이다. 07월분 리스료에 대하여 다음과 같이 전자계산서를 수취하고 보통예금 계좌에서 이체하여 지급하였다(단, 임차료 계정을 사용할 것). (3점)

전자계산서					승인번호		20220730-09230211-11112		
공급자	등록번호	115-81-78435	종사업장번호		공급받는자	등록번호	121-86-23546	종사업장번호	
	상호(법인명)	㈜조아캐피탈	성명	나조아		상호(법인명)	㈜로운상회	성명	김로운
	사업장주소	서울 중구 퇴계로 125				사업장주소	부산광역시 사상구 대동로 303		
	업태	금융	종목	기타여신금융,할부금융,시설대여		업태	제조,도소매	종목	컴퓨터 및 주변장치 외
	이메일	joa@zmail.com				이메일	fhdns@never.net		
						이메일			

작성일자	공급가액	수정사유	비고
20x1-07-30	550,000원	해당 없음	19바3525

월	일	품목	규격	수량	단가	공급가액	비고
07	30	월 리스료				550,000원	

합계금액	현금	수표	어음	외상미수금	
550,000원	550,000원				위 금액을 (**영수**) 함

[3] 08월 12일   해외 매출처인 영국 ACE사에 제품을 직수출(수출신고일 : 08월 10일, 선적일 : 08월 12일)하고, 수출대금 \$30,000는 08월 30일에 받기로 하였다. 일자별 기준환율은 다음과 같다(단, 수출신고번호는 고려하지 말 것). (3점)

일자	8월 10일	8월 12일	8월 30일
기준환율	1,200원/\$	1,150원/\$	1,180원/\$

[4] 09월 25일   당사가 생산한 제품(장부가액 2,000,000원, 시가 3,000,000원, 부가가치세 별도)을 생산부 거래처인 ㈜세무물산에 선물로 제공하였다(단, 제품과 관련된 부가가치세는 적정하게 신고되었다고 가정한다). (3점)

[5] 09월 30일 ㈜혜민에 제품을 30,000,000원(공급가액)에 판매하고 아래 전자세금계산서를 발급하였다. 단, 07월 31일 계약금 10,000,000원을 보통예금 계좌로 입금받았으며, 나머지 잔액은 10월 30일에 받기로 하였다(하나의 전표로 입력할 것). (3점)

문제 3 **부가가치세신고와 관련하여 다음 물음에 답하시오.(10점)**

[1] 다음의 자료만을 이용하여 20x1년 제1기 부가가치세 확정신고기간(20x1.04.01.~20x1.06.30.)의 [부가가치세신고서]를 작성하시오(단, 기존에 입력된 자료 또는 불러온 자료는 무시하고, 부가가치세신고서 외의 부속서류 작성은 생략할 것). (5점)

> 1. 매출내역
>   (1) 전자세금계산서 발급분 매출 : 공급가액 500,000,000원, 부가가치세 50,000,000원
>   (2) 해외 직수출에 따른 매출 : 공급가액 50,000,000원
> 2. 매입내역
>   (1) 전자세금계산서 수취분 일반매입 : 공급가액 250,000,000원, 부가가치세 25,000,000원
>   – 위의 일반매입 중 공급가액 10,000,000원, 부가가치세 1,000,000원은 사업과 직접 관련이 없는 지출이다.
>   (2) 예정신고누락분 세금계산서 매입 : 공급가액 4,500,000원, 부가가치세 450,000원
> 3. 예정신고 미환급세액 : 1,000,000원
> 4. 당사는 부가가치세 신고 시 홈택스에서 직접 전자신고를 한다(세부담 최소화 가정).

[2] 다음은 20x1년 제2기 확정신고기간(10.01.~12.31.)의 부가가치세 관련 자료이다. ㈜로운상회의 [신용카드매출전표등발행금액집계표]를 작성하시오(단, 전표입력은 생략한다). (3점)

> • 10월 15일 : ㈜남산에 제품을 납품하고 세금계산서(공급가액 25,000,000원, 부가가치세액 2,500,000원)를 발급하고, 10월 30일에 ㈜남산의 법인카드로 결제받았다.
> • 11월 30일 : 면세제품(공급가액 7,000,000원)을 ㈜해라산업에 납품하고 계산서를 발급하고, 12월 15일에 ㈜해라산업의 법인카드로 결제받았다.

[3] 제1기 부가가치세 예정신고기간의 부가가치세신고서와 관련 부속서류를 전자신고 하시오. (2점)

1. 부가가치세신고서와 관련 부속서류는 마감되어 있다.
2. [전자신고] → [국세청 홈택스 전자신고변환(교육용)] 순으로 진행한다.
3. 전자신고용 전자파일 제작 시 신고인 구분은 2.납세자 자진신고로 선택하고, 비밀번호는 "12341234"로 입력한다.
4. 전자신고용 전자파일 저장경로는 로컬디스크(C:)이며, 파일명은 "enc작성연월일.101.v1218623546" 이다.
5. 최종적으로 국세청 홈택스에서 [전자파일 제출하기]를 완료한다.

문제 4 **다음 결산자료를 입력하여 결산을 완료하시오.(15점)**

[1] 외화매출채권인 AAPL.CO.LTD의 외상매출금과 관련된 자료는 다음과 같다. (3점)

- 07월 04일 : 제품을 $100,000에 직수출하기로 계약하였다.
- 07월 31일 : 수출하기로 한 제품의 선적을 완료하였으며, 대금은 전액 외상으로 하였다.
- 08월 30일 : 위 수출대금 중 일부인 $30,000를 회수하였다.
- 일자별 기준환율

07월 04일	07월 31일	08월 30일	12월 31일
2,120원/$	1,190원/$	1,190원/$	1,150원/$

[2] 04월 01일   영업부에서 사용하는 법인명의의 업무용 차량에 대한 자동차 보험료 1,200,000원(보험 기간 : 20x1.04.01.~20x2.03.31.)을 국민화재보험에 지급하고 전액 보험료로 계상하 였다(단, 보험료의 기간 배분은 월할계산하고, 회계처리 시 음수로 입력하지 말 것). (3점)

[3] 당사는 기말 현재 보유 중인 채권 등의 잔액에 대해서 1%의 대손충당금을 보충법으로 설정하고 있다 (단, 원 단위 미만은 절사한다). (3점)

구분	기말잔액	설정 전 대손충당금 잔액
외상매출금	695,788,470원	5,150,000원
받을어음	157,760,000원	155,000원
단기대여금	90,000,000원	0원

[4] 당기말 현재 퇴직급여추계액이 다음과 같고, 회사는 퇴직급여추계액의 100%를 퇴직급여충당금으로 설정하고 있다. 퇴직급여충당부채를 설정하시오. (3점)

구분	퇴직급여추계액	설정 전 퇴직급여충당부채 잔액
생산부	150,000,000원	100,000,000원
영업부	200,000,000원	100,000,000원

[5] 당사는 해당연도 결산을 하면서 법인세 12,000,000원(지방소득세 포함)을 확정하였다. 이자수익에 대한 원천징수세액 550,000원 및 법인세 중간예납세액 5,000,000원은 자산으로 계상되어 있다. (3점)

20x1년 귀속 원천징수자료와 관련하여 다음의 물음에 답하시오.(15점)

[1] 다음은 ㈜로운상회의 생산직 근로자인 정희석(사번 : 101)의 5월분 급여 관련 자료이다. 아래 자료를 이용하여 5월분 [급여자료입력]과 [원천징수이행상황신고서]를 작성하시오(단, 전월미환급세액은 230,000원이며, 급여지급일은 매월 말일이다). (5점)

※ 수당등록 및 공제항목은 불러온 자료는 무시하고 아래 자료에 따라 입력하며, 사용하는 수당 및 공제 이외의 항목은 "부"로 체크하기로 한다.

※ 원천징수이행상황신고서는 매월 작성하며, 정희석의 급여내역만 반영하고 환급신청은 하지 않기로 한다.

<5월 급여내역>

이름	정희석	지급일	5월 31일
기본급	1,900,000원	소득세	25,950원
식대	100,000원	지방소득세	2,590원
자가운전보조금	300,000원	국민연금	99,000원
야간근로수당	200,000원	건강보험	67,910원
교육보조금	100,000원	장기요양보험	8,330원
		고용보험	17,600원
급여합계	**2,600,000원**	**공제합계**	**221,380원**
귀하의 노고에 감사드립니다.		**지급총액**	**2,378,620원**

(1) 식대 : 당 회사는 현물 식사를 별도로 제공하고 있다.

(2) 자가운전보조금 : 당사는 본인 명의의 차량을 업무목적으로 사용한 직원에게만 비정기적으로 자가운 전보조금을 지급하고 있으며, 실제 발생된 교통비를 별도로 지급하지 않는다.

(3) 야간근로수당 : 올해 5월부터 업무시간 외 추가로 근무를 하는 경우 야근수당을 지급하고 있으며, 생산직 근로자가 받는 시간외근무수당으로서 비과세요건을 충족하고 있다.

(4) 교육보조금 : 사규에 따라 초등학교 자녀교육비에 대하여 매월 지급하고 있다.

---

[2] 김영식 사원(사번 : 102, 입사일 : 20x1년 07월 01일)의 20x1년 귀속 연말정산과 관련된 자료는 다음과 같다. 아래의 자료를 이용하여 [연말정산추가자료입력] 메뉴에서 각각의 탭에 입력하여 최종적으로 [연말정산입력]탭에 반영하시오. 단, 김영식은 무주택 세대주로 부양가족이 없으며, 근로소득 이외에 다른 소득은 없다. (10점)

현근무지	• 급여총액 : 13,200,000원(비과세 급여, 상여, 감면소득 없음) • 소득세 기납부세액 : 155,700원(지방소득세 : 15,540원) • 이외 소득명세 탭의 자료는 불러오기 금액을 반영한다.
종전근무지	〈종전근무지 근로소득원천징수영수증상의 내용〉 • 근무처 : ㈜진성상사 (사업자번호 : 405 – 81 – 65449) • 근무기간 : 20x1.01.01.~20x1.06.20. • 급여총액 : 12,000,000원 (비과세 급여, 상여, 감면소득 없음) • 국민연금 : 540,000원　　　　　• 건강보험료 : 411,600원 • 장기요양보험료 : 47,400원　　　• 고용보험료 : 96,000원 • 소득세 결정세액 : 100,000원(지방소득세 : 10,000원) • 소득세 기납부세액 : 200,000원(지방소득세 : 20,000원) • 소득세 차감징수세액 : – 100,000원(지방소득세 : – 10,000원)

20x1년도 연말정산자료	※ 연말정산 자료는 모두 국세청 홈택스 및 기타 증빙을 통해 확인된 자료임	

※ 연말정산 자료는 모두 국세청 홈택스 및 기타 증빙을 통해 확인된 자료임

항목	내용
보험료	• 일반 보장성 보험료 : 1,600,000원 • 저축성 보험료 : 2,400,000원
교육비	• 본인 대학원 교육비 : 6,000,000원
의료비 (본인)	• 질병 치료비 : 1,500,000원(본인 신용카드 결제) • 시력보정용 안경 구입비 : 600,000원(안경원에서 의료비공제용 영수증 수령) • 미용목적 피부과 시술비 : 1,000,000원 • 건강증진을 위한 한약 : 400,000원
신용카드 등 사용금액	• 본인신용카드 사용액 : 8,500,000원(질병 치료비 포함) • 직불카드 사용액 : 3,600,000원 • 현금영수증 사용액 : 50,000원 ※ 전통시장, 대중교통 사용분은 없음 ☞ **신용카드사용의 당해연도 소비증가는 없다고 가정한다.**
월세액 명세	• 임대인 : 김서민(주민등록번호 : 771031 – 1028559) • 유형 : 다가구　　　　　　　• 계약면적 : 50㎡ • 임대주택 주소지 : 부산시 해운대구 우동 10번지 1동 202호 • 임대차기간 : 20x1.1.1.~20x3.12.31. • 매달 월세액 : 300,000원
개인연금저축	• 본인 개인연금저축 납입금액 : 1,200,000원 • KEB 하나은행, 계좌번호 : 243 – 610750 – 72208

제103회 전산세무2급 답안 및 해설

이 론

1	2	3	4	5	6	7	8	9	10	11	12	13	14	15
④	②	④	③	②	①	②	③	③	②	①	②	④	③	④

01. 재산세, 종합부동산세는 보유와 관련된 세금이므로 취득원가가 아닌 세금과공과 계정으로 처리한다.

02. **감자차손은 감자차익과 상계하고 남은 잔액을 자본조정**으로 분류된다.

03. 단기대여금은 당좌자산에 속하는 채권으로서 현금및현금성자산으로 분류하지 않는다.

  • **만기가 도래한 받을어음은 통화대용증권으로서 현금및현금성자산으로 분류**된다.

04. 영업이익 = 매출액(100,000,000) - 매출원가(50,000,000) - 기업업무추진비(5,000,000)

  - 차량유지비(1,000,000) = 44,000,000원

05. **액면이자율보다 시장이자율이 클 경우 할인발행**한다.

06. 제조간접비 배부율 = 제조간접비(1,200,000) ÷ 총직접재료비(1,500,000) = 80%

  비행기A의 총제조원가 = 직접재료비(600,000) + 직접노무비(400,000) + 직접재료비(600,000)

  × 배부율(80%) = 1,480,000원

07.

재공품			
기초재공품	3,000개	완성품	4,000개
		공손품 　　　정상공손	120개
		(200개) 　　*비정상공손*	*80개*
당기투입	2,300개	기말재공품	1,100개
계	5,300개	계	5,300개

08. 예정배부액 = 예정배부율(10,000원) × 실제 직접노무시간(100시간) = 1,000,000원

  예정배부액(1,000,000) - 실제 제조간접비 발생액(1,400,000) = △400,000원(과소배부)

09. **기계감가상각비는 각 부문의 기계사용시간으로 배분**하는 것이 합리적이다.

10. ①번은 총변동원가 ③번는 단위당 변동원가의 그래프이고, ④번은 변동원가와 고정원가에 해당하지 않는 그래프이다.

11. 매출에누리와 매출환입, 매출할인은 부가가치세 과세표준에 포함되지 않는다.

12. **국외에서 공급하는 용역에 대해서는 영세율을 적용**한다.

13. **자기가 주요 자재의 전부 또는 일부를 부담**하고 상대방으로부터 인도받은 재화를 가공하여 새로운 재화를 만드는 **가공계약에 따라 재화를 인도하는 것은 재화의 공급**으로 본다.

14. **사망일 전날의 상황**에 따른다.

15. ① **퇴직소득은 합산대상이 아니다.**
② **예납적 원천징수대상은 원천징수된 소득이 종합소득금액에 포함되어 기납부세액**으로 공제된다.
③ 영세율이 적용되어 거래징수할 부가가치 매출세액이 없어도 사업소득에 해당하는 매출액은 있으므로 소득세법상 소득금액에 포함된다.

■ 실 무

문제 1 일반전표입력

[1] (차) 복리후생비(제) 10,000,000 (대) 미지급금(하나카드) 10,000,000

[2] (차) 임차보증금(㈜동국) 15,000,000 (대) 선급금(㈜동국) 5,000,000
보통예금 10,000,000

[3] (차) 보통예금 10,000,000 (대) 단기매매증권 8,000,000
단기매매증권처분이익 2,000,000
☞처분손익＝처분가액(10,000,000) − 취득가액(1,000주×8,000)＝＋2,000,000원(이익)

[4] (차) 보통예금 15,000,000 (대) 자본금 10,000,000
주식발행초과금 5,000,000
☞발행가액(7,500×2,000주) − 액면가액(5,000×2,000주)＝＋5,000,000원(할증발행)

[5] (차) 단기차입금(기업은행) 100,000,000 (대) 보통예금 100,300,000
이자비용 300,000

문제 2 매입매출전표입력

문항	일자	유형	공급가액	부가세	거래처	전자세금
[1]	7/28	55.수입	30,000,000	3,000,000	김해세관	여
분개유형		(차) 부가세대급금	3,000,000 (대) 현금			3,000,000
현금(혼합)						

문항	일자	유형	공급가액	부가세	거래처	전자세금
[2]	7/30	53.면세	550,000	0	㈜조아캐피탈	여
분개유형		(차) 임차료(판)	550,000 (대) 보통예금			550,000
혼합						

문항	일자	유형	공급가액	부가세	거래처	전자세금
[3]	8/12	16.수출	34,500,000	0	영국ACE사	–
		영세율구분 : ①직접수출(대행수출 포함)				
분개유형		(차) 외상매출금	34,500,000	(대) 제품매출		34,500,000
외상(혼합)						
☞매출액=$30,000×선적일 환율(1,150)=34,500,000원						

문항	일자	유형	공급가액	부가세	거래처	전자세금
[4]	9/25	14.건별	3,000,000	300,000	㈜세무물산	–
분개유형		(차) 기업업무추진비(제)	2,300,000	(대) 부가세예수금		300,000
혼합				제품(8.타계정대체)		2,000,000

문항	일자	유형	공급가액	부가세	거래처	전자
[5]	9/30	11.과세	30,000,000	3,000,000	㈜혜민	여
분개유형		(차) 외상매출금(중앙상사)	23,000,000	(대) 제품매출		30,000,000
혼합		선수금	10,000,000	부가세예수금		3,000,000

문제 3 부가가치세

[1] 부가가치세 신고서(4~6월)

1. 과세표준 및 매출세액

구분			정기신고금액		
			금액	세율	세액
과세표준및매출세액	과세	세금계산서발급분	1	500,000,000	10/100	50,000,000
		매입자발행세금계산서	2		10/100	
		신용카드·현금영수증발행분	3		10/100	
		기타(정규영수증외매출분)	4		10/100	
	영세	세금계산서발급분	5		0/100	
		기타	6	50,000,000	0/100	
	예정신고누락분		7			
	대손세액가감		8			
	합계		9	550,000,000	㉮	50,000,000

2. 매입세액

	합계		9	550,000,000	㉮	50,000,000
매입세액	세금계산서수취분	일반매입	10	250,000,000		25,000,000
		수출기업수입분납부유예	10			
		고정자산매입	11			
	예정신고누락분		12	4,500,000		450,000
	매입자발행세금계산서		13			
	그 밖의 공제매입세액		14			
	합계(10)-(10-1)+(11)+(12)+(13)+(14)		15	254,500,000		25,450,000
	공제받지못할매입세액		16	10,000,000		1,000,000
	차감계 (15-16)		17	244,500,000	㉯	24,450,000

3. 예정신고누락분

12.매입(예정신고누락분)					
예	세금계산서	38	4,500,000		450,000
	그 밖의 공제매입세액	39			
	합계	40	4,500,000		450,000

- 공제받지못할 매입세액

구분		금액	세율	세액
16.공제받지못할매입세액				
공제받지못할 매입세액	50	10,000,000		1,000,000

4. 납부할 세액 : 24,540,000원(전자신고세액공제 10,000원)

[2] 신용카드매출전표등 발행금액 집계표(10~12월)

2. 신용카드매출전표 등 발행금액 현황

구 분	합 계	신용·직불·기명식 선불카드	현금영수증	직불전자지급 수단 및 기명식선불 전자지급수단
합 계	34,500,000	34,500,000		
과세 매출분	27,500,000	27,500,000		
면세 매출분	7,000,000	7,000,000		
봉 사 료				

3. 신용카드매출전표 등 발행금액중 세금계산서 교부내역

세금계산서발급금액	27,500,000	계산서발급금액	7,000,000

[3] 홈택스 전자신고(예정신고 1~3월)

1. 전자신고파일생성	1. 신고서 작성 및 마감
	2. 전자신고서 제작(비밀번호 입력)
	3. C드라이브에 파일(파일명 메모)이 생성
2. 홈택스 전자신고	1. 전자신고파일 불러오기
	2. 형식검증하기(비밀번호 입력)→확인
	3. 내용검증하기→확인
	4. 전자파일 제출
	5. 접수증 확인

문제 4 결산

[1] 〈수동결산〉

(차) 외화환산손실　　　　　　　2,800,000　　(대) 외상매출금(AAPL.CO.LTD) 2,800,000

☞환산손익(자산)＝공정가액($70,000×1,150)－장부가액($70,000×1,190)＝△2,800,000원(손실)

[2] 〈수동결산〉

(차) 선급비용　　　　　　　　　　300,000　　(대) 보험료(판)　　　　　　　300,000

☞선급비용(차기 1.1~3.31)＝1,200,000÷12개월×3개월＝300,000원

[3] 〈수동/자동결산〉

(차) 대손상각비(판)	3,230,484	(대) 대손충당금(209)	1,807,884
기타의대손상각비	900,000	대손충당금(111)	1,422,600
		대손충당금(115)	900,000

[결산자료입력]>F8 대손상각>대손율(%) 1.00 입력

구분	기말잔액	대손추산액 (1%)	설정 전 대손충당금 잔액	추가설정액
외상매출금	695,788,470	6,957,884	5,150,000	1,807,884
받을어음	157,760,000	1,577,600	155,000	1,422,600
단기대여금	90,000,000	900,000	0원	900,000

[4] 〈수동/자동결산〉

(차) 퇴직급여(제)	50,000,000	(대) 퇴직급여충당부채	150,000,000
퇴직급여(판)	100,000,000		

[결산자료입력]>·3)노무비>2).퇴직급여(전입액) 50,000,000원 입력

4.판매비와일반관리비>2).퇴직급여(전입액) 100,000,000원 입력

구분	퇴직급여추계액	설정 전 퇴직급여충당부채 잔액	추가설정액
생산부	150,000,000	100,000,000	50,000,000
영업부	200,000,000	100,000,000	100,000,000

[5] 〈수동/자동결산〉

(차) 법인세등	12,000,000	(대) 선납세금	5,550,000
		미지급세금	6,450,000

또는 [결산자료입력]>9.법인세등>·1).선납세금 5,550,000원 입력,

·2).추가계상액 6,450,000원 입력

※ 자동결산항목을 모두 입력하고 상단의 전표추가를 한다.

문제 5 원천징수

[1] 급여자료입력과 원천징수이행상황신고서

1. 수당공제등록

No	코드	과세구분	수당명	근로소득유형 유형	코드	한도	월정액	통상임금	사용여부
1	1001	과세	기본급	급여			정기	여	여
2	1002	과세	상여	상여			부정기	부	부
3	1003	과세	직책수당	급여			정기	부	부
4	1004	과세	월차수당	급여			정기	부	부
5	1005	비과세	식대	식대	P01	(월)200,000	정기	부	부
6	1006	비과세	자가운전보조금	자가운전보조금	H03	(월)200,000	부정기	부	여
7	1007	비과세	야간근로수당	야간근로수당	001	(년)2,400,000	부정기	부	여
8	2001	과세	식대	급여			정기	부	여
9	2002	과세	교육보조금	급여			정기	부	여

☞현물식사를 별도 지급하고 있으므로, 식대는 과세됨. 따라서 기본설정된 "비과세"식대는 사용 여부를 "부"로 체크하고, "과세"식대를 등록하여 사용여부를 "여"로 체크한다.

2. 급여자료입력(101.정희석, 귀속년월 5월, 지급년월일 5월 31일)

급여항목	금액	공제항목	금액
기본급	1,900,000	국민연금	99,000
자가운전보조금	300,000	건강보험	67,910
야간근로수당	200,000	장기요양보험	8,330
식대	100,000	고용보험	17,600
교육보조금	100,000	소득세(100%)	25,950
		지방소득세	2,590
		농특세	
과　　세	2,200,000		
비 과 세	400,000	공 제 총 액	221,380
지 급 총 액	2,600,000	차 인 지 급 액	2,378,620

☞비과세＝자가운전보조금(200,000)＋야간근로수당(200,000)＝400,000원

3. 원천징수이행상황신고서(귀속기간 5월, 지급기간 5월,1.정기신고)

			코드	소득지급 인원	소득지급 총지급액	징수세액 소득세 등	징수세액 농어촌특별세	징수세액 가산세	당월조정환급세액	납부세액 소득세 등	납부세액 농어촌특별세
개인 거주자 비거주자	근로소득	간이세액	A01	1	2,400,000	25,950					
		중도퇴사	A02								
		일용근로	A03								
		연말정산	A04								
		(분납신청)	A05								
		(납부금액)	A06								
		가 감 계	A10	1	2,400,000	25,950			25,950		
	퇴직소득	연금계좌	A21								
		그 외	A22								
		가 감 계	A20								
	사업소득	매월징수	A25								
		연말정산	A26								
		가 감 계	A30								
	기타	연금계좌	A41								
		종교인매월	A43								
		종교인연말	A44								

전월 미환급 세액의 계산			당월 발생 환급세액					18.조정대상환급(14+15+16+17)	19.당월조정환급세액계	20.차월이월환급세액	21.환급신청액
12.전월미환급	13.기환급	14.차감(12-13)	15.일반환급	16.신탁재산	금융회사 등	합병 등					
230,000		230,000					230,000	25,950	204,050	

[2] 연말정산(김영식)

1. [소득명세] 탭 종전근무지 입력 (총급여액 25,200,000원)

근무 처명	사업자 등록번호	급여	보험료 명세				세액명세		근무 기간
			건강 보험	장기 요양	고용 보험	국민 연금	소득세	지방 소득세	
㈜진성상사	405-81 -65449	12,000,000	411,600	47,400	96,000	540,000	100,000	10,000	1.1~6.20

2. 연말정산

항 목	요건		내역 및 대상여부	입력
	연령	소득		
보 험 료	○ (×)	○	• 일반보장성보험료 • 저축성보험료는 대상에서 제외	○(일반 1,600,000) ×
교 육 비	×	○	• 본인 대학원 등록비(대학원은 본인만 대상)	○(본인 6,000,000)
의 료 비	×	×	• 질병 치료비 • 안경구입비(안경은 500,000 한도) • 미용목적 시술비는 제외 • 건강증진 한약은 제외	○(본인 1,500,000) ○(본인 500,000) × ×
신용카드	×	○	• 본인 신용카드(의료비 중복적용) • 직불카드 • 현금영수증	○(신용 8,500,000) ○(직불 3,600,000) ○(현금 50,000)
월세액	무주택		• 총급여액 8천만원 이하자	○(3,600,000)
연금저축	본인		• 본인 개인연금저축	○(1,200,000)

(1) 부양가족 : 보험료 및 교육비 입력

자료구분	보험료				의료비						교육비	
	건강	고용	일반보장성	장애인전용	일반	실손	선천성이상아	난임	65세,장애인		일반	장애인특수
국세청			1,600,000								6,000,000	
기타	976,920	203,600									4.본인	

(2) 신용카드 등

내/외 관계	성명 생년월일	자료 구분	신용카드	직불,선불	현금영수증	도서등 신용	도서등 직불	도서등 현금	전통시장	대중교통
내	김영식	국세청	8,500,000	3,600,000	50,000					
0	1978-01-02	기타								

(3) 의료비

의료비 공제대상자					지급처		지급명세						14.산후 조리원
성명	내/외	5.주민등록번호	6.본인등 해당여부	9.증빙 코드	8.상호	7.사업자 등록번호	10. 건수	11.금액	11-1.실손 보험수령액	12.미숙아 선천성이상아	13.난임 여부		
김영식	내	780102-1245121	1	0	1				1,500,000		X	X	X
김영식	내	780102-1245121	1	0	5			1	500,000		X	X	X

(4) 연금저축

2 연금계좌 세액공제	- 연금저축계좌(연말정산입력 탭의 38.개인연금저축, 60.연금저축)						크게보기
연금저축구분	코드	금융회사 등	계좌번호(증권번호)	납입금액	공제대상금액	소득/세액공제액	
1.개인연금저축	305	KEB 하나은행(구. 주식회사	243-610750-72208	1,200,000		480,000	

(5) 월세액

1 월세액 세액공제 명세(연말정산입력 탭의 70.월세액)								
임대인명 (상호)	주민등록번호 (사업자번호)	유형	계약 면적(㎡)	임대차계약서 상 주소지	계약서상 임대차 계약기간		연간 월세액	공제대상금액
					개시일 -	종료일		
김서민	771031-1028559	다가구	50.00	부산시 해운대구 우동 10번지	2023-01-01 ~	2025-12-31	3,600,000	3,600,000

3. 연말정산입력 : 상단 F8부양가족탭 불러오기 실행 후 기 입력된 화면을 불러온다.

[소득공제]		
1. 신용카드	① 신용카드	8,500,000
	② 직불카드	3,600,000
	③ 현금영수증	50,000
[연금계좌탭]	개인연금저축	1,200,000
[특별세액공제]		
1. 보장성보험료	① 일반	1,600,000
2. 교육비	① 본 인	6,000,000
3. 의료비	① 특정(본인)	2,000,000
[월세세액공제]		3,600,000

제102회 전산세무 2급

합격율	시험년월
41%	2022.06

■■■■ 이 론

01. 다음 자료를 이용하여 20x1년 ㈜세무의 재고자산감모손실을 구하시오.

- 20x1년 기초 재고자산 : 100,000원
- 20x1년 중 매입 재고자산 : 650,000원
- 20x1년 기말 실지재고액 : 130,000원
- 20x1년 매출액 : 800,000원
- 매출총이익률 : 25%
- 기말재고의 판매가격은 원가 이상이다.

① 17,000원　　　② 20,000원　　　③ 50,000원　　　④ 70,000원

02. 다음 중 부채에 관한 설명으로 옳은 것은?

① 부채는 보고기간 종료일로부터 1년 이내에 만기상환(결제)일이 도래하는지에 따라 유동부채와 비유동부채로 분류한다.

② 정상적인 영업주기 내에 소멸할 것으로 예상되는 매입채무와 미지급비용 등이 보고기간 종료일로부터 1년 이내에 결제되지 않으면 비유동부채로 분류한다.

③ 미지급금은 일반적으로 상거래에서 발생한 지급기일이 도래한 확정채무를 말한다.

④ 부채의 채무액이 현재 시점에서 반드시 확정되어 있어야 한다.

03. 다음 자료를 이용하여 유동부채에 포함될 금액을 구하시오.

- 단기차입금 100,000,000원
- 미지급비용 5,000,000원
- 퇴직급여충당부채 300,000,000원
- 장기차입금 200,000,000원
- 선급비용 20,000,000원

① 105,000,000원　　　　　　② 125,000,000원
③ 325,000,000원　　　　　　④ 625,000,000원

04. 다음 중 일반기업회계기준상 유형자산 교환에 관한 설명으로 옳지 않은 것은?

① 이종자산과의 교환으로 취득한 유형자산의 취득원가는 교환을 위하여 제공한 자산의 공정가치로 측정한다.

② 이종자산의 교환을 위하여 제공한 자산의 공정가치가 불확실한 경우에는 교환으로 취득한 자산의 공정가치를 취득원가로 할 수 있다.

③ 자산의 교환에 현금수수액이 있는 경우에는 현금수수액을 반영하여 취득원가를 결정한다.

④ 유형자산의 공정가치는 감정평가가격으로 한다.

05. 다음 중 재무제표의 기본가정이 아닌 것은?

① 기업실체의 가정 : 기업은 그 자체가 인격을 가진 하나의 실체로서 존재하며 기업실체의 경제적 현상을 재무제표에 보고해야 한다는 가정

② 계속기업의 가정 : 기업이 계속적으로 존재하지 않을 것이라는 반증이 없는 한 실체의 본래 목적을 달성하기 위하여 계속하여 존재한다는 가정

③ 발생주의의 가정 : 기업에 미치는 재무적 효과를 현금이 수취되거나 지급되는 기간에 기록하는 것이 아니라, 그 거래가 발생한 기간에 기록한다는 가정

④ 기간별 보고의 가정 : 기업의 지속적인 경제적 활동을 인위적으로 일정 기간 단위로 분할하여 각 기간마다 보고해야 한다는 가정

06. ㈜에코의 제조활동과 관련된 물량흐름(평균법을 가정함)은 다음과 같다. 아래의 자료에 대한 설명으로 틀린 것은?

• 기초재공품 2,000개	• 당기완성수량 9,000개
• 기말재공품 500개	• 당기착수량 8,000개

① 공손품이란 폐기처분 또는 매각처분 이외에는 용도가 없는 불합격품을 말한다.

② 정상공손품의 기준을 완성품의 3%로 가정할 경우 정상공손수량은 200개이다.

③ 정상공손품의 기준을 완성품의 5%로 가정할 경우 비정상공손수량은 50개이다.

④ 선입선출법과 평균법의 공손수량은 동일하다.

07. 다음은 ㈜부경의 제조원가와 관련된 자료이다. 당기제품제조원가는 얼마인가?

• 기초원재료 : 500,000원	• 기말원재료 : 50,000원
• 당기원재료 매입 : 1,200,000원	• 직접노무비 : 1,500,000원
• 제조간접비 : 2,000,000원	• 기초재공품재고 : 400,000원
• 기말재공품재고 : 500,000원	• 기초제품재고 : 150,000원
• 당기매출원가 : 450,000원	

① 5,000,000원 ② 5,050,000원
③ 5,150,000원 ④ 5,500,000원

08. 다음 중 원가의 개념에 대한 설명으로 옳지 않은 것은?

① 기본원가에는 직접재료비와 직접노무비가 있다.
② 기회비용은 과거의 의사결정으로 이미 발생한 원가로써 특정 의사결정에 고려할 필요가 없는 원가이다.
③ 회피불능원가란 어떤 의사결정을 하더라도 절약할 수 없는 원가를 말한다.
④ 변동비의 총액은 조업도에 비례하여 증가한다.

09. 다음 중 제조원가명세서에 표시될 수 없는 것은?

① 기말 원재료 재고액
② 기말 제품 재고액
③ 제조공정의 노무비 발생액
④ 기말 재공품 재고액

10. 다음은 원가배부에 관한 내용이다. 무엇에 대한 설명인가?

보조부문들 간에 배분 순서를 정한 다음 그 배분 순서에 따라 보조부문원가를 배분하는 방법을 말한다. 우선순위로 특정 보조부문원가가 다른 보조부문에 배분된 후에는 다시 역으로 배분을 고려하지는 않는다.

① 상호배분법 ② 직접배분법
③ 비례조정법 ④ 단계배분법

11. 다음 중 부가가치세법상 업종별 사업장에 대한 설명으로 옳지 않은 것은?

① 부동산임대업을 영위하는 개인은 그 부동산의 등기부상의 소재지를 사업장으로 한다.

② 제조업을 영위하는 개인은 최종 제품을 완성하는 장소를 사업장으로 한다(다만, 따로 제품의 포장만을 하는 장소는 제외).

③ 건설업을 영위하는 법인은 각 건설 현장 사무소를 사업장으로 한다.

④ 부동산매매업을 영위하는 법인은 법인의 등기부상 소재지를 사업장으로 한다.

12. 부가가치세법상 일반과세자와 간이과세자에 대한 설명으로 옳지 않은 것은?

① 간이과세자도 예정부과기간에 예정신고를 하여야 하는 경우가 있다.

② 일반과세자는 세금계산서 관련 가산세를 부담하지만, 간이과세자는 세금계산서 관련 가산세가 적용되는 경우가 없다.

③ 일반과세자는 법정요건이 충족되는 경우 면세 농산물 등에 대한 의제매입세액공제특례가 적용될 수 있으나, 간이과세자는 의제매입세액공제특례를 받을 수가 없다.

④ 일반과세자는 매입세액이 매출세액을 초과하면 환급세액이 발생하지만, 간이과세자는 매출세액이 공제세액보다 작아도 환급세액이 없다.

13. 다음 중 부가가치세법상 재화 및 용역의 공급시기에 대한 내용으로 옳지 않은 것은?

① 장기할부판매 : 대가의 각 부분을 받기로 한 때

② 현금판매, 외상판매, 할부판매 : 재화가 인도되거나 이용가능하게 되는 때

③ 완성도기준지급조건부 판매 : 완성되어 사용 또는 소비되는 때

④ 임대보증금 등에 대한 간주임대료 : 예정신고기간 종료일 또는 과세기간 종료일

14. 다음 중 소득세법상 기타소득이 아닌 것은?

① 종교 관련 종사자가 해당 과세기간에 받은 금액(원천징수하거나 과세표준을 확정신고한 경우는 제외)

② 연금계좌의 운용실적에 따라 증가된 금액(연금 형태로 지급 받는 경우)

③ 계약의 위반, 해약으로 인하여 받는 손해배상금과 법정이자

④ 공익사업 관련하여 지역권, 지상권의 설정, 대여로 인한 소득

15. 다음 중 사업소득의 총수입금액에 대한 설명으로 옳지 않은 것은?

① 소득세 또는 개인 지방소득세를 환급받았거나 환급받을 금액 중 다른 세액에 충당한 금액은 총수입금액에 산입하지 아니한다.

② 관세환급금 등 필요경비로 지출된 세액이 환입되었거나 환입될 경우 그 금액은 총수입금액에 산입한다.

③ 거래상대방으로부터 받는 장려금 및 기타 이와 유사한 성질의 금액은 총수입금액에 산입한다.

④ 사업과 관련하여 해당 사업용 자산의 손실로 취득하는 보험차익은 총수입금액에 산입하지 아니한다.

▊▊▊ 실 무

㈜반도산업(2102)은 제조 및 도 · 소매업을 영위하는 중소기업으로, 당기의 회계기간은 20x1.1.1.~ 20x1.12.31.이다. 전산세무회계 수험용 프로그램을 이용하여 다음의 물음에 답하시오.

▊문제 1▊ 다음 거래를 일반전표입력 메뉴에 추가 입력하시오.(15점)

[1] 04월 29일 제1기 예정신고기간의 부가가치세 미납액 2,500,000원과 납부지연가산세 2,500원을 함께 우리은행 보통예금 계좌에서 이체하여 납부하였다(단, 부가가치세 미납액은 미지급세금으로, 납부지연가산세는 판매비와관리비 항목의 세금과공과로 처리할 것). (3점)

[2] 05월 23일 회사가 보유 중인 자기주식 전량을 10,000,000원에 처분하고 매각대금은 보통예금으로 입금되었다. 단, 처분 시점의 자기주식 장부가액은 8,000,000원이며, 자기주식처분손실 계정의 잔액은 1,300,000원이다. (3점)

[3] 11월 15일 하나은행으로부터 5년 후 상환조건으로 100,000,000원을 차입하고, 보통예금 계좌로 입금받았다. (3점)

[4] 11월 25일　ABC사의 외상매출금 $20,000를 회수하여 당사의 보통예금에 입금하였다. 환율은 다음과 같다. (3점)

- 20x1년 7월 1일 외상매출금 인식 당시 기준환율 : 1,200원/$
- 20x1년 11월 25일 기준환율 : 1,300원/$

[5] 12월 29일　영업부에서 매출거래처 직원과 식사를 하고 식사비용 100,000원을 법인카드(신한카드)로 결제하였다. (3점)

문제 2 다음 거래자료를 매입매출전표입력 메뉴에 추가로 입력하시오.(15점)

[1] 07월 30일　경영지원팀 직원들이 야근 식사를 하고 다음과 같은 종이세금계산서를 수취하였다. 제2기 부가가치세 예정신고 시 해당 세금계산서를 누락하여 제2기 확정신고 기간의 부가가치세신고서에 반영하려고 한다. 반드시 해당 세금계산서를 제2기 확정신고 기간의 부가가치세신고서에 반영할 수 있도록 입력 및 설정하시오(단, 외상대금은 미지급금으로 처리할 것). (3점)

															책번호				권		호		

세금계산서

													일련번호					-				

공급자	사업자 등록번호	1 0 6 - 5 4 - 7 3 5 4 1	공급받는자	사업자 등록번호	1 3 7 - 8 1 - 8 7 7 9 7
	상호(법인명)	남해식당 / 성명(대표자) 박미소		상호(법인명)	㈜반도산업 / 성명(대표자) 손흥민
	사업장 주소	경기도 오산시 외삼미로 200		사업장 주소	경기도 오산시 외삼미로 104 - 12
	업태	음식 / 종목 한식		업태	제조외 / 종목 전자제품

작성			공급가액										세액										비고
연	월	일	공란수	백	십	억	천	백	십	만	천	백	십	일	십	억	천	백	십	만	천	백	십	일	
20x1	7	30					1	4	0	0	0	0	0			1	4	0	0	0	0			

월	일	품목	규격	수량	단가	공급가액	세액	비고
07	30	야근식대		1		1,400,000원	140,000원	

합계금액	현금	수표	어음	외상미수금	이 금액을　청구　함
1,540,000원				1,540,000원	

[2] 08월 05일　진성부동산으로부터 공장건물 신축용 토지를 200,000,000원에 매입하고 전자계산서를 발급 받았으며, 대금 200,000,000원은 당사 보통예금 계좌에서 이체하여 지급하였다. (3점)

[3] 09월 01일　영업부에서 사용할 컴퓨터를 ㈜전자상회에서 현금으로 구입하고, 지출증빙용 현금영수 증을 발급받았다(단, 자산으로 처리할 것). (3점)

㈜전자상회			
사업자번호 114 – 81 – 80641 　　　　　남재안			
서울시 송파구 문정동 101 – 2　　TEL : 02 – 3289 – 8085			
홈페이지 http://www.kacpta.or.kr			
현금(지출증빙용)			
구매 20x1/09/01/13 : 06		거래번호 : 0026 – 0107	
상품명	단가	수량	금액
컴퓨터	1,800,000원	2대	3,960,000원
	공급가액		3,600,000원
	부가가치세		360,000원
	합계		3,960,000원
	받은금액		3,960,000원

[4] 09월 25일　회사는 ㈜로운캐피탈로부터 관리업무용 승용차(개별소비세 과세 대상 차량)를 렌트하고, 아래 의 전자세금계산서를 발급받았다. 9월분 렌트료는 700,000원(공급가액)으로 대금은 10월 10 일에 지급할 예정이다(단, 렌트료에 대해서는 임차료 계정과목 사용할 것). (3점)

전자세금계산서					승인번호		20220925 – 33000000 – 000000		
공급자	등록번호	778 – 81 – 35557	종사업장번호		공급받는자	등록번호	137 – 81 – 87797	종사업장번호	
	상호(법인명)	㈜로운캐피탈	성명	이로운		상호(법인명)	㈜반도산업	성명	손흥민
	사업장주소	서울 강남구 대사관로 120 (성북동)				사업장주소	경기도 오산시 외삼미로 104 – 12		
	업태	서비스	종목	렌트업		업태	제조 외	종목	전자제품
	이메일					이메일			
						이메일			
작성일자		공급가액		세액		수정사유		비고	
20x1 – 09 – 25		700,000원		70,000원		해당 없음			
월	일	품목	규격	수량	단가		공급가액	세액	비고
9	25	승용차렌트					700,000원	70,000원	
합계금액		현금		수표		어음		외상미수금	위 금액을 (**청구**) 함
770,000원								770,000원	

[5] 09월 30일　중앙상사에 8월 3일 외상으로 판매했던 제품 중 2대(대당 2,500,000원, 부가가치세 별도)가 제품 불량으로 인해 반품되었다. 이에 따라 수정전자세금계산서를 발급하고, 대금은 외상매출금과 상계처리하기로 하였다(분개는 (–)금액으로 회계처리할 것). (3점)

문제 3 **부가가치세신고와 관련하여 다음 물음에 답하시오.(10점)**

[1] 당해 문제에 한하여 당사는 돼지고기를 매입하여 소시지를 제조하는 법인으로 중소기업에 해당하지 아니한다고 가정한다. 20x1년 제1기 확정신고 기간의 [의제매입세액공제신고서(관리용)]를 작성하시오. 단, 제1기 확정신고 기간의 매출 공급가액은 120,000,000원이고, 예정신고 기간의 매출액은 없으며, 매입액은 거래일에 현금으로 지급한 것으로 가정한다. (3점)

일자	품목	상호	사업자번호	수량	총매입가격	증빙
4월 30일	돼지고기	고기유통㈜	210 – 81 – 62674	1,600kg	28,000,000원	전자계산서
5월 31일	식품포장재	㈜포장명가	222 – 81 – 27461	1,000장	5,000,000원	현금영수증
6월 30일	돼지창자	㈜창자유통	137 – 81 – 99992	1,000kg	3,000,000원	전자계산서

[2] 다음 자료를 이용하여 20x1년 제2기 확정신고 기간(10.1.~12.31.)의 [부가가치세신고서]를 작성하시오. 부가가치세신고서 이외의 과세표준명세 등 기타 부속서류는 작성을 생략하고, 홈택스에서 기한 내에 직접 전자신고한 것으로 가정한다(단, 불러온 데이터는 무시한다). (5점)

1. 매출 자료
- 전자세금계산서 발급 매출 : 공급가액 300,000,000원, 세액 : 30,000,000원
- 신용카드매출액 : 공급대가 46,200,000원 (전자세금계산서 발급분 공급대가 11,000,000원 포함)
- 외상매출금 중 1,650,000원(부가가치세 포함)이 20x1년 5월 중 해당 거래처의 파산으로 대손이 확정되어 장부에 반영하였다.
- 20x1년 제2기 예정신고시 누락된 세금계산서 매출 : 공급가액 3,000,000원(종이세금계산서 발급분)
- 20x1년 제2기 예정신고시 누락된 세금계산서 매입분은 없는 것으로 가정한다.
- 부당과소신고가 아니며, 가산세 계산시 미납일수는 92일, <u>1일 2.2/10,000로 한다.</u>
2. 매입 자료
- 전자세금계산서 매입액 : 공급가액 120,000,000원, 세액 : 12,000,000원
- 신용카드 매입액 : 공급대가 22,000,000원 (기계장치 구입비 2,750,000원(공급대가) 포함)

[3] 다음의 자료를 이용하여 제1기 부가가치세 예정신고 기간(1.1.~3.31.)의 [부가가치세신고서] 및 관련 부속서류를 전자신고하시오. (2점)

---

1. 부가가치세신고서와 관련 부속서류는 마감되어 있다.
2. [전자신고] → [국세청 홈택스 전자신고변환(교육용)] 순으로 진행한다.
3. 전자신고용 전자파일 제작 시 신고인 구분은 2.납세자 자진신고로 선택하고, 비밀번호는 "**12341234**"로 입력한다.
4. 전자신고용 전자파일 저장경로는 로컬디스크(C:)이며, 파일명은 "**enc작성연월일.101.v1378187797**"이다.
5. 최종적으로 국세청 홈택스에서 [전자파일 제출하기]를 완료한다.

문제 4 다음 결산자료를 입력하여 결산을 완료하시오.(15점)

[1] 20x1년 말 현재 마케팅팀에서 구입 시 전액 비용(소모품비)으로 처리한 소모품 중 미사용액이 5,300,000원 이다(회사는 미사용액에 대하여 자산처리함). (3점)

[2] 전기에 취득한 매도가능증권의 기말 현재 보유 현황은 다음과 같다. 단, 주어진 내용 이외의 거래는 고려하지 않는다. (3점)

• 발행회사 : ㈜세무통상　　　　　　　　• 취득가액 : 15,000,000원
• 전기 말 공정가액 : 14,800,000원　　　• 기말 공정가액 : 15,500,000원

---

[3] 진성상사에 대여한 자금에 대하여 장부에 계상한 이자수익 중 360,000원은 차기에 해당하는 금액이다. (거래처 입력은 생략하고, 음수로 회계처리 하지 않는다.) (3점)

[4] 전기말 유동성장기부채로 대체한 중앙은행의 장기차입금 20,000,000원의 상환기간을 당사의 자금 사정으로 인하여 2년 연장하기로 계약하였다(단 관련 회계처리 날짜는 결산일로 함). (3점)

[5] 다음의 유형자산에 대한 감가상각의 내역을 결산에 반영하시오. (3점)

계정과목	자산 사용 및 구입내역	당기 감가상각비
공구와기구	제조공장에서 사용	1,250,000원
차량운반구	영업부서 업무용으로 사용	3,500,000원

문제 5 20x1년 귀속 원천징수자료와 관련하여 다음의 물음에 답하시오.(15점)

[1] 아래 자료를 보고 대한민국 국적의 거주자인 영업부 팀장 윤영수(입사일자 : 20x1년 4월 1일, 국내 근무)를 [사원등록](사번 107)하고, [부양가족명세]에 윤영수의 부양가족을 등록한 후 세부담이 최소화되도록 공제 여부를 입력하시오. 비고란에 제시된 소득이 전부이고 이외의 소득은 없으며, 주민등록번호는 정확한 것으로 가정한다(단, 기본공제대상자가 아닌 경우 기본공제 여부에 '부'로 표시할 것). (5점)

성명	관계	주민등록번호	내/외국인	동거여부	비고
윤영수	본인	710122 – 1225667	내국인	세대주	연간 총급여 7,200만원
정이서	배우자	720325 – 2560127	내국인	동거	원고료 수입(기타소득) 300만원에 대하여 분리과세를 선택함.
송미란	모	501225 – 2013662	내국인	동거	양도소득금액 200만원 외 소득 없음. 배우자 없음
윤혜서	딸	090205 – 4455196	내국인	동거	소득 없음.
윤민율	아들	110701 – 3998532	내국인	동거	소득 없음.
윤해수	형제	720317 – 1850520	내국인	질병관계로 별거	소득 없음, 장애인(장애인복지법)

[2] 이진원(사번 : 308, 입사일 : 20x1년 1월 1일) 사원의 20x1년 연말정산 관련된 자료는 다음과 같다. 아래의 자료를 이용하여 [연말정산추가자료입력] 메뉴에서 각각의 탭에 입력하여 최종적으로 [연말정산 입력]탭에 반영하시오. (10점)

1. 가족사항

관계	성명	주민번호	소득	비고
본인	이진원	841119 – 1889525	총급여 5,000만원	세대주
배우자	정연주	860219 – 2845577	퇴직소득금액 300만원	
장모	김해수	560910 – 2111592	복권당첨액 100만원	
동생	이송원	870111 – 1887826	일용근로소득 300만원	장애인(장애인복지법)
딸	이연진	121111 – 4019381	소득없음	초등학생
아들	이주원	170811 – 3456780	소득없음	미취학아동

2. 보장성보험료 내역
   • 이진원 자동차종합보험료 : 800,000원   • 이연진 보장성 보험료 : 600,000원
   • 이주원 보장성 보험료 : 550,000원

3. 교육비 내역
   • 이진원 사이버대학교육비 : 1,200,000원   • 이연진 태권도 학원비 : 800,000원
   • 이주원 유치원 교육비 : 2,200,000원

4. 의료비 내역 : [부양가족] 탭에서 작성하고, 실손의료보험금을 반영할 것.
   • 이진원 본인질병 치료비 : 1,100,000원
      ([보험업법]에 따른 보험회사에서 실손의료보험금 600,000원을 지급받음)
   • 김해수 건강기능식품 구입 : 3,000,000원(의약품 아님)
   • 이연진 질병 치료비 : 1,500,000원

5. 기부금 내역
   • 김해수 종교단체 기부금 : 800,000원

6. 신용카드 등 사용내역
   • 이진원 신용카드 사용액 : 19,500,000원(전통시장/대중교통/도서 등 사용분 없음)
   • 이진원 현금영수증 사용액 : 3,500,000원(전통시장/대중교통/도서 등 사용분 없음)
   • 김해수 신용카드 사용액 : 6,180,000원(전통시장/대중교통/도서 등 사용분 없음)
   ☞ **신용카드사용의 당해연도 소비증가는 없다고 가정한다.**

7. 연금저축
   • 이진원 본인 연금저축계좌 : 2,000,000원
      (20x1년도 납입분, 우리은행 계좌번호 : 1012 – 4588 – 200)

8. 기타사항
   • 근로자 본인의 세부담이 최소화 되도록 하고, 언급된 가족들은 모두 동거하며 생계를 같이 한다.
   • 제시된 자료 외의 다른 소득은 없다고 가정한다.
   • 위 모든 자료는 국세청 연말정산간소화서비스 자료이다.

제102회 전산세무2급 답안 및 해설

이 론

1	2	3	4	5	6	7	8	9	10	11	12	13	14	15
②	①	①	④	③	②	②	②	②	④	③	②	③	②	④

01. 매출원가 = 매출액(800,000) × [1 − 매출총이익율(25%)] = 600,000원

재고자산

기초재고	100,000	매출원가	**600,000**
총매입액	650,000	재고자산감모손실	**20,000**
		기말재고	130,000
계	750,000	계	750,000

☞ **기말재고의 판매가격은 원가이상이라는 표현은 원재료등에 대해서 평가손실이 없다는 것을 표현하고 있으므로 대변금액의 차이는 모두 재고자산감모손실이 된다.**

02. ② **정상적인 영업주기 내에 소멸할 것**으로 예상되는 매입채무와 미지급비용 등이 보고기간종료일로부터 **1년 이내에 결제되지 않아도 유동부채로 분류**한다.

③ 미지급금은 일반적 **상거래 이외에서 발생한 지급기일이 도래한 확정채무**를 말한다.

④ **지출시기나 금액이 불확실하지만 부채로 인식하는 충당부채**가 있다.

03. 유동부채 = 단기차입금(100,000,000) + 미지급비용(5,000,000) = 105,000,000원

• 비유동부채 : 장기차입금, 퇴직급여충당부채,　• 유동자산 : 선급비용

04. 유형자산의 공정가치는 시장가격으로 한다.

05. 재무제표의 **기본가정에는 기업실체의 가정, 계속기업의 가정, 기간별 보고의 가정**이 있다.

06. 정상공손수량 = 당기완성수량(9,000) × 3% = 270개

재공품

기초재공품	2,000개	완성품		9,000개
		공손품	**정상공손**	**270개**
		(500개)	**비정상공손**	**230개**
당기투입	8,000개	기말재공품		500개
계	10,000개	계		10,000개

07.

		원재료			⇒			재공품		
기초	500,000	직접재료비	1,650,000			기초	400,000	당기제품제조원가	5,050,000	
매입	1,200,000	기말	50,000			당기총제조원가	5,150,000	기말	500,000	
계	1,700,000	계	1,700,000			계	5,550,000	계	5,550,000	

당기제조총원가 = 직접재료비(1,650,000) + 직접노무비(1,500,000) + 제조간접비(2,000,000)
= 5,150,000원

08. 기회비용이란 현재용도 이외에 다른 용도를 사용했을 경우 얻을 수 있는 최대금액을 말하며, 대표적인 관련원가이다. ②는 매몰원가에 대한 설명이다.

09. 제조원가명세서에는 기말제품 재고액은 표시되지 않고 손익계산서에 표시된다.

11. 건설업을 영위하는 **법인사업자의 사업장은 법인의 등기부상의 소재지로** 한다.

12. **간이과세자도 세금계산서를 발급하는 사업자**가 있으므로 세금계산서 관련 가산세가 있다.

13. 완성도기준지급조건부 판매 : **대가의 각 부분을 받기로 한 때가 공급시기**이다.

14. 연금계좌의 **운용실적에 따라 증가된 금액을 연금으로 받는 경우 연금소득에 해당**한다.

15. 사업과 관련하여 해당 **사업용 자산의 손실로 취득하는 보험차익은 총수입금액에 산입**한다.

실 무

문제 1 일반전표입력

[1]　(차)　미지급세금　　　　　　2,500,000　　(대)　보통예금　　　　　　2,502,500
　　　　　세금과공과(판)　　　　　2,500

[2]　(차)　보통예금　　　　　　10,000,000　　(대)　자기주식　　　　　　8,000,000
　　　　　　　　　　　　　　　　　　　　　　　　　자기주식처분손실　　　1,300,000
　　　　　　　　　　　　　　　　　　　　　　　　　자기주식처분이익　　　　700,000

　　　☞ 처분손익 = 처분가액(10,000,000) − 장부가액(8,000,000) = 2,000,000원(이익)
　　　　자기주식처분손실(1,300,000)을 우선 상계하고 자기주식처분이익 700,000원 계상

[3]　(차)　보통예금　　　　　　100,000,000　　(대)　장기차입금(하나은행)　100,000,000

[4]　(차)　보통예금　　　　　　26,000,000　　(대)　외상매출금(ABC사)　24,000,000
　　　　　　　　　　　　　　　　　　　　　　　　　외환차익　　　　　　　2,000,000

　　　☞외환차손익 = 회수가액($20,000×1,300) − 장부가액($20,000×1,200) = 2,000,000원(차익)

[5]　(차)　기업업무추진비(판)　　100,000　　(대)　미지급금(신한카드)　　100,000

488

문제 2 매입매출전표입력

문항	일자	유형	공급가액	부가세	거래처	전자세금
[1]	7/30	51.과세	1,400,000	140,000	남해식당	부
		Shift + F5 예정신고누락분 확정신고 〉 확정신고 개시연월 : 20x1년 10월				
분개유형		(차) 복리후생비(판)	1,400,000 (대) 미지급금(남해식당)			1,540,000
혼합		부가세대급금	140,000			

문항	일자	유형	공급가액	부가세	거래처	전자
[2]	8/5	53.면세	200,000,000	0	진성부동산	여
분개유형		(차) 토지	200,000,000 (대) 보통예금			200,000,000
혼합						

문항	일자	유형	공급가액	부가세	거래처	전자세금
[3]	9/1	61.현과	3,600,000	360,000	㈜전자상회	–
분개유형		(차) 비품	3,600,000 (대) 현금			3,960,000
현금(혼합)		부가세대급금	360,000			

문항	일자	유형	공급가액	부가세	거래처	전자세금
[4]	9/25	54.불공(3)	700,000	70,000	㈜로운캐피탈	여
분개유형		(차) 임차료(판)	770,000 (대) 미지급금			770,000
혼합				(㈜로운캐피탈)		

문항	일자	유형	공급가액	부가세	거래처	전자세금
[5]	9/30	11.과세	– 5,000,000	– 500,000	중앙상사	여
분개유형		(차) 외상매출금	– 5,500,000 (대) 제품매출			– 5,000,000
혼합(외상)		(중앙상사)		(또는 매출환입)		
				부가세예수금		– 500,000

문제 3 부가가치세

[1] 의제매입세액 공제신고서(4~6월)

1. 고기유통㈜→**의제매입세액공제율 2/102(제조업을 영위하는 비중소기업)**

취득일자	구분	물품명	수량	매입가액	공제율	의제매입세액	건수
20×1-04-30	계산서	돼지고기	1,600	28,000,000	2/102	549,019	1
	합계		1,600	28,000,000		549,019	1

2. ㈜창자유통

취득일자	구분	물품명	수량	매입가액	공제율	의제매입세액	건수
20×1-06-30	계산서	돼지창자	1,000	3,000,000	2/102	58,823	1
	합계		1,000	3,000,000		58,823	1

3. 한도계산

면세농산물등	제조업 면세농산물등

가. 과세기간 과세표준 및 공제가능한 금액등   불러오기

과세표준			대상액 한도계산		B.당기매입액	공제대상액 [MIN (A,B)]
합계	예정분	확정분	한도율	A.한도액		
120,000,000		120,000,000	50/100	60,000,000	31,000,000	31,000,000

나. 과세기간 공제할 세액

공제대상세액			이미 공제받은 금액		공제(납부)할세액 (C-D)
공제율	C.공제대상금액	D.합계	예정신고분	월별조기분	
2/102	607,843				607,843

[2] 부가가치세 신고서(10~12월)

1. 과세표준 및 매출세액

	구분		정기신고금액				구분		금액	세율	세액
			금액	세율	세액	7.매출(예정신고누락분)					
과세표준및매출세액	세	세금계산서발급분	1	300,000,000	10/100	30,000,000	예정누락분	과세	세금계산서	33	3,000,000	10/100	300,000
		매입자발행세금계산서	2		10/100				기타	34		10/100	
		신용카드·현금영수증발행분	3	32,000,000	10/100	3,200,000		영세	세금계산서	35		0/100	
		기타(정규영수증외매출분)	4						기타	36		0/100	
	영세	세금계산서발급분	5		0/100				합계	37	3,000,000		300,000
		기타	6		0/100		12.매입(예정신고누락분)					
	예정신고누락분		7	3,000,000		300,000		세금계산서		38			
	대손세액가감		8				예	그 밖의 공제매입세액		39			
	합계		9	335,000,000	㉮	33,500,000						

☞ 신용카드 공급대가(부가세 포함)=**46,200,000 – 세금계산서 발급분(11,000,000)=35,200,000원**

20x1년 5월 거래처 파산에 대해서는 20x1년 1기 확정신고서에 반영하여야 한다.

2. 매입세액

매입세액	세금계산서 수취분	일반매입	10	120,000,000		12,000,000
		수출기업수입분납부유예	10			
		고정자산매입	11			
	예정신고누락분		12			
	매입자발행세금계산서		13			
	그 밖의 공제매입세액		14	20,000,000		2,000,000
	합계(10)-(10-1)+(11)+(12)+(13)+(14)		15	140,000,000		14,000,000
	공제받지못할매입세액		16			
	차감계 (15-16)		17	140,000,000	㉯	14,000,000
납부(환급)세액(매출세액㉮-매입세액㉯)					㉰	19,500,000

14.그 밖의 공제매입세액					
신용카드매출수령금액합계표	일반매입	41	17,500,000		1,750,000
	고정매입	42	2,500,000		250,000
의제매입세액		43		뒤쪽	

3. 가산세

〈매출매입신고누락분 – 예정신고누락〉

구 분			공급가액	세액
매출	과세	세 금(전자)	3,000,000(종이)	300,000
		기 타		
	영세	세 금(전자)		
		기 타		
매입	세금계산서 등			
미달신고(납부)←신고·납부지연 가산세				300,000

1. 전자세금계산서 미발급	**3,000,000원** × 1%(종이세금계산서) = 30,000원
2. 신고불성실	**300,000원** × 10% ×(1 – 75%) = 7,500원
3. 납부지연	**300,000원** × 92일 × 2.2(가정)/10,000 = 6,072원
계	**43,572원**

4. 납부할 세액 : 19,533,572(전자신고세액공제 10,000원)

[3] 홈택스 전자신고(예정신고 1~3월)

1. 전자신고파일생성	1. 신고서 작성 및 마감
	2. 전자신고서 제작(비밀번호 입력)
	3. C드라이브에 파일(파일명 메모)이 생성
2. 홈택스 전자신고	1. 전자신고파일 불러오기
	2. 형식검증하기(비밀번호 입력)→확인
	3. 내용검증하기→확인
	4. 전자파일 제출
	5. 접수증 확인

문제 4 결산

[1] 〈수동결산〉

(차) 소모품   5,300,000   (대) 소모품(판)   5,300,000

[2] 〈수동결산〉

(차) 매도가능증권(투자자산)   700,000   (대) 매도가능증권평가손실   200,000

                                               매도가능증권평가이익   500,000

	취득가액	공정가액	평가이익	평가손실
전기	15,000,000	14,800,000		200,000
당기		15,500,000	500,000	△200,000
계			500,000	0

[3] 〈수동결산〉

(차) 이자수익   360,000   (대) 선수수익   360,000

[4] 〈수동결산〉

(차) 유동성장기부채(중앙은행) 20,000,000   (대) 장기차입금(중앙은행)   20,000,000

[5] 〈수동/자동결산〉

(차) 감가상각비(제)	1,250,000	(대) 감가상각누계액(211)	1,250,000
감가상각비(판)	3,500,000	감가상각누계액(209)	3,500,000

또는 [결산자료입력 〉 2.매출원가 〉 210.공구와기구 결산반영금액란 1,250,000원 입력

4.판매비와일반관리비 〉 208.차량운반구 결산반영금액란 3,500,000원 입력 후 〉 F3 전표추가

문제 5 원천징수

[1] 사원등록(윤영수)

1. 기본사항

기본사항	부양가족명세	추가사항

1.입사년월일　20×1 년 4 월 1 💬 일
2.내/외국인　1 내국인
3.외국인국적　KR 💬 대한민국　　체류자격　💬
4.주민구분　1 주민등록번호　주민등록번호　710122-1225667
5.거주구분　1 거주자　　6.거주지국코드　KR 💬 대한민국
7.국외근로제공　0 부　　8.단일세율적용　0 부　9.외국법인 파견근로자　0 부
10.생산직등여부　0 부　연장근로비과세　0 부　전년도총급여
11.주소　💬

12.국민연금보수월액　　국민연금납부액
13.건강보험보수월액　　건강보험료경감　0 부　　건강보험납부액
　장기요양보험적용　1 여　장기요양보험납부액
14.고용보험적용　1 여　(대표자 여부　0 부　)
　고용보험보수월액　　고용보험납부액
15.산재보험적용　1 여　16.퇴사년월일　년　월　💬 일 (이월 여부　부)

2. 부양가족명세

관계	요 건		기본공제	추가(자녀)	판　　　단
	연령	소득			
본인(세대주)	–	–	○		
배우자	–	○	○		기타소득금액(1,200,000)에 대해서 분리과세 선택
모(75)	○	×	부		소득금액 1백만원초과자
자1(16)	○	○	○	자녀	
자2(14)	○	○	○	자녀	종합소득금액 1백만원초과자
동생(53)	×	○	○	장애(1)	장애인은 연령요건을 따지지 않음. 질병 등의 사유로 별거는 동거로 인정

[2] 연말정산(이진원)

1. 부양가족 탭

(1) 인적공제

관계	요 건		기본 공제	추가 (자녀)	판 단
	연령	소득			
본인(세대주)	–	–	○		
배우자	–	×	부		소득금액 1백만원 초과자
장모(69)	○	○	○		복권당첨금액은 분리과세기타소득
동생(38)	×	○	○	장애(1)	일용근로소득은 분리과세소득. 장애인은 연령요건을 따지지 않음.
자1(13)	○	○	○	자녀	
자2(8)	○	○	○	자녀	

2. 연말정산

항 목	요건		내역 및 대상여부	입력
	연령	소득		
보 험 료	○ (×)	○	•본인 자동차 보험료 •자1 보장성보험료 •자2 보장성보험료	○(일반 800,000) ○(일반 600,000) ○(일반 550,000)
교 육 비	×	○	•본인 대학교육비 •자1 태권도 학원비 •자2 유치원 교육비	○(본인 1,200,000) × ○(취학전 2,200,000)
의 료 비	×	×	•본인 질병치료비(실손보험금 600,000) •장모 건강기능식품 •자1 질병치료비	○(본인 1,100,000 　　실손 600,000) × ○(일반 1,500,000)
기부금	×	○	• 장모 종교단체 기부금	○(종교단체 800,000)
신용카드	×	○	•본인 신용카드 •본인 현금영수증 •장모 신용카드	○(신용 19,500,000) ○(현금 3,500,000) ○(신용 6,180,000)
연금저축	본인		연금저축	○(연금저축 2.000,000)

(1) 부양가족탭 : 보험료 및 교육비 입력

① 본인(이진원)

자료구분	보험료				의료비					교육비	
	건강	고용	일반보장성	장애인전용	일반	실손	선천성이상아	난임	65세,장애인	일반	장애인특수
국세청			800,000							1,200,000	
기타	1,961,900	400,000								4.본인	

② 자녀1(이연진)

자료구분	보험료				의료비					교육비	
	건강	고용	일반보장성	장애인전용	일반	실손	선천성이상아	난임	65세,장애인	일반	장애인특수
국세청			600,000								
기타											

③ 자녀2(이주원)

자료구분	보험료				의료비					교육비	
	건강	고용	일반보장성	장애인전용	일반	실손	선천성이상아	난임	65세,장애인	일반	장애인특수
국세청			550,000							2,200,000	
기타										1.취학전	

(2) 신용카드 등

내/외 관계	성명 생년월일	자료구분	신용카드	직불,선불	현금영수증	도서등 신용	도서등 직불	도서등 현금	전통시장	대중교통
내	이진원	국세청	19,500,000		3,500,000					
0	1984-11-19	기타								
내	김해수	국세청	6,180,000							
2	1956-09-10	기타								

(3) 의료비

의료비 공제대상자					지급처		지급명세						14.산후 조리원
성명	내/외	5.주민등록번호	6.본인등 해당여부	9.증빙 코드	8.상호	7.사업자 등록번호	10.건수	11.금액	11-1.실손 보험수령액	12.미숙아 선천성이상아	13.난임 여부		
이진원	내	841119-1889525	1	0	1				1,100,000	600,000	X	X	X
이연진	내	121111-4019381	3	X	1				1,500,000		X	X	X

(4) 기부금

① 기부금 입력(장모 김해수)

구분		9.기부내용	기부처		기부명세				자료 구분
7.유형	8.코드		10.상호 (법인명)	11.사업자 번호 등	건수	13.기부금합계 금액 (14+15)	14.공제대상 기부금액	15.기부장려금 신청금액	
종교	41	금전				800,000	800,000		국세청

② 기부금 조정 : 상단의 공제금액계산 클릭→불러오기→공제금액반영

41	일반기부금(종교) 당기			800,000	800,000	800,000	

③ 기부금조정(해당연도 공제 금액 반영)

구분		기부연도	16.기부금액	17.전년도까지 공제된금액	18.공제대상 금액(16-17)	해당연도 공제금액	해당연도에 공제받지 못한 금액	
유형	코드						소멸금액	이월금액
종교	41	2023	800,000		800,000	800,000		

(5) 연금저축 등

② 연금계좌 세액공제		- 연금저축계좌(연말정산입력 탭의 38.개인연금저축, 60.연금저축)			
연금저축구분	코드	금융회사 등	계좌번호(증권번호)	납입금액	공제대상금액
2.연금저축	304	(주) 우리은행	101-4588-200	2,000,000	2,000,000

3. 연말정산입력

상단 F8부양가족탭 불러오기 실행 후 기 입력된 화면을 불러온다.

[소득공제]		
1. 신용카드	① 신용카드 ② 현금영수증	25,680,000 3,500,000
[연금계좌세액공제]	연금저축	2,000,000
[특별세액공제]		
1. 보장성보험료	① 일반	1,950,000
2. 교육비	① 본 인 ② 취학전	1,200,000 2,200,000
3. 의료비	① 특정(본인) 실손보험금 600,000 차감 ② 일반	500,000 1,500,000
4. 기부금	① 종교단체	800,000

제101회 전산세무 2급

합격율	시험년월
34%	2022.04

■ 이 론

01. 다음 중 일반기업회계기준상 유가증권에 대한 설명으로 틀린 것은?

① 매도가능증권의 취득 시점에 제공한 대가 외의 매입수수료, 이전비용은 수수료로 처리한다.
② 단기매매증권이나 만기보유증권으로 분류되지 않는 유가증권은 매도가능증권으로 분류한다.
③ 매도가능증권을 공정가치로 평가함으로 인해 발생하는 평가손실은 당기손익에 영향을 미치지 않는다.
④ 만기보유증권은 보고기간종료일로부터 1년 내에 만기가 도래하는 경우 유동자산으로 분류할 수 있다.

02. 다음 중 판매비와관리비 항목이 아닌 것은?

① 회계팀 직원의 급여　　　　　　　② 영업팀 직원의 출장비
③ 총무팀의 사무용품 구입비용　　　④ 은행 대출 이자비용

03. 다음 중 수익의 인식에 관한 설명으로 옳지 않은 것은?

① 위탁판매의 경우 위탁자는 수탁자가 제3자에게 재화를 판매한 시점에 수익을 인식한다.
② 상품권의 경우 상품권을 회수하고 재화를 인도하는 시점에 수익을 인식한다.
③ 공연입장료의 경우 행사가 개최되는 시점에 수익을 인식한다.
④ 일반적인 상품 및 제품 판매의 경우 대금을 회수한 시점에 수익을 인식한다.

04. 다음 중 재무제표 작성에 대한 설명으로 틀린 것은?

① 재무제표는 경제적 사실과 거래의 실질을 반영하여 기업의 재무상태, 경영성과, 현금흐름 및 자본변동을 공정하게 표시하여야 한다.

② 중요한 항목은 재무제표의 본문이나 주석에 그 내용을 가장 잘 나타낼 수 있도록 구분하여 표시하며, 중요하지 않은 항목은 성격이나 기능이 유사한 항목과 통합하여 표시할 수 있다.

③ 재무제표는 이해하기 쉽도록 간단하고 명료하게 표시하여야 한다.

④ 사업결합 또는 사업중단 등에 의해 영업의 내용이 유의적으로 변경된 경우라도 재무제표의 기간별 비교가능성을 제고하기 위하여 재무제표 항목의 표시와 분류는 매기 동일하여야 한다.

05. 다음은 일반기업회계기준상 무형자산에 대한 설명이다. 옳지 않은 것은?

① 산업재산권, 개발비, 컴퓨터소프트웨어 등이 포함된다.

② 상각대상금액은 그 자산의 추정내용연수 동안 체계적인 방법을 사용하여 비용으로 배분하여야 한다.

③ 무형자산의 감가상각시 잔존가치는 취득가액의 10%로 한다.

④ 상각기간은 관계 법령이나 계약에 정해진 경우를 제외하고는 20년을 초과할 수 없다.

06. 다음 중 제조원가 항목이 아닌 것은?

① 생산시설 전기요금

② 공장건물에 대한 감가상각비

③ 판매직 사원의 특별상여금

④ 생산직 근로자의 연말상여금

07. 다음 중 원가 행태에 대한 설명으로 옳지 않은 것은?

① 조업도가 증가하면 변동원가 총액은 증가한다.

② 조업도가 증가하면 단위당 고정원가는 감소한다.

③ 조업도가 감소하면 단위당 변동원가는 증가한다.

④ 조업도와 관계없이 고정비 총액은 항상 일정하다.

08. 다음 중 보조부문 원가의 배분방법에 대한 설명으로 가장 옳지 않은 것은?

① 보조부문 원가의 배분방법 중 보조부문간의 용역수수관계를 완벽하게 고려하여 정확하게 계산하는 방법은 상호배분법이다.

② 단계배부법은 우선순위가 높은 보조부문의 원가를 우선순위가 낮은 보조부문에 먼저 배부하고, 배부를 끝낸 보조부문에는 다른 보조부문원가를 재배부하지 않는 방법이다.

③ 직접배분법은 보조부문 간에 일정한 배분순서를 결정한 다음 그 배분순서에 따라 보조부문 원가를 단계적으로 배분하는 방법이다.

④ 단계배분법은 보조부문 상호 간의 용역수수관계를 일부만 반영하는 방법이다.

09. ㈜동양의 원가 자료는 다음과 같다. 가공원가는 얼마인가?

• 직접재료원가 구입액 : 500,000원	• 직접재료원가 사용액 : 400,000원
• 직접노무원가 발생액 : 300,000원	• 변동제조간접원가 발생액 : 800,000원
• 변동제조간접원가는 총제조간접원가의 50%이다.	

① 1,100,000원　　　　　　　　　② 1,300,000원

③ 1,800,000원　　　　　　　　　④ 1,900,000원

10. 다음 중 개별원가계산과 종합원가계산에 대한 설명으로 틀린 것은?

① 개별원가계산은 직접재료비, 직접노무비, 제조간접비로 구분하여 작업원가표에 집계한다.

② 개별원가계산 중 실제배부율과 예정배부율의 구분은 제조간접비와 관련된 문제이다.

③ 종합원가계산은 당기총제조원가를 당기 중에 생산된 완성품환산량으로 나누어 완성품환산량 단위당원가를 계산한다.

④ 종합원가계산은 소량으로 주문생산하는 기업의 원가계산에 적합하고, 개별원가계산에 비해서 제품별 원가계산이 보다 정확하다.

11. 다음은 부가가치세법상 부수 재화 및 부수 용역의 공급에 관한 사례이다. 다음 중 부가가치세가 면세되는 것은?

① 조경공사업체가 조경공사에 포함하여 수목을 공급하는 경우

② TV를 판매한 업체가 그 A/S 용역을 제공하는 경우

③ 은행에서 업무에 사용하던 차량을 매각한 경우

④ 악기 도매업자가 피아노와 함께 피아노 의자를 공급한 경우

12. 다음 중 부가가치세법상 환급에 관한 설명으로 옳지 않은 것은?

① 예정신고 시 일반환급세액은 환급되지 않는다.

② 조기환급은 조기환급신고기한 경과 후 15일 이내에 관할 세무서장이 신고한 사업자에게 환급하여야 한다.

③ 조기환급을 신고할 때에는 조기환급기간의 매출은 제외하고 매입만 신고할 수 있다.

④ 사업자가 사업 설비를 취득하였다면 조기환급을 신고할 수 있다.

13. 다음 중 부가가치세법상 세금계산서에 관한 설명으로 옳지 않은 것은?

① 세금계산서 발급 후 계약의 해제로 재화가 공급되지 않아 수정세금계산서를 작성하고자 하는 경우 그 작성일은 처음에 발급한 세금계산서의 작성일을 기입한다.

② 세금계산서의 발급의무자는 부가가치세가 과세 대상 재화 또는 용역을 공급하는 사업자이다.

③ 세금계산서는 공급하는 사업자가 공급자 보관용과 공급받는 자 보관용 2매를 작성하여 공급받는 자 보관용을 거래상대방에게 교부한다.

④ 세금계산서란 과세사업자가 재화 또는 용역을 공급할 때 부가가치세를 거래징수하고 그 거래 사실을 증명하기 위하여 공급받는 자에게 발급하는 것이다.

14. 다음 중 소득세법상 과세기간에 대한 설명으로 옳지 않은 것은?

① 거주자가 사망 또는 국외 이주한 경우를 제외한 소득세의 과세기간은 1월 1일부터 12월 31일까지 1년으로 한다.

② 거주자가 사망한 경우의 과세기간은 1월 1일부터 사망한 날이 속하는 달의 말일까지로 한다.

③ 소득세법은 과세기간을 임의로 설정하는 것을 허용하지 않는다.

④ 거주자가 국외로 이주하여 비거주자가 되는 경우의 과세기간은 1월 1일부터 출국한 날까지로 한다.

15. 다음 중 소득세법상 결손금과 이월결손금에 관한 내용으로 틀린 것은?

① 이월결손금은 해당 결손금이 발생한 과세기간으로부터 10년간 이월 공제한다.

② 해당 과세기간의 소득금액에 대하여 추계신고를 할 때에는 이월결손금 공제가 원칙적으로 불가능하다.

③ 부동산임대업(주거용 건물 임대업 제외)에서 발생한 이월결손금은 부동산임대업 외의 일반적인 사업소득에서 공제할 수 없다.

④ 해당 과세기간에 결손금이 발생하고 이월결손금이 있는 경우에는 그 과세기간의 결손금을 우선 공제하고 이월결손금을 공제한다.

실 무

동양㈜(2101)은 제조·도소매업을 영위하는 중소기업으로, 당기의 회계기간은 20x1.1.1.~
20x1.12.31.이다. 전산세무회계 수험용 프로그램을 이용하여 다음 물음에 답하시오.

문제 1 다음 거래를 일반전표입력 메뉴에 추가 입력하시오.(15점)

[1] 02월 06일 영업부는 제품광고료에 대한 미지급금 352,000원(부가가치세 포함)을 조아일보에 전액
보통예금 계좌에서 이체하여 지급하였다. (3점)

[2] 04월 15일 당사의 법인 거래처인 ㈜서울로부터 기계장치를 무상으로 받았다. 기계장치의 공정가치
는 5,000,000원이다. (3점)

[3] 05월 30일 영업부 직원들에 대한 확정급여형(DB형) 퇴직연금 납입액 10,000,000원과 퇴직연금운
용수수료 550,000원을 보통예금 계좌에서 이체하였다. (3점)

[4] 07월 12일 뉴욕은행으로부터 전년도에 차입한 외화장기차입금 $50,000를 우리은행 보통예금 계좌
에서 이체하여 상환하였다. (3점)

| · 20x0년 12월 31일 기준환율 : ₩1,192/$ | · 20x1년 7월 12일 기준환율 : ₩1,150/$ |

[5] 09월 15일 전기에 ㈜대산실업의 파산으로 인하여 대손 처리하였던 외상매출금 1,100,000원(부가
가치세 포함, 대손세액공제 받음)을 전액 현금으로 회수하였다. (3점)

문제 2 다음 거래자료를 매입매출전표입력 메뉴에 추가로 입력하시오.(15점)

[1] 07월 19일　대표이사인 김연우가 자택에서 사용할 목적으로 ㈜하이마트에서 TV를 9,900,000원(부가가치세 포함)에 구입하고, 당사 명의로 전자세금계산서를 발급받았다. 대금은 당사의 당좌수표를 발행하여 지급하였으며, 사업 무관 비용은 대표이사 김연우의 가지급금으로 처리한다. (3점)

[2] 07월 28일　㈜동북으로부터 공급받았던 원재료 중 품질에 문제가 있는 일부를 반품하였다(회계처리는 외상매입금 계정과 상계하여 처리하기로 하며, 분개 금액은 (−)로 표시할 것). (3점)

전자세금계산서						승인번호	20220728 − 610352 − 1235415		
공급자	사업자 등록번호	117 − 81 − 64562	종사업장 번호		공급받는자	사업자 등록번호	131 − 81 − 35215	종사업장 번호	
	상호 (법인명)	㈜동북	성명 (대표자)	김동북		상호 (법인명)	동양㈜	성명 (대표자)	김연우
	사업장 주소	인천시 계양구 작전동 60 − 8				사업장 주소	서울시 영등포구 여의대로 128		
	업태	제조, 도소매	종목	전자제품		업태	제조, 도소매	종목	전자제품
	이메일					이메일			
작성일자		공급가액		세액		수정사유			
20x1.07.28.		−3,000,000원		−300,000원		일부 반품			
비고									

월	일	품목	규격	수량	단가	공급가액	세액	비고
7	28	원재료				−3,000,000원	−300,000원	

합계금액	현금	수표	어음	외상미수금	이 금액을 **청구** 함
−3,300,000원				−3,300,000원	

[3] 08월 01일　공장에서 사용할 목적으로 ㈜협성과 기계장치 구매계약을 체결하고 계약금 5,500,000원(부가가치세 포함)을 우리카드로 결제하였다(미지급금으로 회계처리하시오). (3점)

[4] 08월 12일　영업에 사용하던 차량을 매각하고 아래와 같이 전자세금계산서를 발급하였다. 해당 차량의 취득가액은 30,000,000원이며, 매각 당시 감가상각누계액은 12,000,000원이다. (3점)

전자세금계산서						승인번호	20220812 – 6102352 – 1235415		
공급자	사업자 등록번호	131 – 81 – 35215	종사업장 번호		공급받는자	사업자 등록번호	160 – 81 – 21214	종사업장 번호	
	상호 (법인명)	동양㈜	성명 (대표자)	김연우		상호 (법인명)	㈜서울	성명 (대표자)	이박사
	사업장 주소	서울시 영등포구 여의대로 128				사업장 주소	서울시 관악구 양녕로6나길 1		
	업태	제조, 도소매업	종목	전자제품		업태	도소매업	종목	전자제품
	이메일					이메일			

작성일자	공급가액	세액	수정사유		
20x1.08.12.	13,000,000원	1,300,000원	해당 없음		
비고					

월	일	품목	규격	수량	단가	공급가액	세액	비고
08	12	차량운반구		1	13,000,000원	13,000,000원	1,300,000원	

합계금액	현금	수표	어음	외상미수금	이 금액을	**영수** **청구**	함
14,300,000원	2,000,000원			12,300,000원			

[5] 08월 16일　최종소비자인 개인 김전산씨에게 세금계산서나 현금영수증을 발행하지 아니하고 제품을 판매하다. 대금 880,000원(부가가치세 포함)은 당일 보통예금 계좌로 입금되었다. (3점)

부가가치세신고와 관련하여 다음 물음에 답하시오.(10점)

[1] 아래의 자료를 이용하여 당사의 제2기 부가가치세 확정신고기간(10.1.~12.31.)의 [수출실적명세서]를 작성하시오(단, 매입매출전표입력은 생략한다). (3점)

- 미국 스탠포드사에 제품 $20,000를 직수출하고 대금은 20x1년 10월 5일 외화로 받은 즉시 원화로 환가하였다. 수출신고일은 20x1년 10월 12일, 선적일은 10월 14일로 각각 확인되었다. 수출신고번호는 11122 – 33 – 4444444이다.
- 독일 비머사에 €50,000의 원자재를 직수출하였다. 수출신고일은 11월 5일, 통관일은 11월 9일, 선적일은 11월 11일이다. 수출신고번호는 22211 – 33 – 4444444이다.
- 일자별 기준환율은 다음과 같다.

구분	20x1.10.05.	20x1.10.12.	20x1.10.14.	20x1.11.05.	20x1.11.09.	20x1.11.11.
EUR(€1당)	1,300원	1,350원	1,320원	1,360원	1,310원	1,400원
USD($1당)	1,190원	1,200원	1,180원	1,120원	1,170원	1,210원

[2] 기존의 입력된 자료 또는 불러온 자료는 무시하고 아래의 자료를 이용하여 20x1년 제1기 확정신고기간 (4월~6월)의 [부가가치세신고서]를 작성하시오. 세부담 최소화를 가정하고, 부가가치세신고서 외의 과세 표준명세 등 기타 부속서류의 작성은 생략한다. 단, 제시된 자료 외의 거래는 없으며, 세액공제를 받기 위하여 전자신고를 할 예정이다. (5점)

매출자료	• 전자세금계산서 발급 과세 매출액 : 200,000,000원(부가가치세 별도) • 신용카드 매출액 : 33,000,000원(부가가치세 포함) • 현금영수증 매출액 : 22,000,000원(부가가치세 포함) • 직수출액 : 20,000,000원 • 20x0년 제2기 부가가치세 확정신고 시 대손세액공제를 받았던 외상매출금 22,000,000원 (부가가치세 포함)을 전액 회수하였다. • 20x1년 4월 5일에 소멸시효 완성된 ㈜성담에 대한 외상매출금 : 11,000,000원(부가가치세 포함)
매입자료	• 세금계산서 수취분 매입액 : 120,000,000원(부가가치세 별도) – 세금계산서 수취분 매입액 중 100,000,000원(부가가치세 별도)은 과세 상품의 구매와 관련한 매입액이며, 20,000,000원(부가가치세 별도)은 토지의 자본적지출 관련 매입액이다. • 20x1년 제1기 예정신고 시 누락된 세금계산서 수취분 매입액 : 10,000,000원(부가가치세 별도) • 20x1년 제1기 예정신고 시 미환급된 세액 : 1,000,000원

[3] 다음의 자료를 이용하여 20x1년 제1기 부가가치세 예정신고기간(1월~3월)의 [부가가치세신고서]와 관련 부속서류를 전자신고하시오. (2점)

1. 부가가치세신고서와 관련 부속서류는 마감되어 있다.
2. [전자신고] → [국세청 홈택스 전자신고변환(교육용)] 순으로 진행한다.
3. 전자신고용 전자파일 제작 시 신고인 구분은 2.납세자 자진신고로 선택하고, 비밀번호는 "**12341234**"로 입력한다.
4. 전자신고용 전자파일 저장경로는 로컬디스크(C:)이며, 파일명은 "**enc작성연월일.101.v1318135215**"이다.
5. 최종적으로 국세청 홈택스에서 [전자파일 제출하기]를 완료한다.

문제 4   다음 결산자료를 입력하여 결산을 완료하시오.(15점)

[1] 미국에 소재한 거래처 TSLA와의 거래로 발생한 외화외상매입금 36,300,000원($30,000)이 계상되어 있다(결산일 현재 기준환율 : 1,150원/$). (3점)

[2] 아래의 자료를 이용하여 정기예금에 대한 당기 기간경과분 이자에 대한 회계처리를 하시오(단, 월할 계산할 것). (3점)

• 예금금액 : 200,000,000원	• 가입기간 : 20x1.07.01.~20x2.06.30.
• 연이자율 : 2%	• 이자수령시점 : 만기일(20x2.06.30.)에 일시불 수령

[3] 기존에 입력된 데이터는 무시하고 제2기 확정신고기간의 부가가치세와 관련된 내용이 다음과 같다고 가정한다. 12월 31일 부가세예수금과 부가세대급금을 정리하는 회계처리를 하시오. 단, 납부세액(또는 환급세액)은 미지급세금(또는 미수금)으로, 경감세액은 잡이익으로, 가산세는 세금과공과(판)로 회계처리한다. (3점)

• 부가세대급금 21,400,000원	• 부가세예수금 15,450,000원
• 전자신고세액공제액 : 10,000원	• 전자세금계산서 미발급가산세 : 40,000원

[4] 기말 현재 보유 중인 감가상각 대상 자산은 다음과 같다. (3점)

• 계정과목 : 소프트웨어	• 취득원가 : 23,000,000원	
• 내용연수 : 5년	• 취득일자 : 20x0.03.01.	• 상각방법 : 정액법

[5] 20x2년 2월 15일에 열린 주주총회에서 미처분이익잉여금으로 현금배당 100,000,000원과 주식배당 10,000,000원을 지급하기로 결의하였다. 처분 예정된 배당내역과 이익준비금(적립률 10%)을 고려하여 당기 이익잉여금처분계산서를 작성하고, 회계처리를 하시오. 단, 당기순이익 금액은 무시한다. (3점)

문제 5 20x1년 귀속 원천징수자료와 관련하여 다음의 물음에 답하시오.(15점)

[1] 다음은 영업부 소속인 김정산(사번 : 1) 사원의 급여 관련 자료이다. 이를 참조하여 아래의 내용대로 수당 및 공제항목을 추가 등록하고, 20x1년 5월분 급여자료를 입력하시오. (5점)

1. 김정산의 급여지급일은 매월 25일이다.
2. 5월의 급여 지급내역은 다음과 같으며, 모두 월정액에 해당한다. 비과세로 인정받을 수 있는 항목은 최대한 반영하기로 한다.

> • 기본급 : 2,800,000원
> • 식대 : 100,000원(중식으로 별도의 현물식사를 제공하지 않음)
> • 자가운전보조금 : 200,000원(본인 명의의 배기량 2,000cc의 비영업용 소형승용차를 업무에 사용)
> • 야간근로수당 : 100,000원
> • 육아수당 : 100,000원(만 6세의 자녀가 있음)
> • 체력단련수당 : 90,000원
> • 출근수당 : 80,000원(원거리 출 · 퇴근자에게 지급함)

3. 5월 급여에서 공제할 항목은 다음과 같다.

> | | |
> |---|---|
> | • 국민연금 : 138,150원 | • 건강보험료 : 105,300원 |
> | • 고용보험료 : 24,560원 | • 장기요양보험료 : 12,920원 |
> | • 소득세 : 89,980원 (지방소득세 : 8,990원) | • 주차비 : 100,000원 (공제소득유형 : 기타) |

4. 사용하는 수당 및 공제 이외의 항목은 사용여부를 "부"로 체크한다.

[2] 영업부 소속 사원 유재호(730403 – 1234567, 사번코드 : 103, 입사일 : 2001년 12월 14일, 총급여액 : 53,000,000원, 세대주)의 연말정산 관련 자료는 다음과 같다. 세부담이 최소화되도록 [연말정산추가자료입력] 메뉴에서 각각의 탭에 입력하여 최종적으로 [연말정산입력]탭에 반영하시오. 단, 모든 자료는 국세청 연말정산간소화서비스를 통해 조회한 자료이다. (10점)

1. 국세청 연말정산간소화서비스 자료

항목	내용
보험료	• 자동차 보험료 : 750,000원 (계약자 : 유재호, 피보험자 : 유재호) • 일반보장성 보험료 : 1,000,000원 (계약자 : 배우자, 피보험자 : 배우자), 250,000원 (계약자 : 유재호, 피보험자 : 자녀)
의료비	• 어머니 질병 치료목적 병원비 : 5,000,000원(유재호의 신용카드로 결제) • 어머니 보약 구입 비용(건강증진목적) : 700,000원 • 배우자 라식수술비용(시력 보정용) : 1,200,000원
교육비	• 자녀 유치원비 : 1,000,000원
기부금	• 본인 종교단체 기부금 : 1,200,000원
신용카드 등 사용액	• 본인 신용카드 : 12,000,000원 　– 유재호 본인의 신용카드 사용액에는 의료비 지출액 중 신용카드로 결제한 어머니의 병원비 5,000,000원과 대중교통이용분 1,000,000원이 포함되어 있다. • 배우자 신용카드 : 5,000,000원(대중교통이용분 300,000원 포함) ☞ **신용카드사용의 당해연도 소비증가는 없다고 가정한다.**

2. 부양가족 추가자료

관계	이름	주민등록번호	비고
어머니(母)	김순자	541203 – 2284322	부동산임대소득금액 12,000,000원, 생계를 같이함
배우자(妻)	김미나	750822 – 2184326	소득 없음
자녀(子)	유제니	160203 – 3954111	소득 없음, 유치원생

제101회 전산세무2급 답안 및 해설

이 론

1	2	3	4	5	6	7	8	9	10	11	12	13	14	15
①	④	④	④	③	③	③	③	④	④	③	③	①	②	①

01. 매도가능증권의 취득 시점에 제공한 대가 <u>외의 매입수수료, 이전비용 등은 취득원가에 가산</u>한다.

02. 은행 대출 이자비용은 영업외비용이다.

03. 일반적인 상품 및 <u>제품 판매는 재화의 인도시점에 수익을 인식</u>한다.

04. 재무제표의 기간별 비교가능성을 제고하기 위하여 재무제표 항목의 표시와 분류는 다음의 경우를 제외하고는 매기 동일하여야 한다.

　(1) 일반기업회계기준에 의하여 재무제표 항목의 표시와 분류의 변경이 요구되는 경우

　(2) <u>사업결합 또는 사업중단 등에 의해 영업의 내용이 유의적으로 변경</u>된 경우

　(3) 재무제표 항목의 표시와 분류를 변경함으로써 기업의 재무정보를 더욱 적절하게 전달할 수 있는 경우

05. <u>무형자산의 잔존가치는 없는 것을 원칙</u>으로 한다.

06. 판매직 사원의 특별상여금은 판매비와관리비이다.

07. <u>조업도 증감과 관계없이 단위당 변동원가는 일정</u>하다.

08. 단계배분법에 대한 설명이다.

09. 제조간접원가 = 변동제조간접원가(800,000) + 고정제조간접원가(800,000) = 1,600,000원

　가공원가 = 직접노무원가(300,000) + 제조간접원가(1,600,000) = 1,900,000원

10. <u>개별원가계산이 종합원가계산에 비해서 제품별 원가계산이 보다 정확</u>하다.

11. 주된 사업에 부수되는 재화 또는 용역의 공급으로서 주된 사업(은행업)과 관련하여 우연히 또는 일시적으로 공급되는 재화(차량) 또는 용역의 공급은 별도의 공급으로 보되, 과세 및 면세 여부 등은 <u>주된 사업의 과세 및 면세 여부 등</u>을 따른다.

12. 조기환급을 신고할 때에는 <u>조기환급기간의 매출 및 매입을 모두 포함하여 신고</u>하여야 한다.

13. 계약의 해제로 재화 또는 용역이 공급되지 아니한 경우 : <u>계약이 해제된 때에 그 작성일은 계약해제일로 적고 비고란에 처음 세금계산서 작성일을 덧붙여 적은</u> 후 붉은색 글씨로 쓰거나 음(陰)의 표시를 하여 <u>발급작성일은 계약해제일로 적는</u>다.

14. 거주자가 <u>사망한 경우의 과세기간은 1월 1일부터 사망한 날</u>까지로 한다.

15. <u>2020.1.1. 이후 개시하는 과세기간에 발생한 결손금부터는 15년간 이월공제</u>한다.

실 무

문제 1　일반전표입력

[1] (차) 미지급금(조아일보)　　　352,000　(대) 보통예금　　　　　　　352,000

[2] (차) 기계장치　　　　　　5,000,000　(대) 자산수증이익　　　5,000,000

[3] (차) 퇴직연금운용자산　10,000,000　(대) 보통예금　　　　　10,550,000
　　　　수수료비용(판)　　　550,000

[4] (차) 외화장기차입금(뉴욕은행)　59,600,000　(대) 보통예금　　　　57,500,000
　　　　　　　　　　　　　　　　　　　　　　　　　외환차익　　　　2,100,000
　　☞외환차손익(부채) = 상환가액($50,000×1,150/$) − 장부가액($50,000×1,192/$) = △2,100,000원(이익)

[5] (차) 현금　　　　　　　1,100,000　(대) 대손충당금(109)　　1,000,000
　　　　　　　　　　　　　　　　　　　　부가세예수금　　　　100,000

문제 2　매입매출전표입력

문항	일자	유형	공급가액	부가세	거래처	전자세금
[1]	7/19	54.불공(2)	9,000,000	900,000	㈜하이마트	여
분개유형		(차) 가지급금(김연우)　9,900,000　(대) 당좌예금				9,900,000
혼합						

문항	일자	유형	공급가액	부가세	거래처	전자세금
[2]	7/28	51.과세	−3,000,000	−300,000	㈜동북	여
분개유형		(차) 매입환출및에누리　−3,000,000　(대) 외상매입금(㈜동북)				−3,300,000
외상(혼합)		(원재료)				
		부가세대급금　　−300,000				

문항	일자	유형	공급가액	부가세	거래처	신용카드
[3]	8/1	57.카과	5,000,000	500,000	㈜협성	우리카드
분개유형		(차) 선급금(㈜협성)　5,000,000　(대) 미지급금(우리카드)				5,500,000
혼합(카드)		부가세대급금　　500,000				

문항	일자	유형	공급가액	부가세	거래처	전자세금
[4]	8/12	11.과세	13,000,000	1,300,000	㈜서울	여
분개유형		(차) 미수금(㈜서울)　　12,300,000　(대) 차량운반구				30,000,000
		현금　　　　　2,000,000　　부가세예수금				1,300,000
혼합		감가상각누계액(차량)　12,000,000				
		유형자산처분손실　5,000,000				
☞처분손익 = 처분가액(13,000,000) − 장부가액(30,000,000 − 12,000,000) = △5,000,000원(손실)						

문항	일자	유형	공급가액	부가세	거래처	전자
[5]	8/16	14.건별	800,000	80,000	김전산	–
분개유형		(차) 보통예금	880,000 (대) 제품매출			800,000
혼합			부가세예수금			80,000

문제 3 부가가치세

[1] 수출실적명세서(10~12월)

구분	건수	외화금액	원화금액	비고
⑨합계	2	70,000.00	93,800,000	
⑩수출재화[=⑫합계]	2	70,000.00	93,800,000	
⑪기타영세율적용				

No		(13)수출신고번호	(14)선(기)적일자	(15)통화코드	(16)환율	금액		전표정보	
						(17)외화	(18)원화	거래처코드	거래처명
1		11122-33-4444444	20×1-10-14	USD	1,190.0000	20,000.00	23,800,000	00243	미국 스탠포드사
2		22211-33-4444444	20×1-11-11	EUR	1,400.0000	50,000.00	70,000,000	00244	독일 비머사

☞ 수출실적명세서상 선적일자는 실제 선(기)적일 지개하며 적용환율은 환가일과 선적일 중 빠른 환율을 기재합니다.

[2] 부가가치세 신고서(4~6월)

1. 과세표준 및 매출세액

구분				정기신고금액		
				금액	세율	세액
과세표준및매출세액	과세	세금계산서발급분	1	200,000,000	10/100	20,000,000
		매입자발행세금계산서	2		10/100	
		신용카드·현금영수증발행분	3	50,000,000	10/100	5,000,000
		기타(정규영수증외매출분)	4		10/100	
	영세	세금계산서발급분	5		0/100	
		기타	6	20,000,000	0/100	
	예정신고누락분		7			
	대손세액가감		8			1,000,000
	합계		9	270,000,000	㉓	26,000,000

☞ 대손세액공제 받았던 외상매출금회수=(22,000,000－11,000,000)×10/110=1,000,000원(가산)

2. 매입세액

매입세액	세금계산서수취분	일반매입	10	120,000,000		12,000,000
		수출기업수입분납부유예	10			
		고정자산매입	11			
	예정신고누락분		12	10,000,000		1,000,000
	매입자발행세금계산서		13			
	그 밖의 공제매입세액		14			
	합계(10)-(10-1)+(11)+(12)+(13)+(14)		15	130,000,000		13,000,000
	공제받지못할매입세액		16	20,000,000		2,000,000
	차감계 (15-16)		17	110,000,000	㉯	11,000,000
납부(환급)세액(매출세액㉓-매입세액㉯)					㉰	15,000,000

☞ 고정자산매입란은 감가상각자산에 한해서 기재합니다. 토지관련 매입세액은 일반매입란에 기재합니다.

구분		금액	세율	세액
16.공제받지못할매입세액				
공제받지못할 매입세액	50	20,000,000		2,000,000
공통매입세액면세등사업분	51			

3. 납부할세액 : 13,990,000원(전자신고세액공제 10,000원)

– 예정신고미환급세액 : 1,000,000원 입력

[3] 홈택스 부가가치세전자신고(예정신고 1~3월)

1. 전자신고파일생성	1. 신고서 작성 및 마감
	2. 전자신고서 제작(비밀번호 입력)
	3. C드라이브에 파일(파일명 메모)이 생성
2. 홈택스 전자신고	1. 전자신고파일 불러오기
	2. 형식검증하기(비밀번호 입력)→확인
	3. 내용검증하기→확인
	4. 전자파일 제출
	5. 접수증 확인

문제 4　결산

[1]　[수동결산]

(차) 외상매입금(TSLA) 　　　1,800,000 (대) 외화환산이익 　　　1,800,000

　☞ 환산손익(부채) = 공정가액($30,000×1,150원/$) – 장부금액(36,300,000)원 = 1,800,000원

[2]　[수동결산]

(차) 미수수익 　　　2,000,000 (대) 이자수익 　　　2,000,000

　☞ 미수수익 = 2억×2%×6개월/12개월 = 2,000,000원

[3]　[수동결산]

(차) 부가세예수금 　　　15,450,000 (대) 부가세대급금 　　　21,400,000

　　세금과공과(판) 　　　40,000 　　　잡이익 　　　10,000

　　미수금 　　　5,920,000

[4]　[수동/자동결산]

(차) 무형자산상각비 　　　4,600,000 (대) 소프트웨어 　　　4,600,000

또는 [결산자료입력]>F7 감가상각>소프트웨어 결산반영금액 4,600,000원>결산반영

　　　　　　>F3 전표추가

　☞ 무형자산상각비 = 취득가액(23,000,000원)÷내용연수(5년) = 4,600,000원/년

[5] [이익잉여금처분계산서] (당기처분예정일 20x2.2.15, 전기처분확정일 20x1.2.25)
- 가. 현금배당>미지급배당금 : 100,000,000원 입력
- 나. 주식배당>미교부주식배당금 : 10,000,000원 입력>F6 전표추가

과목		계정과목명	당기		전기	
			금액		금액	
Ⅰ.미처분이익잉여금				1,192,698,904		777,347,620
1.전기이월미처분이익잉여금			777,347,620			
2.회계변경의 누적효과	0369	회계변경의누적효과			758,000,000	
3.전기오류수정이익	0370	전기오류수정이익				
4.전기오류수정손실	0371	전기오류수정손실				
5.중간배당금	0372	중간배당금				
6.당기순이익			415,351,284		19,347,620	
Ⅱ.임의적립금 등의 이입액						
1.						
2.						
합계				1,192,698,904		777,347,620
Ⅲ.이익잉여금처분액				120,000,000		
1.이익준비금	0351	이익준비금	10,000,000			
2.재무구조개선적립금	0354	재무구조개선적립금				
3.주식할인발행차금상각액	0381	주식할인발행차금				
4.배당금			110,000,000			
가.현금배당	0265	미지급배당금	100,000,000			
주당배당금(률)		보통주				
		우선주				
나.주식배당	0387	미교부주식배당금	10,000,000			
주당배당금(률)		보통주				
		우선주				
5.사업확장적립금	0356	사업확장적립금				
6.감채적립금	0357	감채적립금				
7.배당평균적립금	0358	배당평균적립금				
8.기업합리화적립금	0352	기업합리화적립금				
Ⅳ.차기이월미처분이익잉여금				1,072,698,904		777,347,620

상단의 F6 전표추가 기능통한 자동분개를 반드시 생성하여야 한다.

문제 5 원천징수

[1] 급여자료 입력

1. 수당공제등록

(1) 수당등록(비과세 : 식대,자가운전보조금,야간근로수당,육아수당)

No	코드	과세구분	수당명	근로소득유형			월정액	통상임금	사용여부
				유형	코드	한도			
1	1001	과세	기본급	급여			정기	여	여
2	1002	과세	상여	상여			부정기	부	부
3	1003	과세	직책수당	급여			정기	부	부
4	1004	과세	월차수당	급여			정기	부	부
5	1005	비과세	식대	식대	P01	(월)200,000	정기	부	여
6	1006	비과세	자가운전보조금	자가운전보조금	H03	(월)200,000	정기	부	여
7	1007	비과세	야간근로수당	야간근로수당	O01	(년)2,400,000	정기	부	여
8	2001	비과세	육아수당	육아수당	Q01	(월)200,000	정기	부	여
9	2002	과세	체력단련수당	급여			정기	부	여
10	2003	과세	출근수당	급여			정기	부	여

(2) 공제등록 : 주차비 추가 등록

수당등록	공제등록			▲
No	코드	공제항목명	공제소득유형	사용여부
1	5001	국민연금	고정항목	여
2	5002	건강보험	고정항목	여
3	5003	장기요양보험	고정항목	여
4	5004	고용보험	고정항목	여
5	5005	학자금상환	고정항목	부
6	9994	소득세	고정항목	여
7	9995	지방소득세	고정항목 공제소득유형코드를 입력하세요(코드도움 : F2).	여
8	9996	농특세	고정항목	여
9	9997	연말정산소득세	고정항목	여
10	9998	연말정산지방소득세	고정항목	여
11	9999	연말정산농특세	고정항목	여
12	9991	중도정산소득세	고정항목	여
13	9992	중도정산지방소득세	고정항목	여
14	6001	주차비	기타	여
15				

2. 급여자료입력(김정산 – 사무직, 귀속년월 5월, 지급년월일 5월 25일)

□	사번	사원명	감면율	급여항목	금액	공제항목	금액
■	1	김정산		기본급	2,800,000	국민연금	138,150
□	103	유재호		식대	100,000	건강보험	105,300
□				자가운전보조금	200,000	장기요양보험	12,920
□				야간근로수당	100,000	고용보험	24,560
□				육아수당	100,000	주차비	100,000
□				체력단련수당	90,000	소득세(100%)	89,980
□				출근수당	80,000	지방소득세	8,990
□						농특세	
□							
□				과　　세	3,070,000		
□				비 과 세	400,000	공 제 총 액	479,900
	총인원(퇴사자)	2(0)		지 급 총 액	3,470,000	차 인 지 급 액	2,990,100

☞비과세금액 = 식대(100,000) + 자가운전보조금(200,000) + 육아수당(100,000) = 400,000원

야간근로수당은 비과세수당으로 근로자의 비과세 요건 충족 여부에 따라 비과세 적용여부를 프로그램이 자동으로 구분하므로 야간근로수당을 과세수당과 비과세수당으로 구분하여 이중등록하는 것은 틀린 방법입니다.

[2] 연말정산(유재호)

1. [부양가족] 탭

(1) 인적공제

관계	요 건		기본 공제	추가 (자녀)	판　　단
	연령	소득			
본인(세대주)	–	–	○		
모(71)	○	×	부		사업소득금액 1백만원 초과자
배우자	–	○	○		
자(9)	○	○	○	자녀	

2. [연말정산입력]

항 목	요건		내역 및 대상여부	입력
	연령	소득		
보 험 료	○ (×)	○	•본인 자동차보험료 •배우자 일반보장성보험료 •자녀 일반보장성보험료	○(일반 750,000) ○(일반 1,000,000) ○(일반 250,000)
의 료 비	×	×	•모친 질병치료비(신용카드 중복공제) •모친 건강목적 보약은 제외 •배우자 라식수술비용(치료 목적)	○(65세 5,000,000) × ○(일반 1,200,000)
교 육 비	×	○	•자녀 유치원비	○(취학전 1,000,000)
기부금	×	○	•본인 종교단체 기부	○(종교단체 1,200,000)
신용카드	×	○	•본인 신용카드외 •배우자 신용카드외	○(대중 1,000,000 　신용 11,000,000) ○(대중 300,000 　신용 4,700,000)

(1) 부양가족탭 : 보험료 및 교육비 입력
① 본인(유재호)

자료구분	보험료				의료비					교육비	
	건강	고용	일반보장성	장애인전용	일반	실손	선천성이상아	난임	65세,장애인	일반	장애인특수
국세청			750,000								
기타	2,079,550	424,000									

② 배우자(김미나)

자료구분	보험료				의료비					교육비	
	건강	고용	일반보장성	장애인전용	일반	실손	선천성이상아	난임	65세,장애인	일반	장애인특수
국세청			1,000,000								
기타											

③ 자녀(유제니)

자료구분	보험료				의료비					교육비	
	건강	고용	일반보장성	장애인전용	일반	실손	선천성이상아	난임	65세,장애인	일반	장애인특수
국세청			250,000							1,000,000	
기타										1.취학전	

(2) 신용카드 등

내/외 관계	성명 생년월일	자료 구분	신용카드	직불,선불	현금영수증	도서등 신용	도서등 직불	도서등 현금	전통시장	대중교통
내	유재호	국세청	11,000,000							1,000,000
0	1973-04-03	기타								
내	김순자	국세청								
1	1954-12-03	기타								
내	김미나	국세청	4,700,000							300,000
3	1975-08-22	기타								

(3) 의료비

의료비 공제대상자			6.본인등해당여부	9.증빙코드	지급처		10.건수	지급명세					14.산후조리원
성명	내/외	5.주민등록번호			8.상호	7.사업자등록번호		11.금액	11-1.실손보험수령핵	12.미숙아선천성이상아	13.난임여부		
김순자	내	541203-2284322	2 0	1				5,000,000		X	X		X
김미나	내	750822-2184326	3 X	1				1,200,000		X	X		X

(4) 기부금

① 기부금 입력(본인 유재호)

구분		9.기부내용	기부처		건수	기부명세			자료구분
7.유형	8.코드		10.상호(법인명)	11.사업자번호 등		13.기부금합계금액 (14+15)	14.공제대상기부금액	15.기부장려금신청금액	
종교	41	금전				1,200,000	1,200,000		국세청

② 기부금 조정 : 상단의 공제금액계산 클릭→불러오기→공제금액반영

41	일반기부금(종교) 당기	1,200,000	1,200,000	1,200,000	180,000

④ 기부금조정(해당연도 공제 금액 반영)

구분		기부연도	16.기부금액	17.전년도까지공제된금액	18.공제대상금액(16-17)	해당연도공제금액	해당연도에 공제받지 못한 금액	
유형	코드						소멸금액	이월금액
종교	41	20×1	1,200,000		1,200,000	1,200,000		

3. 연말정산입력

상단 F8부양가족탭 불러오기 실행 후 기 입력된 화면을 불러온다.

[소득공제]		
1. 신용카드	① 신용카드	15,700,000
	② 대중교통	1,300,000
[특별세액공제]		
1. 보장성보험료	① 일반	2,000,000
2. 교육비	① 취학전	1,000,000
3. 의료비	① 특정(장애, 65세 이상, 산정특례자, 6세 이하)	5,000,000
	② 일반	1,200,000
4. 기부금	① 종교단체	1,200,000

제100회 전산세무 2급

합격율	시험년월
35%	2022.02

이 론

01. 아래의 자료를 이용하여 20x2년 매도가능증권처분손익을 구하면 얼마인가?

- 20x1년 07월 05일 : 매도가능증권 1,000주를 주당 5,000원에 취득하였다.
- 20x1년 12월 31일 : 매도가능증권을 기말 공정가치로 평가하고,
  매도가능증권평가이익 1,000,000원을 인식하였다.
- 20x2년 02월 01일 : 매도가능증권 100주를 주당 3,000원에 처분하였다.

① 매도가능증권처분이익 100,000원
② 매도가능증권처분손실 100,000원
③ 매도가능증권처분이익 200,000원
④ 매도가능증권처분손실 200,000원

02. 다음 중 수익인식시기에 대한 설명으로 가장 틀린 것은?

① 위탁자가 수탁자에게 해당 재화를 인도한 시점에 수익을 인식한다.
② 수강료는 강의기간에 걸쳐 수익으로 인식한다.
③ 할부판매는 이자 부분을 제외한 판매가격에 해당하는 수익을 판매시점에 인식한다.
④ 광고제작수수료는 광고 제작의 진행률에 따라 인식한다.

03. 다음 중 일반기업회계기준에 따른 회계변경에 대한 설명으로 옳지 않은 것은?

① 매기 동일한 회계정책 또는 회계추정을 사용하면 비교가능성이 증대되어 재무제표의 유용성이 향상된다.
② 회계정책의 변경과 회계추정의 변경을 구분하기가 불가능한 경우에는 회계추정의 변경으로 본다.
③ 회계정책 변경을 소급하여 적용하는 경우에는 그 변경의 효과를 당해 회계연도 개시일부터 적용한다.
④ 회계추정의 변경은 기업환경의 변화, 새로운 정보의 획득 또는 경험의 축적에 따라 지금까지 사용해오던 회계적 추정치의 근거와 방법 등을 바꾸는 것을 말한다.

04. 다음 중 유형자산에 대한 설명으로 가장 옳지 않은 것은?

① 정액법은 자산의 내용연수 동안 일정액의 감가상각비를 계상하는 방법이다.

② 내용연수 도중 기계설비의 사용을 중단한 경우 장래 사용을 재개할 예정이라 하더라도 감가상각 을 중단한다.

③ 새 건물을 신축하기 위하여 기존 건물이 있는 토지를 취득하고 그 건물을 철거하는 경우, 기존 건물의 철거 관련 비용에서 철거된 건물의 부산물을 판매하여 수취한 금액을 차감한 금액은 토지 의 취득원가에 포함한다.

④ 유형자산의 감가상각방법을 선택할 때는 경제적 효익이 소멸되는 행태를 반영한 합리적인 방법으 로 선택하여야 한다.

05. 아래의 자료에서 기말 재고자산에 포함해야 할 금액은 얼마인가?

- 도착지인도조건으로 매입한 미착상품 3,000,000원
- 구매자가 매입의사를 표시한 시송품 5,000,000원
- 제삼자에게 판매하기 전인 적송품 2,000,000원
- 담보로 제공한 저당상품 7,000,000원

① 7,000,000원 ② 8,000,000원

③ 9,000,000원 ④ 10,000,000원

06. ㈜한국은 제조간접비를 직접노무시간을 기준으로 배부하고 있으며, 제조간접비 배부차이는 400,000원 (과대)이다. 당기의 실제 직접노무시간은 35,000시간이고, 당기 말 현재 실제 제조간접비 발생액은 1,000,000원이다. 직접노무시간당 제조간접비 예정배부율은 얼마인가?

① 30원 ② 35원 ③ 40원 ④ 60원

07. ㈜한라는 직접배부법으로 보조부문의 제조간접비를 제조부문에 배부하고자 한다. 보조부문의 제조간접비를 배분한 후 절단부문의 총원가는 얼마인가?

구분	보조부문		제조부문	
	설비부문	동력부문	조립부문	절단부문
설비부문 공급(시간)	–	500	400	600
동력부문 공급(Kw)	1,100	–	300	200
배분 전 원가	300,000원	250,000원	750,000원	900,000원

① 151,250원
② 280,000원
③ 1,051,250원
④ 1,180,000원

08. 다음의 자료를 이용하여 당기총제조원가를 구하면 얼마인가?

- 기초재공품재고액 : 30,000원
- 기초제품재고액 : 50,000원
- 매출원가 : 550,000원
- 기말재공품재고액 : 10,000원
- 기말제품재고액 : 40,000원

① 500,000원
② 520,000원
③ 540,000원
④ 560,000원

09. ㈜수정은 종합원가계산제도를 채택하고 있다. 다음 자료에 의한 당기 기말재공품의 원가는 얼마인가?

- 원가흐름의 가정은 선입선출법을 선택하고 있으며, 모든 원가는 전 공정에서 균등하게 발생한다.
- 기초재공품은 7,800단위이며 완성도는 50%이다.
- 당기 중 45,000단위를 추가로 투입하였다.
- 기말재공품은 5,500단위이며 완성도는 50%이다.
- 당기 총발생원가는 1,615,250원이다.

① 82,500원
② 96,250원
③ 165,000원
④ 192,500원

10. 다음 중 원가계산에 대한 설명으로 가장 틀린 것은?

① 종합원가계산은 제조지시서를 제품별로 발행하지 않는다.

② 개별원가계산은 작업별로 원가계산이 이루어지며 제조직접비와 제조간접비로 구분해야 한다.

③ 부문별 원가계산은 직접재료비를 발생 원천인 부문별로 분류, 집계하는 방법이다.

④ 원가부문은 원가 발생에 대한 책임단위로 원가를 집계하기 위한 조직단위를 의미한다.

11. 다음 중 소득세법상 소득공제 및 세액공제와 관련된 설명으로 가장 틀린 것은?

① 복권 당첨금(100만원 초과)만 있는 기본공제대상자에 대해서는 기본공제를 적용받을 수 없다.

② 세부담 최소화 관점에서 한부모공제와 부녀자공제 요건을 모두 충족하는 경우 한부모공제를 적용하는 것이 유리하다.

③ 총급여가 500만원인 근로소득만 있는 기본공제대상자에 대해서 기본공제를 적용받을 수 있다.

④ 자녀세액공제는 기본공제대상자에 해당하는 자녀 중 8세 이상 자녀에 대하여 적용된다.

12. 다음 중 소득세법상 과세표준 확정신고 의무가 있는 자는 누구인가?

① 분리과세이자소득과 근로소득이 있는 자

② 근로소득과 연말정산 대상 사업소득이 있는 자

③ 공적연금소득과 퇴직소득이 있는 자

④ 근로소득과 일용근로소득이 있는 자

13. 다음 중 부가가치세법상 신용카드 등의 사용에 따른 세액공제에 대한 설명으로 옳지 않은 것은?

① 음식점업을 하는 간이과세자는 신용카드 등의 발급금액 또는 결제금액의 2.6%를 납부세액에서 공제한다.

② 직전 연도의 공급대가의 합계액이 4천 8백만원 미만인 간이과세자는 업종을 불문하고 신용카드 등의 사용에 따른 세액공제를 적용받을 수 있다.

③ 사업장별 직전 연도 재화 또는 용역의 공급가액의 합계액이 10억원을 초과하는 개인사업자는 제외한다.

④ 연간 공제금액의 한도액은 1천만원이다.

14. 다음 중 부가가치세법상 재화 또는 용역의 공급시기에 대한 설명으로 가장 옳지 않은 것은?

① 재화의 이동이 필요하지 아니한 경우에는 재화가 이용가능하게 되는 때가 재화의 공급시기이다.

② 상품권을 현금으로 판매하고 그 후 그 상품권 등이 현물과 교환되는 경우에는 재화가 실제로 인도되는 때가 재화의 공급시기이다.

③ 사업자가 보세구역 안에서 보세구역 밖의 국내에 재화를 공급하는 경우로서 재화의 수입에 해당할 때에는 재화가 실제로 반출된 날을 재화의 공급시기로 본다.

④ 중간지급조건부로 용역을 공급하는 경우에는 대가의 각 부분을 받기로 한 때를 용역의 공급시기로 본다.

15. 아래의 자료를 이용하여 부가가치세법상 폐업 시 잔존재화의 과세표준을 구하면 얼마인가?

- 감가상각자산 : 기계장치
- 취득일자 : 20x0.04.02.
- 폐업일자 : 20x1.06.01.
- 취득가액 : 54,000,000원 (부가가치세 5,400,000원 별도)
- 취득 당시 매입세액공제 받음

① 13,500,000원
② 20,000,000원
③ 27,000,000원
④ 48,600,000원

■■■■■■ 실 무

㈜동수전자(2100)는 제조, 도·소매 및 부동산임대업을 영위하는 중소기업으로 당기의 회계기간은 20x1.1.1.~20x1.12.31.이다. 전산세무회계 수험용 프로그램을 이용하여 다음 물음에 답하시오.

문제 1 다음 거래를 일반전표입력 메뉴에 추가 입력하시오.(15점)

[1] 01월 15일 영업부 김시성 과장에게 출장비로 지급한 600,000원(지급 시 전도금으로 처리함)에 대한 다음의 지출결의서를 제출받고 잔액은 현금으로 반환받았다(단, 거래처 입력은 생략한다). (3점)

지출결의서	
• 왕복 항공권 300,000원	• 숙박비 80,000원

[2] 01월 30일   ㈜동수전자는 유상증자를 위해 신주 2,000주를 1주당 10,000원에 발행하고 주금납입액은 보통예금 계좌로 입금받았다. 당사는 유상증자일 현재 주식할인발행차금 3,800,000원이 존재하고 있으며, 주당 액면가액은 5,000원이다. (3점)

[3] 04월 05일   제조부서에서 구입한 화물트럭을 양주시청에 등록하면서 취득세 1,460,000원을 현금으로 납부하였다. (3점)

[4] 05월 15일   당사는 아래와 같이 직원상여금에 대하여 공제금액을 제외한 차인지급액을 보통예금으로 지급하였다(단, 상여금은 계정별로 구분하되, 거래처명은 생략한다). (3점)

근무부서	상여금	고용보험	소득세	지방소득세	공제금액 합계	차인지급액
제조부	10,000,000원	80,000원	500,000원	50,000원	630,000원	9,370,000원
영업부	5,000,000원	40,000원	200,000원	20,000원	260,000원	4,740,000원
계	15,000,000원	120,000원	700,000원	70,000원	890,000원	14,110,000원

[5] 10월 31일   당사는 자금조달을 위하여 액면가액 1,000,000원의 사채를 960,000원에 할인발행하였다. 사채발행대금은 보통예금 계좌로 입금되었고, 사채발행비 20,000원은 현금으로 지급하였다. (3점)

문제 2 다음 거래자료를 매입매출전표입력 메뉴에 추가로 입력하시오.(15점)

[1] 07월 03일　당사의 영업부는 거래처에 추석 선물을 제공하기 위하여 ㈜서울백화점에서 선물세트를 구입한 후 아래의 전자세금계산서를 발급받았다. 대금 중 500,000원은 현금으로 결제하였고 잔액은 보통예금으로 지급하였다. (3점)

전자세금계산서						승인번호		20210703 - 41000000 - 00003111		
공급자	사업자등록번호	211 - 81 - 01234	종사업장번호			공급받는자	사업자등록번호	201 - 81 - 02823	종사업장번호	
	상호(법인명)	㈜서울백화점	성명(대표자)	김서울			상호(법인명)	㈜동수전자	성명(대표자)	정지훈
	사업장 주소	서울시 강남구 영동대로 701 101(청담동)					사업장 주소	경기도 양주시 고덕로 219		
	업태	소매	종목	잡화			업태	제조, 도소매 외	종목	컴퓨터 외

작성			공급가액											세액									수정사유	
년	월	일	천	백	십	억	천	백	십	만	천	백	십	일	십	억	천	백	십	만	천	백	십	일	
20x1	7	3					3	0	0	0	0	0	0					3	0	0	0	0	0	

비고							
월일	품목	규격	수량	단가	공급가액	세액	비고
7 3	건강선물세트		10	300,000원	3,000,000원	300,000원	

[2] 07월 13일　제조공장에서 사용하던 기계장치(취득원가 8,000,000원, 감가상각누계액 7,300,000원)를 ㈜영풍에 3,000,000원(부가가치세 별도)에 외상으로 매각하고 전자세금계산서를 발급하였다(단, 당기 감가상각비 계산은 생략한다). (3점)

[3] 07월 20일 영업부 사무실의 임대인으로부터 받은 전자세금계산서 내역은 다음과 같다. 단, 비용은 품목에 기재된 계정과목으로 각각 회계처리하시오. (3점)

	전자세금계산서					승인번호	20210720-31000013-44346111		
공급자	사업자 등록번호	217-85-08117	종사업장 번호			사업자 등록번호	201-81-02823	종사업장 번호	
	상호 (법인명)	㈜천일	성명 (대표자)	박민주	공급받는자	상호 (법인명)	㈜동수전자	성명 (대표자)	정지훈
	사업장 주소	서울특별시 강남구 테헤란로 114				사업장 주소	경기도 양주시 고덕로 219		
	업태	부동산업	종목	부동산임대		업태	제조, 도소매 외	종목	컴퓨터 외
	이메일	ch@naver.com				이메일	bu@naver.com		

작성일자	공급가액	세액	수정사유			
20x1.07.20	5,800,000원	580,000원				
비고						

월	일	품목	규격	수량	단가	공급가액	세액	비고
7	20	임차료				5,000,000원	500,000원	
7	20	건물관리비				800,000원	80,000원	

합계금액	현금	수표	어음	외상미수금	이 금액을 **청구** 함
6,380,000원				6,380,000원	

[4] 08월 24일 회계부의 업무환경개선 목적으로 ㈜사과컴퓨터에서 컴퓨터를 3,850,000원(부가가치세 포함)에 구매하고 법인카드(황금카드사)로 결제하였다(해당 거래는 신용카드 매입세액 공제요건을 모두 충족한다). (3점)

[5] 08월 28일 비사업자인 김정희에게 제품을 550,000원(부가가치세 포함)에 판매하고, 대금은 보통예금 계좌에 입금되었다(별도의 세금계산서나 현금영수증을 발급하지 않았으며, 거래처 입력은 생략한다). (3점)

문제 3 부가가치세신고와 관련하여 다음 물음에 답하시오.(10점)

[1] 다음 자료를 보고 제2기 확정신고 기간의 [공제받지못할매입세액명세서](「공제받지못할매입세액내역」 및 「공통매입세액의정산내역」)를 작성하시오(단, 불러온 자료는 무시하고 직접 입력할 것). (4점)

1. 매출 공급가액에 관한 자료

구분	과세사업	면세사업	합계
7월~12월	350,000,000원	50,000,000원	400,000,000원

2. 매입세액(세금계산서 수취분)에 관한 자료

구분	① 과세사업 관련			② 면세사업 관련		
	공급가액	매입세액	매수	공급가액	매입세액	매수
10월~12월	100,000,000원	10,000,000원	11매	3,000,000원	300,000원	3매

3. 총공통매입세액(7~12월) : 5,500,000원
※ 2기 예정신고시 공통매입세액 중 불공제매입세액 : 187,500원

[2] 다음 자료를 토대로 20x1년 1기 확정신고(4월~6월) 기간의 [부가가치세신고서]를 작성하시오(단, 아래 제시된 자료만 있는 것으로 가정한다). (6점)

매출 자료	• 세금계산서 발급분 과세 매출 : 공급가액 280,000,000원, 세액 28,000,000원 - 이 중 공급가액 50,000,000원, 세액 5,000,000원은 종이(전자 외) 세금계산서를 발급하였고, 나머지는 전자세금계산서 발급분이다. • 당사의 직원인 홍길동(임원 아님)에게 경조사와 관련하여 연간 1,000,000원(시가) 상당의 당사가 제조한 제품을 무상으로 제공하였다. • 대손이 확정된 외상매출금 1,760,000원(부가가치세 포함)에 대하여 대손세액공제를 적용한다.
매입 자료	• 수취한 매입세금계산서는 공급가액 120,000,000원, 세액 12,000,000원으로 내용은 아래와 같다. - 공급가액 15,000,000원, 세액 1,500,000원은 승용자동차(배기량 : 999cc) 취득분이다. - 공급가액 3,000,000원, 세액 300,000원은 거래처 접대목적으로 구입한 물품(고정자산 아님)이다. - 나머지는 일반매입분이다.
기타 자료	• 20x1년 3월 발생한 신용카드 매출전표 발급분 매출 3,300,000원(공급대가)이 20x1년 1기 예정신고 시 단순누락되어 이를 확정신고 시 반영하기로 한다. • 20x1년 1기 예정신고납부기한은 20x1년 4월 25일이고 확정신고납부일은 20x1년 7월 24일이다.

유의 사항	• 세부담 최소화를 가정한다.
	• 불러온 자료는 무시하고 직접 입력한다.
	• 부가가치세신고서 이외의 과세표준명세 등 기타 부속서류의 작성은 생략한다.
	• 납부지연가산세 계산시 1일 2.2/10,000로 가정하고, 전자신고세액공제를 생략한다.

문제 4 다음 결산자료를 입력하여 결산을 완료하시오.(15점)

[1] 당사는 뉴욕은행에서 차입한 외화장기차입금 $200,000이 있다. 기말 현재 외화장기차입금 관련 회계처리를 하시오. (전기말 환율 1,200원/$, 당기말 환율 1,050원/$) (3점)

[2] 아래의 차입금 관련 자료를 이용하여 차입금 이자비용에 대한 회계처리를 하시오(단, 이자비용은 만기시점 일시 상환조건이며, 월할 상각한다). (3점)

• 금융기관 : ㈜아리은행	• 대출기간 : 20x1년 4월 1일 ~ 20x2년 3월 31일
• 대출금액 : 200,000,000원	• 대출이자율 : 연 2.4%

[3] 영업부가 11월에 구입한 소모품 2,000,000원 중 결산일까지 미사용한 소모품은 1,500,000원이다. 당사는 소모품 구입 시 자산으로 회계처리 하였다. (3점)

[4] 기말 현재 퇴직급여추계액 및 퇴직급여충당부채를 설정하기 전 퇴직급여충당부채의 잔액은 다음과 같다. 퇴직급여충당부채는 퇴직급여추계액의 100%를 설정한다. (3점)

구분	퇴직급여추계액	퇴직급여충당부채 잔액
공장 생산직	32,000,000원	18,000,000원
본사 사무직	18,000,000원	7,000,000원

[5] 당기의 법인세비용은 16,500,000원이다. 법인세 중간예납세액 5,300,000원과 당해 법인의 이자소득에 대한 원천징수세액 700,000원은 선납세금계정에 계상되어 있다. (3점)

문제 5 **20x1년 귀속 원천징수자료와 관련하여 다음의 물음에 답하시오.(15점)**

[1] 다음은 생산직 근로자인 김아름(사번 : 101)과 김가연(사번 : 102)의 3월분 급여내역이다. 아래의 자료를 이용하여 [수당공제등록] 및 [급여자료입력]을 작성하시오(단, [수당공제등록]의 불러온 자료는 무시하고 아래 자료에 따라 입력하되, 사용하는 수당 외의 항목은 "부"로 체크하고, 월정액은 그대로 둘 것). (6점)

〈김아름 3월 급여내역〉

이름	김아름	지급일	3월 31일
기본급	2,200,000원	소득세	45,910원
식대	100,000원	지방소득세	4,590원
자가운전보조금	200,000원	국민연금	85,500원
야간근로수당	200,000원	건강보험	63,460원
자격수당	150,000원	장기요양보험	7,310원
		고용보험	20,400원
		사내대출금원리금상환액	358,520원
급여합계	2,850,000원	공제합계	585,690원
		차인지급액	2,264,310원

〈김가연 3월 급여내역〉

이름	김가연	지급일	3월 31일
기본급	1,900,000원	소득세	17,180원
식대	100,000원	지방소득세	1,710원
자가운전보조금	200,000원	국민연금	85,500원
야간근로수당	200,000원	건강보험	63,460원
		장기요양보험	7,310원
		고용보험	15,200원
급여합계	2,400,000원	공제합계	190,360원
		차인지급액	2,209,640원

- 식대 : 당사는 현물 식사를 별도로 제공하지 않는다.
- 자가운전보조금 : 본인 명의의 차량을 업무 목적으로 사용한 직원에게 자가운전보조금을 지급하고 있으며, 실제 발생한 교통비를 별도로 지급하지 않는다.
- 야간근로수당 : 정규 업무시간 외에 추가 근무를 하는 경우 매월 20만원까지 야간근로수당을 지급하며, 생산직 근로자가 받는 연장근로수당 등은 세법상 요건을 갖춘 경우 비과세로 처리한다. (직전 과세기간의 총급여액 : 김아름 2,400만원, 김가연 2,800만원)
- 자격수당 : 회사가 요구하는 자격증을 취득하는 경우 자격수당을 지급한다.
- 사내대출금원리금상환액 : 당사는 직원을 대상으로 최저 금리로 사내대출을 해주고 그에 해당하는 원리금을 매달 급여에서 공제한다. (공제소득유형 : 대출)

[2] 다음은 연말정산을 위한 박세무(사번 : 103)의 생계를 같이하는 부양가족의 국세청 자료와 기타 증빙자료이다. 아래의 자료를 이용하여 [연말정산추가자료입력] 메뉴에서 각각의 탭에 입력하여 최종적으로 [연말정산입력]탭에 반영하시오. (단, 세부담 최소화를 가정한다). (9점)

〈박세무 및 부양가족의 현황〉

관계	성명	주민등록번호	비고
본인	박세무	870222 - 2111119	• 입사일 2018년 3월 3일 • 총급여액 56,000,000원 • 세대주
배우자	김영호	860122 - 1111113	• 기타소득(복권당첨) 15,000,000원
부친 (아버지)	박세일	511023 - 1111117	• 20x1년 6월 12일 사망 • 양도소득 900,000원 • 장애인복지법에 따른 장애인
자녀	김관우	160301 - 3111110	• 취학 전 아동 • 소득 없음

〈소득 · 세액공제 자료〉

구분	내용
보험료	• 박세무 : 일반보장성보험료 600,000원 • 김영호 : 자동차보험료 1,000,000원(박세무 신용카드 결제)
의료비	• 박세일 : 질병 치료 목적 병원비 7,000,000원(박세무 신용카드 결제) - 위 금액에는 해외 의료비 1,200,000원이 포함되어 있다. • 김영호 : 피부과 병원비(미용 목적) 2,500,000원(박세무 신용카드 결제)

구분	내용
교육비	• 김관우 : 영유아보호법에 따른 어린이집 수업료 900,000원 – 위 금액에는 별도의 급식비 200,000원이 포함되어 있지 않다. • 박세일 : 재활교육을 위한 사회복지시설 특수교육비 3,600,000원
기부금	• 김영호 : 종교단체 기부금 5,000,000원
신용카드 등 사용액	• 박세무 : 본인 명의 신용카드 사용액 29,200,000원 – 위 금액에는 대중교통 사용분 800,000원과 부친의 병원비 7,000,000원, 배우자의 자동차보험료 1,000,000원 및 피부과 병원비 2,500,000원이 포함되어 있다. • 김영호 : 현금영수증 2,370,000원 – 위 금액에는 전통시장 사용분 200,000원이 포함되어 있다.
기타	• 연금저축계좌 납입액[삼성화재해상보험㈜, 계좌번호 11112222] : 4,200,000원 • 퇴직연금계좌 납입액[㈜우리은행, 계좌번호 22221111] : 2,000,000원

제100회 전산세무2급 답안 및 해설

이 론

1	2	3	4	5	6	7	8	9	10	11	12	13	14	15
④	①	③	②	③	③	④	③	②	③	①	②	①	③	③

01. 처분손익(매도가능증권) = [**처분가액(3,000) - 취득가액(5,000)**] × 100주 = △200,000원(손실)

02. 위탁판매는 수탁자가 해당 재화를 제삼자에게 판매한 시점에 수익을 인식한다.

03. 회계정책 변경을 전진적으로 처리하는 경우에는 그 변경의 효과를 당해 회계연도 개시일부터 적용한다.

04. 내용연수 도중 사용을 중단하고 처분예정인 유형자산은 사용을 중단한 시점의 장부금액으로 표시한다. 이러한 자산에 대해서는 투자자산으로 재분류하고 감가상각을 하지 않으며, 손상차손 발생 여부를 매 보고기간 말에 검토한다. 내용연수 도중 사용을 중단하였으나, **장래 사용을 재개할 예정인 유형자산에 대해서는 감가상각을 하되**, 그 **감가상각액은 영업외비용으로** 처리한다.

05. 기말재고자산 = 적송품(2,000,000) + 담보제공저당상품(7,000,000) = 9,000,000원

06. 예정배부율 = 예정배부액(1,400,000) ÷ 실제조업도(35,000) = **40원/직접노무시간**

제조간접비

② 실제발생액(?) (1,000,000)	① 예정배부액 (35,000시간 × 예정배부율 = 1,400,000)
	과대배부 (400,000)

07.

사용부문 제공부문	보조부문		제조부문	
	설비부문	동력부문	조립부문	절단부문
배부전원가	300,000	250,000	750,000	900,000
설비부문(0 : 40% : 60%)	(300,000)	–	120,000	180,000
동력부문(0 : 30% : 20%)	–	(250,000)	150,000	100,000
배부후 원가	**–**	**–**	**1,020,000**	**1,180,000**

08.

재공품				⇒	제 품			
기초	30,000	당기제품제조원가	540,000		기초	50,000	매출원가	550,000
당기총제조원가	**520,000**	기말	10,000		당기제품제조원가	540,000	기말	40,000
계	550,000	계	550,000		계	590,000	계	590,000

09.

〈1단계〉 물량흐름파악(선입선출법)			〈2단계〉 완성품환산량 계산
재공품			원가

기초	7,800	완성품	47,300	
		− **기초재공품**	**7,800(50%)**	3,900
		− 당기투입분	39,500(100%)	39,500
투입	45,000	기말재공품	5,500(50%)	2,750
	52,800	계	52,800	46,150

〈3단계〉 원가요약(당기투입원가) 1,615,250

46,150개

〈4단계〉 완성품환산량당 단위원가 @35원

〈5단계〉 기말재공품원가계산 = 2,750개 × @35 = _**96,250원**_

10. 부문별 원가계산은 **제조간접비를 발생 원천인 부문별로 분류, 집계하는 방법**이다.

11. 연간 소득금액의 합계액이란 종합소득 · 퇴직소득 · 양도소득금액의 합계액을 말한다. 거주자와 생계를 같이 하는 부양가족이 해당 거주자의 기본공제대상자가 되기 위해서는 해당 부양가족의 연간 소득금액의 합계액이 100만원 이하인 자 또는 총급여액 500만원 이하의 근로소득만 있는 부양가족에 해당되어야 하는 것이며, 이때의 연간 소득금액은 종합소득과세표준계산 시 합산되지 아니하는 비과세 및 분리과세소득금액을 제외한 것을 말한다. 따라서 **분리과세 대상 기타소득인 복권 당첨금**만 있는 기본공제대상자에 대한 기본공제를 적용받을 수 있다.

12. **근로소득과 연말정산 대상 사업소득이 있는 자는 합산하여 과세표준확정신고**를 하여야 한다.

13. 음식점업을 하는 **간이과세자도 일반과세자와 동일하게 1.3%를 공제**한다.

14. 사업자가 보세구역 안에서 보세구역 밖의 국내에 재화를 공급하는 경우가 재화의 수입에 해당할 때에는 **수입신고 수리일을 재화의 공급시기**로 본다.

15. 경과된 과세기간수(초기산입 말기 불산입) = 20x0.1기 ~ 20x1.1기 = 2기

간주시가 = 취득가액(54,000,000) × [1 − 체감율(25%) × 2기] = 27,000,000원

실 무

문제 1 일반전표입력

[1] (차) 여비교통비(판) 380,000 (대) 전도금 600,000

현금 220,000

[2] (차) 보통예금 20,000,000 (대) 자본금 10,000,000

주식할인발행차금 3,800,000

주식발행초과금 6,200,000

☞발행가액(2,000주 × 10,000) − 액면가액(2,000주 × 5,000) = 10,000,000원(할증발행)

주식할인발행차금(3,800,000) 우선 상계 후 잔액(6,200,000)을 주식발행초과금으로 계상한다.

[3] (차) 차량운반구　　　　　　　1,460,000　(대) 현금　　　　　　　　　1,460,000

[4] (차) 상여금(제)　　　　　　 10,000,000　(대) 보통예금　　　　　　 14,110,000
　　　　상여금(판)　　　　　　 5,000,000　　　 예수금　　　　　　　　 890,000

[5] (차) 보통예금　　　　　　　　 960,000　(대) 사채　　　　　　　　 1,000,000
　　　　사채할인발행차금　　　　 60,000　　　 현금　　　　　　　　　 20,000
　　　　☞사채발행 = 발행가액(960,000 – 20,000) – 액면가액(1,000,000) = 60,000원(할인발행)

문제 2　매입매출전표입력

문항	일자	유형	공급가액	부가세	거래처	전자세금
[1]	7/3	54.불공(4)	3,000,000	300,000	㈜서울백화점	여
분개유형		(차) 기업업무추진비(판)	3,300,000 (대) 현금			500,000
혼합				보통예금		2,800,000
문항	일자	유형	공급가액	부가세	거래처	전자세금
[2]	7/13	11.과세	3,000,000	300,000	㈜영풍	여
분개유형		(차) 미수금	3,300,000 (대) 기계장치			8,000,000
혼합		감가상각누계액(기계)	7,300,000	부가세예수금		300,000
				유형자산처분이익		2,300,000

☞처분손익 = 처분가액(3,000,000) – 장부가액(8,000,000 – 7,300,000) = 2,300,000원(처분이익)

문항	일자	유형	공급가액	부가세	거래처	전자세금
[3]	7/20	51.과세	5,800,000	580,000	㈜천일	여
분개유형		(차) 임차료(판)	5,000,000 (대) 미지급금(㈜천알)			6,380,000
혼합		건물관리비(판)	800,000			
		부가세대급금	580,000			

문항	일자	유형	공급가액	부가세	거래처	신용카드
[4]	8/24	57.카과	3,500,000	350,000	㈜사과컴퓨터	황금카드사
분개유형		(차) 비품	3,500,000 (대) 미지급금(황금카드사)			3,850,000
카드(혼합)		부가세대급금	350,000			

문항	일자	유형	공급가액	부가세	거래처	전자
[5]	8/28	14.건별	500,000	50,000	–	–
분개유형		(차) 보통예금	550,000 (대) 제품매출			500,000
혼합				부가세예수금		50,000

문제 3 부가가치세

[1] 공제받지못할매입세액 명세서

1. 공제받지못할매입세액내역(10~12월)

공제받지못할매입세액내역	공통매입세액안분계산내역	공통매입세액의정산내역	납부세액또는환급세액재계산

매입세액 불공제 사유	세금계산서		
	매수	공급가액	매입세액
①필요적 기재사항 누락 등			
②사업과 직접 관련 없는 지출			
③비영업용 소형승용자동차 구입·유지 및 임차			
④접대비 및 이와 유사한 비용 관련			
⑤면세사업등 관련	3	3,000,000	300,000
⑥토지의 자본적 지출 관련			

2. 공통매입세액의정산내역(10~12월)

공제받지못할매입세액내역	공통매입세액안분계산내역	공통매입세액의정산내역	납부세액또는환급세액재계산

산식	구분	(15)총공통 매입세액	(16)면세 사업확정 비율			(17)불공제매입 세액총액 ((15)*(16))	(18)기불공제 매입세액	(19)가산또는 공제되는매입 세액((17)-(18))
			총공급가액	면세공급가액	면세비율			
1.당해과세기간의 공급가액기준		5,500,000	400,000,000.00	50,000,000.00	12.500000	687,500	187,500	500,000

[2] 부가가치세 신고서(4~6월)

1. 과세표준 및 매출세액

구분			정기신고금액		
			금액	세율	세액
과세표준및매출세액	과세	세금계산서발급분	1	280,000,000	10/100	28,000,000
		매입자발행세금계산서	2		10/100	
		신용카드·현금영수증발행분	3		10/100	
		기타(정규영수증외매출분)	4	900,000	10/100	90,000
	영세	세금계산서발급분	5		0/100	
		기타	6		0/100	
	예정신고누락분		7	3,000,000		300,000
	대손세액가감		8			-160,000
	합계		9	283,900,000	㉮	28,230,000

☞ 경조사와 관련된 재화 중 10만원 초과분에 대해서 간주공급으로 본다.

대손세액공제액＝1,760,000×10/110＝160,000원

구분			금액	세율	세액
7.매출(예정신고누락분)					
예정누락분	과세	세금계산서	33		10/100	
		기타	34	3,000,000	10/100	300,000
	영세	세금계산서	35		0/100	
		기타	36		0/100	

2. 매입세액

매입세액	세금계산서	일반매입	10	105,000,000		10,500,000
	수취분	수출기업수입분납부유예	10			
		고정자산매입	11	15,000,000		1,500,000
	예정신고누락분		12			
	매입자발행세금계산서		13			
	그 밖의 공제매입세액		14			
	합계(10)-(10-1)+(11)+(12)+(13)+(14)		15	120,000,000		12,000,000
	공제받지못할매입세액		16	3,000,000		300,000
	차감계 (15-16)		17	117,000,000	㉯	11,700,000
납부(환급)세액(매출세액㉮-매입세액㉯)					㉰	16,530,000

구분		금액	세율	세액
16.공제받지못할매입세액				
공제받지못할 매입세액	50	3,000,000		300,000
공통매입세액면세등사업분	51			
대손처분받은세액	52			

3. 가산세

〈매출매입신고누락분 – 예정신고누락〉

구 분			공급가액	세액
매출	과세	세 금(전자)		
		기 타	3,000,000	300,000
	영세	세 금(전자)		
		기 타		
매입	세금계산서 등			
미달신고(납부)←신고 · 납부지연 가산세				300,000

1. 전자세금계산서 미발급(2%)	50,000,000원×1%(종이)=500,000원
2. 신고불성실	300,000원×10%×(1 – 75%)=7,500원
3. 납부지연	300,000원×90일×2.2/10,000(가정)=5,940원
계	513,440원

☞종이세금계산서발급은 세금계산서 미발급(인용된 답안)란에 기재하는 것이 정확한 답안이다.

4. 납부할 세액 : 17,043,440원

문제 4 결산

[1] [수동결산]

(차) 외화장기차입금	30,000,000	(대) 외화환산이익	30,000,000
(뉴욕은행)			

☞환산손익(부채)=공정가액($200,000×1,050원) – 전기말 장부가액(240,000,000)=△30,000,000원(이익)

[2] [수동결산]

(차) 이자비용	3,600,000	(대) 미지급비용	3,600,000

☞미지급비용, 선급비용등도 채권, 채무계정이므로 거래처를 입력해야 정확한 답안입니다.

[3] [수동결산]

(차) 소모품비(판)	500,000	(대) 소모품	500,000

[4] [수동/자동결산]

(차) 퇴직급여(제)	14,000,000	(대) 퇴직급여충당부채	25,000,000
퇴직급여(판)	11,000,000		

또는 [결산자료입력]

• 퇴직급여(제)(전입액)>결산반영금액>14,000,000원 입력
• 퇴직급여(판)(전입액)>결산반영금액>11,000,000원 입력

[5] **[수동/자동결산]**

(차) 법인세등   16,500,000   (대) 선납세금   6,000,000

미지급세금   10,500,000

[결산자료입력]

9. 법인세등>결산반영금액> · 선납세금 : 6,000,000원 입력

· 추가계상액 : 10,500,000원 입력

자동결산 항목을 모두 입력하고 F3 전표추가

문제 5   원천징수

[1] 수당공제 등록 및 급여자료 입력

1. 수당공제등록

수당등록

No	코드	과세구분	수당명	유형	근로소득유형 코드	근로소득유형 한도	월정액	사용여부
1	1001	과세	기본급	급여			정기	여
2	1002	과세	상여	상여			부정기	부
3	1003	과세	직책수당	급여			정기	부
4	1004	과세	월차수당	급여			정기	부
5	1005	비과세	식대	식대	P01	(월)200,000	정기	여
6	1006	비과세	자가운전보조금	자가운전보조금	H03	(월)200,000	부정기	여
7	1007	비과세	야간근로수당	야간근로수당	O01	(년)2,400,000	부정기	여
8	2001	과세	자격수당	급여			정기	여

공제등록

No	코드	공제항목명	공제소득유형	사용여부
1	5001	국민연금	고정항목	여
2	5002	건강보험	고정항목	여
3	5003	장기요양보험	고정항목	여
4	5004	고용보험	고정항목	여
5	5005	학자금상환	고정항목	부
6	6001	사내대출금원리금상환액	대출	여

※ 학자금상환 사용여부는 무관함

2. 급여자료입력(귀속년월 3월, 지급년월일 3월 31일)

(1) 김아름[생산직]

사번	사원명	감면율	급여항목	금액	공제항목	금액
101	김아름		기본급	2,200,000	국민연금	85,500
102	김가연		식대	100,000	건강보험	63,460
103	박세무		자가운전보조금	200,000	장기요양보험	7,310
			야간근로수당	200,000	고용보험	20,400
			자격수당	150,000	사내대출금원리금상환액	358,520
					소득세(100%)	45,910
					지방소득세	4,590
					농특세	
			과 세	2,550,000		
			비 과 세	300,000	공 제 총 액	585,690
총인원(퇴사자)	3(0)		지 급 총 액	2,850,000	차 인 지 급 액	2,264,310

☞ 비과세 = 식대(100,000) + 자가운전보조금(200,000) = 300,000원 → 월정액 급여 210만원 초과자

(2) 김가연[생산직]

☐	사번	사원명	감면율
☐	101	김아름	
■	102	김가연	
☐	103	박세무	
☐			
☐			
☐			
☐			
☐			
☐			
☐			
☐			
	총인원(퇴사자)	3(0)	

급여항목	금액
기본급	1,900,000
식대	100,000
자가운전보조금	200,000
야간근로수당	200,000
자격수당	
과　　세	1,900,000
비　과　세	500,000
지　급　총　액	2,400,000

공제항목	금액
국민연금	85,500
건강보험	63,460
장기요양보험	7,310
고용보험	15,200
사내대출금원리금상환액	
소득세(100%)	17,180
지방소득세	1,710
농특세	
공 제 총 액	190,360
차 인 지 급 액	2,209,640

☞ 비과세＝식대(100,000)＋자가운전보조금(200,000)＋야간근로수당(200,000)＝500,000원→월정액 급여 210만원 이하자

[2] 연말정산(박세무)

1. [부양가족]탭

관계	요 건		기본 공제	추가 (자녀)	판　　　　단
	연령	소득			
본인(세대주)	–	–	○		
배우자	–	○	○		복권당첨소득은 분리과세소득
부친(73)	○	○	○	장애,경로	양도소득이 1백만원이하이고 사망시 사망일 전날의 상황에 따른다.
자(9)	○	○	○	자녀	

2. [연금저축 등]탭 – 본인만 대상

소득명세	부양가족	연금저축 등Ⅰ	연금저축 등Ⅱ	월세,주택임차	연말정산입력

１ 연금계좌 세액공제 － 퇴직연금계좌(연말정산입력 탭의 57.과학기술인공제, 58.근로자

퇴직연금 구분	코드	금융회사 등	계좌번호(증권번호)	납입금액
1.퇴직연금	304	(주) 우리은행	22221111	2,000,000

２ 연금계좌 세액공제 － 연금저축계좌(연말정산입력 탭의 38.개인연금저축, 59.연금저축

연금저축구분	코드	금융회사 등	계좌번호(증권번호)	납입금액
2.연금저축	428	삼성화재해상보험 (주)	11112222	4,200,000

3. [연말정산입력]탭

항목	요건		내역 및 대상여부	입력
	연령	소득		
보 험 료	○(×)	○	•본인 생명보험료 •부친 자동차보험료(신용카드 중복적용 ×)	○(일반 600,000) ○(일반 1,000,000)
의 료 비	×	×	•부친 의료비(신용카드 중복적용, 해외의료비 제외) •배우자 미용목적 피부과(신용카드 중복적용)	○(65세 5,800,000) ×
교 육 비	×	○	•아들 어린이집 수업료 •부친 장애인 특수교육비	○(취학전 1,100,000) ○(장애 3,600,000)
기부금	×	○	•배우자 종교단체 기부금	○(종교단체 5,000,000)
신용카드	×	○	•본인 신용카드(**자동차보험료, 해외의료비 제외**) •배우자 현금영수증외	○(대중 800,000 신용 26,200,000) ○(전통 200,000 현금 2,170,000)

부양가족	신용카드	의료비	기부금	연말정산입력
보험료 교육비		**해당 사항을 입력 후 최종적으로 연말정산 입력 탭에서 F8부양가족탭불러오기를 클릭하여 입력된 데이터를 불러와서 최종 확인한다.**		

[소득공제]

1. 신용카드	① 신용카드	26,200,000
	② 현금영수증	2,170,000
	③ 전통시장	200,000
	④ 대중교통	800,000

[특별세액공제]

1. 보장성보험료	① 일반	1,600,000
2. 의료비	① 특정(65세이상)	5,800,000
3. 교육비	① 취학전	1,100,000
	② 장애인특수교육비	3,600,000
4. 기부금	① 종교단체	5,000,000

제99회 전산세무 2급

합격율	시험년월
25%	2021.12

이 론

01. 다음과 같은 특징이 있는 재고자산의 평가방법으로 옳은 것은?

> • 기말재고자산이 최근에 매입한 단가가 적용되므로 시가에 가깝게 표시된다.
> • 현재의 수익에 과거의 원가가 대응된다.
> • 물가가 상승하는 상황에서는 당기순이익이 과대계상 된다.

① 선입선출법   ② 후입선출법   ③ 이동평균법   ④ 총평균법

02. 다음 중 일반기업회계기준에 따른 부채와 자본의 표시에 대한 설명으로 옳지 않은 것은?

① 보고기간종료일로부터 1년 이내에 상환되어야 하는 채무는 보고기간종료일과 재무제표가 사실상 확정된 날 사이에 보고기간종료일로부터 1년을 초과하여 상환하기로 합의하더라도 유동부채로 분류한다.

② 보고기간종료일로부터 1년 이내에 상환기일이 도래하는 채무는 기존의 차입약정에 따라 보고기간종료일로부터 1년을 초과하여 상환할 수 있고 기업이 그러한 의도가 있음에도 유동부채로 분류한다.

③ 자본잉여금은 주식발행초과금과 기타자본잉여금으로 구분하여 표시한다.

④ 이익잉여금은 법정적립금, 임의적립금 및 미처분이익잉여금(또는 미처리결손금)으로 구분하여 표시한다.

03. 다음 중 유동성배열법에 의한 재무상태표 작성 시 가장 나중에 배열되는 항목은?

① 상품   ② 단기대여금   ③ 임차보증금   ④ 선납세금

04. 다음 중 사채에 대한 설명으로 옳은 것은?

① 시장이자율이 액면이자율보다 높다면 할증발행 된다.

② 시장이자율이 액면이자율보다 낮다면 할인발행 된다.

③ 사채를 할인발행 하는 경우 보통예금에 유입되는 금액은 액면가액과 동일하다.

④ 사채 발행 유형에 관계 없이 액면이자액은 동일하다.

05. ㈜건축은 1차년도에 ㈜한국의 사옥을 신축하기로 계약하였다. 총공사계약금은 10,000,000원이며, 공사가 완료된 3차년도까지 ㈜한국의 사옥 신축공사와 관련된 자료는 다음과 같다. ㈜건축이 진행기준에 따라 수익을 인식할 경우 3차년도에 인식하여야 할 공사수익은 얼마인가?

구분	1차년도	2차년도	3차년도
당기발생공사원가	1,000,000원	5,000,000원	2,000,000원
추가소요추정원가	6,500,000원	1,500,000원	–

① 2,000,000원   ② 2,200,000원   ③ 2,500,000원   ④ 10,000,000원

06. 다음 중 원가의 사용 목적에 따른 분류로서 가장 적합하지 않은 것은?

① 원가계산 시점 : 실제원가, 예정원가

② 제품과의 관련성 : 직접원가, 간접원가

③ 조업도 변화에 의한 원가 형태 : 순수변동비, 준변동비, 준고정비

④ 경제적 효익 : 제품원가, 기간원가

07. 다음 중 제조간접비의 배부기준을 설정할 때 고려해야 하는 요소 중 가장 합리적이고 우선으로 적용되어야 하는 요소는 무엇인가?

① 원가절감   ② 인과관계   ③ 예측가능성   ④ 부담능력

08. ㈜은아의 기초재공품은 150개(완성도 40%), 당기완성품은 400개이며, 기말재공품은 100개(완성도 20%)이다. 선입선출법에 따른 가공비의 완성품환산량은 얼마인가? 다만, 가공비는 공정 전반에 걸쳐 균등하게 투입된다.

① 360단위   ② 480단위   ③ 510단위   ④ 570단위

09. 다음 자료를 이용하여 가공원가를 계산하면 얼마인가?

> • 직접재료원가 500,000원 • 직접노무원가 1,000,000원 • 고정제조간접원가 700,000원
>
> • 변동제조간접원가는 직접노무원가의 80%이다.

① 1,500,000원   ② 2,200,000원   ③ 2,500,000원   ④ 3,000,000원

10. ㈜정원은 각각 두 개의 제조부문 A1, A2와 보조부문 Z1, Z2를 운영하고 있다. 보조부문의 제조부문에 대한 용역제공 비율은 다음과 같다. Z1의 원가는 830,000원, Z2의 원가는 680,000원일 때 단계배부법에 따른 Z2의 배분 대상 원가는 얼마인가? 단, Z1의 원가를 먼저 배부하는 것으로 가정한다.

사용부문 제공부문	제조부문		보조부문	
	A1	A2	Z1	Z2
Z1	50%	40%	0%	10%
Z2	30%	20%	50%	0%

① 228,900원   ② 381,500원   ③ 763,000원   ④ 898,000원

11. 다음 중 부가가치세법상 환급과 관련된 설명으로 가장 틀린 것은?

① 납세지 관할세무서장은 환급세액을 원칙적으로 확정신고기한이 지난 후 30일 이내에 환급하여야 한다.

② 납세지 관할세무서장은 조기환급세액이 발생하는 경우 조기환급신고기한이 지난 후 20일 이내에 환급하여야 한다.

③ 조기환급신고는 개인사업자와 법인사업자 구분 없이 가능하다.

④ 법인사업자의 예정신고기간의 환급세액은 조기환급 대상에 해당하지 않는 경우 확정신고 시 납부할 세액에서 차감된다.

12. 다음 중 근로소득에 포함되지 않는 것은?

① 근로를 제공하고 받은 보수

② 주주총회 등 의결기관의 결의에 따라 받은 상여

③ 퇴직함으로써 받은 소득으로 퇴직소득에 속하지 않은 소득

④ 사업주가 종업원을 위하여 직장회식비로 지출한 금액

13. 다음 중 부가가치세법상 간이과세에 대한 설명으로 가장 틀린 것은?

① 원칙적으로 직전 연도의 공급대가의 합계액이 1억 4백만원에 미달하는 개인사업자는 간이과세를 적용받는다.

② 원칙적으로 간이과세자 중 해당 과세기간에 대한 공급대가의 합계액이 4,800만원 미만이면 납부 의무를 면제한다.

③ 간이과세자가 면세농산물 등을 공급받는 경우 면세농산물 등의 가액에 업종별 공제율을 곱한 금액을 납부세액에서 공제한다.

④ 다른 사업자로부터 세금계산서 등을 발급받은 경우 공급대가의 0.5%를 납부세액에서 공제한다.

14. 다음은 소득세법상 인적공제에 관한 설명이다. 옳지 않은 것은?

① 기본공제 대상 판정에 있어 소득금액 합계액은 종합소득금액, 퇴직소득금액, 양도소득금액을 합하여 판단한다.

② 배우자가 없는 거주자로서 기본공제대상자인 자녀가 있는 경우에도 종합소득금액이 3천만원을 초과하는 경우에는 한부모추가공제를 적용받을 수 없다.

③ 형제자매의 배우자는 공제대상 부양가족에서 제외한다.

④ 부양기간이 1년 미만인 경우에도 인적공제는 월할계산하지 않는다.

15. 부가가치세법상 재화 또는 용역의 공급이 다음과 같을 경우 세금계산서 발급 대상에 해당하는 공급가액의 합계액은 얼마인가? 단, 아래의 금액에 부가가치세는 포함되어있지 않다.

- 내국신용장에 의한 수출액 : 25,000,000원
- 외국으로 직수출액 : 15,000,000원
- 일반과세자의 부동산 임대용역 : 12,000,000원
- 일반과세자의 부동산임대보증금에 대한 간주임대료 : 350,000원
- 견본품 무상제공(장부가액 : 4,000,000원, 시가 : 5,000,000원)

① 37,000,000원 ② 37,350,000원 ③ 42,000,000원 ④ 42,320,000원

실 무

㈜문래전자(2099)는 제조 및 도·소매업과 부동산임대업을 영위하는 중소기업으로, 당기의 회계기간은 20x1.1.1.~20x1.12.31.이다. 전산세무회계 수험용 프로그램을 이용하여 다음 물음에 답하시오.

문제 1 다음 거래를 일반전표입력 메뉴에 추가 입력하시오.(15점)

[1] 03월 28일 주주총회에서 현금 배당 5,000,000원과 현금배당금액의 10%인 500,000원의 이익준비금 설정을 결정하였다. (3점)

[2] 05월 25일 미지급금으로 계상된 창고 임차료 2,200,000원을 임대인인 ㈜제일과 합의하여 임차보증금과 상계하였다. (3점)

[3] 06월 15일 거래처인 ㈜신화의 파산으로 외상매출금 34,000,000원의 회수 불가능이 확정되었다. 장부를 조회하여 처리하시오. (3점)

[4] 11월 11일 ㈜태양산업으로부터 구매한 상품을 제조부서의 소모품으로 모두 사용하였다. 해당 상품의 구매가는 900,000원, 판매가는 1,200,000원이며, 비용으로 처리한다. (3점)

[5] 11월 30일 당사는 1주당 액면가액 5,000원의 주식 1,000주를 1주당 8,000원에 발행하고 신주발행비 35,000원을 제외한 대금을 보통예금 계좌로 송금받았다. (3점)

문제 2 다음 거래자료를 매입매출전표입력 메뉴에 추가로 입력하시오.(15점)

[1] 07월 30일 당사는 신규 취득한 기계장치의 설치비를 ㈜경건에 보통예금에서 지급하고 아래의 현금 영수증을 수취하였다. (3점)

㈜경건 229 – 81 – 12993	민경건
서울특별시 서초구 서초동 11	TEL : 950 – 8885
홈페이지 http://www.kacpta.or.kr	

현금(지출증빙)	
구매일자 20x1/07/30/12 : 02	거래번호 : 151
품명	금액
기계장치 설치비	300,000원
부가가치세	30,000원
합계	330,000원

[2] 08월 10일 원재료를 수입하고 인천세관으로부터 수입전자세금계산서(공급가액 2,000,000원, 부가 가치세액 200,000원)를 발급받았으며, 부가가치세는 현금으로 지급하였다. (단, 원재료 에 대한 회계처리는 생략한다.) (3점)

[3] 09월 10일 당사의 영업부서에 필요한 실무용 서적을 책방에서 구입하고 다음의 전자계산서를 발급 받았으며, 대금은 보통예금에서 이체하였다. (3점)

전자계산서(공급받는자 보관용)					승인번호		20210910 – 2038712 – 00009123		
공급자	사업자 등록번호	750 – 91 – 31625	종사업장 번호		공급받는자	사업자 등록번호	132 – 81 – 11332	종사업장 번호	
	상호 (법인명)	책방	성명 (대표자)	김현수		상호 (법인명)	㈜문래전자	성명 (대표자)	김미래
	사업장 주소	경기도 부천시 신흥로 11				사업장 주소	서울시 강동구 천호대로975		
	업태	도소매	종목	서적		업태	제조외	종목	컴퓨터외
	이메일	book11@naver.com				이메일	bu@naver.com		
작성일자		공급가액		수정사유					
20x1.09.10.		220,000원							
비고									
월	일	품목	규격	수량	단가		공급가액		비고
09	10	영업 실무서		2	110,000원		220,000원		
합계금액	현금	수표		어음	외상미수금		이 금액을	**영수**	함
220,000원									

[4] 09월 13일 구매확인서를 통해 ㈜백두상사에 제품 35,000,000원을 공급하고 영세율전자세금계산서를 발급하였으며, 대금은 전액 외상으로 하였다. (3점)

[5] 09월 20일 제조공장에서 사용하고 있는 화물트럭의 타이어를 구입하고 대금은 법인카드(시민카드)로 결제하였다. (3점)

매출전표

단말기번호	11213692		전표번호	
카드종류		거래종류	결제방법	
시민카드		신용구매	일시불	
회원번호(Card No)		취소 시 원거래일자		
4015 – 4122 – 5210 – 1250				
유효기간		거래일시	품명	
2025/03/10		20x1/09/20		
전표제출		금 액/AMOUNT	150,000	
		부 가 세/VAT	15,000	
전표매입사		봉 사 료/TIPS		
시민카드		합 계/TOTAL	165,000	
거래번호		승인번호/(Approval No.)		
210920135		98421147		
가맹점	삼진타이어			
대표자	이삼진	TEL	031 – 2122 – 7580	
가맹점번호	137137	사업자번호	617 – 18 – 46610	
주소	경기 양주시 고덕로 219			
			서명(Signature)	
			Semusa	

문제 3 부가가치세신고와 관련하여 다음 물음에 답하시오.(10점)

[1] 다음 자료와 유의사항을 토대로 20x1년 제2기 확정신고기간의 부동산임대공급가액명세서 및 부가가치세신고서를 작성하시오. (4점)

층수	호수	상호 (사업자번호)	면적(㎡)	용도	계약기간	보증금(원)	월세(원)
지상1층	101	혼맥잔치 (108 – 11 – 96301)	330	점포	2024.07.01. ~2026.06.30.	40,000,000	2,500,000
지상2층	201	㈜정선상회 (108 – 81 – 61668)	330	사무실	2023.11.01. ~2025.10.31.	20,000,000	1,800,000
					2025.11.01. ~2027.10.31.	20,000,000	2,000,000

※ 유의사항
· 불러온 데이터는 무시하고, 적용 이자율은 3.5%로 한다.
· ㈜정선상회는 2025.11.01. 임대차계약을 갱신하였다.
· 월세에 대해서는 정상적으로 세금계산서를 발급하였고, <u>간주임대료에 대한 부가가치세는 임대인이 부담한다.</u>

[2] 다음 자료를 이용하여 20x1년 제1기 확정신고기간(4.1.~6.30.)에 대한 부가가치세 신고서를 작성하시오. 단, 부가가치세 신고서 이외의 부속서류 및 과세표준명세 입력은 생략한다. (6점)

구분	내 역	공급가액	부가가치세	비 고
매출 자료	제품매출	50,000,000원	5,000,000원	전자세금계산서 발급
	신용카드로 결제한 상품매출	17,000,000원	1,700,000원	전자세금계산서 미발급
	재화의 직수출	30,000,000원	0원	
	대손확정된 매출채권	1,000,000원	100,000원	대손세액공제 요건 충족 (소멸시효완성)
매입 자료	원재료 매입	40,000,000원	4,000,000원	전자세금계산서 수취
	원재료 매입	1,040,000원	–	전자계산서 수취, 의제매입세액공제 대상
	법인카드로 구입한 소모품 매입	500,000원	50,000원	세금계산서 미수취, 매입세액공제 요건 충족
	재무팀 업무용승용차 구입 (5인승, 1,500CC)	17,000,000원	1,700,000원	전자세금계산서 수취
	상품 매입	3,000,000원	300,000원	예정신고 누락분 공급시기에 종이세금계산서를 정상적으로 수취함

구분	내 역	공급가액	부가가치세	비 고
기타	• 부가가치세 신고는 홈택스에서 직접 신고하였다. • 전자세금계산서 발급과 전송은 정상적으로 이뤄졌다. • 이 문제에 한하여 의제매입세액 공제율 4/104를 적용받는 법인(중소기업)으로, 공제액은 공제 한도 내의 금액으로 가정한다. • 세부담 최소화를 가정한다.			

문제 4 다음 결산자료를 입력하여 결산을 완료하시오.(15점)

[1] 당기 중에 취득하여 기말 현재 보유 중인 단기매매증권의 내역은 다음과 같다. 기말 단기매매증권의 평가는 기업회계기준에 따라 처리하기로 한다. (3점)

주식명	주식수	1주당 취득원가	기말 1주당 공정가치
㈜세무	5,000주	2,000원	2,500원

[2] 사무실의 화재보험(계약기간 : 20x1.08.01.~20x2.07.31.)을 계약하고 1년치 보험료 1,500,000원을 일시에 전액 지급하였으며, 이를 선급비용으로 회계처리 하였다. (단, 월할 계산할 것) (3점)

[3] 당기 중 현금시재가 부족하여 현금과부족으로 처리했던 225,000원을 결산일에 확인한 결과 내용은 다음과 같았다. (단, 기중에 인식된 현금과부족은 적절히 회계처리 되었다고 가정하고, 관련 회계처리 날짜는 결산일로 하여 하나의 전표로 입력한다.) (3점)

내용	금액	비고
영업부 거래처 과장님 결혼 축의금	200,000원	적절한 계정과목 선택
판매부서 서류 배송(퀵)비 지급액 누락분(간이영수증 수령)	25,000원	적절한 계정과목 선택

[4] 서울은행으로부터 차입한 장기차입금 중 100,000,000원은 20x2년 9월 30일에 상환기일이 도래한다. (2점)

[5] 결산일 현재 재고자산을 실사 평가한 결과는 다음과 같다. 관련하여 결산에 반영하시오. (각 기말재고자산의 시가와 취득원가는 동일한 것으로 가정한다.) (4점)

구분	취득단가	장부상 기말재고	실사한 기말재고	수량 차이 원인
원재료	1,000원	700개	700개	
제품	2,500원	550개	550개	
상품	1,500원	950개	880개	비정상감모

문제 5 20x1년 귀속 원천징수자료와 관련하여 다음의 물음에 답하시오.(15점)

[1] 다음은 연구기관에서 근무하는 김기안(사번 : 1)의 급여 내역 및 관련 자료이다. 해당 자료를 이용하여 필요한 수당공제를 등록하고, 12월분 급여자료입력 및 원천징수이행상황신고서를 작성하시오. (5점)

1. 12월 급여명세내역

〈급여항목〉		〈공제항목〉	
• 기본급 :	3,500,000원	• 국민연금 :	184,500원
• 식대 :	100,000원	• 건강보험 :	140,630원
• 자가운전보조금 :	300,000원	• 장기요양보험 :	16,200원
• [연구기관등]연구보조비 :	200,000원	• 고용보험 :	33,600원
• 직책수당 :	600,000원	• 소득세 :	237,660원
		• 지방소득세 :	23,760원

2. 추가 자료 및 요청 사항
   (1) 12월분 급여지급일은 12월 30일이다.
   (2) 급여항목 내역
      • 식대 : 회사는 근로자에게 별도로 식사 또는 기타 음식물을 제공하지 않는다.
      • 자가운전보조금 : 직원 단독 명의의 차량을 소유하고 있고, 그 차량을 업무수행에 이용하고 있다. 또한, 시내교통비를 별도로 지급하고 있지 않다.
      • 당사는 연구기관 등(연구보조비)의 법적 요건을 충족하며, 연구보조비는 비과세요건을 충족한다.
3. 공제항목 내역 : 불러온 데이터는 무시하고 직접 작성한다.
4. 수당공제등록
   (1) 수당등록은 모두 월정액 "여"로 체크하고, 사용하는 수당 이외의 항목은 "부"로 체크하기로 한다.
   (2) 공제등록은 그대로 둔다.
5. 전월 미환급세액 20만원이 이월되었다.

[2] 다음은 박대박(사번 : 103) 사원의 연말정산 관련 자료이다. 아래의 자료와 유의사항을 토대로 연말정산 추가자료입력 메뉴에서 각각의 탭에 입력하여 최종적으로 [연말정산입력]탭에 반영하시오. (10점)

<자료 1> 생계를 같이 하는 부양가족 현황

성명	관계	연령(만)	비 고
박대박	본인	38세	무주택 세대주, 총급여 5,500만원
박정우	아버지	63세	복권당첨금 200만원
김유진	어머니	63세	장애인(장애인복지법), 총급여 500만원
서지혜	배우자	40세	일용근로소득 700만원
서민우	처남	28세	대학원생, 소득 없음
박하나	자녀	15세	중학생, 소득 없음
박하연	자녀	6세	미취학 아동, 사업소득금액 200만원

☞ 주민등록번호는 정당하다고 가정한다.

<자료 2> 연말정산 관련 자료(국세청 자료로 가정)

항목	내용
보험료	• 아버지 : 보장성보험료 80만원(피보험자 : 박정우, 계약자 : 박대박) • 어머니 : 장애인전용보장성보험료 100만원(피보험자 : 김유진, 계약자 : 박대박)
의료비	• 어머니 : 보청기 구입비 100만원, 간병비 70만원 • 배우자 : 질병 치료비(미국 현지 병원에서 치료) 300만원 　　※ 실손의료보험금 수령액은 없음.
교육비	• 본인 : 대학원 교육비 1,100만원 • 처남 : 대학원 교육비 900만원 • 자녀(박하나) : 교복구입비 70만원, 체험학습비 50만원 • 자녀(박하연) : 영어학원비 100만원 • 어머니 : 장애인 재활교육을 위하여 사회복지시설에 지급하는 특수교육비 300만원
기부금	• 본인 : 정치자금기부금 15만원 • 처남 : 사립 대학교 연구비 50만원

항목	내용
월세, 주택임차	• 임대인 : 김창명(760227 – 1234561) • 임차인 : 서지혜 • 주택유형 및 전용면적 : 아파트(84㎡) • 공동주택가격(기준시가) : 4억원 • 임대차계약서상 주소지(주민등록표 등본의 주소지) : 서울시 구로구 구로동 999 • 임대차 계약 기간 : 20x0.04.01.~20x2.03.31. • 매월 월세액 : 70만원(20x1년 총 지급액 840만원) • 월세액은 전액 박대박이 납부하였다.
신용카드등 사용액	• 신용카드 : 2,500만원(아래의 항목이 포함된 금액이다.) 　– 전통시장사용분 50만원 　– 대중교통이용분 30만원 　– 회사경비 사용금액 100만원 　– 항공기에서 판매하는 면세물품의 구입비용 150만원 • 현금영수증 : 보청기 구입비 100만원(위 어머니 보청기 구입비용) • 보장성보험료 납부액 80만원(위 아버지 보장성보험료 지출액, 현금영수증 수취분) • 위 신용카드, 현금영수증 사용액은 모두 본인이 지출한 것임 　☞ **신용카드사용의 당해연도 소비증가는 없다고 가정한다.**

※ 유의사항 : 부양가족의 소득·세액공제 내용 중 박대박이 공제받을 수 있는 내역은 모두 박대박이 공제받는 것으로 한다.

제99회 전산세무2급 답안 및 해설

이 론

1	2	3	4	5	6	7	8	9	10	11	12	13	14	15
①	②	③	④	①	④	②	①	③	③	②	④	③	②	①

01. 재고자산 평가방법 중 **선입선출법이 실제 물량의 흐름과 가장 일치**한다.

02. 보고기간종료일로부터 1년 이내에 상환기일이 도래하더라도, 기존의 차입약정에 따라 보고기간종료일로부터 1년을 초과하여 상환할 수 있고 **기업이 그러한 의도가 있는 경우에는 비유동부채로 분류**한다.

03. 임차보증금은 비유동자산이므로 유동자산 다음에 배열된다.

04. 사채의 할증 및 할인 또는 액면발행 여부와 관계없이 **액면이자는 매기 동일한 금액**이다.
- **시장이자율이 액면이자율보다 높다면 할인발행**된다.
- **시장이자율이 액면이자율보다 낮다면 할증발행**된다.
- 사채를 할인발행 하는 경우 보통예금에 **유입되는 금액은 액면가액 보다 적게 유입**된다.

05. 공사진행율(2차년도) = 누적발생공사원가/(누적발생공사원가+추가소요추정원가)
$$= (1,000,000+5,000,000)\div(6,000,000+1,500,000)=80\%$$

	공사진행률	누적공사수익	당기공사수익*
2차년도	80%	10,000,000×80% = 8,000,000	–
3차년도	100%	10,000,000×100% = 10,000,000	10,000,000 - 8,000,000 = **2,000,000**

* 당기공사수익=공사계약금액 × 공사진행률 – 전기말 누적공사수익

〈별해〉
→ 3차년도 공사수익 = [3차년도 진행율(100%) - 2차년도 진행율(80%)] × 공사계약금액(10,000,000)

06. 경제적 효익에 따른 분류는 **미소멸원가(자산으로 계상), 소멸원가(비용 또는 손실로 계상)**이며, 제품원가, 기간원가는 수익 대응에 의한 분류이다.

07. **인과관계를 고려하여 배부하는 것이 가장 합리적**이다.

08.

	〈1단계〉 물량흐름파악		〈2단계〉 완성품환산량 계산	
	선입선출법		재료비	가공비
	완성품	400		
	– 기초재공품	150(60%)		90
	– 당기투입분	250(100%)		250
	기말재공품	100(20%)		20
	계	500		**360**

09. 변동제조간접원가 = 직접노무원가(1,000,000)×80% = 800,000원

제조간접원가 = 고정제조간접원가(700,000)＋변동제조간접원가(800,000) = 1,500,000원

가공원가 = 직접노무원가(1,000,000)＋제조간접원가(1,500,000) = 2,500,000원

10. Z1의 원가(830,000)를 먼저 배부하므로 Z1의 원가 중 Z2가 소비하는 만큼을 Z2(10%)에 배부한다. 따라서 Z2에서 배부해야 하는 금액은 **Z2의 배분 전 원가와 Z1으로부터 배부받은 금액**이다.

Z2의 배분대상원가 = Z2 발생원가(680,000)＋Z1 배부액(830,0000×10%) = 763,000원

11. 관할세무서장은 조기환급세액이 발생하는 경우 각 조기환급 예정신고기간별로 그 예정신고기한이 지난 후 **15일 이내에 예정신고한 사업자에게 환급(조기환급)**하여야 한다.

12. 직장회식비는 근로자의 근로소득이 아닌 사업자의 복리후생비로 본다.

13. **간이과세자에 대한 의제매입세액공제는 폐지**되었다.

14. **한부모추가공제는 소득금액의 제한을 받지 않는다.**

15. 내국신용장 수출액(25,000,000)＋부동산 임대용역(12,000,000) = 37,000,000원

- 외국으로의 직수출과 **부동산임대보증금에 대한 간주임대료는 세금계산서 발급의무가 면제**된다.
- 견본품의 제공은 재화의 공급으로 보지 아니한다.

실 무

문제 1 일반전표입력

[1] (차) 이월이익잉여금　　　　　5,500,000　(대) 이익준비금　　　　　　500,000
　　　　　　　　　　　　　　　　　　　　　　미지급배당금　　　　5,000,000

[2] (차) 미지급금((주)제일)　　　2,200,000　(대) 임차보증금((주)제일)　2,200,000
☞임차보증금은 채권계정 임대보증금은 채무계정으로 반드시 거래처를 입력해야 한다.

[3] (차) 대손충당금(109)　　　　9,000,000　(대) 외상매출금((주)신화)　34,000,000
　　　대손상각비　　　　　　25,000,000
☞**합계잔액시산표(6/15) 조회 후 외상매출금에 대한 대손충당금(9,000,000)을 우선상계**

[4] (차) 소모품(제)		900,000	(대) 상품(8.타계정 대체)	900,000
[5] (차) 보통예금		7,965,000	(대) 자본금	5,000,000
			주식발행초과금	2,965,000

☞발행가액(1,000주×8,000 − 35,000) − 액면가(1,000주×5,000) = +2,965,000원(할증발행)

문제 2 매입매출전표입력

문항	일자	유형	공급가액	부가세	거래처	전자
[1]	7/30	61.현과	300,000	30,000	㈜경건	–
분개유형		(차) 기계장치	300,000	(대) 보통예금		330,000
혼합		부가세대급금	30,000			
문항	일자	유형	공급가액	부가세	거래처	전자
[2]	8/10	55.수입	2,000,000	200,000	인천세관	여
분개유형		(차) 부가세대급금	200,000	(대) 현금		200,000
현금(혼합)						
문항	일자	유형	공급가액	부가세	거래처	전자
[3]	9/10	53.면세	220,000	0	책방	여
분개유형		(차) 도서인쇄비(판)	220,000	(대) 보통예금		220,000
혼합						
문항	일자	유형	공급가액	부가세	거래처	전자
[4]	9/13	12.영세(3)	35,000,000	0	㈜백두상사	여
분개유형		(차) 외상매출금	35,000,000	(대) 제품매출		35,000,000
외상(혼합)						
문항	일자	유형	공급가액	부가세	거래처	신용카드사
[5]	9/20	57.카과	150,000	15,000	삼진타이어	시민카드
분개유형		(차) 차량유지비(제)	150,000	(대) 미지급금		165,000
카드(혼합)		부가세대급금	15,000			

문제 3 부가가치세

[1] 부동산임대공급가액명세서(10~12월) 이자율 3.5%

1. 혼맥잔치(지상1층, 101호)

1.사업자등록번호	108-11-96301	2.주민등록번호
3.면적(㎡)	330.00 ㎡	4.용도 점포

5.임대기간에 따른 계약 내용

No	계약갱신일	임대기간
1		2024-07-01 ~ 2026-06-30
2		

6.계약내용	금 액	당해과세기간계	
보 증 금	40,000,000	40,000,000	
월 세	2,500,000	7,500,000	
관 리 비			
7.간주 임대료	352,876	352,876	92 일
8.과 세 표 준	2,852,876	7,852,876	

소 계			
월 세	7,500,000	관 리 비	
간주임대료	352,876	과 세 표 준	7,852,876

2. 정선상회(지상2층, 201호)

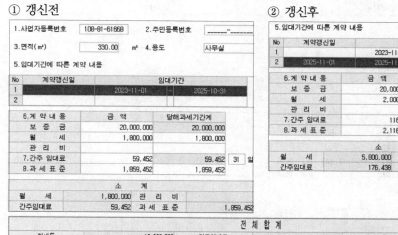

① 갱신전

1.사업자등록번호	108-81-61668	2.주민등록번호
3.면적(㎡)	330.00 ㎡	4.용도 사무실

5.임대기간에 따른 계약 내용

No	계약갱신일	임대기간
1		2023-11-01 ~ 2025-10-31
2		

6.계약내용	금 액	당해과세기간계	
보 증 금	20,000,000	20,000,000	
월 세	1,800,000	1,800,000	
관 리 비			
7.간주 임대료	59,452	59,452	31 일
8.과 세 표 준	1,859,452	1,859,452	

소 계			
월 세	1,800,000	관 리 비	
간주임대료	59,452	과 세 표 준	1,859,452

② 갱신후

5.임대기간에 따른 계약 내용

No	계약갱신일	임대기간
1		2023-11-01 ~ 2025-10-31
2	2025-11-01	2025-11-01 ~ 2027-10-31

6.계약내용	금 액	당해과세기간계	
보 증 금	20,000,000	20,000,000	
월 세	2,000,000	4,000,000	
관 리 비			
7.간주 임대료	116,986	116,986	61 일
8.과 세 표 준	2,116,986	4,116,986	

소 계			
월 세	5,800,000	관 리 비	
간주임대료	176,438	과 세 표 준	5,976,438

전 체 합 계				
월세등	13,300,000	간주임대료	529,314	과세표준(계) 13,829,314

3. 부가가치세 신고서(10~12월)

구분			정기신고금액		
			금액	세율	세액
과세표준및매출	과세	세금계산서발급분 ①1	13,300,000	10/100	1,330,000
		매입자발행세금계산서 ②2		10/100	
		신용카드·현금영수증발행분 ③3		10/100	
		기타(정규영수증외매출분) ④4	529,314		52,931
	영세	세금계산서발급분 ⑤5		0/100	
		기타 ⑥6		0/100	

☞ <u>간주임대료(529,314)은 임대인이 부담하므로 과세표준(기타)과 세액을 입력해야 한다.</u>

[2] 부가가치세 신고(4~6월)

1. 과세표준 및 매출세액

구분			정기신고금액		
			금액	세율	세액
과세표준및매출세액	과세	세금계산서발급분 1	50,000,000	10/100	5,000,000
		매입자발행세금계산서 2		10/100	
		신용카드·현금영수증발행분 3	17,000,000	10/100	1,700,000
		기타(정규영수증외매출분) 4			
	영세	세금계산서발급분 5		0/100	
		기타 6	30,000,000	0/100	
	예정신고누락분 7				
	대손세액가감 8				-100,000
	합계 9		97,000,000	㉑	6,600,000

2. 매입세액

매입세액	세금계산서수취분	일반매입 10	40,000,000		4,000,000
		수출기업수입분납부유예 10			
		고정자산매입 11	17,000,000		1,700,000
	예정신고누락분 12		3,000,000		300,000
	매입자발행세금계산서 13				
	그 밖의 공제매입세액 14		1,540,000		90,000
	합계(10)-(10-1)+(11)+(12)+(13)+(14) 15		61,540,000		6,090,000
	공제받지못할매입세액 16		17,000,000		1,700,000
	차감계 (15-16) 17		44,540,000	㉯	4,390,000
납부(환급)세액(매출세액㉑-매입세액㉯)				㉰	2,210,000

- 예정신고누락분

12.매입(예정신고누락분)				
예	세금계산서 38	3,000,000		300,000
	그 밖의 공제매입세액 39			

- 그 밖의 공제 매입세액

14.그 밖의 공제매입세액				
신용카드매출수령금액합계표	일반매입 41	500,000		50,000
	고정매입 42			
의제매입세액 43		1,040,000	뒤쪽	40,000
재활용폐자원등매입세액 44			뒤쪽	

- 공제받지 못할 매입세액

구분		금액	세율	세액
16.공제받지못할매입세액				
공제받지못할 매입세액 50		17,000,000		1,700,000
공통매입세액면세등사업분 51				

3. 납부할 세액 : 2,200,000원(전자신고세액공제 10,000원)

문제 4 결산

[1] [수동결산]

(차) 단기매매증권   2,500,000   (대) 단기매매증권평가이익   2,500,000

☞평가손익 = [공정가치(2,500) – 장부가액(2,000)]×5,000주 = 2,500,000원(이익)

[2] [수동결산]

(차) 보험료(판/제)   625,000   (대) 선급비용   625,000

☞당기비용(보험료) = 1,500,000×5개월/12개월 = 625,000원

[3] [수동결산]

(차) 기업업무추진비(판)   200,000   (대) 현금과부족   225,000

     운반비(판)   25,000

[4] [수동결산]

(차) 장기차입금(서울은행)   100,000,000   (대) 유동성장기부채(서울은행)   100,000,000

[5] [수동결산]→[자동결산]

(차) 재고자산감모손실   105,000   (대) 상품(타계정대체)   105,000

☞재고자산감모손실 = 감모수량(70개)×취득단가(1,500) = 105,000원

결산자료입력 메뉴에서 해당 금액을 입력한 다음 전표추가를 클릭한다.

기말원재료재고액 700,000, 기말제품재고액 1,375,000, 기말상품재고액 1,320,000

구분	취득단가	실사한 기말재고	기말재고
원재료	1,000원	700개	700,000
제품	2,500원	550개	1,375,000
상품	1,500원	880개	1,320,000

문제 5 원천징수

[1] 급여자료외(김기안)

1. 수당등록 및 공제등록

No	코드	과세구분	수당명	근로소득유형			월정액	사용여부
				유형	코드	한도		
1	1001	과세	기본급	급여		.	정기	여
2	1002	과세	상여	상여			부정기	부
3	1003	과세	직책수당	급여			정기	여
4	1004	과세	월차수당	급여			정기	부
5	1005	비과세	식대	식대	P01	(월)200,000	정기	여
6	1006	비과세	자가운전보조금	자가운전보조금	H03	(월)200,000	부정기	여
7	1007	비과세	야간근로수당	야간근로수당	001	(년)2,400,000	부정기	부
8	2001	비과세	[연구기관등]연구보조	[연구기관등]연구보.	H09	(월)200,000	부정기	여

수당등록은 모두 월정액"여"로 체크하고는 지문오류임.

☞ 식대, 연구보조비, 자가운전보조금 비과세 요건 충족

2. 급여자료 입력(귀속년월 12월, 지급년월일 12월 30일)

□	사번	사원명	감면율		급여항목	금액		공제항목	금액
□	1	김기안			기본급	3,500,000		국민연금	184,500
□	103	박대박			직책수당	600,000		건강보험	140,630
□					식대	100,000		장기요양보험	16,200
□					자가운전보조금	300,000		고용보험	33,600
□					[연구기관등]연구보조비	200,000		소득세(100%)	237,660
□								지방소득세	23,760
□					과 세	4,200,000			
□					비 과 세	500,000		공 제 총 액	636,350
	총인원(퇴사자)	2(0)			지 급 총 액	4,700,000		차 인 지 급 액	4,063,650

☞ 비과세금액 = 식대(100,000) + 연구보조비(200,000) + 자가운전보조금(200,000) = 500,000원

3. 원천징수이행상황신고서 작성(귀속기간 12월, 지급기간 12월,1.정기신고)

원천징수명세및납부세액 | 원천징수이행상황신고서 부표 | 원천징수세액환급신청서 | 기납부세액명세서 | 전월미환급세액 조정명세서 | 차월이월환급세액 승계명세

		코드	소득지급		징수세액			당월조정환급세액	납부세액	
			인원	총지급액	소득세 등	농어촌특별세	가산세		소득세 등	농어촌특별세
	간이세액	A01	1	4,500,000	237,660					

전월 미환급 세액의 계산				당월 발생 환급세액				18.조정대상환급(14+15+16+17)	19.당월조정환급세액계	20.차월이월환급세액	21.환급신청
12.전월미환급	13.기환급	14.차감(12-13)	15.일반환급	16.신탁재산	금융회사 등	합병 등					
200,000		200,000						200,000	200,000	200,000	

[2] 연말정산(박대박 – 총급여액 7천만원이하자)

1. 부양가족

관계	요 건		기본 공제	추가 (자녀)	판 단
	연령	소득			
본인(세대주)	–	–	○		
부(63)	○	○	○		복권당첨금은 분리과세소득
모(63)	○	○	○	장애(1)	총급여액 5백만원이하자
배우자	–	○	○		일용근로소득은 분리과세소득
처남(28)	×	○	부		
자1(15)	○	○	○	자녀	
자2(6)	○	×	부		종합소득금액 1백만원 초과자

2. 연말정산 판단

항 목	요건		내역 및 대상여부	입력
	연령	소득		
보 험 료	○ (×)	○	•아버지 생명보험료 •어머니 장애인전용보험료	○(일반 800,000) ○(장애인 1,000,000)
의 료 비	×	×	•모친 보청기구입비(간병비는 대상에서 제외) •배우자 질병치료비(해외는 대상에서 제외)	○(장애 1,000,000) ×
교 육 비	×	○	•본인 대학원 등록금 •처남 대학원(본인만 대상) 등록금 •자1 교복구입비(한도 50만원), 　　체험학습비(한도 30만원) •자2 영아학원비(소득요건 미충족) •어머니 장애인 특수교육비	○(본인 11,000,000) × ○(초중고 800,000) × ○(장애 3,000,000)
기부금	×	○	•본인 정치자금 기부금 •처남 사립대학교 연구비	○(10만원 이하 100,000 　10만원 초과 50,000) ○(특례 500,000)
월세	–		•무주택자 & 총급여액 8천만원 이하자 전용면적(85㎡) 이하 또는 기준시가 4억 이하	○(8,400,000)
신용카드	×	○	•신용카드(회사경비 및 면세사용금액 제외) •현금영수증(의료비와 중복공제) •현금영수증(보험료는 대상에서 제외)	○(전통 500,000 대중 300,000 신용 21,700,000) ○(현금 1,000,000) ×

3. 월세, 주택임차

· 총급여액이 8천만원 이하인 무주택 세대주(기본공제대상자 계약도 가능)로서 **국민주택규모(84㎡)의 주택을 임차하고 있으므로 해당 주택의 기준시가가 4억원을 초과하더라도 월세액 세액공제가 가능**하다.

| 소득명세 | 부양가족 | 연금저축 등Ⅰ | 연금저축 등Ⅱ | 월세,주택임차 | 연말정산입력 | | 확대 |

| 1 월세액 세액공제 명세 | | | | | | 크게보기 | | |

임대인명 (상호)	주민등록번호 (사업자번호)	유형	계약 면적(㎡)	임대차계약서 상 주소지	계약서상 임대차 계약기간 개시일 ～ 종료일	연간 월세액	공제대상금액	세액공제금액
김창명	760227-1234561	아파트	84.00	서울시 구로구 구로동 999	2024-04-01 ～ 2026-03-31	8,400,000	7,500,000	

부양가족	신용카드	의료비	기부금	월세액	연말정산입력
보험료 교육비	**해당 사항을 입력 후 최종적으로 연말정산 입력 탭에서** F8**부양가족탭불러오기를 클릭하여 입력된 데이터를 불러와서 최종 확인한다.**				

[소득공제]		
1. 신용카드	① 신용카드	21,700,000
	② 현금영수증	1,000,000
	③ 전통시장	500,000
	④ 대중교통	300,000
[특별세액공제]		
1. 보장성보험료	① 일반	800,000
	② 장애인전용	1,000,000
2. 의료비	① 특정(장애)	1,000,000
3. 교육비	① 본 인	11,000,000
	② 초중고	800,000
	③ 장애인특수교육비	3,000,000
4. 기부금	① 정치자금 –10만원 이하(세액공제)	100,000
	–10만원 초과(특별세액공제)	50,000
	② 특례기부금	500,000
[월세세액공제]		8,400,000

제98회 전산세무 2급

합격율	시험년월
14%	2021.10

이 론

01. 다음 중 재무제표의 작성과 표시에 대한 설명으로 틀린 것은?

① 재무제표는 재무상태표, 손익계산서, 현금흐름표, 자본변동표로 구성되며, 주석을 포함한다.

② 재무제표를 작성할 때 계속기업으로서의 존속가능성을 평가해야 한다.

③ 중요한 항목은 재무제표의 본문이나 주석에 그 내용을 가장 잘 나타낼 수 있도록 통합하여 표시할 수 있다.

④ 재무제표가 일반기업회계기준에 따라 작성된 경우에는 그러한 사실을 주석으로 기재하여야 한다.

02. 다음 중 재고자산의 단가결정방법에 대한 설명으로 틀린 것은?

① 선입선출법은 기말재고자산이 가장 최근 매입분으로 구성되어 기말재고자산가액이 시가에 가깝다.

② 개별법은 실무에 적용하기 쉬우며 가장 정확한 단가산정방법이다.

③ 후입선출법은 매출원가가 가장 최근 매입분으로 구성되므로 수익·비용의 대응이 선입선출법보다 적절히 이루어진다.

④ 평균법에는 총평균법과 이동평균법이 있다.

03. 다음 중 유형자산에 대한 설명으로 틀린 것은?

① 유형자산은 재화의 생산, 용역의 제공, 타인에 대한 임대 또는 자체적으로 사용할 목적으로 보유하는 물리적 형체가 있는 자산을 말한다.

② 특정 유형자산을 재평가할 때, 해당 자산이 포함되는 유형자산 분류 전체를 재평가한다.

③ 유형자산은 최초에는 취득원가로 측정한다.

④ 새로운 시설을 개설하는 데 소요되는 원가는 유형자산의 원가이다.

04. 다음 중 회계추정의 변경에 해당하지 않는 것은?

　① 재고자산 평가방법을 후입선출법에서 선입선출법으로 변경하는 경우
　② 기계설비의 감가상각 대상 내용연수를 변경하는 경우
　③ 매출채권에 대한 대손추정률을 변경하는 경우
　④ 비품의 감가상각방법을 정률법에서 정액법으로 변경하는 경우

05. 다음의 거래로 증감이 없는 자본항목은 무엇인가?

> ㈜절세는 자기주식 500주(액면금액 주당 200원)를 주당 300원에 취득한 후, 이 중 300주는 주당 400원에 매각하고, 나머지 200주는 소각하였다. 단, ㈜절세의 자기주식 취득 전 자본항목은 자본금뿐이다.

　① 자본금　　　　　　　　　　　② 자본잉여금
　③ 자본조정　　　　　　　　　　④ 기타포괄손익누계액

06. 다음 중 원가계산 항목이 아닌 것은?

　① 생산시설 감가상각비　　　　　② 생산직 근로자 인건비
　③ 생산시설 전기요금　　　　　　④ 영업용 차량 유지비

07. ㈜세금은 제조간접비를 직접노무시간으로 예정배부하고 있다. 당초 제조간접비 예산금액은 1,500,000원이고, 예산직접노무시간은 500시간이다. 당기말 현재 실제 제조간접비는 1,650,000원이 발생하였고, 제조간접비의 배부차이가 발생하지 않을 경우 실제직접노무시간은 얼마인가?

　① 450시간　　　　② 500시간　　　　③ 550시간　　　　④ 600시간

08. 다음의 자료를 이용하여 당월의 제품 매출원가를 계산하면 얼마인가?

> • 월초제품수량 500개, 월말제품수량 300개, 당월제품판매수량 1,000개
> • 월초 제품원가 67,000원, 월말 제품원가 55,000원
> • 당월에 완성된 제품 단위당 원가 110원

　① 80,000원　　　　② 90,000원　　　　③ 100,000원　　　　④ 110,000원

09. 다음 중 제조원가명세서에서 제공하고 있는 정보가 아닌 것은?

① 매출원가
② 당기제품제조원가
③ 당기총제조원가
④ 기말재공품재고액

10. 당사의 제조활동과 관련된 물량흐름은 다음과 같다. 설명 중 옳은 것은?

- 기초재공품 : 1,500개
- 당기착수량 : 8,500개
- 기말재공품 : 700개
- 공손품 : 1,300개

① 완성품의 3%가 정상공손이면 완성품수량은 10,000개이다.
② 완성품의 3%가 정상공손이면 비정상공손수량은 1,060개이다.
③ 완성품의 3%가 정상공손이면 정상공손수량은 300개이다.
④ 완성품의 3%가 정상공손이면 비정상공손수량은 1,000개이다.

11. 다음 자료는 20x1년 2기 예정신고기간의 자료이다. 부가가치세 과세표준은 얼마인가? (단, 제시된 자료 이외는 고려하지 말 것)

- 발급한 세금계산서 중 영세율세금계산서의 공급가액은 2,000,000원이다.
  그 외의 매출 및 매입과 관련된 영세율 거래는 없다.
- 세금계산서를 받고 매입한 물품은 공급가액 15,500,000원, 부가가치세 1,550,000원이다.
  이 중 거래처 선물용으로 매입한 물품(공급가액 500,000원, 부가가치세 50,000원)이 포함되어 있다.
- 납부세액은 2,500,000원이다.

① 40,000,000원
② 40,500,000원
③ 42,000,000원
④ 45,000,000원

12. 부가가치세법상 사업자등록과 관련된 설명 중 틀린 것은?

① 신규로 사업을 시작하려는 자는 사업 개시일 이전이라도 사업자등록을 신청할 수 있다.
② 사업자등록의 신청을 받은 관할세무서장은 신청일 부터 3일 이내에 사업자등록증을 신청자에게 발급하는 것이 원칙이다.
③ 휴업 또는 폐업을 하는 경우 지체 없이 사업장 관할 세무서장에게 신고하여야 한다.
④ 과세사업을 경영하는 자가 면세사업을 추가할 경우에는 면세사업자등록 신청을 별도로 할 필요가 없다.

13. 다음 중 해당 과세기간에 전액 필요경비에 불산입하는 항목이 모두 몇 개인지 고르시오.

가. 사업과 직접적인 관계없이 무상으로 지급하는 법령에서 정한 기부금 나. 가사의 경비와 이에 관련되는 경비 다. 벌금, 과료, 과태료 라. 선급비용 마. 대손금

① 2개   ② 3개   ③ 4개   ④ 5개

14. 다음 중 부가가치세법상 영세율 적용대상이 아닌 것은?

① 사업자가 내국신용장 또는 구매확인서에 의하여 공급하는 수출용 재화(금지금(金地金)은 아님)
② 수출업자와 직접 도급계약에 의한 수출재화임가공용역
③ 국외에서 공급하는 용역
④ 수출업자가 타인의 계산으로 대행위탁수출을 하고 받은 수출대행수수료

15. 다음 중 소득세법상 이자소득이 아닌 것은?

① 직장공제회 초과반환금
② 비영업대금이익
③ 연금저축의 연금계좌에서 연금외 수령하는 일시금
④ 저축성보험의 보험차익(10년 미만)

실 무

㈜금성전자(2098)는 제조, 도·소매 및 부동산임대업을 영위하는 중소기업이며, 당기의 회계기간은 20x1.1.1.~20x1.12.31.이다. 전산세무회계 수험용 프로그램을 이용하여 다음 물음에 답하시오.

문제 1 다음 거래를 일반전표입력 메뉴에 추가 입력하시오.(15점)

[1] 2월 15일
당사가 10%의 지분을 소유하고 있는 ㈜한국으로부터 현금배당 5,000,000원과 주식배당 100주(주당 액면가액 5,000원)를 보통예금 및 주식으로 수령하였다. 배당에 관한 회계처리는 기업회계기준을 준수하였고, 원천징수금액은 없다.(3점)

[2] 3월 11일
정기예금이 만기가 되어 원금 5,000,000원과 예금이자(이자소득 490,000원, 원천징수 세액 75,460원)가 보통예금으로 이체되었다. 원천징수금액은 자산으로 처리한다.(3점)

[3] 3월 15일
업무와 관련된 자산을 취득하는 조건으로 서울시청으로부터 정부보조금 50,000,000원(이 중 50%는 상환의무가 없는 지원금이며, 나머지 50%는 3년후 원금을 상환해야 함)을 받아 보통예금에 입금하였다.(3점)

[4] 8월 15일
㈜천안으로부터 제품 매출 후 외상매출금 4,830,000원에 대하여 조기 회수에 따른 매출 할인액(할인율 2%)을 차감한 나머지 금액이 보통예금으로 입금되었다.(단, 부가가치세는 고려하지 않는다.)(3점)

[5] 10월 31일
경영관리부에서 사용할 문구류를 구매하고 보통예금 계좌에서 이체하였다.(사무용품비 계정으로 회계처리 할 것.)(3점)

NO. 01		영 수 증 (공급받는자용)			
					귀하
공급자	사업자 등록번호	778 - 61 - 12347			
	상호	대박문구		성명	김대박
	사업장 소재지	서울특별시 구로구 구로동 27			
	업태	도소매		종목	문구
작성일자		금액합계		비고	
20x1.10.31		27,500			
공급내역					
월/일	품명	수량	단가		금액
10/31	볼펜	25	1,000		25,000
10/31	샤프심	5	500		2,500
합 계		₩		27,500	
위 금액을 영수(청구)함					

문제 2 다음 거래자료를 매입매출전표입력 메뉴에 추가로 입력하시오.(15점)

[1] 7월 22일　　당사가 생산한 제품(원가 500,000원, 시가 700,000원, 부가가치세별도)을 거래처인 ㈜세무에 선물로 제공하였다. (3점)

[2] 8월 5일　　㈜현명상사에게 제품을 납품하고 다음의 전자세금계산서를 발급하였다.(3점)

전자세금계산서(공급자 보관용)						승인번호		20210805 - 23000000 - 000000	
공급자	사업자등록번호	110 - 81 - 35557	종사업장번호		공급받는자	사업자등록번호	412 - 81 - 28461	종사업장번호	
	상호(법인명)	㈜금성전자	성 명(대표자)	이준호		상호(법인명)	㈜현명상사	성 명	김현명
	사업장주소	서울 성북구 대사관로 50(성북동)				사업장주소	서울 강남구 테헤란로 32		
	업 태	제조업	종 목	전자제품		업 태	도소매	종 목	전자제품
	이메일					이메일			
작성일자		공급가액		세액		수정사유			
20x1 - 08 - 05		5,000,000원		500,000원					
비고									

월	일	품　목	규 격	수 량	단 가	공 급 가 액	세 액	비 고
8	5	전자제품		100	50,000원	5,000,000원	500,000원	

합 계 금 액	현　금	수　표	어　음	외 상 미 수 금	이 금액을	영수 / 청구 함
5,500,000원	3,000,000원			2,500,000원		

[3] 8월 31일　　제조부 직원의 식사를 ㈜식신으로부터 제공받고, 8월분 식대(공급가액 900,000원, 세액 90,000원)에 대한 종이세금계산서를 수취하고 법인카드(신한카드)로 결제하였다.(3점)

[4] 9월 7일 ㈜삼진건설로부터 사옥신축계약을 체결하고 본사건물을 신축하기로 하였다. 공사도급계약서중 대금지급에 관한 내용은 다음과 같다. 당일에 계약금에 대한 전자세금계산서를 적절하게 발급받았다.(3점)

- 총 도급금액 : 480,000,000원(부가가치세 48,000,000원 별도)
- 대금 지급 방식
 − 계약금(20x1.09.07./공사착공일) : 48,000,000원(부가가치세 4,800,000원 별도)
 − 중도금(20x2.02.07.) : 288,000,000원(부가가치세 28,800,000원 별도)
 − 잔금(20x2.07.31./공사완공일) : 144,000,000원(부가가치세 14,400,000원 별도)
 − 대금은 위 기재된 날짜에 부가가치세 포함하여 보통예금으로 계좌이체가 이루어진 것으로 가정한다.

[5] 9월 30일 당사는 ㈜명국에 제품을 10,000,000원(공급가액)에 판매하고 전자세금계산서를 발급하였다.(단, 4월 30일 계약금을 지급 받았으며 잔액은 10월 15일에 지급 받기로 하였다.)(3점)

문제 3 부가가치세신고와 관련하여 다음 물음에 답하시오.(10점)

[1] 다음의 자료를 이용하여 20x1년 2기 확정신고기간에 대한 [건물등감가상각자산취득명세서]를 작성하시오.(다음의 지출금액에 대해서는 자산처리 하기로 함.)(3점)

일자	내역	공급가액	부가가치세	상호	사업자등록번호
10/6	영업부서에서 사용할 개별소비세 과세대상 승용차 구입(전자세금계산서 수취)	28,000,000	2,800,000	㈜경기자동차	126-81-11152
11/22	제조부서에서 사용할 기계구입(전자세금계산서 수취)	13,000,000	1,300,000	㈜한국상사	621-81-20059
12/20	영업부서에서 사용할 복사기 구입(종이세금계산서 수취)	1,800,000	180,000	시원전자(일반과세자)	358-52-91995

[2] 다음 자료만을 이용하여 20x1년 제1기 확정신고기간(4월~6월)의 부가가치세신고서를 작성하시오. (단, 부가가치세 신고서 이외의 부속서류와 과세표준명세의 작성은 생략하며, 불러오는 데이터는 무시하고 직접 입력할 것)(7점)

[매출자료]

• 전자세금계산서 과세 매출액(영세율 매출 포함) : 공급가액 400,000,000원, 세액 35,000,000원
• 신용카드 · 현금영수증 과세 매출액 : 공급가액 5,000,000원, 세액 500,000원
• 정규영수증외 과세 매출액 : 공급가액 700,000원, 세액 70,000원
   (최종 소비자와의 거래이며, 당사가 영위하는 업종은 현금영수증 의무발행업종이 아님)
• 해외 직수출액 : 40,000,000원
• 회수기일이 2년 6개월 지난 외상매출금(특수관계인과의 거래가 아님) : 11,000,000원(부가가치세 포함)

[매입자료]

• 세금계산서 수취한 매입내역

구분	공급가액	세액
일반 매입	250,000,000원	25,000,000원
기업업무추진(접대)성 물품 매입	1,000,000원	100,000원
기계장치 매입	30,000,000원	3,000,000원
예정신고누락분 매입	3,000,000원	300,000원
합 계	284,000,000원	28,400,000원

• 신용카드 사용분 매입내역

구분	공급가액	세액
일반 매입	25,000,000원	2,500,000원
사업무관 매입	2,000,000원	200,000원
비품 매입	5,000,000원	500,000원
합 계	32,000,000원	3,200,000원

[기타자료]

• 예정신고 미환급세액 : 800,000원
• 당사는 부가가치세 신고시 홈택스로 전자신고를 하였다.
• 세부담최소화를 가정할 것

문제 4 다음 결산자료를 입력하여 결산을 완료하시오.(15점)

[1] 당사는 별빛은행으로부터 1년마다 갱신조건의 마이너스통장(보통예금)을 개설하였다. 12월 31일 현재 통장잔고는 (-)10,154,000원이다.(단, 회계처리는 음수(-)로 하지 말 것)(3점)

[2] 당사는 10월 1일 회사 경영에 필요한 보증보험료(보험기간 : 20x1년 10월 1일 ~ 20x2년 9월 30일) 2,700,000원을 보통예금계좌에서 지출하고 전액 보험료로 당기 비용처리 하였다.(보험료의 기간배분은 월할계산한다.) (3점)

[3] 다음의 자산의 당기(20x1년) 감가상각비를 결산에 반영하시오.(월할상각할 것)(3점)

구 분	취득가액	전기말 상각누계액	상각 방법	내용연수	상각율	취득일자
건물(영업부서 사무실)	200,000,000원	12,500,000원	정액법	40	0.025	2018.07.01
기계장치(제품생산)	50,000,000원	15,650,000원	정률법	8	0.313	2020.01.01

[4] 당기말 현재 당사의 재고자산은 다음과 같다. (3점)

- 기말원재료 : 4,000,000원
- 기말재공품 : 8,030,000원
- 기말제품 :   7,000,000원 (위탁재고 1,000,000원 별도)

[5] 결산일 현재 다음 채권잔액에 대해 대손충당금(보충법)을 설정하시오.(3점)

과목	대손추정률
외상매출금	1%
단기대여금	2%

문제 5 20x1년 귀속 원천징수자료와 관련하여 다음의 물음에 답하시오.(15점)

[1] 20x1년 1월 10일에 입사한 사원코드 101번인 나인턴(배우자 및 부양가족은 없음)은 20x1년 2월 28일에 퇴사하였다. 1월과 2월의 급여자료는 아래와 같다. 1월과 2월의 급여자료를 [급여자료 입력]에 반영하고, 2월의 [원천징수이행상황신고서]를 작성하시오.(단, 급여 지급일은 귀속월의 말일이고, 2월분 급여자료 입력시 중도퇴사에 대한 연말정산을 포함하여 작성할 것)(5점)

[급여자료]

구 분	1월	2월	비 고
기 본 급	2,000,000원	3,000,000원	
식대	120,000원	180,000원	비과세 요건을 충족한다.
국민연금	–	135,000원	공제항목
건강보험	–	102,900원	
장기요양보험	–	11,850원	
고용보험	16,160원	24,640원	
소득세	20,170원		
지방소득세	2,010원		

※ 국민연금, 건강보험, 장기요양보험, 고용보험은 요율표를 무시하고 주어진 자료를 이용한다.

[2] 다음은 최태호(사번 : 103번)와 부양가족(자녀를 제외하고는 본인과 생계를 같이함)에 대한 자료이다. 이 자료를 바탕으로 [연말정산추가자료입력] 메뉴에서 각각의 탭에 입력하여 최종적으로 [연말정산입력] 탭에 반영하시오. (단, 제시된 자료 이외에는 부양가족의 소득금액은 없으며, 최태호의 세부담 최소화를 위해 모든 가능한 공제는 최태호가 받기로 한다.)(10점)

〈자료 1〉

〈 전 근무지 근로소득 원천징수영수증 자료 〉

	구 분		주(현)	종(전)	⑯-1 납세조합	합 계
Ⅰ. 근무처별소득명세	⑨ 근 무 처 명		(주)태평성대			
	⑩ 사업자등록번호		126-85-33149			
	⑪ 근무기간		20x1.1.1~20x1.6.30	~	~	~
	⑫ 감면기간		~	~	~	~
	⑬ 급 여		18,000,000원			
	⑭ 상 여		5,000,000원			
	⑮ 인 정 상 여					
	⑮-1 주식매수선택권 행사이익					
	⑮-2 우리사주조합인출금					
	⑮-3 임원 퇴직소득금액 한도초과액					
	⑯ 계		23,000,000원			
Ⅱ. 비과세및감면소득명세	⑱ 국외근로	M0X				
	⑱-1 야간근로수당	O0X				
	⑱-2 출산·보육수당	Q0X				
	⑱-4 연구보조비	H0X				
	~					
	⑱-29					
	⑲ 수련보조수당	Y22				
	⑳ 비과세소득 계					
	⑳-1 감면소득 계					

	구 분			⑱ 소 득 세	⑲ 지방소득세	⑳ 농어촌특별세
Ⅲ. 세액명세	⑫ 결 정 세 액			382,325원	38,232원	
	기납부세액	⑬ 종(전)근무지 (결정세액란의 세액을 적습니다)	사업자등록번호			
		⑭ 주(현)근무지		878,120원	87,812원	
	⑮ 납부특례세액					
	⑯ 차 감 징 수 세 액(⑫-⑬-⑭-⑮)			△495,795원	△49,580원	

(국민연금 1,035,000원, 건강보험 763,600원, 장기요양보험 61,088원, 고용보험 149,500원)

위의 원천징수액(근로소득)을 정히 영수(지급)합니다.

〈자료 2〉 연말정산 자료(국세청 자료로 가정)

본인(최태호) (730505 -1111117)	• 야간대학원 학비 : 5,000,000원 • 보장성 보험료 납입액 : 600,000원 • 저축성 보험료 납입액 : 1,200,000원 • 본인의 신용카드사용액 : 21,000,000원[이 중에는 대중교통요금 3,000,000원, 전통시장사용액 7,000,000원, 도서공연 사용액(문체부장관이 지정한 사업자) 1,000,000원 포함됨, 직불/선불카드 · 현금영수증 사용액 없음.] • 연금저축납입액 : 1,200,000원[(주)우리은행 / 1002-484-652358]
아버지(최진성) (470815 -1111112)	• 질병치료비 : 12,000,000원(이중 실손보험 수령금 11,000,000원)
어머니(김순녀) (540804 -2222222)	• 상가임대소득금액 : 12,000,000원 • 임대상가의 화재보험료 : 1,200,000원 • 질병치료비 : 3,000,000원(실손보험 수령금 없고, 본인이 실제 어머니 치료비를 부담) • 종교단체 기부금 : 1,500,000원
배우자(신미미) (780822 -2222220)	• 연간총급여 : 6,000,000원(이 중에는 일용근로소득자로서 받은 총급여 3,000,000원이 포함되어 있음.) • 시력보정용 안경구입비 : 900,000원 • 질병치료비 : 3,000,000원(이중 실손보험 수령금 1,700,000원) • 건강기능식품 구입비 2,000,000원 • 배우자 명의의 신용카드사용액 : 5,000,000원(이 중에는 대중교통요금 2,000,000원, 전통시장사용액 1,000,000원 포함, 직불/선불카드 · 현금영수증 사용액 없음.)
자녀(최샛별) (031031 -4444443)	• 미국 현지 소재 고등학교(우리나라 교육법에 따른 학교에 해당하는 교육기관임) 수업료 : 6,000,000원 • 보장성 보험료 납입액 : 300,000원 • 건강증진목적의 한약구입비 : 1,500,000원

〈유의사항〉

* 부양가족 입력시 기본공제대상자가 아닌 경우 기본공제여부에 '부'로 표시할 것.
* 의료비지급명세서에 의료비를 반영할 것.
* **신용카드사용의 당해연도 소비증가는 없다고 가정한다.**

제98회 전산세무2급 답안 및 해설

이 론

1	2	3	4	5	6	7	8	9	10	11	12	13	14	15
③	②	④	①	④	④	③	③	①	②	③	②	②	④	③

01. 중요한 항목은 재무제표의 본문이나 주석에 그 내용을 가장 잘 나타낼 수 있도록 구분하여 표시하며, **중요하지 않은 항목은 성격이나 기능이 유사한 항목과 통합하여 표시**할 수 있다.

02. 개별법은 가장 정확한 단가산정방법이지만 실무적으로 적용하기 어렵다.

03. **새로운 시설을 개설하는 데 소요되는 원가는 유형자산의 취득원가를 구성하지 않는다.** 개설소요되는 원가의 예로는 **시설 설치여부 사전 조사원가**를 의미한다. 따라서 취득시점에 유형자산의 원가를 구성하지 않는 것입니다.

04. **재고자산 평가방법의 변경은 회계정책의 변경**에 해당함.

05. 취득시 : (차) 자기주식   150,000원   (대) 현금등   150,000원

매각시 : (차) 현금등   120,000원   (대) 자기주식   90,000원

                                                            자기주식처분이익   30,000원

☞ 처분손익 = 처분가액(300주×400) – 장부가액(300주×300) = 30,000원(처분이익)

소각시 : (차) 자본금   40,000원   (대) 자기주식   60,000원

감자차손   20,000원

자기주식 소각 – 자본금 감소, 자기주식처분이익 – 자본잉여금, 감자차손 – 자본조정

06. 영업용 차량에 대한 유지비는 판매관리비 항목이다.

07. 예정배부율 = 제조간접비예산(1,500,000)÷예산직접노무시간(500) = 3,000원/시간당

배부차이 = 0 → 실제발생 제조간접비(1,650,000) = 예정배부액

예정배부액(1,650,000) = 실제직접노무시간(?)×예정배부율(3,000)

∴ 실제직접노무시간 = 550시간

08. 당월제품제조원가 = 800개×@110원 = 88,000원

제 품

기초재고	500개	67,000	매출수량	1,000개	*100,000*
당기제조	**800개**	**88,000**	기말재고	300개	55,000
계	1,300개	155,000	계	1,300개	155,000

09. 매출원가는 손익계산서에서 제공되는 정보이다.

10.

재공품			
기초재고	1,500개	완성품수량	① 8,000개
당기착수량	8,500개	공손품	1,300개
		기말재고	700개
계	10,000개	계	10,000개

정상공손수량 = 완성품(8,000) × 3% = ③ 240개

비정상공손수량 = 공손품(1,300) - 정상공손수량(240) = ④ 1,060개

11. 납부세액(2,500,000) = 매출세액(?) – 매입세액(1,550,000) + 매입세액불공제(50,000)

∴ 매출세액 = 4,000,000원

과세 공급가액 = 매출세액(4,000,000) ÷ 10% = 40,000,000원

과세표준 = 과세 공급가액(40,000,000) + 영세율 공급가액(2,000,000) = 42,000,000원

12. 사업자등록증은 사업자 **등록 신청일부터 2일 이내에 신청자에게 발급**하여야 한다.

13. 가(기부금)와 마(대손금)는 세법에서 정한 범위 내에서 필요경비에 산입가능하다.

14. **수출대행수수료는 국내거래이므로 세금계산서를 발급**하고 영세율 아닌 **일반세율(10%) 적용**한다.

15. 연금저축의 연금계좌에서 연금외 수령하는 일시금은 기타소득에 해당된다.

■■■ 실 무

문제 1 **일반전표입력**

[1] (차) 보통예금   5,000,000   (대) 배당금수익   5,000,000

☞주식배당을 수령시 별도 회계처리는 없고 수량과 단가만 재계산한다.

[2] (차) 보통예금   5,414,540   (대) 이자수익   490,000
        선납세금   75,460   정기예금   5,000,000

[3] (차) 보통예금   50,000,000   (대) 장기차입금(서울시청)   25,000,000
                                        정부보조금(보통예금차감)   25,000,000

[4] (차) 보통예금   4,733,400   (대) 외상매출금((주)천안)   4,830,000
        매출할인(406)   96,600

[5] (차) 사무용품비(판)   27,500   (대) 보통예금   27,500

문제 2 매입매출전표입력

문항	일자	유형	공급가액	부가세	거래처	전자
[1]	7/22	14.건별	700,000	70,000	㈜세무	–
분개유형		(차) 기업업무추진비	570,000 (대)	제품(8. 타계정 대체)		500,000
혼합		(판/제)		부가세예수금		70,000
문항	일자	유형	공급가액	부가세	거래처	전자
[2]	8/5	11.과세	5,000,000	500,000	㈜현명상사	여
분개유형		(차) 현금	3,000,000 (대)	제품매출		5,000,000
혼합		외상매출금	2,500,000	부가세예수금		500,000
문항	일자	유형	공급가액	부가세	거래처	전자
[3]	8/31	51.과세	900,000	90,000	(주)식신	부
분개유형		(차) 복리후생비(제)	900,000 (대)	미지급금		990,000
혼합(카드)		부가세대급금	90,000	(㈜신한카드)		
문항	일자	유형	공급가액	부가세	거래처	전자
[4]	9/7	51.과세	48,000,000	4,800,000	㈜삼진건설	여
분개유형		(차) 건설중인자산	48,000,000 (대)	보통예금		52,800,000
혼합		부가세대급금	4,800,000			

☞건설중인 자산은 유형자산의 건설을 위한 재료비등을 말하며, 계약금 및 중도금을 포함하는 것임.

문항	일자	유형	공급가액	부가세	거래처	전자
[5]	9/30	11.과세	10,000,000	1,000,000	㈜명국	여
분개유형		(차) 외상매출금	9,000,000 (대)	제품매출		10,000,000
혼합		선수금	2,000,000	부가세예수금		1,000,000

☞4월 30일 해당 일반전표의 선수금(2,000,000)을 조회

문제 3 부가가치세

[1] 건물등감가상각자산취득명세서(10~12월)

➡ 취득내역

감가상각자산종류	건수	공급가액	세액	비고
합 계	3	42,800,000	4,280,000	
건물 · 구축물				
기 계 장 치	1	13,000,000	1,300,000	
차 량 운 반 구	1	28,000,000	2,800,000	
기타감가상각자산	1	1,800,000	180,000	

No			거래처별 감가상각자산 취득명세				
	월/일	상호	사업자등록번호	자산구분	공급가액	세액	건수
1	10-06	(주)경기자동차	126-81-11152	차량운반구	28,000,000	2,800,000	1
2	11-22	(주)한국상사	621-81-20059	기계장치	13,000,000	1,300,000	1
3	12-20	시원전자	358-52-91995	기타	1,800,000	180,000	1

☞ 매입세액불공제대상 자산이라로 감가상각자산은 취득명세서에 기재해야 한다.

[2] 부가가치세 신고서(4~6월)

1. 매출세액 및 과세표준

구분			정기신고금액		
			금액	세율	세액
과세표준및매출세액	과세	세금계산서발급분	1	350,000,000	10/100	35,000,000
		매입자발행세금계산서	2		10/100	
		신용카드·현금영수증발행분	3	5,000,000		500,000
		기타(정규영수증외매출분)	4	700,000	10/100	70,000
	영세	세금계산서발급분	5	50,000,000	0/100	
		기타	6	40,000,000	0/100	
	예정신고누락분		7			
	대손세액가감		8			-1,000,000
	합계		9	445,700,000	㉮	34,570,000

☞ 중소기업의 외상매출금으로서 회수기일이 2년이상 경과한 외상매출금(특수관계인과의 거래는 제외)은 대손세액공제
대상임.

2. 매입세액

매입세액	세금계산서수취분	일반매입	10	251,000,000		25,100,000
		수출기업수입분납부유예	10			
		고정자산매입	11	30,000,000		3,000,000
	예정신고누락분		12	3,000,000		300,000
	매입자발행세금계산서		13			
	그 밖의 공제매입세액		14	30,000,000		3,000,000
	합계(10)-(10-1)+(11)+(12)+(13)+(14)		15	314,000,000		31,400,000
	공제받지못할매입세액		16	1,000,000		100,000
	차감계 (15-16)		17	313,000,000	㉯	31,300,000
납부(환급)세액(매출세액㉮-매입세액㉯)					㉰	3,270,000

☞ 세금계산서 수취분 중 매입세액 불공제 대상인 경우 매입세액 중 세금계산서 수취분에 포함하여 기재하고, 공제받지 못
할 매입세액에 반영합니다.

- 예정신고누락분

12.매입(예정신고누락분)				
예	세금계산서	38	3,000,000	300,000
	그 밖의 공제매입세액	39		
	합계	40	3,000,000	300,000

- 그 밖의 공제 매입세액

14.그 밖의 공제매입세액				
신용카드매출수령금액합계표	일반매입	41	25,000,000	2,500,000
	고정매입	42	5,000,000	500,000
의제매입세액		43		뒤쪽

☞ 신용카드 매입금액 중 매입세액불공제 대상을 기재하지 않고 매입세액공제분만 기재합니다.

- 공제받지 못할매입세액

구분		금액	세율	세액
16.공제받지못할매입세액				
공제받지못할 매입세액	50	1,000,000		100,000
공통매입세액면세등사업분	51			

3. 납부할세액 : 2,460,000원

- 전자신고세액공제 : 10,000원

- 예정신고미환급세액 : 800,000원 입력

문제 4   결산

[1]   [수동결산]

(차) 보통예금   10,154,000   (대) 단기차입금(별빛은행)   10,154,000

[2]   [수동결산]

(차) 선급비용   2,025,000   (대) 보험료(판)   2,025,000

☞ 선급비용 = 2,700,000 ÷ 12개월 × 9개월(20x2.1.1~9.30) = 2,025,000원

[3]   [수동/자동결산]

(차) 감가상각비(판)   5,000,000   (대) 감가상각누계액(건물)   5,000,000

감가상각비(제)   10,751,550   감가상각누계액(기계)   10,751,550

또는 결산자료 입력메뉴을 이용하여 금액을 입력한 후 전표추가

☞ 건물(정액법) = 취득가액(200,000,000) ÷ 40년 = 5,000,000원/년

☞ 기계(정률법) = [취득가액(50,000,000) − 기초감가상각누계액(15,650,000)] × 상각율(0.313) = 10,751,550원

[4]   [자동결산]

[결산자료입력] 메뉴에서 기말원재료 4,000,000원, 기말재공품 8,030,000원,

기말제품 8,000,000원(위탁재고 1백만원 포함) 입력 후 전표추가

[5]   [수동/자동결산]

(차) 대손상각비(판)   3,399,700   (대) 대손충당금(외상)   3,399,700

기타의대손상각비   1,600,000   대손충당금(단기대여금)   1,600,000

또는 결산자료 입력메뉴을 이용하여 금액을 입력한 후 전표추가

문제 5   원천징수

[1] 급여자료 입력외(나인턴)

1. 급여자료입력(1월) 귀속년월 1월, 지급년월일 1월 31일, 급여

급여항목	금액	공제항목	금액
기본급	2,000,000	국민연금	
상여		건강보험	
직책수당		장기요양보험	
월차수당		고용보험	16,160
식대	120,000	소득세(100%)	20,170
자가운전보조금		지방소득세	2,010
야간근로수당		농특세	
과 세	2,000,000		
비 과 세	120,000	공 제 총 액	38,340
지 급 총 액	2,120,000	차 인 지 급 액	2,081,660

☞ 식대 비과세 20만원/월

2. 급여자료입력(2월) 귀속년월 2월, 지급년월일 2월 28일, 급여
  - 중도퇴사 처리 : F7(중도퇴사자 정산)→급여반영(Tab)

급여항목	금액	공제항목	금액
기본급	3,000,000	국민연금	135,000
상여		건강보험	102,900
직책수당		장기요양보험	11,850
월차수당		고용보험	24,640
식대	180,000	소득세(100%)	
자가운전보조금		지방소득세	
야간근로수당		농특세	
		중도정산소득세	-20,170
		중도정산지방소득세	-2,010
과 세	3,000,000		
비 과 세	180,000	공 제 총 액	252,210
지 급 총 액	3,180,000	차 인 지 급 액	2,927,790

3. 원천징수이행상황신고서(귀속기간 2월, 지급기간 2월)

소득자 소득구분	코드	소득지급		징수세액			당월조정 환급세액	납부세액	
		인원	총지급액	소득세 등	농어촌특별세	가산세		소득세 등	농어촌특별세
간이세액 A01		1	3,180,000						
중도퇴사 A02		1	5,300,000	-20,170					
근 일용근로 A03									

☞ 소득세 등은 자동계산되어집니다.

[2] 연말정산(최태호)

1. 소득명세(전근무지 원천징수영수증 입력)(입력후 총급여액 58,000,000원)

근무처명	사업자등록번호	급여	상여	보험료 명세				세액명세		근무기간
				건강보험	장기요양	국민연금	고용보험	소득세	지방소득세	
㈜태평성대	126-85-33149	18,000,000	5,000,000	763,600	61,088	1,035,000	149,500	382,325	38,232	1.1~6.30

2. 부양가족명세

관계	요 건		기본공제	추가(자녀)	판 단
	연령	소득			
본인(세대주)	-	-	○		
부(78)	○	○	○	경로	
모(71)	○	×	부		사업소득(상가임대) 소득금액 1백만원 초과
배우자	-	○	○		일용근로소득은 분리과세, 총급여액 5백만원 이하자
자(22)	×	○	부		

3. 연금저축등

2 연금계좌 세액공제 − 연금저축계좌(연말정산입력 탭의 38.개인연금저축, 59.연금저축)						크게보기
연금저축구분	코드	금융회사 등	계좌번호(증권번호)	납입금액	공제대상금액	소득/세액공제액
2.연금저축	304	(주) 우리은행	1002-484-652358	1,200,000	1,200,000	144,000

4. 연말정산

관계	항 목	금 액	내 역	입 력
본인	교 육 비	5,000,000	야간대학원 학비	○(본인 5,000,000)
	보장성보험료	600,000	보장성 보험료	○(일반 600,000)
		1,200,000	저축성보험료는 대상에서 제외	×
	신 용 카 드	3,000,000	대중교통 사용액	○(대중 3,000,000)
		7,000,000	전통시장 사용액	○(전통 7,000,000)
		1,000,000	도서공연 사용액	○(도서 1,000,000)
		10,000,000	신용카드 사용액	○(신용 10,000,000)
부친 (○,○)	의 료 비	12,0000,000	질병치료비(실손보험금 차감)	○(65세 12,0000,000, 실손 △11,000,000)
모친 (○,×)	보장성보험료	1,200.000	상가 화재보험료는 사업소득의 필요경비임.	×
	의 료 비 (×,×)	3,000,000	질병치료비	○(65세 3,000,000)
	기 부 금 (×,○)	1,500,000	소득요건 미충족	×
배우자 (−,○)	의 료 비 (×,×)	900.000	시력보정용 안경구입비(한도 50만원)	○(일반 500,000)
		3,000,000	질병치료비(실손보험금 차감)	○(일반 3,000,000 실손 △1,700,000)
		2,000,000	건강기능 식품구입비는 제외	×
	신 용 카 드 (×,○)	2,000,000	대중교통 사용액	○(대중 2,000,000)
		1,000,000	전통시장 사용액	○(전통 1,000,000)
		2,000,000	신용카드 사용액	○(신용 2,000,000)
자녀 (×,○)	교 육 비	6,000,000	미국 소재 고등학교	○(고등 6,000,000)
	보장성보험료	300,000	보장성 보험료(연령요건 미충족)	×
	의 료 비	1,500,000	건강증진목적 한약구입은 대상에서 제외	×

부양가족	신용카드	의료비	연금저축	연말정산입력
보험료 교육비	<u>**해당 사항을 입력 후 최종적으로 연말정산 입력 탭에서**</u> <u>**F8부양가족탭불러오기를 클릭하여 입력된 데이터를 불러와서 최종 확인한다.**</u>			

[소득공제]		
1. 신용카드	① 신용카드	12,000,000
	② 도서공연비(총급여액 7천만원이하자)	1,000,000
	③ 전통시장	8,000,000
	④ 대중교통	5,000,000
[연금계좌세액공제]	연금저축	1,200,000
[특별세액공제]		
1. 보장성보험료	① 일반	600,000
2. 의료비	① 특정(65세 이상)	4,000,000
	② 일반	1,800,000
3. 교육비	① 본 인	5,000,000
	② 초중고	6,000,000

제97회 전산세무 2급

합격율	시험년월
34%	2021.08

■ 이 론

01. 다음 중 매출채권의 대손충당금을 과소 설정한 것이 재무제표에 미치는 영향으로 옳지 않은 것은?

① 자산의 과대계상
② 당기순이익의 과대계상
③ 이익잉여금의 과대계상
④ 비용의 과대계상

02. 다음 중 무형자산의 감가상각에 대한 설명으로 틀린 것은?

① 무형자산의 잔존가치는 없는 것(0원)을 원칙으로 한다.
② 무형자산의 내용연수는 법적 내용연수와 경제적 내용연수 중 짧은 것으로 한다.
③ 무형자산의 감가상각은 자산을 취득한 시점부터 시작한다.
④ 무형자산의 상각기간은 일반적으로 20년을 초과할 수 없다.

03. 다음 중 부채에 대한 설명으로 옳지 않은 것은?

① 부채는 과거의 거래나 사건의 결과로 현재 기업실체가 부담하고 있고 미래에 자원의 유출 또는 사용이 예상되는 의무이다.
② 부채의 정의를 만족하기 위해서는 금액이 반드시 확정되어야 한다.
③ 과거 사건으로 인해 현재 의무가 존재할 가능성이 매우 높고 인식기준을 충족하는 경우에는 충당부채로 인식한다.
④ 선수금은 유동부채로 분류된다.

04. 결산시 아래 사항들이 누락된 것을 발견하였다. 누락사항들을 반영할 경우 당기순이익의 증감액은 얼마인가?

• 당기발생 외상매출 : 100,000원	• 1기 확정 부가가치세의 납부 : 300,000원

① 100,000원 증가
② 100,000원 감소
③ 300,000원 증가
④ 300,000원 감소

05. 다음의 자본에 대한 설명 중 틀린 것은?

    ① 미교부주식배당금과 자기주식처분손실은 자본조정으로 분류된다.

    ② 유상감자가 이루어지면 회사의 순자산이 감소하게 된다.

    ③ 신주발행비는 주식의 발행과 직접 관련하여 발생하는 비용으로서 영업외비용으로 처리한다.

    ④ 자본은 자본금, 자본잉여금, 자본조정, 기타포괄손익누계액, 이익잉여금으로 구성되어 있다.

06. 다음 중 제조간접비 배부차이 조정방법에 해당하지 않는 것은?

    ① 비례배부법   ② 직접배분법   ③ 매출원가조정법   ④ 영업외손익법

07. 다음 자료를 이용하여 평균법을 적용한 기말재공품원가를 구하시오. 당기완성품은 1,200개이며 기말재공품은 400개(완성도 : 50%)이다. 재료비는 공정초기에 모두 발생하며 가공비는 공정 전체에 균일하게 발생한다.

구분	수량	재료비	가공비
기초재공품원가	500개[주1)]	500,000원	300,000원
당기총제조원가	1,100개	700,000원	400,000원

주1) 기초재공품의 완성도는 50%이다.

    ① 400,000원   ② 450,000원   ③ 500,000원   ④ 550,000원

08. 20x1년 기간에 사용한 원재료는 3,000,000원이다. 20x1년 12월 31일 기말 원재료재고액은 20x1년 1월 1일 기초 원재료재고액보다 200,000원이 더 많다. 20x1년 기간의 원재료 매입액은 얼마인가?

    ① 2,800,000원   ② 3,100,000원   ③ 3,200,000원   ④ 3,400,000원

09. 다음 원가 집계과정에 대한 설명 중 틀린 것은?

    ① 당기총제조원가는 재공품계정의 차변으로 대체된다.

    ② 당기제품제조원가(당기완성품원가)는 재공품 계정의 대변으로 대체된다.

    ③ 당기제품제조원가(당기완성품원가)는 제품 계정의 차변으로 대체된다.

    ④ 제품매출원가는 매출원가 계정의 대변으로 대체된다.

10. 다음 제조원가에 대한 설명 중 틀린 것은?

① 직접재료비와 직접노무비의 합은 기초원가(기본원가)이다.
② 직접노무비와 제조간접비의 합은 가공원가(전환원가)이다.
③ 제조원가는 직접재료비, 직접노무비, 제조간접비로 구분된다.
④ 생산근로자의 식대와 판매근로자의 식대는 모두 제조원가이다.

11. 다음 중 부가가치세법상 재화 및 용역의 공급시기에 대한 설명으로 옳지 않은 것은?

① 완성도기준지급조건부 판매 : 대가의 각 부분을 받기로 한 때
② 폐업시 잔존재화 : 폐업하는 때
③ 내국물품 외국반출(직수출) : 수출재화의 공급가액이 확정되는 때
④ 반환조건부 판매 : 조건이 성취되거나 기한이 지나 판매가 확정되는 때

12. 다음 중 부가가치세법상 영세율 적용을 받을 수 없는 사업자는?

① 중계무역방식의 수출업자   ② 위탁판매수출의 수출업자
③ 수출품 생산 후 외국으로 반출하는 사업자   ④ 수출을 대행하는 수출업자

13. 다음 중 부가가치세법상 간이과세자에 대한 설명으로 옳은 것은?

① 직전 연도 재화와 용역의 공급가액의 합계액이 8,500만원에 미달하는 개인사업자를 말한다.
② 모든 간이과세자는 세금계산서 발급이 원칙이다.
③ 모든 간이과세자는 전액매입세액 공제할 수 있다.
④ 간이과세자는 과세사업과 면세사업 등을 겸영할 수 있다.

14. 다음 중 소득세법상 부동산임대업에 대한 설명 중 틀린 것은?

① 주거용 건물 임대업에서 발생한 수입금액 합계액이 2천만원을 초과하는 경우에도 분리과세가 가능하다.
② 1주택 소유자가 1개의 주택을 임대하고 있는 경우 주택의 임대보증금에 대한 간주임대료 계산을 하지 않는다.
③ 주거용 건물 임대업에서 발생한 수입금액 합계액이 2천만원 이하인 경우 분리과세를 선택할 수 있다.
④ 부동산을 임대하고 받은 선세금에 대한 총수입금액은 그 선세금을 계약기간의 월수로 나눈 금액의 각 과세기간의 합계액으로 한다.(월수계산은 초월산입ㆍ말월불산입)

15. 다음 중 소득세법에 따른 근로소득의 수입시기에 대한 설명으로 틀린 것은?

	구분	수입시기
①	급여	근로를 제공한 날
②	주식매수선택권	해당 법인에서 퇴사하는 날
③	잉여금 처분에 의한 상여	해당 법인의 잉여금 처분결의일
④	인정상여	해당 사업연도 중의 근로를 제공한 날

실 무

㈜금성전자(2097)는 제조, 도·소매 및 부동산임대업을 영위하는 중소기업이며, 당기의 회계기간은 20x1.1.1.~20x1.12.31.이다. 전산세무회계 수험용 프로그램을 이용하여 다음 물음에 답하시오.

문제 1 다음 거래를 일반전표입력 메뉴에 추가 입력하시오.(15점)

[1] 5월 1일   당사는 단기투자목적으로 시장성이 있는 주식을 주당 10,000원에 1,000주를 매입하고, 매입과정에서 발생한 매입수수료 200,000원을 포함하여 보통예금에서 이체하였다.(3점)

[2] 5월 6일   당사는 산불피해 이재민을 돕기 위하여 제품인 컴퓨터 10대를 양양시에 기부하였다. 컴퓨터 원가는 30,000,000원이며 시가는 35,000,000원이다.(3점)

[3] 6월 11일   회사는 보유하고 있던 자기주식 1,000주(주당 10,000원에 취득) 중에서 300주를 주당 10,500원에 처분하고 대금은 보통예금으로 수령하였다.(처분일 현재 자기주식처분손실 잔액은 30,000원이다.)(3점)

[4] 7월 1일   당사의 기계장치(취득원가 30,000,000원, 감가상각누계액 5,500,000원)를 직원의 중대한 실수로 인하여 더이상 사용할 수 없게 되었다. (단, 순공정가치와 사용가치는 모두 0원이며 당기 감가상각비는 고려하지 않는다.)(3점)

[5] 7월 30일   생산부서 직원들에 대한 확정기여형(DC형) 퇴직연금 불입액 5,000,000원을 보통예금 계좌에서 이체하였다.(3점)

문제 2 다음 거래자료를 매입매출전표입력 메뉴에 추가로 입력하시오.(15점)

[1] 7월 15일 수출업체인 ㈜쌍용인터내셔널에 구매확인서를 통하여 제품 100개(개당 200,000원)를 공급하고 영세율전자세금계산서를 발급하였다. 대금은 전액 외상으로 하였다. (하단 영세율 구분을 입력하고 서류번호는 무시하기로 한다.) (3점)

[2] 8월 10일 당사의 영업부서에서 매달 월간 마케팅 잡지를 구독 중에 있고, ㈜마케팅으로부터 전자계산서를 수취한다. 대금은 매달 25일에 지급하기로 하였다.(3점)

전자계산서(공급받는자 보관용)								승인번호		20210810 - 2038712 - 00009327	
공급자	사업자 등록번호	211 - 81 - 73441	종사업장 번호			공급받는자	사업자 등록번호	126 - 81 - 34136		종사업장 번호	
	상호(법인명)	㈜마케팅	성 명(대표자)	윤영신			상호(법인명)	㈜금성전자		성 명	장지우
	사업장 주소	서울특별시 마포구 임정로 415					사업장 주소	서울특별시 강남구 영동대로 202(대치동)			
	업 태	출판업	종 목	잡지			업 태	제조, 도소매		종 목	전자제품
	이메일						이메일				
작성일자		공급가액				수정사유					
20x1. 8. 10.		30,000원									
비고											
월	일	품 목	규 격	수 량	단 가	공 급 가 액				비 고	
8	10	마케팅 잡지		1	30,000원	30,000원					
합 계 금 액	현 금		수 표		어 음		외 상 미 수 금		이 금액을 영수/청구 함		
30,000원							30,000원				

[3] 8월 20일 생산부서 직원 생일을 축하해주기 위해 회식을 하고 카드결제 후 아래의 증빙을 수취하였다.(해당 음식점은 일반과세자이고, 당사는 매입세액을 공제받고자 한다.)(3점)

```
            카드매출전표
- - - - - - - - - - - - - - - - - - -
카드종류 : ㈜우리카드
회원번호 : 1234 - 5678 - **** - 9015
거래일시 : 20x1. 8. 20. 16 : 05 : 16
거래유형 : 신용승인
매    출 : 325,000원
부 가 세 : 32,500원
합    계 : 357,500원
결제방법 : 일시불
승인번호 : 81999995

가맹점명 : 제주수산
        - 이 하 생 략 -
```

[4] 9월 11일　사업자등록증이 없는 비사업자 한석규(주민등록번호 780705-1234567)씨에게 제품을 1,320,000원(부가가치세 포함)에 현금판매하고 현금영수증을 발급하였다.(3점)

[5] 9월 30일　당사는 ㈜광고사랑과 1년간의 영업목적 광고용역계약을 체결하고 전자세금계산서를 수취하였다. 1년 기준 광고비는 1,320,000원(부가가치세 포함)이며 보통예금으로 지급하였다.(비용으로 처리하시오)(3점)

문제 3 부가가치세신고와 관련하여 다음 물음에 답하시오.(10점)

[1] 다음 자료를 보고 20x1년 1기 확정신고기간의 수출실적명세서를 작성하시오.(단, 거래처코드와 거래처명은 입력하지 말 것.)(3점)

상대국	수출신고번호	선적일	환가일	통화	수출액	기준환율	
						선적일	환가일
일본	13041-20-044589X	20x1.04.06.	20x1.04.15.	JPY	￥300,000	₩994/￥100	₩997/￥100
미국	13055-10-011460X	20x1.05.18.	20x1.05.12.	USD	$60,000	₩1,040/$	₩1,080/$
영국	13064-25-147041X	20x1.06.30.	20x1.07.08.	GBP	£75,000	₩1,110/£	₩1,090/£

[2] 다음 자료를 이용하여 20x1년 제2기 부가가치세 확정신고기간의 부가가치세신고서를 작성하시오.(단, 부가가치세신고서 이외의 기타 신고서류 작성은 생략하고, 불러오는 데이터 값은 무시하고 새로 입력할 것)(7점)

구분	자료
매출자료	• 전자세금계산서 발급 과세 매출액(공급가액 : 230,000,000원,세액 : 23,000,000원) • 제품 직수출 매출액(공급가액 : 45,000,000원, 영세율)
매입자료	• 전자세금계산서 발급 과세 매입액(공급가액 : 90,000,000원, 세액 : 9,000,000원). 　단, 과세 매입액 중 공급가액 10,000,000원은 공장 기계장치 구매금액이며 나머지는 재고자산 상품 매입액이다. • 법인신용카드 매입액(공급대가 : 8,800,000원). 전액 본사 사무용품 매입액이며, 매입세액은 공제가능하다.
예정 신고 누락분	• 직수출액(공급가액 3,000,000원, 영세율)
기타	• 전자세금계산서의 발급 및 국세청 전송은 정상적으로 이루어졌다. • 부가가치세 확정신고한 날은 20x2년 1월 20일이다.

문제 4 다음 결산자료를 입력하여 결산을 완료하시오.(15점)

[1] 당사는 결산일 현재 다음과 같은 매도가능증권(투자자산)을 보유하고 있다. 매도가능증권 평가에 대한 기말 회계처리를 하시오.(제시된 자료만 고려하여 하나의 전표로 입력할 것)(3점)

회사명	20x0년 취득가액	20x0년 기말 공정가액	20x1년 기말 공정가액
㈜금성전자	15,000,000원	12,000,000원	22,000,000원

[2] 당사는 20x1년 9월 1일 거래처에 30,000,000원을 대여하고, 이자는 20x2년 8월 31일 수령하기로 약정하였다.(단, 대여금에 대한 이자율은 연 7%이고 월할계산하시오.)(3점)

[3] 전기에 유동성장기부채로 대체한 중앙은행의 장기차입금 20,000,000원에 대하여 자금사정이 어려워 상환기간을 2년 연장하기로 계약하였다. 결산 회계처리하시오. (단, 관련 회계처리 날짜는 12월 31일 결산일로 함.)(3점)

[4] 회사는 자금을 조달할 목적으로 사채를 아래와 같이 발행하였다. 이외의 다른 사채는 없다고 가정할 경우 결산시점의 적절한 회계처리를 하시오.(3점)

- 액면가액 10,000,000원의 사채를 20x1년 1월 1일에 할인발행하였다.(만기 3년)
- 발행가액은 9,455,350원이고, 액면이자율은 연 3%, 유효이자율은 연 5%이다.
- 액면이자는 매년 말 현금으로 지급하며, 유효이자율법을 이용하여 상각한다.
- 원 단위 미만은 절사하기로 한다.

[5] 당사는 당해 연도 결산을 하면서 법인세 22,000,000원(지방소득세 포함)을 확정하였다. 이자수익에 대한 원천징수세액 600,000원 및 법인세 중간예납세액 8,000,000원은 선납세금으로 계상되어 있다.(3점)

문제 5 20x1년 귀속 원천징수자료와 관련하여 다음의 물음에 답하시오.(15점)

[1] 다음 자료를 보고 내국인이며 거주자인 사무직사원 권예원(여성, 입사일자 20x1년 7월 1일, 국내근무)를 사원등록(코드번호 101)하고, 권예원의 부양가족을 모두 부양가족명세에 등록 후 세부담이 최소화되도록 공제여부를 입력하시오.(단, 기본공제 대상자가 아닌 경우 기본공제 여부에 '부'로 표시할 것.) (5점)

성명	관계	주민등록번호	내/외국인	동거여부	비 고
권예원	본인	890123 – 2548754	내국인	–	연간 총급여액 3,000만원
구정민	배우자	850420 – 1434561	내국인	동거	연간 총급여액 7,000만원
권정무	본인의 아버지	600324 – 1354877	내국인	비동거	복권당첨소득 50만원
손미영	본인의 어머니	620520 – 2324876	내국인	비동거	양도소득금액 800만원
구태성	아들	170103 – 3143571	내국인	동거	소득없음
권우성	오빠	850112 – 1454522	내국인	동거	소득없음, 장애인(장애인복지법)

※ 본인 및 부양가족의 소득은 위의 소득이 전부이며, 위의 주민등록번호는 정확한 것으로 가정한다.

[2] 다음은 영업부 사원 최원호(사번 : 120 / 입사년월일 : 20x1.01.01.)의 연말정산을 위한 자료이다. 부양가족은 별도의 소득이 없고, 최원호와 생계를 같이하고 있다. 지출내역은 모두 국세청 연말정산 간소화자료에서 확인된 내역이며 주민등록번호는 모두 옳은 것으로 가정한다. [연말정산추가자료입력] 메뉴에서 각각의 탭(부양가족 입력 포함)에 입력하여 최종적으로 [연말정산입력]탭에 반영하시오. (단, 최원호의 총급여액은 60,000,000원이며 최원호의 세부담 최소화를 가정할 것.) (10점)

■ 최원호(본인, 세대주, 주민등록번호 : 860530 – 1245672)
 1. 신용카드 등 사용액
 (1) 신용카드 사용액 : 20,000,000원 (의료비 지출 포함)
 (2) 직불카드 사용액 : 10,000,000원 (전통시장 사용분 500,000원 포함)
 (3) 현금영수증 사용액 : 1,000,000원 (독일어 학원비 결제금액임)
 ☞ <u>신용카드사용의 당해연도 소비증가는 없다고 가정한다.</u>
 2. 보험료 : 1,200,000원(상해보험료 : 일반보장성보험)
 3. 의료비
 (1) 진찰·진료를 위해 「의료법」 제3조에 따른 의료기관에 지급한 비용 : 2,500,000원
 (2) 시력보정용 콘택트렌즈 구입비용 : 600,000원
 (3) 「약사법」 제2조에서 정하는 의약품 등이 아닌 건강기능식품 구입비용 : 500,000원

4. 교육비
 (1) 「독학에 의한 학위 취득에 관한 법률」에 따른 교육과정 지출비용 : 3,000,000원
 (2) 독일어 학원 지출비용(대학부설 어학원 아님) : 1,000,000원
5. 기부금
 (1) 천재지변으로 생기는 이재민을 위한 구호금품의 가액 : 200,000원
 (2) 「정치자금에 관한 법률」에 의해 특정 정당에 기부한 정치자금 : 100,000원

■ 윤선희(배우자, 주민등록번호 : 891204 – 2567541, 별도의 소득은 없음)
 1. 의료비 : 「모자보건법」 제2조 제10호 따른 산후조리원 지출비용 3,000,000원
 2. 교육비 : 「고등교육법」에 따른 통신대학 교육비 지출비용 1,000,000원

■ 최슬기(첫째 자녀, 주민등록번호 : 251111 – 4111111)
 1. 의료비 : 500,000원(의료기관 건강진단비)
  ☞ 주민등록번호는 정당하다고 가정한다..

■ 월세 · 주택임차 내역
 1. 임대인 : 서현근 (사업자등록번호 797 – 97 – 01255)
 2. 임차인 : 최원호
 3. 주택유형/계약전용면적 : 단독주택/84.00㎡
 4. 임대차계약서상 주소지(주민등록표등본상의 주소지) : 서울시 중랑구 망우로 200
 5. 임대차계약기간 : 20x1. 1. 1. ~ 20x2. 12. 31.
 6. 매월 월세 지급액 : 월 70만원 (20x1년 연간 총 지급액 840만원)

제97회 전산세무2급 답안 및 해설

이 론

1	2	3	4	5	6	7	8	9	10	11	12	13	14	15
④	③	②	①	③	②	①	③	④	④	③	④	④	①	②

01. 〈누락된 회계처리〉

(차) 대손상각비 ×× (대) 대손충당금 ××→비용의 과소계상

대손충당금을 과소 설정한 것은 손익계산서에 계상될 대손상각비를 과소계상했거나, 대손충당금환입을 과대계상한 경우이다. 따라서 자산 및 당기순이익이 과대계상되고 이익 잉여금은 과대계상된다.

02. 무형자산의 감가상각은 취득시점이 아니라 **자산이 사용 가능한 때부터 시작**한다.

03. 부채금액이 반드시 확정되어야 부채의 정의를 충족하는 것은 아니다.

04. 당기발생한 외상매출을 결산시 반영할 경우 당기순이익은 100,000원이 증가한다.

(차) 외상매출금 100,000 (대) 매출(수익) 100,000

1기 확정 부가가치세의 납부는 당기손익에 영향을 주지 않는다.

(차) 미지급세금 300,000 (대) 현금 등 300,000

05. **신주발행비는 주식발행초과금에서 차감하거나 주식할인발행차금에 가산**한다.

06. 제조간접비의 배부차이는 **비례배부법, 매출원가조정법, 영업외손익법으로 조정**한다.

07.

	〈1단계〉 물량흐름파악		〈2단계〉 완성품환산량 계산	
	평균법		재료비	가공비
	완성품	1,200(100%)	1,200	1,200
	기말재공품	400(50%)	400	200
	계	1,600	1,600	1,400
〈3단계〉원가요약(기초재공품원가＋당기투입원가)			500,000＋700,000	300,000＋400,000
			1,600	1,400
〈4단계〉 완성품환산량단위원가			@750	@500

〈5단계〉 기말재공품원가계산＝400개×@750원＋200개×@500원＝400,000원

08.

원재료			
기초재고	0	직접재료비	3,000,000
구입	*3,200,000*	기말재고	200,000
계	3,200,000	계	3,200,000

09. 제품매출원가는 매출원가 계정의 차변으로 대체된다.

10. 생산근로자의 식대는 제조원가이나 판매근로자의 식대는 비제조원가이다.

11. **내국물품 외국반출(직수출) : 수출재화의 선(기)적일**

12. 수출을 대행하는 수출업자는 그 수출대행수수료(국내거래에 해당)에 대해서 10%의 부가가치세를 적용한다.

13. ① 직전 연도 재화와 용역의 공급대가의 합계액이 **1억 4백만원에 미달하는 개인사업자**이다.

    ② **직전년도 공급대가의 합계액이 48,000,000원 이상 간이과세자는 세금계산서 발급이 원칙**이다.

    ③ **간이과세자는 공급대가의 0.5%에 해당하는 매입세액을 공제**할 수 있다.

14. 주거용 건물 임대업에서 발생한 **수입금액 합계액이 2천만원을 초과하는 경우 종합과세대상**이다.

15. **주식매수선택권의 근로소득 수입시기는 주식매수선택권을 행사한 날**이다.

실 무

문제 1 일반전표입력

[1] (차) 단기매매증권   10,000,000   (대) 보통예금   10,200,000
      수수료비용(영업외비용)   200,000

[2] (차) 기부금   30,000,000   (대) 제품(8.타계정대체)   30,000,000

[3] (차) 보통예금   3,150,000   (대) 자기주식   3,000,000
                                                      자기주식처분손실   30,000
                                                      자기주식처분이익   120,000

☞처분손익 = 처분가액(10,500×300주) − 장부가액(10,000×300주) = 150,000원(이익)
  자기주식처분손실 잔액(30,000)을 우선상계하고 처분이익(120,000)인식

[4] (차) 감가상각누계액(기계)   5,500,000   (대) 기계장치   30,000,000
      유형자산손상차손   24,500,000

☞손상차손 = 공정가액(0) − 장부가액(30,000,000 − 5,500,000) = 24,500,000원

[5] (차) 퇴직급여(제)   5,000,000   (대) 보통예금   5,000,000

문제 2 매입매출전표입력

문항	일자	유형	공급가액	부가세	거래처	전자세금
[1]	7/15	12.영세(3)	20,000,000	0	㈜쌍용인터내셔널	여
분개유형		(차) 외상매출금	20,000,000	(대) 제품매출		20,000,000
외상(혼합)						
문항	일자	유형	공급가액	부가세	거래처	전자세금
[2]	8/10	53.면세	30,000	–	㈜마케팅	여
분개유형		(차) 도서인쇄비(판)	30,000	(대) 미지급금		30,000
혼합						
문항	일자	유형	공급가액	부가세	거래처	전자세금
[3]	8/20	57.카과	325,000	32,500	제주수산	–
분개유형		(차) 복리후생비(제)	325,000	(대) 미지급금		357,500
카드(혼합)		부가세대급금	32,500	(㈜우리카드)		
문항	일자	유형	공급가액	부가세	거래처	전자세금
[4]	9/11	22.현과	1,200,000	120,000	한석규	–
분개유형		(차) 현금	1,320,000	(대) 제품매출		1,200,000
현금(혼합)				부가세예수금		120,000
문항	일자	유형	공급가액	부가세	거래처	전자
[5]	9/30	51.과세	1,200,000	120,000	㈜광고사랑	여
분개유형		(차) 광고선전비(판)	1,200,000	(대) 보통예금		1,320,000
혼합		부가세대급금	120,000			

문제 3 부가가치세

[1] 수출실적명세서(4~6월)

	선적일		환가일	적용환율
일본	04.06.	<	04.15.	**₩994/¥100(선적일)**
미국	05.18.	>	05.12.	**₩1,080/$(환가일)**
영국	06.30.	<	07.08.	**₩1,110/£(선적일)**

구분	건수	외화금액	원화금액	비고
⑨합계	3	435,000.00	151,032,000	
⑩수출재화[=⑫합계]	3	435,000.00	151,032,000	
⑪기타영세율적용				

		(13)수출신고번호	(14)선(기)적일자	(15)통화코드	(16)환율	금액 (17)외화	금액 (18)원화	전표정보 거래처코드	전표정보 거래처명
1	☐	13041-20-044589X	20×1-04-06	JPY	9.9400	300,000.00	2,982,000		
2	☐	13055-10-011460x	20×1-05-18	USD	1,080.0000	60,000.00	64,800,000		
3	☐	13064-25-147041X	20×1-06-30	GBP	1,110.0000	75,000.00	83,250,000		
		합계				435,000	151,032,000		

[2] 부가가치세 신고서(10~12월)

1. 과세표준 및 매출세액

<table>
<tr><th colspan="4">구분</th><th colspan="3">정기신고금액</th></tr>
<tr><th colspan="4"></th><th>금액</th><th>세율</th><th>세액</th></tr>
<tr><td rowspan="8">과세표준및매출세액</td><td rowspan="4">과세</td><td>세금계산서발급분</td><td>1</td><td>230,000,000</td><td>10/100</td><td>23,000,000</td></tr>
<tr><td>매입자발행세금계산서</td><td>2</td><td></td><td>10/100</td><td></td></tr>
<tr><td>신용카드 · 현금영수증발행분</td><td>3</td><td></td><td></td><td></td></tr>
<tr><td>기타(정규영수증외매출분)</td><td>4</td><td></td><td>10/100</td><td></td></tr>
<tr><td rowspan="2">영세</td><td>세금계산서발급분</td><td>5</td><td></td><td>0/100</td><td></td></tr>
<tr><td>기타</td><td>6</td><td>45,000,000</td><td>0/100</td><td></td></tr>
<tr><td colspan="2">예정신고누락분</td><td>7</td><td>3,000,000</td><td></td><td></td></tr>
<tr><td colspan="2">대손세액가감</td><td>8</td><td></td><td></td><td></td></tr>
<tr><td colspan="3">합계</td><td>9</td><td>278,000,000</td><td>㉒</td><td>23,000,000</td></tr>
</table>

- 예정신고 누락분

<table>
<tr><th colspan="4">7.매출(예정신고누락분)</th><th></th><th></th></tr>
<tr><td rowspan="5">예정누락분</td><td rowspan="2">과세</td><td>세금계산서</td><td>33</td><td></td><td>10/100</td><td></td></tr>
<tr><td>기타</td><td>34</td><td></td><td>10/100</td><td></td></tr>
<tr><td rowspan="2">영세</td><td>세금계산서</td><td>35</td><td></td><td>0/100</td><td></td></tr>
<tr><td>기타</td><td>36</td><td>3,000,000</td><td>0/100</td><td></td></tr>
<tr><td colspan="2">합계</td><td>37</td><td>3,000,000</td><td></td><td></td></tr>
<tr><th colspan="4">12.매입(예정신고누락분)</th><th></th><th></th></tr>
<tr><td rowspan="2">예</td><td colspan="2">세금계산서</td><td>38</td><td></td><td></td><td></td></tr>
<tr><td colspan="2">그 밖의 공제매입세액</td><td>39</td><td></td><td></td><td></td></tr>
</table>

2. 매입세액

<table>
<tr><td rowspan="9">매입세액</td><td rowspan="3">세금계산서수취분</td><td>일반매입</td><td>10</td><td>80,000,000</td><td></td><td>8,000,000</td></tr>
<tr><td>수출기업수입분납부유예</td><td>10</td><td></td><td></td><td></td></tr>
<tr><td>고정자산매입</td><td>11</td><td>10,000,000</td><td></td><td>1,000,000</td></tr>
<tr><td colspan="2">예정신고누락분</td><td>12</td><td></td><td></td><td></td></tr>
<tr><td colspan="2">매입자발행세금계산서</td><td>13</td><td></td><td></td><td></td></tr>
<tr><td colspan="2">그 밖의 공제매입세액</td><td>14</td><td>8,000,000</td><td></td><td>800,000</td></tr>
<tr><td colspan="2">합계(10)-(10-1)+(11)+(12)+(13)+(14)</td><td>15</td><td>98,000,000</td><td></td><td>9,800,000</td></tr>
<tr><td colspan="2">공제받지못할매입세액</td><td>16</td><td></td><td></td><td></td></tr>
<tr><td colspan="2">차감계 (15-16)</td><td>17</td><td>98,000,000</td><td>㉯</td><td>9,800,000</td></tr>
<tr><td colspan="4">납부(환급)세액(매출세액㉒-매입세액㉯)</td><td></td><td>㉰</td><td>13,200,000</td></tr>
</table>

- 그 밖의 공제매입세액

<table>
<tr><th colspan="4">14.그 밖의 공제매입세액</th><th></th><th></th></tr>
<tr><td rowspan="2">신용카드매출수령금액합계표</td><td>일반매입</td><td>41</td><td>8,000,000</td><td></td><td>800,000</td></tr>
<tr><td>고정매입</td><td>42</td><td></td><td></td><td></td></tr>
</table>

3. 가산세

- 영세율 과세표준 신고 불성실 가산세 = 3,000,000원×0.5%×(1 - 75%) = 3,750원

　☞예정신고누락분에 대해서 확정신고시 75%감면

<table>
<tr><td>납부지연</td><td>73</td><td colspan="2">뒤쪽</td><td></td></tr>
<tr><td>영세율과세표준신고불성실</td><td>74</td><td>3,000,000</td><td>5/1,000</td><td>3,750</td></tr>
</table>

4. 납부할 세액 : 13,203,750원

문제 4 결산

[1] [수동결산]

(차) 매도가능증권(178)　　10,000,000　　(대) 매도가능증권평가손실　　3,000,000
　　　　　　　　　　　　　　　　　　　매도가능증권평가이익　　7,000,000

☞ 매도가능증권 평가손익

	취득가액	공정가액	평가이익	평가손실
전기	15,000,000	12,000,000	–	3,000,000
당기		22,000,000	7,000,000	△3,000,000
계			7,000,000	0

[2] [수동결산]

(차) 미수수익　　　　　　700,000　　(대) 이자수익　　　　　　700,000

☞미수수익 = 30,000,000원×7%×4개월/12개월 = 700,000원

[3] [수동결산]

(차) 유동성장기부채(중앙은행)　20,000,000　　(대) 장기차입금(중앙은행)　20,000,000

[4] [수동결산]

(차) 이자비용　　　　　　472,767　　(대) 현금　　　　　　　　300,000
　　　　　　　　　　　　　　　　　　　사채할인발행차금　　　172,767

☞이자비용 = 9,455,350(발행가액)×5%(유효이자율) = 472,767원
　액면이자 = 10,000,000(액면가액)×3%(액면이자율) = 300,000원

[5] [수동/자동결산]

(차) 법인세등　　　　　22,000,000　　(대) 선납세금　　　　　8,600,000
　　　　　　　　　　　　　　　　　　　미지급세금　　　　13,400,000

또는 결산자료입력메뉴 결산반영금액란 선납세금란에 8,600,000원,
　추가계상액 13,400,000원을 입력 후 전표추가

문제 5 원천징수

[1] 부양가족명세

1. 사원등록

   사번 : 101, 성명 : 권예원, 입사년월일 : 20x1년 7월 1일, 내국인

   주민등록번호 : 890123 – 2548754, 거주자, 한국, 국외근로제공 : 부, 생산직여부 : 부

2. 부양가족 등록

관계	요 건		기본 공제	추가 (자녀)	판 단
	연령	소득			
본인(여성)	–	–	○	부녀자	종합소득금액 3천만원 이하자
배우자	–	×	부		총급여액 5백만원 초과자
부(65)	○	○	○		복권당첨소득은 분리과세소득
모(63)	○	×	부		소득금액 1백만원 초과자
아들(8)	○	○	○	자녀	
오빠(40)	×	○	○	장애(1)	장애인은 연령요건을 따지지 않는다.

[2] 연말정산(최원호)

1. [부양가족명세] 탭

관계	요 건		기본 공제	추가 (자녀)	판 단
	연령	소득			
본인(세대주)	–	–	○		
배우자	–	○	○		
자녀(0)	○	○	○	출산(1)	

2. 연말정산

이 름	항 목	금 액	내 역	입력
본인	신 용 카 드	20,000,000	신용카드(의료비 포함)	○(신용 20,000,000)
		10,000,000	직불카드	○(직불 9,500,000) ○(전통 500,000)
		1,000,000	현금영수증(학원비도 대상)	○(현금 1,000,000)
	보 험 료	1,200,000	일반상해 보험료	○(일반 1,200,000)
	의 료 비	2,500,000	진료비등	○(본인 2,500,000)
		600,000	콘택트렌즈(한도 500,000)	○(본인 500,000)
		500,000	건강기능식품 구입비	×

이 름	항 목	금 액	내 역	입력
본인	교 육 비	3,000,000	대학 학위 취득비용	○(본인 3,000,000)
		1,000,000	학원비는 대상에서 제외	×
	기 부 금	200,000	이재민 구호금품	○(특례 : 200,000)
		100,000	정치자금	○(정치 : 100,000)
배우자 (-,○)	의 료 비	1,200,000	**산후조리비용(한도 2백만원)**	○(일반 2,000,000)
	교 육 비	2,500,000	통신대학교육비	○(대학 1,000,000)
자녀	의 료 비	500,000	건강진단비(과세기간 개시일 현재 6세 이하가 아님)	○(일반 500,000)

부양가족	신용카드	의료비	기부금	월세액	연말정산입력
보험료 교육비	해당 사항을 입력 후 최종적으로 연말정산 입력 탭에서 F8부양가족탭불러오기를 클릭하여 입력된 데이터를 불러와서 최종 확인한다.				

[소득공제]

1. 신용카드	① 신용카드	20,000,000
	② 직불카드	9,500,000
	③ 현금영수증	1,000,000
	④ 전통시장	500,000

[특별세액공제]

1. 보장성보험료	① 일반	1,200,000
2. 의료비	① 특정(본인)	3,000,000
	② 일반	2,500,000
3. 교육비	① 본 인	3,000,000
	② 대학	1,000,000
4. 기부금	① 정치자금 −10만원 이하 −10만원 초과	100,000
	② 특례기부금	200,000
[월세세액공제]		8,400,000

제96회 전산세무 2급

합격율	시험년월
40%	2021.06

■■■■■■■ 이 론

01. 다음 중 재무회계에 관한 설명으로 적절하지 않은 것은?

① 재무제표에는 재무상태표, 손익계산서, 자본변동표, 현금흐름표, 주석이 있다.

② 자산과 부채는 원칙적으로 상계하여 표시하지 않는다.

③ 기업의 외부이해관계자에게 유용한 정보를 제공하는 것을 주된 목적으로 한다.

④ 특정 기간의 경영성과를 나타내는 보고서는 재무상태표이다.

02. 다음 중 재고자산에 대한 설명으로 틀린 것은?

① 재고자산이란 정상적인 영업과정에서 판매를 목적으로 하는 자산을 말한다.

② 재고자산의 수량을 결정하는 방법에는 계속기록법, 실지재고조사법, 혼합법이 있다.

③ 재고자산의 단가결정방법에는 개별법, 선입선출법, 후입선출법, 가중평균법이 있다.

④ 가중평균법 적용시 계속기록법을 적용한 평균법을 총평균법이라 하고, 실지재고조사법을 적용한 평균법을 이동평균법이라 한다.

03. 회계변경에 대한 다음의 설명 중 틀린 것은?

① 매출채권의 대손추정률을 변경하는 것은 회계추정의 변경에 해당한다.

② 회계정책의 변경과 회계추정의 변경이 동시에 이루어지는 경우는 회계정책의 변경에 의한 누적효과를 먼저 적용한다.

③ 회계정책의 변경과 회계추정의 변경을 구분하기가 불가능한 경우에는 이를 회계정책의 변경으로 본다.

④ 이익조정을 주된 목적으로 한 회계변경은 정당한 회계변경으로 보지 아니한다.

04. 다음 중 자본에 대한 설명으로 틀린 것은?

① 자본은 자본금, 자본잉여금, 자본조정, 기타포괄손익누계액, 이익잉여금으로 구성된다.
② 이익준비금은 자본잉여금에 속한다.
③ 자기주식처분손실은 자본조정에 속한다.
④ 주식배당이 진행되어도 자본총계에는 변화가 없다.

05. 다음 자료는 시장성 있는 유가증권에 관련된 내용이다. 이 유가증권을 단기매매증권으로 분류하는 경우
와 매도가능증권으로 분류하는 경우 20x1년 당기손익의 차이는 얼마인가?

- 전기 7월 1일 A회사 주식 1,000주를 주당 6,000원에 매입하였다.
- 전기 기말 A회사 주식의 공정가치는 주당 7,000원이다.
- 20x1년 6월 30일 A회사 주식 전부를 주당 7,500원에 처분하였다.

① 차이없음　　　② 500,000원　　　③ 1,000,000원　　　④ 1,500,000원

06. 다음 중 공손에 대한 설명으로 틀린 것은?

① 공손은 작업공정에서 발생한 불합격품을 의미한다.
② 공손은 정상공손과 비정상공손으로 구분할 수 있다.
③ 정상공손과 비정상공손은 제조원가에 포함시킨다.
④ 정상공손은 원가성이 있다.

07. 다음의 자료는 ㈜블루오션의 선박제조와 관련하여 발생한 원가자료이다. 유람선B의 당기총제조원가는
얼마인가?(당기 제조간접비 발생액은 250,000원이며, 회사는 직접노무비를 기준으로 제조간접비를 배
부하고 있다.)

구분	유람선A	유람선B	합계
직접재료비	400,000원	600,000원	1,000,000원
직접노무비	300,000원	200,000원	500,000원

① 900,000원　　　② 950,000원　　　③ 1,000,000원　　　④ 1,050,000원

08. 수선부문과 동력부문에 각각 600,000원, 630,000원의 부문원가가 집계되어 있을 경우 아래의 자료를 바탕으로 성형부문에 배부될 원가는 얼마인가?(직접원가배부법을 사용하는 것으로 가정한다.)

구분	제조부문		보조무분		합계
	성형	조립	수선	동력	
수선	800시간	400시간	–	600시간	1,800시간
동력	9,100kW	3,500kW	7,000kW	–	19,600kW

① 820,000원   ② 840,000원   ③ 855,000원   ④ 875,000원

09. 다음의 그래프가 나타내는 원가에 대한 설명으로 틀린 것은?

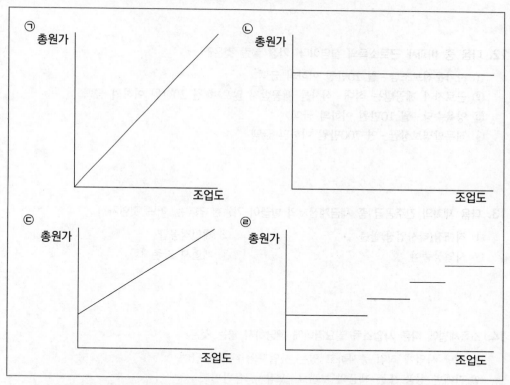

① ㉠은 조업도의 변동에 따라 원가총액이 비례적으로 변화하는 변동비에 대한 그래프이다.

② ㉡은 단위당 원가가 일정한 고정비에 대한 그래프이다.

③ ㉢은 변동원가와 고정원가가 혼합된 준변동원가에 대한 그래프이다.

④ ㉣은 일정한 범위의 조업도 내에서는 일정한 금액이 발생하지만 그 범위를 벗어나면 원가발생액이 달라지는 준고정비를 나타낸다.

10. 제조간접비 예정배부율은 직접노동시간당 1,000원이다. 실제 직접노동시간이 1,000시간 발생했을 때 제조간접비 배부 차이가 100,000원 과다 배부인 경우 제조간접비 실제 발생액은 얼마인가?

① 900,000원   ② 1,000,000원   ③ 1,100,000원   ④ 1,200,000원

11. 다음 중 부가가치세 과세표준에 포함하는 항목이 아닌 것은?

① 재화의 수입에 대한 관세, 개별소비세, 주세, 교육세, 농어촌특별세 상당액
② 할부판매, 장기할부판매의 경우 이자 상당액
③ 공급대가의 지급 지연으로 인하여 지급받는 연체이자
④ 대가의 일부로 받은 운송보험료, 산재보험료

12. 다음 중 비과세 근로소득의 설명이다. 가장 틀린 것은?

① 자가운전보조금 – 월 20만원 이하의 금액
② 근로자가 제공받는 식대 – 식사를 제공받지 않으며 월 20만원 이하의 금액
③ 양육수당 – 월 10만원 이하의 금액
④ 직무발명보상금 – 연 700만원 이하의 금액

13. 다음 재화의 간주공급 중 세금계산서의 발급이 가능한 경우는 어느 것인가?

① 직매장(타사업장)반출   ② 개인적공급
③ 사업상증여   ④ 폐업시 잔존재화

14. 소득세법에 따른 사업소득 필요경비에 해당하지 않는 것은?

① 해당 사업에 직접 종사하고 있는 사업자의 배우자 급여
② 판매한 상품 또는 제품의 보관료, 포장비, 운반비
③ 운행기록을 작성비치한 업무용승용차 관련비용 중 업무사용비율에 해당하는 금액(복식부기의무자)
④ 새마을금고에 지출한 기부금

15. 부가가치세법에 따른 수정세금계산서에 대한 다음의 설명 중 옳은 것은?

① 수정세금계산서는 반드시 전자로 발급하여야 한다.

② 과세표준 또는 세액을 경정할 것을 미리 알고 있는 경우는 적법한 수정세금계산서의 발급사유에 해당하지 않는다.

③ 계약의 해제로 인한 발급의 경우 그 작성일은 처음 세금계산서 작성일로 한다.

④ 일반과세자에서 간이과세자로 과세유형이 전환되기 전에 공급한 재화 또는 용역에 수정발급 사유가 발생하는 경우의 작성일은 그 사유가 발생한 날을 작성일로 한다.

실 무

㈜평화전자(2096)는 제조, 도·소매 및 무역업을 영위하는 중소기업이며, 당기의 회계기간은 20x1.1.1. ~20x1.12.31.이다. 전산세무회계 수험용 프로그램을 이용하여 다음 물음에 답하시오.

문제 1 다음 거래를 일반전표입력 메뉴에 추가 입력하시오.(15점)

[1] 8월 31일   당사의 법인세중간예납세액(자산으로 처리) 5,000,000원을 보통예금에서 이체하였다.(3점)

[2] 9월 3일   미국의 뉴욕은행으로부터 금년 2월 10일 차입한 단기차입금 $20,000를 보통예금에서 달러로 환전하여 상환하였다. 상환당시 환율은 1$당 1,100원이었고, 차입당시 환율은 1$당 1,200원이었다. 환전수수료등 기타 비용은 없었다.(3점)

[3] 9월 30일   9월분 직원급여가 아래와 같을 경우 이에 대한 회계처리를 하시오. 당사의 급여지급일은 매월 말일이며, 보통예금에서 지급하였다.(계정과목은 급여와 임금을 사용하여 분개하기로 하며, 하나의 전표로 처리할 것)(3점)

【9월 급여대장】

(단위 : 원)

부서	성명	지급내용		공제내용						차감 수령액
		기본급	직책수당	소득세	지방소득세	고용보험	국민연금	건강보험	공제계	
영업	박흥민	2,400,000	100,000	41,630	4,160	16,800	94,500	77,200	234,290	2,265,710
생산	차희찬	2,300,000	–	29,160	2,910	16,000	90,000	73,530	211,600	2,088,400
합계		4,700,000	100,000	70,790	7,070	32,800	184,500	150,730	445,890	4,354,110

[4] 11월 2일   액면가액 30,000,000원인 3년 만기의 사채를 32,000,000원에 발행하였으며, 대금은
보통예금으로 입금되었다.(3점)

[5] 12월 8일   출장중인 영업부 직원들이 법인신용카드로 까페마음에서 ICE아메리카노를 주문하고 다
음의 신용카드매출전표(나라카드)를 제출하였다. 거래일 현재 까페마음은 세금계산서를
발급할 수 없는 간이과세자이고, 여비교통비로 처리하시오.(3점)

까페 마음
123 - 45 - 67891   TEL : 031 - 646 - 1858   서달미
경기도 안산시 단원구 광덕대로 894
20x1 - 12 - 08   14 : 21   POS : 03   BILL : 000057

품명	단가	수량	금액
ICE아메리카노	3,000원	3	9,000원
소계			9,000원
청구금액			9,000원
받은금액			9,000원
거스름액			0원
신용카드			**9,000원**

신용카드 매출전표 [고 객 용]
[카 드 번 호] 8945 - **** - **** - 8977
[할 부 개 월] 일시불
[카 드 사 명] 나라카드
[가 맹 번 호] 00856468
[승 인 번 호] 07977897

문제 2 다음 거래자료를 매입매출전표입력 메뉴에 추가로 입력하시오.(15점)

[1] 5월 11일   당사는 ㈜전자랜드로부터 업무용 컴퓨터를 1,100,000원(부가가치세 포함)에 현금으로
구입하고 현금영수증(지출증빙용)을 수취하였다.(단, 자산으로 처리한다.)(3점)

㈜전자랜드
128 - 85 - 46204   박정민
서울특별시 구로구 구로동 2727 TEL : 02 - 117 - 2727
홈페이지 http://www.kacpta.or.kr
현금(지출증빙)
구매 20x1/05/11/17 : 27   거래번호 : 0031 - 0027

제품명	수량	단가	금액
컴퓨터	1	1,100,000원	1,100,000원
		공급가액	1,000,000원
		부가가치세	100,000원
합 계			1,100,000원
받은금액			1,100,000원

[2] 7월 16일 　당사의 영업부서에서 출장용 차량(배기량 1,000cc 미만의 경차)의 연료가 부족하여 ㈜
　　　　　　　　　가득주유소에서 휘발유(공급가액 30,000원, 세액 3,000원)를 넣고 법인명의의 국민카
　　　　　　　　　드로 결제하였다.(3점)

[3] 8월 11일 　거래처 ㈜오대양에 제품을 매출하고, 아래와 같이 전자세금계산서를 발급하였다. 이에
　　　　　　　　　대한 회계처리를 하시오.(전자세금계산서는 적법하게 발급된 것으로 가정한다.)(3점)

전자세금계산서(공급자 보관용)							승인번호	20210811 - 111 - 11111		
공급자	사업자등록번호	214 - 81 - 07770				공급받는자	사업자등록번호	213 - 81 - 52063		
	상호	㈜평화전자	성 명(대표자)	정수영			상호	㈜오대양	성 명(대표자)	정우영
	사업장주소	경기도 성남시 분당구 삼평동 651					사업장 주소	인천광역시 연수구		
	업태/종목	제조 및 도소매업		전자제품			업태/종목	도소매업		전자제품
	이메일						종목			
비고						수정사유				
작성일자		20x1. 8. 11.				공급가액		6,800,000원	세액	680,000원
월	일	품　　　　　　목	규 격	수 량	단 가		공 급 가 액	세　액	비　　고	
8	11	전자제품		2,000	3,400원		6,800,000원	680,000원		
합 계 금 액	현　　　금		수　　표		어　　음		외 상 미 수 금	이 금액을 청구함		
7,480,000원	3,000,000원						4,480,000원			

[4] 8월 16일 　사업자가 아닌 한지평씨에게 제품을 판매하였는데 대금 880,000원(부가가치세 포함)이
　　　　　　　　　당일 보통예금계좌에 입금되었다. (단, 세금계산서나 현금영수증은 발행하지 아니하였
　　　　　　　　　다.)(3점)

[5] 9월 5일 　태풍으로 인해 손상된 공장건물을 수선하고, ㈜다고쳐로부터 아래와 같은 내용의 전자세
　　　　　　　　　금계산서를 발급받았다. 대금 중 10,000,000원은 ㈜다고쳐에 대한 외상매출금과 상계하
　　　　　　　　　기로 하였고, 나머지는 다음 달 말일에 지급하기로 하였다. 단, 세금계산서 품목은 복수거
　　　　　　　　　래로 입력할 것(3점)

품명	공급가액	부가세	비고
증축공사	35,000,000원	3,500,000원	자본적 지출
도색공사	2,000,000원	200,000원	수익적 지출
합 계	37,000,000원	3,700,000원	

문제 3 부가가치세신고와 관련하여 다음 물음에 답하시오.(10점)

[1] 다음 자료를 이용하여 당사의 20x1년 1기 부가가치세 확정신고시 대손세액공제신고서를 작성하시오.(3점)

1. 2019년 7월 27일 당사에서 사용하던 비품(냉난방기)을 신라상사에 3,300,000원(공급대가)에 대한 세금계산서를 발급하고 외상으로 판매하였다. 20x1년 6월 1일 현재 신라상사의 대표자가 실종되어 비품(냉난방기) 대금을 회수할 수 없음이 객관적으로 확인되었다.
2. 2018년 3월 15일 ㈜민교전자에 제품을 판매한 매출채권 11,000,000원(공급대가)을 받기 위해 법률상 회수 노력을 하였으나 회수하지 못하고 20x1년 3월 15일자로 상기 매출채권의 소멸시효가 완성 되었다.
3. 20x1년 1월 9일 ㈜순호상사에 판매하고 받은 약속어음 22,000,000원(부가가치세 포함)이 20x1년 6월 11일 최종 부도 처리되었다.
4. 전년도 7월 채무자의 파산을 근거로 하여 대손세액공제를 받았던 ㈜경건상사에 대한 매출채권 77,000,000원(부가가치세 포함) 중 23,100,000원(부가가치세 포함)을 20x1년 5월 31일 보통예금통장으로 수령하였다. 당사는 해당 채권액에 대하여 2020년 제2기 부가가치세 확정신고시 대손세액공제를 적용받았다. (대손사유는 "7. 대손채권 일부회수"로 직접입력)

[2] 다음은 20x1년 제2기 부가가치세 확정신고와 관련된 자료이다. 이를 반영하여 부가가치세 제2기 확정신고서(20x1.10.1.~20x1.12.31.)를 작성하시오.(제시된 자료만 있는 것으로 가정하고, 아래의 내용 중에서 예정신고누락분은 전표입력하고, 가산세를 반영할 것.)(7점)

구분		공급가액	부가가치세
매출 내역	전자 세금계산서 발급	350,000,000원	35,000,000원
	종이 세금계산서 발급	25,000,000원	2,500,000원
	합계	375,000,000원	37,500,000원
매입 내역	전자 세금계산서 수취(일반매입)	290,000,000원	29,000,000원
	법인카드 사용(일반매입)	21,000,000원	2,100,000원
	합계	311,000,000원	31,100,000원
추가로 고려할 사항	[매출] -9월 25일 비사업자 김대웅씨에게 제품을 현금으로 매출하고 발급한 현금영수증 4,070,000원(부가가치세 포함) 누락분 반영 [매입] -9월 16일 ㈜샘물에게 원재료를 현금으로 매입하면서 수취한 종이 세금계산서 1,700,000원(부가가치세 별도) 누락분 반영 [기타] • 위의 예정신고 누락분은 매입매출전표에 입력(분개포함) 후 불러오고, 나머지는 입력된 자료는 무시하고, 제시된 자료를 직접 입력하시오. • 법인카드 사용액은 모두 매입세액공제 요건을 충족하였다. • 부가가치세 2기 예정신고일로부터 3개월 이내인 20x2년 1월 23일에 2기 확정신고 하는 것으로 가정하고, 미납일수는 90일, 1일 납부지연가산세 계산시 2.2/10,000로 가정한다.

다음 결산자료를 입력하여 결산을 완료하시오.(15점)

[1] 공장에서 사용 중인 트럭에 대한 자동차보험료(20x1.10.01~20x2.09.30) 3,600,000원을 10월 1일 지급하고 전액 선급비용으로 처리하였다.(보험료의 기간배분은 월할계산으로하며, 회계처리시 음수로 입력하지 않는다.)(3점)

[2] 다른 자료는 무시하고, 다음 자료를 이용하여, 제2기 확정 부가가치세 신고기간의 부가가치세예수금과 부가가치세대급금을 정리하는 회계처리를 하시오.(단, 환급세액의 경우는 미수금으로, 납부세액의 경우는 미지급세금으로, 전자신고세액공제액은 잡이익으로 처리한다.)(3점)

구분	금액
부가가치세 대급금	47,000,000원
부가가치세 예수금	70,000,000원
전자신고세액공제	10,000원

[3] 20x1년 5월 1일 하나은행으로부터 3억원을 연 4%의 이자율로 1년간 차입하였다. 이자는 원금상환과 함께 1년 후에 보통예금에서 지급할 예정이다.(단, 월할 계산할 것)(3점)

[4] 20x1년 10월부터 사용이 가능하게 된 상표권(무형자산) 18,000,000원에 대해 5년 동안 정액법으로 상각하기로 하였다. 이에 대한 회계처리를 하시오.(단, 월할 계산할 것)(3점)

[5] 기말 현재 퇴직급여추계액 및 퇴직급여충당부채를 설정하기 전 퇴직급여충당부채의 잔액은 다음과 같다. 퇴직급여충당부채는 퇴직급여추계액의 100%를 설정한다.(3점)

구분	퇴직급여추계액	퇴직급여충당부채 잔액
생산직	40,000,000원	15,000,000원
영업직	20,000,000원	9,000,000원

문제 5 20x1년 귀속 원천징수자료와 관련하여 다음의 물음에 답하시오.(15점)

[1] 아래 자료를 보고 대한민국 국적의 거주자인 사무직 팀장 윤성수 (남성, 입사일자 20x1년 3월 1일, 국내근무)를 "사원등록"(사번 105)하고, "부양가족명세"에 윤성수의 부양가족을 등록한 후 세부담이 최소화 되도록 공제여부를 입력하시오. 본인 및 부양가족의 소득은 아래 비고란의 소득이 전부이며, 주민등록번호는 정확한 것으로 가정한다. (단, 기본공제 대상자가 아닌 경우 기본공제 여부에 '부'로 표시할 것.) (5점)

성명	관계	주민등록번호	내/외국인	동거여부	비 고
윤성수	본인	831003 – 1549757	내국인	세대주	연간 총급여액 6,000만원
김연희	배우자	851120 – 2634568	내국인	동거	사업소득금액 3,000만원
박연순	어머니	551224 – 2870987	내국인	주거형편상 별거임	소득 없음 윤성수의 직계존속인 故人(고인) 윤성오가 생전에 재혼(법률혼)한 배우자로서 윤성수가 부양중
윤아현	딸	120505 – 4186453	내국인	동거	소득 없음
윤건우	아들	161214 – 3143573	내국인	동거	소득 없음, 7세 미만 미취학 아동

[2] 20x1년 4월 1일 입사한 김신희(사원코드 : 202)의 연말정산 관련자료는 다음과 같다. [연말정산추가자료입력] 메뉴에서 각각의 탭에 입력하여 최종적으로 [연말정산입력]탭에 반영하시오. 단, 김신희는 무주택 세대주로 부양가족이 없으며, 근로소득 이외에 다른 소득은 없다.(10점)

현근무지	• 급여총액 : 32,000,000원(비과세 급여, 상여, 감면소득 없음) • 소득세 기납부세액 : 1,348,720원(지방소득세 : 134,850원) • 이외 소득명세 탭의 자료는 불러오기 금액을 반영한다.
종전근무지	〈종전근무지 근로소득원천징수영수증상의 내용〉 • 근무처 : ㈜동서울상사 (사업자번호 : 214 – 86 – 55210) • 근무기간 : 20x1.01.01~20x1.03.20 • 급여총액 : 9,000,000원 (비과세 급여, 상여, 감면소득 없음) • 국민연금 : 405,000원　　　　　• 건강보험료 : 300,150원 • 장기요양보험료 : 30,760원　　　• 고용보험료 : 351,000원 • 소득세 결정세액 : 100,000원(지방소득세 : 10,000원) • 소득세 기납부세액 : 200,000원(지방소득세 : 20,000원) • 소득세 차감징수세액 : – 100,000원(지방소득세 : – 10,000원)

20x1년도 연말정산자료	〈연말정산 자료는 모두 국세청 홈택스를 통해 확인된 자료임〉	
	항목	**내용**
	보험료	• 일반 보장성 보험료 : 850,000원 • 저축성 보험료 : 1,200,000원
	교육비	• 본인 야간대학원 교육비 : 4,000,000원
	의료비(본인)	• 질병치료비 : 2,500,000원(본인 신용카드 결제) • 시력보정용 콘택트렌즈 구입비용 : 600,000원 • 미용목적 피부과 시술비 : 1,000,000원
	신용카드 등 사용금액	• 본인신용카드 사용액 : 10,000,000원(질병 치료비 포함) • 직불카드 사용액 : 1,500,000원 • 현금영수증 사용액 : 300,000원 ※ 전통시장, 대중교통 사용분은 없음 ☞ **신용카드사용의 당해연도 소비증가는 없다고 가정한다.**
	월세액 명세	• 임대인 : 박부자(주민등록번호 : 700610 - 1977210) • 유형 : 다가구 • 계약면적 : 35㎡ • 임대주택 주소지 : 경기도 성남시 분당구 탄천로 90 • 임대차기간 : 20x1.1.1~20x2.12.31 • 월세액 : 400,000원
	개인연금	• 본인 개인연금저축 불입액 : 1,200,000원 • ㈜신한은행, 계좌번호 : 110 - 120 - 1300

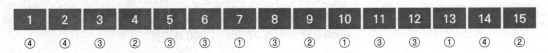

제96회 전산세무2급 답안 및 해설

▨▨▨▨ 이 론

1	2	3	4	5	6	7	8	9	10	11	12	13	14	15
④	④	③	②	③	③	①	③	②	①	③	③	①	④	②

01. **특정 기간의 손익상태**를 나타내는 보고서는 손익계산서이고, **특정시점의 재무상태**를 나타내는 보고 서는 재무상태표이다.

02. **계속기록법을 적용한 평균법을 이동평균법**이라 하고, **실지재고조사법을 적용한 평균법을 총평균법**이 라 한다.

03. 회계정책의 변경과 회계추정의 변경을 **구분하기가 불가능한 경우에는 이를 회계추정의 변경**으로 본다.

04. 이익준비금은 이익잉여금에 속한다.

05. 처분손익(단기매매증권) = [처분가액(7,500) – 장부가액(7,000)] × 1,000주 = 500,000원(이익)
처분손익(매도가능증권) = [처분가액(7,500) – 취득가액(6,000)] × 1,000주 = 1,500,000원(이익)
1,500,000원(매도가능증권) – 500,000원(단기매매증권) = 1,000,000원(손익차이)

06. 정상공손은 원가성이 있는 것으로 제조원가에 포함되지만, **비정상공손은 영업외비용**으로써 제조원가 에 포함 시키지 않는다.

07. 제조간접비 배부율 : 제조간접비(250,000) ÷ 총직접노무비(500,000) = 0.5원/직접노무비
제조간접비 배부(유람선B) = 직접노무비(200,000) × 배부율(0.5원) = 100,000원
당기총제조원가(유람선B) = 직접재료비(600,000) + 직접노무비(200,000) + 제조간접비(100,000)
= 900,000원

08.
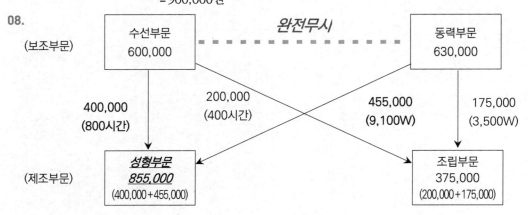

09. ⓒ은 고정비에 대한 그래프이다. 조업도가 증가하면 총원가는 일정하지만 단위당 원가는 감소한다.

10.

제조간접비

② 실제발생액(?) (900,000)	① 예정배부액 (1,000시간 × 1,000원)
과대배부 (100,000)	= 1,000,000)

11. **공급대가의 지급 지연으로 지급받은 연체이자는 공급가액에 포함하지 않는다.**

12. **양육수당 - 월 20만원 이하의 금액**

13. 간주공급중 **직매장(타사업장)반출의 경우 세금계산서를 발급**한다.

14. 새마을금고에 지출한 기부금은 비지정기부금에 해당하여 필요경비에 산입하지 않는다.

15. 종이세금계산서도 수정발급이 가능하다. **계약의 해제**로 인한 발급의 경우 작성일은 **계약해제일**로 적는다. 과세유형이 전환되기 전에 공급한 재화나 용역의 수정발급의 경우는 **처음에 발급한 세금계산서 작성일을 수정발급의 작성일**로 한다.

▌ 실 무

문제 1 ▌일반전표입력

[1] (차) 선납세금   5,000,000   (대) 보통예금   5,000,000

[2] (차) 단기차입금(뉴욕은행) 24,000,000   (대) 보통예금   22,000,000
                                          외환차익   2,000,000

☞외환차손익＝[상환가액(1,100)－장부가액(1,200)]×$20,000＝△2,000,000(차익)

[3] (차) 급여(판)   2,500,000   (대) 예수금   445,890
        임금(제)   2,300,000   보통예금   4,354,110

[4] (차) 보통예금   32,000,000   (대) 사채   30,000,000
                                          사채할증발행차금   2,000,000

[5] (차) 여비교통비(판)   9,000   (대) 미지급금(나라카드)   9,000

문제 2　매입매출전표입력

문항	일자	유형	공급가액	부가세	거래처	전자세금
[1]	5/11	61.현과	1,000,000	100,000	㈜전자랜드	–
분개유형		(차) 비품	1,000,000 (대) 현금			1,100,000
현금(혼합)		부가세대급금	100,000			
문항	일자	유형	공급가액	부가세	거래처	전자세금
[2]	7/16	57.카과	30,000	3,000	㈜가득주유소	–
분개유형		(차) 차량유지비(판)	30,000 (대) 미지급금(국민카드)			33,000
카드(혼합)		부가세대급금	3,000			
문항	일자	유형	공급가액	부가세	거래처	전자세금
[3]	8/11	11.과세	6,800,000	680,000	㈜오대양	여
분개유형		(차) 현금	3,000,000 (대) 제품매출			6,800,000
혼합		외상매출금	4,480,000	부가세예수금		680,000
문항	일자	유형	공급가액	부가세	거래처	전자세금
[4]	8/16	14. 건별	800,000	80,000	한지평	–
분개유형		(차) 보통예금	880,000 (대) 제품매출			800,000
혼합				부가세예수금		80,000
문항	일자	유형	공급가액	부가세	거래처	전자
[5]	9/5	51.과세(복수)	37,000,000	3,700,000	㈜다고쳐	여
분개유형		(차) 건물	35,000,000 (대) 외상매출금((주)다고쳐)			10,000,000
혼합		수선비(제조원가)	2,000,000	미지급금((주)다고쳐)		30,700,000
		부가세대급금	3,700,000			

문제 3　부가가치세

[1] 대손세액공제신고서(4~6월)

3. 부도발생일로부터 6개월이 경과 하지 않아 대손세액공제를 받을 수 없다.

대손확정일	대손금액	공제율	대손세액	거래처		대손사유
20×1-06-01	3,300,000	10/110	300,000	신라상사	3	사망,실종
20×1-03-15	11,000,000	10/110	1,000,000	(주)민교전자	6	소멸시효완성
20×1-05-31	-23,100,000	10/110	-2,100,000	(주)경건상사	7	대손채권 일부회수

[2] 부가가치세 신고서(10~12월)

1. 매입매출전표 입력

일자	유형	공급가액	부가세	거래처	전자세금
9/25	22.현과	3,700,000	370,000	김대웅	-
분개유형	(차) 현금	4,070,000 (대) 제품매출			3,700,000
현금				부가세예수금	370,000
일자	유형	공급가액	부가세	거래처	전자세금
9/16	51.과세	1,700,000	170,000	㈜샘물	-
분개유형	(차) 원재료	1,700,000 (대) 현금			1,870,000
현금	부가세대급금	170,000			

- 매입매출전표에 입력 후 상단 메뉴의 간편집계 메뉴의 예정누락분 클릭

또는 Shift+F5 입력 후 확정신고 개시년월 20x1년 10월 입력

2. 부가가치세 신고서(10~12월)

① 과세표준 및 매출세액

		구분		정기신고금액		
				금액	세율	세액
과세표준및매출세액	과세	세금계산서발급분	1	375,000,000	10/100	37,500,000
		매입자발행세금계산서	2		10/100	
		신용카드 · 현금영수증발행분	3		10/100	
		기타(정규영수증외매출분)	4		10/100	
	영세	세금계산서발급분	5		0/100	
		기타	6		0/100	
	예정신고누락분		7	3,700,000		370,000
	대손세액가감		8			
	합계		9	378,700,000	㉮	37,870,000

- 예정신고누락분(매출,매입)

	구분		금액	세율	세액
7.매출(예정신고누락분)					
예정누락분	과세	세금계산서	33		10/100	
		기타	34	3,700,000	10/100	370,000
	영세	세금계산서	35		0/100	
		기타	36		0/100	
	합계		37	3,700,000		370,000
12.매입(예정신고누락분)					
예	세금계산서		38	1,700,000		170,000
	그 밖의 공제매입세액		39			
	합계		40	1,700,000		170,000

② 매입세액

매입세액	세금계산서	일반매입	10	290,000,000		29,000,000
		수출기업수입분납부유예	10			
	수취분	고정자산매입	11			
	예정신고누락분		12	1,700,000		170,000
	매입자발행세금계산서		13			
	그 밖의 공제매입세액		14	21,000,000		2,100,000
	합계(10)-(10-1)+(11)+(12)+(13)+(14)		15	312,700,000		31,270,000
	공제받지못할매입세액		16			
	차감계 (15-16)		17	312,700,000	㉯	31,270,000
납부(환급)세액(매출세액㉮-매입세액㉯)					㉰	6,600,000

- 그 밖의 공제매입세액

14.그 밖의 공제매입세액					
신용카드매출	일반매입	41	21,000,000		2,100,000
수령금액합계표	고정매입	42			
의제매입세액		43		뒤쪽	

607

③ 가산세

〈매출매입신고누락분 – 예정신고누락〉

구 분			공급가액	세액
매출	과세	세 금(전자)		
		기 타	3,700,000	370,000
	영세	세 금(전자)		
		기 타		
매입	세금계산서 등		1,700,000	170,000
미달신고(납부)←신고 · 납부지연 가산세				200,000

1. 전자세금계산서 미발급	25,000,000원×1%(종이세금계산서 발급) = 250,000원
2. 신고불성실	200,000원×10%×(1 – 75%) = 5,000원
	* 3개월이내 수정신고시 75% 감면
3. 납부지연	200,000원×90일× *2.2(가정)/10,000* = 3,960원
계	258,960원

④ 납부할 세액 6,858,960원

문제 4 결산

[1] [수동결산]

(차) 보험료(제)	900,000	(대) 선급비용	900,000

☞당기비용=3,600,000원×3개월/12개월=900,000원

[2] [수동결산]

(차) 부가세예수금	70,000,000	(대) 부가세대급금	47,000,000
		잡이익	10,000
		미지급세금	22,990,000

[3] [수동결산]

(차) 이자비용	8,000,000	(대) 미지급비용(하나은행)	8,000,000

☞미지급비용=300,000,000원×4%×8개월/12개월=8,000,000원
　미지급비용은 채무계정이므로 거래처를 입력하는 것이 정확한 답안이다.

[4] [수동/자동결산]

(차) 무형자산상각비   900,000   (대) 상표권   900,000

또는 결산자료입력 메뉴에서 상표권 결산반영금액에 900,000원 입력 후 전표추가

☞무형자산상각비＝18,000,000÷5년×3개월/12개월＝900,000원

[5] [수동/자동결산]

(차) 퇴직급여(제)   25,000,000   (대) 퇴직급여충당부채   36,000,000

       퇴직급여(판)   11,000,000

또는 결산자료입력 메뉴에 다음과 같이 입력 후 전표 추가

       퇴직급여(전입액)(제) 25,000,000원, 퇴직급여(전입액)(판) 11,000,000원 추가

문제 5   원천징수

[1] 부양가족명세(윤성수)

1. 사원등록

    사번 : 105, 성명 : 윤성수, 입사년월일 : 20x1년 3월 1일, 내국인,

    주민등록번호 : 831003 – 1549757, 거주자, 한국, 국외근로제공 : 부, 생산직여부 : 부

2. 부양가족등록

관계	요 건		기본 공제	추가 (자녀)	판 단
	연령	소득			
본인(세대주)	–	–	○		
배우자	–	×	부		종합소득금액 1백만원초과자
모(70)	○	○	○	경로	故人(고인) 윤성오가 생전에 **재혼한 배우자(법률혼)** 로서 윤성수가 부양 중이므로 **기본공제대상이 된다.**
자1(13)	○	○	○	자녀	
자2(9)	○	○	○	자녀	

☞ 거주자의 직계존속이 사망한 경우에는 해당 직계존속의 사망일 전날을 기준으로 혼인(사실혼은 제외한다) 중에 있었음이 증명되는 사람은 부양가족대상이 된다.

[2] 연말정산(김신희)

1. 소득명세 탭

근무 처명	사업자 등록번호	급여	보험료 명세				세액명세		근무 기간
			건강 보험	장기 요양	국민 연금	고용 보험	소득세	지방 소득세	
㈜동서울상사	214-86 -55210	9,000,000	300,150	30,760	405,000	351,000	100,000	10,000	1.1~3.20

2. 연말정산(본인)

항 목	금 액	내 역	입력
보 험 료	850,000 1,200,0000	• 일반보장성 보험료 • 저축성보험료	○(일반 850,000) ×
교 육 비	4,000,000	• 야간대학원 등록금(대학원은 본인만 대상)	○(본인 4,000,000)
의 료 비	2,500.000 600,000 1,000,000	• 질병치료비 • 콘택트렌즈(안경등은 500,000원 한도) • 미용목적 피부과시술비	○(본인 2,500,000) ○(본인 500,000) ×
신 용 카 드	10,000,000 1,500,000 300,000	• 신용카드 • 직불카드 • 현금영수증	○(신용 10,000,000) ○(직불 1,500,000) ○(현금 300,000)

① 연금저축 탭

2 연금계좌 세액공제 - 연금저축계좌(연말정산입력 탭의 38.개인연금저축, 59.연금저축)						크게보기
연금저축구분	코드	금융회사 등	계좌번호(증권번호)	납입금액	공제대상금액	소득/세액공제액
1.개인연금저축	308	(주) 신한은행	1101201300	1,200,000		480,000

② 월세,주택임차 탭

1 월세액 세액공제 명세					계약서상 임대차 계약기간			크게보기
임대인명 (상호)	주민등록번호 (사업자번호)	유형	계약 면적(㎡)	임대차계약서 상 주소지	개시일	~ 종료일	연간 월세액	공제대
박부자	700610-1977210	다가구	35.00	경기 성남시 분당구 탄천로9	20×1-01-01	~ 20×2-12-31	4,800,000	4,

부양가족	신용카드	의료비	연금저축	월세액	연말정산입력
보험료 교육비	**해당 사항을 입력 후 최종적으로 연말정산 입력 탭에서 F8부양가족탭불러오기를 클릭하여 입력된 데이터를 불러와서 최종 확인한다.**				

제94회 전산세무 2급

합격율	시험년월
36%	2021.02

이 론

01. 다음 중 재고자산에 대한 설명으로 틀린 것은?

① 개별법은 실제원가가 실제수익에 대응되므로 수익비용원칙에 가장 충실하다.

② 가중평균법은 실무적으로 적용하기 편리하나 수익과 비용의 적절한 대응이 어렵다.

③ 선입선출법은 물가가 상승하는 경우 당기순이익이 과소계상되는 단점이 있다.

④ 후입선출법은 기말재고자산이 과거의 취득원가로 기록되어 현행가치를 나타내지 못한다.

02. 다음은 ㈜세계산업의 대손충당금과 관련된 내용이다. 거래내용을 확인한 후 당기대손충당금으로 설정한 금액은 얼마인가?

> 가. 기초 매출채권 잔액은 500,000원이고 대손충당금 잔액은 50,000원이다.
> 나. 당기 외상매출금 중에 20,000원이 대손확정되었다.
> 다. 전기 대손처리한 매출채권 중 30,000원이 회수되었다.
> 라. 당기말 대손충당금 잔액은 100,000원이다.

① 20,000원   ② 30,000원   ③ 40,000원   ④ 50,000원

03. 다음 중 유형자산의 감가상각방법에 대한 설명으로 틀린 것은?

① 정액법은 매년 동일한 금액만큼 가치가 감소하는 것으로 가정하고 회계처리한다.

② 가속상각법(체감상각법)은 내용연수 초기에 감가상각비를 과대계상하는 방식이다.

③ 생산량비례법은 생산량에 비례하여 가치가 감소하는 것으로 보고 회계처리한다.

④ 초기 감가상각비의 크기는 정률법보다 정액법이 더 크다.

04. 다음 사례의 회계처리를 할 경우 대변의 빈칸에 적절한 계정과목은?

〈사례〉 관리부문 직원의 6월 급여 2,500,000원을 지급하면서 원천세 등 공제항목 250,000원을
제외한 나머지 금액 2,250,000원을 보통예금으로 지급하였다.

(차변) 급 여   2,500,000원   (대변) (   )   250,000원
                                          보통예금   2,250,000원

① 예수금   ② 가수금   ③ 선수금   ④ 미지급금

05. 다음 중 판매비와 관리비 항목이 아닌 것은?

① 급여   ② 복리후생비   ③ 기업업무추진비   ④ 기타의 대손상각비

06. 다음 중 원가의 개념에 대한 설명으로 가장 틀린 것은?

① 매몰원가는 과거에 발생한 원가로서 의사결정에 고려되지 않는 원가를 말한다.
② 기회원가는 현재 이 대안을 선택하지 않았을 경우 포기한 대안 중 최대금액 혹은 최대이익을
말한다.
③ 고정원가의 경우 조업도의 변동에 관계없이 단위당 원가가 일정하게 발생한다.
④ 특정제품에만 투입되는 원재료의 원가는 직접원가에 해당한다.

07. 다음 자료를 이용하여 당기제품제조원가를 구하면 얼마인가?

• 기초원재료 재고액 : 100,000원   • 기말원재료 재고액 : 30,000원
• 기중원재료 매입액 : 150,000원   • 직접노무비 : 200,000원
• 제조간접비 : 200,000원   • 기초재공품 재고액 : 10,000원
• 기말재공품 재고액 : 150,000원   • 기초제품 재고액 : 80,000원
• 기말제품 재고액 : 200,000원

① 340,000원   ② 360,000원   ③ 480,000원   ④ 490,000원

08. 보조부문에서 발생한 원가도 생산과정에서 반드시 필요한 원가이므로 제품원가에 포함시키기 위하여 제조부문에 배분되어야 한다. 이때 보조부문 원가 행태에 따른 배분방법으로는 단일배분율법과 이중배분율법이 있다. 다음 중에서 이중배분율법의 장점만 짝지은 것은?

A. 원가 배분절차가 복잡하지 않아 비용과 시간이 절약된다.
B. 원가부문 활동에 대한 계획과 통제에 더 유용한 정보를 제공할 수 있다.
C. 원가발생액과 원가대상 사이의 인과관계가 더 밀접해질 수 있다.
D. 배분과정에서 발생할 수 있는 불공정성이 감소하기 때문에 더 공정한 성과평가가 이루어질 수 있다.

① A, B, C   ② A, C, D   ③ B, C, D   ④ A, B, C, D

09. 개별원가계산은 개별제품 또는 작업별로 원가를 집계하여 제품원가를 계산하는 방법을 말한다. 다음 중 개별원가계산과 관련된 설명으로 가장 틀린 것은?

① 일반적으로 제품 생산 단위당 원가가 낮다.
② 다품종 소량생산방식이나 주문제작하는 경우에 적합하다.
③ 개별제품별로 원가를 계산하기 때문에 개별제품별 원가계산과 손익분석이 용이하다.
④ 다른 원가계산에 비해 상대적으로 정확한 원가계산이 가능하다.

10. ㈜세계는 공손품 중 품질검사를 통과한 정상품의 10%만을 정상공손으로 간주하며, 나머지는 비정상공손으로 간주한다. 다음 설명 중 틀린 것은?

재 공 품			
기초재공품	2,000개 (완성도 40%)	당기완성품	6,000개
당기투입분	8,000개	공 손 품	1,500개
		기말재공품	2,500개 (완성도 25%)
계	10,000개		10,000개

① 품질검사를 공정의 60%시점에서 한다고 가정하였을 경우에 정상공손품은 600개이다.
② 품질검사를 공정의 20%시점에서 한다고 가정하였을 경우에 정상공손품은 850개이다.
③ 품질검사를 공정의 60%시점에서 한다고 가정하였을 경우에 정상공손원가는 당기완성품원가와 기말재공품원가에 각각 배부하여야 한다.
④ 비정상공손원가는 품질검사시점과 상관없이 제조원가에 반영되어서는 안된다.

11. 다음 중 재화의 간주공급(재화 공급의 특례)으로서 세금계산서 발급대상인 것은?(단, 과세거래에 해당한다고 가정하며, 해당 사업장은 주사업장 총괄납부 또는 사업자단위과세 제도의 적용을 받지 않는다.)

① 면세사업전용

② 직매장 반출(판매목적 타사업장 반출)

③ 개인적공급

④ 사업상증여

12. 다음 중 일반과세자와 간이과세자의 비교 설명으로 틀린 것은?

① 일반과세자의 과세표준은 공급가액이다.

② 간이과세자의 과세표준은 공급대가이다.

③ 일반과세자는 매입세액이 매출세액보다 클 경우 환급세액이 발생할 수도 있다.

④ 간이과세자는 공제세액이 매출세액보다 클 경우 환급세액이 발생할 수도 있다.

13. 다음은 부가가치세법상 영세율에 대한 설명이다. 가장 틀린 것은?

① 영세율제도는 소비지국 국가에서 과세하도록 함으로써 국제적인 이중과세를 방지하고자 하기 위한 제도이다.

② 국외에서 공급하는 용역에 대해서는 영세율을 적용하지 아니한다.

③ 비거주자나 외국법인에 대해서는 영세율을 적용하지 아니함을 원칙으로 하되, 상호주의에 따라 영세율을 적용한다.

④ 국내거래도 영세율 적용 대상이 될 수 있다.

14. 사업소득의 총수입금액에 대한 설명이다. 가장 틀린 것은?

① 환입된 물품의 가액과 매출에누리는 해당 과세기간의 총수입금액에 산입하지 아니한다.

② 부가가치세의 매출세액은 해당 과세기간의 소득금액을 계산할 때 총수입금액에 산입하지 아니한다.

③ 관세환급금등 필요경비에 지출된 세액이 환급되었거나 환입된 경우에 그 금액은 총수입금액에 이를 산입한다.

④ 거래상대방으로부터 받는 장려금 기타 이와 유사한 성질의 금액은 총수입금액에 이를 산입하지 아니한다.

15. 다음 중 소득세법상 반드시 종합소득 과세표준 확정신고를 해야 하는 자는?

① 퇴직소득금액 6,000만원과 양도소득금액 5,000만원이 있는 자

② 국내정기예금 이자소득금액 3,000만원과 일시적인 강연료 기타소득금액 310만원이 있는 자

③ 일용근로소득 1,200만원과 공적연금소득 2,000만원이 있는 자

④ 근로소득금액 6,000만원과 복권당첨소득 5억원이 있는 자

실 무

㈜다음전자(2094)는 제조, 도·소매 및 무역업을 영위하는 중소기업이며, 당 회계기간은 20x1.1.1.~ 20x1.12.31.이다. 전산세무회계 수험용 프로그램을 이용하여 다음 물음에 답하시오.

문제 1 다음 거래를 일반전표입력 메뉴에 추가 입력하시오.(15점)

[1] 4월 20일 원금 300,000,000원인 정기예금이 만기가 되어 이자수익 21,000,000원에 대한 원천 징수세액(3,234,000원)을 제외한 원금과 이자 전액이 보통예금으로 이체되었다.(원천징 수세액은 법인세와 지방소득세를 합친 금액으로서 자산으로 처리하고 거래처입력은 생 략할 것)(3점)

[2] 5월 25일 주식발행초과금 5,000,000원을 자본금에 전입하기로 하고, 액면 5,000원의 주식 1,000주를 발행하여 기존 주주들에게 무상으로 교부하였다.(3점)

[3] 6월 18일 공장 신설을 위하여 개인인 홍길동으로부터 토지를 구입하면서 토지구입대금 1억원과 토지의 취득세로 3,500,000원을 보통예금에서 지급하였다.(하나의 전표로 처리할 것)(3점)

[4] 7월 1일 장기투자목적으로 전전기 9월에 취득했던 매도가능증권(취득가액 18,000,000원, 전전 기말 공정가액 22,000,000원, 전기말 공정가액 21,000,000원)를 당기 7월 1일에 20,000,000원에 매각처분하고 매각수수료 100,000원을 차감한 후 보통예금으로 받았 다.(하나의 전표로 처리할 것)(3점)

[5] 8월 21일 5월 21일에 3개월 후 상환조건으로 ㈜쌍용상사에 외화로 대여한 $8,000에 대하여 만 기가 도래하여 회수한 후 원화로 환전하여 보통예금계좌에 입금되었다.(대여시 환율은 $1 당 1,200원, 회수시 환율은 1$당 1,100원이다)(3점)

문제 2 다음 거래자료를 매입매출전표입력 메뉴에 추가로 입력하시오.(15점)

[1] 7월 25일   회사는 영업부 부서의 업무용 차량(개별소비세 과세대상 승용차)을 렌트하면서 7월분 렌트료 550,000원(공급대가)을 보통예금으로 지급하고, ㈜세무캐피탈로부터 전자세금 계산서를 발급받았다. (렌트료에 대해서 임차료 계정과목을 사용할 것)(3점)

[2] 8월 13일   ㈜항원으로부터 구매확인서에 의해 상품 20,000,000원을 매입하고 영세율전자세금계 산서를 발급받았다. 대금은 보통예금에서 지급하였다.(3점)

[3] 9월 11일   다음과 같은 전자세금계산서를 발급받고 대금 중 10%는 현금으로 지급하고 잔액은 다 음달에 지급하기로 하였다.(3점)

전자세금계산서 (공급받는자 보관용)					승인번호		20200911 - 510000012 - 7c00mk0			
공급자	등록번호	106 - 86 - 66833		종사업장 번호	공급받는자	등록번호	106 - 86 - 46593		종사업장 번호	
	상호(법인명)	㈜리소스		성명	윤수혁	상호(법인명)	㈜다음전자		성명	신경수
	사업장주소	서울특별시 금천구 가산디지털7로 504(가산동)				사업장주소	서울특별시 금천구 가산디지털1로 33 - 22 (가산동)			
	업태	제조	종목	전자제품		업태	제조,도소매	종목	전자제품	
	이메일	abcde@naver.com				이메일	electronic@daum.net			
작성일자		공급가액		세액		수정사유		비고		
20x1 - 9 - 11		30,000,000원		3,000,000원		해당없음				
월	일	품목	규격	수량	단가		공급가액	세액		비고
9	11	원재료		1,000	30,000원		30,000,000원	3,000,000원		
합계금액		현금		수표		어음		외상미수금	이 금액을 (영수,청구)함	
33,000,000원		3,300,000원						29,700,000원		

[4] 9월 28일   당사가 사용하던 아래와 같은 프린터를 신윤복(비사업자)에게 중고로 판매하고 대금 2,750,000원(부가가치세 포함)을 신윤복 소유의 미래카드로 결제 받았다.(3점)

프린터는 20x0년 1월 1일에 4,000,000원(부가가치세 별도)에 구입하고 비품으로 감가상각(5년 정액 법)하며, 20x0년 결산 시에는 정상적으로 감가상각된 것이다. 단, 당기 감가상각비는 고려하지 않는 것 으로 한다.

[5] 9월 30일   생산부문에서 사용하는 5t트럭에 경유(공급가액 80,000원, 세액 8,000원)를 넣고 법인 명의의 카드(하나카드)로 결제하였다.(3점)

신용카드매출전표

단말기번호 8002124738	120524128234
카드종류 하나카드	신용승인
회원번호 1234 - 5678 - 1000 - 2000	
매출일자 20x1/9/30 16 : 52 : 46	
일반	
일시불	금액 80,000원
은행확인	세금 8,000원
판매자	봉사료 0원 합계 88,000원
대표자 강세무 사업자등록번호 502 - 85 - 10321 가맹점명 (주)강남주유소 가맹점주소 서울 강남구 역삼로 888	
	서명 **Semusa**

문제 3   부가가치세신고와 관련하여 다음 물음에 답하시오.(10점)

[1] 다음 자료를 이용하여 과세 및 면세사업을 영위하는 겸영사업자인 당사의 20x1년도 1기 부가가치세 확정신고기간에 대한 공제받지 못할 매입세액명세서 중 [공통매입세액의 정산내역]탭을 입력하시오. (단, 1기 예정신고서에 반영된 공통매입세액 불공제분은 240,000원이고, 공급가액 기준으로 안분계산 하며, 불러온 데이터값은 무시한다)(3점)

(단위 : 원)

제1기 예정(1월~3월)	제1기 확정(4월~6월)
과세매출 : 공급가액 6,000,000 세액 600,000	과세매출 : 공급가액 20,000,000 세액 2,000,000
면세매출 : 공급가액 4,000,000	면세매출 : 공급가액 8,000,000
공통매입세액 : 공급가액 6,000,000 세액 600,000	공통매입세액 : 공급가액 14,000,000 세액 1,400,000

[2] 다음 자료만을 이용하여 20x1년 제2기 확정신고기간(10월~12월)의 부가가치세신고서를 작성하시오.
(단, 부가가치세 신고서 이외의 부속서류와 과세표준명세의 작성은 생략하며, 불러오는 데이터 값은 무
시하고 직접 입력할 것) (7점)

매출자료	① 전자세금계산서 과세 매출액 : 공급가액 300,000,000원, 부가가치세 30,000,000원(이 중 지연발급분으로 공급가액 20,000,000원, 부가가치세 2,000,000원이 포함되어 있음) ② 신용카드 · 현금영수증 과세 매출액 : 공급가액 60,000,000원, 부가가치세 6,000,000원 ③ 정규증빙 미발급 과세 매출액 : 공급가액 400,000원, 부가가치세 40,000원(소비자와의 거래이며, 회사가 영위하는 업종은 현금영수증 의무발행업종이 아님) ④ 국내 영세율 매출액 : 50,000,000원(위 ①과 별개로서 전자세금계산서 발급분) ⑤ 해외 직수출액 : 100,000,000원 ⑥ 20x0년 제2기 확정신고시 대손세액공제를 받았던 외상매출금 22,000,000원(부가가치세 포함) 중 50%를 회수함
매입자료	① 전자세금계산서 과세 일반 매입액 : 공급가액 300,000,000원, 부가가치세 30,000,000원 　－상기 금액 중 공급가액 20,000,000원, 부가가치세 2,000,000원은 사업과 직접 관련 없는 지출에 대해서 전자세금계산서를 발급받은 것임. ② 사업용 신용카드 과세 일반 매입액 : 공급가액 20,000,000원, 부가가치세 2,000,000원
기타자료	20x1년 제2기 예정신고 당시 미환급 세액 : 3,000,000원

문제 4 다음 결산자료를 입력하여 결산을 완료하시오.(15점)

[1] 제조부서가 구입한 소모품 2,400,000원 중 결산일까지 사용하지 못하고 남아 있는 것이 600,000원이
다.(단, 소모품 구입 시 자산으로 회계처리함)(3점)

[2] 기말 현재 현금과부족 계정의 대변 잔액이 50,000원으로 결산일 현재까지 그 원인을 찾지 못했다. (3점)

[3] 아래의 자료에 근거하여 정기예금에 대한 당기분 경과이자를 회계처리 하시오.(3점)

• 예금금액 : 300,000,000원	• 가입기간 : 20x1.04.01. ~ 20x2.03.31.
• 연 이자율 : 1%(월할계산할 것)	• 이자수령시점 : 만기일(20x2.03.31.)에 일시불 수령

[4] 기말시점 현재 해외거래처인 ABC사에 대한 외상매출금 $20,000(매출당시 환율은 1,150/$)이며 결산일 현재의 환율은 1,200원/$이다. (단, 거래처 입력은 생략할 것)(3점)

[5] 기말 현재 퇴직급여추계액 및 퇴직급여충당부채를 설정하기 전 퇴직급여충당부채의 잔액은 다음과 같다. (퇴직급여충당부채는 퇴직급여추계액의 100%를 설정하며 제조와 판관비를 구분해서 각각 회계처리 할 것)(3점)

구 분	퇴직급여추계액	퇴직급여충당부채 설정 전 잔액
생산부문	30,000,000원	15,000,000원
판매관리부문	10,000,000원	13,000,000원

문제 5 20x1년 귀속 원천징수자료와 관련하여 다음의 물음에 답하시오.(15점)

[1] 아래의 자료를 근거로 하여 영업부 사원 김한국씨(입사일 20x1년 01월 01일, 국내근무)의 사원등록(코드번호 105)을 하고, 김한국씨의 부양가족을 부양가족명세서에 등록 후 세부담이 최소화되도록 공제여부를 입력하시오.(6점)

- 본인과 부양가족은 모두 거주자이며, 주민등록번호는 정확한 것으로 가정함.
- 기본공제 대상자가 아닌 경우 '부'로 표시하시오.

성명	주민등록번호	관계	동거여부	장애인 유무	20x1년 소득 현황
김한국	770226 – 1041318	본인	–	비장애인	연간 총급여액 6,000만원
나여성	801226 – 2056917	김한국의 배우자	동거	비장애인	사업소득금액 500만원
김조선	470912 – 1005618	김한국의 직계존속	동거	비장애인	무조건 분리과세 대상인 기타소득금액 200만원
강춘자	491213 – 2055618	나여성의 직계존속	주거형편상 별거 중	비장애인	양도소득금액 100만원
김우주	150622 – 4061316	김한국의 직계비속	비동거	장애인 (장애인복지법)	소득없음
김관우	170912 – 3061624	김한국의 직계비속	비동거	비장애인	소득없음
김부산	790926 – 1005616	김한국의 남동생	동거	장애인 (중증환자)	소득없음

[2] 다음은 사원 김미영(사번 : 111)의 연말정산을 위한 국세청 제공자료와 기타 증빙자료이다. 부양가족은 제시된 자료 이외에는 소득이 없고, 김미영과 생계를 같이하고 있다. [연말정산추가자료입력] 메뉴에서 각각의 탭에 입력하여 최종적으로 [연말정산입력]탭에 반영하시오.(단, 세부담 최소화를 가정할 것.)(9점)

1. 김미영 및 부양가족의 현황(제시된 부양가족 외의 배우자나 부양가족은 없음)

관계	성명	주민번호	비고
본인	김미영	730831 – 2345677	세대주, 총급여 63,000,000원
직계존속(부)	김철수	400321 – 1234567	퇴직소득금액 2,000,000원
직계존속(모)	전영희	441111 – 2456788	
직계비속(자)	박문수	090606 – 3567898	중학생
직계비속(자)	박분수	171111 – 3111111	미취학 아동

☞ 주민등록번호는 정당하다고 가정한다.

2. 연말정산 자료

신용카드 및 직불카드, 현금영수증 사용액은 김미영(본인)의 신용카드, 직불카드, 현금영수증을 사용한 것으로 가정한다.

관계	성명	지출내역	비고
본인	김미영	종교단체 기부금 2,000,000원, 암보험료 900,000원, 의료비 1,000,000원, 필라테스 학원 수업료 350,000원 신용카드 사용액 1,000만원(대중교통 200만원 도서구입비 70만원 포함) 현금영수증 사용액 975만원(전통시장 300만원 포함)	암보험은 보장성보험임
부	김철수	종교단체 기부금 800,000원, 노인학교 등록금 1,600,000원	김철수의 지출
모	전영희	의료비 600,000원, 종교단체외 일반기부금 200,000원 직불카드 사용액 600만원(전통시장 100만원 포함)	
자	박문수	중학교 등록금 800,000원, 중학교 교복구입비 250,000원 의료비 700,000원, 시력보정용 안경구입비 150,000원 상해보험료 180,000원 현금영수증 사용액 250,000원(전액 도서구입비)	상해보험은 보장성보험임
자	박분수	유치원등록금 1,800,000원, 저축성보험료 280,000원	

※ 위의 모든 의료비는 진찰·진료·질병예방을 위하여 국내 의료기관에 지급한 비용이며, 보험회사로부터 지급받은 실손의료보험금은 없다.

☞ 신용카드사용의 당해연도 소비증가는 없다고 가정한다.

제94회 전산세무2급 답안 및 해설

이 론

1	2	3	4	5	6	7	8	9	10	11	12	13	14	15
③	③	④	①	④	②③	③	③	①	②③	②	④	②	④	②

01. 선입선출법은 **물가가 상승하는 경우 과거의 취득원가가 현행 매출에 대응**되므로 당기순이익이 과대 계상된다.

02.

<table>
<tr><td colspan="4" align="center">대손충당금</td></tr>
<tr><td>대손</td><td align="right">20,000</td><td>기초</td><td align="right">50,000</td></tr>
<tr><td></td><td></td><td>회수</td><td align="right">30,000</td></tr>
<tr><td>기말</td><td align="right">100,000</td><td>*대손상각비(설정?)*</td><td align="right">*40,000*</td></tr>
<tr><td>계</td><td align="right">120,000</td><td>계</td><td align="right">120,000</td></tr>
</table>

03. **초기 감가상각비의 크기**는 가속상각법 중 하나인 **정률법이 정액법보다 더 크다.**

05. 기타의 대손상각비는 판매비와 관리비가 아닌 영업외비용이다.

06. 고정원가는 조업도의 변동에 관계없이 총원가는 일정하고 단위당 원가는 조업도의 증가에 따라 감소한다.

07.

<table>
<tr><td colspan="4" align="center">원재료</td></tr>
<tr><td>기초재고</td><td align="right">100,000</td><td>직접재료비</td><td align="right">220,000</td></tr>
<tr><td>구입</td><td align="right">150,000</td><td>기말재고</td><td align="right">30,000</td></tr>
<tr><td>계</td><td align="right">250,000</td><td>계</td><td align="right">250,000</td></tr>
</table>

당기총제조원가 = 직·재(220,000) + 직·노(200,000) + 제·간(200,000) = 620,000원

<table>
<tr><td colspan="4" align="center">재공품</td></tr>
<tr><td>기초재고</td><td align="right">10,000</td><td>*당기제품제조원가*</td><td align="right">*480,000*</td></tr>
<tr><td>당기총제조원가</td><td align="right">620,000</td><td>기말재고</td><td align="right">150,000</td></tr>
<tr><td>계</td><td align="right">630,000</td><td>계</td><td align="right">630,000</td></tr>
</table>

08. **이중배분율법은 원가 배분절차가 복잡하여 비용과 시간이 절약되지는 않는다.** (단점임)

09. 개별원가계산에서는 총원가에 비하여 생산량이 적기 때문에 단위당 원가가 일반적으로 크게 나타난다.

10.

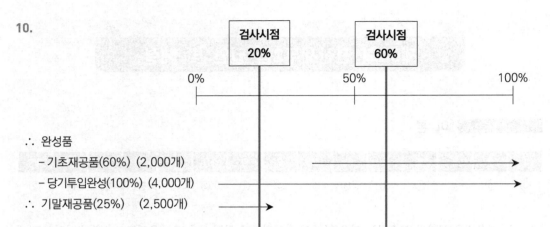

∴ 완성품
　－기초재공품(60%) (2,000개)
　－당기투입완성(100%) (4,000개)
∴ 기말재공품(25%)　(2,500개)

　① 정상공손품(검사시점 60%) = (2,000개＋4,000개) × 10% = 600개
　② 정상공손품(검사시점 20%) = (4,000개＋2,500개) × 10% = 650개
　③ 품질검사를 공정의 60%시점에서 한다고 가정하였을 경우에 공손품은 완성품에서만 발생되므로 기말재공품(진척도 25%)에 공손품원가를 배부할 필요가 없다.
　④ **비정상공손원가는 영업외비용으로 처리**한다.

11. 재화의 간주공급에 대해서는 원칙적으로 세금계산서 발급의무가 면제되나, **직매장 반출(판매목적 타 사업장 반출)이 과세거래에 해당하는 경우에는 세금계산서를 발급**하여야 한다.

12. 일반과세자와 달리 **간이과세자는 환급세액이 발생하지 않는다.**

13. 국외에서 공급하는 용역에 대해서는 영세율을 적용한다

14. 거래상대방으로부터 받는 장려금등은 총수입금액에 산입한다.

15. ① 퇴직소득과 양도소득은 종합과세하지 않고, 분류과세한다.
　② **국내 정기예금 이자소득은 2천만원 초과인 경우 종합과세**하고, 일시적인 강연료 기타소득금액은 300만원 초과인 경우 종합과세 한다.
　③ 일용근로소득은 무조건 분리과세하고, **공적연금소득은 다음해 1월분 연금소득을 지급하는 때에 연말정산**한다.
　④ 근로소득은 종합과세합산대상이나, 타 소득이 없는 경우 연말정산에 의하여 납세의무가 종결되므로 확정신고를 할 필요가 없고, **복권당첨소득은 무조건분리과세**한다.

▮▮▮▮ 실 무

문제 1 일반전표입력

[1] (차) 보통예금   317,766,000   (대) 정기예금   300,000,000
     선납세금   3,234,000   이자수익   21,000,000

[2] (차) 주식발행초과금   5,000,000   (대) 자본금   5,000,000

[3] (차) 토지   103,500,000   (대) 보통예금   103,500,000

[4] (차) 보통예금   19,900,000   (대) 매도가능증권(투자)   21,000,000
     매도가능증권평가이익   3,000,000   매도가능증권처분이익   1,900,000
     ☞처분손익=처분가액(19,900,000)−취득가액(19,000,000)=1,900,000원(이익)
        전년도평가이익(잔액)=전기말공정가액(21,000,000)−취득가액(18,000,000)=3,000,000원

[5] (차) 보통예금   8,800,000   (대) 단기대여금((주)쌍용상사)   9,600,000
     외환차손   800,000
     ☞환산손익=$8,000×(1,100−1,200)=△800,000원(차손)

문제 2 매입매출전표입력

문항	일자	유형	공급가액	부가세	거래처	전자세금
[1]	7/25	54.불공(3.)	500,000	50,000	㈜세무캐피탈	여
분개유형		(차) 임차료(판)	550,000 (대) 보통예금			550,000
혼합						
문항	일자	유형	공급가액	부가세	거래처	전자세금
[2]	8/13	52.영세	20,000,000	0	㈜항원	여
분개유형		(차) 상품	20,000,000 (대) 보통예금			20,000,000
혼합						
문항	일자	유형	공급가액	부가세	거래처	전자세금
[3]	9/11	51.과세	30,000,000	3,000,000	㈜리소스	여
분개유형		(차) 원재료	30,000,000 (대) 현금			3,300,000
혼합		부가세대급금	3,000,000 외상매입금			29,700,000

문항	일자	유형	공급가액	부가세	거래처	전자세금
[4]	9/28	17.카과	2,500,000	250,000	신윤복	–
분개유형	(차) 미수금(미래카드)		2,750,000	(대) 비품		4,000,000
카드(혼합)	감가상각누계액(비품)		800,000	부가세예수금		250,000
	유형자산처분손실		700,000			
☞처분손익= 처분가액(2,500,000) – 장부가액(3,200,000) = △700,000원(처분손실)						
문항	일자	유형	공급가액	부가세	거래처	전자
[5]	9/30	57.카과	80,000	8,000	㈜강남주유소	–
분개유형	(차) 차량유지비(제)		80,000	(대) 미지급금(하나카드)		88,000
카드(혼합)	부가세대급금		8,000			

문제 3 부가가치세

[1] 공제받지못할매입세액명세서(4~6월)

	1기		
	1기예정	1기확정	계
과세	6,000,000	20,000,000	26,000,000
면세	4,000,000	8,000,000	12,000,000
계	10,000,000	28,000,000	38,000,000
면세공급가액비율	40%	–	31.578947%
공통매입세액	600,000	1,400,000	2,000,000
불공제매입세액	240,000	391,578 (631,578 – 240,000)	631,578

					(16)면세 사업확정 비율					
공제받지못할매입세액내역	공통매입세액안분계산내역	공통매입세액의정산내역	납부세액또는환급세액재계산							
산식		구분	(15)총공통 매입세액	총공급가액	면세공급가액	면세비율	(17)불공제매입 세액총액 ((15)★(16))	(18)기불공제 매입세액	(19)가산또는 공제되는매입 세액((17)-(18))
1.당해과세기간의 공급가액기준			2,000,000	38,000,000.00	12,000,000.00	31.578947	631,578	240,000	391,578

[2] 확정신고서(10~12월)

1. 과세표준 및 매출세액

	구분			정기신고금액		
				금액	세율	세액
과 세 표 준 및 매 출 세 액	과 세	세금계산서발급분	1	300,000,000	10/100	30,000,000
		매입자발행세금계산서	2		10/100	
		신용카드·현금영수증발행분	3	60,000,000	10/100	6,000,000
		기타(정규영수증외매출분)	4	400,000		40,000
	영 세	세금계산서발급분	5	50,000,000	0/100	
		기타	6	100,000,000	0/100	
	예정신고누락분		7			
	대손세액가감		8			1,000,000
	합계		9	510,400,000	㉮	37,040,000

2. 매입세액

매입세액	세금계산서 수취분	일반매입	10	300,000,000		30,000,000
		수출기업수입분납부유예	10			
		고정자산매입	11			
	예정신고누락분		12			
	매입자발행세금계산서		13			
	그 밖의 공제매입세액		14	20,000,000		2,000,000
	합계(10)-(10-1)+(11)+(12)+(13)+(14)		15	320,000,000		32,000,000
	공제받지못할매입세액		16	20,000,000		2,000,000
	차감계 (15-16)		17	300,000,000	ⓝ	30,000,000
납부(환급)세액(매출세액⑦-매입세액ⓝ)					ⓓ	7,040,000

14.그 밖의 공제매입세액					
신용카드매출 수령금액합계표	일반매입	41	20,000,000		2,000,000
	고정매입	42			

구분			금액	세율	세액
16.공제받지못할매입세액					
공제받지못할 매입세액		50	20,000,000		2,000,000
공통매입세액면세등사업분		51			
대손처분받은세액		52			
합계		53	20,000,000		2,000,000

3. 가산세(지연발급가산세)

25.가산세명세					
사업자미등록등		61		1/100	
세금계산서	지연발급 등	62	20,000,000	1/100	200,000
	지연수취	63		5/1,000	
	미발급 등	64		뒤쪽참조	
전자세금	지연전송	65		3/1,000	

4. 차가감 납부할세액 : 4,240,000원

– 예정신고미환급세액 3,000,000원 입력

문제 4 결산

[1] [수동결산]

(차) 소모품비(제조)　　　1,800,000　　(대) 소모품　　　1,800,000

☞당기비용(소모품비)＝소모품(2,400,000)－기말재고(600,000)＝1,800,000원

[2] [수동결산]

(차) 현금과부족　　　50,000　　(대) 잡이익　　　50,000

[3] [수동결산]

(차) 미수수익　　　2,250,000　　(대) 이자수익　　　2,250,000

☞미수수익＝3억×1%×9개월/12개월＝2,250,000원

[4] [수동결산]

(차) 외상매출금　　　1,000,000　　(대) 외화환산이익　　　1,000,000

☞환산손익＝공정가액($20,000×1,200)－장부가액($20,000×1,150)＝1,000,000원(이익)

[5]　　[수동/자동결산]

(차) 퇴직급여(제)	15,000,000	(대) 퇴직급여충당부채	12,000,000
		퇴직급여충당부채환입(판)	3,000,000

☞일반기업회계 기준 중 재무제표 표시 "영업활동과 관련하여 비용이 감소함에 따라 발생하는 퇴직급여
충당부채환입 및 대손충당금 환입 등은 판매비와 관리비의 부(−)의 금액으로 표시한다."

문제 5　원천징수

[1] 인적공제(김한국)

(1) 사원등록

□	사번	성명	주민(외국인)번호
□	111	김미영	1 730831-2345677
■	105	김한국	1 770226-1041318
□			
□			
□			
□			
□			

기본사항	부양가족명세	추가사항

1. 입사년월일　20×1년 1월 1일
2. 내/외국인　1 내국인
3. 외국인국적　KR 대한민국　　체류자격
4. 주민구분　1 주민등록번호　주민등록번호 770226-1041318
5. 거주구분　1 거주자　　6. 거주지국코드 KR 대한민국

(2) 인적공제

관계	요 건		기본공제	추가(자녀)	판　단
	연령	소득			
본인(세대주)	−	−	○		
부(78)	○	○	○	경로	무조건 분리과세기타소득
장모(76)	○	○	○	경로	양도소득금액 1백만원 이하자
배우자	−	×	부		사업소득금액 1백만원 초과자
자1(10)	○	○	○	장애(1),자녀	**직계비속은 항상 생계를 같이한 것으로 본다.**
자2(8)	○	○	○	자녀	
동생(45)	×	○	○	장애(3)	장애인은 연령요건을 따지지 않는다.(동거가족)

[2] 연말정산(김미영)

1. 부양가족명세

관계	요 건		기본공제	추가(자녀)	판　단
	연령	소득			
본인(여성,세대주)	−	−	○	한부모	배우자가 없는 자로서 기본공제대상자인 자녀가 있는자
부(85)	○	×	부	−	퇴직소득금액 1백만원 초과자
모(81)	○	○	○	경로	
자1(16)	○	○	○	자녀	
자2(8)	○	○	○	자녀	

2. 연말정산

이 름	항 목	금 액	내 역	입력
본인 (총급여액 7천만원이 하자)	기 부 금	2,000,000	종교단체 기부금	○(종교 2,000,000)
	보장성보험료	900,000	암보험료	○(일반 900,000)
	의 료 비	1,000.000	본인 의료비	○(본인 1,000,000)
	교 육 비	350,000	학원비는 대상에서 제외	×
	신 용 카 드	10,000,000	신용카드 사용액 (대중교통 및 도서구입비 포함)	○(신용 : 7,300,000) ○(대중 : 2,000,000) ○(도서 : 700,000)
	현 금 영 수 증	9,750,000	현금영수증 (전통시장 포함)	○(현금 : 6,750,000) ○(전통 : 3,000,000)
부 (○,×)	기 부 금	800,000	**소득요건 미충족**	×
	교 육 비	1,600,000		×
모 (○,○)	의 료 비	600,000		○(65세이상 600,000)
	기 부 금	200,000	일반기부금	○(일반 200,000)
	신 용 카 드	6,000.000	직불카드(전통시장 포함)	○(직불 5,000,000) ○(전통 1,000,000)
자1 (○,○)	교 육 비	1,050,000	중학교등록금 및 교복구입	○(초중고 1,050,000)
	의 료 비	850,000	의료비 및 안경구입비	○(일반 850,000)
	보장성보험료	180.000	상해보험료	○(일반 180,000)
	현 금 영 수 증	250,000	도서구입	○(도서 : 250,000)
자2 (○,○)	교 육 비	1,800,000	유치원등록금	○(취학전 1,800,000)
	보장성보험료	280,000	**저축성보험료는 대상에서 제외**	×

[소득공제]

1. 신용카드	① 신용카드	7,300,000
	② 직불카드	5,000,000
	③ 현금영수증	6,750,000
	④ 도서공연비(총급여액 7천만원 이하자)	950,000
	⑤ 전통시장	4,000,000
	⑥ 대중교통	2,000,000

[특별세액공제]

1. 보장성보험료	① 일반	1,080,000
2. 의료비	① 특정(본인, 65세 이상)	1,600,000
	② 일반	850,000
3. 교육비	① 취학전	1,800,000
	② 초중고	1,050,000
4. 기부금	① 일반기부금	200,000
	② 일반기부금(종교단체)	2,000,000

제92회 전산세무 2급

합격율	시험년월
50%	2020.10

이 론

01. 다음 중 회계정보의 질적특성에 대한 설명으로 틀린 것은?

① 목적적합성에는 예측가치, 피드백가치, 적시성이 있다.

② 신뢰성에는 표현의 충실성, 검증가능성, 중립성이 있다.

③ 예측가치는 정보이용자의 당초 기대치를 확인 또는 수정할 수 있는 것을 말한다.

④ 중립성은 회계정보가 신뢰성을 갖기 위해서는 편의 없이 중립적이어야 함을 말한다.

02. 다음 중 유가증권에 대한 설명으로 가장 틀린 것은?

① 채무증권은 취득한 후에 만기보유증권, 단기매매증권, 매도가능증권 중의 하나로 분류한다.

② 만기보유증권으로 분류되지 아니하는 채무증권은 매도가능증권으로 분류한다.

③ 매도가능증권에 대한 미실현보유손익은 기타포괄손익누계액 항목으로 처리한다.

④ 단기매매증권에 대한 미실현보유손익은 당기손익항목으로 처리한다.

03. 다음 중 충당부채, 우발부채 및 우발자산에 대한 설명으로 틀린 것은?

① 우발부채는 부채로 인식하지 않으나 우발자산은 자산으로 인식한다.

② 우발부채는 자원 유출 가능성이 아주 낮지 않는 한, 주석에 기재한다.

③ 충당부채는 자원의 유출가능성이 매우 높은 부채이다.

④ 충당부채는 그 의무 이행에 소요되는 금액을 신뢰성 있게 추정할 수 있다.

04. 다음 중 자본거래에 관한 설명으로 가장 틀린 것은?

① 자기주식은 취득원가를 자기주식의 과목으로 하여 자본조정으로 회계처리한다.

② 자기주식을 처분하는 경우 처분금액이 장부금액보다 크다면 그 차액을 자기주식처분이익으로 하여 자본조정으로 회계처리한다.

③ 처분금액이 장부금액보다 작다면 그 차액을 자기주식처분이익의 범위내에서 상계처리하고, 미상계된 잔액이 있는 경우에는 자본조정의 자기주식처분손실로 회계처리한다.

④ 이익잉여금(결손금) 처분(처리)로 상각되지 않은 자기주식처분손실은 향후 발생하는 자기주식처분이익과 우선적으로 상계한다.

05. 다음 중 현금 및 현금성자산에 대한 설명으로 틀린 것은?

① 취득당시 만기가 1년인 양도성 예금증서(CD)는 현금및현금성자산에 속한다.

② 지폐와 동전(외화 포함)은 현금 및 현금성자산에 속한다.

③ 우표와 수입인지는 현금 및 현금성자산이라고 볼 수 없다.

④ 직원가불금은 단기대여금으로서 현금 및 현금성자산이라고 볼 수 없다.

06. 다음 중 원가에 대한 설명으로 가장 틀린 것은?

① 직접재료비는 기초원가에 포함되지만 가공원가에는 포함되지 않는다.

② 직접노무비는 기초원가와 가공원가 모두에 해당된다.

③ 기회비용(기회원가)은 현재 이 대안을 선택하지 않았을 경우 포기한 대안 중 최소 금액 또는 최소 이익이다.

④ 제조활동과 직접 관련없는 판매관리활동에서 발생하는 원가를 비제조원가라 한다.

07. 다음 중 재공품 및 제품에 관한 설명으로 틀린 것은?

① 당기제품제조원가는 재공품계정의 대변에 기입한다.

② 매출원가는 제품계정의 대변에 기입한다.

③ 기말재공품은 손익계산서에 반영된다.

④ 직접재료비, 직접노무비, 제조간접비의 합계를 당기총제조원가라고 한다.

08. ㈜세계는 직접배부법을 이용하여 보조부문 제조간접비를 제조부문에 배부하고자 한다. 보조부문 제조간접비를 배분한 후 절단부문의 총원가는 얼마인가?

구 분	보 조 부 문		제 조 부 문	
	수 선 부 문	전 력 부 문	조 립 부 문	절 단 부 문
전력부문 공급(kw)	60	–	500	500
수선부문 공급(시간)	–	100	600	200
자기부문원가(원)	400,000	200,000	600,000	500,000

① 600,000원　　② 700,000원　　③ 800,000원　　④ 900,000원

09. 다음 중 개별원가계산에 대한 설명이 아닌 것은?

① 기말재공품의 평가문제가 발생하지 않는다.

② 제조간접비의 배분이 중요한 의미를 갖는다.

③ 동종 대량생산형태보다는 다품종 소량주문생산형태에 적합하다.

④ 공정별로 원가 집계를 하기 때문에 개별작업별로 작업지시서를 작성할 필요는 없다.

10. 다음 자료를 이용하여 비정상공손 수량을 계산하면 얼마인가?(단, 정상공손은 당기 완성품의 10%로 가정한다)

• 기초재공품 : 200개	• 기말재공품 : 50개
• 당기착수량 : 600개	• 당기완성량 : 650개

① 25개　　　　　② 28개　　　　　③ 30개　　　　　④ 35개

11. 다음은 부가가치세법상 사업자 단위 과세제도에 대한 설명이다. 가장 틀린 것은?

① 사업장이 둘 이상 있는 경우에는 사업자 단위과세제도를 신청하여 주된 사업장에서 부가가치세를 일괄하여 신고와 납부, 세금계산서 수수를 할 수 있다.

② 주된 사업장은 법인의 본점(주사무소를 포함한다) 또는 개인의 주사무소로 한다. 다만, 법인의 경우에는 지점(분사무소를 포함한다)을 주된 사업장으로 할 수 있다.

③ 주된 사업장에 한 개의 사업자등록번호를 부여한다.

④ 사업장 단위로 등록한 사업자가 사업자 단위 과세 사업자로 변경하려면 사업자 단위 과세 사업자로 적용받으려는 과세기간 개시 20일 전까지 변경등록을 신청하여야 한다.

12. 다음은 부가가치세법상 영세율과 면세에 대한 설명이다. 가장 틀린 것은?

① 재화의 공급이 수출에 해당하면 면세를 적용한다.

② 면세사업자는 부가가치세법상 납세의무가 없다.

③ 간이과세자는 간이과세를 포기하지 않아도 영세율을 적용받을 수 있다.

④ 토지를 매각하는 경우에는 부가가치세가 면제된다.

13. 다음은 수정세금계산서 또는 수정전자세금계산서의 발급사유 및 발급절차를 설명한 것이다. 가장 틀린 것은?

① 계약의 해제로 재화나 용역이 공급되지 아니한 경우 : 계약이 해제된 때에 그 작성일은 계약해제 일로 적고 비고란에 처음 세금계산서 작성일을 덧붙여 적은 후 붉은색 글씨로 쓰거나 음(陰)의 표시를 하여 발급한다.

② 면세 등 발급대상이 아닌 거래 등에 대하여 발급한 경우 : 처음에 발급한 세금계산서의 내용대로 붉은색 글씨로 쓰거나 음(陰)의 표시를 하여 발급한다.

③ 처음 공급한 재화가 환입된 경우 : 처음 세금계산서를 작성한 날을 작성일로 적고 비고란에 재화가 환입된 날을 덧붙여 적은 후 붉은색 글씨로 쓰거나 음(陰)의 표시를 하여 발급한다.

④ 착오로 전자세금계산서를 이중으로 발급한 경우 : 처음에 발급한 세금계산서의 내용대로 음(陰)의 표시를 하여 발급한다.

14. 다음은 소득세법상 납세의무자에 관한 설명이다. 가장 틀린 것은?

① 외국을 항행하는 선박 또는 항공기 승무원의 경우 생계를 같이하는 가족이 거주하는 장소 또는 승무원이 근무기간 외의 기간 중 통상 체재하는 장소가 국내에 있는 때에는 당해 승무원의 주소는 국내에 있는 것으로 본다.

② 국내에 거소를 둔 기간은 입국하는 날의 다음날부터 출국하는 날까지로 한다.

③ 거주자란 국내에 주소를 두거나 183일 이상의 거소를 둔 개인을 말한다.

④ 영국의 시민권자나 영주권자의 경우 무조건 비거주자로 본다.

15. 다음은 소득세법상 결손금과 이월결손금에 관한 설명이다. 가장 틀린 것은?

① 해당 과세기간의 소득금액에 대하여 추계신고를 하거나 추계조사 결정하는 경우에는 예외 없이 이월결손금공제규정을 적용하지 아니한다.

② 사업소득의 이월결손금은 사업소득, 근로소득, 연금소득, 기타소득, 이자소득, 배당소득의 순서로 공제한다.

③ 주거용 건물 임대 외의 부동산임대업에서 발생한 이월결손금은 타소득에서는 공제할 수 없다.

④ 결손금 및 이월결손금을 공제할 때 해당 과세기간에 결손금이 발생하고 이월결손금이 있는 경우에는 그 과세기간의 결손금을 먼저 소득금액에서 공제한다.

■■■■ 실 무

용인전자㈜(2092)은 제조, 도·소매 및 무역업을 영위하는 중소기업이며, 당 회계기간은 20x1.1.1. ~20x1.12.31. 이다. 전산세무회계 수험용 프로그램을 이용하여 다음 물음에 답하시오.

문제 1 다음 거래를 일반전표입력 메뉴에 추가 입력하시오.(15점)

[1] 3월 21일 ㈜SJ컴퍼니의 외상매입금(11,000,000원)을 결제하기 위하여 ㈜영동물산으로부터 받은 약속어음 6,000,000원을 ㈜SJ컴퍼니에게 배서양도하고 잔액을 보통예금에서 지급하였다. (3점)

[2] 4월 30일 회사는 영업부서 직원들에 대해 확정급여형 퇴직연금(DB)에 가입하고 있으며, 4월 불입액인 3,000,000원을 보통예금에서 지급하였다.(3점)

[3] 5월 12일   당사는 자금 악화로 주요 매입 거래처인 ㈜상생유통에 대한 외상매입금 40,000,000원 중 38,000,000원은 보통예금에서 지급하고, 나머지 금액은 면제받았다.(3점)

[4] 5월 25일   당사는 1주당 발행가액 4,000원, 주식수 50,000주의 유상증자를 통해 보통예금으로 200,000,000원이 입금되었으며, 증자일 현재 주식발행초과금은 20,000,000원이 있다. (1주당 액면가액은 5,000원이며, 하나의 거래로 입력할 것)(3점)

[5] 6월 15일   단기매매목적으로 보유 중인 주식회사 삼삼의 주식(장부가액 50,000,000원)을 전부 47,000,000원에 처분하였다. 주식처분 수수료 45,000원을 차감한 잔액이 보통예금으로 입금되었다.(3점)

문제 2   다음 거래자료를 매입매출전표입력 메뉴에 추가로 입력하시오.(15점)

[1] 6월 13일   당사가 제조한 전자제품을 ㈜대한에게 판매하고 다음과 같은 전자세금계산서를 발급하였으며 판매대금은 전액 다음 달 말일에 받기로 하였다.(3점)

전자세금계산서(공급자 보관용)				승인번호	20200613-3420112-73b	
공급자	사업자등록번호	122-81-04585		공급받는자	사업자등록번호	203-85-12757	
	상호	용인전자㈜	성 명(대표자) 김영도		상호	㈜대한	성 명(대표자) 김대한
	사업장주소	서울 영등포구 여의나루로 53-1			사업장 주소	경기도 고양시 덕양구 삼송동 45	
	업태/종목	제조 및 도소매업	전자제품외		업태/종목	도소매업	전자제품등
	이메일	45555555@daum.net			종목	kkllkkll@naver.com	
비고				수정사유			

작성일자	20x1. 6. 13.		공급가액	15,000,000원	세액	1,500,000원
월	일	품 목	규 격	수 량	단 가	공 급 가 액	세 액	비 고

월	일	품 목	규 격	수 량	단 가	공 급 가 액	세 액	비 고
6	13	전자제품		30	500,000원	15,000,000원	1,500,000원	

합 계 금 액	현 금	수 표	어 음	외 상 미 수 금	이 금액을 청구함
16,500,000원				16,500,000원	

[2] 7월 25일 회계부서에서 사용하기 위한 책상을 ㈜카이마트에서 구입하고 구매대금을 다음과 같이 법인카드인 세무카드로 결제하였다.(구입 시 자산계정으로 입력할 것)(3점)

단말기번호	
8002124738	
카드종류	
세무카드	신용승인
회원번호	유효기간
1405 – 1204 – **** – 4849	20x1/7/25 13 : 52 : 49
일반	
일시불	거래금액 2,000,000원
	부가세 200,000원
	봉사료 0원
	합계 2,200,000원
판매자	
대표자	가맹점명
최명자	㈜카이마트
사업자등록번호	가맹점주소
116 – 81 – 52796	경기 성남 중원구 산성대로382번길 40
	서명 ℓ℘

[3] 9월 15일 생산부문의 매입거래처에 선물을 전달하기 위하여 ㈜영선으로부터 선물세트(공급가액 1,500,000원, 세액 150,000원)를 매입하고 전자세금계산서를 발급받았다. 대금 중 300,000원은 즉시 보통예금으로 지급하였고 나머지는 한 달 후에 지급하기로 하였다.(3점)

[4] 9월 22일 당사의 보통예금계좌에 1,100,000원(부가가치세 포함)이 입금되어 확인한 바, 동 금액은 비사업자인 김길동에게 제품을 판매한 것이다.(단, 별도의 세금계산서나 현금영수증을 발급하지 않았으며, 거래처는 입력하지 않아도 무방함)(3점)

[5] 9월 28일 당사는 원재료(공급가액 50,000,000원, 부가세 5,000,000원)를 ㈜진행상사에서 매입하고 전자세금계산서를 발급받았다. 이와 관련하여 대금 중 15,000,000원은 보통예금에서 지급하고 나머지는 외상으로 하였다.(3점)

문제 3 부가가치세신고와 관련하여 다음 물음에 답하시오.(10점)

[1] 다음 자료를 보고 20x1년 제1기 확정신고기간의 [수출실적명세서]를 작성하시오.(단, 거래처코드 및 거래처명도 입력할 것)(3점)

상대국	거래처	수출신고번호	선적일	원화환가일	통화	수출액	기준환율	
							선적일	원화환가일
미국	ABC사	13042-10-044689X	20x1.04.06.	20x1.04.08.	USD	$50,000	₩1,150/$	₩1,140/$
미국	DEF사	13045-10-011470X	20x1.05.01.	20x1.04.30.	USD	$60,000	₩1,140/$	₩1,130/$
중국	베이징사	13064-25-247041X	20x1.06.29.	20x1.06.30.	CNY	700,000위안	₩170/위안	₩171/위안

[2] 다음은 20x1년 제2기 부가가치세 확정신고기간(20x1.10.01.~ 20x1.12.31.)에 대한 관련 자료이다. 이를 반영하여 20x1년 제2기 확정 부가가치세 신고서를 작성하시오.(단, 세부담 최소화를 가정한다.) (7점)

매출자료	•세금계산서 과세 매출액 : 공급가액 800,000,000원(부가세 별도) •신용카드 과세 매출액 : 공급대가 55,000,000원(부가세 포함) •현금영수증 과세 매출액 : 공급대가 11,000,000원(부가세 포함) •내국 신용장에 의한 영세율매출(세금계산서 발급) : 60,000,000원 •직수출 : 20,000,000원 •대손세액공제 : 과세 재화·용역을 공급한 후 그 공급일부터 10년이 지난 날이 속하는 과세기간에 대한 확정신고 기한까지 아래의 사유로 대손세액이 확정된다. −20x1년 9월 25일에 부도발생한 ㈜한국에 대한 받을어음 : 33,000,000원(부가세 포함) −20x1년 10월 5일에 소멸시효 완성된 ㈜성담에 대한 외상매출금 : 22,000,000원(부가세 포함)
매입자료	•전자세금계산서 과세 일반매입액 : 공급가액 610,000,000원,세액 61,000,000원 •전자세금계산서 고정자산 매입액 −업무용 기계장치 매입 : 공급가액 60,000,000원, 세액 6,000,000원 −비영업용승용차(5인승, 1,800cc) 매입액 : 공급가액 30,000,000원, 세액 3,000,000원
기타	•제2기 예정신고시 미환급된 세액 : 3,000,000원 •정상적으로 수취한 종이세금계산서(원재료 구입) 예정신고 누락분 : 공급가액 10,000,000원, 세액 1,000,000원 •매출자료 중 전자세금계산서 지연전송분 : 공급가액 5,000,000원, 세액 500,000원

문제 4 다음 결산자료를 입력하여 결산을 완료하시오.(15점)

[1] 영업사원 출장용 차량에 대한 보험료 전액을 가입 당시(20x1.07.01.)에 보통예금으로 계좌이체 후 비용 처리 하였다.(단, 월할계산할 것)(3점)

> · 자동차보험료 : 10,000,000원   · 가입기간 : 20x1년 7월 1일 ~ 20x2년 6월 30일

[2] 20x1년 9월 1일 기업은행으로부터 2억원을 연 3%의 이자율로 1년간 차입하였다. 이자는 원금상환과 함께 1년 후 보통예금에서 지급할 예정이다.(단, 월할 계산할 것)(3점)

[3] 당사가 기말에 공장에서 보유하고 있는 재고자산은 다음과 같다. 추가정보를 고려하여 결산에 반영하시오.(3점)

> 1. 기말 재고자산
>   · 기말원재료 : 1,500,000원   · 기말재공품 : 6,300,000원
>   · 기말제품 : 6,500,000원
>
> 2. 추가정보
>   · 매입한 원재료 1,940,000원은 운송 중 : 선적지 인도조건
>   · 당사의 제품(적송품) 4,850,000원을 수탁업자들이 보유 중 : 위탁판매용도

[4] 결산일 현재 외상매출금 잔액에 대하여 1%의 대손추정률을 적용하여 보충법에 의해 일반기업회계기준법에 따라 대손충당금을 설정한다.(3점)
※ 반드시 결산자료입력메뉴만을 이용하여 입력하시오.

[5] 결산 마감전 영업권(무형자산) 잔액이 30,000,000원이 있으며, 이 영업권은 20x1년 5월 20일에 취득한 것이다.(단, 무형자산에 대하여 5년간 월할 균등상각하며, 상각기간 계산시 1월 미만의 기간은 1월로 한다.)(3점)

문제 5 20x1년 귀속 원천징수자료와 관련하여 다음의 물음에 답하시오.(15점)

[1] 다음은 기업부설연구소의 연구원인 김현철의 9월분 급여명세서이다. [급여자료입력] 및 [원천징수이행
상황신고서]를 작성하시오.(단, 수당등록 및 공제항목은 불러온 자료는 무시하고 직접 입력할 것)(5점)

<9월분 급여명세서>

이름	김현철	지급일	10월 10일
기본급	2,500,000원	소득세	110,430원
직책수당	300,000원	지방소득세	11,040원
식대	150,000원	국민연금	146,250원
자가운전보조금	300,000원	건강보험	104,970원
연장수당	200,000원	장기요양보험	10,750원
[기업연구소]연구보조비	300,000원	고용보험	26,000원
급여합계	3,750,000원	공제총액	409,440원
귀하의 노고에 감사드립니다.		차인지급액	3,340,560원

• 수당 등록 시 급여명세서에 적용된 항목 이외의 항목은 사용여부를 '부'로 체크한다.
• 당사는 모든 직원에게 식대를 지급하며 비과세요건을 충족한다.
• 당사는 본인명의의 차량을 업무 목적으로 사용한 직원에게 자가운전보조금을 지급하며, 실제 발생된
시내교통비를 별도로 지급하지 않는다.
• 당사는 기업(부설)연구소의 법적 요건을 충족하며, [기업연구소]연구보조비는 비과세요건을 충족한다.
• 원천징수이행상황신고서 작성과 관련하여 전월미환급세액은 180,000원이다.
• 별도의 환급신청은 하지 않는다.

[2] 20x1년 6월 1일 입사한 최민국(사번 : 102)의 전근무지 근로소득원천징수영수증 자료와 연말정산자료는 다음과 같다. 전 근무지를 반영한 연말정산추가자료입력 메뉴의 [소득명세], [월세주택임차차입명세] 및 [연말정산입력] 탭을 입력하시오.(단, 최민국은 무주택 세대주이며, 부양가족은 없다)(10점)

〈전 근무지 근로소득 원천징수영수증 자료〉

	구 분		주(현)	종(전)	⑯-1 납세조합	합 계
Ⅰ 근무처별소득명세	⑨ 근 무 처 명		㈜안전양회			
	⑩ 사업자등록번호		114 - 86 - 06122			
	⑪ 근무기간		20x1.1.1.~20x1.5.31.	~	~	~
	⑫ 감면기간		~	~	~	~
	⑬ 급 여		18,000,000원			
	⑭ 상 여		2,000,000원			
	⑮ 인 정 상 여					
	⑮-1 주식매수선택권 행사이익					
	⑮-2 우리사주조합인출금					
	⑮-3 임원 퇴직소득금액 한도초과액					
	⑯ 계		20,000,000원			
Ⅱ 비과세및감면소득명세	⑱ 국외근로	M0X				
	⑱-1 야간근로수당	O0X				
	⑱-2 출산·보육수당	Q0X				
	⑱-4 연구보조비	H0X				
	~					
	⑱-29					
	⑲ 수련보조수당	Y22				
	⑳ 비과세소득 계					
	⑳-1 감면소득 계					

	구 분			⑱ 소 득 세	⑲ 지방소득세	⑳ 농어촌특별세
Ⅲ 세액명세	⑫ 결 정 세 액			245,876원	24,587원	
	기납부세액	⑬ 종(전)근무지 (결정세액란의 세액을 적습니다)	사업자등록번호			
		⑭ 주(현)근무지		1,145,326원	114,532원	
	⑮ 납부특례세액					
	⑯ 차 감 징 수 세 액(⑫-⑬-⑭-⑮)			△899,450원	△89,945원	

(국민연금 960,000원 건강보험 785,000원 장기요양보험 49,600원 고용보험 134,000원)

위의 원천징수액(근로소득)을 정히 영수(지급)합니다.

〈연말정산관련자료〉

• 다음의 지출 금액은 모두 본인을 위해 사용한 금액이다.

항목	내용
보험료	• 자동차보험료 : 750,000원, 저축성보험료 : 600,000원
의료비	• 치료목적 허리디스크 수술비 : 3,600,000원(최민국의 신용카드로 결제) • 치료 · 요양 목적이 아닌 한약 구입비 : 2,400,000원 • 시력보정용 안경구입비 : 550,000원
교육비	• 대학원 등록금 : 10,000,000원 • 영어학원비(업무관련성 없음) : 2,000,000원
기부금	• 종교단체 당해 기부금 : 3,000,000원, • 종교단체외의 지정기부금단체에 기부한 당해 기부금 : 100,000원
신용카드 등 사용액	• 신용카드 : 34,000,000원(이 중 8,000,000원은 본인이 근무하는 법인의 비용해당분이고, 　　　　　　　3,600,000원은 허리디스크수술비임) • 현금영수증 : 2,500,000원(이 중 300,000원은 대중교통이용분이고, 120,000원은 　　　　　　　　공연관람사용분임) ☞ **신용카드사용의 당해연도 소비증가는 없다고 가정한다.**
월세 자료	• 임대인 : 임부자 • 주민등록번호 : 631124 – 1655498 • 주택유형 : 다가구주택 • 주택계약면적 : 52.00m^2 • 임대차계약서상 주소지 : 서울시 영등포구 여의나루로 121 • 임대차 계약기간 : 20x1.1.1.~20x1.12.31. • 매월 월세액 : 700,000원(20x1년 총 지급액 8,400,000원) • 월세는 세액공제요건이 충족되는 것으로 한다.

제92회 전산세무2급 답안 및 해설

이 론

1	2	3	4	5	6	7	8	9	10	11	12	13	14	15
③	②	①	②	①	③	③	②	④	④	②	①	③	④	①

01. ③피드백가치에 대한 설명이다.

02. 만기보유증권으로 분류되지 아니하는 <u>채무증권은 단기매매증권과 매도가능증권 중의 하나로 분류</u>한다.

03. <u>우발자산은 자산으로 인식하지 않는다.</u>

04. 자기주식을 처분하는 경우 처분금액이 장부금액보다 크다면 그 차액을 자기주식처분이익으로 하여 자본잉여금으로 회계처리한다.

05. <u>취득당시 만기가 3개월 이내에 도래</u>하는 양도성예금증서(CD)는 <u>현금및현금성자산에 속한다.</u>

06. 기회비용(기회원가)은 현재 이 대안을 선택하지 않았을 경우 포기한 대안 중 최대 금액 또는 최대 이익이다.

07. 기말재공품은 재무상태표에 반영된다.

08.

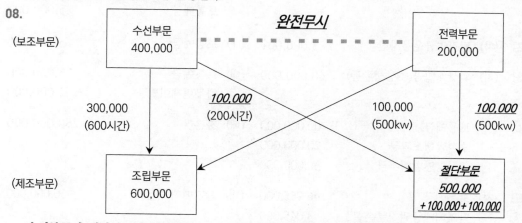

수선부문이 절단부문에 배분한 금액 : 400,000원 × 200/800 = 100,000원

전력부문이 절단부문에 배분한 금액 : 200,000원 × 500/1,000 = 100,000원

절단부문 총원가 : 500,000(자기부문) + 100,000(수선) + 100,000(절단) = 700,000원

09. 공정별원가는 종합원가계산에 대한 설명이다.

10.

재공품			
기초재공품	200개	완성품	650개
		공손품 정상공손	65개
		(100개) *비정상공손*	*35개*
당기투입	600개	기말재공품	50개
계	800개	계	800개

11. 법인의 경우 본점만 주된 사업장이 가능하다.

12. 재화의 공급이 수출에 해당하면 영세율을 적용한다.

13. 처음 공급한 재화가 환입된 경우 : **재화가 환입된 날을 작성일로 적고** 비고란에 처음 세금계산서 작성일자를 덧붙여 적은 후 붉은색 글씨로 쓰거나 음(陰)의 표시를 하여 발급한다.

14. 비거주자란 거주자가 아닌 개인을 말한다. 즉 **국적으로 판단하지 않는다.**

15. 해당 과세기간의 소득금액에 대하여 추계신고를 하거나 추계조사 결정하는 경우에는 이월결손금공제규정을 적용하지 아니한다. 다만, 천재지변이나 그 밖의 불가항력으로 장부나 그 밖의 증명서류가 멸실되어 추계신고하거나 추계조사 결정을 하는 경우에는 그러하지 아니한다.

실 무

문제 1 일반전표입력

[1] (차) 외상매입금(㈜SJ컴퍼니)   11,000,000   (대) 받을어음(㈜영동물산)   6,000,000
　　　　　　　　　　　　　　　　　　　　　　　　보통예금   5,000,000

[2] (차) 퇴직연금운용자산   3,000,000   (대) 보통예금   3,000,000

[3] (차) 외상매입금(㈜상생유통)   40,000,000   (대) 보통예금   38,000,000
　　　　　　　　　　　　　　　　　　　　　　　채무면제이익   2,000,000

[4] (차) 보통예금   200,000,000   (대) 자본금   250,000,000
　　　　주식발행초과금   20,000,000
　　　　주식할인발행차금   30,000,000

[5] (차) 보통예금   46,955,000   (대) 단기매매증권   50,000,000
　　　　단기매매증권처분손실   3,045,000
　　　☞ 처분손익 = 처분가액(47,000,000 – 45,000) – 장부가액(50,000,000) = △3,045,000원(손실)

문항	일자	유형	공급가액	부가세	거래처	전자세금
[1]	6/13	11. 과세	15,000,000	1,500,000	㈜대한	여
분개유형		(차) 외상매출금		16,500,000 (대)	제품매출	15,000,000
외상(혼합)					부가세예수금	1,500,000
문항	일자	유형	공급가액	부가세	거래처	전자세금
[2]	7/25	57. 카과	2,000,000	200,000	㈜카이마트	–
분개유형		(차) 비품		2,000,000 (대)	미지급금(세무카드)	2,200,000
카드(혼합)		부가세대급금		200,000		
문항	일자	유형	공급가액	부가세	거래처	전자세금
[3]	9/15	54. 불공(4)	1,500,000	150,000	㈜영선	여
분개유형		(차) 기업업무추진비(제)		1,650,000 (대)	보통예금	300,000
혼합					미지급금(㈜영선)	1,350,000
문항	일자	유형	공급가액	부가세	거래처	전자세금
[4]	9/22	14. 건별	1,000,000	100,000	김길동	–
분개유형		(차) 보통예금		1,100,000 (대)	제품매출	1,000,000
혼합					부가세예수금	100,000
문항	일자	유형	공급가액	부가세	거래처	전자
[5]	9/28	51. 과세	50,000,000	5,000,000	(주)진행상사	여
분개유형		(차) 원재료		50,000,000 (대)	보통예금	15,000,000
혼합		부가세대급금		5,000,000	외상매입금	40,000,000

[1] 수출실적명세서(4~6월)

⇒ DEF사는 공급시기(선적일)가 되기 전에 원화로 환가한 경우 그 공급가액은 환가한 금액임

구분	건수	외화금액	원화금액	비고
⑨합계	3	810,000.00	244,300,000	
⑩수출재화[=⑫합계]	3	810,000.00	244,300,000	
⑪기타영세율적용				

		(13)수출신고번호	(14)선(기)적일자	(15)통화코드	(16)환율	금액 (17)외화	금액 (18)원화	전표정보 거래처코드	전표정보 거래처명
1	☐	13042-10-044689x	20X1-04-06	USD	1,150.0000	50,000.00	57,500,000	00238	ABC사
2	☐	13045-10-011470x	20X1-05-01	USD	1,130.0000	60,000.00	67,800,000	00239	DEF사
3	☐	13064-25-247041x	20X1-06-29	CNY	170.0000	700,000.00	119,000,000	00240	베이징사
4	☐								

[2] 확정신고서(10~12월)

1. 과세표준 및 매출세액

		구분		정기신고금액		
				금액	세율	세액
과세표준및매출세액	과세	세금계산서발급분	1	800,000,000	10/100	80,000,000
		매입자발행세금계산서	2		10/100	
		신용카드·현금영수증발행분	3	60,000,000	10/100	6,000,000
		기타(정규영수증외매출분)	4			
	영세	세금계산서발급분	5	60,000,000	0/100	
		기타	6	20,000,000	0/100	
	예정신고누락분		7			
	대손세액가감		8			-2,000,000
	합계		9	940,000,000	㉮	84,000,000

☞ 부도발생일로부터 6개월이 경과하지 못한 대손세액은 공제대상에서 제외

2. 매입세액

매입세액	세금계산서 수취분	일반매입	10	610,000,000		61,000,000
		수출기업수입분납부유예	10			
		고정자산매입	11	90,000,000		9,000,000
	예정신고누락분		12	10,000,000		1,000,000
	매입자발행세금계산서		13			
	그 밖의 공제매입세액		14			
	합계(10)-(10-1)+(11)+(12)+(13)+(14)		15	710,000,000		71,000,000
	공제받지못할매입세액		16	30,000,000		3,000,000
	차감계 (15-16)		17	680,000,000	㉯	68,000,000
납부(환급)세액(매출세액㉮-매입세액㉯)					㉰	16,000,000

① 예정신고 누락분

	합계		37			
12.매입(예정신고누락분)						
예	세금계산서		38	10,000,000		1,000,000
	그 밖의 공제매입세액		39			
	합계		40	10,000,000		1,000,000

② 공제받지 못할 매입세액(비영업용소형승용차)

구분		금액	세율	세액
16.공제받지못할매입세액				
공제받지못할 매입세액	50	30,000,000		3,000,000
공통매입세액면세등사업분	51			

3. 차가감납부할세액

① 전자세금계산서 지연전송가산세

25.가산세명세					
사업자미등록등	61		1/100		
세금계산서	지연발급 등	62		1/100	
	지연수취	63		5/1,000	
	미발급 등	64		뒤쪽참조	
전자세금발급명세	지연전송	65	5,000,000	3/1,000	15,000
	미전송	66		5/1,000	

② 차가감납부할세액

경감공제세액	그 밖의 경감·공제세액	18			
	신용카드매출전표등 발행공제등	19			
	합계	20		㉳	
소규모 개인사업자 부가가치세 감면세액		20		㉴	
예정신고미환급세액		21		㉵	3,000,000
예정고지세액		22		㉶	
사업양수자의 대리납부 기납부세액		23		㉷	
매입자 납부특례 기납부세액		24		㉸	
신용카드업자의 대리납부 기납부세액		25		㉹	
가산세액계		26		㉺	15,000
차가감하여 납부할세액(환급받을세액)㉰-㉳-㉴-㉵-㉶-㉷-㉸-㉹+㉺		27			13,015,000
총괄납부사업자가 납부할 세액(환급받을 세액)					

문제 4 결산

[1] [수동결산]

(차) 선급비용　　　　　　5,000,000　　(대) 보험료(판)　　　　　5,000,000

[2] [수동결산]

(차) 이자비용　　　　　　2,000,000　　(대) 미지급비용　　　　　2,000,000

　　☞ 이자비용＝200,000,000원×3%×4/12＝2,000,000원

　　미지급비용도 채무계정이므로 거래처를 입력해야 정확한 답안이다.

[3] [자동결산]

•기말원재료 : 3,440,000원　　•기말재공품 : 6,300,000원　　•기말제품 : 11,350,000원

[4] [자동결산]

대손상각(외상매출금) – 1,400,600원을 입력

[5] [수동/자동결산]

(차) 무형자산상각비　　　　4,000,000　　(대) 영업권　　　　　　4,000,000

무형자산상각비(영업권)에 4,000,000원을 입력후 전표추가

　　☞ 상각비＝30,000,000원÷5년×8/12＝4,000,000원

문제 5 원천징수

[1] 급여자료 입력 및 원천징수이행상황신고서(김현철)

1. 수당공제등록

　비과세 : 연구보조비, 식대, 자가운전보조금　　과세 : 연장, 직책수당

	코드	과세구분	수당명	근로소득유형			월정액	사용여부
				유형	코드	한도		
1	2002	비과세	[기업연구소]연구보조	[기업연구소]연구보조	H10	(월)200,000	부정기	여
2	2001	과세	연장수당	급여			정기	여
3	1003	과세	직책수당	급여			정기	여
4	1001	과세	기본급	급여			정기	여
5	1005	비과세	식대	식대	P01	(월)200,000	정기	여
6	1006	비과세	자가운전보조금	자가운전보조금	H03	(월)200,000	부정기	여

2. 급여자료입력(귀속년월 9월, 지급년월일 10월 10일)

급여항목	금액	공제항목	금액
기본급	2,500,000	국민연금	146,250
직책수당	300,000	건강보험	104,970
식대	150,000	장기요양보험	10,750
자가운전보조금	300,000	고용보험	26,000
연장수당	200,000	소득세(100%)	110,430
[기업연구소]연구보조비	300,000	지방소득세	11,040
		농특세	

☞ 비과세금액 : 550,000(식대 150,000. 자가운전보조금 200,000, 연구보조비 200,000)

3. 원천징수이행상황신고서(귀속기간 9월, 지급기간 10월, 1.정기신고)

　　⇒ 전월미환급세액(180,000원) 입력

| 원천징수명세및납부세액 | 원천징수이행상황신고서 부표 | 원천징수세액환급신청서 | 기납부세액명세서 | 전월미환급세액 조정명세서 | 차월이월환급세액 승계명세 |

	코드	소득지급		징수세액			당월조정 환급세액	납부세액	
		인원	총지급액	소득세 등	농어촌특별세	가산세		소득세 등	농어촌특별세
간이세액	A01	1	3,550,000	110,430					
중도퇴사	A02								

전월 미환급 세액의 계산				당월 발생 환급세액				18.조정대상환급(14+15+16+17)	19.당월조정 환급세액계	20.차월이월 환급세액	21.환급신청액
12.전월미환급	13.기환급	14.차감(12-13)	15.일반환급	16.신탁재산	금융회사 등	합병 등					
180,000		180,000						180,000	110,430	69,570	

[2] 연말정산(최민국)

1. 소득명세(전근무지 근로소득원천징수영수증)

| 소득명세 | 부양가족 | 연금저축 등Ⅰ | 연금저축 등Ⅱ | 월세,주택임차 | 연말정산입력 |

	구분	합계	주(현)	납세조합	종(전) [1/2]
소 득 명 세	9.근무처명		용인전자(주)		(주)안전양회
	10.사업자등록번호		122-81-04585	---,--,-----	114-86-06122
	11.근무기간		20X1-06-01 ~ 20X1-12-31	----,--,-- ~ ----,--,--	20X1-01-01 ~ 20X1-05-31
	12.감면기간		----,--,-- ~ ----,--,--	----,--,-- ~ ----,--,--	----,--,-- ~ ----,--,--
	13-1.급여(급여자료입력)	37,200,000	19,200,000		18,000,000
	13-2.비과세한도초과액				
	13-3.과세대상추가(인정상여추가)				
	14.상여	2,000,000			2,000,000
	15.인정상여				
	15-1.주식매수선택권행사이익				
	15-2.우리사주조합 인출금				
	15-3.임원퇴직소득금액한도초과액				
	15-4.직무발명보상금				
	16.계	39,200,000	19,200,000		20,000,000
	18.국외근로				

			합계	주(현)	납세조합	종(전)
공 제 보 험 료 명 세	직장	건강보험료(직장)(33)	1,425,320	640,320		785,000
		장기요양보험료(33)	115,200	65,600		49,600
		고용보험료(33)	287,600	153,600		134,000
		국민연금보험료(31)	1,824,000	864,000		960,000
	공적 연금 보험료	공무원 연금(32)				
		군인연금(32)				
		사립학교교직원연금(32)				
		별정우체국연금(32)				
세	기납부세액	소득세	1,535,556	1,289,680		245,876
		지방소득세	153,547	128,960		24,587

2. 월세주택임차차입명세

임대인명 (상호)	주민등록번호 (사업자번호)	유형	계약 면적(㎡)	임대차계약서 상 주소지	계약서상 임대차 계약기간		연간 월세액
					개시일 ~	종료일	
임부자	631124-1655498	다가구	52.00	서울 영등포구 여의나루로121	20X1-01-01 ~	20X1-12-31	8,400,000

3. 연말정산입력(**총급여액 7천만원 이하자**)

항 목	요건		내역 및 대상여부	입력
	연령	소득		
보 험 료	○ (×)	○	• 본인 자동차보험료 • 본인 **저축성보험료(대상에서 제외)**	○(일반 750,000) ×
의 료 비	×	×	• 본인 수술비 • 본인 **치료 목적 아닌 한약구입비** • 본인 **시력보정용안경구입비(한도 500,000)**	○(본인 3,600,000) × ○(본인 500,000)
교 육 비	×	○	• 본인 대학원 등록금 • 본인 학원수강료(**직무관련만 대상이다.**)	○(본인 10,000,000) ×
기부금	×	○	• 본인 종교단체 기부금 • 본인 지정기부금	○(종교단체 3,000,000) ○(지정 100,000)
신용카드	×	○	• 본인 신용카드(법인비용 제외) • 본인 현금영수증	○(신용 26,000,000) ○(현금 2,080,000) ○(공연 120,000) ○(대중 300,000)
월세	본인		• 본인 월세 지급	○(8,400,000)

[소득공제]

1. 신용카드	① 신용카드	26,000,000
	② 현금영수증	2,080,000
	③ **도서공연비(총급여액 7천만원 이하자)**	420,000
	④ 대중교통	300,000

[특별세액공제]

1. 보장성보험료	① 일반	750,000
2. 의료비	① 특정(본인)	4,100,000
3. 교육비	① 본 인	10,000,000
4. 기부금	① 지정기부금(일반)	100,000
	② 지정기부금(종교단체)	3,000,000
[월세세액공제]		8,400,000

저자약력

■ 김영철 세무사

· 고려대학교 공과대학 산업공학과
· 한국방송통신대학 경영대학원 회계·세무전공
· (전)POSCO 광양제철소 생산관리부
· (전)삼성 SDI 천안(사) 경리/관리과장
· (전)강원랜드 회계팀장
· (전)코스닥상장법인CFO(ERP. ISO추진팀장)
· (전)농업진흥청/농어촌공사/소상공인지원센타 세법·회계강사

로그인 전산세무 2급 핵심요약 및 기출문제집

1 3 판 발 행 : 2025년 2월 12일

저　　　자 : 김 영 철
발　행　인 : 허 병 관
발　행　처 : 도서출판 어울림
주　　　소 : 서울시 영등포구 양산로 57-5, 1301호 (양평동3가)
전　　　화 : 02-2232-8607, 8602
팩　　　스 : 02-2232-8608
등　　　록 : 제2-4071호
Homepage : http://www.aubook.co.kr

저자와의
협의하에
인지생략

ISBN　　978-89-6239-961-5　　13320

정 가 : 26,000 원